מַה טֹּבוּ

אֹהָלֶיךָ

יַעֲקֹב

מִשְׁכְּנֹתֶיךָ

יִשְׂרָאֵל

במדבר כד ה

בסייעתא דשמיא

מה טובו אהליך

ב׳ חלקים

מדור

שלום בית

ומדור

קדושת הבית

א וואונדערליכער ליקוט פון רייכע ענינים, הערליכע געדאנקן און פראקטישע עצות איבער דאס תורה'דיגע שטאנדפונקט אויף שלום בית און קדושת הבית, געקליבען פון די הייליגע רייד פון חז"ל, ראשונים און אחרונים און פון די מאורי הדורות גאונים וצדיקים און גדולי החסידות. ערשיינט אויף אידיש, כדי אז סיי מענער און סיי פרויען זאלן קלאר און דייטליך פארשטיין וואס איז זייער תפקיד און וויאזוי צו אויפשטעלן א שטוב עפ"י תורה.

דאס ספר ערשיינט מיט די גוטהייסונג פון א לאנגע ליסטע פון גאר חשוב'ע רבנים, דיינים און מדריכים שליט"א פון אריבער די גארער וועלט, וואס האבן דאס איבערגעקוקט פון אנהייב ביזן סוף, און געגעבן זייער גוטהייסונג צו דאס ארויסגעבן.

דורך:
מכון מחשבת

◆ מהדורת ווייס ◆

ספר מה טובו אהליך
מהדורה י״ד | אייר תשפ״ג לפ״ק

מכון
מחשבת

הרב שלמה נתן פאללאק - מנהל המכון
הרב מאיר חיים בריעף, הרב פנחס מנחם קליינבערגער, הרב אהרן כהן
חברי המכון

להערות והארות נא להתקשר להמחבר:
sefer.ma.tovu@gmail.com

דפוס והוצאה לאור
צורת הספר
Layout & Design

אנו אין כוחנו אלא בפה

הננו בזה להודיע בשער בת רבים שספר הנוכחי היתה למראה עיני

עשרות רבנים וגאונים,
ובעלי הוראה מפורסמים שליט"א

מירושלים עיה"ק, בני ברק, בארא פארק, וויליאמסבורג, מאנסי,
מאנטריאל, לונדון, ואנטווערפען

המשתייכים לקהילות:

באבוב, בויאין, בעלזא, דושינסקיא,
וויזניץ, טאהש, סאטמאר, סקווירא,
פאפא, ועוד הרבה

וכיהודה ועוד לקרא: כמה וכמה מדריכים מפורסמים,
מוומבס"ג, בארא פארק, קרית יואל ושיכון סקווירא

אשר עיינו בה מרישא עד גמירא
וברכו עליו ברכת הנהנין

וגם העירו ותקנו כמה ענינים כדי שיצא כסולת המנופה,
ונתנו את הסכמתם המליאה בעל פה,
ואף ממליצים את הספר בפועל לאברכים ובעלי בתים.

תורה, מונחת בקרן זוית

צוליב דעם געוואלדיגן אחריות פון דעם ספר,
און עפ"י הוראת הרבנים, פארקויפן מיר דעם ספר

בלויז אין עטליכע
ספרים געשעפטן

צו וויסן וואו מען קען דאס באקומען, אדער
צו **באשטעלן** דעם ספר צו אייך אין שטוב,
ביטע פארבינדט אייך מיט'ן מכון

אויב האט איהר הנאה פונעם ספר און איהר ווילט זיך
משתתף זיין מיט די הוצאות
צו אויפלייכטן נאך אידישע שטובער
אדער צו באשטעלן א גרעסערע קוואנטום פון דער ספר פאר
האולסעי"ל פרייז קענט איהר זיך פארבינדן מיטן מכון

מכון מחשבת

mechonmachsheves@gmail.com
347-345-2066

ביטע לאזט א קלארן מעסעדזש,
מיר וועלן אייך בלי"נ צוריק רופן

הסכמה מאת מו"ר הגאון האדיר
רבי יצחק לעבאוויטש שליט"א
רב ור"מ דקה"י וואודרידזש

יצחק לעבאוויטש
רב ור"מ
דקה"י וואודרידזש

בס"ד

אשמודרת בוקר ג' נצו"י י"ס אלול שפ"ה אמת לפ"ק

א) אמחכז"ל (בשהש"ר פ' ה' ה') תלתלים שחורות כעורב, אלו פרשיות של תורה שנראין כעורות ושחורין לאומרן ברבים, ואומר הקב"ה עריבות הן עלי כמש"נ וערבה לה' מנחת יהודה וכו' עיי"ש. מימרא זו הי' מרגלא בפומי' של רבינו מאורן של ישראל ר' הילל מקאלאמייא זי"ע כשדרש ברבים דברים של קדושה וטהרה לצורך הדור וכו'.

ואשר ע"כ אתאזר ברוח גבורה, לחזק אברך יקר מפז וכו', אשר כחכם בעל נסיון יודע ומרגיש מצב דורינו במחנינו, כמה קלקולים מצויים אצל אברכים יראי ה', בביתם זו וכו', מחסרון ידיעה וחינוך וכו' (כאשר יעידון ויגידון יראי ה' וחושבי שמו העוסקין בעסק זו), ונטל על שכמו להציל אותם מרדת שחת ה"ו, ולהעלות עה"כ בלשון צח וכו', למען ידעו הדרך אשר נלך בה כפי קבלת רבותינו נ"ע משוש דור ודור, דרך הקודש בלי נטי' ימין ושמאל, ועי"ז יבנו בתים נאמנים לה' ולתורתו, זרע ברך ה' לגיון של מלך מלכי המלכים הקב"ה. וכשמו של הקונ' כן הוא מה טובו אהלך יעקב וכו'.

ב) ובודאי צריכין להזהר מאד שלא יהי' חכמה בחוץ תרונה, ישיחו בו כל יושבי שער וכו', ואלקינו מלכינו שונא זימה וכו', רק בסתר מדריגה לגלות ולבאר למי שצריך לו יסודות הבית וכו', ועבודת הקודש עבודה קשה עליו, לטמון ברמ"ז, ולגלות באר היטב, ושניהם כאחד טובים וכו' וכו' וד"ל.

ולראיה באעה"ח פה קהל וואודרידזש נ"י

יצחק בן [illegible] לעבאוויטש [illegible]

יצחק לעבאוויטש
רבה"ים
דקה"י
וואודרידזש, נ.י.

שם עולם אתן לו אשר לא יכרת

מהדורה זו
נתנדב לעילוי נשמת

הרה"ח ר' יחזקאל
ב"ר שלום יצחק
ווייס ז"ל

נבל"ע ה' תמוז תשע"ז לפ"ק

ועל שמו יקרא
מהדורת ווייס

יהא מהדורא זו לעי"נ האי גברא רבא ויקירא עסק בתורת ה' רבות בשני**ם**

חסיד המתחסד עם קונו, נתיסר ביסורים קשים וקיבלם תמיד באהב**ה**

זך ונקי במדותיו הזהובות, טוב ומיטב לזולת ברב טבון וקשו**ט**

קיבל את כל אדם בסבר פנים יפות, עבד את קונו בכל גופו ומאוד**ו**

אהב שלום ורדף שלום, להשכין שלום בין איש לאשתו עסק בהידור ר**ב**

לא ימוש זכרונו מתוכינו, ונמשיך בדרכיו בהפצת ספר זו אשר ענינו היתה מגמת נפש**ו**

נתנדב ע"י
בניו ובנותיו שיחיו

מזמור לתודה

מעומק לבבינו נביע ברכת הודאה להני מטיבי לכת
הרבנים הגאונים יושבים על מדין להורות לעם דבר ה' ה"ה

הגה"צ ר' **יצחק לעבאוויטש** שליט"א
רב ור"מ דקה"י וואודרידזש

הגה"צ ר' **גבריאל צינגער** שליט"א
בעמח"ס נטעי גבריאל

הגה"צ ר' **ברוך מאסקאוויטש** שליט"א
אב"ד יאמפעלע מאנסי

וגם לרבות שאר הרבנים הגאונים שליט"א
אשר שמותיהם הופיעו ברשימה זו
במהדורות הקודומות

אשר הקדישו מזמנם לעבור על כל או רוב ספר זו
והאירו עיננו כיד ה' הטובה עליהם

יתברכו כולם ממעון הברכות, ויזכו להמשיך בהרבצת התורה עוד רבות בשנים,
עוד ינובון בשיבה דשנים ורעננים, עדי נזכה לקבל פני משיח צדקנו בב"א

- שמות הרבנים נדפס עפ"י הסכמתם -

זכר עולם יהיה צדיק

זכרון בספר

נתנדב לעילוי נשמת רבינו הקדוש,

בוצינא קדישא, נהורא נפישא, חסידא ופרישא,

אספקלריא המאירה, רביה דעמיה, ומדברנא דאומתיה,

צדיק יסוד העולם, איש האלוקים,

רבן של כל בני הגולה

מרן רבינו **יואל** זצוקללה"ה

בן הגה"ק רבי **חנניה יום טוב**

זצוקללה"ה

אדמו"ר מסאטמאר

שבחל"ח ביום המר והנמהר
כ"ו אב תשל"ט

דברים שבלב אינם דברי״ם

דער ספר איז נישט געאייגנט צו אדורך לערנען שנעל! מען רעדט פון דברים שבלב, איידעלע געפילן און האקעלע ענינים וואס איז נישט עפעס וואס מען קען פארשטיין פון בלויז לייענען, נאר פאדערט א טיפערע התבוננת אין די געשריבענע ווערטער און אין די תוצאות וואס זיי פאדערן.

דער ספר איז אויך נישט קיין ערזאץ פאר א גוטע מדריך אדער מדריכה, די נושאים גייט סך בעסער אריין אין קאפ און אין הארצן ווען מען הערט דאס פון איינער מיט עקספיריענס, איין מאל און נאכאמאל.

לזכר עולם יהיה צדיק

זכרון בספר
נתנדב לעילוי נשמת

הרה"ק ר' מרדכי
בהרה"ק ר' חיים מאיר
זצוק"ל

אדמו"ר מוויז'ניץ

שבקל"ח ביום המר
כ"ט אדר תשע"ח

• חכמים הזהרו בדבריכם •

די אחריות ליגט אויף אייך צו זיכער מאכן אז דער ספר זאל זיין אפגעהיטן פון אויגן וואס דארפן דאס נאך נישט זען, דערפאר בעטן מיר בכל לשון של בקשה **ביטע געבט זייער אכטונג דערויף** און דאס היטן אין א זיכערן ארט!

אויב זענט איר א **בחור** אדער **מיידל** איז דער ספר נאך נישט נוגע פאר אייך, **זייט קלוג און לייגט דאס אוועק פאר די צייט וואס עס וועט אי"ה יא זיין געאייגנט פאר אייך**. אויב לייענט איר דאס יעצט, וועט דאס מער קאליע מאכן ווי איידער צו עפעס אויפטוהן.

• ומצדיקי הרבים ככוכבים לעולם ועד •

ברכת שבח והודאה להאברך היקר, שמו מפארים בהילולים ותוארים, עושה ומעשה לטובת הכלל והפרט, משים לילות כימים להאיר בתי בני ישראל בעצה ובתבונה, ה"ה

הרב **יואל** בר"י **פארקאש** הי"ו

אב"י בקרית יואל

על אשר עשה ועושה רבות למען הצלחת הספר בכמה וכמה ענינים, כמותו ירבו בישראל!

ויה"ר שתשרה שכינה במעשי ידיו, ויזכה להמשיך בעבודת הקודש לבנות ולהקים בתים נאמנים לה' ולתורתו, ולרומם קרן התורה והקדושה ברוב סייעתא דשמיא, ויתברך בשפע ברכה והצלחה אושר ועושר וכט"ס

• עץ חיים היא למחזיקים בה •

ברכת שבח והודאה להאברך היקר והחשוב,

הרבני הנגיד

הרוצה בעילום שמו

אב"י בוויליאמסבורג ת"ו

על אשר רחש לבו דבר טוב ונדב סכום ענק להפצת הספר לכבוד הרבנים שליט"א

ויה"ר שזכות בניית בתי בני ישראל וזכות התורה יגן בעדם במגן האלף, ברוך אשר יקים את דברי התורה הזאת, ויזכו לראות בנים ובני בנים עוסקים בתורה ובמצות מתוך אושר ועושר וכט"ס

• מפתח הענינים •

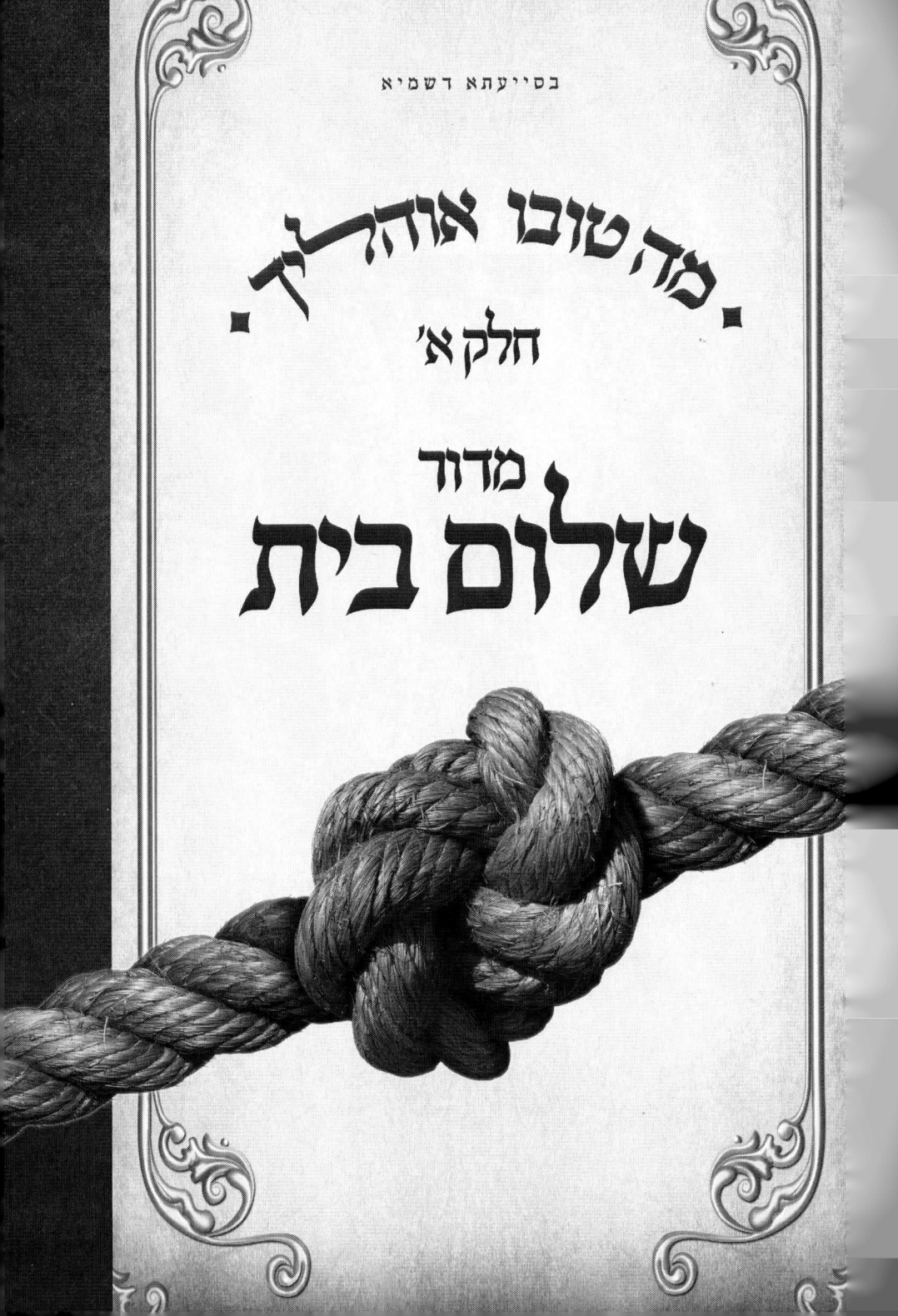

בס"ד — בסייעתא דשמיא

מה טובו אוהליך

חלק א'

מדור

שלום בית

אנווייזונגען און כללים:

- אויב עס געפונט זיך אן אות פאר **אן הערה ביים סוף פון א שורה אדער פאראגראף**, איז דאס געווענליך א סימן אז דאס איז א באזונדערע הערה מיט אינטערעסאנטע אפהאנדלונגען, וואס איז כדאי צו זעען, אבער זענען נישט דער לשון פונעם גדול וואס איז דערמאנט געווארן אויבן. ווידער **אן הערה הארט נעבן א נאמען פון א גדול אדער א ספר** וכדו' איז א סימן אז די גאנצע לשון קען מען טרעפן אין די הערה.

- ווען מיר האבן נאכגעשריבן א געדאנק פון א גדול, איז עס געווענליך נישט קיין פונקטליכן ציטאט מיט זיין אייגענעם לשון, און אפטמאל ציטירן מיר זיין לשון אבער איבערגעזעצטערהייט אויף אידיש. מיר האבן פרובירט אראפצוברענגען זייערע לשונות אונטן אין די הערות, צוזאמען מיטן מראה-מקום וואו עס שטייט געשריבן.

- אפטמאל האבן מיר מקצר געווען אינמיטן א ציטאט, דאס איז אנגעצייכענט מיר דריי פינטלעך ... דערנאך ברענגען מיר דעם המשך ווייטער.

- מיר האבן פרובירט צו ברענגען א מקור צו יעדן וויכטיגן פונקט וואס איז אויסגעשמועסט געווארן אינעם ספר, און די מקורות געפונען זיך שטענדיג אין די הערות. צומאל האבן מיר נישט צוגעצייכענט דעם מקור, אבער עס זאל זיין קלאר אז מיר האבן באזירט אלע געדאנקען מפי ספרים וסופרים, אדער פון גדולי המדריכים שליט"א פון וועמען מיר האבן געהאט די זכיה צו שעפן אהן א שיעור געדאנקען בשם גדולי ישראל נ"ע.

- עס איז וויכטיג אנצומערקן, אז דער ספר רעדט פון גאר אסאך הויפט-פונדאמענטאלע נושאים, און עס קען זיך אפשר דאכטן אז דאס איז אזוי ווי א "ידיעות ספר" וואס מ'לויפט שנעל אדורך אריינצוכאפן נאך אינפארמאציע. דאס איז אבער א טעות, וויבאלד א גרויס טייל ענינים וואס מיר שמועסן אויס איז אין געפילישע זאכן, און דאס קען מען נישט קונה זיין "בנשימה אחת", וויבאלד עס דויערט צייט פארן מענטש איינצוקריצן אין זיך די יסודות.

- דערפאר זאל מען ביטע נישט אדורכליינען דעם ספר שנעל און געוויס נישט איבערהיפן פרקים און ליינען דא אביסל און דארט אביסל, וויבאלד עס איז אריינגעגאנגען אינעם ספר אומגעהויערע כוחות אוועקצושטעלן די יסודות וואו עס דארף צו זיין, ווי אויך האבן מיר דאס אויסגעשטעלט מיט א סדר וויאזוי איר זאלט ווירקליך קענען קונה זיין די נקודות ביז עס ווערט בס"ד א קומה שלימה.

- אויב האט איר סיי וועלכע הערה, אדער איר פילט אז עס פעלט קלארקייט צו א געוויסע נקודה וכדומה, ביטע פארבינדט אייך מיט דער ארויסגעבער. די פרטים קענט איר טרעפן אנהייב ספר. וזכות הרבים תלוי בידכם.

• הקדמה •

א. הפך בה והפך בה, דכולה בה

מיר זאגן יעדן טאגביים דאווענען: **ברוך הוא אלוקינו שבראנו לכבודו...ונתן לנו תורת אמת** - געלויבט איז אונזער גאט וואס האט אונז באשאפן לכבודו, און האט אונז געגעבן די אמת'ע תורה. מיר זאגן ווייטער: **וחיי עולם נטע בתוכינו** - און אן אייביגע לעבן האט ער אריינגעפלאנצט אין אונז. די תורה איז נישט נאר א געשריבענע ספר וואס מיר דארפן פאלגן, נאר דאס איז עפעס וואס איז טיף אריינגעווארצלט אין אונז. די תורה נעמט אריין אין זיך נישט נאר פראקטישע מצוות, נאר ווי דער פסוק זאגט[1]: **בכל דרכיך דעהו**, ווי די ספרים הקדושים זענען מאריך און אין שו"ע ווערט דאס אויך צוגעברענגט[2], אז אפילו גשמיות'דיגע ענינים דארף מען טוהן אזוי ווי די רצון ה' איז. יעדע זאך וואס איז נוגע די טאג טעגליכע לעבן פון א מענטש איז דא א שלחן ערוך וואס און ווי אזוי מען דארף זיך אויפפירן.

דאס דארף זיין די גאנצע ציל פון א מענטש אויף דער וועלט, צו טוהן דעם רצון ה' אויף יעדע טריט און שריט. יעדע זאך ווי קליין אדער ווי גרויס דאס איז, מוז א איד וויסן אז די אייגענע געפילן מיט וואס מ'איז אויפגעוואקסן האבן נישט קיין קראפט אויב דאס איז נישט אין איינקלאנג מיט די השקפת התורה. אוודאי און אוודאי ווען עס קומט צו אזא וויכטיגע נושא פון חתונה האבן, איז פארשטענדליך אז מ'זאל נאר זוכן אין די תורה הק' די ריכטיגע וועג ווי אזוי מען דארף צו חתונה האבן, און ווי אזוי מען דארף צו בויען א אידישן שטוב.

עס קען זיך איינעם אפשר דאכטן אז צו ריכטיג פארשטיין דער ענין פון שלום בית דארף מען גיין פאשען אין פרעמדע פעלדער, און זוכן עצות אין אלגעמיינע ביכער, ווייל אין די תורה וועט מען דאס לכאורה נישט טרעפן, אבער דאס איז ווייט פון דער אמת. ווי די משנה זאגט[3]: **הפך בה והפך בה, דכולה בה**, אלעס וואס א איד דארף צו וויסן שטייט אין די תורה הק'. אין די תורה שבכתב און אין די תורה שבעל פה איז דא א ברייטקייט איבער די נושא, און דאס וואס שיינט ארויס פון די תורה איז דאך אזוי ליכטיג! מיר גלייבן אז "דרכיה דרכי

---

1) משלי ג, ו.

2) אורח חיים סי' רלא.

3) אבות ה, כב.

נועם וכל נתיבותיה שלום"[4], די תורה'ס וועג פון לעבן איז אן אנגענעמע און זיסע וועג פון לעבן, און איז די בעסטע וועג וואס די בורא כל עולמים האט אויסגעשטעלט פאר אונז צו לעבן, איז אוודאי כדאי צו ארויסנעמען פון די תורה די וועג ווי אזוי א פארהייראטע לעבן דארף צו אויסזעען, מיט אירע אלע פרטים[5].

פון די תורה הק' זעען מיר קלאר אז שלום בית אין שטוב מיינט אז עס הערשט אן אמת'ע נאנטקייט צווישן מאן און פרוי, און נאר אין א שטוב וואו עס איז דא א טיפע ליבשאפט איינער צום צווייטן מיינט אז מען האט שלום בית. דאס איז די הויפט נקודה וואס מיר גייען אי"ה אדורך שמועסן אין דעם ערשטן חלק פונעם ספר, צו פארשטיין וואס איז טייטש שלום-בית, וואס איז די וויכטיגקייט דערפון, און וויאזוי מען קען דאס בעזר ה' אויספירן אויף למעשה, און דורך דעם זוכה זיין צו א ריכטיגע, געשמאקע און ערליכע לעבן.

ב. דאס פארהייראטע לעבן

חתונה האבן איז אהן קיין צווייפל די גרעסטע טויש אין א מענטשנס לעבן, מען ווערט פון א מענטש וואס לעבט פאר זיך אליינס, פון זיין איינער אליינס ווען מען וויל, און מען גייט אריין אין א לעבן ווי מען האט א לעבנס באגלייטער פיר און צוואנציג שעה א טאג. מען גייט אריין איגאנצן אין א נייע לעבן צו וואס מען איז בכלל נישט איינגעוואוינט, אין א לעבן וואס איז זייער פארנעפלט און מען ווייסט נישט קלאר וויאזוי דאס וועט זיך אויסשטעלן. אזא גרויסע געשעעניש אין לעבן וואלט ווען געדארפט זיין די פלאץ וואו מען איז משקיע די מערסטע כחות און געלט צו זיכער מאכן אז ס'זאל זיין דאס בעסטע וואס עס איז נאר מעגליך, אז די חתן און כלה זאלן זיין די מערסטע צוגעגרייט צו דעם טאג, און וויסן פארוואס מען האט חתונה, און וויאזוי מען מאכט דאס ארבעטן.

אבער זייענדיג אין די פעלד פון הדרכה פאר פילע יארן, האבן מיר באגעגנט גאר אסאך פארפעלקער וואס האבן געהאט פארשידענע מיספארשטענדישן, און עס איז געווען קלאר אז זיי האבן נישט געהאט קיין פונדעמענטאלער וויסנשאפט איבער דאס פארהייראטע לעבן, וואס אויב וואלט מען זיי אנגעגרייט אזוי ווי עס דארף צו זיין, וואלט דאס לעבן פאר זיי געווען אויף גאנץ אן אנדערן דערהער, און וואלט פארמיטן גאר אסאך פראבלעמען.

---

4) משלי ג יז.

5) ראה ספר פרי תועלת (אמסטרדם תקפ"ח דף לב): עוד ידי נטויה להוכיח כי בעם ישראל מאז מעולם אהבת איש לאשתו חזקה היתה מאד, עזה כמות קשה כשאול. וכי נכבדו הנשים כראוי לנות בית עטרת צבי, גם בעת אשר כל שאר העמים דמו את נשיהם לשפחות ומה גם לאתונות וכו'.

ג. עיקר חסר מן הספר

ווען מען רעדט איבער שלום-בית צו חתנים און כלות און צו פרישע פארפעלקער, איז געווענליך די אלע שיעורים בלויז עצות און מעטאדן ווי אזוי צו מונע זיין מחלוקת אין שטוב אז מען זאל זיך נישט ארום קריגן. ווייניג ווערט מען הערן רעדן פון די עיקר אליינס וואס דאס איז די מושג פון אהבה בין איש לאשתו, זעלטן ווערט עמיצער ארויסברענגען די פשוט'ע געדאנק פון טיפע ליבשאפט צווישן א מאן און א ווייב, מען טוט כמעט נישט דערמאנען וואס עס מיינט באמת א ריכטיגע שלום-בית און ווי אזוי עס דארף אויסזעהן א געזונטע אידישע שטוב עפ"י השקפת התורה. דאס איז קלאר, אז די אלע אנווייזונגען זענען טאקע גאר וויכטיג און מ'דארף וויסן די אלע פראקטישע עצות אויך, זיי זענען באמת זייער בייהילפיג, אבער דאס איז אלעס בלויז עצות און זייטיגע נקודות, דאס איז די טפל און נישט די עיקר.

אויף אזוי ווייט גייט דאס, אז עס זענען פארהאן פארפעלקער וואס זענען ניטאמאל איין די וויכטיגקייט פון שטרעבן צוצוקומען צו עפעס א טיפערע ליבשאפט, מען איז צופרידן מיט די עצם פאקט אז מען איז צוזאמען און דאס אז מען קריגט זיך נישט ארום, מען פירט די לעבן ווי צוויי ביזנעס שותפים און מ'טוט אלעס וואס מען דארף צו טוהן, מען פארשטייט נישט פארוואס עפעס פעלט אויס די מושג פון ליבשאפט. ווי מיר וועלן זעהן שפעטער[6] איז דאס א חיוב גמור צו ליב האבן די ווייב אדער דער מאן, אבער בעפאר דעם איז כדאי אדורכצושמועסן עטליכע פראקטישע נקודות צו בעסער פארשטיין וואס איז די מעלה פון א ווירטשאפט וואו עס איז דא א ליבשאפט צווישן א מאן און ווייב[7].

ד. סור מרע ועשה טוב

די ערשטע נקודה איז זייער פשוט, אין א שטוב וואו עס הערשט נישט קיין הארמאניע, דארף מען געווענליך ארבעטן אויף זיך צו זיכער מאכן אז ס'ברעכט נישט אויס קיין קריגערייי אין שטוב, פון יעדע קלייניקייט קען די מצב ווערן אנגעצויגן. אזא שטוב איז אפטמאל די גאנצע לעבן א קייט פון שוועריקייטן, וואו מען דארף כסדר נוצן פארשידענע מיטלען צו זיכער מאכן אז די שטוב פאלט נישט צוזאם.

---

6) בפרק ד', "ריעים האהובים".

7) הארט פארן גיין צום דרוק, האבן מיר באגעגענט א הערליכע ספר וואס טוט אדורך דעם נקודה פון ליבשאפט אויף צו בויען א שטוב, דאס איז דער ספר "שלום ורעות" פון הרב דוד לעווי שליט"א, מייסד מפעל "פלא יועץ". אין דעם ווערט ברייט אויסגעשמועסט בטוב טעם ודעת די ריכטיגע אופן ווי אזוי א אידישן שטוב דארף זיין אוועקגעשטעלט, מיט אירע אלע פרטים. עס איז באמת כדאי פאר ווער עס קען צו אדורך לייענען דעם ספר.

גאנץ אנדערש איז אבער ווען מ'לעבט מיט אמת'ע אהבה און איינער האט ווירקליך ליב דעם אנדערן, דאן דארף מען נישט ארבעטן צו אפהאלטן קריגערייען, און די לעבן פירט זיך גאר געשמאק, מען העלפט ארויס איינער דעם צווייטן מיט א געפיל, און עס שטערט נישט אזוי ווען נישט אלעס קלאפט הונדערט פראצענט, ווייל די אטמאספער אין שטוב איז געשמאק, און באופן כללי דארף נישט זיין קיין גרויסע מיספארשטענדענישן און קריגערייען. אנשטאט ארבעטן אויף דעם 'סור מרע' - זיך צו צוריקהאלטן פון קריגערייען, ארבעט מען אויף די פארקערטע, אויפן 'עשה טוב' - צו בויען צוזאמען א ליבליכע אוןווארעמע שטוב.

ה. על כל פשעים תכסה אהבה

ווען עס פאסירט יא אין שטוב אז מען קריגט זיך ארום אויף עפעס, אדער איינער האט וויי געטוהן דעם צווייטן, איז דא א ריזיגן חילוק אין די נאכפאלגנדע תוצאות פון דעם. מטבע הדברים מאכט זיך אין א יעדע אידישע שטוב פארשידענע מצבים וואס קען צוברענגען צו א קאנפליקט צווישן מאן און ווייב, ס'האט נאך קיינער נישט חתונה געהאט און אלעס איז געפארן גלאטיג. אין יעדע שטוב איז דא עליות און ירידות, און ס'קען זיך מאכן קליינע מחלוקת'ן און מיספארשטענדענישן, דאס איז נארמאל. ווען ס'דא א טיפע ליבשאפט צווישן מאן און פרוי גייט עס געוועגליך אדורך זייער שנעל ווי די פסוק זאגט[8]: **על כל פשעים תכסה אהבה**, דאס מיינט אז אפילו איינער האט בא'עוול'ט דעם צווייטן וועט אבער די ליבשאפט צודעקן די פראבלעם, און ביז א קורצע צייט וועט מען גענצליך פארגעסן דערפון. אנדערש איז אבער, אויב ס'איז נישטא קיין קשר צווישן זיי, מאכט זיך זייער אפט אז די קליינע מחלוקת וואקסט און וואקסט, און ווערט פון עפעס א קליינע קריגעריי צו נאך א גרעסערע, און ס'פארט ארויס פון די הענט.

ווען מען האנדלט מיט שותפים אין א ביזנעס און מ'קומט זיך נישט אזוי גוט דורך, איז נישט עק וועלט, אפילו ס'איז דא אמאל רייבערייען איז נישט געפערליך ווייל נאך אלעם גייט מען צו זיך אהיים און די לעבן איז פיין אין געשמאק אינדרויסן פון אפיס, די שטוב איז אנגענעם און ווארעם און מ'האט סיפוק אינדערהיים. אין ערגסטן פאל קענען זיך די שותפים זייער לייכט צוטיילן ווען יעדער מאכט שבת פאר זיך, און אפילו מ'וועט אפהאקן איינער פונעם אנדערן וועט אויך גארנישט פאסירן. אנדערש איז אבער ווען מאן און ווייב קומען זיך נישט אויס, און פון א קליינע מחלוקה'לע וואקסט עס צו א גרויסע, און ס'הייבט זיך אן געשלעגן, דעמאלט איז זייער ביטער. דערפאר דארף מען זעהן אז די קשר זאל זיין א קשר של קיימא, דאס הייסט אן אמת'ע גאר שטארקער קשר, אז אפילו עס מאכט זיך חלילה עפעס א מאמענט

8) משלי י, יב.

ווי א דרויסנדיגע מאכט פרובירט אויפצועפענען דעם קשר, זאלן די מאן און ווייב זיך האלטן שטארק צוזאמען, ווייל נאר מיט אן אמת'ע ליבשאפט וועלן די אלע קליינע פראבלעמען שנעל אריבערגיין, און אין די שטוב וועט ווייטער הערשן אן אנגענעמע שלום בית[9].

ו. שמחת החיים

א מאן און פרוי קענען זיין צוזאמען אין איין הויז פאר לאנגע געזונטע יארן, איינער איז מוותר פארן צווייטן, זיי האבןביידע גוטע מדות און זיי שלאגן זיך נישט ארום, אבער פארט איז נישט דא קיין אינערליכע צופרידנהייט, ווייל דער גאנצער מהלך איז אז מ'שפירט אז מ'געבט נאך איינער פארן צווייטן, מען שפירט ווי מען טוהט א גאנצע טובה ווען איינער העלפט ארויס דעם צווייטן.

לאמיר נעמען פאר א דוגמא ווען צוויי אידן טוען חסד פאר אנדערע מענטשן, איינער איז א וואוילער איד וואס קאכט עסן פאר ארעמע אידן און די צווייטע איז א מאמע וואס קאכט עסן פאר אירע קינדער. ביידע טוען די זעלביגע זאך, מען געבט צו עסן פאר אנדערע. וואס איז די חילוק צווישן זיי?

די חילוק איז זייער פשוט, ווען סתם איינער טוט חסד פאר אנדערע אידן און קאכט זיי צו עסן, איז עס טאקע א גרויסע חסד, אבער ביי זיך אין הארץ פילט מען אז ס'קומט זיך אז זיי זאלן אים\איהר באדאנקען פאר דעם, מען געבט זיך דאך אוועק פאר יענעם, און פאר די גרויסע מצוה וואס מען טוט ערווארט מען אז מ'זאל דערפאר מכיר טובה זיין. גאנץ אנדערש איז ווען א מאמע קאכט פאר די קינדער צו עסן, פילט זי נישט אז זי טוט א מצוה מיטן געבן די קינדער צו עסן, זי האט ליב אירע קינדער און וועט טוהן אלעס אין די וועלט אז ס'זאל זיין גוט פאר זיי, דאס איז גאנץ אן אנדערע סארט עבודה, ווען די מאמע וואלט געמוזט ארבעטן אויף זיך און געטוהן א "מצוה" צו צושטעלן עסן וואלט עס לכאורה נישט אויסגעקוקט האלב אזוי גוט ווי יעצט ווען זי טוט עס פון פיל ליבשאפט צו אירע טייערע קינדער. דאס זעלבע איז אין א אידישע שטוב, מ'קען טוהן די זעלבע ארבעט בפועל, אבער די נשמה פון די זאך איז גאר אנדערש אינגאנצן אויב מ'טוט אלעס מיט א ליבשאפט און מיט א חשק. דעריבער איז ממש א שאד אויב טוט מען שוין יא אלעס ווי עס דארף צו זיין, זאל עס כאטש זיין מיט אן אמת'ן געשמאק,

9) ראה בספר עמודיה שבעה להגאון ר' אברהם גנחובסקי זצ"ל מרמ"י ישיבת טשעבין, פרק ד' וז"ל: האדם צריך לדעת שכשהוא מתחתן זה לא ששני דיירים גרים בשותפות בבית אחד, והאחד מוכן לעשות פעולות לשני ולעזור לשותף שלו ברמ"ח איבריו ושס"ה גידיו כדי שיוכלו יחדיו לגור בבית אחד, אלא הוא מתחתן עם בן אדם וצריך שיהיה בלב שלו רגש של אהבה אליה. כשבן אדם אוהב את השני הכל אחרת מאשר אם הוא לא אוהב. כשהוא לא אוהב, הכל צריך רחמי שמים מרובים... לעומת זה, כשהוא כן אוהב אותה, הכל מתנהל באופן הכי טוב - "על מי מנוחות ינהלני".

מיט ליבשאפט און געפיל, ווי איידער נאכגיין די ליסטע פון זאכן וואס מען "מוז" טוהן כדי א שטוב זאל זיך פירן.

ענליך זעען מיר אז דער באשעפער האט אונז באפוילן מיט א מצוה פון אהבת ה'. לכאורה דארף מען פארשטיין פארוואס איז דא אזא מצוה, וואס איז נישט גוט אויב א מענטש דינט דעם באשעפער מחמת יראה אליינס? איז די **חינוך** מסביר[10]: **שורש מצוה זו ידוע, שלא יקיים האדם מצוות השם ברוך הוא יפה רק באהבתו אותו**. א מענטש קען נישט ריכטיג מקיים זיין מצות ה' נאר ווען עס קומט פון אהבת ה'. דער באשעפער וויל אז די עצם איד זאל וועלן טוהן די רצון ה', נישט אן עבודה וואס מ'טוט געצווינגענערהייט, ווייל אויב דאס איז נאר פון יראת ה' פאלט מען דורך, און מען טוהט נישט די מצוות ריכטיג. נאכמער פון דעם שרייבט דער **רמח"ל**[11] אז ווען איינער ארבעט מתוך אהבת ה' פרובירט ער צו טוהן פיל מער, און אפילו זאכן וואס ער איז ער נישט מחויב צו טוהן וועט ער טוהן ווייל עס ברענט אין איהם די ליבשאפט צום באשעפער.

און דאס זעלבע איז מיט א לעבן צווישן מאן און פרוי - ווי די רמח"ל שטעלט דאס צו - אויב איז דא אן אמת'ע ליבשאפט איינעם דעם צווייטן, דאן וועט נישט זיין די צוואנג אז מ'טוט נאר פונקטליך וויפיל מען איז מחויב צו טוהן און נישט קיין ברעקל מער, נאר אדרבה מען וועט טוהן וואס אימער מען קען כדי צו צופרידן שטעלן דעם צווייטן. אויב איז דא ליבשאפט איז נישט יעדע זאך אן עול נאר אדרבה מען וועט פרובירן זיך ארויסצוהעלפן ווי מער מען קען, ווייל מען האט הנאה פון די עצם העלפן.

ווי אויך, אויב טוט מען זאכן מיט א ליבשאפט און געפיל איז דאס אסאך מער חשוב ווי צושטעלן מער אבער אן קיין געפיל. ווי די פסוק זאגט אין משלי[12]: **טוב ארוחת ירק**

10) ספר החינוך - מצוה תי"ח.

11) מסילת ישרים פרק י"ח, וז"ל: והענין הוא כי הנה המצות המוטלות על כל ישראל כבר ידועות הן וחובתן ידועה עד היכן היא מגעת, אמנם מי שאוהב את הבורא ית"ש אהבה אמתית לא ישתדל ויכוין לפטור עצמו במה שכבר מפורסם מן החובה אשר על כל ישראל בכלל, אלא יקרה לו כמו שיקרה אל בן אוהב אביו שאילו יגלה אביו את דעתו גילוי מעט שהוא חפץ בדבר מן הדברים, כבר ירבה הבן בדבר ההוא ובמעשה ההוא כל מה שיוכל. ואע"פ שלא אמרו אביו אלא פעם אחת ובחצי דיבור, הנה די לאותו הבן להבין היכן דעתו של אביו נוטה לעשות לו, גם את אשר לא אמר לו בפירוש, כיון שיוכל לדון בעצמו שיהיה הדבר ההוא נחת רוח לפניו ולא ימתין שיצוהו יותר בפירוש או שיאמר לו פעם אחרת.
והנה דבר זה אנחנו רואים אותו בעינינו שיולד בכל עת ובכל שעה בין כל אוהב וריע, בין איש לאשתו, בין אב ובנו, כללו של דבר בין כל מי שהאהבה ביניהם עזה באמת. שלא יאמר לא נצטויתי יותר, די לי במה שנצטויתי בפירוש, אלא ממה שנצטוה ידון על דעת המצוה וישתדל לעשות לו מה שיוכל לדון שיהיה לו לנחת.

12) משלי טו יז.

ואהבה שם, משור אבוס ושנאה בו - עס איז בעסער א פארציע גרינצייג און ס'איז דא דערין ליבשאפט, ווי איידער גוטע פלייש אבער עס איז דא פיינטשאפט דערין.

אין א שטוב וואס הערשט א געפיל פון ליבשאפט איינער צום צווייטן איז די גאנצע הלוך ילך פון שטוב אויף גאנץ אן אנדערע שטאפל ווי א שטוב וואס פירט זיך טרוקנערהייט, אין אזא סארט שטוב איז א געשמאק צו זיין און צו פארברענגען, זאכן ווערן געטוהן מיט א שמחה, מיט א פרייליכקייט, און מיט אן אמת'ן ווילן צו זיין א הילף פארן שותף ווי מער מען קען, דאס איז אסאך מער ווערט ווי אלעס[13].

ז. עשה למען תינוקות

אויך דארף מען וויסן, אז א שטוב וואו ס'נישטא אן אמת'ע ליבשאפט צווישן מאן און ווייב קלאפט דאס זייער שטארק אויס אין די קינדער. אויב די גאנצע אטמאספערע אין שטוב איז אנגעצויגן און ס'ברעכט כסדר אויס פארשידענע מחלוקת'ן אויף קלייניקייטן, און די טאטע מאמע קריגן זיך אפטמאל פארנט פון די קינדער, אפילו זיי מאכן שלום גלייך דערנאך, אבער די קינדער זעהן די מצב מיט זייערע קלארע אויגן, וועט דאס צוברעכן זייער יסודות'דיגע נאנטקייט און רעספעקט פאר זייערע עלטערן. ווי דער **אורח ישרים** שרייבט[14]:

13) ראה במלבי"ם, (הקדמה לשיר השירים) וז"ל: המשל מספר, כי בין המון הנשים מלכות ופלגשים, אשר בהמה דבק שלמה לאהבה, חשקה נפשו רהבים, אילת אהבים, עלמה כקציעה וימימה, ברה כחמה, כולה מתאימה, אין כמוה על אדמה, והיא רועה צאן בני אמה. והיא כרחל לפני גוזזיה נאלמה, כי כאש עצור בעצמותיה ולהבה, רשפי אש שלהבת אהבה, אל עלם נעלם, פלוני אלמוני, טוב רואי אדמוני, יפה עינים, וזרזיר מתנים, בחור כארזים, וחכם הרזים, רועה צאן וגדיים, הררי בשדה בירכתים, והוא יחוש יום יום כנשר שמים, מן המדבר אשר הוא חונה שמה, אל חדרי שלמה מעון רעיתו העגומה, ויחדש עמה תמיד ברית אהבתו, ויקראיה יונתו תמתו, והוא נקרא דודי וריעי בפי כלתו. והגם כי הפקיד המלך עליה שומרים, בנות ירושלים אותה נוטרים, וסביב מטתו ששים גבורים, בכל זאת מנעולי ברזל ונחשתים, בפני רשפי האהבה לא נעלו, וחומה בריח ודלתים, בין החושקים לא הבדילו, כי הדוד שב לדבר עמה תמיד דרך חור מזוזה ודלתים, גם היא יצאה אחריו המדבר רובצת עמו בין המשפתים, ובכל עת צאתה ירדפו אחריה, בנות ציון נוטריה, יסובבוה במחולת המחנים, והיא נושאת אליהן ידים, לאמר, השבעתי אתכם בנות ירושלים, אם תעוררו את האהבה, כי טוב לי עמה פת חרבה, במדבר ציה וערבה, מהיכלי עונג בם לא ראיתי טובה. ויין הרקח מהול בדאבה. - באחרית הימים, בא עופר האילים מהרי בשמים, קרנים מידו עליה זרחו, ודודאי האהבה פרחו, ורשפיה רשפי אש נצחו. ואסירי התקוה חפשי שולחו, ואל המדבר ברחו, ולהקת המשוררים רנה פצחו - כמות עזה אהבה, וקנאתה כשאול נשגבה, לא יכבו מים רבים הלהבה. ולא נהרות ומי תהום רבה. - העברים סרו שחקים נטהרו, צללים עברו, ריעים התחברו, גיל וששון חגרו, הביטו ונהרו, עטרת עטרו, המזמרים זמרו, והמשוררים שרו.

14) להרב מנחם צבי טקסין זצ"ל, (שנת תרס"ט. ביבמות ס"ב) וז"ל: כי חנוך הבנים בדרך הישרה תלוי בשלום הבית, כי באם שהשלום שרוי בין האיש והאשה ומכבדים זא"ז אז הבנים מכבדים את שניהם, לא כן

> די שלום בית איז א שטארקע שליסל צו קענען מחנך זיין די קינדער אויף די ריכטיגע וועג, ווייל אויב ס'איז דא שלום צווישן א מאן און פרוי און זיי זענען זיך מכבד איינער דעם צווייטן, דאן זענען די קינדער מכבד זיי ביידע, אויב אבער ס'דא א קריגעריי צווישן זיי, און די קינדער זעען אז זייערע עלטערן זענען מזלזל איינער דעם אנדערן, וועלן זיי נישט צוהערן צו וואס די עלטערן זאגן זיי, און וועלן דערנאך אויך אויפוואקסן אוממענטשליך און אן קיין דרך ארץ.

ובפרט אין די היינטיגע רוישיגע וועלט ווען מיר לעבן און אזעלכע שווערע צייטן איז נאך מער וויכטיג ווי אייביג אז די קינדער מיט די עלטערן זאלן האבן א גאר טיפע קשר כדי צו קענען דורכשווימען די שווערע נסיונות הדור. די גוטע מלמדים אין חדר שמעקן גלייך אויף א קינד אויב די מצב אין שטוב איז אנגעצויגן, אן אנגעצויגענע שטוב איז די ערשטע גורם אז א קינד זאל נישט זיין ביי זיך געהעריג, און די יסוד פון דאס קינדס לעבן הייבט זיך אן וואקלדיג[15].

ח. גם כי יזקין

עס איז אן אפטע ערשיינונג צו זעהן א פארפאלק וואס האבן גוט געלעבט צוזאמען יארן לאנג, אבער פלוצלינג ווען די הויז ווערט ליידיג, אלע קינדער זענען שוין ברוך ה' חתונה געהאט, ערשט דעמאלט זעהט מען אז די מצב אין שטוב איז נישט אזוי בסדר. דאס קען זיך מאכן ווייל ווען א פארפאלק האבן נאך קינדער אינדערהיים און די הלוך ילך פונעם טאג איז זייער פארנומען, איז נישט דא קיין צייט סיי זיך צו ליב האבן און סיי זיך צו קריגן, די לעבן פארט ווי א ביזנעס שותפות, זי קאכט און געבט זיך אפ מיט די קינדער, און ער ארבעט און ברענגט פרנסה אין שטוב, און ווען מען איז אין שטוב איז מען פארנומען מיט די שטוב ווירטשאפט, אבער נאכן חתונה מאכן אלע קינדער טרעפן זיי זיך ווי צוויי כמעט פרעמדע מענטשן וואס זיי וואוינען גראדעביידע אין איין הויז, און דעריבער קלאפט אויס דאס פרעמדקייט און ס'איז שווער זיך אן עצה צו געבן[16].

כאשר מריבה ביניהם, אז הבנים בראותם כי אבותיהם מזלזלים זה את זה, המה לא ישמעו בקול שניהם, ויגדלו שובב בלא מוסר ובלא דרך ארץ.

15)) ראה בספר שלום ורעות להרב דוד לעווי שליט"א, דף 21 וז"ל: יכולני להעיד בבירור שכאשר שורים האחווה השלום והרעות בבית, גידול הילדים מצליח באופן בל ישוער, והחינוך הטהור מונחל בנקל וכמעט ללא מאמץ, ילדים הגדלים בבית כזה רוצים ואוהבים להיות בבית ולשמוע בקול הוריהם וכו'. וע"ע שם דף 23 וז"ל: בהיותנו קרובים זה רבות בשנים אל התחום של הצלת הנוער, הדבר מבורר אצלנו כי רובא דרובא של אותם נושרים באים מבתים בהם ההורים מסוכסכים או עכ"פ חלוקים, ואילו בתים שזכו להיבנות על אדני השלום והריעות כמעט ואין בנמצא מקרים כאלה.

16) אגב איז א גרויסע שאד אז וועניג וועלן דעמאלט גיין פאר הילף ווי אזוי צו מסדר זיין זייער שלום

ט. השראת השכינה

נאך איין גאר וויכטיגע נקודה איז דא, און דאס איז אפשר נאך די וויכטיגסטע נקודה פון אלעם. מען דארף שטענדיג געדענקען אז כדי מען זאל זוכה זיין אז די שטוב זאל זיין א מקדש מעט, מען זאל האבן א שטוב וואו ס'דא השראת השכינה דארף דאס זיין א שטוב וואו ס'איז שורה אן אהבה ואחוה מיט אן אמת'ע אחדות, ווי חז"ל זאגן[17] אז **איש ואשה שזכו שכינה שרויה ביניהם**, און ווי עס שטייט אין ספרים[18] אז דאס מיינט אז נאר אויב מ'איז זוכה צו לעבן מיט א ליבשאפט צוזאמען דעמאלט איז דא השראת השכינה אין שטוב, אבער אויב ס'איז דא מחלוקת און פירוד און עס הערשט נישט קיין אחדות גמור, איז דאס גורם אז די שכינה כביכול זאל נישט רוען אין אזא שטוב. עס פארשטייט יעדער איינער אז די וויכטיגסטע זאך פון אלעס איז אז עס זאל זיין השראת השכינה, ווייל אויב דאס איז דא איז שורה אין אזא שטוב אלע ברכות, באגלייט מיט די גרעסטע סייעתא דשמיא וואס איז נאר שייך[19].

בית אויף די ריכטיגע רעלסן, עס איז קיינמאל נישט צו שפעט און איז נישט קיין בושה צו רעדן דערוועגן צו איינער וואס קען העלפן, ס'ה פרובירט מען בעסער צו מאכן די שלום בית, וואס דאס איז א זאך וואס יעדער קען פארבעסערן, ס'איז קיינמאל נישט דא א מצב ווי מען קען זאגן אז מ'איז שוין אנגעקומען צום שפיץ, מען קען גיין העכער און העכער און אלס דערגרייכן טיפערע ליבשאפט צווישן זיי ביידע. אפי' מ'שפירט אז ס'איז יא א שטיקל בושה, לוינט זיך אלעס אין די וועלט זיך אליינס ארויסצוהעלפן אין א זאך וואס מאכט אזא פונדאמענטאלענעם חילוק אין די טאג טעגליכן לעבן פון א מענטש.

17) סוטה יז ע"א.

18) ראה בשל"ה הק' (שער האותיות, דרך ארץ אות לט) וז"ל: ויהיה שלום גדול בין איש לאשתו, כי שם י"ה שורה ביניהם כמו שאמרו רבותינו ז"ל שאיש ואשה שזכו וכו' ואם עושים מחלוקת ח"ו אז מוחקים השם ונשאר אש ואש וכו'. וכ"ה במנורת המאור (סי' קע"ה) וז"ל: ואם יתנהג עמה כראוי יהיה שלום ביניהם, והשכינה מגן בעדם כדגרסינן במס' סוטה וכו' זכו שכינה ביניהם. וז"ל העיון יעקב (סוטה יז ע"א): 'איש ואשה שזכו' זכו שיש שלום ביניהם 'שכינה ביניהם' כי שם ה' שלום ועליהם נאמר וידעת כי שלום אהלך וכו' ולהכי שמו של הקב"ה נמחה על המים לעשות שלום בין איש לאשתו, משא"כ אם לא זכו שאין שלום ביניהם אש המחלוקת ביניהם אוכלתן.

19) ראה בקרן לדוד (פרשת חיי שרה, עה"פ ויברכו את רבקה) וז"ל: וי"ל בס"ד, דנודע מה שאמרו חז"ל איש ואשה זכו שכינה שרויה ביניהם וכו' ומבואר בפסוק (שמות כ כ) כל מקום אשר אזכיר את שמי אבוא אליך וברכתיך, דכל מקום ששכינה שרויה יש ברכה. ומעתה, אם יש לברך הזוג טרם יתחתנו, אין לברך ברכה פרטיות, כי אם על דרך כלל שיזכו להשראת השכינה, ועל ידי זה ממילא יחשב להם ברכה בבני חיי ומזוני וכל טוב.

י. מה טובו אהליך

ווען א פארפאלק לעבט א לעבן פון ליבשאפט דאן הערשט א הארמאניע אין שטוב, און שטענדיג ווערט זיין דארטן א פרייליכע שטימונג, און אין אזא שטוב איז **גוט** צו זיין. דאס איז די ציל פון אונזער ספר, צו ווייזן שווארץ אויף ווייס ווי מיר זעהן אז די רצון ה' איז אז עס זאל זיין "מה טובו אהליך", א אידישע געצעלט זאל זיין גוט, פשוטו כמשמעו, סיי בגשמיות און סיי ברוחניות, און דאס קען נאר פאסירן אין א ליבליכע שטוב, אין א שטוב ווי עס הערשט אן אמת'ע אהבה אחוה שלום ורעות[20].

מיר ווערן אביסל אנרירן אויף די פראקטישע חלק פון שלום-בית, ווי אזוי מאן און ווייב וואס קומען פון צוויי אנדערע פלאנעטן קענען לעבן צוזאמען מיט אינגאנצן אנדערע נאטורן, אבער מיר ווערן נישט אזוי מאריך זיין אין דעם ווייל אויף דעם איז שוין דא פארשידענע סארט ספרים און ביכער ווי אויך פיל שיעורים ווי מ'קען הערן עצות און טיפס אויף שלום בית. מיר ווערן בעיקר מסביר זיין וואס איז די מטרה, וואס איז די ציהל, צו וואספארא סארט שלום-בית וויל מען צוקומען, וואספארא דרגה פון ליבשאפט עס פאדערט זיך צו קענען פירן א שטוב, און אדורך מאכן די לעבנס רייזע צוזאמען ביז הונדערט צוואנציג. אמאל איז עס א שנעלע וועג און אמאל אביסל לענגער, אמאל איז די וועג גלייך און אמאל מאכט זיך שוועריקייטן אויפן וועג, אבער אויב האלט מען פאר די אויגן די ציהל וואו מ'דארף צו אנקומען וועט מען בעזהי"ת דערגרייכן צום גאלדענעם תכלית וואס א יעדער וואונטש זיך.

יא. אינו דומה ראיה לשמיעה

מיר האפן אז ביים ענדיגן ליינען דעם ערשטן חלק קונטרס וועט איר האבן א בעסערע בליק אויף דאס גאנצן ענין פון די חיי הנישואין, און אוודאי איז כדאי צו זיכער מאכן אז אייערע שותף אין לעבן ליינט דאס אויך אדורך, און איז מיט אייך צוזאמען בהשקפה.

ס'דארף קלארגעשטעלט ווערן אז אין אמת'ן איז א ספר נישט אייביג גענוג, כדי ארויסצוהאבן דאס ענין קלאר, און עס איז שטארק ראטזאם עס אויך אדורכצושמועסן מיט עמיצן, וואס דאן גייט עס מער אריין אין הארץ, און זיכער אויב מ'זעהט אז מען האט נאך פארשידענע ספיקות, אדער אז די שותף פארשטייט דאס נישט ווי עס דארף צו זיין, דאן מוז מען אוודאי גיין זוכן הילף צו זעהן וואס עס שטערט פאר דיר אדער אייער שותף, עס איז פשוט א שאד יעדן טאג וואס עס גייט אדורך.

---

20) ראה בספר זכרון זאת (להחוזה פר' בלק ב') וז"ל: פרשנו על הפסוק מה טובו אהליך וכו' כי אשה נקראת אהל כמו שפרש בגמרא על שובו לכם לאהליכם וכו' כי השרוי בלא אשה שרוי בלא טובה וברכה ושמחה כידוע עיי"ש.

אבער, ס'איז זייער וויכטיג צו באטאנען אז מען דארף וויסן ווען צו פרעגן. אוודאי דארט ווי עס איז נוגע א הלכה שאלה קען מען פרעגן א יעדע מורה הוראה וואס קען גוט די הלכות, אבער זאכן וואס אנבאלאנגט "שלום-בית" פרעגט מען איינער וואס קען די סוגיא פון שלום-בית, דאס זענען וואילע אידן וואס פארשטייען צו מענטשן, זיי האבן גוט דורך געטוהן די נושא, האבן עקספיריענס, און זיי וויסן וואס זיי רעדן.

יב. **ברכת הודאה**

שטייענדיג אין אזא צייט ווען מיר האבן זוכה געווען צו ברענגן לאור עולם דעם דאזיגן ספר וואס וועט אי"ה זיין א שטארקן תועלת פאר אידישע פארפעלקער, הייבן מיר אויף די הענט צום טאטן אין הימל מיט א שבח והודאה על החסד והטוב אז מיר האלט שוין דא, אהן די הויפענעס פון סייעתא דשמיא אויף טריט אין שריט וואלטן מיר נישט דערגרייכט ביז אהער.

*

בראש ובראשונה ווילן מיר אויסדרוקן א הארציגן יישר כח פאר די אלע חשוב'ע **רבנים** און **מדריכים** שליט"א וואס זענען אריבער אויף די תוכן פונעם ספר. טראץ דעם וואס עס קומט נישט אן לייכט צו איבערקוקן א ספר פון עטליכע הונדערט בלעטער און אריבער 750 מראי מקומות, דאך האבן זיי אוועקגעגעבן פון זייער טייערע צייט לטובת כלל ישראל און געגעבן זייערע הארות מיט הערות אין פילע הינזיכטן, כדי די ספר זאל זיין גענצליך אויסגעהאלטן לויט אונזער היימישע השקפה און זיין געאייגנט פאר חסיד'ישע מענער און פרויען צוגלייך.

*

מיר האבן נישט גענוג ווערטער צו באדאנקן פאר די מנהלים פון **מכון מחשבת** וואס האבן אונז שטארק געהאלפן צו ארויסגעבן דעם ספר במלוא תפארתה והדרה. אונזער טיפע געפילן פון הכרת הטוב פאר אלעס וואס זיי האבן בייגעשטייערט צו די הצלחה פון דעם ספר איז אומבאשרייבלעך, יה"ר מלפני אבינו שבשמים, זיי זאלן ווייטער קענען עוסק זיין אין זייער פארשידענע אנדערע פרויעקטן, אויפצוטוהן פאר איד'נס וועגן, וחפץ ה' בידם יצליח.

*

א ספעציעלן דאנק פאר די געטרייע מגיהים, וואס האבן אריינגעלייגט גאר אסאך שעות אז די תוכן הדברים זאלן זיין קלאר כסולת המנופה, ה"ה הרב **יעקב היילפערין** שליט"א וואס האט מגיה געווען די ערשטע טייל פונעם ספר, און הרב **שמואל שמעלקא זילבערשטיין** שליט"א וואס האט איבערגעארבעט די צווייטע טייל פונעם ספר, מיט זייערע געטרייע ארבעט האבן זיי ב"ה מצליח געווען צו זיכער מאכן אז דעם ספר זאל זיך ליינען געשמאק און זאל זיין ראוי לעלות על שולחן מלכים.

ברכה קובעת לעצמם, ידידים הרוצים בעילום שמם תמיד, וואס האבן אונז צוגעהאלפן צו שרייבן געציילטע נקודות אויף א קלארן אופן, ישלם ה' שכרם ותהי משכורתם שלימה מעם ה'. ואחרון אחרון חביב, הרב **אברהם חיים היילברוין** שליט"א, און הרב **יואל** (בר"י) **פארקאש** שליט"א וואס נאר מיט זייערע גוטהייסונג און מומחיות אויף פארשידענע פראנטן, האבן מיר מסיים געווען דעם ספר על צד היותר טוב, און צו איר פארשפרייטונג מיט א געוואלדיגן הצלחה, יה"ר שתשרה שכינה בכל מעשה ידיהם.

*

א פערזענליכע בקשה פאר אלע **חשוב'ע לייענערס**; ביטע נישט אדורכליינען דעם ספר שנעל און געוויס נישט איבערהיפן פרקים און ליינען דא אביסל און דארט אביסל, וויבאלד עס איז אריינגעגאנגען אינעם ספר אומגעהויערע כוחות אז עס זאל זיין אויסגעשטעלט מיט א סדר וויאזוי איר זאלט ווירקליך קענען קונה זיין אלע נקודות ביז עס ווערט בס"ד א קומה שלימה.

אויב האט איר הנאה געהאט פונעם ספר, ביטע לאזט וויסן אייער פאמיליע און פריינט דערוועגן, זיי וועלן אייך בע"ה דאנקבאר זיין! אויב מעגליך, זייט זיי מעודד צו **קויפן** דעם ספר ווי איידער בארגן - דאס וועט אונז העלפן צו דעקן כאטש א טייל פון די ריזיגע הוצאות, ווי אויך ווייזט ערפארונג אז מ'לייגט בעסער צו קאפ ווען מ'קוקט אריין אין א ספר וואס מ'האט אליין געקויפט, און ס'האט א שטערקערע השפעה. בכלל, איז נישט ראטזאם בלויז איינמאל שנעל דורכצולערנען דעם ספר, נאר עס פעלט אויס צו האלטן אין שטוב און לערנען און חזר'ן, ליתן ריוח בין פרשה לפרשה להתבונן, אפט אריינקוקן דערין און זיך אויפפרישן, און גוט געדענקן וויאזוי צו אוועקשטעלן אן ערליכן שטוב, לויט דעם רצון ה'.

*

צום לעצט, בעטן מיר א הארציגע תפלה צום באשעפער אז יהיו לרצון אמרי פינו, ס'זאל זיין באוויליגט אונזערע רייד פארן הייליגן באשעפער, און מען זאל האבן די זכיה צו ארויסהעלפן און באלייכטן די שטובער פון אידישע קינדער, די לייענערס זאלן קלאר ארויסהאבן די געדאנקן וואס מיר שרייבן, און נישט חלילה ארויסנעמען דערפון בלויז געציילטע שורות וואס זיי געפעלט, און ס'זאל ח"ו נישט ארויסקומען א מכשול מתחת ידינו.

מכון מחשבת

• פרק א׳ •

לא טוב היות האדם לבדו

די אמת׳דיגע טובה און די ריכטיגע תועלת פון א חיי הנישואין

א. די נקודה פון חתונה האבן

ווען איינער גרייט זיך צום חתונה - אדער האט שוין חתונה געהאט - דארף די ערשטע זאך זיין זיך אפצושטעלן און אריינטראכטן פארוואס האט מען בכלל חתונה? וואס איז די הויפט ציל פון א חתונה געהאטע לעבן? דאס איז אין אמת׳ן זייער א פשוט׳ע פראגע, אבער וואס ווייניג קלערן אריין דערין. געווענליך האט מען חתונה פשוט ווייל אזוי איז די סדר העולם, ״יעדער האט חתונה״, ממילא פארשטייט מען אז אזוי דארף מען צו טוהן, אהן אריינקלערן אין דעם ריכטיג.

די תורה הק׳ וואס איז אונזער וועג ווייזער אויף יעדן טריט און שריט האט די ענטפער פאר דעם, און טאקע גלייך ביי די ערשטע סדרה שטייט זייער קלאר פארוואס מען דארף חתונה האבן. אין פסוק שטייט[21]: **לא טוב היות האדם לבדו** - עס איז נישט גוט פאר א מענטש צו זיין אליינס, **אעשה לו עזר כנגדו** - איך וועל איהם מאכן א העלפער אנטקעגן איהם.

די נקודה פון חתונה האבן זאגט דא די תורה קלאר אז דאס איז צוליב וואס יעדער איינער פאר די חתונה איז אין א מצב פון **לא טוב**. א מענטש איינער אליינס איז נישט גוט, צוליב דעם האט דער באשעפער באשאפן א פרוי פאר אדם הראשון. דאס איז נישט נאר ביי אדם

21) בראשית ב, יח.

הראשון וואס ער איז געווען ממש איינער אליין אויפן וועלט[22] נאר א יעדע אייציגע מענטש פארן חתונה האבן איז אויך אין א מציאות פון "לא טוב". אזוי זאגן אונז חז"ל זייער קלאר[23]: **כל אדם שאין לו אשה שרוי בלא טובה דכתיב לא טוב היות האדם לבדו**. פארשטייען מיר שוין די ריכטיגע אורזאך פארוואס מ'דארף חתונה האבן, ווייל עס איז נישט גוט פאר א מענטש צו זיין אליין, מען מוז האבן א שותף אין לעבן, און מיטן חתונה האבן ווערט דאס לעבן טראנספארמירט פון נישט גוט צו גוט.

ב. דאס מציאות פון דאס לעבן פארן חתונה

לאמיר זיך אבער אפשטעלן און מתבונן זיין צו פארשטיין וואס איז דען אזוי נישט גוט א מענטש אליין. לכאורה, ווען מען באטראכט די היינטיגע מציאות פון בחורים און מיידלעך פארן חתונה, זעהט עס באמת אויס ווי דאס לעבן איז פאר זיי גאר געשמאק און לעכטיג.

א בחור אין ישיבה פעלט גארנישט, א בחור וואס וויל לערנען פלייסיג טאג און נאכט, וועט איהם קיינער נישט שטיין אין וועג, ער האט נישט קיין דאגות פון פרנסה, אלעס איז איהם צוגעשטעלט ווי עס דארף צו זיין. אז מען וועט איהם זאגן ער זאל חתונה האבן ווייל "לא טוב היות האדם לבדו", וועט ער דאס זיכער נישט פארשטיין, פארקערט ער זארגט זיך גאר צי ער וועט קענען ממשיך זיין מיט זיין תורה און עבודה נאכן חתונה, ס'קוקט איס אויס היפש קאמפלעצירט, נאכן חתונה דארף מען דאך פארברענגען מיט די ווייב, ובפרט אין די שנה ראשונה, מען וועט זיך מוזן זארגן צו ברענגען ברויט אין שטוב, וואס אייגנטליך גייט דא זיין בעסער?

און ווידער ביי א בחור וואס האט געטוהן וואס אימער ער האט געוואלט אין ישיבה, וועט ער אוודאי נישט פארשטיין דעם "לא טוב היות האדם לבדו", צי וואס פעלט איהם אויס צו זיין פון היינט און ווייטער צוגעבינדן צו א צווייטן וואס וועט איהם זיכער באגרעניצן פון טוהן וואס זיין הארץ באגערט.

---

22) וז"ל פירוש הרי"ף על עין יעקב (מס' יבמות אות כ"ב): שרוי בלא טובה. הביאור נראה לענ"ד דר"י השמיענו שכל השרוי בלא אשה שרוי בלא טובה משום דאפשר לומר במאי דכתיב לא טוב היות האדם לבדו דשאני אדם הראשון שאם לא נשא אשה לא היה מתקיים העולם כי אדם אין זולתו ולכן לא טוב אם יהיה האדם לבדו, אבל בדורות הבאים אחריו שאע"פ שאחד או ב' לא ישאו נשים מכל מקום אפשר לעולם להתקיים ע"י אחרים, אפשר שהשרוי בלא אשה לא ימנע ממנו הטוב, לזה אמר כל השרוי בלא אשה יהיה מי שיהיה מכל מקום שרוי בלא טובה, והכריח כן מדכתיב לא טוב 'היות' האדם לבד, היה לו לכתוב לא טוב האדם לבדו ומדקאמר לא טוב היות האדם משמיע הכי שבכל ימי היות העולם לא טוב - אינו שרוי בטובה - אם יהיה לבדו.

23) יבמות סב, ב.

און די זעלבע איז ביי די מיידלעך, א מיידל פארן חתונה פעלט איהר אויך בדרך כלל גארנישט, זי איז זייער פעסט אוועקגעשטעלט - געוועגליך נאך אסאך בעסער ווי א בחור - זי האט אירע חבר'טעס מיט וועמען זי פארברענגט געשמאק אין אלע צייטן, זי האט נארמאל א פיינעם דזשאב און האט נאך אוועקגעלייגט אפאר דאלאר אין די זייט אויך. פרעגט זיך די פראגע, וואס פונקטליך גייט ווערן פאר איר בעסער נאך די חתונה? אויב עפעס וועט זיין פארקערט, די געלט וואס זי גייט מאכן איז עפ"י הלכה די מאן'ס, צייט וועט זי שוין נישט האבן צו פארברענגען מיט אירע נאנטע, זי וועט נאר זיין פארנומען צו פירן א שטוב ווירטשאפט וואס קאסט אסאך כוחות, אלזא, צי וואס פעלט איהר אויס די גאנצע חתונה האבן?

ג. האבן קינדער

די פשוט'ע תירוץ וואס איינער וואלט אויף דעם געענטפערט איז לכאורה אז די ציהל פון חתונה האבן איז ווארשיינליך צו געבוירן קינדער, און ממשיך זיין כלל ישראל ווייטער. דאס איז אוודאי א חלק פון די תכלית פונעם חתונה האבן, אבער אויב טראכט מען אריין, זעהט מען אז די ביימער געבן פירות, די פעלדער וואקסן און געבן ארויס תבואה און צו מוזן זיין געבינדן מיט א צווייטע, ווי אויך אלע בהמות און חיות געבוירן קינדער, און זיי האבן נישט קיין קשר איינער צום צווייטן וואס בלייבט אויף אייביג, זיי געבוירן קינדער, אבער זיי האבן נישט חתונה.

פארוואס דארף מען וואוינען צוזאמען א מאן און א פרוי, מיט אן אייביגקייט פאר א גאנץ לעבן, מען זאגט 'הרי את מקודשת לי', די פרוי ווערט אסור פאר יעדן איינעם, און די מאן און פרוי ווערן צוגעבינדן איינער צום צווייטן מיט מורא'דיגע שיעבודים יעדן איינציגסטן טאג, צי וואס פעהלט אויס אזא גרויסן שיעבוד, אויב די גאנצע כוונה איז בלויז אויף צו האבן קינדער.

און אפילו אויב דאס האבן קינדער וואלט געווען די אמת'ע איינציגסטע סיבה אויף צו חתונה האבן איז דאס אבער ווייטער נישט קיין ענטפער אויף צו פארשטיין דעם טייטש פון "לא טוב", אז אנדעם איז פאר א מענטש נישט גוט. מ'זעהט דאך אז אין די גאנצע פרשה פון די באשאף פון חוה שטייט נישט דערמאנט קיין ווארט וועגן האבן קינדער, אלזא איז קלאר אז נישט דאס איז די נקודה וואס ווערט גערופן "טוב", וואס אויף דעם האט דער באשעפער געמאכט דאס מושג פון חתונה האבן.

ד. ווי אזוי ארבעט א פארהייראטע לעבן

לאמיר אצינד גיין א טריט ווייטער און זעען פראקטיש ווי אזוי עס גייט צו א פארהייראטע לעבן. ווען מען הייבט אן אריינצוקלערן אין דעם, און מען טראכט אביסל טיפער, ווערט דאס נאך שווערער צו פארשטיין.

א שידוך ווערט ביי אונז געטוהן נאכן זיך טרעפן פאר א קורצע תקופה, מיט אביסל אינפארמאציע וואס מען האט זיך אנגעהערט פון אפאר נאנטע חברים אדער חבר'טעס, זייער אסאך מאל איז די אינפארמאציע בלויז א בלאף, ווייל מען זאגט דאך געווענליך נישט דעם גאנצן אמת, אבער אפילו מיר ווען אננעמען אז עס איז אמת אז ער איז טאקע די בעסטע בחור און זי איז די בעסטע מיידל, איז אבער די אלע זאכן אויף וואס מען פרעגט זיך נאך בלויז אויף די דרויסנדיגע ענינים; וויפיל ער לערנט, ווי ערליך ער איז, ווי געלונגען זי איז, ווי צניעות'דיג זי איז, ווי אזוי גייט מען גיין אנגעטוהן נאכן חתונה וכו', מען פרעגט זיך נישט נאך בכלל אויב די צוויי סארטן מענטשן קענען וואוינען צוזאמען צי נישט, זענען זיי די זעלבע טבע מענטשן, האבן זיי דען די זעלבע השקפת החיים, עס איז דא אן א שיעור חילוקים וואס קען שטערן פאר איינער פון זיי צו לעבן צוזאמען מיטן צווייטן.

לאמיר דאס אצינד אביסל צונעמען, אין די **רוחניות** פון די מענטשן איז דא גרויסע חילוקים, אפילו ווען די צוויי משפחות זענען אפיציעל פון די זעלבע חסידות אדער קהלה, איז נאך אלס דא געווענליך א גרויסן דיפערענץ אין די תוכן פון די שטוב, אין די מאס פון יראת שמים און כבוד התורה וואס ליגט איינגעווארצלט אין די קינדער, דאס חשיבות פון לימוד התורה, וויפיל ערליכקייט מ'לייגט אריין, ווי אזוי זאגט מען ברכות און מען לייענט קריאת שמע, וויפיל איז מען מדקדק אויף קלייניקייטן, וועלכע סארט הכשרים זענען אנגענומען, און אזוי ווייטער און ווייטער. די אלע דיפערענצן קענען גורם זיין ערנסטע קאנפליקטן במשך די צייט.

אין א יעדע שטוב איז דא אנדערע סארט **געוואוינהייטן**. איינס איז מער א ווארעמע שטוב, ווי עס הערשט אייביג א פרייליכע שטימונג, א שבת סעודה איז א צייט פון א געשמאקע משפחה פארברענג, און די אנדערע שטוב איז פונקט פארקערט, עס הערשט א שטארקע דיסציפלין און ס'ווערט פארלאנגט א מורא'דיגע דרך ארץ'דיגע מצב, ביי די שבת טיש דארף יעדער שיין זיצן און אלעס פאלגן, און אזוי ווייטער. ווען צוויי באזונדערע מענטשן פון אזעלכע צוויי סארט שטובער האבן חתונה קלאפט דאס אויס אין א געוואלדיגע סתירה. עס איז אזוי אנדערש איינס פון צווייטן, און ס'איז שווער צו טראכטן ווי אזוי מ'קען בכלל וואוינען צוזאמען.

עס איז דא גאר אסאך חילוקים אין די **טבע** פון מענטשן. איינער איז א מסודר'דיגע מענטש, אלעס ליגט שיין אוועק געלייגט אויף די ריכטיגע פלאץ, די מאנטל הענגט מען אויף גלייך ווען מען קומט אריין אין שטוב, א צווייטער קען זיין פונקט פארקערט, אלעס איז גוט ווי אזוי עס איז, מען געדענקט נישט ווי די חפצים ליגן, און אזוי ווייטער.

די זעלבע איז ווען איינער איז זייער א לייכטע מענטש פון נאטור אויס, אלעס איז פיין ווי אזוי עס איז, ס'מוז נישט אלעס קלאפן הונדערט פראצענט, מען נעמט נישט אלעס אן אזוי ערנסט. ווידעראום דער צווייטער קען זיין ממש די פארקערטע, אלעס מוז קלאפן גענוי ווי געפלאנט, און אויב נישט ווערט מען באלד נערוועז, א לעבן פון די צוויי צוזאמען איז בדרך

הטבע נישט די בעסטע רעצעפט פאר א געזונטע שלום-בית. ווען צוויי קעגנזייטיגע נאטורן האבן חתונה, איז זייער שווער צו לעבן צוזאמען אין איין הויז, טאג איין טאג אויס.

נאך א דוגמא וואס קלאפט אויס אין א שטוב, איז די פונקטליכקייט פון א צייט. ביי איינעם איז א זייגער א זייגער, אלעס קלאפט אויף די סעקונדע. ביים צווייטן איז די צייט בכלל נישט קיין נושא. ווען ער זאגט ער קומט אהיים אין צען מינוט, מיינט דאס אז פאר א האלבע שעה קומט ער זיכער נישט אהיים, זי שטייט און ווארט און ווערט נערוועז, און ער הייבט נישט אן צו כאפן וואס זי וויל, ער האט צייט פאר אלעס, און בטבע האט ער נישט קיין שום פרעשור פון די זייגער. אדער פארקערט, ער קומט אהיים און די נאכטמאל איז נישט גרייט אויף די אפגעשמועסטע צייט, און דאס איז ביי אים געפערליך, און זי ווייסט נישט וואס ס'איז אזוי שלעכט אויב מ'שלעפט א האלבע שעה, אזוי איז זי צוגעוואוינט פונדערהיים, און זי קען נישט כאפן וואס איז שוין די גרויסע חילוק פון 6:30 אדער 7:00. און אזוי ווייטער איז דא אן א שיעור פארשידענע אנדערע נאטורן ביי מענטשן, איינער איז א הייסער די צווייטע איז א קאלטע, וכו' וואס דאס אלעס איז גורם שוועריגקייטן פאר צוויי אנדערע מענטשן צו וואוינען צוזאמען בשלום ושלווה.

עס איז אויך פארהאן אסאך חילוקים אין די **מדות** פון מענטשן. איינער איז מער א כעס'ן, און פון יעדער קליינע זאך ווערט מען אויפגערעגט, און די צווייטע איז פונקט פארקערט, זייער א צופרידענע און רואיגע מענטש. איינער איז א קמצן, א יעדע פרוטה איז אויסגערעכנט אפילו עס איז דא געלט בריוח, און די צווייטער קען זיין א פזרן, און זיך לאזן וואויל גיין און האלטן אין איין אויסגעבן געלט ווי אימער ס'לאזט זיך.

ס'דא איינער וואס איז שטערקער געבויעט מיט מער זעלבסט-זיכערקייט, די מיינונג איז שטארק און פעסט און אומבויגזאם, און די צווייטע קען זיין האט וויינציגער זיכערקייט, און איז אייביג אין א מצב פון ספיקות אהין און אהער. אין די אלע פעלער אויב א פארפאלק וואס האבן צוויי עקסטרעמע קעגנזייטיגע מדות אדער פארקערטע נאטורן קומען זיך צוזאמען איז זייער שווער צו וואוינען אינאיינעם אהן כסדר'דיגע רייבעריין און קאנפליקטן.

לאמיר זיך פארשטעלן ווי אזוי עס וואלט אויסגעקוקט ווען מ'הייסט א בחור אין ישיבה גלייך ווען ער קומט אריין אין ישיבה, אדער א מיידל קומט אריין אין היי-סקול, אז זיי זאלן זיך גוט נאכפרעגן, מאכן די בעסטע אינפארמאציע פארש, און זיך אויסקלייבן איין נאנטע פריינד, וואס מיט איהם/איהר וועט מען מוזן פארברענגען די קומענדיגע פינף יאר. מוזן עסן פרישטאג מיטאג און נאכטמאל נאר מיט די פריינט, לערנען און פארברענגען נאר מיט איהם/איהר. אזא זאך ארבעט נישט במציאות. עס איז כמעט נישט בנמצא איינער וואס האלט אן א חברותא'שאפט פאר אזא לאנגע תקופה. אדער טרעפט מען סתם אזוי א בעסערע חבר, אדער מאכט זיך א רייבעריי און צוליב דעם טוישט מען די פריינדשאפט מיט א צווייטן.

און איבער אלעס, איז א פריינטשאפט אלס בחור אדער אלס מיידל, בלויז פאר די צייט

וואס מען וועלט זיך אליינס אויס, מען קען פארברענגען צוזאמען א פאר מינוט אדער א פאר שעה, און דערנאך געזעגענט מען זיך, מען איז נישט צוגעבינדן צום פריינטשאפט נאר פונקט וויפיל עס איז זיי באקוועם. ווידער אין א פארהייראטע לעבן, איז מען געבינדן צו לעבן מיט א צווייטע מענטש מיט א גאוואלדיגן שיעבוד, פון די רגע מען האט חתונה ביז די הונדערט און צוואנציג גייען אט די צוויי מענטשן זיין צוזאמען, לעבן אין איין שטוב, פארברענגען איינע מיטן צווייטן אויף א טעגליכן פארנעם, פיר און צוואנציג שעה א טאג, און זיבן טעג א וואך.

שטעלט זיך אצינד די שווערע פראגע, ווי אזוי דארף צו ארבעטן דאס חתונה האבן, צוויי אנדערע מענטשן, צוויי אנדערע השקפות, צוויי אנדערע נאטורן, צוויי אנדערע מדות ובנוסף צו דעם איז דאך א בחור און א מיידל פון צוויי אנדערע וועלטן אינגאנצן. ווי אזוי קען א פארפאלק אנהאלטן אזוי לאנג, און ווי אזוי קען מען דאס דורכלעבן אז עס זאל באמת זיין שטענדיג געשמאק, און מען זאל זיין צופרידן טאג טעגליך?

ה. קשר של קיימא

בנוסף צו אלעס וואס מען האט אויסגעשמועסט איז א פארהייראטע לעבן אסאך מער קאמפליצירט ווי סתם א פריינטשאפט. אין די צייט וואס ביי א געווענליכן פריינטשאפט איז דא די אויסוואל פון א גרינגן וועג ארויס, איז דאס אבער נישט דא איינמאל מען האט חתונה. אוודאי איז פארהאן א מסכת גיטין ביי גאר עקסטרעמע פעלער, אבער ווען מען קומט זיך נישט אזוי גוט אדורך, טוט מען ליידן און שווייגן, עס איז נישטא קיין אפציע פון זיך געזעגענען פון איין טאג אויפן צווייטן, ווי כאילו גארנישט האט פאסירט. דאס מאכט דאס אסאך שווערע צו פארשטיין וויאזוי מען גייט איין אויף אזא סארט לעבן, אהן צו וויסן וויאזוי דאס גייט זיך אויסארבעטן, און מיט וואספארא כלים וועט מען זיכער מאכן אז עס בלייבט טאקע א געשמאקע קשר של קיימא.

ו. איז 'גוטע מדות' די לעזונג?

די אלגעמיינע צוגאנג און בעפארגרייטונג צו די חתונה כדי דאס זאל יא קלאפן איז צו **ארבעטן אויף די מדות**. סיי די חתן און סיי די כלה נעמען זיך אונטער צו זיין וואויל און מוותר זיין אייביג, אויב עס וועט זיך מאכן א שוועריקייט וועט מען זיך נישט וויסנדיג מאכן, און טאמער שטערט יא עפעס וועט מען העכסטנס מוזן נאכגעבן. פארפאלן, עס איז נישט קיין ברירה, אזוי ארבעט די חיי הנישואין, נאר מיטן ארבעטן אויף די מדות וועט מען האפנטליך אדורכמאכן בשלום דאס פארהייראטע לעבן.

די פראבלעם מיט דעם טעאריע איז אז דאס קען נישט באמת ארבעטן אין ריאליטעט.

זיין גרייט צו ליידן און מוותר איז אפשר גוט ווען מען דארף וואוינען צוזאמען מיט א צווייטן פאר א חודש-צוויי, אבער אז די גאנצע לעבן זאל זיין אויף אן אופן פון מוותר זיין די גאנצע צייט, זעהט נישט אויס צו זיין א מיטל וויל א געוועגליכע מענטש פלאצט פשוט נאכן צופיל מאל מוותר זיין. רעדנדיג פון וואוינען צוזאמען פאר א גאנץ לעבן בשלום ושלווה מיטן עצה אז מ'וועט מוותר זיין, איז זייער קלאר אז ס'איז בכלל נישט קיין אויסוועג. אוודאי און אוודאי איז דאס נישט און קיין שום וועג א לעבן וואס וועט פירן פון א מצב פון 'לא טוב' צו 'טוב'. פארשטייט זיך אז מען דארף אויך האבן גוטע מדות און אפטמאל מוותר זיין אין שטוב, אבער צו זאגן אז דאס איז די נקודה וואס דארף צוזאמען האלטן דאס שטוב איז זייער נישט מסתבר, סיי מסברא און סיי במציאות[24].

אלזא, איז קלאר אז עס מוז זיין עפעס א מהלך וואס דארף צו מאכן אז דאס פארהייראטע לעבן זאל יא ארבעטן, עס מוז זיין אן אופן אז מאן און פרוי זאלן קענען לעבן בשלום ושלווה, אן זיך דארפן מוטשענען כסדר צו זיכער מאכן אז מען קומט זיך אדורך. אי"ה אין קומענדיגן פרק וועלן מיר דאס פארשטיין.

24) ראה בספר שלום ורעות להרב דוד לעווי שליט"א, דף 35 וז"ל: ישנם אמנם הטוענים מעל כל במה כי סוד הנישואין המוצלחים טמון בוויתור ובשתיקה לבדם, וכי אם רק יוותר האדם בכל עת יזכה בוודאי לחיים טובים ומאושרים, אך דברים אלו אינם מתקבלים על הדעת כלל, שכן עולה מהם שאנו אומרים לאדם שעליו להנשא על מנת שיוותר, יסבול וישתוק, וזהו איפוא ה"טוב" אשר נמנע מן האדם בהיותו "לבדו", שיוכל להבליג ולעבור על כל עוולה בשתיקה? אתמהה.

ועוד לא ניתנה תורה למלאכי השרת, וגם אם נמצאים כאלה אשר בכוחם להבליג ולהתאפק זמן מרובה, מ"מ חייהם באופן כזה אינם טובים ולא מאושרים, ונכון יותר לתארם כמצוקה דוממת ומתמשכת, מתח כבוש הצובר מרירות ומותיר משקעים בעומק ליבו של אדם, וממילא חזקה על הרגשות השליליים שימצאו ביום מן הימים את דרכם אל פני השטח, והם עלולים בהחלט להתפרץ בצורה של מילים פוגעות או של מריבות כעורות.

• פרק ב׳ •

והיו לבשר אחד

דאס וואונדערליכע באשאף פון דאס מענטשהייט,
און די אריינגעבויעטע טבע פון ליבשאפט
וואס איז דא אין יעדע שידוך

א. פארווארט

אינעם פריערדיגן פרק האבן מיר אריינגעקלערט צו פארשטיין ווי אזוי א פארהייראטע לעבן דארף צו ארבעטן, טראץ וואס עס איז פארהאן אזויפיל חילוקים צווישן א מאן און פרוי. אבער פאר מיר גייען פרובירן צו טרעפן א לעזונג דערצו, דארף מען צום אלעמען ערשט בעסער פארשטיין וואס איז דער כוונה פון די תורה אז פאר די חתונה איז מען אין א מצב פון "לא טוב", און פארוואס נאך די חתונה דארף דאס יא ווערן געטוישט צו "טוב". איינמאל מיר וועלן דאס ארויסהאבן וועלן מיר האפנטליך פארשטיין ווי אזוי מאן און פרוי קענען בעזהי"ת צוזאמען לעבן א געשמאקן און רואיגן לעבן, מיט ליבשאפט און מיט געפיל, כאטש וואס זייערע נאטורן און מדות זענען מעגליך גענצליך אנדערש.

ב. די פשט פון "לבדו"

ווען די תורה הק׳ זאגט אז עס איז נישט גוט פאר א מענטש צו זיין אליינס, מיינט דאס נישט צו זאגן אז עס האט געפעלט פון אדם הראשון פארשידענע גשמיות'דיגע הנאות, אדם הראשון וואלט אלעס געקענט האבן אין גן עדן נאך פאר חוה איז באשאפן געווארן, עס האט איהם גארנישט געפעלט. איין זאך האט אבער נישט געקלאפט, ער האט נישט פארמאגט א שותף אין לעבן. אדם איז געווען איינער אליינס אויפן וועלט, ער איז געווען אין א מציאות פון זיין "**לבדו**".

א מענטש דארף שפירן ליבשאפט פון איינעם, קענען געבן ליבשאפט צו א צווייטן, פילן א נאנטקייט מיט א צווייטן מענטש, מיטפילן מיט א צווייטן, דאס איז עפעס וואס איז נישט במציאות צו האבן ווען מען איז עלנד אליינס, דאס געפיל פון זיין אליינס איז זייער נישט א גוטע געפיל פאר א מענטש. דער באשעפער האט באשאפן א מענטש מיט דעם צורך פון דארפן פילן א ליבשאפט[25]. אנדערע באשעפענישן גייען אהן זייער פיין א יעדער באזונדער פאר זיך, אבער א מענטש איז נישט אזוי, א מענטש פילט א שטארקן צורך צו האבן מיט זיך א נאנטן קירבה צו א צווייטן. דעפאר האט דער באשעפער באשאפן חוה כדי ער זאל יא האבן א שותף מיט זיך, ער זאל מער נישט זיין עלנד אליין.

פיין, אבער וואס האט דאס מיט אונז? פארוואס הייסן מיר אלע בעפאר די חתונה צו זיין אין מצב פון "לא טוב" וואס דערפאר דארף מען דערפאר חתונה האבן? היינט האבן מיר דאך פיל חברים מיט וועמען צו פארברענגן און שמועסן, מיט וועמען מען קען מיטטיילן די געפילן, צו וואס פעלט אויס דאס שעבוד פון חתונה האבן? ובפרט ווי געשמועסט איז בכלל נישט לייכט צו לעבן א פארהייראטן לעבן.

ג. א געוועגליכן פריינדשאפט

כדי דאס גוט צו פארשטיין דארף מען צום ערשט אריינטראכטן פארוואס זעען מיר אפט אז א פריינדשאפט וואס איינער האט אלס בחור צו אלס מיידל האלט זיך נישט פאר צו לאנג. מען האט בדרך כלל א חבר נאר פאר א תקופה, מען חבר'ט זיך פאר א שטיק צייט דערנאך טרעפט מען א צווייטן. וואס איז די אורזאך פארוואס האלט זיך נישט די פריינדשאפט פאר א לענגערע צייט?

די תירוץ אויף דעם איז ווייל בעצם ווען איינער ווערט נאנט צום צווייטן איז דאס ווייל ער אדער זי האבן זיך אליינס ליב, און ווען מען זעהט אז פונעם צווייטן וועט מען עפעס פארדינען ווערט מען נאנט מיט יענעם. עס קען אפילו זיין אז זיי וועלן זיין באמת גאר געטריי איינער צום צווייטן, אבער די אינערליכע סיבה איז ווייל מען האט אליינס א תועלת פון זיין מיט יענעם. די רגע וואס מען זעהט אז מען האט שוין נישט דעם הנאה און נוצן פונעם צווייטן וועט מען יענעם אפלאזן און גיין זוכן אן אנדערע פריינט.

לאמיר נעמען פאר א ביישפיל זייער אן אפטע ערשיינונג, ווען עס איז דא צוויי נאנטע ידידים און איינער פון זיי הייבט אן צו מצליח זיין מער ווי דער צווייטער, וועט דאס בדרך כלל גורם זיין א פירוד. פארן חבר וועט שטערן אז דער צווייטער האט אזא סוקסעספולע

25) עיין הטעם לזה במדרש והובא ברש"י (בראשית ב יח) וז"ל: שלא יאמרו שתי רשויות הן הקב"ה יחיד בעליונים ואין לו זוג וזה בתחתונים ואין לו זוג.

לעבן. לכאורה, אויב האט מען זיך באמת ליב, וואלט מען דאך געדארפט הנאה האבן פון דעם אז דער צווייטער איז מצליח, אבער די מציאות ווייזט אויף אז נאך אלעם פארגינט מען נישט יענעם. די סיבה איז טאקע דאס, ווייל מען האט זיך אליינס ליב און מען טראכט כסדר וואס קען איך האבן פונעם צווייטן, אבער אין די רגע אז יענער איז מער מצליח צינדט זיך אן די קנאה געפילן און מ'האט מורא אז יענער וועט שוין נישט דארפן צוקומען צו מיר, און אזעלכע פארשידענע מחשבות איז גורם אז סוף כל סוף וועלן זיי זיך צוטיילן. דערפאר טוישט מען זיך די חברים\חבר'טס אין די יונגערע יארן זייער אפט. דאס זאגן אונז חז"ל[26]: **כל אהבה שהיא תלויה בדבר, בטל דבר בטלה אהבה**. די ליבשאפט וואס איז געבויט אויף א ליבשאפט צו זיך אליינס, וועט זיך נישט האלטן אויף אייביג.

ווען מען וועט זיך מתבונן זיין אין דעם, וועט מען פארשטיין אז באמת איז יעדער בחור און יעדע מיידל אין א מצב פון **לבדו**, איינער אליין אויף די וועלט, אלע חברים און נאנטע מיינען באמת נאר די אייגענע גוטס וואס מען נעמט ארויס פון די פריינדשאפט, און קיינער זארגט זיך נישט באמת פאר זיי מיט די גאנצע איבערגעגעבנקייט. אפילו די עלטערן וואס געבן זיך זייער איבער פאר די קינדער, זענען די קינדער אויך נאר די צווייטע אין די רייע, ובפרט ווען עס איז דא נאך קינדער אין שטוב, און ס'נישט מעגליך צו באמת באגלייטן יעדע איינס מיט א געטריישאפט א גאנצן טאג.

דערפאר, ווען די תורה האט געזאגט אז "לא טוב היות האדם לבדו" עס איז נישט גוט פאר א מענטש צו זיין אליין, וואלט נישט געהאלפן צו באשאפן נאך מענער מיט וועמען אדם הראשון וואלט געקענט פארברענגען. אפילו אויב וואלט השי"ת באשאפן נאך מענער צו דער זייט, און אדם הראשון וואלט געהאט פיל חברים מיט וועמען צו פארברענגען וואלט דאס נישט געווען אויס "לא טוב". ווייל מיט חברים קען מען נישט פארברענגען און וואוינען צוזאמען פאר אזויפיל יאר נאכאנאנד, עס ארבעט פשוט נישט. אויף דעם שטייט אין פסוק "ולאדם לא מצא עזר כנגדו" ווייל עס איז נישט בנמצא קיין מציאות ווער ס'זאל זיין א שותף אין לעבן און האבן אן עכטע קשר מיט א מענטש אין אזא סארט מצב, ווייל זיי וועלן אייביג זיין ווי צוויי באזונדערע באשעפענישן, אן קיין אמת'ע קשר פאר לאנגע יארן.

אלזא, כדי אז א מענטש זאל ארויסגיין פון א מצב פון "לא טוב" צו "טוב" - פון זיין אן עלנדער מענטש אליין אויף די וועלט צו א מענטש וואס האט אן אמת'ע שותף אין לעבן - האט דער באשעפער געמאכט א נייעם פלאן ווי אזוי צו שאפן א מציאות אז א קשר פון צוויי מענטשן זאל זיך האלטן, און ס'זאל זיין אן אמת'ע קשר של קיימא. מיר וועלן אפלערנען די פסוקים וויאזוי די באשאף פון דאס מענטשהייט איז צוגעגאנגען, דורכדעם וועלן מיר בעזרת השי"ת בעסער קענען ארויסהאבן דאס ענין.

26) אבות ה, טז.

ד. בריאת האדם

עס שטייט אין פסוק אזוי[27]: **ויאמר ה׳ לא טוב היות האדם לבדו אעשה לו עזר כנגדו**, דער אויבערשטער האט געזאגט עס איז נישט גוט פאר אדם צו זיין איינער אליין, איך וועל איהם מאכן א העלפער אנטקעגן איהם. **ויקרא האדם שמות לכל הבהמה ולעוף השמים ולכל חית השדה ולאדם לא מצא עזר כנגדו**, אדם האט גערופן נעמען פאר אלע בהמות חיות און אלע עופות, אבער פאר זיך האט ער נישט געטראפן א פאסיגע ׳עזר כנגדו׳. **ויפל ה׳ אלקים תרדמה על האדם ויישן ויקח אחת מצלעתיו ויסגר בשר תחתנה. ויבן ה׳ אלקים את הצלע אשר לקח מן האדם לאשה ויביאה אל האדם**, השי״ת האט איינגעשלעפט אדם הראשון אין א טיפע שלאף, און ער האט גענומען איינע פון זיינע ביינער, און האט ארומגעלייגט פלייש און אזוי ארום איז באשאפן געווארן א פרוי, און השי״ת האט איר געברענגט פאר אדם.

די בריאה פון די מענטש איז געגאנגן מיט גענצליך אן אנדערע צוגאנג ווי די באשאף פון אנדערע בעלי חיים. אלע באשעפענישן זענען גלייך באשאפן געווארן סיי די זכר און סיי די נקבה, ווידער די מענטש איז קודם באשאפן געווארן איינער אליין, און נאר שפעטער האט דער באשעפער געזאגט ״לא טוב היות האדם לבדו״ ס׳טויג נישט אז די מענטש איז אליינס, וועל איך איהם מאכן אן ״עזר כנגדו״.

באמת אין די גמרא[28] איז מבואר אזביים מענטש איז לכתחילה אויך באשאפן געווארן זכר ונקבה, ווי עס שטייט טאקע אין פסוק[29] פריער: ״זכר ונקבה ברא אותם״. זיי זענען געווען טאקע א זכר ונקבה אבער זיי זענען געווען ״דו פרצופין״ דאס מיינט אז עס געווען ווי איין גוף צוזאמען - א בריאה פון איין מענטש - אבער מיט צוויי פנים׳ער. א זכר מיט אלע זיינע אברים פון איין זייט, און א נקבה מיט אלע אירע אברים פון די אנדערע זייט. די בריאה פון די מענטש איז געווען פארטיג, און מען וואלט געקענט האבן קינדער אויף דעם אופן אויך[30]. דער באשעפערס פלאן איז לכתחילה נישט געווען זיי אזוי צו לאזן

---

27) בראשית ב, יח.

28) ברכות סא א.

29) בראשית א, כז.

30) ראה ברמב״ן (בראשית ב׳ י״ח) וז״ל: איננו נראה שנברא האדם להיות יחיד בעולם ולא יוליד שכל הנבראים זכר ונקבה מכל בשר נבראו להקים זרע וגם העשב והעץ זרעם בהם אבל יתכן לומר כי היה כדברי האומר (ברכות סא) דו פרצופים נבראו ונעשו שיהיו בהם טבע מביא באיברי ההולדה מן הזכר לנקבה כח מוליד וכו׳. וכ״ה באוה״ח הק׳ (שם) וז״ל: אבל לענין הזיוג הכנת פריה ורביה כבר בראו ה׳ ביום ו׳ ובראם לפרות ולרבות, ואין מניעה לזה לצד שאין פנים בפנים כי הכינם ה׳ להרכבה גם בסדר שהיו בה אחור ואחור שיריק הזכר הזרע דרך מקום אשר בו הנוצר. ויש לנו לחקור זאת לאיזה טעם ברא ה׳ האשה

אזוי פאר אייביג, און ער האט זיי טאקע אפגעטיילט צו זיין עקסטער. איז צו וואס האט אויסגעפעלט צו מאכן אזא מין בריאה און דערנאך טוישן.

צו דאס פארשטיין, לאמיר טאקע זעהן וואס אדם אליין האט אפגעלערנט פון די מעשה. לאמיר לערנען נאך א פסוק צוויי[31]: **ויאמר האדם זאת הפעם עצם מעצמי ובשר מבשרי לזאת יקרא אשה כי מאיש לקחה זאת**. און אדם האט געזאגט, דאס מאל איז דאס א ביין פון מיינע אייגענע ביינער און א שטיק פלייש פון מיין פלייש, דערפאר הייסט זי "אשה" (פרוי) ווייל מען האט איהר גענומען פון אן "איש" (מאן). **על כן יעזב איש את אביו ואת אמו ודבק באשתו והיו לבשר אחד**. דערפאר זאל א מענטש איבערלאזן זיין טאטע און זיין מאמע און ער זאל זיך באהעפטען צו זיין ווייב און זיי וועלן זיינס איינס צוזאמען ווי איין פלייש.

וואס מיינט דאס "והיו לבשר אחד"? זאגט די **רמב"ן**[32]:

> די בהמה און די חיה זענען באשאפן געווארן עקסטער און זיי זענען נישט אנגעבינדן די זכר מיט די נקבה צוזאמען, נאר דער זכר וועט קומען אויף וועלכע נקבה ער וועט טרעפן און דערנאך אוועקגיין, וועגן דעם זאגט די פסוק אז ביי א מענטש איז אנדערש און ווייל די נקבה איז געווען אמאל א חלק פונעם גוף פון אדם הראשון צוליב דעם וועט זיין ודבק בה, ער וועט זיין צוגעבינדן צו איר און זי וועט זיין ביי איהם אנגעוויזן אזוי ווי זיין אייגן פלייש, און ער וועט איהר אייביג וועלן האבן, און אזוי ליגט אין די טבע אריינגעלייגט אין אלע דורות אז די זכרים זענען דבוק אין זייערע פרויען, און לאזן איבער די טאטע און מאמע און שפירן ווי זייערע ווייבער זענען ממש איינס מיט זיי.

די זעלבע געדאנק שטייט פון נאך זייער אסאך מקורות זעה אין הערה[33].

בגוף האדם ממש ולא בראה בריה בפני עצמה מן העפר כמו שברא הזכר וכו'.

31) בראשית ב, כג-כד.

32) (בראשית ב' כ"ד) וז"ל: והנכון בעיני כי הבהמה והחיה אין להם דבקות בנקבותיהן אבל יבא הזכר על איזה נקבה שימצא וילכו להם ומפני זה אמר הכתוב בעבור שנקבת האדם היתה עצם מעצמיו ובשר מבשרו ודבק בה והיתה בחיקו כבשרו ויחפוץ בה להיותה תמיד עמו וכאשר היה זה באדם הושם טבעו בתולדותיו להיות הזכרים מהם דבקים בנשותיהם עוזבים את אביהם ואת אמם ורואים את נשותיהן כאלו הן עמם לבשר אחד.

33) ז"ל האברבנאל (בראשית ב, כא) והנה ראה לברוא את האשה מצלע האדם ולא עשאה בפני עצמה כנקבות שאר הבעלי חיים, לפי שנקבותיהם אינן מתחברות לזכרים אלא לענין המשגל בלבד, להיותן נפרדות מהזכרים ודבר אין להן עמהם. אמנם נקבות האדם הוצרכה להיות לו עזר בעשיית צרכיו ומזונותיו ועניני ביתו וכו' ובעבור זה הוצרך להיותה חלק מגופו כי החלק יתחבר לכל, ותאהב אותו ותגן בעדו. ולכן לקח ה' אחת מצלעותיו של אדם ומזה עשה בנין האשה עכ"ל.

וז"ל הראב"ד (הקדמה ל"בעלי הנפש"): ולכן ראה הבורא צורך האדם והנאותיו וברא אותו יחידי ולקח אחת מצלעותיו ובנה ממנה את האשה והביא אל האדם להיות לו לאשה ולהיות לו לעזר ולסעדו ולמסעדו

אט דאס איז די סיבה פארוואס דער באשעפער האט ספעציעל געמאכט די בריאה פון

מפני שהיא נחשבת אליו כאחד מאיבריו אשר נבראו לשמושו וכו' ואמר לא טוב היות האדם לבדו, כלומר כמו הבהמה שאין הנקבה מתיחדת אל הזכר ולכן אעשה לו עזר כנגדו שתהיה משמשתו בכל צרכיו כנגדו שתהיה עומדת אצלו תמיד אך טוב שיהיה האדם מתאחד עם האשה. כי הבהמות הם מבודדות ואין הנקבות מיוחדות לזכרים ולכן אעשה לו עזר כנגדו כלומר אבראנו בענין שיהיה לו עזר ממנה שתהא מיוחדת לו. וזהו כנגדו לומר שתעמוד אצלו יום ולילה ולכך הזכיר יצירת הבהמה והחיה אצל בריאת האשה לומר שאילו נבראת האשה לאדם כענין יצירת הבהמה והחיה לא הי' לאדם עזר מן האשה. ע"כ בראה הבורא מגוף האדם ועל זה אמר האדם בראותו אותה וידע כי ממנה נלקחה אמר על כן יעזוב איש את אביו ואת אמו ודבק באשתו, כלומר ראויה זו שתהא מיוחדת לאדם והאדם מיוחד אלי'. וע"כ ראוי האדם לאהוב אשתו כגופו ולכבדה יותר מגופו ולרחם עליה ולשמרה כאשר ישמור אדם אחד מאבריו. וכן היא חייבת לעבדו ולאהוב אותו כנפשה כי ממנו נלקחה ועל כן צוה הבורא את האדם על אשתו לאמר שארה כסותה ועונתה לא יגרע וכו'. עכ"ל.

וז"ל האוהח"ק: ולפי דרכינו יש טעם נכון בחקירה אחת למה ה' נמלך ממחשבתו ראשונה שברא האדם ובת זוגו עמו וחזר ונסרה. כי הכוונה היא להודיע כי מעשה ה' טוב הוא לכל ואלוקים חשבה לטובה וברא יחד זכר ונקבה אלא דלצד הנאת האדם לסדר הכנתו הפרידם מכל הנבראים אין נשתוין אליו ואין מציאות לברוא לו אדם אחר להכנתו כי יש טעמים רבים ונכבדים לבלתי עשות ה' ב' אדם כמאמרם ז"ל (סנהדרין לז. לח.) והבן. נמצאת אומר כי כל סדר האמור בפרשה זו בבקשת העזר ושלילתו והמצאתו אינו אלא לצד עשות הנקבה נפרדת מהזכר כי טוב השנים מהאחד, אבל לענין הזיוג הכנת פריה ורביה כבר בראו ה' ביום ו' ובראם לפרות ולרבות, ואין מניעה לזה לצד שאין פנים בפנים כי הכינם ה' להרכבה גם בסדר שהיו בה אחור ואחור, שיריק הזכר הזרע דרך מקום אשר בו הנוצר. ויש לנו לחקור זאת לאיזה טעם ברא ה' האשה בגוף האדם ממש ולא בראה בריה בפני עצמה מן העפר כמו שברא הזכר. ונראה כי בזה גילה דעתו יתברך כי יש הפרש בין הכנת זיווג האנושי מזיווג הבהמי כי זיווג הבהמי פועל פעולת ההזרעה בכל נקבה אשר תזדמן לפניו, והגם שאמר הכתוב בסוג זה גם כן זכר ונקבה לא שיתחייב כל זכר להכיר נקבתו כל שממינו היא כל אשר יזדמן לפניו ממינו הרי הוא רשאי ואין רישום וייחוד לנקבת זכר בבהמי לומר זו פרתו של שור זה וזו פרתו וגו' מה שאין כן האדם שלא מלבד שמובדל בבחינת המין אלא גם מובדל בפרטי המין כי כל אחד יש לו בת זוגו בפני עצמו, ולזה נתחכם ה' לבנות בת זוגו של האדם מעצמיו לומר כי זו בשר מבשרו. ולזה כשהזהיר על העריות רשם כינוי העריות אל הזכרים כאומרו (ויקרא י"ח) ערות אביך ערות אחי אביך וגו' הרי שהגם שאינו מצווה אלא על הנקבות מייחד הדבר אל הזכרים והבן.

ועיין עוד דבר פלא בספר מעשי ה' (ח"א מעשי בראשית פי"ז) שחידש שהיה בריאה קודם לאדם זכר ונקיבה כשאר בע"ח אך אדם הראשון לא מצא בזה שלימות וזה אמרו ולאדם לא מצא עזר שכבר נבראת הנקבה אבל לא היתה לו לעזרו בהיותו מכיר היותו בלתי שלם ושאין לו בצדו עזר להשגת השלמות לא קרא לעצמו שם וכו' לכך נאמר ולאדם לא מצא עזר כנגדו ואמר לא מצא לפי שלא היתה שם בגן עם היות שנבראת כי לא היה לה דבקות עמו רק כשאר הבעלי חיים הנה אז אמר השי"ת לא טוב היות האדם לבדו שכבר היתה שם אשה שנבראת לקיום המין אבל רצה השי"ת שיהיה לה דבקות עמו להכין לו הגופניות ושהוא יתעסק באלהיות וכו'.

וז"ל האגרא דכלה (פ' מטות ד"ה וכל אשה ידעת איש) עיין בזוהר הנפשות בעת הוולדם היינו בעת יצירתם במרום הן המה זכר ונקבה, ואחר כך בהוולדם בעולם הזה הן המה נפרדים זה בכה וזה בכה, ובהגיע עתם

די מענטש אנדערש ווי אלע אנדערע סארטן באשעפענישן פון די וועלט מיטן בלויזן איין ציהל - ווי אדם הראשון אליינס האט דאס מסביר געווען - אז דאס איז כדי ער זאל שפירן זיין ווייב איז ממש ווי זיין אייגענע שטיק פלייש[34]. ווען אדם האט דאס געזאגט האט ער דאס ממש געזעהן מיט זיין אייגענע אויגן - פריער זענען די מאן אין פרוי געווען צוזאמען ממש איינס, און יעצט זענען זיי געשטאנען איינער אנטקעגן די אנדערע - אוודאי האט אדם געשפירט וואס ער זאגט "זי איז א ביין פון מיין ביין און פלייש פון מיין פלייש" דאס איז דאך געווען דער מציאות.

עס וועט געוויס זיין אינטערסאנט צוצולייגן נאך א נקודה, אין פסוק שטייט אז אדם הראשון האט געזאגט אז חוה איז יעצט **"עצם מעצמי ובשר מבשרי"**, לכאורה טרעפן מיר נישט אין פסוק אז די באשעפער האט גענומען עפעס א שטיקל פלייש פון אדם, עס שטייט נאר אז מען האט גענומען פון אדם א ביין, פארוואס האט אדם הראשון געזאגט אז זי איז "בשר מבשרי". זאגט דער **פרקי דרבי אליעזר**[35], אז אויסער א ביין, האט דער באשעפער אויך גענומען א שטיקל פלייש פון זיין **הארץ** און דערמיט באשאפען חוה!

מיט אזא סארט בריאה האט דער באשעפער געטראפן די בעסטע עצה צו לעזן די פראבלעם ווי אזוי צו מאכן פון א 'לא טוב' אז עס זאל זיין א 'טוב'. ווייל ווי פריער געשמועסט, קען זיך א מענטש נישט במציאות מקשר זיין מיט א צווייטן מיט אן אמת'ן קשר, א קשר וואס זאל זיך האלטן, א קשר וואס ביידע זענען באמת נאנט איינער צום צווייטן, האט דער באשעפער באשאפן א בריאה פון די פרוי - וואס איז יעצט טאקע א צווייטע גוף - אבער באמת איז עס נישט קיין צווייטער, נאר א חלק פון דיר אליינס! א חלק פון דיין הארץ! דער באשעפער האט געזאגט **"איך געב דיר א שותף אין לעבן נישט קיין צווייטער ווי דיר אליינס!"**, און אט אזוי האט אדם געקענט שפירן א ריכטיגע קשר מיט איינעם, און עס איז געווארן א מציאות פון 'טוב'.

להתחבר הקב"ה מזווגם, הנה בעבור זה חן אשה על בעלה, כי נפשו יודעת מאד אשר המה נפש אחד, ואין אשה כורתת ברית אלא למי שעשאה כלי, כי נפשה יודעת מאד איך היו מאז ומקדם לבשר אחד.
וראה גם באלשיך הק' (בראשית ד"ה ויפול ה' אלוקים תרדמה, ושם ד"ה והנה ממוצא). וברבינו בחיי (פר' בראשית פ"יח ד"ה עוד יש לפרש בתחלה עלה). וע"ע במהרש"א (כתובות ח). וע"ע בגר"א (ברכות סא).

34) עיין ברד"ק וז"ל: יש מפרשים כי זה הפסוק דברי משה לא דברי אדם, והנכון כי אדם אמרו, ויודע היה כי יוליד בנים כי לכך נברא להוליד היא ומינו בעולם כשאר ב"ח. ופשט הכתוב קרוב לתרגומו, כי לא אמר שיעזוב איש אביו ואמו בעבור אשתו שלא יעבדם ויכבדם כפי כחו, אלא אמר כי דין הוא כי יעזוב איש את אביו ואת אמו שגדל עמהם עד שנשא אשה ויעזבם מלדור עמהם ודבק באשתו וידור עמה בבית אחד. והיו לבשר אחד, כלומר בשר אחד וגוף אחד כי האשה הראשונה נבראה מהאיש מעצמו ומבשרו והנה היו לבשר אחד, וכן יהיו דבקים לעולם זה בזה כבשר אחד ומשניהם יתקיים המין.

35) פרק י"ב, וז"ל: חס הב"ה על אדם הראשון שלא להכאיבו והפיל עליו שינת תרדמה וישן לו ולקח עצם מצלעותיו ובשר מלבו ועשאה עזר והעמידה כנגדו, והקיצו משינתו וראה אותה שהיא עומדת כנגדו ואמר זאת הפעם עצם מעצמי ובשר מבשרי.

ה. די טבע פון אהבה אין א שידוך

אט דער כח און דער מציאות וואס אדם הראשון האט געזעהן און געשפירט מיטן באשאף פון חוה וואס איז באמת געווען ממש ווי איין גוף, אט דאס איז דער כח פון יעדן איינציגן שידוך, דאס ליגט יעצט אין די טבע פון די מענטשן אז זיי ווען פילן די זעלבע געפיל צו זייערע ווייבער, זיי וועלן פילן בטבע אז עפעס פעלט פון זיי במציאות. דאס מיינט די סארט געפיל פון איינזאמקייט וואס מען שפירט, ווי דערמאנט אויבן.

פונקט אזוי ווי אדם האט פארלוירן א שטיקל ביין און פלייש, אזוי פילט יעדער מאן אז עפעס פעלט איהם ביז ער טרעפט זיין באשערטע אשת חיל, עס פעלט א נאנקייט מיט איינעם, ער וויל פילן א אמת'ע נאנקייט צו איינעם, און דאס קומט נאר ווען מען האט חתונה[36], און אוודאי איז דאס עפעס וואס פעלט פון די פרוי, וואס זי איז דאך א חלק פון די מאן[37].

דאס האט דער באשעפער אריינגעלייגט מיט גרויס חכמה אין די טבע ביי יעדע פארפאלק וואס קומט זיך צוזאמען, אז עס איז דא אין די טבע הבריאה די מעגליכקייט צוצוקומען צו א ליבשאפט ווי מען וועט שפירן אז מען איז ווי איין גוף, ווי די **ערבי נחל** שרייבט[38]:

> און אויב איינער וועט זאגן אז דער ענין איז נאר געווען ביי אדם הראשון, אבער פון דעמאלט ביז היינט ווערט דאך די זכר און נקבה באשאפן עקסטער, זאלסטו איהם זאגן אז אלע נשמות וואס זענען געווען און וואס וועלן זיין אלע זענען א חלק פון אדם הראשון סיי די נשמות פון די זכרים און סיי פון די נקבות, און ווען דער אויבערשטער האט גענומען איינע פון זיינע ביינער און באשאפן מיט דעם חוה איז געווען אין איר אלע נשמות פון די נקבות, און ביי אדם איז דאן געווען די נשמות פון די זכרים, און דערפאר איז אלע זיווגים פון די וועלט אזוי ווי אדם הראשון, אז די פרוי ווערט געבויעט פון איינע פון זיינע ביינער.

36) ראה קידושין ב ע"ב: ר"ש אומר מפני מה אמרה תורה "כי יקח איש אישה" (דברים כב, כד) ולא כתב "כי תלקח אשה לאיש"? מפני שדרכו של איש לחזר על אשה ואין דרכה של אשה לחזר על איש, משל לאדם שאבדה לו אבידה (רש"י אחת מצלעותיו) מי חוזר על מי? בעל האבידה מחזר על אבידתו.

37) וכמש"כ הראב"ד (בהקדמה לבעלי הנפש) וכן היא חייבת לעבדו ולאהוב אותו כנפשה כי ממנו נלקחה.

38) בראשית ב, כב וז"ל: ואם אמר יאמר האדם הלא ענין זה לא היה רק באדם הראשון אבל מאז עד היום נוצר הזכר לעצמו והנקבה בפני עצמה, אף אתה אמור לו כי כל הנשמות שהיו ושעתידין להיות כולם היו כלולים באדם הראשון נשמות זכרים ונקבות וכאשר לוקח אחת מצלעותיו ונעשית חוה נגללו בה כל נשמות הנקבות ובו נשארו כל נשמות הזכרים, ולכן כל הזיווגים שבעולם כן הוא כמו באדם הראשון שהאשה נבנית אחד מצלעותיו.

ו. טובים השנים מן האחד

דאס איז מרומז אינעם פסוק[39]: "טובים השנים - מן האחד", וואס דאס איז מרמז אויף א מאן און פרוי[40], ווי אזוי וועט זיין גוט פאר צוויי צוזאמען? דאס איז דורך דעם כח פון די בריאה "מן האחד", ווייל די באשעפער האט באשאפן מאן און פרוי ווי איינס, און דאס ליגט אצינד אין די טבע אז זיי קענען האבן אן אמת'ע טיפע ליבשאפט[41].

דאס איז די נקודה וואס טראנספארמירט א מענטש פון א מצב פון "לא טוב" צו א מצב פון "טוב", מען באקומט א שותף אין לעבן וואס איז דא אינגאנצן פאר דיר טאג איין טאג אויס, מיט א טיפע קשר און געטריישאפט, ווי דער **כלי יקר** זאגט[42]: **א מענטש דארף בטבע האבן א געפיל פון ליבשאפט און אחדות מער ווי סיי וועלכע בעלי חיים**, און כדי צו האבן די אמת'ע געפיל פון ליבשאפט דאס איז נאר שייך מיט דעם וואס דער באשעפער האט באשאפן מאן און פרוי ווי איין גוף ממש.

ווען איינער טרעפט זיך צוזאם מיט די אייגענע צווייטע העלפט, און מען בויעט די ליבשאפט ווי די ליבשאפט צו זיך אליינס, איז מען מער נישט איינער אליינס אויף די וועלט, מען האט איינער וואס זארגט זיך פאר מיר פונקט ווי איך זארג מיך פאר מיר אליינס, איך האב איינעם ליב פונקט ווי מיר אליינס, און יענער האט מיר צוריק ליב ממש ווי זיך אליינס, דאס איז א בריאה פון איין מענטש, א בריאה פון איין גוף וואס קומען זיך צוזאמען צוריק צום שורש.

---

39) קהלת ד, ט.

40) מדרש קהלת ד, ט וז"ל: רבי יוחנן אומר טובים השנים איש ואשתו מן האחד זה לעצמו וזה לעצמו והחוט המשולש זה הקב"ה שהוא פוקדן בבנים. וע"ע ברש"י שם: טובים השנים לכל דבר מן האחד לפיכך יקנה לו אדם חבר וישא אשה אשר יש להם יותר ריוח בעמלם.

41) ראה בספר נחל אשכול (להחיד"א על ספר קהלת שם), וז"ל: טובים השנים וכו' אפשר כמש"כ הראב"ד בספר בעלי הנפש שזו טובה גדולה שעשה הקודש ב"ה עם האדם שלא נברא זכר ונקבה כבהמות שאז לא היתה הנקבה משעובדת כלל אך עתה שהיא אבר מאיבריו משעובדת האשה והאריך בזה ע"ש, וז"ש טובים השנים אדם וחוה יען שניהם מן האחד וכו'. עיי"ש עפ"י דרכו.

42) בראשית שם, וז"ל: לפי שבכל מקום שיש שינוי ומחלוקת אין הטובה מצויה שם וכו', ואם כן אם היה האדם נוצר כל אחד מהם חומר בפני עצמו, אם כן יהיו שניהם גופים מחולקים, ולא יהיה הטוב דבק בהם יען כי יהיו נעדרים מן האהבה ואחדות ויהיו קרובים לבא לידי פירוד ומריבה וליתן ריוח בין הדבקים, והאדם בטבע צריך יותר אל האהבה והאחדות מכל שארי בעלי חיים. לפיכך אמר שלא טוב היה אם יהיה האדם נוצר מן חומר אחד והאשה מן חומר אחר, לפיכך אעשה לו עזר, כשיהיו מן חומר אחד אז יהיה כל אחד לעזר ולהועיל אל השני, ויהיו זה כנגד זו פונים פניהם זה לזה, כי זה מורה על האהבה וכו'. עכ"ל.

דערפאר שטייט אין **זוהר הק'**[43] אז יעדער איינער וואס האט נישט חתונה געהאט הייסט נישט קיין אדם, מען הייסט א בעל מום, ווייל עס פעלט א האלב פון די גוף פונעם מענטש.

ז. אהבה מקלקלת את השורה

אצינד וועלן מיר פארשטיין ווי אזוי קענען מאן און ווייב וואוינען צוזאמען טראץ די אלע אויבנדערמאנטע חילוקים. די אלע דיפערענצן גייען בכלל נישט אוועקפאלן נאך די חתונה, אוודאי גייט בלייבן אסאך פארשידנהייטן צווישן מאן און ווייב, אבער מיט דעם אלעם קען מען בעזה"י פירן א לעבן מיט א געשמאק און זיין באמת צופרידן, ווייל ווען איינער גייט צו מיט אזא צוגאנג צום חיי הנישואין, אז מען האט אן אמת'ע ליבשאפט צום שותף אין לעבן, ווערט גארנישט שאטן די אלע פארשידענע חילוקים וואס שאפט זיך געווענליך ביי צוויי אנדערע סארטן מענטשן, **ווייל מיט זיך אליינס קען שוין א מענטש יא האבן א ריכטיגן קשר אונטער סיי וועלכע אומשטענדן**. פונקט ווי א מענטש ווערט נישט נמאס פון זיך אליינס, א מענטש ווערט נישט לאנגווייליג פון זיך אליינס, מען איז זיך קיינמאל נישט אליינס מקנא, מען וויל זיך נישט ווי טוהן, מען זעהט נישט קיין שלעכטס אויף זיך אליינס, אט דאס אלעס געשעהט מיט די בריאה פון א פרוי וואס איז א חלק פון די מאן, עס איז איין גוף, און זיי זענען אלעמאל צוזאמען אין א מצב ווי א מענטש איז מיט זיך אליינס. פונקט ווי א מענטש האט זיך אליינס ליב אן אהבה שאינה תלויה בדבר, אזוי האט מען ליב די פרוי\מאן אן אהבה שאינה תלויה בדבר.

דאָס איז נישט עפעס א קבלה'דיגע שפראך אדער עפעס אן "ענין", נאר דאס איז א פאקט, ווייל אט דאס האט דער באשפער מיט גרויס חכמה אריינגעפלאנצט אין יעדע שידוך, עס איז דא א טבע'דיגע אהבה וואס ליגט אין דעם זיווג, וואס מען דארף דאס נאר זעהן צו אויפפרישן און נישט קאליע מאכן. אויב וועט מען ארבעטן אויפצובויען א ליבשאפט דאן וועט די אריינגעבויעטע אהבה זיין אין פילן קראפט, און מען וועט קענען וואוינען צוזאמען מיט א אהבה ואחדות וואס איז נישט דא זיינס גלייכן[44].

מען קומט אהן צו א ליבשאפט וואס איז נישט שייך צו באשרייבן, דאס איז א ליבשאפט

---

43) ויקרא דף ה' ע"ב, אדם כי יקריב, הוא להוציא מי שלא נשא אשה. כי קרבנו אינו קרבן, וברכות אינן נמצאות אצלו, לא למעלה ולא למטה. ממשמע, שכתוב, אדם כי יקריב, והוא משונה, שאין הוא אדם, ולא בכלל אדם הוא, והשכינה אינו שורה עליו, משום שהוא פגום, ונקרא בעל מום, ובעל מום נתרחק מכל. כש"כ שאינו ראוי להתקרב אל המזבח להקריב קרבן.

44) וראה הלשון בליקוטי אמרים תניא (פרק מט): ולבבך הן האשה וילדיה שלבבו של אדם קשורה בהם בטבעו.

וואס איז אסאך מער ווי א ליבשאפט פון עלטערן צו קינדער וכדו׳ דא רעדט מען פון א דרגה פון ליבשאפט וואס קומט אן ביז מ׳שפירט זיך ממש ווי איינס, נישט וויניגער ווי ״והיו לבשר אחד״ איין שטיק פלייש, איין מענטש ממש ווי עס שטייט אין חז״ל אז אשתו כגופו[45]. וואס עס שטערט פאר איינער דארף שטערן פארביידע גלייך, איהר פראבלעם איז דיין פראבלעם און דיין ווייטאג איז איהר ווייטאג.

ח. חד נפשא

ביז אהער האבן מיר גערעדט בלויז פראקטיש, אז מאן אין פרוי האבן די טבע פון אהבה אין זיך, און דארפן און קענען צוקומען צו אן אמת׳ע ריינע ליבשאפט, אבער עס איז אויך וויכטיג צו וויסן נאך א נקודה - הגם אז דאס איז שוין יא א קבלה׳דיגע שפראך - ווען מיר דאס דערמאנען ווייל דאס איז א וויכטיגע השלמה.

אין **זוהר הק׳** שטייט אזוי[46]:

> יעדע נשמה איז כולל אין זיך א זכר מיט א נקבה, און ווען די נשמה ווערט באשאפן ווערט עס באשאפן א זכר מיט א נקבה צוזאמען, און נאכדעם ווען זיי ווערן געבוירן ווערט די נשמה אפגעטיילט אין צוויי און יעדער גייט זיך זיין וועג, שפעטער ווען א מענטש איז זוכה טרעפט ער זיין בת זוג, און זיי זענען זיך מתחבר בשעת די זיווג ווי איין גאנצע נשמה, איין רוח און איין גוף.

די זוהר הק׳ איז פול מיט דעם געדאנק אין אסאך פלעצער, אז די עיקר דביקות פון מאן און ווייב איז די קשר פון די הייליגן נפש וואס איז באמת איינס[47].

---

45) אגב ראוי להבהיר שהמושג של ״אשתו כגופו״ אינו מליצה רק מקורו טהור מן התורה דכתיב. (ויקרא יח יד) ערות אחי אביך לא תגלה אל אשתו לא תקרב דדתך הוא. ועיין סנהדרין (כח ע״ב) והלא אשת דודו הוא אלא שאשה כבעלה. ובגמרא (ברכות כד.): ״שנים שישנים במטה אחת מהו שזה יחזיר פניו ויקרא ק״ש וזה יחזיר פניו ויקרא ק״ש א״ל הכי אמר שמואל ואפילו אשתו עמו מתקיף לה רב יוסף אשתו ולא מיבעיא אחר אדרבה אשתו כגופו ואחר לאו כגופו״. (עיין עוד כתובות סו. לענין בושת וגיטין מה. לענין פדיית אשתו). וכמו כן נוגע להלכה עיין בשו״ע (חושן משפט סי׳ ס״ג סעי׳ ל״ג): כל אשה שאתה פסול לה אתה פסול לבעלה שהבעל כאשתו וכל בעל שאתה פסול לו כך אתה פסול לאשתו שהאשה כבעלה. וכן לגבי הדלקת נרות חנוכה אשה פטורה אפי׳ למהדרין דאשתו כגופו (עיין משנה ברורה, סימן תרעא, ט) וראה בחרדים (תחילת פ״ד, מ״ע מהתורה התלויות בפה וקנה): וכן האיש חייב בכבוד חמיו וחמותו, וטעמא משום דאיש ואשתו כחד גופא חשיבי, ואב ואם של זה כאב ואם של זה.

46) ח״ג דף מג ע״ב וז״ל: כל רוחין דעלמא כלילן דכר ונוקבא. וכד נפקין דכר ונוקבא נפקין, ולבתר מתפרשן באורחייהו. אי זכי בר נש לבתר, מזדווגי כחדא, והיינו בת זוגו, ומתחברן בזווגא חד בכולא, רוחא וגופא.

47) וז״ל החתם סופר (סוף מס׳ גיטין): כי דבקות הזווג הוא קשירת נפשם העליונה, שהרי כן נבראו תחילה,

לויט דעם פארשטייען מיר וואס עס שטייט אין **מדרש**[48] אז דער אויבערשטער איז יושב ומזווג זיווגים זינט די ששת ימי בראשית[49], און די **גמרא** זאגט[50] אז א בת קול גייט ארויס פערציג טעג פאר דאס מענטש הייבט אן צו ווערן אויסגעפארעמט "בת פלוני לפלוני". א יעדע שידוך וואס ווערט צוזאמגעשטעלט איז נישט סתם א טעכנישע שידוכים סיסטעם ווי מען שטעלט צוזאמען צוויי מענטשן אויף א שידוכים ליסטע וואס גראדע פאסן די מחותנים איינס צום צווייטן, נאר דאס איז אויסגערעכנט דורכן גרויסן באשעפער - נאך פארן געבורט פון א מענטש - ווייל נאר דער באשעפער אליינס פארשטייט פונקטליך די אויסשטעל און תכלית פון יעדע איינציגסטע נשמה.

נאר השי"ת קען אויסשטעלן אקוראט אז אלע שוועריגקייטן און אלע גוטסקייטן וואס גייט באטרעפן דעם פארפאלק זאל טאקע זיין פון זייער באשערטע זיווג, ווייל נאך אלעם גייען אט די צוויי נשמות אלעס אדורכמאכן אינאיינעם במשך זייער גאנצע לעבן, סיי אין פריידן און סיי אין ליידן, א שידוך איז נישט נאר באשערט סתם אזוי, דאס איז באשערט אויף גאר א טיפע וועג, און נאר די צוויי מענטשן צוזאמען קענעןביידע אדורכגיין לאנגע

גוף אחד דו-פרצופים (עירובין יח.) ולא היה להם כי אם רוח אחת, וגם אחר היפרדם כך היה, ורוח אלוקים עליון שופע על שניהם כאחד, והיא דבקות אהבתם אמתית.

48) בראשית רבה סח ד, וז"ל: מטרונה שאלה את ר' יוסי בר חלפתא אמרה לו לכמה ימים ברא הקדוש ברוך הוא את עולמו אמר לה לששת ימים כדכתיב (שמות כ, יא): 'כי ששת ימים עשה ה' את השמים ואת הארץ', אמרה לו מה הוא עושה מאותה שעה ועד עכשיו אמר לה הקב"ה יושב ומזווג זיווגים בתו של פלוני לפלוני אשתו של פלוני לפלוני ממונו של פלוני לפלוני. אמרה לו ודא הוא אומנתיה אף אני יכולה לעשות כן. כמה עבדים כמה שפחות יש לי לשעה קלה אני יכולה לזווגן. אמר לה אם קלה היא בעיניך קשה היא לפני הקדוש ברוך הוא כקריעת ים סוף. הלך לו ר' יוסי בר חלפתא מה עשתה נטלה אלף עבדים ואלף שפחות והעמידה אותן שורות שורות אמרה פלן יסב לפלונית ופלונית תיסב לפלוני וזיווגה אותן בלילה אחת, למחר אתון לגבה דין מוחיה פציעא דין עינו שמיטא דין רגליה תבירא. אמרה להון מה לכון דא אמרה לית אנא בעי לדין ודין אמר לית אנא בעי לדא. מיד שלחה והביאה את ר' יוסי בר חלפתא אמרה לו לית אלוה כאלהכון אמת היא תורתכון נאה ומשובחת יפה אמרת. אמר לא כך אמרתי לך אם קלה היא בעיניך קשה היא לפני הקב"ה כקריעת ים סוף. הקדוש ברוך הוא מה עושה להן מזווגן בעל כרחן שלא בטובתן הה"ד 'אלהים מושיב יחידים ביתה מוציא אסירים בַּכּוֹשָׁרוֹת'.

49) ראה במהר"ל (באר הגולה - באר הרביעי ד"ה במדרש) וז"ל: וביאור ענין זה כי כמו שהש"י היה מזווג את חוה לאדם כך הוא מזווג בכל יום את זיווג איש עם אשתו, וכל זיווג הוא מעשה חדש וכו' אבל מה שמחבר את האדם הפרטי זה לאשה פרטית זאת הוא בוודאי דבר חדש שהרי צריך לחבר לכל אחד זיווג מיוחד כפי מה שראוי החבור ביחד וכו' עוד יש לך לדעת כי אין הזיווג האדם טבעי רק הוא מן השם יתברך החבור והזיווג לכך באיש ואשה יש שם י"ה (עי' סוטה יז.) ואין בזה הענין הנהגת הטבע רק כי הוא פעולת השי"י ולכן אין דבר זה נכנס בהנהגת הטבע". עיין עוד שם.

50) סוטה ב ע"א: אמר רב יהודה אמר רב ארבעים יום קודם יצירת הולד בת קול יוצאת ואומרת בת פלוני לפלוני.

געזונטע יארן און צוקומען צו זייער תכלית, ווייל דאס איז די מטרה פון זייער נשמה וואס איז ביסודו איינס[51].

דערפאר דארף מען טאקע שטענדיג וויסן און געדענקן דאס וואס מיר האבן אויסגעשמועסט אז מאן און ווייב זענען בטבע איינס, און אז מען ארבעט צו צוקומען צו א טיפע און א גוטע קשר, און אויב האט מען זיך ליב איינער דעם צווייטן אזוי ווי איין גוף, - ווי די תורה הק' פארלאנגט אז מען זאל זיך ליב האבן[52] - קען מען בס"ד בויען אינאיינעם א צופרידענע, פרייליכע, און ליבליכע שטוב לשם ולתפארת, טראץ אלע דיפערענצן און שוועריגקייטן. אין קומענדיגע פרק וועלן מיר אויסשמועסן ווי מיר זעהן פון נאך מקורות די ריכטיגע אפטייטש פון שלום-בית, און ווי ווייט א מאן און פרוי קענען און דארפן זיך ליב האבן.

51) כן איתא בזוהר (לך לך דף ר"ה, ועיין שם עוד): וכאשר הנשמות יוצאות זכר ונקבה כלולים בהן כאחד, אחר כך כיון שיורדים לעולם הם נפרדות זה מזה, זה פונה לעברו וזה פונה לעברו, והקב"ה מזווג אותם לאחר כך, ולא ניתן מפתח הזווג לאחר, אלא להקב"ה לבדו, שרק הוא יודע זווגם לחבר אותם כראוי, דהיינו שיהיו זכר ונקבה מנשמה אחת. אשרי האיש הזוכה במעשיו, והולך בדרך האמת, כדי שיתחברו לו נפש בנפש (זכר בנקבה), כמו שהיו מקודם" וכו' וע"ע שם (דף ש"נ): "וכשמגיע עת הזווג שלהם, הקב"ה המכיר את (הזכרים והנקבות) של אלו הרוחות והנשמות, הוא מחבר אותם כמו שהיו בתחילה, (מטרם שבאו לעולם), ומכריז עליהם בת פלוני לפלוני, וכשמתחברים נעשו שניהם גוף אחד ונשמה אחת, והם ימין ושמאל כראוי, (שהזכר הוא חלק הימין של הגוף והנשמה, והנקבה חלק השמאל), ומשום זה אין כל חדש תחת השמש, כלומר, אף על פי שהקב"ה מכריז בת פלוני לפלוני, עם כל זה אין זה חידוש, אלא החזרה למה שהיו מקודם שבאו לעולם, וכיון שאין זה ידוע אלא להקב"ה, על כן מכריז עליהם וכו'.

וז"ל הבן יהוידע (כתובות, טז): דאיש ואשתו קודם בואם לעוה"ז, נזדווגו זע"ז בעולם הנשמות, וכמש"כ רבינו מהר"ם אלשיך ז"ל, נמצא הלוקח בת זוגו כמו שהם מחוברים זע"ז למטה, כן השרשים שלהם מחוברים זע"ז למעלה בעולם הנשמות, ולז"א המרקד כלה כמות שהיא, ר"ל החתן לקח בת זוגו ולא חטפה מזולתו, ונמצא זו היא כלה של החתן כאן בעולם התחתון, כמו שהיא באמת בעולם העליון, במקום שרשים שלהם, ששם יחדיו ידובקו.

52) ראה מנורת המאור (אות קעה) וז"ל: ואם יאהבנה כגופו מקיים את התורה דכתיב והיו לבשר אחד, שהיא צלע מצלעותיו וכו'.

• פרק ג' •

וידעת כי שלום אהלך

די גרויסע חשיבות און די ריכטיגע אפטייטש פון שלום בית עפ"י תורה ועפ"י חז"ל

א. פארווארט

מיר האבן אויסגעשמועסט אינעם פאריגן פרק, ווי מיר זעען פון די עצם בריאה ווי אזוי דער באשעפער האט באשאפן מאן און פרוי און אריינגעפלאנצט אין די טבע די טיפע אהבה, צו וועלכע שטארקע ליבשאפט א מאן און ווייב דארפן צוקומען. א מאן דארף ווערן ווי איינס מיט זיין ווייב, און א פרוי ווי איינס מיט די מאן, דאס איז ווי איין גוף ונשמה ממש. לאמיר אין דעם פרק אביסל מער אויסברייטערן ווי נאך מיר זען דער ענין פון שלום בית אין די תורה, ווייל אריינקוקנדיג אין די תורה, חז"ל, און אין די ראשונים בלייבט נישט איבער קיין ספיקות וואס עס מיינט אן אמת'ע שלום-בית.

באמת דארף מען נישט מער זוכן - וואו מיר זעען אז די רצון ה' איז אן אמת'ן קשר פון שלום בית - נאכדעם וואס אין די פאריגן פרק האבן מיר ברייט אויסגעשמועסט אז השי"ת האט אויסגעשטעלט די בריאה פון מענטשן געענצליך אנדערש פון אלע באשעפענישן, אלעס כדי אז די מענטשן זאלן האבן די שטערקסטע קשר, און ווי די תורה זאגט דאס אין דריי ווערטער '**והיו לבשר אחד**', דאס איז די שטערקסטע אופן ווי אזוי מען קען מסביר זיין א ריכטיגן קשר, נישט ווייניגער ווי שפירן ווי איין גוף ממש. פארט וועלן מיר ברענגען נאך מראי מקומות, ווי מיר וועלן זעהן עטוואס חידושים, ווי אויך, ווי מער מען חזר'ט דאס איין אלס קלארער ווערט דאס און עס גייט מער אריין אין די ביינער.

ב. שלום בית - עפ"י תורה

ביי אברהם און שרה וואס זענען שוין געווען כמעט הונדערט יאר אלט, זאגט די **גמרא**[53] אז דער אויבערשטער האט געטוישט וואס שרה האט געזאגט "ואדוני זקן" אז אברהם איז שוין אלט צו קענען געבוירן קינדער, צו "ואני זקנתי" ווי כאילו שרה האט געזאגט אויף זיך אז זי איז אלט, כדי דאס זאל נישט מאכן קיין שטער אין שלום-בית. לכאורה איז זייער שווער צו פארשטיין מיר רעדן דאך דא פון אברהם אבינו דעם מקור מדת החסד, קען דען זיין א הוה אמינא אז עס וואלט אויסגעבראכן א קריגעריי ביי זיי אין שטוב? נאכמער, האט זי דען געזאגט עפעס שלעכטס, זי האט סך הכל געזאגט עפעס וואס איז געווען אמת, אברהם איז טאקע געווען אלט און עפ"י טבע נישט געקענט געבוירן מער קינדער, איז וואס וואלט דאס געמאכט א רושם עד כדי כך אז דער באשעפער האט געמוזט טוישן די שפראך צו "ואני זקנתי". דער ענטפער איז, אז דאס וואלט אוודאי נישט געמאכט א קריגעריי צווישן זיי, נאר דאס וואלט געמאכט עפעס א משהו פון א פגם אין א טיפע אמת'ע ליבשאפט, פאר א סעקונדע וואלט אפשר אברהם אבינו געווארן אביסל געטראפן פון דעם, און דאס האט דער באשעפער נישט געוואלט עס זאל פאסירן, אפי' פאר א רגע זאל נישט זיין די קלענסטע פירוד אין הארצן.

זעהן מיר קלאר וואס עס מיינט אן אמת'ע שלום בית אין די אויגן פון כביכול, און אפי' פאר די קלענסטע משהו פון א שטער אין די ליבשאפט איז גענוג א סיבה צו שרייבן אין די תורה עפעס וואס איז נישט אמת, ווייל עס איז מותר לשנות מפני השלום, אפילו פאר אזא דקות'דיגע נקודה פון שלום, ווייל די ערך פון שלום איז אזוי גרויס, און שלום מיינט טאקע די שטערקסטע נאנטקייט וואס איז שייך.

מ'זעהט אויך זייער קלאר פון דעם וואס די תורה שמועסט אויס[54]: **ויבאה יצחק האהלה שרה אמו ויקח את רבקה ותהי לו לאשה ויאהבה**, אז יצחק האט חתונה געהאט מיט רבקה '**ויאהבה**' און ער האט איהר ליב געהאט. ס'איז זיכער אז ווען די תורה דרוקט זיך דא אויס אז ווען יצחק האט חתונה געהאט מיט רבקה אז ער האט איר ליב געהאט, איז צוליב דעם ווייל א מאן און פרוי דארפן זיך ליב האבן, און די תורה שרייבט דאס פאר אונז לדורות.

און אזוי אויך שמועסט די תורה[55] אויס ביי יעקב אבינו **ויאהב יעקב את רחל**, יעקב האט ליב געהאט רחל, ווי די מפרשים[56] זענען מסביר אז ער האט דווקא געהאט א געפיל און אן

53) יבמות סה ע"ב: בי רבי ישמעאל תנא גדול השלום שאף הקדוש ברוך הוא שינה בו דמעיקרא כתיב (בראשית יח, יב) ואדוני זקן ולבסוף כתיב (שם יג) ואני זקנתי.

54) בראשית כד, סז.

55) בראשית כט, יח.

56) ראה אוה"ח (שם) וז"ל: פירוש לא לצד יפיה אלא לצד מה שרחל בת זוגו.

עקסטערע אהבה צו רחל ווייל זי איז געווען זיין באשטימטע בת זוג[57].

עס פארשטייט יעדער איינער, אז ווען די תורה זאגט דא א מושג פון 'אהבה', מיינט דאס נישט בלויז אז די אבות האבן זיך אויפגעפירט שיין איינער צום אנדערן, זיי האבן זיך נישט אויפגערעגט איינער אויפן צווייטן וכדומה, און אוודאי מיינט דאס נישט אז ס'איז געווען אן אהבה וואס די גוי'אישע גאס רופט אן אהבה - וואס דאס מיינט בעצם אז מען האט זיך אליינס ליב - נאר פשט פון דעם איז אז עס געווען אן אמת'ע אהבה איינער צום צווייטן, מען האט ליב געהאט דעם צווייטן אזוי ווי זיך אליינס, עס איז געווען א לעבן פון שותפת'דיגע טיפע ליבשאפט וואס דאס רופט די תורה אן אהבה. הגם אונז האבן געוויס נישט קיין השגה אין די גרויסקייט פון די הייליגע אבות, אבער אז די תורה שרייבט דאס איז דאס א לימוד פאר אונז אלע[58], אז מען דארף בויען א אידישע שטוב נישט נאר עס זאל זיך פירן גוט אויף א טעכנישע אופן, נאר ס'דארף זיין א שטוב וואס איז דא אין דעם טיפע געפילן פון ליבשאפט און שעצונג איינער צום אנדערן, און דאס איז אן הנהגה צו וואס אונז אלע דארפן צו שטרעבן.

אט אזא דרגה פון שלום בית פאדערט די תורה פון יעדן איינציגסטן איד, די רצון ה' איז אז א אידישע שטוב זאל זיין א געפילישע שטוב, נישט סתם א טרוקענע שטוב. ווי מיר זעען אז די תורה האט טאקע אוועקגעשטעלט די ערשטע יאהר נאך די חתונה אלס די מינימום צייט וואס מאן און ווייב דארפן פארברענגען צוזאמען און אוועקשטעלן די יסוד פון זייער פרישע לעבן אינאיינעם. דאס איז באוואוסט אלס "שנה ראשונה", אין דעם יאהר זאגט די תורה[59]: **נקי יהיה לבית שנה אחת ושמח את אשתו**, די מאן דארף בלייבן אינדערהיים און איז פטור פון גיין אפי' אין מיליטער ווען די אידן גייען ארויס צו א מלחמת מצוה, ווייל זיין פלאץ איז נישט דארט, ער בויעט יעצט די יסודות פון זיין שטוב און ער דארף זיין אינדערהיים. א

57) דאס האט לאה געשפירט, אז נישט ח"ו יעקב האט איר פיינט געהאט, נאר עס איז נישט געווען אט דעם ספעציעלן נאנטקייט וואס דארף צו זיין צווישן מאן און ווייב, דעריבער ווען יעקב האט געבוירן פון איהר קינדער, האט ער פארשטאנען אז זי איז אויך געווען א בת זוג, און פון דעמאלט און ווייטער איז יא געווען אן אהבה. ראה בבראשית רבה (עה"פ וירא ה' כי שנואה לאה): כיון שראה יעקב שרימת לאה באחותה נתן דעתו לגרשה, כיון שפקדה בבנים אמר לאמן של אלו אני מגרש. וראה בפי' עץ יוסף וז"ל: אלא שלא היה יכול לגרשה מיד בהיותו עוד בביתו של לבן. ולפיכך לא נתן יעקב דעתו לגרשה אלא בצאתו מביתו, אלא כיון דביני ביני פקדה ה' בבנים, ואז ממילא נהפכה דעתו באומרו לאמן של אלו אני מגרש, כי איך תהיה הבור שנואה ומימיה חביבין, וגם בראותו שהיה עיקר רוב בניו מלאה ידע נאמנה כי היא בת זוגו הראויה אליו.

58) ראה בספר 'עמודיה שבעה' להגאון ר' אברהם גנחובסקי זצ"ל מרמ"י ישיבת טשעבין, פרק ד' וז"ל: הרי הטעם למה כתבה התורה האהבה לאשה בפסוקים אלו כי יש בהם לימוד לעולם. השי"ת אמר למשה רבינו: תכתוב "ויאהבה" תכתוב "ויאהב", ולמה אמר לו השי"ת לכתוב זאת, כדי שאנחנו נלמד מזה.

59) דברים כד, ה.

גאנצע קיילעכיגער יאהר איז די וויניגסטע צייט וואס די תורה האט אוועק געשטעלט כדי צו בויען די קשר[60]. ווי באקאנט איז שנה ראשונה נישט קיין זמן נאר א תקופה, איינער מאכט עס שנעלער און איינער שטייטער, אבער מען דארף צילן צו אנקומען אהין און דאס האלטן פאר די אויגן א גאנצן צייט.

ג. שלום בית - עפ״י חז״ל

אין **חז"ל** שטייט אויך קלאר און דייטליך וואס ס'מיינט שלום-בית אין א אידישע שטוב. די גמרא זאגט[61]: **האוהב את אשתו כגופו והמכבדה יותר מגופו והמדריך בניו ובנותיו בדרך ישרה והמשיאן סמוך לפירקן - עליו הכתוב אומר וידעת כי שלום אהלך**, אז איינער האט ליב זיין ווייב אזוי ווי זיך אליינס, און ער איז איר מכבד מער ווי זיך אליינס אויף איהם שטייט די פסוק **וידעת** און דו וועסט וויסן, **כי שלום אהליך**, אז דו האסט שלום אין דיין געצעלט.

דאס הייסט אז די ווארט שלום אין א אידישע שטוב, מיינט נישט די זעלבע ווארט ווי שלום מיט אנדערע מענטשן אויפן גאס. שלום אינדרויסן פון שטוב מעסט זיך פשוט אז מען קריגט זיך נישט ארום מיט אנדערע, מען בייזערט זיך נישט אויף אנדערע, מ'לעבט אן קיין מחלוקת און קריגערייען. אבער שלום אין א שטוב מיינט בכלל נישט דאס, די מעסטער פון שלום אין שטוב מעסט זיך אזוי ווי די גמרא זאגט **האוהב את אשתו כגופו**, אט דאס מיינט שלום. די מאן האט ליב די פרוי אזוי ווי זיך אליין. עס איז נישט א פעולה פון שלום פון זיך נישט קריגן מיט א צווייטן, דאס איז א שלום פון יא טוהן, פון זיין נאנט איינער צום צווייטן, פון ליב האבן איינער דעם צווייטן מיט די טיפסטע געפילן וואס ס'איז נאר שייך, דעמאלט הייסט עס אז מ'האט שלום-בית.

און דאס אז חז"ל האבן פארשטאנען אז ליבשאפט צווישן מאן און פרוי דארף זיין אויף די מדריגה ווי מען האט זיך אליינס ליב, איז זייער פארשטענדליך לויט וואס מיר האבן אויבן אויסגעשמועסט, ווייל מאן און פרוי זענען דאך בעצם איינס און אין די טבע ליגט די

---

60) וז"ל ספר החינוך (מצוה תקפב): שנצטוינו שישמח החתן עם אשתו שנה אחת כלומר שלא יסע חוץ לעיר לצאת למלחמה ולא לענינים אחרים לשבת זולתה ימים רבים אלא ישב עמה שנה שלימה מיום הנשואין ועז"נ נקי יהיה לבית ושנה אחת ושמח את אשתו אשר לקח. משרשי המצוה וכו' שנשב עם האשה המיוחד' לנו להקים זרע שנה שלימה מעת שנשא אותה כדי להרגיל הטבע עמה ולהדביק הרצון אצלה ולהכניס ציורה וכל פעלה בלב עד שיבא אצל הטבע כל מעשה אשה אחרת וכל עניינה דרך זרות כי כל טבע ברוב יבקש ויאהב מה שרגיל בו ומתוך כך ירחיק האדם דרכו מאשה זרה ויפנה אל האשה הראויה לו מחשבתו ויכשרו הילדים שתלד לו ויהי' העולם מעלה חן לפני בוראו.

61) מס' יבמות סב ע"ב, וסנהדרין עו ע"ב.

ליבשאפט וואס מען דארף צו צוקומען, ווי דער **אורח ישרים** איז מסביר[62]:

> ווער עס האט ליב זיין ווייב ווייל זי איז א חלק פון איהם און ביידע זענען בעצם בשר אחד, ער וועט איר ליב האבן אפילו ווען זי פארלירט איהר שיינקייט, ווייל זיך אליינס האט ער ליב אפי' אויב ער איז מיאוס, און דאס זאגט די גמרא, ווער עס האט ליב זיין ווייב "כגופו", ער האט איהר ליב ווייל זי איז א חלק פון איהם.

ד. דאס גרויס אחריות פון לעבן מיט ליבשאפט

חז"ל זאגן אונז גאר גרויסע זאכן ווען איינער לעבט בשלום אין שטוב. אין **אבות דרבי נתן** ווערט געברענגט[63]: "דער וואס מאכט שלום ביי זיך אין שטוב, רעכנט איהם די פסוק ווי ער וואלט געמאכט שלום אויף יעדן איינציגסטן איד" און אויף פארקערט שטייט ווייטער: "און יעדער וואס לייגט א פיינטשאפט אין שטוב, רעכט איהם די פסוק ווי כאילו ער מאכט א פיינטשאפט ביי אלע אידן". די **גמרא**[64] זאגט נאך שארפער אז דער וואסווארפט א פחד ביי זיך אין שטוב וועט דאס צום סוף צוברענגן צו עובר זיין אויף דריי הארבע עבירות.

ה. דאס הייליגקייט פון לעבן מיט ליבשאפט

עס קען אמאל זיין, אז עס זאל דורך לויפן א מחשבה אין קאפ, אז דער גאנצע ענין פון ליבשאפט איז עפעס וואס פאסט נישט אזוי פאר ערליכע אפגעהיטענע אידן. דארף מען וויסן זייער קלאר אז די סארט מהלך המחשבה איז א טעות גמור, ווייל אונז דארפן לעבן ווי אזוי די תורה הייסט אונז, און פרובירן צו ארבעטן אויף אזא ליבשאפט וואס מיר זעהן אין תורה, ביז מען קומט צו "והיו לבשר אחד". איינער וואס פירט דאס לעבן מיט אן אמת'ע

---

62) יבמות שם, וז"ל: הכוונה בדבריהם הקדושים כי האוהב את אשתו בעבור יפיה הוא לא יאהב אותה עצמה כי אם את היופי וע"כ כאשר תאבד את יפיה אז ימאס בה ויבקש אחרת. אבל לא כן האוהב את אשתו יען כי היא חלק ממנו ושניהם בשר אחד, היא יאהב אותה אף כשתאבד את יפיה כי את עצמו יאהב אף אם היא מכוער ביותר וזהו שאמרו האוהב את אשתו לא בעבור היופי כי אם שהיא "כגופו" שהיא חלק ממנו.

63) פרק כח אות ג': רבי שמעון בן גמליאל אומר, כל המשים שלום בתוך ביתו, מעלה עליו הכתוב כאילו משים שלום בישראל על כל אחד ואחד. וכל המטיל קנאה ותחרות בתוך ביתו, מעלה עליו הכתוב כאילו מטיל קנאה ותחרות בישראל. לפי שכל אחד ואחד מלך בתוך ביתו, שנאמר (אסתר א) "להיות כל איש שורר בביתו".

64) מסכת גיטין ו ע"ב: אמר רב יהודה אמר רב: כל המטיל אימה יתירה בתוך ביתו - סוף הוא בא לידי שלש עבירות: גילוי עריות ושפיכות דמים וחילול שבת.

ליבשאפט לעבט א לעבן מיט די אמת'ע רצון ה' און אין די וועגן ווי אזוי ערליכע און הייליגע מענטשן דארפן זיך אויפפירן, ווי דער **רמב"ם** שרייבט[65]: "**א מאן דארף צו ליב האבן די פרוי ווי זיין אייגן גוף, און מכבד זיין מער ווי די אייגענע גוף, וכו' און דאס איז די וועג פון קדושים וטהורים, און מיט די וועגן איז זייערע וואוינונג שיין און באלויבט**". דער רמב"ם שמועסט דא אויס זייער קלאר אז אזא סארט לעבן איז נישט עפעס אן הנהגה פאר סתם פשוט'ע אידן, אדרבה ואדרבה א לעבן מיט טיפע ליבשפאט איז דער וועג צו לעבן פאר הייליגע אידן "קדושים וטהורים".

ו. דאס חשיבות פון שלום

לאמיר זעען נאך א שטארקע הלכה, וואס וועט זייער גוט ארויסברענגען דאס געוואלדיגע געוויכט וואס שלום בית האט על פי תורה. דער **רמב"ם** פסק'נט[66], אז אויב א מענטש האט נאר איין ליכטל און ער קען אנצינדן אדער חנוכה לעכט אדער א ליכטל אז עס זאל זיין ליכטיג אין שטוב, איז די הלכה אז די לעכט פון שטוב קומט פריער צוליב שלום בית (ד.מ. אז אויב עס איז טונקל, איז אומעטיג אין שטוב און מען שטרויכלט זיך אן). לכאורה דארף מען פארשטיין, דער איד און זיין ווייב זענען ביידע גרייט צו מוותר זיין אויף די ליכטיגקייט פון שטוב, צי איז דאס דען מער וויכטיג ווי מקיים זיין מצות נר חנוכה? זאגט דער רמב"ם אז יא, ווייל דאס חשיבות פון שלום איז אסאך העכער פון דעם, ווי מען זעט אין די תורה אז אפילו דעם באשעפער'ס נאמען מעג מען אויסמעקן כדי צו מאכן שלום צווישן מאן אין ווייב (ע"י א סוטה).

וואס איז טאקע פשט פון דעם, אזוי וויכטיג איז שלום?! איז דער רמב"ם ממשיך: "שלום איז גאר גרויס, ווייל די גאנצע תורה איז געגעבן געווארן צו מאכן שלום אין די וועלט, אזוי ווי עס שטייט אין פסוק: 'דרכיה דרכי נועם וכל נתיבותיה שלום'".

עס שטייען דא מורא'דיגע ווערטער, אז דאס חשיבות פון שלום אין השקפת התורה איז ספעציעל גרויס, אזש עס האט איבערגעוואויגן אפילו אזא שרעקליכע זאך ווי מחיקת

65) אישות פט"ו הי"ט-ה"כ, וז"ל: וכן צוו חכמים שיהיה אדם מכבד את אשתו יתר מגופו, ואוהבה כגופו, ואם יש לו ממון מרבה בטובתה כפי הממון, ולא יטיל עליה אימה יתירה, ויהיה דיבורו עמה בנחת, ולא יהיה עצבן ולא רגזן. וכו' וכן צוו חכמים על האשה שתהיה מכבדת את בעלה ביותר מדאי, ויהיה עליה מורא ממנו, ותעשה כל מעשיה על פיו, ויהיה בעיניה כמו שר או מלך, מהלכת בתאות לבו, ומרחקת כל שישנא. וזה הוא דרך בנות ישראל ובני ישראל הקדושים הטהורים בזיווגן, ובדרכים אלו יהיה ישובן נאה ומשובח.

66) הלכות חנוכה פ"ד הי"ד, וז"ל: היה לפניו נר ביתו ונר חנוכה, או נר ביתו וקדוש היום, נר ביתו קודם משום שלום ביתו, שהרי השם נמחק לעשות שלום בין איש לאשתו. גדול השלום, שכל התורה ניתנה לעשות שלום בעולם, שנאמר (משלי ג, יז): "דרכיה דרכי נעם וכל נתיבותיה שלום".

השם, ווייל די גאנצע תכלית פון די תורה איז "שלום". דער פשט איז, אז אודאי איז די שם הוי"ה פון די שמות וואס מ'טאר קיינמאל נישט פארמעקן, אבער די תורה איז נאר א מיטל צו ברענגען שלום אויפן וועלט, און דערפאר איז ענדערש דאס צו פארמעקן אויב דורכדעם וועט מען צוקומען צום תכלית: שלום[67].

אויב מען וועט ארייקלערן אין וואס עס שטייט דא, באקומט שלום בית פיל א גרעסערע ווערד אין אונזערע אויגן. אויב איינער האט געמיינט ביז היינט אז שלום איז נישט אזוי וויכטיג, דער שטוב קלאפט מער-ווייניגער ווי עס דארף צו זיין, טאקע נישט דאס מערסטע שלום, אבער נישט אזוי געפערליך. זעט מען אבער פון דא וויפיל די תורה איז מחשיב דאס ענין פון שלום, און טאקע אממערסטנס ביי "שלום בית", עד כדי כך אז מען מעקט דערפאר אויס דעם באשעפער'ס נאמען, אצינד באקומט דער ענין פון שלום געוצליך א נייעם דערהער און ווערד.

ז. איש ואשה שזכו

עס דארף באטאנט ווערן, אז הגם די "חיובים" פון שמחה אין א אידישע שטוב איז געגעבן געווארן פאר די מאן, דער מאן האט א מצוה פון ושמח את אשתו, און דער מאן האט א חיוב פון מצות עונה וכדומה, אבער דאס איז פשוט אז א קשר איז א יצירה פון צוזאמבינדן צוויי זאכן, מען בינדט צוזאמען צוויי חלקים מיט א שטארקע קשר. די זעלבע פארשטייט מען אויך אז די קשר של קיימא וואס מען קניפט אן אין א אידישע שטוב קען נאר צושטאנד קומען אויב סיי די מאן און סיי די פרוי ארבעטן אויף די זעלבע מטרה פון ווערן נענטער איינס צום צווייטן, עס איז נישט מעגליך אז נאר דער מאן זאל פרובירן צו מאכן קשר, אן וואס די פרוי זאל צוהעלפן. די פרוי איז א גלייכע שותף אין די אויפבוי פון א געזונטע שטוב. אויב עפעס, האט די אשת חיל נאך א שטערקערע כח צו פירן די שטוב אויף די גוטע רעלסען, ווי עס שטייט[68] אז **חכמת נשים בנתה ביתה**, ווייל די פרוי האט א בינה יתירה[69] און מיט אירע

67) יש המון דברי חז"ל בגודל השלום, ונביא מקצתן: "לא מצא הקדוש ברוך הוא כלי מחזיק ברכה לישראל אלא השלום, שנאמר (תהלים כט, יא): ה' עז לעמו יתן ה' יברך את עמו בשלום" (עוקצין פ"ג מי"ב). "לא הקפידה התורה לרדוף אחרי המצוות... אם באו לידיך אתה מצווה עליהם ולא לרדוף אחריהם. אבל על השלום נאמר (תהלים לד, טו): "בקש שלום" - במקומך, "ורדפהו" - במקום אחר (שמו"ר פי"ט סכ"ז). וישראל זכו לקבל את התורה רק בגלל השלום, כדאיתא במסכת דרך ארץ זוטא פרק יא, וז"ל: "ויחן שם ישראל" (שמות יט, ב), אמר הקדוש ברוך הוא: הואיל ושנאו ישראל את המחלוקת ואהבו את השלום ונעשו חנייה אחת, עכשיו אתן להם את תורתי. וכהנה רבות.

68) משלי יד, א.

69) מס' נדה מה ע"ב: א"ר חסדא מ"ט דרבי דכתיב ויבן ה' את הצלע מלמד שנתן הקב"ה בינה יתירה באשה יותר מבאיש.

שטארקע געפילן און ווארעמקייט האט זי א ספעציעלע כח אריינצושיינען א געשמאקע אטמאספערע אין שטוב, און זיין די ריכטיגע חלק פון די שותפות אין בויען די קשר צווישן איהר מיט די מאן.

ח. א געפילישע שטוב

יעדער וואס האט חתונה ווייסט האפנטליך די הלכות פון הרחקות וואס איז נוגע אין די אומריינע טעג, אסאך פון די הלכות איז געבויעט אויף געוויסע פעולות וואס זענען דברים של חיבה - זאכן וואס ברענגט ארויס ליבשאפט - וואס זענען אסור אין די טעג. די מקור פון דעם איז ווי די **גמרא** זאגט[70]: "אלע מלאכות וואס א פרוי טוט פאר איר מאן מעג זי טוהן אפילו ווען די איז א נדה, חוץ דריי זאכן; אנגיסן די כוס, אנגרייטן שיין די בעט, און וואשן זיין הענט און פנים". ווי **רש"י** ערקלערט: "דאס זענען זאכן פון נאנטשאפט און ליבשאפט, און קען צוברענגען צו דער זאך אליין".

עס וועט זיין אינטערעסאנט איצטערט צו ברענגען די אנהייב פון די גמרא, וואס איז נוגע אין די ריינע טעג. עס זענען פאראן אסאך זאכן וואס א פרוי איז זיך מתחייב צו טוהן ווען זי האט חתונה, די גמרא רעדט ארום וואס עס גייט אריין אין די התחייבות, און פון וואס א פרוי קען זיך ארויסדרייען אויב זי האט דינסטן. אבער די גמרא פירט אויס[71]: אפילו די הלכה איז אז אויב האט זי דינסטן מעג די פרוי זיצן אויף איר שטיהל און גארנישט טוהן אבער דריי זאכן זאל זי יא טוהן פאר די מאן, דאס איז אנגיסן די כוס, אנגרייטן שיין די בעט, און וואשן זיין הענט און פנים. (דאס זענען ביישפילן פון זאכן וואס איז אין יענע צייטן געווען א סימן פון ליבשאפט.)

רש"י אויפן ארט איז מסביר[72] פארוואס איז אנדערש די דריי זאכן: **ומשום דמילי דחיבה נינהו כדי שתתחבב עליו**, די דריי זאכן איז זאכן וואס ווייזן אויף ליבשאפט, דאס זענען פריוואטע זאכן וואס דאס איז נאר צווישן צוויי גאר נאנטע מענטשן וואס ווייזט אויף טיפע נאנטקייט, דערפאר זאל זי דאס יא טוהן אין די ריינע טעג כדי זי זאל ברענגען די מאן איהר צו

---

70) כתובות סא ע"א: אמר רב יצחק בר חנניא אמר רב הונא כל מלאכות שהאשה עושה לבעלה נדה עושה לבעלה חוץ ממזיגת הכוס והצעת המטה והרחצת פניו ידיו ורגליו והצעת המטה. וברש"י: כל שהוא דברים של קירוב וחיבה ומביאין לידי הרגל דבר.

71) שם, אמר רב יצחק בר חנניא אמר רב הונא אע"פ שאמרו יושבת בקתדרא אבל מוזגת לו כוס ומצעת לו את המטה ומרחצת לו פניו ידיו ורגליו.

72) שם ד"ה אבל מוזגת לו כוס ומצעת לו מטה - לפרוס סדין ולבדין דבר שאינו טורח ומשום דמילי דחיבה נינהו כדי שתתחבב עליו ולא דמי למצעת דמתני' דהוי דבר של טורח ובכפייה הני לא כפי לה אלא חכמים השיאוה עצה טובה להנהיג זאת בישראל.

ליב האבן. רש"י ענדיגט צו אז דאס איז נישט קיין חיוב אויף די פרוי צו טוהן עפ"י הלכה, נאר די חכמים געבן איהר אן עצה טובה אויב וויל די פרוי צוברענגן די מאן זאל איהר ליב האבן זאל זי טוהן געוויסע פעולות וואס ברענגן ארויס ענינים פון חיבה, וואס דאס וועט נענטער ברענגן די צוויי הערצער צוזאמען.

זעהן מיר פון דא, וויפיל חז"ל האבן ארייגעקלערט - און דאס ווערט גע'פסק'נט להלכה[73] - צו געבן פראקטישע עצות, ווי אזוי א אידישע שטוב זאל זיין א געפילישע שטוב, מיט ליבשאפט איינער צום צווייטן, און נישט בלויז א טרוקענע און א טעכנישע שטוב. א אידשע שטוב אין די אויגן פון חז"ל איז א שטוב וואס עס געפונט זיך אהבה מיט חיבה אויף א שטארקן אופן.

ווי מיר זען אויך ווי עס ווערט גע'פסק'נט להלכה[74] אז אויב א מאן געבט געלט פאר א פרוי און ער דרוקט זיך אויס אז דאס איז ווייל ער וויל עס זאל זיין צווישן זיי ליבשאפט און נאנטקייט, מיינט דאס צו זאגן אז ער וויל איר מקדש זיין פאר א ווייב. ווייל חתונה האבן מיינט "א לעבן פון ליבשאפט".

כדאי עס זאל טאקע זיין א געפילישע לעבן פאדערט זיך א צוזאמען-ארבעט סיי פון די מאן און סיי פון די פרוי, אז ביידע זאלן איינזעהן דאס וויכטיגקייט פון דעם און ביידע זאלן ארבעטן אויף די זעלבע ציהל, אזוי וועט מען בעזרת השי"ת אנקומען צו די געוואונטשענע רעזולטאטן.

אין קומענדיגן פרק וועלן מיר אויסשמועסן ווי אזוי מען קען טאקע אויספירן אויף למעשה אז מען זאל האבן א געפילישע שטוב, ווי די רצון ה' איז אז א אידישע שטוב זאל זיך פירן.

---

73) אבן העזר סימן פ' סעיף ד' וה'.

74) רמ"א אבהע"ז סי' כז ס"ג, וז"ל: מי שאמר לאשה שנותן לה בשביל אהבה וחבה חוששין לקדושין כי שמא אמר שנותן לה שיהיה אהבה וחבה ביניהם והוי כאלו אמר לה מיועדת לי או מיוחדת לי. (הביאו הב"י בשם המרדכי) וראה בבית שמואל (שם) שמבאר: מ"מ כיון שאמר בשביל אהבה ולא אמר שתהא אהבה ביניהם הוי כאלו אמר שהוא נותן לה בשביל אהבה שכבר ביניהם מ"ה לא הוי אלא ספק קידושין.

• פרק ד׳ •

רעים האהובים

די חיוב צו בויען א ליבשאפט, ווי אזוי פאסט א חיוב, און וואס דאס מיינט ליבשאפט

א. די טיפסטע געפילן

איינע פון די ברכות וואס מיר זאגן ביים ״שבע ברכות״ איז: ״שמח תשמח ריעים האהובים כשמחך יצירך בגן עדן מקדם״, רש״י ערקלערט[75] ווער זענען דאס רעים האהובים: **החתן והכלה שהן ריעים האוהבים זה את זה**, דאס מיינט מען דער חתן און די כלה וואס האבן זיך ליב איינער דעם צווייטן. ווי עס ווייזט זיך אויס פון דא איז אז די מציאות דארף זיין אז עס זאל הערשן א ליבשאפט צווישן א פארפאלק.

אין די לעצטע ברכה זאגן מיר מער פון דעם, עס איז דא צען ערליי פרייליכע אויסדרוקן וואס דארף צו שורה זיין אין א שטוב: **ששון, שמחה, גילה, רינה, דיצה, חדוה, אהבה, אחוה, שלום ורעות**. עס איז ניטאמאל דא גענוג ווערטער אין אידיש צו טייטשן יעדעס ווארט וואס פונקטליך דאס מיינט, דאס זענען אלע פארשידענע אויסדרוקן פון טיפע פרייליכע און ליבליכע געפילן וואס עס איז צום האפן ס׳זאל הערשן צווישן מאן און ווייב.

אין דעם קומענדיגן פרק - פרק ה׳ - וועלן מיר אביסל צולייגן און געבן צו פארשטיין וויאזוי מען קען בויען אן אמת׳ע שלום בית, אבער כדי דאס צו ארויסהאבן וועט מען קודם אדורכטוהן אין דעם פרק, וואס איז די ריכטיגע אפטייטש פון ליבשאפט.

75) כתובות ח ע״א.

ב. בויען די געפילן

ווען מיר גייען אצינד ארומרעדן פון "ליבשאפט" איז וויכטיג צו באווארענען אז די מושג פון ליבשאפט קען אפשר זיין היפש פרעמד היינט צוטאגס, ווען די גאנצע הלוך ילך פון די לעבנס שטייגער איז זייער נישט נאטורליך. אונז לעבן אין א דור ווי די אינערליכע געפילן שפילן כמעט נישט קיין ראלע. מען טוט אלעס וואס מען דארף צו טוהן, צי מען האלט דערביי צי נישט. היינט לעבט מען נישט פאר זיך, מ'לעבט אין א געזעלשאפט וואו מען פרובירט כסדר צו געפעלן פאר דעם שכן, און זייער אסאך זאכן ווערן געטוהן אן קיין שום פנימיות, אדער געפיל.

נישט נאר בגשמיות נאר ברוחניות אויך, מענטשן קענען טוהן אלע מצוות ומעשים טובים אויף די וועלט, אבער אן צולייגן מחשבה און געפיל. א דאוונען קען זיין פון דעקל צו דעקל אבער אן טראכטן פירוש המלות אדער ערנסט בעטן פון באשעפער, מען קען פראוונען ימים טובים אן אריינקלערן אין די חשיבות פון די הייליגע יו"ט. וכדומה.

ובאמת איז די גאנצע חינוך היינט אוועקגעשטעלט אויף אן אופן וואס דארף ארבעטן פאר יעדן איינעם, אהן נעמען אין חשבון דאס פערזענליכע נפש און נשמה פון יעדן באזונדער. ווי לאנג דאס דאוונען דארף צו נעמען איז פאראויס געשריבן, און וואס מען לערנט איז פאראויס אפגעמאכט, אזוי אז עס בלייבט נישט איבער קיין סאך צייט ווען איינער זאל זיך אליינס קענען, און משקיע זיין דארט ווי די געפילן ציען אים. ממילא ווען עס קומט צו חיי הנישואין קען מען עס אויך דורכשטופן אן צולייגן צופיל קאפ אויף די פנימיות פון א אידישע שטוב, אן קיין געפילן פון ליבשאפט און אן פרובירן צוצוקומען צו אן אחדות גמורה. מ'דארף אבער ארבעטן אויף זיך, און יא פרובירן צו ארבעטן אויף די געפילן און דאס אויפוועקן.

עס קען אפשר זיין, אז די מערסט-וויכטיגע ענין וואס מען דארף זיין צוגעגרייט צום חתונה איז אט דאס, צו ארבעטן אז די געפילן זאלן זיין לעבעדיג און וואך. ובעיקר זיך אליינס צו "קענען", נישט אזוי לעבן פאר יענעם, נאר פארשטיין זיך אליינס בעסער אויף א טיפערע פארנעם. אויב איז מען דאס קונה פאר'ן חתונה, הייבט זיך אן דאס לעבן אויף אן אנדער סארט מהלך ווי א געפיללאזע געפירעכץ און אנגייענדע חילוקי דעות, און בעזר השי"ת וועט זיך בויען א ווארעמע ליכטיגע שטוב.

עס איז נישט אזוי שווער צו בויען די געפילן ווי מען מיינט, ווייל יעדער האט ליב צו פילן ליבשאפט און יעדער האט ליב צו באקומען ליבשאפט, מ'טאר עס נאר נישט באהאלטן. אז מאן און ווייב וועלן ווייזן זייערע געפילן פון טיפע ליבשאפט איינער פארן צווייטן וועט דאס זיין די בעסטע מיטל צו טאקע ארויפגיין אויפן לייטער און בויען א געזונטע שלום בית צו וואס די תורה שטרעבט אז א מאן און ווייב זאלן צו קומען.

ג. ליבשאפט איז א חיוב

מיר האבן שוין אין די הקדמה ארויסגעברענגט די מעלות פון לעבן א לעבן פון ליבשאפט איבער א טעכנישע לעבן. אונז האבן אויבן אויך ארום גערעדט אז דאס טיפע אהבה ליגט אין די עצם טבע פון די בריאה ווען דער באשעפער האט אויסגעשטעלט די באשאף פון מאן און ווייב. ווי אויך איז קלאר געווארן אז אן א ליבשאפט און א קשר איז כמעט נישט מעגליך צו וואוינען מאן און ווייב צוזאמען. אויב דאס אלעס איז נישט גענוג צו אייך איבערצייגן צו ארבעטן אויף ליבשאפט איז כדאי צו וויסן אז ס'איז נישט פארהאן קיין אויסוואל דערין, ווייל ס'איז גאר דא א פשוט'ע חיוב דערויף.

מיר האבן שוין דערמאנט וואס די **גמרא** זאגט[76]: **אז איינער האט ליב זיין ווייב אזוי ווי זיך אליינס, און ער איז איהר מכבד מער ווי זיך אליינס אויף איהם זאגט דער פסוק וידעת כי שלום אהליך, און דו וועסט וויסן אז דו האסט שלום אין דיין געצעלט**. אבער דאס איז נישט נאר סתם א וויכטיגע ידיעה - אז אויב האט מען ליב דאס ווייב ווי זיך אליינס דאן איז דא אן אמת'ע שלום-בית - נאר אז חז"ל דערמאנען דאס און לערנען אזוי אפ די פסוק איז דאס א חיוב. ווי די **רמב"ם** פסק'נט[77]: **אזוי האבן די חכמים באפוילן אז א מאן זאל מכבד זיין זיין פרוי מער ווי זיך אליינס און איר ליב האבן ווי זיך אליינס**. דאס איז א חיוב[78] וואס מען דארף אויסגעבן א פיפטל פון די נכסים וואס מען האט, צו מקיים זיין די מצוה.

אט אזוי דרוקט זיך אויס די **פלא יועץ**[79]: "דאס ליבשאפט צווישן א מאן און ווייב איז א זאך וואס איז א חיוב אז עס זאל זיין צווישן זיי א שטארקע ליבשאפט".

ד. ווי פאסט א חיוב פאר ליבשאפט

שטעלט זיך אבער א גרויסע שאלה, ווי אזוי קען איך האבן א חיוב צו ליב האבן איינעם, לכאורה אדער האט מען יענעם ליב אדער נישט? ווי אזוי קען מען זאגן פאר א מענטש, האב חתונה און האב יענעם ליב?

---

76) יבמות סב ע"ב: האוהב את אשתו כגופו והמכבדה יותר מגופו והמדריך בניו ובנותיו בדרך ישרה והמשיאן סמוך לפירקן – עליו הכתוב אומר 'וידעת כי שלום אהלך'.

77) פט"ו מה' אישות הי"ט, וז"ל: וכן צוו חכמים שיהא אדם מכבד את אשתו יותר מגופו ואוהבה כגופו. ואם יש לו ממון מרבה בטובתה כפי הממון. ולא יטיל עליה אימה יתירה ויהיה דבורו עמה בנחת ולא יהיה עצב ולא רוגז.

78) כ"כ בספר עמודיה שבעה להגאון ר' אברהם גנחובסקי זצ"ל מרמ"י ישיבת טשעבין, פרק ד' וז"ל: לאהוב את האשה זה מצוה בדברי סופרים, זה ממש חיוב כמו שהרמב"ם כותב "צוו חכמים", צריך לתת על זה חומש ממונו, כוונתי לומר שזה חיוב ממש וצריך לעבוד על זה, אין בזה שום פטור.

79) אות א וז"ל: אהבת איש ואשה הוא דבר שבחובה שיהא ביניהם אהבה עזה.

די שאלה איז איבערהויפט נישט קיין פשוט'ע שאלה. די גדולי המפרשים מוטשענען זיך ווען די תורה באפעלט אונז[80] **ואהבת את ה' אלוקיך**, אונז האבן א באפעל צו ליב האבן דער אויבערשטער. איז שווער די זעלבע זאך, ווי איז שייך צו הייסן א מענטש ליב צו האבן עפעס?

איינע פון די וועגן דאס צו פארשטיין איז מבואר אין **רמב"ם**[81]:

> בשעת א מענטש איז זיך מתבונן אין די געוואלדיגע גרויסע בריאה וואס דער באשעפער האט באשאפן, וועט ער זעהן דערין די גרויסע חכמה וואס האט נישט קיין סוף און קיין שאצונג, גלייך וועט ער באקומען א ליבשאפט און ער וועט דאנקן און לויבן דעם באשעפער, און באקומען אין זיך א גרויסע תאווה צו קענען השי"ת, אזוי ווי דוד המלך האט געזאגט מיין זעהל גליסט צו דיר גאט, צום לעבעדיגן באשעפער.

אין ספר **החינוך** שטייט אן אנדערן אופן[82]: "מיט די התבוננת אין די תורה וועט זיך די ליבשאפט ערוועקן".

דאס מיינט אז מ'קען טאקע נישט הייסן א מענטש צו פשוט ליב האבן עפעס א געוויסע זאך, מ'קען הייסן א מענטש צו טוהן פעולות און אריינטראכטן און זיכן אופנים זיך צו מתבוננן זיין אין גדלות ה' אדער אין די תורה הק' דורך דעם וועט מען דערנאך פון זיך אליין צוקומען צו אהבת ה'.

אט די זעלבע געדאנק איז מיט די ליבשאפט וואס מאן און ווייב דארפן צו האבן צווישן זיך, עס נישט עפעס א זאך וואס קומט אן צופיס, און עס איז נישט עפעס וואס מען קען דאס פשוט בעפעלן פאר א מענטש צו האבן, מען מוז אוודאי צוקומען צו געוויסע געדאנקן און מחשבות וואס ברענגט צו צו אהבה וואס דורך דעם קען מען דערגרייכן צו אן אחדות גמורה.

רש"י הק' שרייבט[83] אין א תשובה זייער שארפע רייד צו איינער וואס האט נישט משקיע

80) דברים ו, ה.

81) פרק ב' מהלכות יסודי התורה ה"ב, וז"ל: והיאך היא הדרך לאהבתו, בשעה שיתבונן האדם במעשיו וברואיו הנפלאים הגדולים, ויראה מהם חכמתו שאין לה ערך ולא קץ - מיד הוא אוהב ומשבח ומפאר, ומתאווה תאווה גדולה לידע השם הגדול, כמו שאמר דוד: "צמאה נפשי לאלהים לאל חי".

82) מצוה תיח וז"ל: לפי שנאמר ואהבת, איני יודע כיצד אוהב אדם את המקום. תלמוד לומר והיו הדברים האלה אשר אנכי מצוך היום על לבבך, שמתוך כך אתה מכיר את מי שאמר והיה העולם, כלומר, שעם התבוננות בתורה תתישב האהבה בלב בהכרח. ואמרו זכרונם לברכה שזאת האהבה תחייב האדם לעורר בני אדם באהבתו לעבדו, כמו שמצינו באברהם.

83) שו"ת רש"י (סימן רז) וז"ל: תשובה הננו דורש בשלום החתומים בשאלה אחרי אשר לא הוכר באשה מום בבית אביה ומשנכנסה לרשותו נולדו בה (א"ה בשאלה כתיב "והדברים נכרים שאת לוקה בצרעת וסימני צרעת נהגו ביך חוטם וסתם פנים פורחות בשחין" וכו') אין לו עליה טענת מומים. והראה האיש מעשהו לראה והראה

אין זיין שלום-בית צו באמת ליב האבן זיין ווייב:

> ער ווייזט מיט דעם אז ער איז נישט פון די קינדער פון אברהם אבינו, וואס זיין דרך איז צו רחמנות האבן אויף די מענטשן, און כל שכן אויף זיין פרוי וואס האט חתונה געהאט מיט איהם, ווייל ווען ער וואלט צוגעלייגט הארץ צו איר מקרב זיין אזוי ווי ער האט צוגעלייגט הארץ איר צו דערווייטערן וואלט זי געפינען חן אין זיינע אויגן.

זעען מיר, אז דאס בינדן א קשר איז א זאך וואס מען דארף צו בויען, און אינוועסטירן צייט, מח און געפיל כדי צו האבן אן אמת'ן קשר און א עכטע ליבשאפט.

און באמת איז דא די מצוה פון ואהבת לרעך כמוך[84] וואס איז א מצוה צו ליב האבן א יעדן איינציגסטן איד, אבער ווי די מפרשים[85] שמועסן אויס איז נישט שייך צו ליב האבן א צווייטן ממש ווי זיך אליינס, עס איז פשוט נישט במציאות. אבער עס קען זיין אז מיט די אייגענע מאן אדער פרוי איז דאס יא שייך. אין גמרא[86] טרעפן מיר עטליכע מאל די מצוה פון ואהבת לרעך כמוך - בנוגע די ליבשאפט צווישן מאן און פרוי. מיט די טבע'דיג אהבה וואס איז דא אריינגעפלאנצט צווישן מאן און פרוי, קען זיין אז מען ווערט גאר מקיים זיין באמת דעם **כמוך** ממש, ווייל די ליבשאפט בויעט זיך אזוי שטארק אז מען ווערט אזוי נאנט איינער צום צווייטן אזוי ווי די ליבשאפט וואס מען האט צו זיך אליינס[87].

ענליך שטייט פון רבי **עקיבא איגר** זצ"ל[88] איבער דעם אויבנדערמאנטע קשיא וויאזוי עס

עצמו שאינו מזרעו של אברהם אבינו שדרכו לרחם על הבריות וכל שכן על שארו אשר בא אתו בברית, שאילו נתן לב לקרבה כאשר נתן לב לרחקה היה נמשך חינה עליו. שכך אמרו רבותינו (במס' סוטה מז.) חן אשה על בעלה, חן מקח על מקחו [לוקחו]. וכו'.

84) ויקרא יט, יח.

85) ראה ברמב"ן שם וז"ל: וטעם ואהבת לרעך כמוך הפלגה כי לא יקבל לב האדם שיאהוב את חבירו כאהבתו את נפשו. ועוד. וראה גם בתוס' סנהדרין מה ע"א ד"ה ברור לו מיתה יפה. וז"ל: י"מ משום דלרעך כמוך לא שייך מחיים דחייך קודמין.

86) ראה קידושין מא ע"א: דאמר רב יהודה אמר רב אסור לאדם שיקדש את האשה עד שיראנה שמא יראה בה דבר מגונה ותתגנה עליו ורחמנא אמר (ויקרא יט, יח) ואהבת לרעך כמוך. ועוד אי' בגמרא נדה יז, ע"א: אמר רב חסדא אסור לו לאדם שישמש מטתו ביום, שנאמר ואהבת לרעך כמוך. מאי משמע, אמר אביי שמא יראה בה דבר מגונה ותתגנה עליו.

87) ראה בפירוש הרוקח עה"ת (ויקרא יט, יח): "ואהבת לרעך כמוך - לאשתו כגופו, אל תחרוש על רעך רעה' - זו אשתו". וע"ע ספר הליקוטים למהרח"ו (פר' עקב, ח) וז"ל: "על כל מוצא פי ה' יחיה האדם, באמצעות האשה, והכוונה שיקיים כל המצות, שאם יאהוב אותה כגופו, יקיים מצות 'ואהבת לרעך כמוך' ששם נכלל כל התורה כנזכר בגמרא (שבת לא ע"א) על אותו שאמר למדני תורה על רגל אחת, ואמר לו 'ואהבת לרעך כמוך' אם תקיים זה כאילו קיימת כל התורה כולה".

88) הובא בספר רבי עקיבא איגר על התורה (פרשת ואתחנן) וז"ל: ואהבת את ה' אלקיך. יש להבין דהלא

פאסט א ׳חיוב׳ אויף אהבת ה׳, און ער איז הערליך שיין מסביר, אז טאקע פאר מיר לייענען קריאת שמע און מיר זאגן ארויס מיטן מויל ׳ואהבת את ה׳ אלקיך׳ טוען מיר מקדים זיין אז השי״ת האט אונז ליב און איז א ׳בוחר בעמו ישראל באהבה׳. אז מען איז זיך מתבונן אין דעם געדאנק אז דער באשעפער פון די גאנצע וועלט האט אונז ליב, וועט דאס אויפוועקן אין הארצן טיפע געפילן פון ליבשאפט אויף צוריק. דאס הייסט אז עס איז דא די טבע פון ׳כמים פנים אל פנים׳, און אז איינער האט ליב דעם צווייטן איז דאס בהכרח אז דאס שפיגלט צוריק ליבשאפט, דערפאר אויב מיר ווייסן אז דער באשעפער האט אונז ליב וועט דאס ברענגן אז מיר זאלן קענען מקיים זיין ׳ואהבת את ה׳ אלקיך׳. דאס זעלבע איז מיט די טבעיות׳דיגע ליבשאפט צווישן מאן און פרוי, אז מיר ווייסן און גלייבן אז די ליבשאפט איז בעצם דא, און מיר דארפן דאס נאר ערוועקן, און דערנאך טוט איין שיתוף באמת משקיע זיין אין ליבשאפט וועט דאס בהכרח צוברענגן אז די ליבשפאט וועט שיינען אויף צוריק נאך אסאך מער[89].

ווי אויך איז עס לייכטער צוצוקומען צו די טיפע ליבשאפט צווישן א מאן און ווייב - מער ווי סתם א צווייטע - ווייל מיט די שותף אין לעבן איז מען איינס, מ׳לעבט צוזאמען אין איין הויז א גאנצע צייט, מ׳ווייסט פונקטליך וואס עס גייט אדורך אויפן צווייטן, מ׳פריידט זיך צוזאמען ווען די שטוב גייט גוט, און פארקערט א יעדע דאגה וואס זאל נאר ארומנעמען די הויז איז א שותפות׳דיגע דאגה פאר ביידן גלייך, און פארשטייט זיך אז די מצות הבית קען מען נישט האבן נאר דורך א שותפות פון מאן און ווייב צוזאמען וואס דאס ברענגט זיי צו א געוואלדיגן אחדות - ווי מיר וועלן מאריך זיין אינעם צווייטן טייל פונעם ספר - דערפאר איז לייכטער פאר א מענטש צו מקיים זיין דעם ׳ואהבת לרעך׳ מיט די אייגענע שותף אין לעבן.

לאהוב לא יכול להיות על ידי כפי׳, והאיך כתב בלשון צווי לאהוב את הקב״ה. וי״ל דהנה אנו חותמין קודם קריאת שמע ׳הבוחר בעמו ישראל באהבה׳, ואם הוא אוהב אותנו, מוכרחין אנו לאהוב אותו, על דרך אני לדודי ודודי לי, ודו״ק.

89) וראה בהגהות על רבי עקביא איגר (שם) וז״ל: נראה דקושית רבינו על מה שאומרים פסוק זה דואהבת וכו׳ בכל יום בקריאת שמע, והרי צריך לקיים מה שאומרים, דאל״כ ה״ל מעיד עדות שקר כמו הקורא ק״ש בלא תפילין, וזהו קושיתו דודאי דרך הרמב״ם הנ״ל (הובא לעיל) להגיע אל האהבה דרך ארוכה הוא, והרי ק״ש הוא ממצות שכל ישראל חייבים בה בכל זמן ובכל מקום גם נער בן י״ג ואיך יאהבו כל אדם את ה׳ ערב ובוקר, ועל זה תי׳ דהרי אומרים קודם ק״ש בפה מלא הבוחר בעמו ישראל ב׳אהבה׳, היינו שה׳ אוהב אותנו, וכן לעיל אהבת עולם אהבתנו וכו׳ וטבע הדברים כשיתבונן בפירוש מלות אלו שבורא עולם ומלואה אוהב אותו, מיד תתעורר גם בו האהבה אליו יתברך ושפיר אפשר לקיים המצוה עכ״פ בשעת ק״ש. אמנם שיהא לו האהבה בכל עת ביום בודאי צריכים לדרך הרמב״ם הנ״ל וגם איכות האהבה תתחזק עד שיהא לו אהבה עזה וכמש״כ הרמב״ם. וכו׳. עיי״ש באריכות.

ה. משקיע זיין אין ליבשאפט

אין די אלגעמיינע וועלט טרעפן זיך די מענער און די פרויען פאר א שטיק צייט פאר מען האט חתונה, זיי פארברענגען צוזאמען און מאכן זיכער אז זיי פארשטייען זיך און האבן זיך ליב, הערשט שפעטער זענען זיי זיך משעבד צו חתונה האבן. לכאורה, האט דאס מער פשט, דאס האט מער אויסזיכטן אז עס זאל זיך האלטן. אבער די מציאות איז נישט אזוי, די מאס פון גיטין ביי זיי איז זייער זייער הויעך. דאס ווייזט אונז, אז זייער אופן פון אוועקשטעלן א פארהייראטע לעבן איז בכלל נישט קיין וועג וואס איז מער פארזיכערט זיך צו האלטן. די סיבה דערצו איז גאנץ איינפאך, ווייל צוויי מענטשן וואס טרעפן זיך און עס גייט זיי גוט אין אנהייב, און אלעס פארט געשמאק, קען עס נאר אנהאלטן פאר א שטיק צייט, אבער די רגע וואס די פרישקייט וועפט אויס איז מען נישט גרייט צו אינוועסטירן אין דעם, דעריבער איז כמעט אוממעגליך אז דאס זאל זיך האלטן.

זיך ליב האבן פון אנהייב איז גוט ווען מען מיינט בלויז "זיך", און אין אנהייב פארט אלעס געשמירט און מען דארף נישט קיין סאך אוועק געבן פון זיך אליינס, הערשט ווען די צייט לויפט דורך, און עס שווימען ארויף פראבלעמען אין שטוב, דאן אין א פלאץ וואו ס'איז נישט דא די עכטע ליבשאפט איינער פארן צווייטן, מען האט נישט ליב די צווייטן באמת, וועט די גאנצע בנין צוזאמפאלן[90].

אוודאי מיינט דאס נישט אז מען דארף זיך גלייך משדך זיין מיטן ערשטן וואס מען טרעפט - און זיך פארלאזן בלינדערהייט - מען דארף זיך שפירן באקוועם מיט די צוקונפטיגע שותף, און אויב האט מען פארשידענע ספיקות אין קאפ דארף מען זיך דורכשמועסן מיט א נאנטע מענטש[91]. אבער איינמאל מען גייט איין אויף א שידוך וואס זעהט אויס פאסיג, דארף מען אנהייבן צו בויען די קשר. אין די תקופה ביזן חתונה, בויעט מען שטארק די קשר מיט תפלה צום באשעפער אז מען זאל טאקע זוכה זיין צוזאמען מיטן באשערטן זיווג צו בויען אן ערליכן אידישן שטוב. מען איז זיך מתבונן אין דעם און מען גרייט זיך מיט אן ערנסקייט צום יום החופה, מען פארשטייט גוט די תפקיד וואס ליגט אויף א חתן און כלה, און די אחריות פון בויען א מקדש מעט.

---

90) עס מוז באטאנט ווערן אז די קליינע פראצענט פון גיטין ביי די אידן איז לאו דווקא א ראיה אז ביי אונז איז יא גאלד, ווייל ביי אונז איז דא נאך אסאך פארשידענע סיבות וואס דרוקט איינעם צו בלייבן חתונה געהאט. מיר ברענגען דאס נאר כדי צו ארויסברענגען די נקודה אז כדי די קשר זאל בלייבן א קיימא דארף מען אינוועסטירן און אנערקענען איינער דעם צווייטן, ארבעטן אויף די אייגענע מידות, און אוודאי טוהן פעולות פון אהבה - ווי מיר וועלן שפעטער מסביר זיין - דערנאך קען זיך דאס האלטן בס"ד אויף לאנגע געזונטע יארן.

91) ראה בספר 'זכו שכינה ביניהם' להרב נחום דיימאנט בפרק סיפורי שידוכים כמה רעיונות האיך לגשת לשידוך.

איינמאל אז מען האט שוין חתונה געהאט, הייבט מען אהן צו בויען א ריכטיגן קשר פון אמת'ע און ריינע ליבשאפט דורך אינוועסטירן צייט, קאפ און מח אז די ליבשאפט זאל זיך אנטוויקלן און די הרגשים זאלן זיך אויפלעבן מיט א פרישקייט. אין אזא סארט שטוב וועט אי"ה הערשן א אמת'ע קשר של קיימא, וואס נישט נאר וועט דאס נישט אויסוועפן מיט די צייט, נאר פארקערט גאר, עס בויעט זיך כסדר אויף שטערקער און שטערקער[92].

ו. די באדייט פון אהבה

לאמיר אצינד צונעמען אביסל וואס מיינט דאס **אהבה-ליבשאפט**. אונז זענען היינט צוגעוואוינט צו נוצן דאסווארט "ליב" פאר אסאך סארטן זאכן, ווי: איך האב ליב די עסן, איך האב ליב מיין קינד, איך האב ליב צו שלאפן אד"ג. אויבערפלעכליך קוקן זיי אלע אויס ריכטיג און אלע זענען אין די זעלבע קאטאגאריע, אבער מיטן אריינטראכטן אביסל, זעהט מען אז ס'איז לא קרב זה אל זה, איינס האט בכלל נישט מיטן צווייטן און נישט נאר דאס, איינס איז פונקט פארקערט פון צווייטן.

---

92) ראה במלבי"ם (דברים כד) וז"ל: והיה אם לא תמצא חן בעיניו, כי מצא בה ערות דבר. כבר כ', של' "מציאה" יורה, שנתגלה הדבר לעיני האדם בבת אחת. לכן יש להתבונן, אחר שכבר לקחה לאשה ובא עליה; אין ספק שראה אותה מקודם, ומצאה חן בעיניו, וע"כ לקחה. ואם יכוון הכתוב לומר שאבדה החן, היה כותב בלשון המורה ע"ז.

לכן מכאן תשובה להמתלוצצים מאבותינו, שהיה דרכם (של אבותינו) בקחתם נשים לבניהם, חקרו רק על המשפחה ועל הנהגת אביה ואמה ועל מדות נערה. ורק קודם הנשואין, היה החתן רואה את פני הנערה. אבל נביטה צור מחצבתנו, אברהם אבינו עליו השלום כשרצה לקחת אשה לבנו יחידו אשר אהבו, העיקר היה אצלו רק משפחת הנערה וארצה; וחפץ שתהיה ממשפחתו ומבית אביו, שידע צניעותם. ויותר מזה, שסמך בזה על עבדו זקן ביתו, ולא שלח את בנו עמו. וכתיב שם ויבאה יצחק האהלה שרה אמו , ואח"כ ויקח את רבקה ותהי לו לאשה , ואח"כ ויאהבה . וכן היה מנהג בנ"י בשבתם על אדמתם. ואהבתם היתה כנטיעת עץ, אשר הוא מגרגיר קטן, וע"י מים יתדבק בארץ, ובכל יום יגדל ויתעבה יותר. כן היתה אהבתם, שבתחלה היתה רק זיק האהבה שתול על תלמי לבו, וע"י כשרון המעשה נתוסף בו כ"י אהבה. ונמצא שעקר האהבה היתה נגלית רק אחר הנשואין, וז"ש והיה אם לא תמצא וגו' , שע"י שמצא בה ערות דבר, שהוא דבר גנאי ומאוס, או מומין שבסתר או איזה פריצות - לא תמצא חן הנחוץ לה שתמצאנה, וגם השכל יחייב שטוב היה מנהג אבותינו. שאחרי שקודם הנשואין, לא ידע האיש בבירור מזג האשה, וכן האשה; לכן בהכרח היה אצלם ההסכם, שנכון גם אם יהיה ע"ד הממוצע.

אבל כפי מנהג החדש, יתלמדו הבנים מקודם איך לתפוס בלבבם זא"ז, שיראו זל"ז אהבה אשר אין על עפר יסודה, ורק במשלים ובמחזות על במת ישחק. ולכן כשיתודע להם אח"כ שהטעו זא"ז, תתקרר אהבה מעט מעט, עד שיתכן שתהיה לאין ואפס. ואשר שאז היה הגרושין מצוי יותר, יש טעם אחר בזה, כי אז אחרי שראו שלא יחיו באהבה, עוד חשו יותר מזה לתכונת הבנים שיולדו, שלא יהיו בני שנואה. וד"ל.

עס איז באקאנט די דוגמא, ווען מען זעהט ווי איינער עסט א שטיקל פיש מיט די גאנצע געשמאק, אז מען וועט יענעם פרעגן פארוואס עסט איר דאס שטיקל פיש, איז די ענטפער גלייך "איך האב אזוי ליב פיש!", אבער איז דאס אמת? האט יענער דען ליב די פיש? ווען יענער וואלט ווען ליב געהאט דאס פיש וואלט יענער דאך אכטונג געגעבן אויף דעם אז קיינער זאל דאס נישט ווי טוהן, יענער וואלט עס געלאזט שווימען אין וואסער, ווער רעדט נאך פון דעם אז מען וואלט נישט צוגעלאזט אז די באליבטע פיש זאל ווערן גע'הרג'עט און אויפגעגעסן.

נאר וואס דען, יענער האט בכלל נישט ליב דעם פיש, פאר קיין איין רגע נישט, יענער האט זיך אליינס ליב, יענער האט ליב דעם גוטן טעם פון א זאפטיגע שטיקל פיש. איז ווען איינער זאגט "איך האב ליב פיש" פארשטייען מיר פון דעם נאר איין זאך, יענער האט "זיך" אליינס ליב. דאס מיינט **נישט** ליב האבן עפעס. יענער האט א תאוה פאר פיש, און די תאוה איז פונקט להיפוך פון אהבה, תאוה ברענגט איהם צו אויפעסן דעם פיש, און אהבה וואלט ווען גורם געווען צו האלטן די פיש ביים לעבן[93].

ווען איינער בויעט די גאנצע קשר אויף די יסודות פון **באקומען** די גאנצע צייט, ער וויל הנאה האבן פון די ווייב צי זי פון די מאן, פיזיש צי גייסטיש, ער וויל זיין צופרידן מיט אירע חיצוניות, ער וויל די גוטע עסן וואס זי קאכט, אדער זי האט איהם ליב ווייל ער איז באצויבערט, ער ברענגט אריין געלט אין שטוב און זי לאזט זיך וואויל גיין, צי ווייל ער האט עפעס א שטעלע און זי האלט זיך חשוב וכדומה, איז דאס בכלל נישט קיין אנהייב פון ליבשאפט, נאר ליבערשט גייט דאס אריין אין די אייגענע ליבשאפט, ער/זי האט זיך אליינס ליב און וויל זיך נאכגעבן די אייגענע רצונות דורך א צווייטן.

ליבשאפט פון וואס מיר רעדן - און פון וואס די תורה רעדט - איז נישט ליבשאפט כדי צו באקומען נאר די ליבשאפט ווי א טאטע מאמע צו א קינד וואס געבן אוועק אן א שיעור געלט, צייט און כוחות בלויז פאר די טובה פון די קינד, און מען האט זיך בכלל נישט אינזין.

ז. שפיץ פון ליבשאפט

די **משנה**[94] איז מגדיר וואס מיינט ריכטיגע אהבה:

93) עי' בערבי נחל (פר' קדושים) וז"ל: כאשר נאמר שזה אוהב המטעמים, ואילו היה אוהבם באמת לא היה אוכלם ומפסידם, אבל הכוונה שאוהב את עצמו ליתן מעדנים לנפשו באכילת המטעמים וכו', אבל אהבה אמיתית היא הדבוקה בנאהב, ר"ל שהאוהב אוהב את הנאהב עכ"ל, ועי' עוד בעקידה שער ח' אריכות נפלא בענין זה.

94) אבות פרק ה' משנה ט"ז, כל אהבה התלויה בדבר - בטל דבר בטלה אהבה, וכל אהבה שאינה תלויה

> א יעדע ליבשאפט וואס איז אנגעהאנגען אין א געוויסע זאך, דאן ווען ס׳וועט בטל ווערן די זאך וועט אוטאמאטיש בטל ווערן די ליבשאפט, אבער יעדע ליבשאפט וואס איז נישט אנגעהאנגען אין א זאך וועט קיינמאל נישט בטל ווערן.

דאס הייסט אויב האט מען ליב איינעם פאר א געוויסע חיצוניות׳דיגע סיבה, לדוגמא ווייל זי איז שיין - אזוי ווי ביי אמנון און תמר וואס ווערט דערמאנט אין די משנה - אדער אויב האט מען ליב א חבר ווייל יענער האט געלט און ער טיילט דיר מתנות, איז נישט פשט אז דו האסט יענעם ליב, מ׳קען זיך אפשר איינרעדן אז מען האט יענעם ליב אבער דאס איז א פארבלענדעניש, והא ראיה אז די רגע די סיבה פון די ליבשאפט גייט אוועק, זי פארלירט איר שיינקייט אדער ער פארלירט די געלט, איז די גאנצע אהבה בטל.

די סארט אהבה איז נישט אזוי ווי די משל אויבן מיט די פיש, דארט איז קלאר אז מען האט נישט ליב די עצם פיש, נאר די אייגענע טעם וואס מען פילט. דא רעדט מען פון א מדריגה העכער ווען מען האט באמת ליב יענעם אהבת נפש, מען איז גרייט צו טוהן אלעס פאר יענעם, אבער דאס איז אלעס פאר א דרויסנדיגע סיבה, און ס׳איז נישט קיין אמת׳ע ליבשאפט צום עצם מענטש.

די ריכטיגע אהבה איז ווען מען קומט אן צו א דרגה פון "אינה תלויה בדבר" דאס הייסט איך האב דיך ליב פשוט ווייל דו ביסט דו. איך וויל פארברענגען מיט דיר פשוט ווייל איך וויל זיין צוזאמען מיט דיר. "ואהבת לרעך כמוך" א מענטש האט זיך אליינס ליב, קיין שום סיבה אין די וועלט וועט נישט מאכן אז מען זאל זיך אליינס פיינט האבן, אט אזוי דארף זיין די טיפע ליבשאפט צו א מענטשנס "צווייטע העלפט", איך האב דיך ליב ווייל דו ביסט מיין מאן/ווייב, אונז זענען איינס ממש, און גארנישט אין די וועלט קען נישט מבטל זיין אונזער טיעפע ליבשאפט.

ח. דאס ליבשאפט בויעט זיך

דאס איז קלאר, אז עס איז נישט מעגליך במציאות אנצוקומען צו א דרגה פון "אהבה שאינו תלויה בדבר" אן אנהייבן צו ארבעטן אויף די "אהבה התלויה בדבר", ווייל אויב איז די אהבה נישט אנגעוואנדן אין גארנישט, קען מען דאך ליב האבן א יעדן איינציגסטן מענטש פאר די זעלבע געלט, מיטן אויסרייד אז דו האסט זיי ליב פשוט ווייל דו האסט זיי ליב, און פארטיג. אוודאי ארבעט עס נישט אזוי. מען ארבעט קודם אויף אלע דרויסנדיגע ענינים, מען האט זיי ליב ווייל זי/ער טוען מיר געוויסע טובות, זי/ער גיבט מיר הנאות וואס איך קען

בדבר - אינה בטלה לעולם. איזו היא אהבה שהיא תלויה בדבר? זו אהבת אמנון ותמר. ושאינה תלויה בדבר? זו אהבת דוד ויהונתן".

נישט האבן מיט א צווייטן, מען שפירט א געשמאק צו פארברענגען צוזאמען, זי/ער קוקט אויס שיין און באצויבערט, זי/ער נעמען אזוי גוט קעי"ר פון די הויז און די קינדער, זי /ער איז אזוי געטריי צו מיר וכהנה וכהנה, און צום סוף בצירוף פון די אלע זאכן צוזאמען מיט די שטארקע קשר וואס געשעהט ביים זיווג, קומט מען אן צו זיין ממש ווי איינס מיט די מאן/ ווייב אז דאס ווערט אן אהבה שאינה תלויה בדבר.

לאמיר דאס מסביר זיין: ווען איינער קריכט ארויף אויף א לייטער אנצוקומען צום דאך, מוז מען גיין טרעפ ביי טרעפ ביז מען קומט אן אויבן, עס איז נישט מעגליך אנצוקומען אויבן מיט בלויז איין שפרינג. מען דארף גיין צוביסלעך, און צום סוף ווען מען קומט שוין אן אויבן, דארף מען שוין בכלל נישט האבן די לייטער, איך בין שוין דא! דאס זעלבע איז מיט ליבשאפט, מען בויעט דאס אויף צוביסלעך דורך פארשידענע סארט מיטלען, ביז מ'האט ליב דעם צווייטן אזוי שטארק אז אפילו עס וועט שוין יעצט נישט זיין די אלע דרויסנדיגע סיבות, וועט נאך אלס זיין די זעלבע ליבשאפט[95].

די סארט ליבשאפט קומט מיט די צייט, מיט אסאך געבן און באקומען, אסאך פארברענגען און הנאה האבן צוזאמען, אסאך הכרת הטוב, אסאך מדות טובות, אסאך התבוננת, אסאך אמונה ובטחון, און אסאך געפילן פול מיט ליבשאפט ביז עס בויעט זיך אויף א קשר צווישן צוויי מענטשן אויף א דרגה פון 'אהבה שאינה תלויה בדבר', איך האב דיר ליב פשוט ווייל איך האב דיר ליב. איך וויל זיין מיט דיר, איך וויל פארברענגען מיט דיר ווי מער, ווייל עס איז נישט פארהאנען א נענטערע מענטש אין דער וועלט ווי דיר.

די **רמב"ם** ווען ער וויל מסביר זיין ווי וויט א מענטש דארף אנקומען צו אהבת ה' שרייבט ווי פאלגנד[96]:

---

95) ראה בספר בית אבות (להרה"ג ר' שלמה זלמן הערשמאן זצ"ל אבד"ק ניישטאדט, אבן שלמה פרק ה' על המשנה כל אהבה שהיא תלויה בדבר) וז"ל: וגם יש להעיר מענין אהבת איש לאשתו שהיא תלויה בדבר למלא תאותו או בשביל בנים ואנו רואים שאהבה אינה נפסקת גם בימי זקנותו שלא יוכל למלא תאותו והגם שאין לו בנים וכו' ונראה שיש כמה חלוקים בעניני האהבה, יש שאוהב את אשתו רק עבור יפיה לבד או שאוהב חבירו מחמת שקבל ממנו טובה וכו' ויש אהבה שהיא ג"כ מחמת דבר, אבל הדבר ההוא הוא דבר חשוב כמו שאוהב את חבירו מחמת שלמדו תורה או אשתו בשביל הבנים או שתהא לו לעזר וכו' ויש אהבה שאינה תלויה בהסיבה אלא שתחילת האהבה נמשך מן הסיבה היא וכעת אינה תלויה בה, כגון מי שקבל טובות רבות מחבירו ע"י זה נמשך אהבה גדולה אליו או ע"י הקורות רוח שהיה לו מאשתו זמן כביר ע"ז נמשך אהבתו אליה באהבה עזה ונקבעה האהבה בלבו עד שלא יתבטל אף שישכח הקורות רוח שהיה לו ותתבטל הסיבה לגמרי עכ"ז נשאר האהבה חקוקה בלבו מחמת שעשתה הסיבה רושם גדול בלבבו ונקבע האהבה מאוד בלבו. וכו'.

96) פ"י מהלכות תשובה ה"ג, וז"ל: וכיצד היא האהבה הראויה הוא שיאהב את ה' אהבה גדולה יתירה עזה מאוד עד שתהא נפשו קשורה באהבת ה' ונמצא שוגה בה תמיד כאלו חולה חולי האהבה שאין דעתו פנויה מאהבת אותה אשה והוא שוגה בה תמיד בין בשבתו בין בקומו בין בשעה שהוא אוכל

> א מענטש דארף ליב האבן השי״ת מיט א מורא׳דיגן שטארקן ליבשאפט ביז זיין נפש וועט ווערן געבינדן מיט אהבת ה׳, אזוי וועט אויסקומען אז א מענטש וועט טראכטן פון באשעפער א גאנצן צייט, אזוי ווי א מענטש וואס איז קראנק א ״קרענק פון ליבשאפט״ וואס ער הערט נישט אויף צו טראכטן פון ליבשאפט צו א פרוי, און זיין מחשבה איז שטענדיג פון איר א גאנצן צייט סיי ביים זיצן, סיי ביים שטיין, סיי ביים עסן און סיי ביים טרינקן. נאך מער פון דעם זאל זיין אהבת ה׳ וכו׳ און דאס האט שלמה המלך געזאגט בדרך משל ״כי חולת אהבה אנו״ איך בין קראנק פאר דיין ליבשאפט, און די גאנצע שיר השירים איז א משל אויף דעם ענין.

זען מיר פון דעם אז די שפיץ ליבשאפט וואס א מענטש קען דערגרייכן אזש ער זאל ממש קראנק ווערן פאר ליבשאפט און דאס זאל איהם נישט אפלאזן א גאנצן צייט, דאס מיינט נישט א ליבשאפט פון עפעס א חיצוניות׳דיגע סיבה, נאר מ׳רעדט פון די אמת׳ע טיפע אין ריינע ליבשאפט.

די **משנה** זאגט[97]: ״די גאנצע וועלט איז נישט כדאי אזוי ווי די טאג וואס אז געגעבן געווארן פאר די אידן שיר השירים, ווייל אלע כתובים איז קודש, אבער שיר השירים איז קודש קדשים״ - די הייליגסטע פון די הייליגע. דאס איז ווייל די שיר השירים ברענגט ארויס אויף די שטערקסטע אופן די ליבשאפט פון באשעפער מיט כנסת ישראל, מיטן שטערקסטן משל וואס איז נאר דא. אז מען האט ליב איינעם באמת און מען קומט אן צו די שטערקסטע ליבשאפט האט מען ליב יעדע פרט און פרט פון יענעם[98].

עס איז אביסל שווער צו מסביר זיין דאס געפיל פון ליבשאפט, ווייל געפילן קען מען נישט אריינלייגן אין ווערטער, אבער א פארפאלק וואס האט עס שוין געשפירט וועט בכלל נישט

ושותה, יתר מזה תהיה אהבת ה׳ בלב אוהביו שוגים בה תמיד כמו שצונו בכל לבבך ובכל נפשך, והוא ששלמה אמר דרך משל כי חולת אהבה אני, וכל שיר השירים משל הוא לענין זה.

97) מסכת ידים פרק ג׳ משנה ה׳: שאין כל העולם כולו כדאי כיום שנתן בו שיר השירים, שכל הכתובים קודש ושה״ש קודש קדשים.

98) עיין בצרור המור (פירוש לשיר השירים לבעל ״נתיבות המשפט״) וז״ל: נתייסד השיר הזה במשל איש ואשה... להורות לנו אהבת ה׳ אותנו... וכמשוש חתן על כלה ישיש עלינו כשנהיה מתיחדים באהבתו... והכניס דברים גבוהים מעל גבוהים בשיר זה להיות כי אלוקים עשה את האדם ישר, וכל מעשיו היו בקדושה ובטהרה בביטול כל גשמיות, עד שאמרו חז״ל על זה ׳איש ואשה שכינה ביניהם׳ (סוטה יז.) וכיון שהיו עושים הכל בקדושה ובטהרה, היו ממשילים (משל) מקדושה לקדושה (כדרך) שהיו ממשילים האכילה באוכלי משולחן ה׳, ונאמר ׳כי בועליך עושיך ה׳ צבאות שמו׳ (ישעיה נד, ה) כי הכל היה בקדושה. ולא ניתנה תאוה גשמית רק להיות לסיוע ולסעד להטוב ולהקדושה... ובעונותינו הרבים הרשיעו אנשים עד שנשארו רק על תאוה חומרית בלבד, וכאילו לא נבראו אלא לזה, כיצירת הבהמות, והמה מתלכלכים ומזהמים עצמם בתאותם יותר מהבהמות... וממאסים במעשיהם יופי המשל והנמשל עכ״ל.

האבן קיין ספק צי זיי האלטן שוין דארט, דאס איז א געפיל וואס נעמט ארום די מענטש אינגאנצן, און מען איז פריילִיך פשוט צו זיין צוזאמען. א יעדע ריר וואס די צווייטע געבט האט אן אנדערע משמעות, די גאנצע וועג פון קוקן אויף יענעם איז אנדערש. מען קוקט אויפן צווייטן מיט די אויגן, און מ'דארף גארנישט זאגן, עס שפיגלט זיך אפ ליבשאפט פון איינעם צום אנדערן, און מען פילט דאס אין הארץ, דאס הארץ ווערט ווארעם און אנגעפילט מיט ליבשאפט און געפילן פארן צווייטן. וכמים פנים אל פנים שפירט עס די צווייטע אויך.

ט. טבע פון ליבשאפט

אין אמת'ן אריין איז נישט אזוי שווער צו בויען א ריכטיגן ליבשאפט צווישן מאן און ווייב. ווייל ווי אויבנדערמאנט האט דער באשעפער אריינגעפלאנצט אין די עצם טבע פון נישואין די געוואלדיגע נאטור פון אהבה, די קשר איז אריינגעבויעט, מאן און פרוי זענען בעצם ווי איינס, און קענען בטבע צוקומען צו שפירן ווי איינס ממש, און זיין ווי דער פסוק זאגט[99]: "עצם מעצמי ובשר מבשרי".

ווען מען פרעגן, אויב איז דאס אריינגעבויעט אין די נאטור, פארוואס דארף מען משקיע זיין אין ליבשאפט, עס איז דאך ממילא דא בטבע? און נאך שווערער איז, אז מען זעהט דאך אז עס ארבעט נישט אייביג ממש אזוי, אין אסאך שטובער הערשט אן אנגעצויגנקייט ווי איידער א ליבשאפט, לכאורה, אויב איז דא א טבע'דיגע קשר וואלט עס אוטאמאטיש געדארפט ארבעטן, און מאן און ווייב וואלטן גלייך געדארפט שפירן דעם קשר של קיימא.

דער ענטפער איז אבער גאנץ איינפאך, אז דער באשעפער האט דאס טאקע איינגעפלאנצט אין די נאטור, אז ס'זאל זיין אזא מציאות פון ליבשאפט, מיט די ריכטיגע פעולות און השתדלות קען מען צוקומען צו אן אמת'ע ליבשאפט, און ווען נישט דער באשעפער שטעלט אזוי אויס די בריאה אז מאן און ווייב זענען בטבע איינס, וואלט נישט געווען קיין מעגליכקייט צו בכלל אנקומען צו אזא טיפע ליבשאפט וואס עס פאדערט זיך צו קענען האלטן א שטוב צוזאמען און פירן א פרייליכן און געשמאקן לעבן, אבער דאס איז נישט א ברכה וואס ארבעט אויטמאטיש, נאר מען דארף דערויף ארבעטן און בעזרת השי"ת קען מען צוקומען צו דעם נאטורליכן ליבשאפט.

לאמיר דאס אויסשמועסן, עס איז באקאנט פון די חסידישע ספרים[100] די געדאנק אז

99) בראשית ב, כג.

100) עיין בלקוטי אמרים תניא, פרק יח, וז"ל: ולתוספת ביאור באר היטב מלת מאד שבפסוק כי קרוב אליך הדבר מאד וגו' צריך לידע נאמנה כי אף מי שדעתו קצרה בידיעת ה' ואין לו לב להבין בגדולת א"ס

א יעדער איד האט אין זיך א נקודה פנימית וואס דער באשעפער האט אריין געלייגט אין די נשמה פון א איד, וואס אין דעם ליגט באהאלטן די אלע רוחניות׳דיגע כוחות צו וואס א איד דארף צוקומען. דאס ווערט אנגערופן אן "**אהבה מוסתרת**" א באהאלטענע ליבשאפט, וואס איז בעצם שוין דא, די ארבעט פון א איד איז דאס צו אויפוועקן און אויפלעבן און אזוי קען מען זוכה זיין צו נענטער ווערן צום באשעפער און שפירן דעם קרבת אלוקים לי טוב.

אזוי אויך די טבע׳דיגע ליבשאפט פון עלטערן צו קינדער איז נישט עפעס וואס איז נאר א טבע׳דיגע ליבשאפט, אז מיט די עצם ידיעה אז דאס איז מיינס א קינד וועט ממילא זיין א בונד פון ליבשאפט, נאר מיט די צייט ווען מען לעבט מיט דאס קינד, און מיט די אומצאליגע פעולות וואס עלטערן טוען פאר קינדער טאג טעגליך בויעט זיך ביי זיי אין הארצן געפילן פון ליבשאפט.

די זעלבע איז מיט די ליבשאפט צווישן מאן און ווייב, דער באשעפער האט טאקע אריינגעלייגט דאס מציאות אז עס זאל זיין א געפיל, עס איז שוין דא גליך ווען מען האט חתונה די טיפע באהאלטענע געפילן, די ארבעט פון אונז אלע איז דאס צו אויפוועקן און אויפלעבן, און בעיקר אוועק נעמען די מניעת וואס לאזט נישט דאס מענטש זיין אריגינאל, און משקיע זיין במחשבה דיבור און מעשה, ביז די ליבשאפט קריכט ארויס פון איר באהעלטעניש און עס ווערט וואך און לעבעדיג[101].

ב"ה להוליד ממנה דחילו ורחימו אפי׳ במוחו ותבונתו לבד אעפ"כ קרוב אליו הדבר מאד לשמור ולעשות כל מצות התורה ות"ת כנגד כולן בפיו ובלבבו ממש מעומקא דלבא באמת לאמיתו בדחילו ורחימו שהיא אהבה מסותרת שבלב כללות ישראל שהיא ירושה לנו מאבותינו רק שצריך להקדי׳ ולבאר תחלה באר היטב שרש אהבה זו ועניינה ואיך היא ירושה לנו ואיך נכלל בה גם דחילו.

101) ראה בספר דרך חיים (ה, יז) להמהר"ל מפראג, וז"ל: ואהבת דוד ויהונתן היא האהבה שאינה תלויה בדבר כלל, ושאר אהבות אינם לגמרי תלוים בדבר ואינם לגמרי שאינם תלוים בדבר, רק קצת אהבה תלויה בדבר וקצת אהבה אינה תלויה ואהבה כזאת אינה בטילה מיד כמו אהבת אמנון ותמר ואינה ג"כ מקויימת לגמרי כמו אהבת דוד ויהונתן. וזה שאמר הכתוב (שמואל ב׳, א׳) נפלאת אהבתך לי מאהבת נשים, כי אהבת נשים תלויה בדבר מפני שהאשה עזר כנגדו ואינה תלויה בדבר לגמרי שכך ברא הקב"ה עולמו שיהיו לבשר אחד כדכתיב בקרא (בראשית ב׳) על כן יעזוב וכו׳, ובודאי אין הכתוב מדבר שיעזוב את אביו ואת אמו וידבק באשתו משום שהאשה היא להנאתו, רק הכתוב מדבר שכך הוא בעצם הבריאה שהאיש ידבק באשתו, וא"כ עיקר האהבה שאינה תלויה בדבר. ואמר כי נפלאת אהבתך לי מאהבת נשים, כי סוף סוף יש צד שאהבת איש לאשה שהיא תלויה בדבר שהאשה היא לעזר לו, וכאשר היא כנגדו בטילה האהבה שהיא בעצם הבריאה, אבל אהבת דוד ויהונתן היה בלא שום צד בחינה שתהיה תלויה בדבר כלל.

וראה עוד בראש דוד (פ׳ קדושים) להחיד"א, וז"ל: ויתכן שזה רמז דוד הע"ה בריש שמואל ב׳ על יהונתן וכה אמר נפלאת אהבתך לי מאהבת נשים, דארח כל ארעא שני אוהבים באהבתם זה לזה מיחדים השם

י. די טבע ארבעט

דער מציאות איז אויב גייט מען צו צום חתונה אויפצובויען א ליבשאפט ארבעט עס ספאנטאניש. געוועגליך קען מען שוין זעהן די טבע פון ליבשאפט וואס איז דא ביי יעדן זיווג גלייך נאכן שידוך. מ'זעהט עס בעיקר ביי די פרויען זייט. די כלה באקומט גלייך א תשוקה פארן חתן, זי טראכט פון איהם די גאנצע צייט, זי גייט צום מחיצה און וויל א קוק טוהן אויף איהם, ווען זי קויפט זיך איין האט זי איהם אינזין צו געפעלן, ביי איהר האט זיך שוין אויפגעוועקט אין הארצן די הרגשים פון ליבשאפט נאך פאר זי קען איהם בכלל. די טבע פילט די פרוי מער ווייל זיי זענען בדרך כלל מער בעלי רגש ווי די מענער, דערפאר פילן זיי דאס גלייך און כאפן דאס גלייך אויף.

איר ליבשאפט ווערט נמשך נאך די חתונה זי איז גרייט צו טוהן אלעס אין די וועלט פאר אים, דאס קען מען נאר טוהן ווען עס איז דא עפעס א געפיל צווישן זיי. ובפרט געבט זי ארויס אירע שטארקע געפילן מיטן צורישן די דירה, מיטן צוגרייטן פרישטאג מיט די גאנצע קנאק, זי מאכט נישט סתם עפעס אבי-געמאכט, זי לייגט צו קאפ און מח צו אלע דעטאלן מיט א מורא'דיגן ליבשאפט.

איז פשט אז די פרוי פון איר זייט איז אינגאנצן דא מיט די שטארקע טבע'דיגע געפילן פון נאנטקייט און ליבשאפט, די פראבלעם איז אז דער מאן כאפט נישט אויף אזוי שנעל די געפילן. ער טראכט נישט פון איר אלס חתן איר צו געפעלן ווען ער קויפט דעם שטריימל וכדומה, בעיקר טראכט ער פון די חברים און געפעלן פאר אנדערע, ער מיינט ניטאמאל **זיך**. אויפן בעסטן פאל קומט ער צו צום חיי הנישואין ווי צו א שותפות, ער מיינט אז אלעס וואס זי טוט, טוט זי ווייל אזוי קומט עס און ס'מיינט נישט עכט קיין סאך. דער מאן פילט בכלל נישט אז דא ליגט עפעס באהאלטן, ער ווייסט נישט אז אין יעדע שטיקל גרינצייג ליגט באגראבן א שטיק הארץ, אין יעדע קלייניקייט וואס זי טוט צושטעלן איז דא עמערס פון געפילן, דערפאר געבט ער נישט צוריק געפילן.

אז ס'גייט דורך א שטיק צייט, ווען די פרוי זעהט אז די מאן כאפט בכלל נישט די נושא, ער אנערקענט נישט איהר איבערגעגעבנקייט, ער שפירט נישט און געבט נישט צוריק ליבליכע געפילן, ווערט ביי איר אויסגעלאשן אלע געפילן, און פון דארט און ווייטער פארט דאס לעבן מעכאניש, מיט טויטע געפילן, און מיט טרויעריגע טעג מיט פיל מיספארשטענדענישן.

המיוחד כדאמרן, אבל איש ואשה תרי פלגי גופא וזוכים למעלה גדולה באהבתם, והכא דוד ויהונתן מתוקף אהבתם נדמו לאיש ואשה וזכו לאהבה רבה, וז"ש נפלאת אהבתך לי שנעשינו תרי פלגי, והוא אומרו מאהבת נשים דאלו האשה חיברה היוצ"ר מתחילה לכך, לא כן דוד ויהונתן שני אנשים עברים ועם כל זה נעשו תרי פלגי והוא באחד, והוא פלא. (וע"ע בחומת אנך להחיד"א, שמואל א, כו, ב)

אז מען האלט פארן חתונה, און דער מאן טוישט זיין מהלך המחשבה אז ער גייט חתונה האבן אויפצובויען א קשר, כדי צו באקומען און געבן געפילן, און ווערן איינס מיט זיין פרוי, וועט זיך דאס לעבן אנהייבן אויף גאנץ אן אנדערן אופן ווי ווען ער קלערט אז ס'איז דא סתם א טעכנישע סיבה צו חתונה האבן. אז די געפילן זענען אויף און ער קוקט ארויס דערויף און פארשטייט דאס גוט, וועט ער דאס פילן און זעהן, און אנהייבן זיין לעבן צוזאמען מיט ליבשאפט און געפיל, און ס'וועט בעזהשי"ת זיין מעגליך צו בויען א משכן מעט מתוך אהבה אחוה שלום ורעות.

און אז מען האלט שוין א תקופה אדער מער נאכן חתונה, זאל מען וויסן אז עס איז **קיינמאל נישט צו שפעט**. מען קען אייביג פראוון א פרישע שנה ראשונה, און צוריק אויפלעבן די געפילן פון דאסניי. מען שמועסט זיך אדורך אז פון היינט און ווייטער וועט מען בעזה"י איבערמישן א נייעם בלעטל, און מיר גייען אנהייבן לעבן א געפילישע לעבן, מיר גייען זיין וואך צו באקומען געפילן און זיין וואך צו געבן געפילן. אוודאי איז דאס שווערער ווי גלייך נאכן חתונה, ובפרט אז עס זענען דא קינדער אין שטוב, ווען עס איז פארהאן וויניגער צייט און מען איז טיילווייז באגרעניצט מיטן ארויסווייזן אלע סימנים פון ליבשאפט, אבער אויב איז דאס גענוג וויכטיג פאר איינעם, וועט מען שוין טרעפן די צייט צו בויען א געזונטן קשר[102].

אין קומענדיגן פרק וועלן מיר אויסשמועסן עטליכע געדאנקן, ווי אזוי מען קען אויפלעבן דעם באהאלטענע ליבשאפט און דאס ארויסברענגען מכח אל הפועל.

102) ראה פרקי מחשבה, הבית היהודי, להרב עזריאל טויבער זצ"ל, עמ' רכט, וז"ל: בשורה טובה יש בפינו: גם מי שאיחר את השנה ראשונה, לא אבד סברו ולא בטלו סיכוייו. תמיד ניתן להתחיל את ה"שנה ראשונה". מכיר אני זוגות שערכו את השנה ראשונה רק ככלות חמש עשרה שנה או עשרים שנה שנות נישואין. הם נטלו את הזמן הנדרש מתחומים אחרים של חייהם, והקדישו אותו להנחת יסודות איתנים לנישואיהם. ודאי שהמשימה קשה יותר, כשיש ילדים וקיימים לחצים כלכליים, אולם זוגות נחושים בדעתם, הצליחו להתגבר על הקשיים וחידשו את חיי הנישואין שלהם בהצלחה רבה לאחר שנות נישואין ארוכות.

• פרק ה׳ •

רצוף אהבה

ווי אזוי בויעט מען אויף אן אמת׳ע ליבשאפט

א. זעלבסט-סיפוק

פאר מיר גייען רעדן וויאזוי מען בויעט א ליבשאפט צווישן צוויי מענטשן, מוז מען צוערשט רעדן פון די ליבשאפט וואס מען דארף צו האבן צו זיך זעלבסט. די תורה זאגט[103] ואהבת לרעך **כמוך**, זאלסט ליב האבן דיין חבר אזוי ווי דיר אליין. דאס הייסט אז א געזונטע מענטש האט זיך אליינס בטבע ליב, א מענטש וועט טוהן אלעס אין די לעבן פאר זיך אליינס, פאר איין סיבה; ווייל מען האט זיך אליינס ליב[104]. א מענטש וואס האט זיך נישט ליב, ער צי זי פילט זיך נישט גוט מיט זיך אליינס, מען האט נישט קיין סיפוק פונעם לעבן, מ׳גייט ארום ליידיג א גאנצן טאג און מ׳שפירט זיך אינעווייניג ווי אן איבעריגע באשעפעניש אויף די וועלט, איז כמעט נישט מעגליך אז מען זאל ליב האבן א צווייטן. אויב עס פעלט אין דער ״כמוך״ פעלט זיכער און דער ״ואהבת לרעך״. איינער וואס האט סיפוק פון זיך, מען איז א צופרידענע מענטש, מען איז פרייליך און אויפגעלייגט, אזא איינער קען אהיים קומען אין שטוב און מאכן א גוטע אטמאספער, און באלייכטן די שטוב און ליב האבן דעם צווייטן.

נעם א ביישפיל פון א יונגערמאן וואס האט נישט די ברירה צו גיין ארבעטן וועגן סאציאלע סיבות, ער איז געצווינגען מחמת פרעשור צו בלייבן אין כולל א גאנצן לעבן. שטייט ער אויף שפעט, כאפט קוים דאס דאווענען פאר חצות, מאכט אפאר קאוועס און שלאפט אויף די גמרא. אזא איינער ווען ער קומט אהיים וועט ער זיך פילן ליידיג, ער האט פשוט געשטיפט נאך א טאג פון לעבן מיטן גארנישט אויפטוהן. ער קומט אהיים אן סיפוק, אינגאנצן צובראכן

103) ויקרא יט, יח.

104) ראה בפלא יועץ אות א, וז״ל: כי טבע הוא באנוש שהטביע בו הבורא שיהא אוהב את עצמו ואדם קרוב אצל עצמו ואוהב את עצמו יותר מכל העולם ומכל דבר שבעולם כי כל אשר לאיש יתן בעד נפשו.

אינעווייניג ביי זיך, איז פארשטייט זיך אליינס אז די שלום-בית אין שטוב וועט נישט קלאפן ווי עס דארף צו זיין.

דערפאר אויב איינער פילט אז זייער אייגענע סיפוק הנפש איז נישט ווי עס דארף צו זיין, מוז מען אן קיין ברירה ארבעטן צום אלעמען ערשט אויף די אייגענע סיפוק הנפש, יעדער דארף טרעפן זיין מהלך אין עבודת ה' וואס ברענגט איהם סיפוק, און לפי דעם אויסשטעלן די טאג. איינמאל מען איז אינערליך צופרידן מיט זיך אליינס וועט זיכער זיין א גאר גרויסע שינוי לטובה אין די אטמאספער אין שטוב, און מ'קען אנהייבן בויען די שלום-בית פון אנהייב מיט א פרישקייט, דורך פארשידענע געדאנקן וואס מיר וועלן אצינד דורכשמועסן[105].

ב. פעולות פון ליבשאפט

די חיי הנישואין איז א פאבריק פון ליבשאפט און געפילן, עס איז די אופן וויאזוי די טיפסטע און ליבליכסטע געפילן דארפן טרעפן דאס פלאץ, און אונטער געוועגליכע אומשטענדן דארף דאס ארויסברענגען די בעסטע פארשטענדניש צווישן צוויי מענטשן. אבער כדי דאס זאל קענען פארווירקליכט ווערן דארף מען מיטן גאנצן הארץ וועלן ווערן נאנט איינער צום צווייטן און טוהן פעולות וואס וועט ברענגען די ריכטיגע רעזולטאטן.

די **משנה** זאגט[106]: **וקנה לך חבר**, מען זאל זיך קויפן א חבר. יעדער פארשטייט אז א חבר קען מען נישט קויפן אין געשעפט, מען קויפט דאס נישט פאר קיין געלט. נאר די משנה מיינט צו זאגן, אז פונקט ווי מען פארשטייט אז מען קען נישט אריינקומען אין א געשעפט און פארלאנגן אז די אייגנטומער זאל דיר אוועק געבן א עפעס א פראדוקט אומזינסט, עס דארף זיך לוינען פאר יענעם דאס געשעפט, אז מען וועט יענעם באצאלן א פרייז דערפאר, וועט יענער צוריקגעבן אנשטאט די געלט דעם פראדוקט. אזוי איז מיט ליבשאפט, אז דו ווילסט אז א צווייטער זאל דיר ליב האבן, דארף מען זיכער מאכן אז עס זאל זיך יענעם לוינען דיר צוריק צו געבן ליבשאפט. דאס הייסט, אז מען דארף טוהן סיי וועלעכע פעולה וואס וועט מאכן דעם צווייטן פילן געשמאק צו זיין מיט דיר. קיינער וועט נישט זיין נאנט מיט דיר אויב איז נישט איינגענעם צו שטיין אין דיינע ד' אמות. אויב גייט עמיצער ארום מיט א זויערן פנים, וועט זיין זייער שווער צו נאנט ווערן מיט אזא פארשוין.

ממילא אז מען וויל וויסן אויף למעשה ווי אזוי צו בויען א פריינדשאפט איז דאס די כלל; טוה א יעדע סארט פעולה וואס וועט מאכן א גוטע געפיל ביי דעם צווייטן. מאך א געשמאקע אטמאספער ארום דיר, זיי אפן מיט יענעם, שמועס זיך אויס, מאך יענעם פילן אז דו האסט

---

105) ראה בהקדמה לספר שערי יושר להגר"ש שקופ זצ"ל בענין אהבת עצמו ורגשי אהבה לזולתו.

106) אבות א, ו.

זיי ליב, זאג זיי אז דו האסט זיי ליב, באוויז אז דו האסט זיי ליב מיטן טון זאכן וואס ברענגט ארויס דאס ליבשאפט, אא"וו.

מיר וועלן אצינד אויסשמועסן עטליכע כללית'דיגע אופנים וואס איז שייך ביי יעדן, וואס קען העלפן צו אנקומען צום תכלית האחדות, און זוכה זיין צו א שטוב פון אמת'ע אהבה. עס איז דא געדאנקן וואס איז שייך **במחשבה**; דורך ארייקלערן און התבוננות, **בדיבור**; פון רעדן ליבליכע ווערטער א.ד.ג. און **מעשה**; פון טוען אקטועלע פעולות וואס ברענגט צו ליבשאפט. ווי פארשטענדליך איז יעדער איינער א מענטש פאר זיך, און דארף אליין טרעפן די אייגענע מהלך כדי צו דערגרייכן א ליבשאפט, און טאקע טוהן די ריכטיגע טאקטיקן וואס רעדן צו דיר און צום שותף צוזאמען.

ג. ליבשאפט פונעם עצם בונד

א גרויסע יסוד פון ליבשאפט - וואס איז כמעט נאר דא צווישן מאן און פרוי - איז דאס מאס איבערגעגעבנקייט וואס איינער האט פארן צווייטן. די עצם ידיעה אז איך האב פאר דיר אן התחייבות ביז הונדערט און צוואנציג, דיר צו העלפן, באגלייטן, שטיצן, פריילעך מאכן, און זיין דא איינער פארן צווייטן אויף א יעדע צייט מיט א געטריישאפט, און דאס זעלבע התחייבות האט דער צווייטע אויף צוריק, אט דאס איז במציאות עפעס וואס ברענגט א געוואלדיגן קשר. ווען מען טראכט אריין אין דעם, וויפיל התחייבות ליגט אין א חיי הנישואין, און אט די ביידע האבן צוזאמען מחליט געווען צו זיין אינגאנצן איבערגעגעבן איינער פארן צווייטן, וועט מען גלייך שפירן א אינערליכן נאנטקייט.

ד. ליבשאפט פון הכרת הטוב

איינע פון די ערשטע יסודות אז מאן און ווייב זאלן זיך ליב האבן איז זיך מתבונן זיין אין די גוטס וואס איינער טוט פארן צווייטן, אין קורצן; הכרת הטוב. אפט מאל באטראכט מען זאכן פאר לייכטזיניג, און מען נעמט נישט אין אכט וויפיל כוחות הנפש די שותף לייגט אריין אינעם טאג טעגליכן לעבן פאר דיר. דאס קומט נישט דווקא ווייל עס פעלט פאר א מענטש די מדה פון 'הכרת הטוב', נאר ווייל מען טראכט נישט גענוג אריין דערין. אונזער היינטיגע דור איז אויפגעוואקסן מיט א גרויסן שפע ווי יעדע איינער האט אלעס וואס מען דארף. מען איז אויפגעוואקסן פון א שטוב ווי אלעס איז צוגעשטעלט, א דאך איבערן קאפ איז דא, און עסן צו די זעט אויך. די קינדער כאפן נישט וויפיל כוחות די טאטע ארבעט פאר זייערע ברויט און פוטער און אלע צוגעהערן, און וויפיל צייט די מאַמע געבט זיך אוועק פאר זיי טאג איין און טאג אויס מיט איר גאנצע הארץ.

ממילא אז מען איז צוגעוואוינט אז מען האט אלעס ווי פון זיך אליינס, כאפט מען נישט עכט וויפיל זאכן די שותף אין לעבן שטעלט צו. די פארפאלק דארף זיך אפשטעלן א רגע און זיך פארשטעלן וואו אויף די וועלט וואלטן זיי יעצט געווען אן האבן א שותף צו די האנט. דער מאן זאל אריינטראכטן ווער וואלט זיך געזארגט פאר איהם און פאר אלע זיינע באדערפענישן, ווער וואלט צוגעשטעלט אזא שיינע הויז ווען נישט די פרוי, ווער וואלט זיך אפגעגעבן מיט די קינדער מיט אזא געטריישאפט ווען נישט די פרוי. די זעלבע זאל די פרוי אריינקלערן, ווער וואלט אריינגעברענגט פרנסה אין שטוב ווען נישט די מאן, ווער וואלט איר געשטאנען צו די רעכטע האנט אין יעדע מצב ווען נישט די מאן, א.ד.ג. ווען מען טראכט אריין אין די פשוט׳ע זאכן מיט אן אמת׳ע בליק קען דאך די הארץ אויסגיין פון שעצונג און ליבשאפט פאר אזא איינעם וואס געבט זיך אוועק דאס מערסטע פאר דיר.

עס זענען דא וואס וועלן אבער זאגן, אז די צוגאנג פון ליבשאפט איז נישט ריכטיג, ווייל דאס אז איינער טוט פארן צווייטן, איז נישט ווייל מ׳האט ליב דעם צווייטן און דערפאר טוט מען דאס, נאר ווייל דאס איז זייער תפקיד צו טוהן, און אויב דער שדכן וואלט אנגעטראגן אן אנדערן שידוך וואלט דאך יענער געטוהן פונקט די זעלבע זאך? מיר זענען נארמאלע מענטשן און מיר טוען זאכן וואס ס׳באלאנגט נארמאל צו טון.

אבער די אמת איז אז דאס איז קיין טענה נישט, ווייל אוודאי איז ריכטיג אז עס וואלט געקענט זיין א צווייטער, אבער דעמאלט וואלט מען טאקע געדארפט האבן דעם פולסטן הכרת הטוב פאר יענעם. יעדע טאטע און מאמע ציען אויף זייערס א קינד און דאס איז נישט קיין סיבה אז מ׳זאל נישט האבן הכרת הטוב פאר די עלטערן ווייל יענער טוט אויך די זעלביגע צו זייערע קינדער. אז איינער טוט וואס אנדערע טוען איז נאכנישט קיין סיבה צו זאגן אז ס׳נישט קיין גורם צו אהבה. ווען סיי וועלכע מענטש טוט פאר דיר גוטס איז דאס דיר מחייב צו האבן הכרת הטוב, ובפרט איינער וואס טוט עס יעדן איינציגסטן טאג מיט אזא געוואלדיגע געטריישאפט.

הכרת הטוב קען זיין סיי אויף געוויסע טאג-טעגליכע זאכן וואס איינער טוט פארן צווייטן, און אויך פאר די עצם זאך אז מען האט א שותף און מען איז נישט אליין אויפן גרויסן וועלט. מען קען בעיקר פילן וויפיל א שותף אין לעבן איז וויכטיג ווען איינער פארט אוועק פאר א סיבה, די מאמע איז אין שפיטאל נאך א קינד און די מאן איז אליין אינדערהיים, שפירט ער שוין איינמאל, וויפיל עס פעלט אויס א מאמע און שטוב, סיי אין די פראקטישע חלק איז די הויז נישט בסדר, און ווי אויך די הרגשים וואס מען שפירט ווען מ׳איז אליין איז זייער נישט געשמאק. לא טוב האדם להיות לבדו. דערפאר איז וויכטיג זיך צו מתבונן זיין דערין און דורכדעם וועט מען מער און מער אנערקענען דעם צווייטן און צוביסלעך צוקומען צו א טיפערע ליבשאפט.

ה. ליבשאפט דורך געבן

אין ספרים[107] שטייט אז "אהבה" איז מלשון "הב" - געבן. דאס מיינט אז ווען איינער געבט פאר א צווייטן און לייגט אריין כוחות אין זיי, שאפט זיך א נאנטקייט. ווי מער א מענטש געבט אוועק פון זיך פאר יענעם אלס מער האט מען יענעם ליב[108]. דאס איז בעצם די שורש פון די ליבשאפט פון עלטערן צו קינדער, די ליבשאפט איז נישט אן אויטאמאטישע ביאלאגישע ליבשאפט וואס געשעהט פון זיך אליינס, כאילו ווען א קינד ווערט געבוירן קומט מיט דעם א מתנה צו די זייט אז מ'האט זיי גלייך ליב. די מאמע וועט מן הסתם גלייך פילן א גאר טיפע ליבשאפט פון די ערשטע מינוט ווייל זי האט געטראגן דאס קינד די לעצטע 9 חדשים און מיטגעמאכט פיין און ליידן פאר דעם קינד, דערפאר האט זי דאס באלד ליב. א טאטע ווידער וועט מוזן דורכמאכן אפאר שלאפלאזע נעכט און אוועק געבן פון זיך אסאך צייט פארן קינד ביז ער וועט פילן ווי ער האט באמת ליב זיין קינד.

די סארט ליבשאפט איז פונקט פארקערט ווי די פריערדיגע בחינה, פריער האבן מיר גערעדט פון א ליבשאפט וואס איז געבויט אויף באקומען און די געפיל פון הכרת הטוב. דא איז פונקט פארקערט, מ'האט ליב יענעם פשוט ווייל איך גיב זיי אוועק אזויפיל, איך

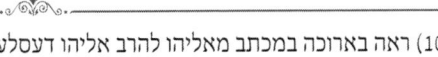

---

107) ראה בארוכה במכתב מאליהו להרב אליהו דעסלער זצ"ל (חלק א' עמוד לו) וז"ל: הורגלנו לחשב את הנתינה לתולדת האהבה, כי לאשר יאהב האדם יטיב לו. אבל הסברה השניה היא, כי יאהב האדם פרי מעשיו, בהרגישו אשר חלק מן עצמיותו בהם הוא... כי את עצמו ימצא בהם... האהבה הזאת היא אשר תבא בלי ספק מן הנתינה. ראיתי הורים אשר ראו את כל חמדת חייהם בבנם הקטן, והנה בשעת מלחמה ברחו כולם, והאב נשאר עם בנו בצד אחד והאם בצד שני. כאשר שקטה המלחמה והתוועדו שוב יחד, לא יכלו לתקן את אשר חסר להם בזמנו - אהבת האב ובנו היתה עמוקה מאהבת האם והבן... האב הוא אשר גידל ואימן את הילד תחתיה, זהו אשר חסר לה, האהבה הבאה מן הנתינה עברה כולה אל האב... כללו של דבר, מה שיתן האדם לזולתו לא יאבד ממנו, אלא זו היא התפשטות עצמותו, כי ירגיש אשר גם לו חלק בחברו זה אשר נתן לו. זו היא הדבקות אדם לזולתו אשר נקרא לה אהבה.

התבאר כי לכל אדם יש ניצוץ כח הנתינה, שאלמלא כן היה העולם חרב, לא היו נושאים נשים, מגדלים בנים וכו'. אולם יען כי מעט מאד ענין הנתינה באדם, על כן יבחרו בני אדם באשר ימצאו חן בעיניהם להם יתנו, ויטיבו ויאהבו, את אלה יחשבו כאילו שלהם המה. אך שאר בני האדם לנכרים וזרים יחשובו, יתחרו בהם ויחטפו מהם ככל אשר יוכלו.

אך אם יתבונן האדם כי לאשר יתן יאהב, וגם יהיה לו חלק בו וידבק אליו, אז יבחין כי זה אשר לזר נחשב לו, הוא רק כי טרם נתן לו, ועוד לא היטיב עמו. אם יתחיל להיטיב לכל אשר ימצא, כי אז ירגיש אשר כולם קרוביו, כולם אהוביו, כי בכולם יש לו חלק, ובכולם התפשטה עצמותו.

108) וכדאיתא במס' דרך ארץ זוטא (פ"ב) אם חפץ אתה להידבק באהבת חברך הוי נושא ונותן בטובתו. וכפי מש"כ בספר עמודיה שבעה להגאון ר' אברהם גנחובסקי זצ"ל מרמ"י ישיבת טשעבין, פרק ד' וז"ל: אך הגאון ר' חיים שמואלביץ זצ"ל הסביר, שכוונת התנא לומר אם אתה רוצה לאהוב את השני אבל אתה לא מסוגל לסבול אותו, כל מה שהוא עושה זה עקום, וכו' יש עצה פשוטה תעשה לו טובות, ברגע שתעשה לו טובות אתה אוהב אותו, זה בדוק ומנוסה.

ערוואַרט גאָרנישט אויף צוריק. ווען די מאַמע געבט צו עסן פאַר די קינד ערוואַרט זי נישט אַז די קינד זאָל איר יעצט עפּעס צוריקגעבן. זי פאַרברענגט שעות אויף שעות פּשוט פון געבן פאַר יענעם, און בשעת מעשה בויעט זיך די קשר צווישן מאַמע און קינד גאָר שטאַרק, און די ליבשאַפט באַגלייט די מאַמעס געפילן אַ גאַנץ לעבן. אַמאָל קען מען זעהן ווען איינער האָט ל״ע אַ ספּעציעלע קינד, אויף וועם מ׳דאַרף אַכטונג געבן אַ גאַנצן צייט און עס פאָדערט אַבנאָרמאַלע כוחות צו זיך זאָרגן פאַר דעם קינדס וואוילזיין, אין אַזאַ פאַל וועט די עלטערנס ליבשאַפט צו דעם קינד זיין אויף אַ גרעסערע פאַרנעם ווי מיט די אַנדערע קינדער, און די סיבה איז טאַקע דאָס, ווייל ווי מער מ׳געבט אַוועק פון זיך און מ׳געבט פאַר יענעם, שאַפט זיך בטבע אַ נאָנטקייט צווישן די צוויי מער און מער.

ו. ליבשאַפט ברענגט ליבשאַפט

די מציאות איז אַז אויב ווייזט מען אַרויס ליבשאַפט מיט די גאַנצע געפיל און האַרץ, איז בהכרח אַז די שותף וועט פילן דאָס ליבשאַפט, און צוריקגעבן עמערס מיט ליבשאַפט אויף צוריק. אַז מען טוהט פּעולות פון ליבשאַפט צו אַ צווייטן, אויסערדעם וואָס דאָס בויעט אַ ליבשאַפט ביי זיך אין האַרצן, איז כדאי צו וויסן אַז די תוצאה איז אַז מען וועט צוריק באַקומען ליבשאַפט.

אַמאָל האָט זיך אַ אינגערמאַן זיך אויסגערעדט צו מיר אַז אין שטוב איז נישט דאָ קיין געפיל, די פרוי זיינע איז בייז אויף איהם, ער ווייסט באמת נישט וואָס גייט פאָר. זי זאָגט נישט פאַרוואָס זי פירט זיך אַזוי אויף, זי איז אומעטיג און אומצופרידן, און פאַרשטייט זיך אַז צו מצות הבית איז זי נישט געוועזן דערביי. זיי האָבן געהאַלטן פאַרן געבוירן זייער ערשטע קינד, און האָט מיט רעכט געפילט אַז אין אַזאַ ווירטשאַפט קען מען נישט אַריינברענגען אַ קינד. ער האָט נישט געוואוסט וואָס זאָל ער דאָ טוהן צו פאַרבעסערן די מצב, וואָס קען ער טוהן צו איבערצייגן זיין פרוי צו גיין רעדן צו איינעם וואָס וועט זיי העלפן.

מיר האָבן איהם גע׳עצה׳ט צו וועמען ער זאָל זיך גיין דורכשמועסן, און דאָס איז געוועזן די ענטפער פונעם מומחה אין קורצן: עס איז ריכטיג ווי דו זאָגסט, אַז מען קען נישט אַנגיין אין אַזאַ שטוב ווייטער, עס איז דאָ פאַר דיר צוויי ברירות, צוויי שווערע מהלכים, און דו דאַרפסט זיך אויסוועלן די מהלך לויט וואָס דו פיהלסט דו קענסט אויספירן אויף למעשה.

די ערשטע מהלך איז צו אהיימקומען און זאָגן מיט די גאַנצע ערנסטקייט אַז די שטוב איז געענדיגט, מען קען נישט ווייטער אַזוי אַנגיין, אויב זי איז נישט מסכים צו גיין פאַר הילף וועט מען מוזן געבן אַ גט. (להבהרה: דאָס איז זייער אַ סכנות׳דיגע מהלך וואָס איז נישט כדאי צו נעמען אַליינס אָהן זיך דורך רעדן פריער מיט אַ מומחה - דאָ איז דאָס באמת געוועזן וויכטיג ווייל עס וואָלט ממילא צופאַלן אויב זי גייט נישט פאַר הילף.) די צווייטע מהלך איז פונקט פאַרקערט,

דו קום אהיים און זיי מורא'דיג נאנט מיר איהר, געב איהר געפיל, געב איהר אן א שיעור ליבשאפט, אפילו דו וועסט גארנישט צוריק באקומען דו גיי אהן, קויף איר זאכן, רעד צו איר שיין און העפליך און טוה וואס אימער דו קענסט אז זי זאל פילן ווי דו האסט איהר ליב. דאס קען מען נישט באווייזן נאר אויב דיין תכונות הנפש וועט מיטשפילן, אז נישט וועט זי פילן אז דאס איז סתם א שפיל.

דער אינגערמאן האט זיך איבערגעקלערט, ער איז געווען זייער א ווארעמע מענטש און האט נישט געקענט פועל'ן ביי זיך די ערשטע מהלך, און האט אויסגעוועלהט די צווייטע מהלך פון געבן ליבשאפט. עס האט נישט געדויערט קיין לאנגע צייט און די פרוי האט נישט געקענט אויסהאלטן דאס ליבשאפט וואס זי האט באקומען פון איהם, ער האט איהר געהאלטן אין איין געבן ליבשאפט, ווען פאר איהר האט עפעס געבאדערט אינערליך אז זי האט נישט געקענט צוריקגעבן ליבשאפט, און ס'האט שרעקליך צושטערט איר לעבן. די מציאות איז אז א מענטש קען נישט אנגיין צו באקומען ליבשאפט די גאנצע צייט, און ווייטער שפילן קאלט און גארנשיט צוריקגעבן. ליבשאפט מוז צוריק ווייזן ליבשאפט. אין א געווענליכע פאל וואלט אזא פרוי אויטאמאטיש ליב באקומען דעם מאן און געבויעט די קשר של אהבה אויף צוריק, אבער זי איז געווען צוריסן ביי זיך צוליב עפעס א זייטיגע סיבה. אבער דאס געפיל האט אויפגעטוהן דאס זייניגע, זי האט זיך געמוזט ברעכן און זי האט ארויסגעגעבן עפעס וואס האט איר געבאדערט פון אינעווייניג, און גלייך ווען דאס איז אוועקגעגאנגן איז זייער שלום בית געווארן אויפגעבויעט אויף די בעסטע אופן וואס איז שייך.

דאס איז די פאקט, אויב געבט מען ליבשאפט מיט א שפע, מען לייגט אריין כחות אז די שותף זאל פילן ליבשאפט, וועט דאס ארבעטן אהן קיין ספק. דו פון דיין זייט קענסט אויפבויען א קשר אהבה, דורכ'ן געבן און געבן ליבשאפט, דורך די פעולות עפנט זיך דאס הארץ צום שותף, די הארץ הייבט אהן פילן א נאנטקייט דורך דאס געבן און טוהן זאכן פאר יענעם, און דאס וועט עווענטועל צוריקשפיגלען אן השפעה פון ליבשאפט, וואס וועט גורם זיין צו בויען א לאנגע קייט פון ליבשאפט א גאנצע לעבן[109].

ז. זיין אפן מיט ליבשאפט

כדי צו ריכטיג בויען א ליבשאפט, דארף באטאנט ווערן אז ס'איז גאר וויכטיג ארויסצוזאגן און ווייזן פאר די שותף אז מען האט זיי ליב. אפט מאל וועט א מענטש מחמת כמה סיבות

109) ראה אוה"ח הק' (פ' ויגש) וז"ל: ובדרך דרש יתבאר אומרו ויגש אליו ע"ד אומרו (משלי כ"ז) כמים הפנים לפנים כן לב האדם לאדם ולזה נתחכם יהודה להטות לב יוסף עליו לרחמים והקריב דעתו ורצונו אליו לאהבו ולחבבו כדי שתתקרב דעתו של יוסף אליו לקבל דבריו ופיוסו.

פרובירן צו באהאלטן די געפילן, צי ווייל מען מיינט אז דאס איז א בושה, צי מען טראכט אז דאס איז אפשר קינדעריש, צי סתם ווייל עס פאסט נישט צו מודה זיין אז מען האט אינערליכע געפילן, אבער עס איז קריטיש וויכטיג צו זיין אפן מיט די שותף דערוועגן, עס מוז זיין א קאמיוניקאציע צווישן מאן און ווייב צו רעדן דערפון גאנץ אפט. די פסוק זאגט[110] טאקע **כמים פנים אל פנים כן לב האדם לאדם**, אוודאי קען א הארץ שפירן א הארץ, אבער גארנישט קומט נישט צו ווען מען איז אפן דערוועגן און די שותף הערט ווערטער אז מען האט זיי ליב, דאס איז א מורא׳דיגע גוטע געפיל ווען מען שפירט אז מען איז באליבט, און אזוי בויעט מען די קשר שטערקער און שטערקער. מען דארף טאקע זעהן נישט צו קארגן אויף ווערטער און פון טוהן זאכן וואס וועט ארויסברענגען ליבשאפט.

ח. מען זאל פארשטיין די ליבשאפט

ווען מען טוט פעולות פון ליבשאפט איז זייער וויכטיג צו זיכער מאכן אז דער צווייטער פארשטייט אז מען וויל דא ארויסברענגען ליבשאפט. עס קען זיך מאכן אז איינער זאל זיך איבערארבעטן און טוהן זאכן פארן צווייטן, און מען האפט אז דער צווייטער וועט דאס פארשטיין, אבער וועגן סיי וועלכע סיבה כאפט דאס דער צווייטער נישט אויף.

עס איז געווען אמאל א פארפאלק וואס האבן שוין געהאלטן א לענגערע תקופה נאכן חתונה, און די פרוי האט פארלאנגט א גט. ווען זיי זענען געקומען צום רב זיך דורכשמועסן האט די פרוי מסביר געווען אז זי וויל א גט ווייל איהר מאן האט איהר נישט ליב. אבער די מאן קוקט איר אן אינגאנצן פארוואונדערט, ער ווייסט נישט וואס זי רעדט, ער האט איר דאך ליב אהבת נפש, ״די אלע יארן האב איך דאך אלעס געטוהן פאר איר ווייל איך האב דיר באמת ליב געהאט״.

דער אמת איז אזביידע זענען געווען גערעכט. עס איז אמת אז ער פלעגט צו טוהן גאר אסאך זאכן וואס דארפן צו ארויסברענגען ליבשאפט, דאך האט זי דאס קיינמאל נישט געשפירט. פון וואנעט זאל זי וויסן אז ער האט געטוהן געוויסע זאכן מתוך ליבשאפט, זי קען דען לייענען מחשבות? האט ער זיך אמאל געעפנט די געפילן פאר איר? האט ער איהר שוין אמאל ארויס געזאגט מיט׳ן מויל זיינע געפילן? עס האט זיך אויסגעשטעלט אז דער מאן האט קיינמאל נישט געזאגט א געפילישע ווארט צו די פרוי, ער האט טאקע געטוהן אסאך זאכן פאר איר וואס ער האט געמיינט אז דאס ברענגט ארויס ליבשאפט, אבער זי האט דאס נישט אויפגעכאפט, וואס צוליב דעם האט זי קיינמאל נישט געפילט א נאנטקייט צו דער מאן.

110) משלי כז, יט.

עס זענען פאראן מערערע פעולות פון ליבשאפט - וואס מיר גייען אצינד אדורכשמועסן - אבער נישט צו יעדעם רעדט יעדע פעולה די זעלבע און נישט יעדער איז אייניג אין די שפראך פון ארויסברענגען ליבשאפט. דערפאר, כדי צו געוואויר ווערן וועלכע שפראך רעדט צו די בן זוג, איז גוט מען זאל אין א ליבליכע מאמענט זיך צונויפשמועסן און פארציילן פאר די בן זוג וועגן די פארשידענע פעולות, און אז מען טוט דעם פעולה פון גרויס ליבשאפט פאר זיי, און אויסשמועסן צווישן זיך ביי וועלכע פעולה דער צווייטער פילט די מערסטע די ליבשאפט, און מיט אביסל ארבעט און מחשבה וועט מען דאס געוואויר ווערן און דעמאלט האבן די פעולות א באדייט און וועט אי"ה צוברענגען צו פילן הרגשים פון ליבשאפט.

ט. רעדן

ליבשאפט ווערט דאס בעסטע אויסגעדרוקט מיט בלויזע ווערטער. אויב איר ווילט אז א צווייטער זאל פילן דיין ליבשאפט און געפילן, דאן דארפט איר פשוט דאס ארויסזאגן מיטן מויל, זאג ארויס די געפילן אפנערהייט. אלע ליבשאפט אויסדריקן וואס ברענגען ארויס די געפילן און זענען מעורר די הערצער צו ווערן נענטער איינער צום צווייטן זאל געזאגט ווערן ווי נאטורליך. ווען מ'רעדט דארף מען זעהן נישט צו שפארן קיין ווערטער, נאר וואס מער און וואס ברייטער עס ארויסברענגען מיט אמת'דיגע טיפע אויסדרוקן.

און באמת איז א יעדע פעולה פון ליבשאפט - ווי גרויס דאס זאל נאר נישט זיין - אויב איז דאס נישט באגלייט מיט ווערטער קען דאס זיין א ברכה לבטלה. א יעדע 'פעולה' איז צוגעגליכן צו די סכום פון א טשעק, אבער די 'ווערטער' איז ווי די אינטערשריפט פון דעם טשעק, אויב עס פעלט די חתימה איז די גאנצע זאך גארנישט ווערד. די פעולות פון ליבשאפט ארבעט נאר ווען עס איז קלאר אויסגעשמועסט אז דאס טוט מען ווייל מען האט יענעם ליב, און נישט אז מען טוט דאס בלויז טעכניש אן קיין געפילן.

י. קאמפלימענטן

אויב פארשטייט מען אז מען וויל בויען א געפילישע שטוב, איז געבן קאמפלימענטן אין א שטוב ממש נומער איינס. אויב א שטוב איז ווי א ביזנעס, קומט זיך נישט עכט קיין קאמפלימענטן איינער פארן צווייטן, ווייל די מאן טוט זיינע אויפגאבעס, און די פרוי טוט אירע אויפגאבעס, עס פעלט נישט אויס עפעס מער, נאר טאקע ווייל א שטוב איז נישט קיין ביזנעס געשעפט, און ביידע טוען באמת זאכן וואס זענען נישט עכט קיין חיובים צו טוהן, און אויב טוט מען צושטעלן א סערוויס מיט א געשמאק קומט זיך א קאמפלימענט אויף דאס וואס יענער געבט זיך אזוי איבער פאר דיר.

קאמפלימענטן איז נישט די זעלבע ענין פון זאגן סתם א דאנק, נאר דאס איז צו אויסדרוקן א געוויסע מעלה וואס מען זעהט ביים צווייטן, צי דאס איז די געטריישאפט, איבערגעגעבנקייט, העפליכקייט וכדומה, מ'דארף געבן יענעם א גוטע געפיל און ארויסברענגען ווי שטארק יענער טויגט אין דעם געוויסן הינזיכט, און אויסשמועסן פונקטליך יעדע פרט.

פאר די מענער קען אמאל זיין שווער צו געבן אדער צו באקומען פערזענליכע קאמפלימענטן. בחורים אין ישיבה זענען כמעט נישט צוגעוואוינט סתם צו זאגן פאר א חבר א קאמפלימענט, מאקסימום וועט מען אפשר זאגן א דאנק. דערפאר ליגט אויף די מאן א פליכט זיך מתבונן צו זיין, און צולייגן קאפ צו אט דעם וויכטיגן ענין פון קאמפלימענטן.

אז א מאן מיינט אז א קאמפלימענט רעדט נישט צו איהם, קען ער זיך דאס גרינג אויפוויזן, למשל, אז איינער וועט דאווענען פארן עמוד און פרובירן צו דאווענען שיין און מאכן א רושם, און קיינער וועט איהם נישט דאנקן דערפאר, אוודאי וועט ער זיך שפירן געטראפן. ווידער אויב איינער זאגט איהם א דאנק, שפירט זיך דאס זייער גוט. נאך בעסער איז ווען איינער קומט צו צו איהם נאכן דאווענען מיט א קאמפלימענט אויף א געוויסע פרט, "די ניגון וואס דו האסט געזינגען איז געווען הערליך", אדער "דיין דאווענען איז געווען עפעס גאר הארציג", וועט דאס מאכן א ספעציעלע גוטע רושם און א ווארעמע געפיל.

א מאן דארף שטענדיג געדענקן וויפיל כוחות די פרוי לייגט אריין אין די פירערשאפט פונעם שטוב, און וויסן אז עס קומט זיך איהר א דאנק דערפאר מיט א קאמפלימענט. א קאמפלימענט איז סיי א מיטל צו בויען די קשר שטערקער, און סיי געבט דאס כח און מוט צו ווייטער אנגיין מיט די ארבעט מיט א געשמאק.

לאמיר אנכאפן א דוגמא, אויב די מאן קומט איינמאל אהיים פרייטאג פרי, און זעהט אז די פרוי איז נישט אין שטוב, און די שטוב איז צופארן און אלעס פארט אויף רעדער. די מאן איז א גוטער און מאכט איר א סופרייז, ער רייניגט די גאנצע הויז, גרייט אן די שבת טיש מיט אלע צוגעהערן, און די גאנצע שטוב גלאנצט. עס איז נישט קיין ספק אז ער וועט זיכער מאכן צו זיין אינדערהיים ווען די פרוי קומט אהיים, צו זעהן איר פנים קוועלן פון שמחה און הנאה. והנה, זי קומט אהיים שפעט הארט פארן זמן, און זי קוקט איהם ניטאמאל אן, זי גרייט זיך צום שבת וואס קומט שוין באלד אריין, און זי זאגט איהם גארנישט. די מאן פלאצט שיעור אויס מיט א געשריי, ווי אזוי קען זיין אז זי אנערקענט נישט די אלע שווערע כוחות וואס איך האב דא אריינגעארבעט, ווי אזוי קען זי מיר פשוט איגנארירן כאילו לא היה! עס איז כמעט זיכער אז מער אין זיין לעבן וועט ער מער נישט צוגרייטן אזעלכע איבערראשונגען.

די מאן דארף וויסן, אז אט אזוי פילט די פרוי ווען זי פירט אן דאס הויז פירערשאפט מיט איבערגעגעבנקייט און געטריישאפט, זי איז נישט קיין מאשין וואס טוט אלעס מעכאניש

אן קיין געפילן, נאר אדרבה זי ארבעט גאר שווער טאקע ווייל זי האט געפילן פאר די מאן, און אויב ער אנערקענט דאס נישט און מאכט זיך נישט וואוסנדיג פון אלע כוחות וואס זי לייגט אריין פאר איהם, טוט עס איהר גאר וויי, און מער וועט זי נישט זיין אזוי איבערגעגעבן פאר איהם, און ס'קען צוברענגען צו אומאיינגענעמע קריגערייען אין שטוב. דערפאר איז דאס ממש קריטיש וויכטיג צו אייביג קאמפלעמענטירן די שותף אויף וואס אימער זיי טוען, דאס איז סיי מענטשליך, ליבליך, און געבט מוט צו אנגיין ווייטער מיט לעבעדיגע געפילן איינער צום צווייטן.

יא. שמועסן

ווען מאן און ווייב שמועסן זיך אדורך איז דאן א רייפע צייט זיך צו עפענען איינער צום צווייטן. ווען מיר רעדן פון 'שמועסן' מיינען מיר נישט פון סתם שמועסן וועלטליכע נייעס אדער מינדערוויכטיגע זאכן, דאס איז גוט צו רעדן מיט חברים אין גאס, צי מיט די חבר'טעס אויפן טעלעפאן. דער עיקר געדאנק פון שמועסן מיט די מאן/פרוי איז א שמועס פון מיטטיילן דאס אייגן לעבן מיט די נענטסטע מענטש וואס מען האט אין דער וועלט.

פונקט ווי ווען איינער שפירט עפעס א געוואלדיגע שמחה, און וויל דאס מיטטיילן מיט איינעם גלייך, אפי' עס איז אפשר נישט אזוי אינטערעסאנט פאר דעם צוהערער, אבער פארט וועט מען דאס זיי דערציילן מיט די גאנצע שמחה, ווייל מען וויל מיטטיילן די געפילן מיט א צווייטן. געוועגליך וועט א בחור צי א מיידל דאס פארציילן פאר איינע פון די עלטערן, אבער נאך די חתונה איז די נענטסטע מענטש וואס מען האט די מאן/ווייב, און מיט זיי דארף מען מיטטיילן סיי וועלכע זאך וואס איז פאריבער במשכ'ן טאג, צי א גוטע זאך צי חלילה פארקערט.

בדרך כלל וועלן די פרויען - וואס זענען מער געפיליש - מער פארציילן פאר די מאן וואס עס איז פאריבער אויף זיי דורכאויס די טאג, און די מאן קען זיך וואונדערן וואס גייט מיר אן וואס עס איז געשעהן מיט דיר ביי די ארבעט צי ערגעץ אנדערש, איך האב מיך געגוג אייגענע דאגות מיט וואס זיך צו באשעפטיגן. נאר די סיבה פארוואס די פרוי פארציילט דאס פאר איהם, איז נישט ווייל זי דארף יעצט עצות אדער לעזונגען, נאר זי דארף איינער זאל איהר פשוט אויסהערן, און דעריבער טיילט זי מיט מיט איר נענטסטע מענטש אויף די וועלט אירע פערזענליכע דורכמאכענישן, ווייל זי וויל אז ער זאל מיטפילן. מיטשמועסן פון די אייגענע פערזענליכע לעבן מיט א צווייטן איז איינס פון די וועגן ווי אזוי עס בויעט זיך א געזונטע אהבה'דיגע קשר.

אז די מאן וועט פארשטיין אז ווען זי טיילט מיט איר טאג, איז לאו דוקא די נושא דאס וואס זי זאגט ארויס, נאר ס'איז סך הכל א וועג ווי אזוי די פרוי געבט ארויס אירע געפילן און ער איז די מענטש וואס זי האט אויסגעוועלט טאקע ווייל ער איז איר נענטסטע מענטש, וועט ער געווצליך אנדערש אויפנעמען די שמועס, און טאקע אויסהערן די שמועס, און פילן אירע

געפילן, און נישט איר אוועקמאכן און געבן עצות אין די וועלט אריין. פארשטייט זיך אז די מאן וועט אויך פארשטיין, צו עפענען זיינע אייגענע געפילן, און מיט איר מיטטיילן זיין טאג, הגם ער מיינט אפשר אז זי איז לאו דוקא אינטערסירט אין זיין סדר היום, אבער דאס איז נישט ריכטיג, ווייל אזוי וועט זי איהם קענען בעסער, און זי וועט פילן די געפילן וואס קומען אריבער דורך די שמועס, און צוזאמען בויעט זיך א ים פון הרגשים פון איינער צום צווייטן.

יב. סערוויס

נאך א געדאנק ווי אזוי מען קען בויען א ליבשאפט איז דורך "סערוויס", דאס מיינט אז אויב ווערסטו אנגרייטן א גוטע פרישטאג אדער סיי וואס די שותף דארף יעצט טוהן און דו האסט דאס געטוהן אנשטאט, אדער פארקערט אז מען וועט טוהן פאר דיר עפעס וואס דו דארפסט טוהן אדער קומסט אהיים און עס איז אנגעגרייט פאר דיר א געשמאקע נאכטמאל, פילסטו ליבשאפט און די אהבה וועקט זיך אויף.

למשל, אויב די פרוי איז ארויס פון שטוב, און זי גייט פארשפעטיגן צו אנגרייטן נאכטמאל, און די מאן טוט עס פאר איר אז ווען זי קומט אהיים איז אלעס שוין גרייט, גייט זי פילן באליבט. אזוי איז מיט יעדע זאך, ווי ברענגען א טיי קאווע וכדו', א יעדע זאך וואס איז א סערוויס פאר איהר מאכט פילן באליבט.

פארשטייט זיך, אז דאס איז נישט נאר פון די סערוויס אליין, עס מוז אויך זיין מיט די גאנצע געפיל און געשמאק, דהיינו אויב די גאנצע סערוויס גייט צו מיט אן אראפגעלאזטע נאז און נאר ווייל איך מוז, וועט דאס נישט ארבעטן, ס'דארף גיין מיט א חשק און דער עיקר פון די אייגענע ווילן, ווייל מען וויל אז די שותף זאל פילן באליבט. עס מאכט זיך אפט אז איינער זאל טוהן פארן צווייטן עפעס א סערוויס, און מען ארבעט זיך איבער, אבער יענער כאפט דאס נישט אויף, עס איז זייער מעגליך אז מען פארגעסט פון די עיקר, וואס דאס איז צו זאגן קלאר אז מען שטעלט צו אט דעם סערוויס ווייל איך האב דיר אזוי ליב, איך שעץ דיר זייער, און קלאר מאכן אז מען טוט דאס נישט סתם, נאר ווייל מען וויל זיי גרינגער מאכן אביסל, ווייל מען האט הנאה אז דער צווייטער האט הנאה.

יג. מתנות

איינע פון די גאר וויכטיגע באשטאנדטיילן פון בויען א גוטן קשר, איז דורך "מתנות". ביי געוויסע מענטשן וועט ליבשאפט זיך נישט ארויסווייזן אפגעזעהן וויפיל מען וועט רעדן און זאגן, נאר אויב ביסטו גרייט צו אויסגעבן געלט פאר זיי און קויפן עפעס א זאך וואס איז חשוב ביי זיי, דעמאלטס ווייסן זיי אז דו האסט זיי ליב. ווען מען גייט קויפן א מתנה דארף

מען אכטונג געבן צו קויפן עפעס וואס יענער ווארט און קוקט ארויס פאר דעם אדער האט ליב די זאך. צומאל ווערן אונז איבערגערעדט פון אונזערע נטיות, און מען קויפט עפעס וואס אונז וואלטן שטארק געוואלט פאר אונז אדער וואס אונז האבן ליב, און שפעטער פילט מען אפגעפאטשט ווען עס ווערט נישט געהעריג אנערקענט.

מען דארף פרובירן צו קויפן פון צייט צו צייט עפעס וואס יענער וויל האבן, און מען ערלויבט זיך דאס נישט צו קויפן סתם אזוי. דאס קען זיין א מער טייערע מתנה, אבער עס לוינט זיך א יעדע פרוטה, צו בויען נאך אביסל ליבשאפט און צולייגן א רינגל אין דעם קייט פון א געפילישע קשר. אבער עס מוז נישט אייביג זיין א טייערע זאך, עס קען זיין פון צייט צו צייט אפילו א קליינע זאך וואס יענער האט ליב, אז מען גייט דורך א געשעפט און מען זעהט עפעס א קלייניקייט, ס'קען אפי' זיין עפעס א גוטע עסן, אדער א טשאטשקע, און מען קומט דערמיט אהיים, שאפט דאס ביי יענעם א געפיל פון ליבשאפט. פארשטייט זיך אז מען דארף אכטונג געבן נישט צו מזלזל זיין אין יענעם מיט עפעס מינדערוויכטיג, אבער יא, מיט קלייניגקייטן קען מען באמת בויען וועלטן.

איין גרויסע טעות איז דא ביי דעם, מענער קענען אפטמאל מיינען אז ווען זיי קויפן עפעס א גאר טייערע מתנה פאר די פרוי, אז זיי האבן זיך מיט דעם גדעקט פאר א גאנץ יאר, זיי קוקן אן דעם ענין אזוי ווי מען דארף צילן צו האבן פוינטס, ממילא מאכן זיי א חשבון אז אנשטאט כסדר משקיע זיין און טוען פעולות פון אהבה יעדן טאג, וועט ער איינמאל פאר אלעמאל קויפן עפעס א ריזיגע מתנה, און מיט דעם האט ער שוין געטוהן גענוג פאר די גאנצע יאר. אבער געפילן ארבעט נישט אזוי, ביי די פרוי איז סיי וועלכע מתנה בלויז איין פוינט, אוודאי איז דא גרעסערע און קלענערע פוינטס, אבער עס בלייבט נאך אלס נאר איין פוינט. די געפילן וואס מען בויעט מיט קלייניקייטן ממש איז אסאך מער ווערד, ווייל יעדע קלייניקייט איז נאך א פוינט און נאך א פוינט, און דאס גייט צוביסלעך אריין מער און מער, און נאר אזוי בויעט זיך א קשר אהבה.

און מיר וועלן איבער'חזר'ן די נקודה וואס מיר האבן שוין אויסגעשמועסט, אז דאס קויפן מתנות איז נישט גענוג, עס מוז ווערן באגלייט מיט ווערטער דערצו, אויב גיבט מען עס בלויז ווייל יעצט איז ערב יו"ט, און די הלכה לויטעט אז די מאן זאל קויפן א נייע בגד פאר די ווייב, איז נישט גענוג דאס עצם געבן א מתנה און יוצא געווען, ענדערש באגלייט דאס מיט א בריוול פיל מיט ליבשאפט, און נאך בעסער זאג ארויס ווי שטארק דו אנערקענסט אלע כוחות וואס זי האט אריינגעלייגט אין דעם יו"ט, און ווי דו קענסט שוין נישטווארטן צו פארברענגן דעם יו"ט צוזאמען מיט איהר. די אלע ווערטער דארף זיין געזאגט מיט אן אמת'ע ליבשאפט יעדער מיט זייערע אייגענע שפראך.

און די זעלבע גייט ווען די פרוי קויפט עפעס פאר די מאן, מענער באהאלטן אביסל בעסער זייערע געפילן און קענען אפטמאל שפילן ווי א מתנה רעדט נישט צו זיי, אבער טיף אין זיין

הארץ האט ער גאר שטארק הנאה פון דעם ובפרט ווען ס'איז באגלייט מיט ווארעמע ווערטער וכדומה. מענער וועלן פרובירן צו באהאלטן זייערע געפילן ווייל זיי פילן אז דאס פארמינערט זייער "שטארקייט" צו וואס זיי זענען אזוי אנגעבינדן, אבער ווען מאן און ווייב זענען נאנט איינער צום אנדערן וועלן זיי זיך מער עפענען במשך די צייט.

יד. פארברענגען

פארברענגען צוזאמען איז א שטארקע אופן פון בויען ליבשאפט. דאס איז צומאל זייער שווער צו טוהן, בפרט פאר פארפעלקער וואס זענען שטארק פארנומען א גאנצן טאג, און מען האט קוים צייט פאר זיך אליינס, אבער עס ליגט אויף יעדעם איינעם א פליכט צו זיך מאכן צייט וויפיל עס איז שייך, וויניגסטנס איינמאל א וואך, ווי מען פארגעסט פון די גאנצע וועלט ארום, פון אלע ארומיגע, פון די משפחה און אפי' פון די קינדער, און מאן און ווייב פארברענגען צוזאמען מיט א געשמאק. צי דאס מיינט גיין אויף א שפאציר צוזאמען - פארשטייט זיך, אויף א באשיידענעם אופן - צי פארברענגען מיט עפעס א שפיל צוזאמען אדער זיך קובע זיין א שיעור אין א לייכטן מוסר אדער הלכה ספר וכדו', נישט קיין חילוק וואס, וואס אימער זיי שפירן זיך באקוועם צו טוהן צוזאמען, זאל מען טוהן מיט א קביעות און נישט נאכלאזן, דאס קען זיין דאס שטערקסטע וועג - נישט נאר צו בויען א קשר - נאר דאס ברענגט ארויס די געפילן וואס איז שוין אויפגעבויעט אויף א שטארקן אופן, און ס'בויעט עס אויף נאך שטערקער.

די אופן פון ליבשאפט דורך "פארברענגען" איז נישט די זעלבע ווי דורך סתם "רעדן", הגם בייביידע פארברענגט מען צוזאמען און מען רעדט, אבער דער חילוק צווישן די ביידע איז אייגנטליך זייער גרויס. אין דער צייט וואס ביי די אופן פון "רעדן" איז דער עיקר די ווערטער וואס מען זאגט, און עס מוז נישט נעמען צייט, איז אבער ביי די פארברענגען ממש פארקערט, זי דארף נישט ווערטער דווקא, נאר סתם ליבליכע צייט צוזאמען ווען מען איז אפגעהאקט פון יעדעם, און קיינער איז נישט וויכטיג יעצט, ביסט נאר דא פאר איהר און זי פאר דיר, דאס איז די עיקר.

עס קען געשעהן ביי מענער וואס ביי זייער ווייב איז די ענין פון פארברענגען שטארק וויכטיג און ענדליך ווען ער מאכט שוין צייט פאר איהר ווייל זי האט געבעטן, וועט ער איהר פרעגן "נו וואס האסטו געוואלט?", אבער זי וויל בעצם גארנישט ספעציעל, זי דארף נישט גארנישט זאגן, נאר פשוט זאלסט זיין מיט איהר. ביי איר איז ליבשאפט זאלסט איר געבן דיין באגרעניצטע זאך אין לעבן 'צייט' זי וויל נאר איין זאך; פשוט פארברענגען צייט צוזאמען. עס קען אויך זיין דורך גארנישט טוהן נאר סתם זיין איינער נעבן דער אנדערן. עס וועט מעגליך געשעהן אז מען וועט ווערן נערוועז אינמיטן די צייט ווען דו ווערסט זיך דערמאנען

אז דו האסט וויכטיגע זאכן צו ערלעדיגן, אבער אויב וועסטו עס ארויסוויזן אינמיטן וועט דאס קאליע מאכן, און די צייט ביז אהער וועט כמעט נישט אויפטוהן. מען דארף זיך גענצליך אפפהאקן פון די וועלט, אויסלעשן ביידנ'ס פאונס, און טראכטן נאר איינער פון צווייטן, און געשמאק פארברענגן צוזאמען.

דער סך הכל פון דעם פרק איז אז מען זאל אינוועסטירן און טוהן סיי וועלכע זאך עס ברענגט א גוטע געפיל פארן צווייטן, און זיכער מאכן אז מען פארשטייט קלאר אז מען טוהט דאס פון א געפיל פון ליבשאפט. אז מען וועט טוען פעולות פון ליבשאפט ווי אפט מען קען, איז בהכרח אז די שותף וועט פילן דאס ליבשאפט און צוריקשיינען דאס ליבשאפט אויף צוריק, נאר אזוי קען מען בעזה"י בויען א ליבליכע און א געשמאקע שטוב.

• פרק ו׳ •

שלוות הבית

פארשידענע געדאנקן וואס קען העלפן פארמיידן אומזיסטע מיספארשטענדענישן אין שטוב

א. מענער און פרויען צוויי אנדערע וועלטן

עס זענען פארהאן אזויפיל חילוקים צווישן א מאן און א פרוי, וואס כדי צו פארשטיין איינער דעם צווייטן, שעצן איינער דעם צווייטן, אננעמען איינער דעם צווייטן, און ווער רעדט נאך פון ליב האב איינער דעם צווייטן איז אן ארבעט פון שווערע הארעוואניע, אבער ווי מער צייט מען אינוועסטירט זיי צו פארשטיין, ווערט דאס פארמיידן אומזיסטע מיספארשטענדישן און עגמת נפש.

עס זענען דא אהן א שיעור סיבות אז א מאן און ווייב זאלן זיך נישט פארשטיין. דאס אליין אז ער איז א מאנספערזאן און זי איז א פרוי איז שוין גענוג פאר זיך אז ס׳זאל זיין שווער זיי זאלן קלעבן צוזאמען, זיי זענען דאך צוויי אנדערע וועלטן אינגאנצן. אוודאי ווען ס׳הערשט א טיפע ליבשאפט אין שטוב, דאן ווערן די אלע חילוקים נישט אזוי סאך אויסמאכן, אבער עס איז זיכער כדאי צו וויסן אפאר נקודות מיט וואס מענער און פרויען קענען צומאל אנדערש אנקוקן עפעס און רעאגירן אין געוויסע מצבים, ווייל אז מען האט ארויס די סיבה פון די אויפפירונג, ברענגט עס בכלל נישט ארויף קיין טענה אויפן צווייטן, און אדרבה מען פארשטייט יענעם בעסער און מען ווייסט ווי אזוי צו צוריק רעאגירן.

ב. שכל מיט רגש

די הויפט נקודה וואס מענער זענען געוועזענליך אנדערש ווי פרויען איז אז די שכל געוועלטיגט ביי זיי מער ווי די געפילן. אוודאי האבן די מענער אויך געפילן, ס׳איז פארהאן זייער אסאך מאל וואס זיי ווערן אויך געפירט דורך די הרגשים, נאר עס פאדערט א גרעסערע

מאס פון געפילן אז דאס זאל זיי באהערשן. (א מאן וואס שפעט אפ פון א פרוי אז זי ווערט געפירט דורך געפילן, זאל זיך מתבונן זיין וויפיל מאל אין לעבן ער ווערט געפירט דורך געפילן ווי איידער פון שכל, וויפיל מאל זיינע הרגשים פירן איהם צו זיין פרייליך אדער ברוגז, לעבעדיג אדער טרויעריג, וואס ברענגט איהם צו טוהן זאכן געבויעט נאר אויף רגש. למשל אויב עפעס דראסטיש פאסירט און ער ווערט זייער אנגעצויגן וועט די געפילן גובר זיין אויפן שכל און ער וועט גאנץ מעגליך טוהן שריט וואס ער וועט חרטה האבן דערויף ווען ער בארואיגט זיך שפעטער.)

ביי פרויען שפילן די געפילן א גרויסע ראלע אין זייער לעבן אויף פיל א העכערע שטאפל ווי ביי די מענער, ביי זיי פאדערט זיך נישט אז עפעס אויסגעוועגליך זאך פאסירן צו ווערן גענצליך איבערגענומען דערפון, אפילו ביי א געווענליכע שמחה וועלן זיי זיין אינגאנצן דערביי מיט די גאנצע געפיל, און צומאל פארקערט זייער פחד פון א קליינע באשעפעניש קען זיין אסאך שטערקער ווי די שכל לויטעט צו זיין, ווייל די געפילן הערשן ביי זיי אויף הויעכע שטאפלן.

דעפאר דארף די מאן פרובירן זיך ארייננצולייגן אין איר מצב, און ווען זי ווייזט ארויס געפילן אויף עפעס, זאל ער דאס אויפנעמען און פארשטיין, נישט איר אוועקמאכן און אפשפעטן, נאר אדרבה ווייזן מיטגעפיל וויפיל מען קען נאר און מיטלעבן מיט דעם און ווייזן אן אינטערעסע. פון די אנדערע זייט, דארף די פרוי פארשטיין אז ווען זי פילט זיך זייער איבערגענומען און פרייליך פון עפעס וואס איז געשען און די מאן ווייזט נישט ארויס קיין סאך געפילן, זאל זי נישט ווערן באטראפן, דאס איז נארמאל, א מאן האט נישט אזוי פיל רגש ווי א פרוי, אדער באהאלט ער דאס מער און געבט דאס נישט ארויס אזוי ווי זי טוהט, דערפאר איז נישטא קיין פלאץ פאר קיין טענות.

איינמאל מען פארשטייט זיך איינער דעם צווייטן גוט, קען מען מיט חכמה ארויסהעלפן איינער דעם אנדערן דייקא מיט די כוחות וואס מען האט, און טאקע צוזאמען - מיט זיין כח השכל און מיט אירע כח הרגש - בויעט זיך א געזונטע שטוב. דהיינו, ווייל די נאטור פון א מאן איז צו אוועקשטופן די געפילן, דערפאר קען ער גרינג נעמען גרויסע זאכן און עס מאכן קליין, ער קען לעזן גרויסע פראבלעמען, ער קען מאכן שנעלע החלטות, און ער קען מסדר זיין צומישעניש. דאס איז א מעלה און קומט זייער צוניץ אין מצבים וואס מען מוז מחליט זיין, אבער פון די אנדערע זייט קען דאס דערפאר אפט זיין צו א שנעלע החלטה. די פרוי איז פונקט פארקערט, זי נעמט א קליינע זאך און מאכט דערפון א טראסק, דאס קען גורם זיין אז א קליינע החלטה ווערט א גאנצע פראבלעם. די קאנסעקווענצן דערפון איז פארשטענדליך אז יעדע מינדערוויכטיגע זאך פארנעמט לענגערע החלטות, און צומאל קענען זיי נישט מחליט זיין בכלל, אבער די מעלה דערפון איז אז זי צונעמט אלע פרטים דערפון.

די מאן דארף צוקומען צו די פרוי זי זאל אים העלפן זיין אויפריכטיג נישט צו כאפן קיין

הייסע לאקשן, נאר גוט דורכטראכטן אלע צדדים פאר מ'וויל מאכן סיי וואספארא וויכטיגע באשלוס אין לעבן, און די פרוי דארף צוקומען צו דער מאן איר צו העלפן אמאל אויף למעשה, און צו זיך קומען פון אלע קליינע פראבלעמען, צומאל גלייכן דאס די פרויען אז דער מאן איז דער וואס מאכט די החלטות פאר זיי, אבער נאר נאכן זיי גוט אויסהערן און האבן אויסגעשמועסט אלע צדדים פון די נושא קלאר. אין א יעדע סיטואציע, דארף מען זיין קלוג, און פארשטיין דעם צווייטן, און זעהן ווען מען דארף נוצן די שכל אדער רגש און העלפן דעם צווייטן, אדער ענדערש שווייגן און זיך אפהאלטן פון זאגן א מיינונג, און מיט ביידנ'ס נאטורן צוזאמען קומט געוועגליך ארויס די בעסטע רעזולטאטן.

(מיר שרייבן דאס בכלליות, נישט אייביג איז די פרוי פונקט אזוי און די מאן פונקט פארקערט, יעדער מענטש איז פארשטייט זיך אנדערש, נאר באופן כללי שטעלט זיך אזוי אויס די חילוקים צווישן די מענער און די פרויען, אבער דאס - און די אנדערע געדאנקען וואס מיר שמועס'ן אויס - זענען איבערהויפט נישט קיין כלל).

ג. קאמיוניקאציע

פרויען רעדן זיך אפ אז די מענער הערן זיי נישט אויס ריכטיג. ער איגנארירט איר אינגאנצן, אדער ער מאכט צו שנעלע החלטות, און טיילט איר איין עצות צו איר מאכן פילן בעסער. ער פרובירט איר צו העלפן, ווען זי וויל דאס נישט האבן. די סיבה פארוואס זי שפירט זיך נישט איינגענעם מיט זיינע הילף רייד, איז ווייל זי וויל בלויז האבן סימפאטיע און מיטגעפיל, זי וויל זיך אויסשמועסן אירע געפילן און ער זאל איר פארשטיין און מיטליידן מיט איר, ווידער ער מיינט אז זי זוכט עצות אויף אירע פראבלעמען און דאס מאכט איר נאך מער צובראכן, ווייל דאס ווייזט אז ער האט בכלל נישט מיטלייד, ס'איז דאך דא א פשוט'ע עצה - לויט זיין קאפ - פאר דעם פראבלעם.

און אויך פארקערט, מאכט זיך אפט אז דער מאן רעדט זיך אפ אז די פרוי פרובירט איהם כסדר צו טוישן. ער וועט אהיים קומען און זאגן אז ער גייט טוהן א געוויסע זאך, און זי וועט איהם אנטקעגן קומען מיט א בארג פון עצות ווי אזוי דאס צו טוהן, לויט וואס איז אין איר קאפ דאס בעסטע. אין די צייט וואס דער מאן וויל אז זי זאל איהם אקצעפטירן אזוי ווי ער איז, איז זי דא מיט עצות צו איהם ווייזן אז ער טויג נישט. זי רעדט זיך איין אז די סיבה פארוואס ער פארציילט איר דאס, איז טאקע צו באקומען עצות, ווען אין פאקט האט ער איר בלויז געוואלט פארציילן די מציאות, און זי זאל דאס אננעמען אלס א פאקט, און ער וויל זיך קענען באווייזן אלס איינער וואס טויג גאנץ גוט אליינס אויפצופאסן אויף זיך זעלבסט.

דערפאר זאל מען קיינמאל נישט געבן קיין אומגעבעטענע עצות, אבער יא שטענדיג ווייזן מיטלייד און מיטפילן מיט יענעם, און אייביג גוט אויסהערן דעם צווייטן.

ד. אנגעצויגנקייט

מענער און פרויען באגייען זיך מיט אנגעצויגענע מצבים אויף צוויי אנדערע וועגן אינגאנצן, און אויב פארשטייט מען דאס נישט קען דאס גורם זיין צו שטארקע טענות אויפן צווייטן, אבער אויב פארשטייט מען גוט אז אזוי קומט דאס, איז מען נישט בייז אויפן צווייטן, היות אז זיי פירן זיך אויף ווי אזוי עס פאסט זיי נאטורליך.

ווען מענער גייען דורך א שווערע סיטואציע, קאנצעטרירן זיי זיך מער אויף די פראבלעם, און פארמאכן זיך פון אנדערע דרויסנדיגע זאכן. זיי קריכן אריין אין א הייל, און ווילן אז קיינער זאל זיי נישט שטיין יעצט אין וועג, זיי וועלן זיך באהאלטן אין זיך, און פרובירן צו טרעפן א לעזונג צו זייער פראבלעם. זיי וועלן נישט וועלן רעדן מיט קיינעם וועגן דעם פראבלעם, ווייל זיי ווילן אליין טרעפן אן עצה דערויף, און סתם רעדן דערפון איז דאך נישט אינטערעסאנט, פארקערט דאס רעדן פון דעם וועט זיי מאכן נאך מער אנגעוווייטאגט און פאר'דאגה'ט. די איינציגסטע זאך וואס זיי זענען יעצט אינטערסירט איז צו לעזן די פראבלעם. אויב טרעפט ער נישט אן עצה צו דאס לעזן, וועט ער טוען עפעס וואס וועט איהם מאכן גענצליך פארגעסן פון די פראבלעם, און פשוט אוועק שפאצירן פון די סצענע. ער דארף האבן זיין אייגן פלאץ. דערפאר דארף די פרוי איהם געבן פלאץ צו אטעמען און איהם לאזן זיין באשעפטיגט אליין אין זיין הייל, ביז ער וועט עווענטועל ארויסקריכן דערפון.

אוודאי אויב די מאן וויל זיך יא דורך רעדן מיט איר ווי די גמרא זאגט[111]: דאגה בלב איש ישיחנה לאחרים, זאל זי וויזן מיטלייד און געפיל, אבער מען דארף פארשטיין אז אויב איז ער פארמאכט איז דאס זייער נארמאל.

פרויען פון די אנדערע זייט האבן גאנץ אן אנדערן צוגאנג ווען עס קומט צו די סארט אומשטענדן, זיי ווערן זייער אריינגעטוהן אין די מצב וואס זיי זענען, זיי ווערן עמאציאנעל אריינגעטוהן אין דעם, זיי זוכן לאו דווקא די וועג ארויס פון דעם אזוי שנעל מיט פראקטישע עצות. די וועג וואס וועט זיי מאכן פילן בעסער איז טאקע רעדן פון די פראבלעמען גופא, דאס מאכט זיי פילן גוט אפגעזעהן אויב יענער קען העלפן די מצב צי נישט. זיי דארפן ארויסגעבן זייערע שטורמישע געפילן און ווילן פשוט אז איינער זאל פארשטיין זייער מצב. דערפאר איז די איינציגסטע מהלך פון די מאן דייקא צו נישט געבן קיין עצות, נאר מיטלעבן מיט איהר און איהר גוט אויסהערן, און בארואיגן די געפילן אבער נישט מיט פראקטישע עצות וכדו'.

און אוודאי איז זייער וויכטיג, אויב מאכט זיך אז מען איז יא אנגעצויגן, זאל מען

111) יומא עה ע"א.

פרובירן ווי ווייט מעגליך נישט צו אנזייען אן אנגעצויגנקייט אין שטוב, נאר שטענדיג וויזן פרייליכקייט און מאכן א געשמאקע אטמאספער. ווי דער **שבט מוסר** שרייבט:[112]

> אפילו אין די טעג וואס דו ביזט טרויעריג וועגן עפעס א סיבה, זאלסטו זיך נישט צוריקהאלטן פון וויזן א פרייליכן פנים צו דיין ווייב, כדי אז עס זאל איר נישט דאכטן אז עס איז אריין עפעס א פיינטשאפט ביי דיר, ווייל זי ווייסט דאך נישט פארוואס די ביזסט טרויעריג, און אויב פארציילט איר יא, וועט זי נישט גלייבן.[113]

ה. אויסדרוקן

מען דארף נוצן שכל צו פארשטיין די שפראך וואס די צווייטע רעדט, און וואס ליגט טיפער אין די ווערטער ווי בלויז דאס וואס מען הערט. די מענער בדרך כלל וועלן רעדן קורץ און שארף און זאגן קלאר וואס זיי מיינען. אז ער זאגט אז ס'איז פיין, מיינט דאס אז ס'איז פיין. פרויען פון די אנדערע זייט קענען רעדן מער אויף א גוזמא'דיגן אופן און מאכן כלליות'דיגע סטעיטמענטס, און מען דארף קוקן אביסל טיפער וואס זיי מיינען, ווייל זיי מיינען נישט אייביג ממש די טרוקענע טייטש וואס זיי זאגן.

א דוגמא: א מאן קומט אהיים און די פרוי קומט איהם אנטקעגן און זאגט "אוי, פארוואס איז די הויז אייביג אזוי אויפגעווארפן", די מאן קוקט איר אן און ער קען זאגן, "וואס הייסט אייביג? איך מאך סדר כמעט יעדן צווייטן טאג!" ער ווערט געטשעפעט פון דעם אז כאילו זי באשולדיגט איהם אז ער העלפט נישט גענוג אין שטוב. אבער ווי געזאגט, דארף מען קוקן טיפער דא, מיינט זי טאקע צו זאגן "אייביג", אוודאי נישט, איר אויסדרוק מיינט צו זאגן אז אוודאי העלפסטו מיר אסאך, אבער היינט כרגע דארף איך מער הילף און מאראלישע שטיצע. די מאן אויב פארשטייט ער איר שפראך, וועט צולייגן הארץ צו איהר מצב, און איר וועלן העלפן אין איר מצב און צולייגן א פלייצע מיט א שמייכל.

דאס איז נאר איין דוגמא, יעדע פארפאלק זאל נעמען צייט צו פארשטיין דעם צווייטנס וועג פון זיך אויסדרוקן, און נישט נעמען יעדעס ווארט אזוי צום הארצן, ווייל די שפראך איז נישט אייביג פונקט וואס מען מיינט צו זאגן. אז מען האט זיך ליב, דארף מען אויסהערן יענעם,

---

112) שבט מוסר פרק ט"ז בצוואת רבי אליעזר הגדול וז"ל: והוי זהיר אף בימים שאתה עצב על איזה סבה אל תמנע מלהראות פנים שוחקות לאשתך כדי שלא יראה לה שנכנס לך שנאה עמך שהיא אינה יודעת בעצבונך ואם תספר לה לא תאמין.

113) עיין עוד בתפארת ישראל (יכין מסכת אבות פרק א משנה טו ס"ק ס) וז"ל: בסבר פנים יפות. ולא בפנים זועפות, וזהו הגמ"ח הראשון שתעשה להאורח, וגם לחברת האנושי, שעי"ז תתגבר אהבה בין אדם לחבירו, אולם עי"ז ירוויח גם העושה, שעי"ז ירבו אוהביו, וא"א לאדם הצלחה גדולה יותר ממה שירבו אוהביו וכו'.

פרובירן צו העלפן יענעם מיט א פרייליכקייט, און צוזאמען ווייטער בויען די ליבליכע געפילן איינער צום צווייטן.

ו. קאנפליקטן

עס איז דא א באקאנטע מאמר חז"ל[114]: **כשם שאין פרצופיהם שוות כך אין דעותיהם שוות**, אזוי ווי די אויסזעהן פון די מענטשן זענען נישט גלייך, די זעלבע וועלן מיינונגען פון די מענטשן נישט זיין גלייך. דאס איז נישט סתם א מעלדונג פארן מענטש אז א צווייטער וועט האלטן אנדערש ווי דיר, נאר עס קומט אונז לערנען, אז פונקט ווי ווען דו גייסט זיך טרעפן מיט א צווייטן ערווארטסטו נישט אז יענער זאל האבן די זעלבע צורה ווי דיר, און ווייסט נישט האבן אויף זיי קיין טענות היתכן אז יענער זעהט אויס אנדערש, אזוי אויך זאלסטו נישט ערווארטן אז יענער זאל האבן די זעלבע מיינונג ווי דיר, יענער האט אלע רעכטן צו האלטן אנדערש פון דיר, און עס איז קיין טענה נישט פארוואס יענעמס קאפ פארשטייט אנדערש פון דיינע.

מיר האבן שוין אויבן אנגערירט מער באריכות אין צווייטן פרק די פילע חילוקים צווישן מענער און פרויען, ווי יעדער קומט פון אן אנדערע סארט משפחה, צוויי פארשידענע השקפות און מהלך החיים, אנדערע שאיפות אין לעבן, אן אנדערע בליק אויף די וועלט און אנדערע מנהגים אינגאנצן, די אלע חילוקים קענען גורם זיין אין שטוב קאנפליקטן, דא איז די שאלה ווי אזוי האנדלט מען מיט דעם.

דער אמת איז אז **חילוקי דעות דארף נישט צו ברענגען קיין פירוד לבבות**. צוויי מענטשן קענען האלטן איינער פונקט פארקערט פונעם צווייטן, און פארט לעבן בשלום ושלווה אן קיין שום קריגערייען. פירוד לבבות איז נאר א תוצאה אויב מען רירט אן יענעמ'ס כבוד אדער מ'נעמט צו יענעמ'ס געלט.

די גמרא זאגט[115]: אז אפי' בית שמאי און בית הלל האבן זיך געדינגען אין הלכה, דאך האבן זיי זיך משדך געווען צעווישן זיך. דאס הייסט אז אפי' עס זענען געווען גרויסע מיינונגס פארשידנהייטן צווישן בית שמאי און בית הלל איז דאס נישט קיין אפהאלט פון צו וואוינען צוזאמען אין איין שטוב. מען קען האלטן אנדערש אין פונדעמאנטאלע ענינים, אבער אז עס איז דא א ריכטיגע קשר צווישן מאן און ווייב איז דאס קיין פראבלעם.

ווען איר וועט נאכגיין וועט איר זעהן אז יעדע מחלוקה היינט און אין די היסטאריע איז

114) במ"ר כ"א ב', תנחומא פנחס י', וכעי"ז בתוספתא פרק ו' ובמס' ברכות נח.

115) מס' יבמות י"ג ע"ב: אע"פ שאלו אוסרים ואלו מתירין אלו פוסלין ואלו מכשירין לא נמנעו בית שמאי מלישא נשים מבית הלל ולא בית הלל מבית שמאי.

דורך איינע פון די צוויי אויבנדערמאנטע סיבות; געלט אדער כבוד. לדוגמא; א ספרדי׳שע איד, קען גיין דאוועגען אין אן אשכנז׳יש שול אפי׳ זיי האבן אסאך חילוקי דעות דאך שאדט דאס בכלל נישט, אבער ווען דער ספרד׳ישער אדער אשכנז׳ישן איד וועט אראפרייסן דעם צווייטענס אפשטאם דאן וועט פלאצן א פייער פון מחלוקת צווישן זיי, ווייל מען האט באריר׳ט יענעמ׳ס כבוד און ווי געטוהן זייער געפיל.

דאס זעלבע איז מיט קאנפליקטן אין א שטוב, אויב הערשט אין שטוב א געשמאקע אטמאספערע, און איינער האט ליב דעם צווייטן, און מען פרובירט צו פארשטיין דעם צווייטן און מען זוכט באמת די טובה פוןביידן, קען מען זייער איידל צונויף רעדן און דן זיין אויף סיי וועלכע נושא, און מען איז נישט פוגע אין די כבוד פונעם צווייטן, ווייל מען טוט נאר דורך די עצם נושא וואס איז אויפן טיש, און נישט חלילה מען שטעכט זיך איינער דעם צווייטן פערזענליך. פונקט פארקערט, מען האט זיך ליב איינער דעם צווייטן און מען זוכט די טובה פארביידע צוזאמען, און ביידע ווילן אויספירן וואס זיי האלטן אז ס׳איז די בעסטע פאר ביידע פון זיי.

דערפאר, אויב רעדט מען פון צוויי געזונטע מענטשן, זעצט מען זיך אראפ, און ביידע לייגן אראפ זייערע מיינונגן פארוואס ער האלט אזוי און פארוואס זי האלט אזוי, און מען דארף האלטן פאר די אויגן אז מען זוכט נישט דא צו אויספירן, נאר מען וויל צוקומען צום בעסטע החלטה פון ביידע צוזאמען, און אזוי וועט מען זיין וויליג צו אויך אויסהערן דעם צווייטנס צד. אויב זעהט מען אז די צווייטע איז גערעכט, דארף מען דאס איינזעהן און אוודאי מסכים זיין מיט דעם, ווייל ווי געשמועסט דארף די החלטה זיין אן איינשטימיגע החלטה, וואס איז באמת גוט פאר ביידע. אויב ביידע האלטן זיך פעסט מיט זייער מיינונג איז אוודאי כדאי צו זיין א מעביר על מדותיו און נאכגעבן פארן צווייטן. אמאל איז כדאי צו גיין זיך אדורכרעדן ביי א דריטע מענטש, ווייל אסאך מאל קען א דרויסנדיגע מענטש זעהן דעם גאנצן בילד אן קיין נגיעות, און אזוי וועט יענער קענען זיי העלפן מאכן די החלטה.

דהיינו, אז עס איז דא אן עכטע קשר אין שטוב, דארף מען בדרך כלל נישט צוקומען צו "מוותר" זיין פארן צווייטן, ווייל מיטן זיך אויסשמועסן קלאר און אפען, מיט כבוד און רעספעקט וועט מען אמאל איינזען אז דער שותף איז גערעכט און אמאל וועט דער שותף איינזען אז איר זענט גערעכט. אויב וועט מען **אייביג** "מוותר" זיין און יענער וועט שטענדיג זיין גערעכט נאך פארן זיך אויסשמועסן, קען דאס עווענטועל איין טאג פלאצן ח"ו, ווייל דאס קומט געווענליך נישט פון ליבשאפט נאר ענדערש ווייל יענער קאנטראלירט דיר. ווי אויך זעט די שותף אז איר האט בכלל נישט קיין מיינונג, און איר וועט פארלירן אייער חשיבות ביי יענעם, וואס דאס טויג נישט. צוויי געזונטע מענטשן האבן און דארפן האבן א מיינונג, און דאך זיין בויגזאם צו אויסהערן יענעם, פארשטיין יענעם, פילן יענעם און זוכן די

אמת'ע טובה און תועלת פארביידע[116].

מען דארף געדענקן, צו אייביג רעספעקטירן דעם צווייטן און וויסן אז זייער מיינונג איז אויך א מיינונג, און זיי האבן די רעכט פונקט ווי דיר צו האלטן אנדערש ווי דיר. כמעט אין יעדע וויכוח איז קיינער נישט הונדערט פראצענט גערעכט און די צווייטע איז הונדערט פראצענט נישט גערעכט. מען מוז זיין אפן צו פארשטיין דעם צווייטן, צו אויסהערן דעם צווייטן, און זיין גרייט צו איינזעהן וואס איז באמת די טובה פון **ביידע** צוזאמען, און אזוי וועלן די חילוקי דיעות נישט צוברענגען ח"ו צו פירוד לבבות.

ובכלל איז גוט פאר מאן און ווייב צו וויסן וואו און אויף וואס עס פאסט צו האבן חילוקי דיעות אויף. אין יעדן געזונטע שטוב דארף הערשן דריי גבולות: 1) וואס באלאנגט פאר די מאן. 2) וואס באלאנגט פאר די פרוי. 3) וואס באלאנגט פאר ביידע פון זיי צוזאמען. דאס איז א לענגערע נושא פאר זיך, אבער אויב ווייסט מען פאראויס אז עס זענען פארהאן געוויסע זאכן וואס באלאנגט בכלל נישט פאר דיר צו האבן א דעה אין דעם, הייבט זיך נישט אהן קיין טענה'ריי בכלל.

נאך איין נקודה, עס איז פארהאן א חילוק ווי אזוי ברודערס און שוועסטערס קריגן זיך, צו וויאזוי צוויי פרעמדע מענטשן האבן א רייבעריי. אינדערצייט וואס ביי געשוויסטער קען מען זיך אויך ארומקריגן, פארט ווייסט מען א גאנצע צייט, אז אונז בלייבן מיר געשוויסטער, און דאס וועט זיך נישט טוישן, ממילא ווען עס גייט אריבער א שטיק צייט בעט מען זיך איבער און מען ווערט צוריק ליבליכע געשוויסטער, ווידער ביי צוויי פרעמדע מענטשען קען מען זיך קריגן און בלייבן צוקריגט פאר אייביג. דערפאר, אפי' אויב חלילה עס געשעט יא עפעס אן אנגעצויגנקייט צווישן מאן און פרוי, דארף מען אוודאי געדענקן אז זיי זענען בעצם דא צו בויען א ליבליכע שטוב, מען דארף געדענקן אז די קריגעריי וועט נישט ח"ו ברענגען אז זיי זאלן טאקע בלייבן צוקריגט, נאר עס וועט אי"ה אריבערגיין שנעלערהייט, דורך זיכער מאכן נישט צו אנהאלטן דעם רוגזה, נאר ענדערש בעסער זיין קלוג, ווי זיין גערעכט.

ז. טראסט

איינס פון די ערגסטע זאכן וואס קען אפעקטירן די שלום בית איז ווען מען טראסט נישט איינער דעם צווייטן. אויב מ'באהאלט עפעס פונעם שותף און מ'טוט זאכן אונטער זייער

116) ראה במגיד משנה (הלכות שחיטה פי"א ה"ז בשם הרא"ש) שהביא הגמ' הנ"ל אע"פ שאלו אוסרין וכו' לא נמנעו בית שמאי מלישא נשים מבית הלל ולא בית הלל מבית שמאי, וז"ל: לא שייך אהבה וריעות אם חזרו בית שמאי לעשות כדברי בית הלל, דבזה לא שייך אהבה וריעות כלל. אלא אהבה וריעות שייך היכא שעמד כל אחד במשמעותו, עם כל זה הם נוהגין ביניהם אהבה וריעות במה שמודיעין כל כת מהם לאחרת הדברים שאסורים להם כפי דעתם ומזהירין אותן מהם, לפי' לא נמנעו ובזה שייך אהבה וריעות.

רוקן, און דערנאך ווערט יענער געוואויר דערפון איז דאס ווי א שרעקליכע שטאך אין רוקן, און דאס קען ח"ו צעווארפן די גאנצע געביידע פון שלום בית. ווען צוויי מענטשן האבן זיך ליב דארף זיין אזא נאנטקייט אזש עס הערשט נישט קיין שום מחיצות צווישן זיי צוויי, און קיין סודות צווישן זיי איז נישט פארהאן. אז איינער האלט עפעס א סוד פונעם צווייטן איז דאס אזוי ווי מען זאל זאגן פאר יענעם אז אין דאס גאנצע הויז לאז איך דיר אריינגיין, אבער אין דעם צימער איז דא א שלאס און דארט טארסטו קיינמאל אריין גיין, עס איז א זייער נישט קיין איינגענעמע געפיל.

לאמיר אנכאפן א דוגמא; א יונגערמאן וואס רייכערט און ער קלערט אז די ווייב וועט נישט זיין צופרידן דערפון, האט ער צוויי ברירות. איינס, ער באהאלט זיך פון איר און רייכערט נאר אונטער איר רוקן, און ווען ער קומט אהיים און זי האלט איהם פאר אויף די גערוך, וועט ער זיך ארויסדרייען דערפון און זאגן אז ער איז בלויז געשטאנען נעבן א חבר וואס רויכערט, דאן אבער אויב פאסירט אז זי וועט יא געוואויר ווערן אז ער האט געכאפט א ציגארעטל, וועט זי זיין אויס מענטש דערפון! דאס איז פשט אז מען קען איהם נישט טראסטן, ער איז א פשוט'ער ליגנער, און זי קען קלערן אז אלעס אנדערש וואס ער זאגט איר איז אויך נישט אמת, און די שטוב קען צופאלן. ווידער האט ער א צווייטע ברירה, ער קען איר זאגן דעם אמת, אז יא ער רייכערט טאקע, הגם עס געפעלט איר נישט, אבער אויב איז די קשר פון ליבשאפט געבויט ביי זיי, וועט זי דאס קענען אראפשלינגען און דאס דארף נישט גורם זיין קיין פירוד לבבות. אפילו טאמער עס שטערט איר באמת זייער שטארק, איז דאס פארט די בעסערע אויסוואל, צו לעבן איינער מיטן צווייטן מיט די גאנצע אפנקייט און טראסט.

אוודאי מעג מען אמאל זיך ארויסדרייען פון זאגן די גאנצע אמת אויב דאס וועט ראטעווען די שלום בית ווי עס איז מבואר אין די גמרא[117], אבער פארשטייט זיך נאר אויב דאס איז נישט קיין זאך וואס ס'איז גאנץ מעגליך אז יענער וועט נישט געוואויר ווערן, אבער אויב יענער קען דאס כאפן איז דאס ממש א סכנה צו טוהן, און מען דארף זיך פון דעם זייער דערווייטערן. ווען מיר רעדן פון נישט האבן קיין סודות מיינען מיר אוודאי נישט אז מען דארף ארויספאקן אויפן טיש אלע מיטמאכענישן פון די יונגערע יארן וכדומה, נאר אונזער כוונה איז אויף זאכן וואס איז יעצט נוגע צווישן זיי, און וואס אפעקטירט דעם לעבן אויפן יעצטיגן מצב. ווי אויך, פארשטייט זיך אז עס זענען דא אן אויסנאם, ביי ענינים וואס זענען באמת קאנפידענש"ל פאר איינעם, ווי ביי די ארבעט וכדומה אויף וואס מ'איז אנגעזאגט געווארן אז דאס זענען געהיימע אינפארמאציע, דאס מוז מען נישט און מען טאר נישט מיטטיילן, ווייל דאס פארשטייט מען אז דאס איז זיי נישט נוגע און עס פעלט נישט אויס צו מיטטיילן, אבער באהאלטן עפעס פון זיך פונעם צווייטן קען עווענטועל גורם זיין ערנסטע קאנסעקווענצן.

117) במס' יבמות סה: א"ר אילעא משום ר' אלעזר ב"ר שמעון מותר לו לאדם לשנות בדבר השלום.

ח. ספיקות

ווען מען וויל בויען א שטוב צוזאמען מיט ליבשאפט און מיט איבערגעגעבנקייט קען דאס נאר געשעהן ווען סיי מאן און סיי די פרוי זענעןביידע אינגאנצן דערביי צו משקיע זיין צוזאמען אנצוקומען צום זעלביגע ציל פון בויען אן אמת'ע אחדות'דיגע שטוב. אויב האט מען ספיקות אין קאפ, און מען קלערט כסדר צי דער זיווג איז טאקע פאסיג אדער נישט, דאן איז די יסוד פון דעם גאנצן הויז וואקלדיג, און עס איז כמעט נישט מעגליך צו בויען אזא שטוב.

עס מאכט זיך אמאל אז א מאן אדער פרוי קענען זיין זייער באטראפן פון דעם אז מען האט נישט געפרעגט זייער דעה בעפאר דער שידוך, און זיי האבן בלית ברירה געמוזט מסכים זיין צום שידוך צוליב פרעשור וכדומה ווען ביי זיי אין הארצן איז נישט געווען די שידוך פאסיג[118]. זיי זענען לכאורה גערעכט, א מענטש ביי די שידוכים יארן איז נישט קיין

118) אז מען רעדט שוין פון שידוכים, לאמיר דא אראפברענגען אפאר ווערטער וואס איז שטארק נוגע פאר די וואס מאכן שוין חתונה קינדער פון הגר"ח וואזנער זצ"ל גאב"ד זכרון מאיר, אין זיין געוואלדיגע ספר אויף שלום-בית ראה חיים (דף קד) איבערגעטייטש אויף אידיש: אויב די הצעה געפעלט פאר די עלטערן און אין זייערע אויגן קוקט דאס אויס ווי א גוטע שידוך, ובפרט אויב די מחותנים זענען מיוחסים און דאס יחוס קלאפט פון ביידע זייטן, דאן קען אפטמאל אויסקוקן אז די עיקר איז אז די משפחה קלאפט און דרך אגב איז דא א חתן און כלה וואס דארפן למעשה טרעפן וואס זיי ווילן. די עלטערן הייבן אן צו ברעי"ן וואשן די קעפ פון די קינדער אז דאס איז א גוטע שידוך, און אפילו אויב די זוהן איז נישט אינגאנצן מסכים צו די שידוך און ער ווייסט נישט אויב דאס איז פאסיג פאר איהם ווען די עלטערן לייגן די גאנצע וואג פון פרעשור און משכנע זיין די קינדער צו יא מסכים זיין אזוי ווי זיי ווילן. עס איז אויך דא אזעלכע וואס ווען כמעט נישט געבן קיין געלעגנהייט פאר די חתן און כלה זיך צו טרעפן, זיך זעהן און איינזעהן דאס וואס מען שלאגט זיי פאר, און די זוהן פון זיין גרויס תמימות און די באפעל פון זיינע עלטערן צו טוהן וואס זיי ווילן, ווען אין זיין הארץ האט ער ספיקות אויב דאס איז פאסיג, און אסאך מאל וויל ער באמת נישט דער שידוך, וועט ער אבער אזוי ווי א וואויל קינד מכבד זיין די עלטערן און איינגיין מיט וואס מען האט איהם פארגעשלאגן. נישט איינמאל איז געקומען צו מיר בחורים אינגאנצן פארלוירן, און זיי פרעגן מיר וואס זאלן זיי טוהן אין אזא מצב, אז די עלטערן שטופן זיי צו א שידוך וואס זיי ווילן נישט.

זאלט איהר וויסן טייערע עלטערן, אז אזא דרך ליגט באהאלטן אין זיך גאר גרויסע סכנות ובפרט אין אונזערע צייטן, וכו' מען דארף זייער אכטונג געבן אויף דעם, אז מען זאל נישט צוקומען אז די קינד זאל ח"ו אהיימקומען אפאר וואכן נאך די חתונה צו אויסגיסן זיין ביטער הארץ פאר זיינע עלטערן מיט א טענה אז ענק זענען שולדיג, ענק האבן מיט נישט געגעבן קיין געלעגנהייט צו פאסן מיין אייגענע באשלוס, און פון אנהייב האב איך געוואוסט אז דאס איז נישט פאר מיר, נאר ענק האבן מיר געצווינגן צו חתונה האבן מיט איהר... די פראבלעם איז שוין געווען אויפן טיש פון די גדולי ישראל, און די בעסטע וועג איז ווען מען טרעפט זיך-אביסל, און מען לייגט נישט קיין פרעשור, אבער זיך צופיל טרעפן מאכט נאר אסאך מאל מער פראבלעמען. וואויל איז דער וואס נעמט די מיטל וועג, ע"כ.

קליין קינד, און אויב עפעס קוועטשט דארף מען זיי אויסהערן, סוף כל סוף איז דאך זייער אייגענע עתיד אויפן טיש, זיי צוויי גייען צוזאמען פארברענגען יעדן טאג ביז די הונדערט און צוואנציג, אזא החלטה איז קריטיש וויכטיג צו וויסן אז זיי זענען מסכים בלב שלם.

אבער מען זאל וויסן, אז די אלע מחשבות איז ריכטיג און קען זיין נוגע פאר מען טוט א שידוך, אבער אויב האלט מען שוין לאחר המעשה, און מען איז נישט צופרידן מחמת איזה סיבה שהוא, און יעצט וויל מען נישט אקצעפטירן די מציאות, און טאקע ווייזן פאר די עלטערן אז מען איז נישט צופרידן, דאס איז א זייער שלעכטע גאנג צו נעמען, ווייל אין די ענדע איז דער וואס ליידט די מערסטע, נאר די מענטש זעלבסט.

אויב שפירסטו אז מ'האט דיך אויסגעשפילט, וויסן זאלסטו אז נאר דו אליין קענסט דיך העלפן און פרובירן צו שלום מאכן מיט די מצב, דורכן פרובירן צו קוקן אויף די גוטע חלקים פון די צווייטן. דאס אז מ'האט דיר אריינגענארט אין זעקל קען ווי טוהן, אבער מען טאר נישט זיין קיין 'קרבן תמיד' דערפאר. עס איז דא א געוויסע פראצענט מענטשן וואס ווייל זיי זענען אומצופרידן, און טאקע נאך אסאך יארן זיך עסן די געזונט וועלן זיי זיך צושיידן, און דעמאלט קען עס שוין קאסטן זייער א טייערע פרייז. מען דארף נעמען ערנסט דער עתיד און ווילן זיין צופרידן. געוועגליך קען מען מיט אביסל הילף פון מומחים, טרעפן עצות ווי אזוי זיך אן עצה צו געבן מיט זאכן וואס שטערן.

ט. קנאה

קנאה איז קיינמאל נישט קיין גוטע מדה, אבער איבערהויפט ווען עס קומט צו קנאה אויף א פרעמדן מאן אדער ווייב, קען דאס ממש אויפעסן א מענטש. מען דארף וויסן, אז ווען מען איז מקנא א צווייטן, ווייל מען רעדט זיך איין אז אן אנדערע מאן\פרוי איז מער געלונגען ווי מיינס - אין סיי וועלכע הינזיכט - איז אפטמאל א פארבלענדעניש. מען רעדט זיך איין אז אויב איך וואלט מיט זיי חתונה געהאט וואלט איך זיכער געהאט סאך א בעסערע לעבן. דאס איז א נישט אקוראט און אפטמאל בלויז א פאנטאזיע, מען קען נישט דן זיין א מענטש לויט ווי עס קוקט אויס אויף די גאס, אויף די גאס קען אויסזעהן ווי יענער איז מורא'דיג טויגליך און טיכטיג אבער אינדערהיים איז נישט האלב אזוי גוט ווי עס איז יעצט די מצב ביי דיר[119].

דער עצה איז צו זיך אריינטראכטן אין די מצב וואו מען איז יעצט, און זיך קאנצעטרירן אויף די מעלות פון אייער שותף, און מכיר טובה זיין אויף אלעם. עס איז נישטא קיין שלימות

119) ועצה טובה קמ"ל הוא ליזהר בשמירת עינים כדבעי', כי חוץ מה שהוא חייב עפ"י דין תורה, וחוץ מן העונשים בידי שמים, עוד בו יתירה שמזיק לו לאדם במציאות, שמקנא תמיד באחרת ומשוה ביניהם לאשת בריתו, ולא מוצא מרגוע לנפשו.

אויף דער וועלט, אלעס ביי איינעם איז נישטא ביי קיינעם. איר פארמאגט געוויס אויך נישט "אלע" מעלות, איז פארוואס קלערט איר אז אייער שותף דארף יא זיין אויסגעצייכענט אין יעדן איינציגן הינזיכט. אויב מען איז מסיח דעת פון קנאה'דיגע מחשבות, וועט סאך בעסער זיין פאר דיר אליינס. אפי' אויב אין אנהויב וועט מען נישט קענען פארדעכטן דאס וואס איר האלט אז ס'איז א פראבלעם, אבער דאס אליין אז מ'וועט קוקן אויף די גוטע זייט פון די מטבע וועט עס זיכער גרינגער מאכן די מצב און האפנטליך מיט די צייט אינגאנצן עלעמענירן די פראבלעמען וואס שטערן, און בס"ד לעבן ווייטער על מי מנוחות מיט שמחה און מיט הרחבת הדעת.

י. הלכה למעשה

ווי איר זעהט האבן מיר נישט צופיל מאריך געווען אין דעם פרק, הגם עס זייער א וויכטיגע און א ברייטע נושא פאר זיך, היות אז עס איז שוין פארהאנען אויף די נושא גאר גוטע ביכער, סיי אידישע און סיי אלגעמיינע. דערפאר האבן מיר בלויז אנגערירט עטליכע נקודות אויפן שפיץ גאפל, תן לחכם ויחכם עוד. בעיקר וואס מיר האבן געוואלט צוקומען מיט אונזער ספר איז אז מען זאל קלאר ארויסהאבן די יסוד פון אן אמת'ע שלום בית, מען זאל וויסן זייער קלאר אין דייטליך אז א שטוב'ס יסוד איז בעיקר געבויעט אויף רגש און ליבשאפט, ווי איידער אויף מחשבה און טאקטיקן, און מען זאל פארשטיין גוט וועלכע סארט שלום בית די תורה וויל מיר זאלן האבן, וואס דאס מיינט, און ווי אזוי מען קען דערצו צוקומען מיט די ריכטיגע השתדלות.

צום לעצט, איז זייער וויכטיג קלארצושטעלן אז בלויז אדורך לייענען דעם ספר אליינס איז בכלל נישט קיין אויפטוה, ווייל מיט ידיעות ווערט נישט געבויעט קיין ליבשאפט. א ריכטיגע שלום בית איז נישט עפעס וואס קומט אהן קיין אייגענע הארוואניע. אויב אינוועסטירט מען נישט דערין למעשה, קען מען לייענען ספרים און הערן שיעורים וויפיל מען וויל, און אלעס וועט זיין א ברכה לבטלה. אונזער ספר קען בסך הכל זיין א הילף צו געבן די ריכטיגע מאטאוואציע צו וועלן בויען א נאנטע קשר, און פארשטיין זייער קלאר אז עס איז נישט דא נאך ערגעץ אין לעבן ווי עס לוינט זיך צו משקיע זיין דערין אזויווי אין די אייגענע שלום בית. אויב מען איז דאס גוט קונה און מען טוהט וויפיל מען קען, דאן איז צום האפן אז מען וועט טאקע ארייגלייגן כחות אין בויען א ריכטיגן קשר, און אזוי וועט מען זוכה זיין אז די שטוב זאל זיין א מקדש מעט און מען זאל האבן א ספעציעלן השראת השכינה אין שטוב.

סיכום

לאמיר מאכן א קורצן סך הכל פונעם ספר ביז אהער, און די הויפט נקודות וואס איר האט האפענטליך קונה געווען.

- א איד דארף וויסן אז די וועג וויאזוי די תורה הק' וויל א אידישע שטוב זאל אויסקוקן איז אז עס זאל הערשן א גרויסע געפיל פון ליבשאפט צווישן א מאן און א ווייב, דאס איז א פשוט'ע חיוב, און דאס איז די וועג פון "קדושים וטהורים" ווי דער רמב"ם שרייבט.
- מען דארף וויסן אז אין די טבע האט השי"ת איינגעפלאנצט די טבע פון ליבשאפט צווישן א מאן און פרוי, דורך דעם אופן וויאזוי דאס מענטשהייט איז לכתחילה באשאפן געווארן, דאס מיינט אז עס איז יעצט במציאות מעגליך צו בויען א ריכטיגע קשר פון אהבה, פונקט אזא סארט ליבשאפט אזויווי מען האט זיך אליינס ליב. (זעה אין די הערה[120] דעם לשון פונעם מלבי"ם וואס ער טייטשט דאס הערליך שיין אריין אין נביא, ווי דער באשעפער האט טענות אויף די וואס זענען נישט משקיע אין די אייגענע שלום בית, הלמאי זיי טוען דאס נישט, ער האט דאך באשאפן מאן און פרוי ווי איין גוף נאר צוליב דעם אז זיי זאלן זיך קענען ליב האבן.)

---

120) עה"פ (מלאכי ב, טו): "וְלֹא אֶחָד עָשָׂה וּשְׁאָר רוּחַ לוֹ, וּמָה הָאֶחָד מְבַקֵּשׁ זֶרַע אֱלֹקִים, וְנִשְׁמַרְתֶּם בְּרוּחֲכֶם", וז"ל: "לא אחד עשה ושאר", מביא ראיה על חטאם בזה מבריאת האדם. שה' כשברא את האדם לא בראם זכר ונקבה נפרדים זה מזה - כמו שברא יתר בעלי חיים, כי אדם נברא תחלה לבדו, וחוה היתה אחת מצלעותיו, והיתה עמו תחלה גוף אחד (כמו שאמרו חז"ל (ברכות סא ע"א): "דו פרצופים נבראו"), וזהו שכתוב וכי "לא אחד עשה ושאר", ה' עשה את האדם גוף אחד עם "שארו זו אשתו", שניהם היו מחוברים יחד בעת שנעשה אדם. ועשה: "רוח לו", להאדם, עם השאר הדבוק עמו היה רוח אחד, באופן ששניהם נבראו בשר אחד ורוח אחד, לא כיתר בעלי חיים שהיו שנים שנים בין בבשר בין ברוח. ולמה עשה כן? ולמה לא ברא גם את האדם תיכף מופרדים, איש ואשתו? הוא ללמד, שבת זוגו של האדם צריך שתהיה דומה לו ומתאחדת עמו, בין בבשר - שתהיה מעמו ומבית אבותיו, בין ברוח - שיהיה להם דת אחת ואמונה אחת. כמו שכתוב (מלאכי ב, י): "הלא אב אחד לכולנו, הלא אל אחד בראנו", כמו שהאדם ואשתו היו תחלה בשר אחד ורוח אחד. וזהו שכתוב: "ומה האחד", ר"ל ומה מורה האחד והאחדות הזה שצריך להיות בין הזוג? משיב, שהיא: "מבקש זרע אלקים", שע"י האחדות שביניהם בבשר וברוח, עי"ז הזרע שיולד מן הזוג הזה יהיה זרע אלקים, לא זרע כלאים שעטנז כזרע הבהמה, שאין שומרים היחס והאחדות, רק כזרע אדם הראשון שהוליד בדמותו בצלמו אלקים, וע"כ: "ונשמרתם ברוחכם", תשמור את רוח התאוני.

- מען זאל זייער גוט פארשטיין אז אויב אין שטוב איז נישט דא קיין ליבשאפט איז זייער שווער צו זיך אדורכקומען אין לעבן, ווען עס איז פארהאן אן א שיעור חילוקים צווישן מאן און פרוי. ווי אויך אין אזא שטוב דא שטארקע שוועריקייטן צו מחנך זיין די קינדער לתורה ולמעשים טובים.

- כסדר דארף מען זעהן צו טוהן פעולות וואס ברענגן ליבשאפט, די אויפטוה איז א דאפעלטע, קודם וועט עס ברענגען ביי דיר אין הארצן א ליבשאפט צום שותף, אזוי אויך וועט דאס זיין די שליסל וואס וועט משפיע זיין אז די שותף וועט דיר ליב האבן אויף צוריק, און נאר מיטן טוהן פעולות וואס מען פארשטייט אז דאס ברענגט ארויס ליבשאפט קען מען בויען א ליבליכע נאנטע קשר. אויב אפילו איינער פון זיי - אדער די מאן אדער די פרוי - באגיסט דעם צווייטן מיט ליבשאפט, וועט דאס בהכרח ברענגען אז זיי זאלן שפיגלען די ליבשאפט אויף צוריק.

- מען זאל זיך מתבונן זיין כסדר אין די חילוקים ווי אזוי מענער און פרויען באהאנדלען פארשידענע מצבים אין לעבן, ווען מען האט דאס גוט ארויס פארמיידט מען זייער אסאך עגמת נפש.

- די וויכטיגסטע זאך פון אלעס איז אז מען זאל האבן א שטארקן רצון צו וועלן משקיע זיין אין שלום בית. אז מען האלט פאר די אויגן די גרויסן אחריות און וויכטיגקייט פון שלום בית, מען פארשטייט גוט די מעלות פון דעם סיי בגשמיות און סיי ברוחניות, וועט מען ממילא טרעפן צייט צו טאקע עוסק זיין אין שלום בית און טרעפן די ריכטיגע שפראך און וועג צו אנקומען בעזהי"ת צו א שטוב וואס איז דא דערין אהבה אחוה שלום ורעות.

- געדענקט, אז בלויז לייענען דעם ספר אליינס איז גארנישט קיין אויפטוה, אויב לייגט מען נישט צו קאפ און מח צו טוען אויף למעשה. שלום בית איז נישט עפעס וואס קומט אהן קיין אייגענע הארוואניע. מען דארף זען צו גוט ארויסהאבן די מושגים, ארבעטען און בויען די געפילן, טוהן פעולות פון ליבשאפט אא"וו, און בעזהי"ת לויט וויפיל מען איז משקיע אין דעם וועט מען בס"ד זוכה זיין צו האבן א ליכטיגע שטוב מיט א ריכטיגע שלום בית עמו"ש.

בסייעתא דשמיא

מה טובו אוהליך

חלק ב'

מדור

קדושת הבית

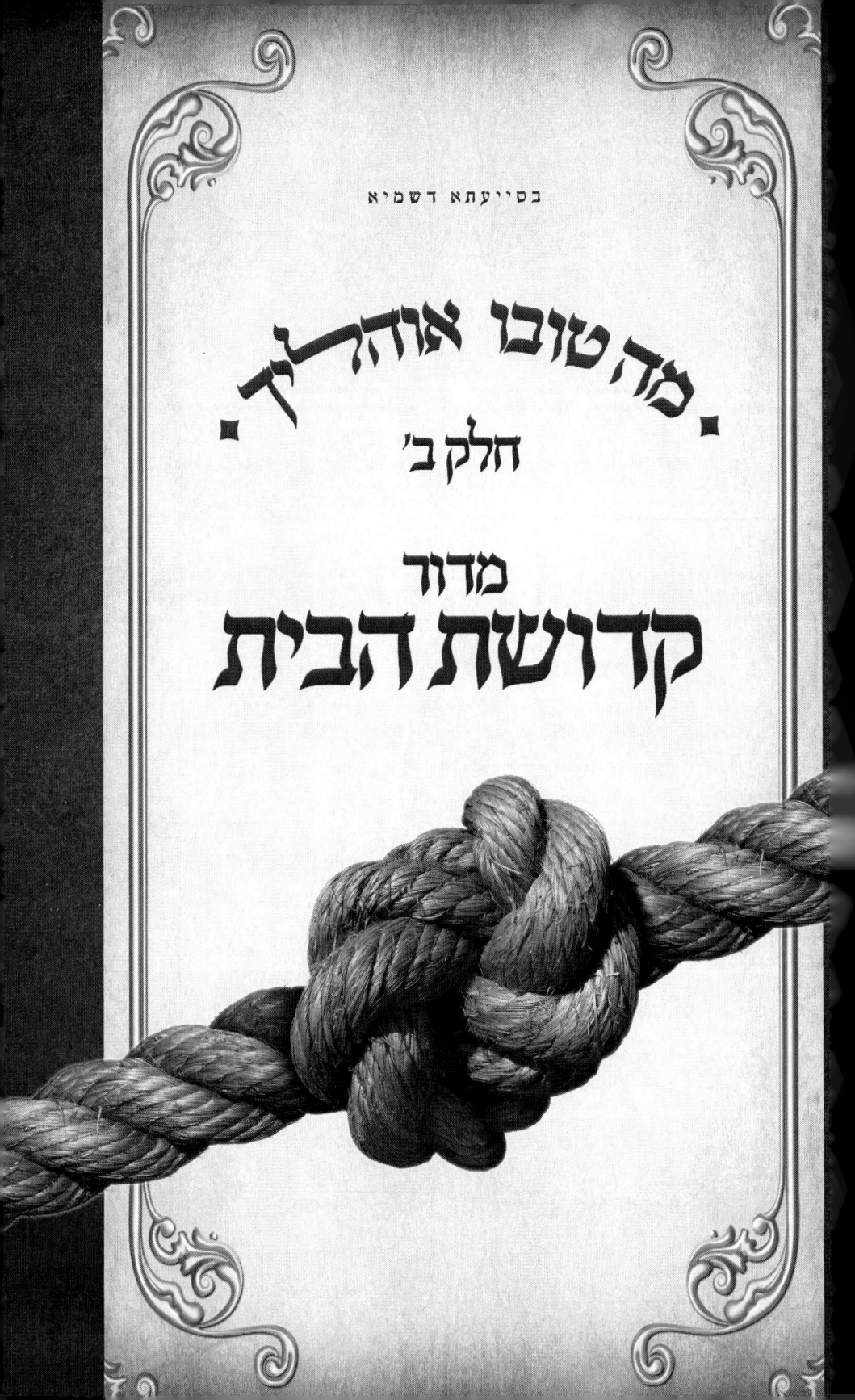

• חכמים הזהרו בדבריכם •

די אחריות ליגט אויף אייך צו זיכער מאכן אז דער ספר זאל זיין אפגעהיטן פון אויגן וואס דארפן דאס נאך נישט זען, דערפאר בעטן מיר בכל לשון של בקשה ביטע געבט זייער אכטונג דערויף און דאס היטן אין א זיכערן ארט!

אויב זענט איר א **בחור** אדער **מיידל** איז דער ספר נאך נישט נוגע פאר אייך, זייט קלוג און לייגט דאס אוועק פאר די צייט וואס עס וועט אי"ה יא זיין געאייגנט פאר אייך. **אויב לייענט איר דאס יעצט, וועט דאס מער קאליע מאכן ווי איידער צו עפעס אויפטוהן.**

אנווייזונגען און כללים:

- דער דאזיגער טייל פונעם ספר אנטהאלט אין זיך עטליכע קאפיטלען וואס זענען מעגליך נישט נוגע פאר יעדן איינעם (ווי דער קאפיטל איבער "פרישות" אד"ג), אבער מיר האבן דאך אריינגעלייגט די אלע קאפיטלען כדי דער ספר זאל זיין א פלאץ וואו יעדער זאל קענען טרעפן דאס וואס איז געאייגנט און צוגעפאסט פאר אים אדער איר. דער ספר רעדט צו יעדן איינעם, טראצדעם וואס נישט יעדעס קאפיטל איז נוגע פאר יעדן איינעם.

- דורכאויס דעם ספר, האבן מיר בדרך כלל זיך באניצט פאר דאס נאנטע באציאונג מיטן מער באהאלטענעםווארט: "**מצות הבית**", און צומאל מיטן ווארט "**מזווג זיין**". אנדערע אויסדרוקן זענען באקאנט און ווערן באנוצט אויף לשון הקודש, אבער אויף אידיש פאסט זיך צו נוצן א מער-איידעלן ווארט. נאך און אורזאך דערצו איז וויבאלד מיר פרובירן ארויסצוברענגען לענגאויס דעם ספר אז מצות הבית באדייט נישט געציילטע ספעציפישע פעולות, נאר עס איז א לאנגע קייט וואס ברענגט צו צום "אהבה ואחוה ושלום ורעות", דערפאר איז מער פאסיג זיך צו באנוצן מיט א מער-כלליות'דיגן ווארט "מצות הבית", וואס נעמט טאקע אריין אין זיך פילע אנדערע נקודות.

- געדענק, אויב עס געפונט זיך אן אות פאר **אן הערה ביים סוף פון א שורה אדער פאראגראף**, איז דאס געווענליך א סימן אז דאס איז א באזונדערע הערה מיט אינטערעסאנטע אפהאנדלונגען, אבער זענען נישט דער לשון פונעם גדול וואס איז דערמאנט געווארן אויבן. ווידער **אן הערה הארט נעבן א נאמען פון א גדול אדער א ספר** וכדו' איז א סימן אז די גאנצע לשון קען מען טרעפן אין די הערה.

- עס איז איבעריג ארויסצוברענגען די מליצה[121]: "***להזהיר גדולים על הקטנים***". דער ספר איז טאקע געשריבן געווארן מיט א ספעציעלן זהירות און עקסטער-איידל ווי ווייט מעגליך, אבער עס איז פארשטייט זיך פארט נישט געאייגנט פאר אויגן וואס דארפן עס נישט זען, אפגערעדט די פון א יונגען עלטער ווועמען עס איז ניטאמאל נוגע. **ביטע דאס האלטן אין א פארזיכערטן ארט, אז עס זאל נישט ארויסקומען קיין מכשול ח"ו אנשטאט א תיקון.**

- עס איז וויכטיג אויך צו זען די **סיכום** ביים סוף פון א פרק, ווייל דאס נעמט צוזאם אלע עיקר נקודות אויף א קורצן אופן, און געבט זייער שטארק צו צום קלארקייט.

- אויב האט איר סיי וועלכע הערה, אדער איר פילט אז עס פעלט קלארקייט צו עפעס א נקודה וכדומה, ביטע פארבינדט אייך מיט די ארויסגעבער. די פרטים קענט איר טרעפן אנהייב ספר. וזכות הרבים תלוי בידכם.

---

121) יבמות קיד ע"א.

הקדמה

א. ובדעת חדרים ימלאו

אינעם ערשטן חלק פונעם ספר האבן מיר אויסגעשמועסט באריכות וואס עס מיינט אן אמת'ע שלום בית, און פון וואו מיר זעען אז דער רצון ה' איז אז מיר זאלן האבן א פרייליכע און ליבליכע שטוב, און מיר האבן אויך געברענגט אופנים און געדאנקען וויאזוי מען בויט אזא סארט שטוב.

אבער, אין א פארהייראטע לעבן קומט צו נאך א שטוב וואו עס דארף הערשן א שלימות'דיגע אחדות - דאס איז דער שלאף-צימער. כדי אז א שטוב זאל זיין א געזונטע שטוב דארף צו זיין א שלימות אין אלע צימערן, סיי דורכן טאג אינעם קיך, סיי אינעם סאלאן, און אזוי אויך אינעם שלאף-צימער. עס שטייט אין פסוק[122]: **בחכמה יבנה בית ובתבונה יתכונן ובדעת חדרים ימלאו** - מיט קלוגשאפט בויט זיך א שטוב, און מיט פארשטאנד ווערט דאס פעסטגעשטעלט, און מיט וויסנשאפט פולט מען אן די צימערן. א הויז איז צוזאמענגעשטעלט פון עטליכע צימערן, ווען מען בויט אויף אלע צימערן דעמאלט איז דא שלימות פון א הויז. עס איז נישט מעגליך צו בויען א הויז, און פאקוסירן נאר אויף איין צימער. א הויז איז א צוזאמשטעל פון גוט-געבויעטע שטובער, און צוזאמען בויט זיך א שיינע, שטארקע, און געזונטע הויז.

דאס איז דער ציל פונעם צווייטן טייל פון אונזער ספר, אראפצוברענגען די הייליגע ווערטער פון חז"ל און די גדולי הראשונים און אחרונים, וואס ווייזן אונז דעם ריכטיגן תורה'דיגן בליק מיט וואספארא צוגאנג מען דארף צוגיין צו אט דעם צימער.

מיר וועלן אביסל מער מרחיב זיין דערינען, ווייל עס הערשט א גרויסער מאנגל פון וויסנשאפט אינעם געביט פון מצות הבית. אזוי אויך, וויבאלד די נושא איז אזא איידעלע נושא, ווייסט מען ניטאמאל וואו צו זוכן די תורה'דיגע מושגים אין דעם דאזיגן טעמע, און

---

122) משלי כד, ג-ד.

דער פעלד איז גענצליך פריי פאר יעדן איינעם צו טראכטן זייערע אייגענע געדאנקען. אבער דער היינט-צוטאגיגער מציאות פון נישט זיין קלאר אין דעם, און די גרויסע חסרון פון נישט וויסן דעם ריכטיגן אפטייטש פון אט די מצוה, צווינגט אונז צו דאס צו ערקלערן אויף א קלארן שפראך, וויבאלד דאס קען זיין א הויפט גורם צו אומאנגענעמע קריגערייען אין א אידישע שטוב, אויב האט מען דאס נישט גוט ארויס.

ב. תורה מונחת בקרן זווית

דער פראבלעם איז פילפאכיג שווערער, ווייל עס איז פארהאן זייער ווייניג ספרים וואס טוען דורך די סוגיא מיט א קלארקייט, און דאס מאכט עס זייער שווער פאר די וואס ווילן יא פארשטיין דעם ריכטיגן מהלך אין דעם נושא - צו קריגן די ענטפערס דערצו. אזוי ארום פארבלייבט מען מיט אסאך קשיות אין קאפ, מיט פאלשע השקפות וואס זענען געבויט אויף די אלטע געפילן, און צוליב'ן אפטייטשן פאלש פארשידענע הלכות שנעלערהייט.

דער פראבלעם איז לעצטענס נאר פארערגערט געווארן, וויבאלד עס איז געווארן אזא סארט איינפיר אז מען דרוקט קונטרסים מיט אלע מיני חומרות און הנהגות פון גאר גרויסע לייט, און דאס פארקויפט זיך דוקא יא אין די מאסן[123]. אזוי ארום קומט אויס, אז מען זעט נאר איין ווינקל אינעם נושא אן ארויסהאבן די גאנצע בילד, און פון די אלע קונטרסים זעט מען נישט וואס עס איז **יא** דער שורש און תכלית פון מצות הבית, נאר אדרבה, זיי זענען נאר מוסיף הרחקות, און זיי לייגן אריין אין פשוט'ע מענטשן הנהגות וואס זענען באמת הויכע מדריגות אויף וואס מען דארף ארבעטן אסאך יארן כדי צוצוקומען דערצו, און מ'דארף זיי גוט פארשטיין און ארויסהאבן כדי זיי זאלן נישט זיין קיין סתירה מיטן אמת'ן כוונה און צורה פון די מצוה[124]. ובפרט איז דאס א שטרויכלונג פאר די מענשטען וואס האבן א פראבלעם זיך אויסצודרוקן זייערע געפילן, ליידן אויף או.סי.די. אדער זענען זיי בעלי מדות רעות וכדומה, וואס כדי צו פארענפערן זייער התנהגות טרעפן זיי געוויסע געדאנקען אין ספרים, ווי כאילו דאס טוט באַרעכטיגן זייערע התנהגות.

---

123) ראה בתשובת הרדב"ז (ח"א סי' קסג-הובא בפתחי תשובה קפ"ד סק"ה) וז"ל: אין לחדש חומרות על ישראל והלואי שישמרו מה שמוטל עליהם. ובתשב"ץ (חלק ג' ענין רפ"א) וז"ל: אין להוסיף איסורין, הלואי יעמדו על מה שנהגו ולא יפרצו גדרם של ראשונים.

124) כאשר המציאות מעיד, וכאשר שמעתי מכמה וכמה מדריכים ורבנים שליט"א יושבים על מדין ברחבי העולם, על ספר מפורסם בענינים אלו שמאריך הרבה בדרגות קדושות וצניעות, שאינו נחלת הכלל, ולכמה אנשים זה יכול לגרום להזיק יותר מאשר תועלת. (כמובן שבודאי כוונתו היתה לשמים עכ"ז למעשה יש לדעת שבוודאי אינו נחלת הכלל ודי בזה.)

ג. די מסורה

דער צומישעניש אין דעם נושא איז ספעציעל גרויס, ווייל אין יעדן אנדערן נושא אין אידישקייט האבן מיר א פונקטליכן מסורה וויאזוי מען גייט צו דערצו. מען זעט אין שטוב וויאזוי א שבת-סעודה זעט אויס, קינדער זעען וויאזוי א סדר-נאכט זעט אויס, א.א.וו. אבער פונקט די הייליגסטע מצוה וואס איז דא ביי אידן, און עס איז אויך א מצוה וואס איז נוגע אזויפיל מאל א חודש, פונקט דאס איז פארבארגן, און געווענליך הערט מען נישט פון די עלטערן וואס עס איז דער ריכטיגער תורה'דיגער וועג זיך צו פירן.

ווי אויך איז ביז נישט צו לאנג צוריק בכלל נישט געווען קיין מדריכים אויף דעם. עס איז געווען א זאך וואס עלטערן האבן גערעדט מיט די קינדער בעפארן חתונה, און האבן געווענליך אויך געקענט בעסער דעם נפש פון זייער קינד צו וויסן וויאזוי און וואס אים צו זאגן. ווידער די מדריכים אליינס האבן געווענליך נישט קיין מסורה פונעם פריערדיגן דור וואס פונקטליך אויסצולערנען און וואס נישט.

ד. דער גאלדענער וועג

דער תורה'דיגער בליק אויף מצות הבית איז קליפ און קלאר. די תורה הקדושה איז[125]: "**דרכיה דרכי נועם, וכל נתיבותיה שלום**", און דערפאר איז דער בעסטער וועג צו פארזיכערן א ריכטיגן שלום-בית און א טיפער קשר וואס זאל זיין א קשר-של-קיימא, צו לעבן אויפן וועג וואס די תורה האט אויסגעטרעטן פארן מענטש. אינעם תורה האט דער באשעפער אנטפלעקט פאר אונז דעם בעסטן וועג וויאזוי זיך צו פירן אין דעם ענין.

די תורה אדרעסירט סיי די גרויסע פרטים פון דעם נושא: די רעכטן, פליכטן, און ספעציעלע באדערפענישן פונעם מאן און די פרוי, און סיי אלע קליינע פרטים אינעם נושא: ווען און וויאזוי דאס זאל געטון ווערן, און מיט וואספארא כוונות און מחשבות עס זאל געטון ווערן.

עס איז וויכטיג צו וויסן די שורש הדברים, ווייל אזוי וועלן מאן און ווייב ארבעטן צוזאמען צוצוקומען צום ריכטיגן אחדות וואס מען וויל דערגרייכן, און כדי צו פארשטיין אויפן שפיץ גאפל וואס דער "שביל הזהב" איז, וועלן מיר דא אראפברענגען די ווערטער פונעם ספר **קדושת הבית**[126]:

---

125) משלי ג, יז.

126) עמ' 139, וז"ל: ההסתכלות על הענין כאילו זה "מגשם" ובגלל זה יש לשבור את הכל, או שבגלל שזה גשמי לכן אפשר לעשות כל מה שלבו חפץ, היא טעות גסה. ענין זה הוא בעיקר דבר נפשי, ולכן סטייה לכאן או לכאן עלולה להפריד את הנפש מהגוף - במקום שענין זה יאחד הנפש והגוף.

> אנצוקוקן דעם ענין כאילו דאס איז א זאך וואס איז "מגשם", און דערפאר דארף מען עס אינגאנצן צוברעכן; אדער פארקערט, אז וויבאלד עס איז א גשמיות'דיגע זאך, דערפאר קען מען טון סיי וואס דאס הארץ באגערט; איז א גרויסע טעות. דער דאזיגער ענין איז בעיקר א נפשיות'דיגע זאך, און דערפאר ברענגט יעדער אפנויגונג דערפון - סיי צום ערשטן זייט און סיי צום צווייטן זייט - אז די נפש זאל זיך אפשיידן פונעם גוף, אנשטאט אז עס זאל פאראייניגן דעם גוף מיטן נפש.

*

מיר ווילן דא קלאר ארויסברענגען: מצות הבית איז נישט דער צענטער פון א אידישע שטוב, און עס איז געוויס נישט די גאנצע "תכלית" פארוואס מען האט חתונה. א איד האט חתונה ווייל אזוי טרעפט מען זיך מיטן אנדערן טייל פונעם גוף און נשמה, און מען ווערט צוריק איינס מיט זיך, ווי עס שטייט אין **זוהר הקדוש**[127] אז ביזן חתונה הייסט מען א "**פלג גופא**", און נאכן זיך פאראייניגן מיטן ווייב הייסט מען א "**חד גופא**". א אידיש קינד האט חתונה כדי אויפצושטעלן א בית-מקדש מעט, און בעז"ה אויפצוציען ווייטער לעכטיגע אידישע דורות. מען דארף צילן אנצוקומען צו אן אמת'ער ליבשאפט איינער צום צווייטן, און מען דארף ארבעטן אויף דעם א גאנצן צייט.

איין חלק פון דעם - און מעגליך דער הויפט וועג וויאזוי צוצוקומען צו א טיפע ליבשאפט - איז טאקע דורך מצות הבית, אבער דאס איז נאר אן **אמצעי**. עס איז א גוטע מיטל און וועג וויאזוי צוצוקומען צום תכלית - אז עס זאל הערשן אין א אידישע שטוב ליבשאפט און פרידן. דערפאר איז דאס טאקע גאר א וויכטיגע און הייליגע זאך, און עס איז אפילו א זאך וואס מען מוז טון כדי צו האבן דעם ריכטיגן שלום-בית אין שטוב, אבער נישט דאס איז דער ציל פאר זיך אליינס.

*

אין דעם טייל פונעם ספר וועט מען זען די יסודות פון מצות הבית על פי תורה: וואס זענען די חיובים פון מצות עונה, וואס דארף פאסירן אז דאס זאל זיין א הייליגן ענין, און וואס זענען די אופנים וואס מ'דארף טון כדי צוקומען צו דעם. דא וועט קלארגעשטעלט ווערן וויאזוי די מענער און פרויען זאלן פארשטיין איינעם די צווייטן, און דא וועט קלאר ארויסגעברענגט ווערן וואס זייערע אמת'ער תפקיד איז, און וואס עס פאדערט זיך איינער פון צווייטן.

---

127) ויקרא ז ע"ב, וז"ל: דדכר בלא נוקבא פלג גופא אקרי, ופלג לאו הוא חד, וכד מתחברן כחדא תרי פלגי - אתעבידו חד גופא, וכדין אקרי אחד.

און בעיקר וועלן מיר ערקלערן, וואס מען זוכט אויפצוטון מיט מצות הבית און וויאזוי דאס צוטון אויפן מערסט-לכתחילה'דיגן אופן, ווי עס פאסט פאר מדקדקים במצוות.

ה. מדריכים און מדריכות

עס מוז ארויסגעברענגט ווערן דעם ווייטאג, אז עס זענען ליידער פאראן געוויסע חתנים-מדריכים און כלות-מדריכות וואס לערנען אויס פאר די חתנים און כלות, אז עס זענען כאילו נישטא קיין גדרים און סייגים אין מצות הבית, און וויפיל מער מען איז עוסק אין דעם אלס מער "שלום-בית" וועט הערשן ביי זיי אין שטוב. ווי אויך לערנען געוויסע אויס, אז דאס ענין פון מצות הבית איז ממש דער צענטער פון א אידישע שטוב, און מען דארף זיך לאזן וואוילגיין אן קיין גרעניצן, און מען דארף טון פארשידענע סארט פעולות צו ליגן מער אין דעם נושא א.א.וו.

דאס איז נישט דער דרך התורה וויאזוי אונזערע עלטערן האבן זיך געפירט, און מיר דארפן וויסן אז דער וועג וויאזוי זוכה זיין צו אן ערליכן אידישן שטוב איז נאר דורכן וועג וואס די הייליגע תורה לערנט אונז אויס, און נאר אויב מען פירט זיך אזוי איז מען זוכה צו אן השראת השכינה אין שטוב. אבער א שטוב וואס האט נישט קיין גדרים, און מען פירט זיך דארט נישט אויף ווי עס דארף צו זיין, ברענגט דאס צו אז די שכינה הקדושה זאל ח"ו אוועקגיין, און דעמאלט פארלירט מען די סייעתא דשמיא אין שטוב[128].

פון די אנדערע זייט זענען דא געוויסע חתנים-מדריכים און כלות-מדריכות, וואס לערנען אויס אויפן פארקערטן עקסטרעם. דער שטן פארלייגט זיך מיט אלע זיינע כוחות אויף אידישע שטיבער אז עס זאל נישט הערשן דארט קיין ריכטיגע שלום-בית, און ער שיקט כסדר אונטער פארשידענע רייבערייען און מחלוקת אינדערהיים כדי צו צושטערן דאס פרידן אין שטוב, ווייל ער ווייסט אז די השראת השכינה אינעם שטוב ווענדט זיך אינעם שלום בית אין שטוב, און ער ווייסט אז דער חינוך פון די קינדער ווענדט זיך אינעם געשמאקן אטמאספערע אין שטוב. איינע פון די בעסטע עצות וויאזוי אנצוברענגען א חורבן אין א אידישע שטוב איז, אז מאנכע זאלן פאלש אפלערנען דעם סוגיא פון "שלום-בית" און "קדושת הבית", ווייל דורכדעם איז ער כמעט ווי פארזיכערט אז עס וועט קיינמאל נישט

128) ראה בפרקי מחשבה, הבית היהודי, להרב עזריאל טויבער זצ"ל, עמ' קי, וז"ל: כאן עלינו להדגיש שקיימת גישה המקובלת לצערינו על חלק מהמדריכים העוסקים בענינים אלו. יש הסוברים בטעות כי מצות "קדושים תהיו" אינה לפי ערך הדור ונסיונותיו. גישתם היא "דייך מה שאסרה תורה". למעשה, זהו טעות. על פי השקפת התורה לא יתכנו חיי נישואין ללא הצבת המטרה של "קדושים תהיו" שהרי זו היא מטרת החיים בכלל, ובפרט בחיי הנישואין, ללא זאת אדם מסתובב בעולם ללא תכלית. ע"כ.

הערשן קיין תורה'דיגע, ערליכע, און ריכטיגע שלום-בית אינעם שטוב[129].

עס לאזט זיך שווער גלייבן, אז געוויסע מענטשן וואס דארפן ווען אוועקשטעלן א אידישע שטוב על פי תורה - געבן גאר אן אנווייזונגען געבויט אויפן קריסטליכן גלויבן. עס איז א ווייטאג צו זען, אז איינער וואס וואלט געדארפט געבן אנווייזונגען אין "שלום-בית", געבט גאר איבער הנהגות און הדרכות וואס זענען גורם א "פירוד הלבבות" און הרחקה, ווי איידער 'משים שלום' זיין. עס איז אן אומגליק אז עס זענען פארהאן מדריכים און מדריכות, וואס אנשטאט מחנך זיין צו מקיים זיין די מצוה מתוך שמחה, ווי עס ווערט טאקע אנגערופן דורך חז"ל[130]: "**שמחת עונה**", זענען זיי מחנך דאס מקיים צו זיין מתוך עצבות ומרה שחורה. עס איז א ביטערע סיטואציע, ווען אנשטאט מחנך זיין וויאזוי מקיים צו זיין די מצוה אלס **מצוה**, זענען דא אזעלכע וואס זענען מחנך וויאזוי צו מאכן די מצוה בגדר תשע מידות וואס גרעניצט זיך מער מיט אן **עבירה**. און עס איז א פארדריסליכע טעות, ווען מען רעדט די שפראך פון מלאכים אנשטאט א שפראך צו מענטשן[131].

עס איז ווערד צו זען די ווערטער פון הגה"ק רבי **שמעון זשעליכאווער** זצוק"ל הי"ד אין א בריוו צו א תלמיד, וואו ער רייסט שטארק אראפ די וואס האבן אויסגעלערנט א מענטש זיך אויפצופירן ווי א מלאך (זע אונטן אינעם הערה, דעם גאנצן לענגערן בריוו)[132]:

---

129) עיין שיחות הר"ן סימן רס"ג וז"ל: ספר לי אחד שהיה משיח עמו ז"ל מענין בני הנעורים ששכיח מאוד שנעשה קלקול ביניהם ובין נשותיהם ונפרדים זה מזה וכו' ואמר שזה מעשה בעל דבר שמניח את עצמו על זה מאוד לקלקל השלום של בני נעורים כדי שיתפסו במצודתו חס ושלום על ידי זה כי הוא אורב מאוד על זה מאוד לתפסם בנעוריהם על ידי קלקלו השלום בית חס ושלום וכו'.

130) עי' פסחים עב ע"ב, ע"ז ה ע"א, ועוד.

131) לאמיר דא ציטירן די ווערטער פונעם ספר "עת לפרוש ועת לאהוב" געשריבן דורך א חתן מדריך און א גרויסע מבין אין תורת הנפש: ועצור במילין מי יוכל, בעת שרואים בכל יום שמקצוע יסודי בהליכות עולם עפ"י תורתנו הקדושה מונחת בקרן זוית, וכל הרוצה ליטול את השם בא על פי עצמו לאסור את המותר ולהתיר את האסור, ואנשים שאינם יודעים בין ימינם לשמאלם בדרכי הנפש, ואיך להתנהג עם גופם ונפשם על פי דרך התורה ועל פי מדה הבינונית (כמש"כ הרמב"ם בריש הלכות דעות), באים וגודרים גדרים העומדים ליפול, וגם את נפשם לא הצילו. וכבר נסתבכו הרבה בני תורה ברגשות אשם שאין להם שחר, וקופצים ונשבעים במדה יתירה, ותופסים מרובה, ורק גורמים לעצמם עוד מכשולים ועוד רגשי אשם. והגלגל חוזר חלילה, עד שעומדים על סף הייאוש רח"ל. וכל המלחמה הזאת נערכת בתוך לבם הדואב, והם מתביישים לגלות את מצפוניהם לאיש, ומצוקתם הרוחנית והגשמית מכאיבה ומדאיבה את לבם, ובמסתרים תבכה נפשם, ואוי להם מיצרם ואוי להם מיוצרם. ונמצא שתפסו מרובה ולא תפסו כלום - לא בעולם הבא ואף לא בעולם הזה, וחייהם אינם חיים, הואיל ואין להם לא מנוחה ולא שלום-בית, לא בחדרי ביתם ואף לא בחדרי לבותם. והם נעים ונדים בעליות וירידות בחיי הרוחניות, ולא מוצאים להם מנוח מסערות מחשבות לבם, לא בבית המדרש ולא בבתיהם.

132) המכתב נמצא בספר "נהרי אש", מכתב נ, אולם יש בו חסירות ויתירות. בירדתי אצל המביא לבה"ד

> ...און איבער עניני אישות, וויבאלד איך ווייס קלאר אז אסאך מענטשן זענען געווארן פארזינקען אין דעם, און זיי זענען געפאלן און געווארן צובראכן, זיי זענען געשטרויכלט

כי המכתב המקורי נמצא בקונטרס "מגילת סתרים" (טבריה תשע"א), וז"ל: לאהובי הלמדן המפואר וכו'.
ואודות עניני אישות, מפני שידעתי בבירור שהרבה נפשות נשתקעו בזה, ונפלו ונשברו נוקשו ונלכדו במדינתינו, בזה שראו מספרים ויותר ממה ששמעו מרבותיהם...שבאם אין האדם נקי כמלאך שוב אין לו תקנה או אינו שוה כלום, ומזה הרבה נפלו ליאוש ושממון, ומהם פרשו מהיתר ונפלו באיסור. שרו ליה מרייהו אם כי היו גדולים וצדיקים, ובהגיגי תבער אש אפילו על שלנו שהחמירו גוזמאות בזה, וגרמו מה שגרמו, והשי"ת יודע האמת. והנני כותב לך מה שברור שהיה זאת דעת התנאים והאמוראים, דוק ותשכח.

האדם צריך לשמור מחשבתו מאד מאד, לבלי להרהר משום ענין אישות ונקיבה כלל, משום בריה ואפילו בהמה וחיה, ויהא דעתו ולבו נקי בתורה ועבודה. ואולם אם אחר השמירה, בחדר המיטות יתאוה לחלק אשר נתן לו השי"ת ומחשבתו טובה בחזקה עליו, ילך וישמח עמה בחיבוק ומשמוש וכדומה, אבל בבושה גדולה ובענוה ובצניעות, וידע שזוגתו בתו של אברהם אבינו והוא בן יעקב אבינו, ובורא כל הנשמות הביאם וזווגם יחד. וכל ההנאות של היופי והעדינות, הכל חיות אלקי שנשתלשל אלפי אלפים מדרגות, והראי' - כי בקבר נמאס לראות וליגע בה, מפני חסרון חיות נפש אלקי. והגם שהוא מנפש הבהמיי - הלא בישראל מלובש בו אלקות. ואם נותן לב רבש"ע שבח וברכה על הנאה זו שנתת לי בכבוד ובמצוה, ויה"ר מלפניך שהחיות שניתוסף בי ע"י הנאה זו - (כידוע כל הנאה מחזק חיות הלב) - תביאני לקיום תורתך בהכנעה לפניך, ואל תביאני לידי רחבות לב וגבהות הלב בדברי חול. וכדומה לזה יעמיק במחשבות טובות.

ואם הזוג יש לה מעט הבנה, נכון לומר בפה: דעי לך שאת בתה של אברהם אבינו, ואני אוהב אותך על זה שתלכי בדרכיו בצניעות וחסדים, והקב"ה יצר אותנו יש מאין, ויצר אברינו ומהם כלי הזיווג, והוא עשהם שירגיש הנאה למען נדבק יחד באהבה, והוא זיווג אותנו לאחד מפני שמשרשינו אנו אחד, ככתוב (בראשית ה, ב): "זכר ונקבה בראם", ונשאנו בחופה וקידושין כדת משה וישראל ונקיות וטבילה. וכמו כן דברים טובים ונעימים המשמחים נפשות, ומקדשים הרגש ההנאה לצאת מתאות בשרים לתאות זיווג ישראל, וא"א לכתוב יותר.

והמבין יבין שזה הדרך של חז"ל, לא כחדשים שרצו לעשות מכל אדם מלאך. והבחינה לזה אם אינו בהנאה שטף תאות בהמה, הוא נקיות המחשבה כל היום. אם נקי - הסימן כי נתעלה הנאה לקדושה. ואני מתמיה על הגדולים הנ"ל, וכי גוף בת ישראל שבודאי כבר עשה כמה מצות, ושמר שבת קודש, והתענה ביום הכיפורים וכדומה, ובענין זה עצמו צער הבדיקה והטבילה וכהנה, גרע מבשר שור או כבש או גלוסקא יפה - שגם שם אם ידבק בהגשם מאוס מאד? אלא צריך להאמין, שבפנימיות יש אלקית של מאמר (בראשית א, כד): "תוצא הארץ" וכו', ומכ"ש וכ"ש אם נדבק לחיות אלוקית ששם בגוף הזה ביפיפיותו ועדנותו ובחוש המשמוש ושימוש, ויודה לזה ויברך אותו בהכנעה ובשמחה שטוב לו סלה. והשי"ת נתן לכל נפש מישראל די מחסורה פרנסה ובריאות, וידורו עם חלקם אשר נתן השי"ת להם באהבה ושמחה, וישושו עליהם באהבתם זה לזה באמת, ויעמדו בנים כשרים נאמנים לאלוקים לנצח.

ולך אהובי אאציל ברכה מיוחדת, יתן השי"ת לך שזיווגך יעלה יפה, וידורו באהבה וחבה בעושר ואושר, והוריך וכן הורי זוג' תחי' ישבעו מכם נחת לרוב, ותרבו בפרי תפארת אשר חלקי ישראל מתפאר בהם כחפצו אשר ברא לכבודו, ויתגלה כבוד מלכותו עלינו במהרה, ע"י משיח צדקנו בן דוד גואלנו בב"א.
הדורש שלומך ושלום כל ישרי לב, א"ש הלוי מעיר זעליחאב.

> געווארן און פארכאפט געווארן, אדאנק דעם וואס זיי האבן געזען אין ספרים און פון געוויסע רבי'ס, אז אויב א מענטש איז נישט ריין ווי א מלאך האט ער מער נישט קיין תקנה און איז גארנישט ווערד, און אדאנק דעם זענען אסאך אריינגעפאלן אין א יאוש, און פון זיי זענען דא אזעלכע וואס זענען אוועק פון "היתר" און אריינגעפאלן אין "איסור"...

אזוי שרייבט אויך הגאון רבי **עזריאל טויבער** זצ"ל[133]:

> עס זענען פארהאן אזעלכע מדריכים וואס פארלאנגען פון א מענטש, אז ער זאל זיין אזוי ווי א הימלישע מלאך. אבער יונגעלייט קענען נישט שטיין ביי אזא מדריגה, און א פרוי זיכער נישט. אויב מען זעצט פאר צו גיין אויף דעם וועג, איז עס נישט קיין גלייכע זאך. עס איז א שטער אין הלכה, און עס איז א פעלער אינעם מצוה פון ואהבת לרעך כמוך.

דאס ווערט אויך ארויסגעברענגט שארפערהייט אינעם ספר **יסודות הבית וקדושתו**[134]:

> נאך א פארשפרייטע טעות איז דא, און ווי גרויס איז די ווייטאג אז דאס איז די שולד פון מחנכים וואס טויגן נישט. פון איין זייט זענען דא די מדרכים וואס זענען מייעץ אזוויוי דער גוי'אישער וועג, אז מ'זאל זוכן וואס מער הנאת הגוף און "תאוה לשם תאוה" רח"ל. פון די אנדערע זייט זענען דא מדריכים, וואס לערנען אויס זיך צו פירן מיט אן איבעריגן "פרישות", און דער תוצאה דערפון איז אז זייערע תלמידים זענען אויסגעהונגערט פון דאס וואס די לעכטיגע תורה האט זיי באשטימט, און צום סוף גייען זיי זוכן זייערע באדערפענישן אין שמוץ רח"ל.

ו. דעם "לעצטן שיעור"

דער אמת איז, אז דער אורזאך פארוואס עס הערשט אזא אומבאקאנטשאפט צום געביט פון מצות הבית, און פארוואס מאנכע געבן דאס נישט גוט איבער, איז זייער מעגליך צוליב דעם וואס מען האט נישט ארויס די גאנצע נושא פון אמת'ע שלום בית.

---

133) פרקי מחשבה, הבית היהודי, עמ' קי, וז"ל: מאידך מצויים כאלו המבקשים שהאדם יהיה מלאך האלוקים. אברכים אינם יכולים לעמוד במדרגה זו, והאשה ודאי שלא. לכן אף למרות הכל ממשיכים ללכת בדרך זו, אין זה ראוי. זוהי פגיעה בהלכה, ויש בכך חסרון בקיום מצות (ויקרא יט, יח): "ואהבת לרעך כמוך".

134) פרק ח, וז"ל: עוד אציין טעות נפוצה בכמה שכבות עמנו, ומה גודל הכאב שהיא באשמת המחנכים שאינם הגונים, מצד אחד הממליצים בחום על דרך העמים בריבוי הנאת הגוף תאוה לשם תאוה רח"ל. ומאידך יש מדריכים לפרישות יתר, והתוצאות שתלמידיהם מרעיבים עצמם ממטעמי שולחן מלכים של תורתנו הק', ולבסוף מחטטין אחר צרכיהם בקרבון הזבל רח"ל.

אויב מיינט מען אז שלום בית מיינט בלויז א שטוב וואו צוויי שותפים וואוינען צוזאמען, און מען פרובירט סך-הכל זיך נישט צו קריגן כסדר, אבער עס הערשט נישט דארטן קיין געפילן פון ליבשאפט און עס איז נישטא קיין טיפער פארבינדונג צווישן דעם פארפאלק, דאן האט מצות הבית טאקע נישט קיין באזונדערן באדייט, ווייל פארוואס עפעס זאל מען זיך צוזאמענקומען אויף אזא מאדנעם אופן. דערפאר אויב עס פעלן די טיפערע געפילן דערצו, דאן ארבעט זיך עס טאקע נישט אויס ווי עס דארף צו זיין, און אפילו ווען יא וועפט עס אויס מיט די צייט, ווייל פון א טרוקענע מעשה אן איר אינערליכער באדייט ווערט מען נמאס נאך א שטיק צייט. ווידער אויב עס איז א פעולה מיט הארץ און מיט געפיל, דאן איז דאס דער שפראך פונעם נפש וואס ווערט ארויסגעברענגט דורך פעולות פון ליבשאפט, וואס דאן איז עס נאר "מוסיף והולך" און עס וועפט קיינמאל נישט אויס.

דערפאר רופט מען אן דעם פראקטישן טייל פון מצות הבית מיטן נאמען "לעצטן שיעור", נישט בלויז ווייל דאס איז פערצופאל די לעצטע אינעם רייע, נאר פארקערט: כדי צו קענען ערקלערן פארן חתן/כלה דאס טיפקייט פון מצות הבית, און דאס נאענטקייט וואס עס דארף הערשן צווישן דעם פארפאלק, און די ווארעמע געפילן וואס דארפן שטענדיג ארויסקומען צווישן זייביים קיום המצוה, אט דאס איז נישט מעגליך צו פארשטיין אן די פריערדיגע שיעורים וואס געבן זיי דעם ריכטיגן פארשטאנד וואס דאס איז צו האבן א ליבליכער קשר מיט זייערע מאן/פרוי. דערפאר איז דער שיעור איבערן פראקטישן קיום מצות הבית - די "לעצטע שיעור", ווייל נאר נאך אלע שיעורים איבער שלום-בית און ליבשאפט, קען מען צוגיין צו ערקלערן דאס לעצטע און וויכטיגסטע טרעפל פונעם בויען א נפשיות'דיגן פארבינדונג צווישן מאן און ווייב.

ז. מלאכת הקודש

עס פארשטייט זיך אליינס, אז צו שרייבן אזא קונטרס איז נישט קיין לייכטע ארבעט, און עס טראגט מיט זיך א מורא'דיגע אחריות. עס וואלט געווען פיל בעסער ווען עס וואלט זיך נישט אויסגעפעלט צו שרייבן איבער דעם, אזויווי אמאליגע צייטן ווען א יעדע טאטע און מאמע פלעגן איבערגעבן דעם ריכטיגן הדרכה און חינוך ווייטער צו די קינדער. אבער זעענדיג דעם גרויסן באדערפעניש היינטיגע צייטן פאר אזא ספר, און גייענדיג אין די פיסטריט פון עטליכע וויכטיגע ספרים וואס זענען ארויסגעקומען אין די לעצטיגע יארן, טאקע צוליב דעם געוואלדיגן וויכטיגקייט דערפון, האבן מיר גענומען אויף זיך די אחריות דאס אראפצושרייבן אין א קלארן און לייכטן אידיש, אז סיי א מאן און סיי א פרוי זאלן גרינג קענען פארשטיין און ארויסהאבן דעם נושא[135].

135) וראה בספר חסד לאלפים (לבעל הפלא יועץ - או"ח סי' ר"מ ס"ו) וז"ל: ודא עקא שהלכות אלו אין דורש

דער הויפט שוועריגקייט פון דעם נושא איז, אז פון איין זייט רעדן מיר דא פון הייליגע ענינים וואס זענען "דברים העומדים ברומו של עולם", און פון די אנדערע זייט איז דאס א גשמיות'דיגע פעולה וואס מען טוט. פון איין זייט קען דאס געטון ווערן מתוך קדושה, און פון די אנדערע זייט קען מען דאס טון ממש אויפן פארקערטן אופן.

אזוי אויך געפונען מיר אין די ווערטער פון חז"ל זעלבסט פארשידנארטיגע אויסדרוקן, וואס אויב מען לערנט זיי אפ נאר מיט איין אויג און מ'קוקט נישט אויפן ברייטערן בילד, זענען דא משמעות'ן אויף די צוויי אויבנדערמאנטע עקסטרעמע זייטן וואס טויגן נישט, און כדי צו פארשטיין וואס חז"ל האבן געהאלטן דארף מען גוט אפלערנען די סוגיא מיט די ראשונים, און דערפאר איז דאס אן עבודה קשה אראפצולייגן דאס גאנצע פולקאמע בילד, מיט די ריכטיגע מראי מקומות אויף יעדן פרט און פרט.

ח. מקור מקומו טהור

די השקפה איבער מצות הבית האבן מיר אממערסטנס גענומען פון ספרים וואס זענען שוין דא אויף לשון הקודש, פון מחברים תלמידי חכמים מיט גוטע הסכמות, וואס זיי האבן שוין אדורכגעטון די נושא, צוזאמנעמענדיג אלע הייליגע ווערטער פון חז"ל און פון די ראשונים, מיר האבן דאס נאר מסדר געווען אויף א קורצע און קלארע שפראך, אז יעדער זאל דאס קענען פארשטיין.

מיר ווען דא דערמאנען עטליכע ספרים וואס האט אונז געוויזן דעם דרך התורה והמסורה, און עס איז שטארק רעקאמענדירט אז ווער עס קען זאל לערנען די ספרים אינערווייניג, וואס אותיות מחכימות, און מ'וועט געוויס באקומען א בעסערע קלארקייט אינעם ענין.

בראש ובראשונה איז דער ספר "**משכן ישראל**" פון הרב מ. שלאנגער וואס האט געמאכט א געוואלדיגן ארבעט מיטן צוזאמנעמען דעם ענין מפי ספרים וסופרים[136]. אזוי אויך דער

להיותם מילי דצניעותא, ועמי הארץ אין יודעים לקרות ספר וימותו ולא בחכמה, וברם ראוי לת"ח להיות עז כנמר ולשים פניו כחלמיש להגיד לעם את חקי האלקים ואת תורותיו, גם בדברים שבין איש לאשתו, ואל יחוש לשום דבר, וכבר יש ספרים ללועזים בלעז, מי האיש החפץ חיים ירדוף אחריהם וילמוד בהם את הדרך הנעימה דרך גבר בעלמא.

136) דער ספר האט הסכמות פון די גרעסטע גדולי ישראל פון אלע שיכטן און קרייזן פון כלל ישראל: דער "מנחת יצחק" זצ"ל גאב"ד העדה החרדית, הגרי"י פישער זצ"ל ראב"ד העדה החרדית, הגר"מ הלברשטאם זצ"ל חבר בד"צ העדה החרדית, הגרי"ש אלישיב זצ"ל, דער "שבט הלוי" זצ"ל, דער אנטווערפענער רב הגר"ח קרייזזווירטה זצ"ל, הגר"נ קארעליץ זצ"ל, און להבחל"ח הגר"ח קנייבסקי שליט"א, און נאך.

עס איז אפשר כדי איר זאלט וויסן אז דער ספר איז אויך דא צו באקומען אויף ענגליש - אבער מער

ספר "**בנין הבית**" פון הרב משה אהרן שוחטוביץ[137], דער ספר "**קדושת הבית**" פון אן אנאנימער חסידי'שער מחבר מיט חשוב'ע הסכמות[138], קונטרס "**שלום אהליך**" פון הגה"צ רבי אלטר היילפרין זצ"ל ראש ישיבת תורת אמת לאנדאן, קונטרס "**קדושת ישראל**" פון הגה"צ רבי יצחק אייזיק שעהר זצ"ל, און נאך ספרים און קונטרסים.

ט. חסורי מחסרא והכא לא קתני

ווי דערמאנט, איז דער צווייטער טייל פונעם ספר אוועקגעשטעלט געווארן צו רעדן איבער וויאזוי דער "שלאף-צימער" פון א אידישע שטוב דארף אויסזען, און וואספארא צוועק "מצות הבית" דינט אין א אידישן שטוב. מיר ווילן אבער אנמערקן, אז מיר שרייבן נישט קיין פראקטישע אנווייזונגען. מיר לאזן דאס אויס בכוונה סיי צוליב צניעות, און סיי וויבאלד מצות הבית איז א שפראך וואס צוויי מענטשן רעדן צווישן זיך כדי ארויסצוברענגען און פארמערן ליבשאפט, יעדער איינער האט אן אייגענעם שפראך וויאזוי מען רעדט.

פעולות פון רגש און געפיל מוז געטון ווערן ספאנטאניש, און מען דארף אויסדרוקן וואס דאס הארץ שפירט. אויב גייט מען נאך פאראויס-געשריבענע אנווייזונגען איז דאס נישט אויטענטיש, און עס וועט נישט ריכטיג איבערגעטייטשט ווערן ווי א פעולה פון ליבשאפט.

נאך אן אורזאך פארוואס מיר גייען נישט אריין אין די פרטים איז, ווייל עס ווענדט זיך אסאך אינעם סארט מענטש. איינער דארף מער און איינער דארף ווייניגער, איינער דארף דאס און א צווייטער דארף יענץ. דערפאר איז מצות הבית זייער אן אינדיווידואלע זאך, וואס נאר דער מאן און זיין ווייב קענען אליינס אויסטרעפן וויאזוי מען פארשטייט זיך איינער דעם צווייטן. אויב וועט מען פארשטיין דער ציל פונעם מצוה, וועט מען פרובירן צוצוקומען צום תכלית וואו מען דארף דערגרייכן, און מען וועט בס"ד טרעפן די ריכטיגע וועג און שפראך דערצו, יעדער לויט דער שפראך פון זיין/איר נשמה.

א. (Ohel Rachel - The achieveness of oneness in Marriage) בקיצור - מיטן נאמען אהל רחל. א ספעציעלן דאנק פארן חשוב'ע מחבר שליט"א, פארן געבן רשות צו נוצן זיין ספר און פאר זיין הילף בעצה ותושיה.

137) דער ספר האט הסכמות פון הגה"צ רבי דוב יפה זצ"ל, הגר"ש אויערבאך זצ"ל, להבחל"ח הגר"ח קנייבסקי שליט"א, הגר"א פעלדמאן שליט"א, און נאך. דער ספר איז אויך לעצטענס דא צו באקומען אויף ענגליש מיטן נאמען The Living Marriage.

138) צווישן די מסכימים ציילן זיך: הגר"מ הלברשטאם זצ"ל חבר בד"צ העדה החרדית, כ"ק אדמו"ר מסקולען זצ"ל, ולהבחל"ח הגרש"ק הכהן גראס שליט"א דומ"ץ ראשי לבעלזא, הגר"ח קנייבסקי שליט"א, און נאך.

י. אל תקרי הלכות אלא הליכות...

מיר ווילן אויך קלארשטעלן אז דאס איז נישט קיין הלכה ספר און מיר זענען נישט קיין פוסקים אין הלכה-פראגעס, און דערפאר ווענלן מיר פרובירן ווי ווייט מעגליך נישט אריינצוגיין אין קיין פרטים, וואס זענען נוגע הלכות ממש אדער חומרות אין הלכה. אין א פאל וואס מיר ברענגען יא צו אן הלכה, וועט דאס זיין מיט קלארע מקורות וואו מ'קען דאס זעלבסט נאכקוקן אינעווייניג, אבער וויבאלד מיר דערקלערן זיך נישט אלס פוסקי-הלכה זאל מען - אויף יעדן ספק אין הלכה וואס מען האט - אנפרעגן ביי א מורה הוראה, און זיך בשום אופן נישט פארלאזן אויף דעם ספר. אויסער הלכה זענען אויך פארהאנען פארשידענע מנהגים פון די עלטערן אדער פונעם חסידות וואו מען באלאנגט, און דערפאר ווען איינער האט א ספק אין די סארטן מנהגים וואס ער זאל טון דערוועגן, זאל ער אפירזוכן א פארלעסליכן גוטער איד, וואס אויסער קענען די הלכות איז ער אויך א מענטש צווישן מענטשן און ער פארשטייט גוט אין דעם נושא, און אזוי ארום וועט אלעס זיין קלאר מיט א זיכערקייט.

ווער עס זוכט די הלכות איבער דעם נושא אויף א מסוד'רדיגן אופן, קען דאס טרעפן אינעם קונטרס "**ופקדת נוך**"[139]. ווי אויך קען מען זען די הלכות שיין מסודר, אינעם אויבנדערמאנטן ספר "**יסודות הבית וקדושתו**".

יא. אם אין דעת הבדלה מנין

מיר האפן אז דער ליינער וועלן גוט אפלערנען דאס גאנצע בילד, און נישט ארויסנעמען נאר געוויסע טיילן וואס געפעלט זיי. מען דארף געדענקן אז אלעס האט זיך זיין צייט און פלאץ על פי תורה, אבער אלעס דארף זיין "במדה ובמשקל". יעדע זאך אויפן וועלט קען מען נוצן אויף גוט און אויך אויף פארקערט. לדוגמא, איינער וועט פרעגן צי וואסער איז א גוטע זאך, איז דער איינפאכער ענטפער אז יא, אן וואסער קען א מענטש נישט לעבן. אבער אויב טאנצט מען אריין אין וואסער קען דאס זיין א סכנה, און מען קען חלילה פארלירן דאס לעבן. אזוי אויך איז מיט פייער, עס קען זיין א גוטע זאך מיט וואס מען קען אנהייצן א צימער און קאכן דערמיט עסן א.א.וו., אבער אויב מען באנוצט זיך דערמיט אויף אן אומ'אחריות'דיגן אופן קען דאס חלילה פארברענען דעם גאנצן הויז.

דאס זעלביגע איז מיט עסן: צי איז עסן א גוטע זאך? אוודאי געוויס יא! אויב איינער עסט נישט גענוג ווערט ער חלילה קראנק, אבער מען דארף עסן במדה ובמשקל, און אויב איינער

139) דער ספר האט די הסכמות פון בהסמכת הגר"מ בראנדסדארפער זצ"ל חבר בד"צ העדה החרדית, הגר"א פאם זצ"ל ראש ישיבת תורה ודעת, דער בארימטער פוסק הגר"נ קארעליץ זצ"ל, הגריח"מ פריעדמאן זצ"ל ראב"ד סאטמאר, להבחל"ח הגר"י ראטה שליט"א גאב"ד קארלסבורג, און נאך.

וועט זיך איבער-עסן וועט ער אויך ווערן קראנק. צי איז עסן א מצוה אדער אן עבירה? ווענדט זיך ווען: ערב יום כיפור איז א מצוה צו עסן, אבער א טאג שפעטער איז עס א גרויסער עבירה. תענית אסתר איז אסור צו עסן, אבער א טאג שפעטער איז עס א גרויסער מצוה, אלעס האט זיך זיין צייט.

אזוי איז אין כמעט יעדן זאך, מען דארף טון געוויסע זאכן אבער נאר אין די ריכטיגע צייט און אינעם ריכטיגן ארט, און דערפאר דארף מען גוט פארשטיין די כוונה פון די יסודות און נקודות וואס מיר שרייבן אינעם דאזיגן טייל פונעם ספר, און זיך באנוצן דערמיט מיט שכל און פארשטאנד, מיטן ריכטיגן מאס, אויפן ריכטיגן אופן, און אינעם ריכטיגן צייט.

יב. מה טובו אהלך יעקב

עס איז פשוט אז די ענינים פון דעם ספר זענען נישט געמאכט געווארן ארומצורעדן דערוועגן מיט סיי וועלכע פריינד, ווייל דאס זענען זאכן וואס "הצניעות יפה להם". בכלל איז כדאי צו דערמאנען, אז רעדן פון די סארט פריוואטע אנגעלעגנהייטן מיט פרעמדע קען נאר שטערן דעם אייגענעם שלום-בית, ווייל ביי יעדן ארבעט עפעס אנדערש, און מ'קען נישט ערווארטן אז דאס וואס עס ארבעט ביי א צווייטן זאל ארבעטן ביי זיך.

און ווי **רש"י** ברענגט אויפן פסוק[140]: **מה טובו אהליך יעקב**, אז בלעם האט געזען ווי די אידישע הייזער זענען אפגעטיילט איינע פונעם אנדערן מיט א פריוואטקייט, אז אפילו די אריינגענג זענען זענען נישט אויסגעקומען איינע קעגן דעם צווייטן. מיר זעען פון דעם, אז ווען מען לעבט אפגעזונדערט ביי זיך אינדערהיים, דעמאלט איז דאס א הייליגע שטוב און נאר דעמאלט איז מען זוכה צו אן השראת השכינה.

מיר פארענדיגן אונזערע ווערטער מיט א תפילה צום באשעפער, אז עס זאל חלילה נישט ארויסקומען קיין מכשול פון אונזערע הענט, און מיר זאלן האבן די זכיה אויפצולייכטן אידישע שטובער, אז זיי זאלן זיין שטובער וואס זענען ראוי פאר אן השראת השכינה, ערליכע צופרידענע שטובער, און אזוי וועט מען בעזהשי"ת זוכה זיין צו ערליכע געזונטע קינדער ברוח ובגשם, און זיי מגדל זיין ע"ד התורה מיט נחת און הרחבת הדעת.

מכון מחשבת

140) במדבר כד, ה. וברש"י: על שראה פתחיהם שאינן מכונין זה מול זה. ומקורו בבבא בתרא ס ע"א: אמר קרא: "וישא בלעם את עיניו, וירא את ישראל שוכן לשבטיו", מה ראה? ראה שאין פתחי אהליהם מכוונין זה לזה, אמר: "ראוין הללו שתשרה עליהם שכינה".

• פרק ז׳ •

בין ישראל לעמים

דער פונדאמענטאלער צווישנשייד צווישן דעם אידישן בליק אויף מצות הבית און דער גוי'אישער בליק דערויף

א. די גרעסטע סתירה אין לעבן

חתנים און כלות קומען אפטמאל אן צום חתונה טאג אינגאנצן צומישט, און מיט רעכט. עס עפנט זיך אויף פאר זיי אינגאנצן א נייע וועלט. א וועלט וואס אפטמאל האט מען בכלל נישט גע'חלומ'ט דערפון, און במושכל ראשון זעט עס גאר אויס ממש ווי א סתירה צו דאס וואס מען האט זיי אויסגעלערנט א גאנצן לעבן ביז יעצט.

דאס סתירה איז גרויס ביי די בחורים וואס זענען נתחנך געווארן דורכאויס אלע בחור'ישע יארן צו שמירת עינים און טהרת המחשבה. ווען אן ערליכער בחור וואקסט אונטער און ער זעט אביסל די וועלט ארום, הייבט ער אן צו טראכטן אז דער גאנצע ענין איז עפעס וואס מיר אידן האבן נישט דערמיט דאס מידענסטע שייכות. ווען אימער די נושא קומט ארויף אלס בחור, איז עס מיט אזא סארט בליק ווי כאילו מיר רעדן דא פון די ערגסטע עבירות. די זעלבע סתירה איז ביי די מיידלעך. א גאנצע לעבן ביזן חתונה הערט מען דרשות איבער דאס וויכטיגקייט פון צניעות, און אז מ'טאר נישט ארויסזען אפילו א משהו פון די מקומות המכוסים וכו׳, און דא פלוצלינג הערט מען פון איין טאג אויפן צווייטן, אז מען דארף טון עפעס וואס זעט אויס ווי די גרעסטע סתירה צו צניעות.

דער חינוך וואס מיר לייגן אריין אין אונזערע קינדער איז גאר שטארק, וואס איז טאקע זייער גוט און דארף אזוי זיין, אבער אויב עפנט מען זיי די אויגן בעפאר די חתונה צו א פרעמדע וועלט וואס זיי האבן געהעכלעך נישט גע'חלומ'ט דערפון, און מען קלארט נישט אויס דאס ענין פאר זיי, קוקט עס ביי זיי אויס ווי א סתירה מיט אלעס וואס מען האט זיי אויסגעלערנט דורכאויס אלע יארן.

דאס קען גורם זיין צו פארשידענע סארטן פראבלעמען: עס קען ברענגען א שטארקע פארמאכטקייט ביים חתן אדער כלה, וואס וועט גאר איינפירן ביי זיך פאלשע חומרות אדאנק זיין חינוך אלס קינד. אדער קען עס גאר ברענגען פארקערטע רעזולטאטן, אז מ׳זאל מיינען אז פלוצלינג איז אלעס מותר. דאס איז גורם אז מען זאל נישט האבן קיין ריכטיגן צוגאנג סיי צו "שלום בית" און סיי צו "מצות הבית". אויב מען קלארט עס נישט אויס פאר זיי, קען די מצות הבית געבן א שלעכטע געפיל פארן מענטש דורכאויס דאס גאנצן לעבן. אנשטאט דעם וואס די מצוה זאל ברענגען צו "פקודי ה׳ ישרים משמחי לב[141]", שטייט מען אויף צופרי מיט הארץ קלאפעניש און עס לאזט איבער א ביטערן טעם אין מויל.

איינער וואס איז אזוי אויפגעברענגט געווארן, איז די ערשטע זאך וואס מ׳דארף טון, צו גוט אדורכלערנען די סוגיא על פי תורה כדי אויסצוגראדן די קאפ, אדער זיך אדורכשמועסן מיט איינעם וואס קען גוט די סוגיא כדי צו ווערן קלארער. דערנאך דארף מען ארבעטן אויף זיך, זיך אויסצוריייניגן די קאפ פון אזעלכע מחשבות, ווייל דאס וועט שטערן די שלום בית אין שטוב, און עס קען ברענגען פארשידענע אומאנגענעמליכקייטן. עס איז וויכטיג צוצולייגן, אז אפילו נאכן שוין וויסן אלעס ווי עס דארף צו זיין, קען די סתירה בלייבן ליגן ביי א מענטש אונטערן באוואוסטזיין פאר לאנגע יארן, און מען דארף ארבעטן אויף זיך אליינס אפשצולאגן די אלטע געפילן פון הארץ.

ב. מותר אדער אסור

עס קען זיין שווער פאר א מענטש, וואס פון אלס קינד איז ער איינגעוואוינט אינעם גרויסן מרחק צווישן יונגלעך און מיידלעך, צו קענען פלוצלינג טוישן דאס געדאנקנסגאנג און פארשטיין אז נאך די חתונה טוישט זיך עס אינגאנצן.

דערפאר לאמיר דא מעתיק זיין וואס הגאון רבי **אלטר היילפרין** זצ"ל ראש ישיבת תורת אמת לאנדאן שרייבט פאר חתנים, וואס איז אויך נוגע בשורשו פאר כלות[142]:

> דערפאר דארף דער חתן צו וויסן, ובפרט ווען דו ביסט באזארגט מיט "טרדא דמצוה"[143] ווען דו גרייטסט זיך צום גרויסן חתונה טאג, נאכדעם וואס דו האסט זיך געהאלטן הייליג אלס בחור ווי ווייט דו האסט געקענט, און פון אלס קליין קינד האסטו נישט געהאט קיין פארקער מיט פרויען, דערפאר אפילו דו פארשטייסט היינט יא - איז פארט דא א חלק אין דיין הארץ וואס עגבערט אין דיר, ווייל דו האסט נישט פארשטאנען די ריכטיגע כוונה ביז היינט צוטאגס.

141) תהלים יט ט.

142) קונטרס שלום אהלך עמ׳ ד.

143) סוכה כה ע"א.

דיינע עלטערן האבן דיר גוט מחנך געווען לויט וויפיל זיי האבן געקענט אז דו זאלסט נישט זיין היימיש מיט מיידלעך, און דו האסט זיי געפאלגט און זיך דערוויטערט פון זיי אנרירן, און אפילו פון קוקן און טראכטן אד"ג, אבער אלס קינד האסטו עס אנגענומען אז דאס איז אלץ כפשוטו, אן קיין תנאים און הגדרות, ווייל דאס הארץ פון א קינד איז נישט רייף צו פארשטיין דאס טיפקייט פון א זאך, און דערפאר איז שווער צו פארשטיין אז "יעצט איז אסור" אדער אז "אן הייראטן" איז אסור, נאר אז "אלעס איז אסור". עס איז מעגליך, אז עס איז דיר שוין דאן געווען שווער: "אויב איז עס אסור, דאן פארוואס פאר עלטערע מענטשן איז עס מותר?", וואס דעמאלט האט דיין שכל נאכנישט געהאט כח צו פארענטפערן די קשיא, אבער דאך האסטו געפאלגט די עלטערן אינגאנצן...

היינט ווייסטו שוין ווארשיינליך די ריכטיגע פשט, אבער פארט איז די איינגעוואוינטקייט דערפון שולט אויף דיר, און עס איז נישט גרינג ארויסצונעמען די פריערדיגע געדאנקען פון קאפ. דערפאר, כדי דו זאלסט מקיים זיין די מצוה בשלימות, דארף מען זיך טיף מתבונן זיין און דאס איינ'חזר'ן ביז מען שפירט אז מען האט מער נישט די פריערדיגע געדאנקען אין מח.

און טראצדעם וואס דאס איז פשוט, דאך שרייב איך עס בקיצור: נעם א משל פון עסן פלייש, עס זענען פארהאנען אסאך "סארטן פלייש" וואס די תורה האט גע'אסר'ט, אבער די תורה האט נישט גע'אסר'ט דאס עסן "פלייש" זעלבסט. עס זענען די בעלי חיים וואס זענען אייביג אסור, און אויך די כשר'ע דארף האבן שחיטה מיט ניקור, עס טאר נישט זיין "טריפה", עס טאר נישט זיין קיין "חלב", עס דארף זיין "געזאלצן", מ'טאר עס נישט עסן אין געוויסע זמנים ווי למשל אויף א "פאסט-טאג", און אויך דארף מען מאכן דערויף א ברכה, אבער דאס אלעס זענען באגרעניצונגען וויאזוי צו עסן די פלייש, און עס איז נישט קיין איסור אויף עסן פלייש. אויב א קינד וואקסט אויף אין א פלאץ ווי עס נישטא קיין שחיטה, און ער זעט קלאר אז קיין איין איד עסט נישט קיין פלייש, וועט מען אים מוזן אויסלערנען אז פלייש איז נישט אסור, און ער וועט זיך אפשר פלאגן צו פארשטיין אז א זאך וואס ער האט אייביג געמיינט אז עס איז אסור איז בכלל נישט אסור.

דאס זעלביגע איז דא ביי אונז. די תורה האט נישט גע'אסר'ט זיך מזווג צו זיין, נאר דאס באגרעניצט. עס איז טאקע דא א מציאות ווען עס איז שטענדיג אסור, ווי געוויסע קרובים, אשת-איש, אד"ג; עס זענען אויך דא זמנים וואס מען טאר נישט, ווי יום-כיפור אדער ווען זי איז א נדה, און עס איז אויך נאר מותר נאך א קידושין, און אזוי אויך דארף מען א מקוה א.א.וו. אבער נאך די אלע זאכן איז א פרוי גענצליך מותר פאר איר מאן, ווי די גמרא זאגט[144]: "משל לבשר הבא מבית הטבח" וכו'.

144) נדרים כ ע"ב.

ג. די מצוה פון האבן קינדער

אצינד פארשטייען מיר שוין, אז מצות הבית איז נישט קיין זאך וואס איז אסור, נאר עס איז א דבר המותר. אבער ווי יעדער ווייסט איז עס נישט נאר א זאך וואס איז "מותר", נאר עס איז גאר א "מצוה" אויך. דאס איז א גרויסע מצוה, און עס איז גאר די ערשטע מצוה פון די תורה - צו האבן קינדער.

די תכלית פון די בריאה איז אז עס זאלן זיין ערליכע אידן וואס היטן די תורה ומצוות, ווי מיר בעטן אין די בארימטע תפילה פונעם **של"ה הק'**:

> אַתָּה הוּא ה' אֱלֹקֵינוּ עַד שֶׁלֹּא בָרָאתָ הָעוֹלָם, וְאַתָּה הוּא אֱלֹקֵינוּ מִשֶּׁבָּרָאתָ הָעוֹלָם, וּמֵעוֹלָם וְעַד עוֹלָם אַתָּה אֵ-ל. וּבָרָאתָ עוֹלָמְךָ בְּגִין לְאִשְׁתְּמוֹדָעָא אֱ-לָהוּתָךְ בְּאֶמְצָעוּת תּוֹרָתְךָ הַקְּדוֹשָׁה, כְּמוֹ שֶׁאָמְרוּ רַבּוֹתֵינוּ זִכְרוֹנָם לִבְרָכָה[145]: "בְּרֵאשִׁית - בִּשְׁבִיל תּוֹרָה וּבִשְׁבִיל יִשְׂרָאֵל", כִּי הֵם עַמְּךָ וְנַחֲלָתְךָ אֲשֶׁר בָּחַרְתָּ בָּהֶם מִכָּל הָאֻמּוֹת, וְנָתַתָּ לָהֶם תּוֹרָתְךָ הַקְּדוֹשָׁה, וְקֵרַבְתָּם לְשִׁמְךָ הַגָּדוֹל. וְעַל קִיּוּם הָעוֹלָם וְעַל קִיּוּם הַתּוֹרָה בָּא לָנוּ מִמְּךָ ה' אֱלֹקֵינוּ שְׁנֵי צִוּוּיִים; כָּתַבְתָּ בְּתוֹרָתְךָ[146]: "פְּרוּ וּרְבוּ", וְכָתַבְתָּ בְּתוֹרָתְךָ[147]: "וְלִמַּדְתֶּם אֹתָם אֶת בְּנֵיכֶם". וְהַכַּוָּנָה בִשְׁתֵּיהֶן אֶחָת, כִּי לֹא לְתֹהוּ בָרָאתָ כִּי אִם לָשֶׁבֶת[148], וְלִכְבוֹדְךָ בָּרָאתָ יָצַרְתָּ אַף עָשִׂיתָ, כְּדֵי שֶׁנִּהְיֶה אֲנַחְנוּ וְצֶאֱצָאֵינוּ וְצֶאֱצָאֵי כָּל עַמְּךָ בֵּית יִשְׂרָאֵל יוֹדְעֵי שְׁמֶךָ וְלוֹמְדֵי תוֹרָתֶךָ.

מיטן אראפברענגען נשמות אויפן וועלט, ווערט מען גאר א שותף מיטן באשעפער כביכול, ווי די גמרא זאגט[149]: "שלושה שותפים באדם, הקב"ה אביו ואמו". דערפאר, דארף מען צוגיין צום מצוה מיטן ריכטיגן פארשטאנד, אז דאס איז גאר גאר א דערהויבענע מצוה.

ד. איז די מצוה נאר צו האבן קינדער?

פארט אבער דארף מען אויסקלארן, אז מ'זאל זיך נישט טועה זיין און קלערן אז נאר צוליב די מצוה פון האבן קינדער איז דא די מצות הבית פון זיך מזווג זיין, אזויווי מאנכע מענטשן מיינען טאקע.

דאס איז א פארדריסליכער טעות און עס איז גענצליך אומריכטיג, און מ'קען עס זייער

145) עיין רש"י בראשית א, א.

146) בראשית א, כח.

147) דברים יא, יט.

148) ע"פ ישעי' מה, יח.

149) קידושין ל ע"א.

גרינג אויפוויזן: מצות הבית גייט אויך אן אין א צייט וואס די פרוי איז שוין טראגעדיג, אדער אין א פאל וואס זי קען יעצט נישט האבן קינדער צוליב סיי וואספארא אורזאך, און אזוי אויך ווען די פרוי ווערט עלטער און קען שוין במציאות נישט האבן קיין קינדער[150]. מיר זעען קלאר פון דעם, אז די תכלית פון די מצוה איז נישט נאר פארן צוועק פון האבן קינדער, נאר עס איז דא א מצוה פון פרי' ורבי' - צו האבן קינדער, און **אין צוגאב צו דעם** איז דא א מצות עונה, וואס איז נישט פארבינדן מיטן מציאות פון יא האבן קינדער אדער נישט[151].

(עס איז פארט אינטערעסאנט פארוואס עפעס איז די בריאה אויסגעשטעלט אויף אזא אופן, אז "פרו ורבו" ווערט געטון דווקא דורך מצות הבית, וואס לכאורה זעט אויס אז זיי האבן יא עפעס א פארבינדונג. דאס וועט אי"ה קלארער ווערן בהמשך הדברים).

---

150) ביאור הלכה ריש סימן ר"מ, וז"ל: עיין במ"ב דאף כשהיא מעוברת או מניקה, ומקורו במג"א. וראה בספר יד אהרן (או"ח סי' ר"מ, להרב אהרן אלפאנדארי נדפס שנת תקנ"א) וז"ל: דעונה האמורה בתורה לאו משום פרי' ורבי' הוא, דאי לא תימא הכי בזמן עיבורה או מניקתה אינו חייב לקיים עונתו, וזה אינו דבכל זמן חייב לקיים עונתו כל אדם כפי שיעורו וכו'. ועיין בא"ר, דאף כשהיתה עקרה וזקנה שאינה יכולה שוב להתעבר מ"מ שייך מצות עונה, ע"ש. שוב ראיתי שהוא גמרא מפורשת בפסחים עב ע"ב: ור' יוחנן מאי שנא יבמתו דקא עביד מצוה אשתו נמי קא עביד מצוה באשתו מעוברת, והא איכא שמחת עונה, שלא בשעת עונתה.

151) ועיין בבית יוסף אהע"ז סימן עו, וז"ל: כתב הרמב"ם בפרק טו מהלכות אישות: האשה שהרשת לבעלה אחר הנשואין שימנע עונתה מותר, בד"א שקיים פריה ורביה וכו'. וכתב הרב המגיד: האשה שהרשת לבעלה וכו', זה פשוט, וכבר הזכרתי שאמרו בפרק אע"פ ברשות כמה דבעי. בד"א וכו', ביאר רבינו שמצות פריה ורביה ומצות עונה הם ב' דברים, ואין זו תלויה בזו. ע"כ.

והנה כתב הרמב"ם בהלכות איסורי ביאה פכ"א ה"ט, וז"ל: שאין דבר זה אלא לפרות ולרבות, ולכאורה צ"ב שהרי יש עוד מטרה והוא מצות עונה. ובקונטרס אליבא דהלכתא (קובץ מ, על טור ושו"ע סימן רמ, עמ' ל), הובאו דברי הגר"ח קניבסקי שליט"א, וז"ל: המטרה היא כדי לפרות ולרבות ויש גם מצוה של עונה. והמגיה שם ביאר בזה"ל: אולי כוונת הדברים, שתכלית הענין הוא כדי לפרות ולרבות, ולצורך זה הטביע הקב"ה תאוה לענין זה, ולאחר שהוטבע טבע זה - נולדה מזה מצות עונה.

וכעי"ז כתוב בספר משכן ישראל עמ' 62, וז"ל: מבואר מדבריהם (-של הרמב"ם והרמב"ן) שאין החיבור רצוי, אלא כאשר יש לו שייכות לפריה ורביה. אלא שאין לומר משום כך, שכל חיבור שאין צד שיצא ממנו וולד - אינו כשר. שהרי התורה חייבתה במצות עונה גם במעוברת, מינקת, עקרה וזקינה... ומפורש בחז"ל שהשכינה שורה בכל חיבור בגלל מעלת האחדות בדבר... ברור א"כ, שהענין אותו באו רבותינו למעט אינו חיבור האישות, אלא המשגל שמצד עצמו אינו שייך לעונה ולפו"ר, כגון מש"כ הרמב"ן בטעם איסור עריות, שחיבור זה נוגד את הסדר שיסד הקב"ה להמשיך מין האדם, ולכן הם אסורים ומאוסים. וכן מה שכתב הרמב"ם בגנות ביאה שלא כדרכה באשתו, הוא משום שחיבור זה אינו ראוי כלל לפו"ר, ואינו מסדר האישות ולכן גם קיום מצות עונה אין בו. אבל דברים אלה אינם אמורים ביחס לחיבור של מצות עונה, שהוא דבר מצוה וקדושה, ואין בו כל גנות. ולשון הרמב"ם: "שאין דבר זה אלא לפרות ולרבות", פירושו, שהדבר נועד עבור סדר האישות, שהוא יסוד להקים בנין עדי עד ובסיס להמשכיות האומה.

ה. איז מצות הבית עפעס נאר פאר איר?

אצינד פארשטייען מיר שוין די פאלגענדע דריי שטאפלען: 1. עס איז א זאך וואס איז מותר, אנדערש ווי מ׳האט אונז ערצויגן אלס קינד. 2. עס איז גאר א מצוה אין די תורה. 3. עס איז א מצוה אפילו ווען עס איז נישט בלויז פאר די כוונה פון האבן קינדער.

פארט אבער איז נישט קלאר, פארוואס טאקע איז דאס א מצוה? דער אלגעמיינער בליק - פון איינער וואס האט נאכנישט ריכטיג ארויס דאס ענין פון מצות הבית - איז געוועגליך, אז די מצוה פון עונה איז עפעס א מין זאך וואס די פרוי האט זייער ליב, און דער מאן האט א מצוה דאס צוצושטעלן פארן פרוי. אויבערפלעכליך קען ער אפילו קלערן אז אזוי ווערט טאקע אויסגע׳פסק׳נט איבעראל, און ווי דער ראב״ד שרייבט אז דאס איז[152]: ״למלא תשוקת אשה״.

און דאס אז דער מאן האט דערינען עפעס א רצון איז גאר אן אראפגעקוקטער זאך, וויבאלד ער מעג אפילו נישט הנאה האבן דערפון, ווי דער מחבר שרייבט[153]: ״לא יכוין להנאתו״, און דער מאן דארף דאס טון[154]: ״כמי שכפאו שד״. נאכמער פון דעם, דער מאן טאר עס בכלל נישט וועלן טון, ווי דער רמב״ן שרייבט[155] אז מען זאל נישט זיין קיין: ״נבל ברשות התורה״. אזוי ארום קומט אויס אז מענטשן קלערן, אז מען דארף נאר אינזין האבן מהנה צו זיין די פרוי און... ״יוצא געווען די מצוה״.

אבער דער אמת איז, אז אויב דאס איז דער ריכטיגער אפטייטש פון די מצוה, דאן איז זייער שווער צו פארשטיין פארוואס עפעס האט די פרוי מער א רעכט צו וועלן הנאה האבן ווי דער מאן? די מצוה פון ״**קדושים תהיו**״[156] איז געזאגט געווארן סיי פאר מענער און סיי פאר פרויען, איז פארוואס מעג זי דאס וועלן האבן, און דער מאן מעג נישט? מיר זעען אפילו נאכמער פון דעם, אז עס ווערט גע׳פסק׳נט אז ווען די פרוי וויל עס שטארק איז דאס דער עיקר מצות עונה, ווי מיר וועלן שפעטער זען מער באריכות. אבער פארוואס טאקע? עס וואלט ווען געדארפט זיין די הנהגה אז ווען די פרוי וויל עס שטארק, זאל דער מאן איר זאגן: ״האלט דיך איין די תאוות, און זיי נישט קיין נבל ברשות התורה״.

בכלל איז אינטערעסאנט, וואו נאך טרעפן מיר אין די תורה אזא סארט מצוה ווי צו **געבן פאר יענעם א תאוה?** מיר ווייסן דאך אז די תורה וויל נישט אז מיר זאלן ליגן אין תאוה, איז

152) בעלי הנפש, שער הקדושה.

153) או״ח סימן רמ ס״א.

154) שם ס״ח.

155) ויקרא יט, ב.

156) ויקרא יט, ב.

וויאזוי קען זיין אז דאס איז גאר די מצוה, צוצושטעלן פארן פרוי אירע תאוות?

אזוי אויך איז אינטערעסאנט אנצומערקן, אז די תורה האט צוגעשטעלט[157] די מצוה פון "**עונה**", צו די אנדערע פונדאמענטאלע געברויכן פון א מענטש: "**שאר וכסות**", עסן און קליידונג. איז דען די תאוה אזוי וויכטיג ביי איר אזש עס גייט ממש צוזאמען מיט די סאמע לעבנסוויכטיגע באדערפענישן?

און צולעצט, איז דער פאקט אז היינט צוטאגס ארבעט דאס ממש נישט מיטן מציאות פון א מיידל. כמעט אלע כלות קומען צו די חתונה מיט גאנץ א קנאפע חשק צו אט די מצוה, און שוין אפגערעדט אז זיי ווארטן נישט אויף דעם מיט דארשט, און אוודאי נישט מיט א תאוה. נו, אפשר זאל זיין די מנהג אז מען זאל מוזן פרעגן דאס פרישע ווייבל, אויב זי וויל דאס בכלל האבן. די תורה האט אונז געגעבן עפעס א מצוה פון עונה, ווייל עס זענען אפשר פארהאן פרויען וואס גלייכן דאס זייער שטארק, אבער איך וויל וויסן צי דו דארפסט עס באמת האבן צי נישט, ווייל איך טאר דאס בעצם נישט וועלן טון, נאר אויב דו ווילסט עס שטארק מוז מען עס אזוי "בלית-ברירה'דיג" צושטעלן.

אלזא, מיר זעען פון דעם אז אזא סארט השקפה מוז זיין אומריכטיג, און נישט דאס איז דער ריכטיגער אורזאך פון מצות הבית.

ו. די גוי'אישע השקפה

איידער מיר גייען מסביר זיין וואס מצות הבית איז **יא**, דארף מען קודם קלאר מאכן די קאפ וואס דאס איז זיכער **נישט**.

עס האט זיך ליידער אריינגעכאפט במשך די לאנגע גלות, פרעמדע גוי'אישע השקפות - וואס מענטשן מיינען אז זיי זענען גאר פרום מיט דעם, וואס די דאזיגע השקפות זענען געוויס נישט די תורה'דיגע השקפה בכלל, און עס איז גאר ממש היפוך פון כוונת התורה.

לאמיר מקדים זיין א שטיקעלע גמרא[158]:

> רבי אבהו האט גע'דרש'נט: וואס מיינט דער פסוק: **מי מנה עפר יעקב ומספר רובע ישראל?** דאס קומט אונז לערנען, אז דער אייבערשטער כביכול זיצט און ציילט די זיווגים פון די אידן, ווען קומט א טיפה וואס א צדיק ווערט געבוירן דערפון. אויף די

157) שמות כא, י.

158) נדה לא ע"א: דרש רבי אבהו, מאי דכתיב (במדבר כג, י): "מי מנה עפר יעקב ומספר את רובע ישראל"? מלמד שהקב"ה יושב וסופר את רביעיותיהם של ישראל, מתי תבא טיפה שהצדיק נוצר הימנה. ועל דבר זה נסמית עינו של בלעם הרשע, אמר: 'מי שהוא טהור וקדוש ומשרתיו טהורים וקדושים, יציץ בדבר זה?', מיד נסמית עינו, דכתיב (שם, ג): "נאם הגבר שתום העין".

דאזיגע זאך איז בלעם הרשע בלינד געווארן, ווייל בלעם האט געזאגט: "ווער עס איז הייליג און ריין, און זיינע באדינערס (מלאכים) זענען הייליג און ריין, זאל דען קוקן אויף די זאך?", גלייך איז זיין אויג בלינד געווארן, אזוי ווי עס שטייט אין פסוק: **נאום הגבר שתום העין**.

בלעם איז געווען דער מחדש פון די שיטה אז עס איז דא - חלילה - א זאך ווי "צוויי באשעפער'ס". עס איז דא דער באשעפער וואס האט שייכות נאר מיט העכערע זאכן, אבער צו די גשמיות'דיגע זאכן האט דער באשעפער נישט קיין שייכות, און עס קען נישט זיין אז דער באשעפער זאל עוסק זיין אין די זאכן. ווי כאילו עס איז דא נאך א מין כח אויפן וועלט צו וועמען די "גשמיות'דיגע" זאכן געהערן. דערפאר האט בלעם נישט פארשטאנען וויאזוי עס קען זיין אז דער באשעפער קוקט בכלל אויף די מעשה און איז גאר עוסק אין דעם. אבער דערפאר איז ער בלינד געווארן אויף איין אויג, ווייל ער האט נאר געקענט זען די גשמיות'דיגע חלק דערפון, אבער ער האט נישט געקענט זען ווי אלעס אין דער וועלט קומט פונעם באשעפער אליינס. די צווייטע אויג זיינע איז אים געווען בלינד.

די דאזיגע שיטה פון בלעם איז שפעטער פארגעזעצט געווארן דורכן גריכישער פילאזאף אריסטו, וואס שרייבט[159]: "די וואס זענען מגנה די תאוה זענען גערעכט, ווייל די תאוה פון א מענטש איז ביי אונז מצד די בהמה'שע חלק פון די בריאה, און נישט מצד די מענטשהייט", און דער רמב"ם ברענגט אראפ[160] דער דאזיגער מיינונג פון אריסטו[161].

אריסטו איז געווען פון די קלוגסטע גוים אויף די וועלט, און דערפאר האט ער אנגעקוקט דעם "חוש המישוש" ווי א ביליגע זאך. ער האט נישט פארשטאנען צו קיין געפילישע זאכן, און דאס האט אים געברענגט צו א מסקנא אז דאס איז בלויז א גשמיות'דיגע תאוה וואס קומט מצד די בהמה'שקייט אינעם מענטש, און דערפאר האט ער דאס אינגאנצן אוועקגעמאכט. פון זיין גרויס קלוגשאפט איז ער געווארן א "פרוש", און ווי עס ווערט דערציילט די לעגענדע, האט זיך זיין לעבן געענדיגט ווען ער איז אדורכגעפאלן אין דעם ענין[162].

159) בספרו אתיקה ניקומאכית (ספר ג׳ פרק 10, 1118ב, 4-1).

160) מורה נבוכים, חלק ב פרק לו, וז"ל: "ובלבד, החוש הממשש אשר באר אריסטו במדות ואמר בשזה החוש - חרפה לנו".

161) ועיין במשכן ישראל וקו׳ קדושת ישראל באריכות, שגם דעת הרמב"ם אינו מכוון כדעת אריסטו, וכדמוכח משאר מקומות בדברי הרמב"ם. והמעיין במורה נבוכים פרק מט, מוצא שהרמב"ם לא אמר שהחיבור דבר מגונה הוא, אלא על הרדיפה אחר המשגל וכן אחרי האכילה שהיא כמעשה הבהמה. אך אם מכוין לש"ש, כותב בהל׳ דעות (פ"ג ה"ב וה"ג) שהוא העובד את השי"ת והוא הקדוש, עיי"ש.

162) עיין ביערות דבש, חלק א דרוש ג, וז"ל: כבר אמרו אין חזק בכל הארץ כאשה וכו׳, אפילו אריסטו

די שיטה פון בלעם און אריסטו איז אנגענומען אין די קריסטליכע רעליגיע עד היום הזה, ביי זייערע "הייליגע טעג" טארן מאן און ווייב נישט האבן קיין נאנטע באציאונגען, ווייל דאס זיווג איז א סתירה צו קדושה אין זייערע אויגן. דאס איז פונקט פארקערט פון די תורה'דיגע השקפה: ביי אונז איז דאס גאר א הייליגע מצוה און אדרבה מען דארף על פי הלכה דאס מקיים זיין לכתחילה אויך אויף שבת, ווייל דאס איז אן עונג שבת[163]. אזוי אויך איז דא א חיוב מצות עונה א יעדע יו"ט עפ"י קבלה[164]. די קריסטליכע גלחים מוזן זיין "הייליג", און דערפאר האלטן זיי אז מען טאר קיינמאל נישט חתונה האבן, סיי מענער און סיי פרויען[165]. ווידער ביי אונז איז דאס פונקט פארקערט, ווי דער דין לויטעט[166] אז דער כהן גדול וואס

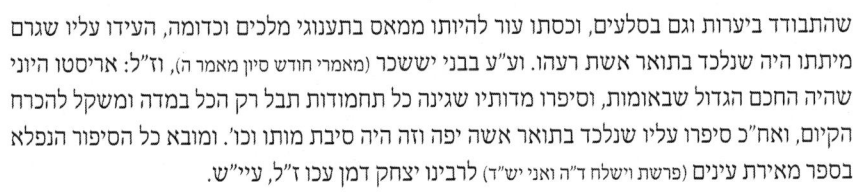

שהתבודד ביערות וגם בסלעים, וכסתו עור להיותו ממאס בתענוגי מלכים וכדומה, העידו עליו שגרם מיתתו היה שנלכד בתואר אשת רעהו. וע"ע בבני יששכר (מאמרי חודש סיון מאמר ה), וז"ל: אריסטו היוני שהיה החכם הגדול שבאומות, וסיפרו מדותיו שגינה כל תחמודות תבל רק הכל במדה ומשקל להכרח הקיום, ואח"כ סיפרו עליו שנלכד בתואר אשה יפה וזה היה סיבת מותו וכו'. ומובא כל הסיפור הנפלא בספר מאירת עינים (פרשת וישלח ד"ה ואני יש"ד) לרבינו יצחק דמן עכו ז"ל, עיי"ש.

163) שו"ע או"ח סימן רפ: תשמיש המיטה מתענוגי שבת הוא, לפיכך עונת תלמידי חכמים הבריאים מליל שבת לליל שבת.

164) שער הכוונות, דרושי הפסח דרוש ג, וז"ל: משא"כ בשאר הי"ט שהותר הזווג אלינו ואדרבה יש חיוב מצות עונה, עכ"ל.

ומה שיש זמנים שעפ"י קבלה הזווג אסור כדאיתא במג"א סימן רמ, הטעם הינו ג"כ מעניני קבלה, כמבואר בשעה"כ שם וז"ל: גם בזה תבין מ"ש בס"ה בפ' אמור, כי בליל פסח הוא זיווגא עילאה מסטרא דלעילא ולא מסטרא דילן. והענין הוא כי בשאר הי"ט נכנסין המוחין בסדר המדרגות בטבעם, ולכן נעשה הזווג העליון ע"י בתפלותינו ומעשינו, אבל בליל פסח הוגדל ז"א שלא כדרך טבע, כי לא היה יכולת בידינו ע"י תפלתינו להגדילו ברגע אחד תכלית ההגדלה, ואין זה אלא ברחמי המאציל יתברך אשר הפליג חסדו ברחמיו לעשות נס הגדול ההוא שלא כדרך טבע, ולא נעשה ע"י אלא מאליו. ובזה תבין ענין איסור הזווג בליל פסח. משא"כ בשאר הי"ט שהותר הזווג אלינו, ואדרבה יש חיוב מצות עונה, יען כי ע"י התחתו' נעשה אז הזווג העליון, אבל בליל פסח שאין הזווג העליון נעשה ע"י, נאסר לנו הזווג התחתון. וכ"ה לגבי ליל שבועות, וז"ל (שם בדרושי חג השבועות): אמנם זה הכתר הניתן לז"א עתה, הנה הוא מתחיל ליכנס בו בתחלת ליל שבועות, ואינו נגמר ליכנס עד אשמורת הבוקר וכו', ולכן הזווג התחתון נאסר בליל שבועות, כי גם למעל' לא יש זווג עד היום כנז' וכו'.

165) ראה בספר מבצר ישראל (דת ישראל אות א') וז"ל: שבזה מובדל דת ישראל מיתר הדתות, הנה דת הנוצרית תתעב את עניני הנשואין וחיי המשפחה ולפי רוחה אין אדם מגיע להתרוממת רוחניות כי אם ע"י חיים של פרישות. והיא היתה מעריצה את בתי הנזירים והיתה דורשת מכוהניה שיהיו פרושים מאשה. לא כן הוא רוח דת ישראל. לפי רוחה אין האדם נעשה לאשיות שלמה כי אם ע"י הנשואין, וכל דבר שהוא אמצעי להמטרה של התקרבות בין איש לאשה זהו אמצעי למטרה קדושה. לכן אלו המראות הצובאות שעל ידן נתחבבו הנשים לבעליהן, נתעלו עד שנעשו ראויים להעמיד אותו במשכן, כי דעת תורה היא שאין אדם נעשה לטהור, כי אם ע"י הנשואין.

166) עיין במשנה ריש מסכת יומא.

וויל טון די עבודה פון יום הכיפורים - די הייליגסטע עבודה פון יאר - מוז דאן האבן א פרוי.

פון דעם אלעם זעען מיר קלאר, אז אויב איינער רעדט זיך איין אז עפעס פון די קיום המצוה איז נישט "פרום", און נישט געגוג אידל און צניעות'דיג, **גרעניצט זיך דאס מיט א פרעמדע אידעאלאגיע און מען פראקטיצירט א פרעמדע רעליגיע**, און עס איז גאר געבויט אויפן טריפה'נעם שיטה פון בלעם, ממש די היפוך פון דעת תורה.

ז. תורה היא וללמוד אני צריך

אצינד ווייסן מיר שוין וואס די השקפת התורה איז "נישט", אבער דאס איז זיכער אז די תורה האט אונז געגעבן א קלארע צוגאנג צום ענין פון מצות הבית, און מיר דארפן נאכגיין און פעסטשטעלן וואס איז טאקע דער ריכטיגער צוגאנג צום ענין על פי תורה.

די תורה איז אונזער וועג-ווייזער אין אלע הינזיכטן, און דאס זעלביגע איז ביי אונזער נושא אויך דא א ברייטקייט אין תורה, חז"ל און אין די ראשונים, וואס זאגט אונז זייער קלאר די ריכטיגע וועג פון מקיים זיין מצות הבית.

די **גמרא** פארציילט גאר אן אינטערסאנטער מעשה[167]:

> רב כהנא האט זיך באהאלטן אונטער די בעט פון רב, און ער האט געהערט ווי רב האט גערעדט און געלאכט און געטון זיינע באדערפענישן (-ער האט געוואוינט מיט זיין פרוי). האט רב כהנא זיך אנגערופן פון אונטער די בעט: "עס קוקט אויס ווי דער רבי פירט זיך אויף ווי איינער וואס האט נאך קיינמאל נישט משמש געווען" (און ווי רש"י זאגט: דו פירסט זיך אויף מיט א קלות ראש פאר דיין תאוה). האט רב געזאגט פאר רב כהנא: "גיי ארויס, דאס איז נישט דער וועג וויאזוי מען פירט זיך אויף". האט רב כהנא צוריקגעענטפערט: "דאס איז א חלק פון די תורה, און איך בין זיך געקומען דאס אויסצולערנען".

זעען מיר פון רב כהנא'ס ענטפער: **תורה היא וללמוד אני צריך**, אז דאס פארשטיין "מצות הבית" איז א א חלק פון די תורה. דערנאך זעען מיר, אז כדי צו פארשטיין דעם חלק אין די תורה דארף מען דאס גוט אפלערנען - "ללמוד אני צריך".

167) ברכות סב ע"א: רב כהנא על גנא תותיה פורייה דרב, שמעיה דשח ושחק (רש"י: עם אשתו, שיחה בטלה של ריצוי תשמיש), ועשה צרכיו (רש"י: ושימש מטתו). אמר ליה: דמי פומיה דאבא כדלא שריף תבשילא (רש"י: כאדם רעב, כמו שלא שמשת מטתך מעולם, שאתה נוהג קלות ראש זה לתאותך). א"ל: כהנא, הכא את? פוק, דלאו אורח ארעא. אמר לו: תורה היא וללמוד אני צריך.

רב כהנא זאגט אונז דא קלאר, אז מצות עונה קען מען נאר מקיים זיין נאך א ריכטיגע הדרכה, און נאכן גוט פארשטיין וויאזוי מען דארף דאס טון למעשה. פונקט ווי ביי אלע אנדערע מצוות פאדערט זיך א לימוד דאס גוט ארויסצוהאבן, אזוי איז עס אויך מיט מצות הבית. עס איז א חלק פון די תורה. (דרך אגב, דער הייליגער **בני יששכר**[168] שרייבט א שיינעם געדאנק ווי מיר זעען דער ענין איז מרומז אין די תורה.)

ח. להבדיל בין קודש לחול

רבי **יעקב עמדין** זאגט א שיינעם רמז[169], וואס איז א גוטע יסוד אפצוטייטשן די השקפה פון מצוות עונה. אין שו"ע געפינט זיך א טייל פון הלכות עונה אין או"ח סימן ר"מ. דאס איז מרמז, אז אויב מען איז מקיים די מצוה אזוי ווי עס דארף צו זיין, איז דאס אין א בחינה פון ר"ם, דאס הייסט דערהויבן, אבער אויב טוט מען דאס נישט ווי עס דארף צו זיין, דאן איז דאס פונקט פארקערט: עס ווערט פון ר"ם צו מ"ר, דאס הייסט ביטער, ווייל עס איז נישט דא קיין מער-ביטערע זאך פון דעם.

מצות הבית איז פיל מער קאמפליצירט ווי סתם אנדערע מצוות, ווייל דא קומען זיך צוזאם גשמיות און רוחניות, און מ'קען מיט די זעלבע פעולה עוסק זיין אין קדשי קדשים און אין די זעלבע צייט עוסק זיין אין דאס פארקערטע. דער חילוק איז כמעט נאר אין די מחשבה פון די מענטש, און אין זיין צוגאנג דערצו.

די תורה רופט אפטמאל די זיווג מיט אן אויסדרוק "דעת", ווי מיר זעען אין פסוק ביים ערשטן זיווג פון מענטשהייט, אדם און חוה[170]: "והאדם **ידע** את חוה אשתו". די ספה"ק זענען מאריך אין דעם[171], אז דעת איז פון די העכסטע בחינות, ווי עס גייט געוועהנליך: חכמה, בינה, און נאכדעם דעת וואס איז אין שפיץ. דאס צו ערקלערן אויף מער א פשוט'ער אופן;

---

168) בספרו אגרא דכלה (פ' תולדות ד"ה ויהי כי ארכו) וז"ל: אגב אורחא אשמעינן עוד באומרו את רבקה... דצריך לבסמא לה במילין, לאתקשרא עמה בחביבותא דלא תתשכח גביה כהפקירא, וז"ש מצחק את רבקה, שהביא אותה לידי צחוק, כהא דרב שח ושחק וכו'.

169) בסידורו, הנהגת ליל שבת, וז"ל: סימן נאה להזכירה, מה שנפל במקרה הלכות דרך ארץ באו"ח סימן ר"מ, כי היא דבר ר"ם ונשא, ובהיפוך ח"ו מ"ר ורע מאוד, וכו'.

170) בראשית ד, א.

171) עיין באגרת הקודש להרמב"ן, וז"ל: ואל יחשוב אדם כי בחבור הראוי יש גנאי וכיעור ח"ו. שהחבור הראוי נקרא ידיעה, ולא לחנם נקרא כך, כאמור (ש"א א): "וידע אלקנה את חנה אשתו". וזהו סוד טפת הזרע כשהיא נמשכת ממקום הקדושה, ובטהרה נמשכת הדעה [והחכמה] והבינה, והוא המוח.

איז דאס ווארט "דעת" א סימן אז אלעס **וועגדט זיך אין די קאפ פונעם מענטש**, און אינעם קלארן דעת מיט וואס ער און זי גייען צו צו מצות הבית.

פון דעם לערנען מיר אפ, אז די גאנצע יסוד פון מצות הבית וועגדט זיך אין אונזער געדאנקנסגאנג, אין אונזער מח, ווען מיר גייען מקיים זיין מצות הבית. אויב אונזער מח איז ריין, און מיר האבן די ריכטיגע פארשטאנד אינעם תורה'דיגן צוגאנג צום מצוה, דאן קענען מיר טון די זעלבע גשמיות'דיגע פעולה ווי דאס וואס פראסטע מענטשן טוען, אבער מיר וועלן מקיים זיין א מצוה, און טוהן די רצון ה׳.

ט. פיר ווערטער וואס מען דארף שטענדיג געדענקען

כדי צו פארשטיין ווי שטארק באגרינדעט עס איז דאס וואס מיר זאגן, אז די תורה'דיגע השקפה איז אז עס איז א הייליגע מצוה, לאמיר דא אראפברענגען וואס דער **רמב"ן** שרייבט דערוועגן[172]:

> "דע כי חבור זה הוא ענין קדוש ונקי" - איר זאלט וויסן אז דער געדאנק פון זיך מזווג זיין איז הייליג און ריין, ווען עס ווערט געטון אין די ריכטיגע צייט און מיט די ריכטיגע כוונה. א מענטש זאל נישט טראכטן אז עס איז דא אין דעם עפעס מיאוס ח"ו... חלילה אזוי צו זאגן, עס איז נישט אזוויי דער גריכישער (אריסטו) האט געזאגט, וואס אין זיין מיינונג איז דא א שמעק פון אפיקורסות וואס מען כאפט נישט, ווייל אויב ער וואלט געגלייבט אז דער באשעפער האט באשאפן די וועלט וואלט דער נידעריגער יווני נישט אזוי געזאגט. אבער אלע בעלי תורה גלייבן אז דער אייבערשטער האט באשאפן אלעס לויט ווי זיין שכל האט גוזר געווען, און ער האט נישט באשאפן קיין שום זאך וואס עס איז דא אין דעם קיין מיאוס'קייט און אומווערדיגקייט.

די דאזיגע פיר ווערטער: "**הוא ענין קדוש ונקי**", וואס דער רמב"ן שרייבט, דארף מען גוט איינקריצן אין מח. געדענק גוט: "דאס ענין איז הייליג און ריין"! פינטל. אלע הרגשים וואס א מענטש האט, אדער סיי וועלכע גוי'אישע השקפה עס האט זיך אריינגעכאפט אין מח אז מען רעדט דא פון אן ענין וואס איז נישט איידל אדער ריין, דארף מען גענצליך ארויסנעמען פון קאפ[173].

---

172) אגרת הקודש פרק ב, וז"ל: דע כי חבור זה הוא ענין קדוש ונקי, כשיהיה הדבר כפי מה שראוי, ובזמן הראוי, ובכוונה הנכונה. ואל יחשוב אדם כי בחבור הראוי יש גנאי וכיעור ח"ו וכו׳, חלילה, אין הדבר כמו שאמר היוני, לפי שדעתו היוני יש שמץ מינות שאינו מורגש, שאלו היה מאמין שהעולם מחודש בכוונה, לא היה אומר כך זה היוני הבליעל. אבל כל בעלי התורה מאמינים שהשי"ת ברא את הכל כפי מה שגזרה חכמתו, ולא ברא דבר שיהיה גנאי או כיעור, וכו׳.

173) ראה בספר נוצר חסד (קומרנא, אבות ו, ב. אהבה ג) וז"ל: לכן יירא אדם ויחוס לנפשו כי הוא ראש כל

י. ערבוב טוב ורע

אצינד ווען מיר האבן שוין דעם ריכטיגן תורה'דיגן בליק איבער מצות עונה, אז דאס איז נישט נאר א דבר הרשות, און נישט נאר א מצוה כדי צו האבן קינדער, און נישט נאר א מצוה וואס מ'איז מקיים פאר "איר", און נאכמער - אז דאס איז גאר אן ענין "קדוש ונקי", דארף מען אבער איבער'חזר'ן דאס וואס מיר האבן פריער געברענגט בשם רבי יעקב עמדין, אז דאס ווענדט זיך אינעם געדאנק און צוגאנג פונעם מענטש זעלבסט בשעת מעשה. א מענטש קען טון די זעלבע פעולה, וואס אמאל איז דאס גאר הייליג אבער אמאל דאס פארקעטע, און עס ווענדט זיך אין די כוונה "פארוואס" מ'טוט עס.

אט דאס ערקלערט דער **רמב"ן** ווייטער מיט א שיינעם משל[174]:

> אזוי ווי די הענט, ווען זיי שרייבן א ספר תורה מיט א הייליגקייט זענען זיין באלויבט, אבער ווען זיי גנב'ן אדער טוען אן אומווערדיגע זאך זענען זיי אומווערדיג, אזוי זענען די איברים פון די זיווג... דאס איז אלס בעפארן חטא פון אדם הראשון, וואס דאן האבן זיי עוסק געווען אין העכערע זאכן, און זייער גאנצע כוונה איז נאר געווען לשם שמים, און עס איז געווען אין זייערע אויגן פונקט ווי די אויגן און אנדערע איברים פונעם גוף. אבער נאכן נייגן נאך די הנאות פונעם גוף, און זיי האבן נישט אינזין געווען לשם שמים, האבן זיי פלוצלינג אנערקענט אז זיי זענען נאקעט.

דאס הייסט, אז נאכן חטא עץ הדעת מישט זיך אריין ביים מענטש פארשידענע אנדערע מחשבות ווי די תכלית פונעם קשר צווישן מאן און ווייב, און די דאזיגע אומווערדיגע מחשבות קומען מצד דער מענטש און נישט מצד די כלי הזיווג, און אט די דרויסענדיגע מחשבות קען צוברענגען אז מ'זאל טון די זעלבע פעולה אבער אויף א וועג וואס איז א סתירה מיטן "ענין קדוש ונקי".

אט דאס האט אריסטו נישט פארשטאנען, און אט דאס איז דער כח פון א איד - צו נעמען א גשמיות'דיגע פעולה ווי עסן אדער זיווג אד"ג, און דאס טון מיט די ריכטיגע כוונות, וואס דאן איז דאס אן עבודת ה' ממש און אן ענין קדוש ונקי, ווי ר"ר **מענדל'ע וויטעפסקער** זצ"ל ערקלערט הערליך שיין, אז ווען מען איז עוסק אין מצות הבית מיט די גוטע כוונות און מען

קדושות ומקור הברכות וראש כל הטומאה. ואל ישגיח במה שאמר האריסטו הארור שחוש המישוש חרפה, אין שום דבר שבקדושה שיהיה חרפה ונבזה, אלא ארור וטמא כמותו חרפה הוא וודאי.

174) וז"ל: פי', כאשר הידים בעת שכותבין ס"ת בטהרה הם מכובדות ומשובחות, וכשגונבות או עושות דבר מגונה הם מגונות, כך הם כלי המשגל... כל זה קודם שחטאו, לפי שהיו עסוקין במושכלות וכל כונתם לשמים, ולא היו בעיניהם אלא כעינים ושאר אברי הגוף. אמנם כשנטו אחר ההנאות הגופניות, ולא נתכוונו לשם שמים, אמר (בראשית ג, ז): "וידעו כי ערומים הם".

זוכט צו מקיים זיין דעם רצון ה׳ איז דאס גאר א ריינע זאך[175]:

> דאס ענין אז נישט אזוי ווי בלעם האט געזאגט, ווייל פרישות פון אלעס וואס איז גשמיות קען נישט זיין, עס שטייט דאך אין פסוק וחי בהם, אפי׳ אויב איינער וועט זיין הייליג און לויטער ווי א מלאך דאך איז תורה נישט געגעבן געווארן פאר מלאכי השרת... ווען מען נעמט אריין דעם באשעפער אין וואס מען טוט לעבט מען דאך אויף די זאך ווי עס שטייט ׳ואתה מחי׳ את כולם׳, און אוודאי הייסט עס דעמאלט נישט קיין ״תאוה״ נאר א מצוה... און דאס איז די גרעסטע שמחה פארן באשעפער און עס איז נישטא קיין עק צום שמחה פון ארבעטן אויף גשמיות מער ווי אלע רוחניות... און דערפאר איז בלעם׳ס אויג בלינד געווארן, ווייל אוודאי איבעריגע תאוות סתם פאר די הנאה פונעם גוף אפי׳ מיט די אייגענע פרוי איז א זאך וואס איז מיאוס פארן באשעפער, אבער ווען עס איז פאר די צורך פונעם גוף און לשם מצוה, אוודאי קוקט דער באשעפער און שיינט דערינען ווען מען האט אינזין לכבודו יתברך... (זע זיינע פונקטליכע רייד אינעם הערה.)

175) פרי הארץ פר׳ ראה, וז״ל: ועד״ז במלוי התאות שהוא ההפסד היותר גדול וכליון חרוץ מהיפוך להיפוך מאהבתו ית׳ שהוא א״ס אל אהבת התאות רחמנא ליצלן בודאי אין ערך אל גודל הסרחון ומיאוס וזהו שכל לשון חסד הוא חרפה ומיאוס כמאמ׳ בפ׳ עריות חסד הוא ונכרתו ופי׳ לשון חיסודא כי מבנין החסד מסתעפים התאות וזהו ענין וגעלה נפשי אתכם אמור בתוכחה שהאלהות מואס בהפסדו שהם התאות והעבירות ר״ל כאדם שמיאס בסרחון היוצא ממנו והפסדו ועד״ז נסמית עינו של בלעם הרשע על שאמר ומספר את רובע ישראל רביעותיהן של ישראל אמר מי שהוא קדוש ומשרתיו קדושים יסתכל בדבר זה שהוא ענין התאוה והמיאוס אבל באמת אין הענין כדבריו שהפרישות מכל הגשמית נגד גמירא א״א שהרי וחי בהם כתיב, אם אמנם בודאי יהי׳ טהור וקדוש יהיה כמלאכי השרת אעפ״כ לא נתנה תורה למלאכי השרת שהפרישית מכל וכל הוא ענין ההסתלקות מהגבורה ומדת הדין שאין העולם מתקיים בו כי אם ע״י שתוף מדה״ר למדה״ד שהוא המשקל ומאזני צדק המכריע בינתים פלס מעגל רגליו וכל ענייני מדותיו לדעת ה׳ בכל דרכיו וכל מעשיו לכבוד בוראו בלתי לה׳ לבדו והמותר יהרס כי בהכניס הבורא בתוך מעשהו הרי הוא מחיה הדבר כמאמר ואתה מחיה את כולם ובודאי לא יכלה ולא יפסיד ולא יסריח ואינו נק׳ תאוה כלל כי אם מצוה לשון ציותא שהוא הדביקות האמיתי אפילו בשפלים התחתונים וגשמים ריח נחוח לה׳ שאמר ונעשה רצונו והיא השמחה היותר גדול׳ לפניו ית׳ ואין קץ לשמחת עבודת הגשמים יתר על כל הרוחנים... והנה ענייני התאוות והמדות בגשמיות שהמה לשם מצוה כמו האהבה בפו״ר וההיראה בדיני נפשות לדון המחויב המה מתנות באדם אשר לקח השרע״ה משרי׳ העליוני׳ בקבלת התורה כמבואר בזוהר שבלא״ה לא תנאף אפי׳ עם אשתו משמע וכן לא תרצח אבל מה שלשם מצוה הוא החיות של אותה התאווה שויתרו ישמעאל ואדום שרים העליונים משלהם וזהו שניסתמת עינו של בלעם הרשע על תמיהתו הנ״ל שבוודאי מותר תאוות הגשמיות להנאת הגוף המה׳ סרחון לכלוך וצואה אפי׳ במותר לו השי״ת ב״ה מואס בו, אבל מה שהו׳ לצור׳ הגוף ולשם מצוה בודאי השי״ת מסתכל ומאיר בו בהכניס כוונתו לכבודו ית׳ ואותו ניצוץ מחי׳ ומאיר את הכל כענין הנר שהוא ניצוץ אור קטן דוחה את כל החושך מן החדר וגורם אפשריות ההסתכלות בכל החדר. עיי״ש עוד.

ווי עס ווערט אויך קלארער ארויסגעברענגט אין קו' **קדושת ישראל**[176]:

> דער גריכישער פילאזאף האט נישט פארשטאנען ווי ווייט עס דערגרייכט די קדושה פון א איד, וואס האט א כח צו זיך מתענג זיין מיטן אייבערשטן ביים עסן און ביים זיווג, פונקט ווי אדם הראשון בעפארן חטא, און דער אייבערשטער וויל אז זיינע קינדער זאלן הנאה האבן... ווייל על פי דעת תורה איז נישטא קיין שום מיאוס'קייט און אומווערדיקייט סיי ביים עסן און סיי ביים זיווג, אויב דער מענטש טוט עס לשם מצוה און לשם שמים, וואס דאן איז די מצוה זיך מתענג צו זיין מיט אלע זיינע כוחות וואס דער אייבערשטער האט אריינגעלייגט אין אים, לויט זיין טבע און געזונט, ווייל דאס איז דער רצון ה'.

אט דאס איז דער ארבעט פון יעדן איד, צו פארזיכערן - ווי ווייט מעגליך - אז מ'טוט די מצוה מיט ריינע מחשבות און מיטן ריכטיגן תכלית, וואס דאן איז עס א הייליגע מצוה, און זאגאר די הייליגסטע מצוה, ווי דער **יעב"ץ** שמועסט אויס אין אן אנדערן ארט[177]:

> עס איז נישט דא זיינס גלייכן צווישן אלעס וואס א מענטש קען טון, ווען מען טוט דאס מיט א ריינע כוונה און א ריינע מחשבה, דאן אודאי איז "קדוש יאמר לו", און עס איז נישטא אין דעם קיין שום נידעריגקייט און מיאוס'קייט, נאר אדרבה - אסאך טייערקייט און גרויסקייט מער ווי געננוג.

אוודאי איז דאס נישט קיין גרינגער ארבעט, און אוודאי קומט מען נישט אייביג אן צום העכסטן דרגה, און אפילו ווען יא - איז דער מענטש נישט אייביג אויפן זעלבן גשמיות'דיגן אדער רוחניות'דיגן דרגה, אבער אזוי ווי אין אלע אנדערע ענינים איז נישט אייביג דא קיין שלימות, און נישט אייביג איז די כוונה ביים דאווענען אויפן העכסטן שטאפל א.א.וו.

פארט אבער איז דאס אן עבודה ווי אלע אנדערע זאכן אין עבודת ה', און ווי חז"ל זאגן אז[178]: "**לא ניתנה תורה למלאכי השרת**" - מיר זענען טאקע נישט קיין מלאכים, און מיר טוען נישט אלעס אלעמאל פונקט ווי עס דארף ווען צו זיין, אבער מען דארף שטענדיג האלטן פאר די אויגן די "תכלית" פונעם הייליגן מצוה, און פרובירן צו שטרעבן צו גיין

176) קונטרס קדושת ישראל, שעהר, עמ' 7, וז"ל: והפילוסוף היוני לא השכיל לדעת עד היכן מגיע קדושת ישראל, שיש בהם כח להתענג על ה' במאכל ובמשגל, ממש כמו אדה"ר קודם החטא, והקב"ה רוצה שיתענגו בניו על טוב ה' וכו'. שע"פ דעת תורה העונג שיש בחוש המישוש בין באכילה ובין במשגל אין בכך שום גנאי וכיעור, שאם האדם עושה דברים אלו לשם מצוה לש"ש, המצוה עליו להתענג בכל כוחו שנתן בו הקב"ה כפי טבעו ובריאותו, שכך הוא רצון השי"ת.

177) מור וקציעה סימן רמ, וז"ל: אין ערוך אליו בכל מעשה בשר ודם - כשיופעל בכוונה טהורה ומחשבה זכה ונקיה, קדוש יאמר לו ודאי, ואין בו דופי פחיתות כל עיקר ולא גנאי, אדרבה הרבה יקר וגדולה יותר מדאי וכו'.

178) יומא ל ע"א.

העכער לויטן מצב וואו מען האלט. דאס קען מען אבער נאר טון, ווען מען לערנט גוט אפ וואס עס שטייט אין די תורה און אין חז"ל איבערן תכלית פונעם מצוה, און דאן קען מען דאס טון אויפן ריכטיגן אופן און מיט די ריכטיגע מחשבות. כדי אפצולערנען פונקטליך וויאזוי די תורה און חז"ל קוקן אן די מושג פון מצות הבית, וועלן מיר דערפאר ווידמען דעם קומענדיגן פרק.

א קורצן סיכום פון דעם פרק:

- מיר זענען מחנך אונזערע קינדער מיט אזא ריינקייט און צניעות, אז ווען זיי הערן די חתנים/כלות הדרכות שטייט עס פאר זייערע אויגן ווי די גרעסטע סתירה צו דאס וואס מ'האט זיי אלץ אויסגעלערנט ביז היינט.
- ווען מ'איז צו יונג איז שווער צו פארשטיין די דקות'דיגע חילוקים ווען עס איז יא מותר און ווען נישט, דערפאר באגרעניצט מען אים גענצליך פונעם געדאנק פון מצות הבית. אבער אצינד דארפן מיר פארשטיין אז דאס איז פונקט ווי פלייש, וואס מ'דארף טאקע שחט'ן, זאלצן, כשר'ן, מאכן א ברכה דערויף, אבער דערנאך איז עס גענצליך מותר.
- אין פאקט, איז עס נישט נאר מותר, נאר אויך א מצוה וויבאלד מ'איז מקיים מצות פרו ורבו נאר דורכן זיך מזווג זיין.
- וויבאלד מצות הבית איז שייך אפילו ווען ס'איז אוממעגליך מקיים צו זיין מצות פרו ורבו, מוז זיין אז עס איז דא א באזונדערע מצות עונה, וואס איז נוגע אפילו אן מצות פרו ורבו.
- די דאזיגע מצות עונה קען נישט באדייטן אז מ'דארף צושטעלן מצות הבית נאר צוליב דעם ווייב'ס תאוה, סיי ווייל מיר געפונען נישט קיין איין מצוה אין די תורה אז מ'זאל צושטעלן פאר א צווייטן א תאוה, סיי ווייל לויט דעם איז היינט כמעט נישט נוגע די מצוה די ערשטע צייט נאכן חתונה, און סיי די מצוה פון "קדושים תהיו" איז געזאגט געווארן פאר מענער און פרויען צוגלייך, און אויב ער דארף פרובירן זיך איינצוהאלטן דאן פארוואס זאל זי זיין אנדערש.
- מ'דארף אויך וויסן, אז די השקפה אז מצות הבית איז א מאוס'דיגע און נידעריגע זאך, איז א גוי'אישע השקפה. אזוי האט בלעם הרשע געהאלטן, אזוי האבן די גריכישע פילאזאפן געהאלטן, און אזוי האלטן די קאטאליקן, אבער דאס איז גענצליך אין קעגנזאץ צו די אידישע השקפה.
- מיר ווייסן אז דאס איז אן אינטעגראלער טייל פונעם הייליגן תורה, און ווי רב כהנא האט זיך אויסגעדרוקט טאקע אויף מצות הבית "תורה היא וללמוד אני צריך".
- מען קען מקיים זיין דעם ענין אויף א דערהויבענעם אופן, און אזוי אויך אויף א נידעריגן אופן. עס ווענדט זיך אין אונזער געדאנקנסגאנג בשעת מעשה.
- מיר דארפן זיך איינ'חזר'ן אז די מצוה פאר זיך זעלבסט איז אן "ענין קדוש ונקי", ווי דער רמב"ן דרוקט זיך אויס.
- די כלי הזיווג זענען נאר ווי הענט, וואס מ'קען זיי נוצן צו שרייבן א ספר תורה און מ'קען זיי נוצן צו בארויבן מענטשן. דער קיום מצות הבית קען צוגיין אויף אן הייליגן אופן, און מ'קען אויך פארדארבן, אבער עס איז נישט קיין "פארדארבענע זאך" פאר זיך.

• פרק ח׳ •

אהבה ואחוה ושלום ורעות

די תורה׳דיגע בליק איבער מצות הבית, און פארוואס איז בכלל דא אזא מצוה אין די תורה?

א. מצות הבית איז נישט קיין גזירת הכתוב

מצות הבית איז אנדערש פון אסאך אנדערע מצוות. עס זענען פארהאנען פיל מצוות וואס אויב עס וואלט נישט געשטאנען אין די תורה וואלט אונז נישט בייגעפאלן דאס צו טון, ווי צום ביישפיל די מצוה פון תפילין, מצה, לולב און שופר וכדומה. ווידער מצות הבית איז נישט א געדאנק וואס איז פלוצלינג נתחדש געווארן ביי מתן תורה, נאר אזוי האט דער באשעפער אריינגעלייגט אינעם טבע הבריאה, אז מאן און פרוי וואוינען צוזאמען והיו לבשר אחד.

דערפאר רופן עס חז״ל אן מיטן נאמען **״דרך ארץ״**[179], כדי אנצוצייגן אז דאס איז דער איינפאכער שטייגער פונעם וועלט, וויבאלד עס איז א נאטורליכער אינסטינקט וואס ליגט אריינגעבויט אין יעדן נברא. אזוי זאגן מיר טאקע אויך יעדעס יאר אין ״הגדה של פסח״, הויך אויפן קול: **וירא את ענינו, זו פרישות דרך ארץ** - דער באשעפער האט געזען אונזער פיין, אז מען איז געווען אפגעשיידט פון קענען וואוינען צוזאמען, ווי עס איז דער נארמאלער שטייגער צווישן מאן און פרוי.

אבער עס גייט נאך טיפער פון דעם. אפילו דער ״צוגאנג״ צו מצות הבית אויפן פאסיגן

179) נדרים צא ע״ב: ״צערתן בדרך ארץ״. גיטין ע ע״א: ״מי שאינו בקי בדרך ארץ״. וע״ע בספר ישראל קדושים (להרה״ק רבי צדוק הכהן מלובלין זי״ע), שהוסיף שגם בקידושין ב ע״ב אמרינן שביאה נקראת דרך, ובנדה טז ע״ב דרשו מהפסוק (משלי יט, טז): ״בּוֹזֵה דְרָכָיו״ על החיבור.

וועג, איז א פשוט'ער נאטורליכער געדאנק, ווי עס שטייט שוין אין גמרא[180], אז אויב מיר וואלטן נישט געהאט די תורה וואלטן מיר זיך אפגעלערנט פון א הינדל וויאזוי מקיים צו זיין עונה, וואס ער וואוינט נאר נאך מפייס זיין. ווי מיר וועלן זען בהמשך, איז דאס געווען דער סדר נאך פון די צייטן פון אדם הראשון און די אבות בעפאר מתן תורה, אז זיי האבן מקיים געווען מצות הבית מיטן גאנצן געפיל און ליבשאפט.

דערפאר דארפן מיר דא קלארשטעלן, אז מצות הבית איז בעצם זייער א נאטורליכע זאך, וואס וואלט נישט געפאדערט פילע הסברים צו פארשטיין וואס דאס איז. טראצדעם וואס די גדרים דערפון דארף מען געוויס לערנען אין די תורה, און מיר דארפן זען אין די ווערטער פון חז"ל און די ראשונים דאס טיפקייט און קדושה דערפון, פארט אבער איז דער "געדאנק" דערפון א זאך וואס ליגט אין די עצם בריאה פון מענטשהייט.

דאס קען זיין א מליצה: "**דרך ארץ**" - דאס ענין פון מצות הבית וואס חז"ל רופן אן דרך ארץ, איז: "**קדמה לתורה**" - איז נישט עפעס וואס איז נתחדש געווארן אין די תורה, ווי מיר זעען ביי אנדערע מצות, א שטייגער ווי בלאזן שופר, שאקלען לולב, א.א.וו.. נאר דאס איז שוין געווען לאנג פריער אינעם טבע וויאזוי דער באשעפער האט באשאפן מאן און פרוי, און די תורה מאכט נאר זיכער אז ביידע האבן די זעלביגע רעכטן, און אז ביידע באקומען דאס וואס קומט זיך פאר זיי.

דאס זעען מיר אויך אין די תורה זעלבסט. עס שטייט אין ערגעץ נישט קלארע ווערטער אז עס איז דא א מצוה פון עונה, נאר די פסוק דערמאנט דרך אגב'דיג – ביים פרשה פון פארקויפן א טאכטער פאר א דינסט – אז אויב נעמט דער האר א צווייטע ווייב זאל ער נישט פארמינערן פונעם עונה פון זיין ערשטן ווייב, ווי עס שטייט אין פסוק[181]: **אִם אַחֶרֶת יִקַּח לוֹ... וְעֹנָתָהּ לֹא יִגְרָע**. פארוואס שטייט טאקע נישט אין ערגעץ אז א מאן האט א חיוב צוצושטעלן מצות עונה פארן ווייב? ווייל דאס איז טייל פונעם פשוט'ן מענטשליכן באדערפעניש, וואס איז אונטערן קאטעגאריע פון "דרך ארץ קדמה לתורה" - ווי דער תורה אליין שרייבט אין פסוק פאר דעם[182] **כְּמִשְׁפַּט הַבָּנוֹת יַעֲשֶׂה לָּהּ**, דאס מיינט אז דאס איז די סדר וויאזוי מאן און ווייב לעבן צוזאמען נארמאל - די תורה שמועסט נאר אויס אז ווען מ'האט חתונה מיט א צווייטן ווייב טאר מען נישט אוועקנעמען די מצות הבית פונעם ערשטן ווייב[183].

180) עירובין ק ע"ב: אילמלא לא ניתנה תורה, היינו למדין דרך ארץ מתרנגול, שמפייס ואחר כך בועל.

181) שמות כא, י.

182) שמות כא, ט.

183) ראה במכילתא דר"י (משפטים כא,ט) וז"ל: כמשפט הבנות וכי מה למדנו על משפט הבנות. אלא, הרי הוא בא ללמד, ונמצא למד. מה זה שארה כסותה ועונתה לא יגרע, אף בת ישראל שארה כסותה ועוונתה לא יגרע. ע"כ. וראה לקמן בפרק י"א אות א' דכל הפוסקים הוא רק לא תעשה ולא מצות עשה.

ווי דער **נצי"ב** שמועסט אויס מיט קלארע ווערטער[184]:

> אפילו אויב עס וואלט נישט געשטאנען אין פסוק די מצוה פון עונה, וואלט מען מצד הסברא פארט געווען מחויב דאס צו טון פארן פרוי, און ווי אלע ווייסן פארוואס א כלה גייט אריין אונטערן חופה. ווי אויך ווערט זי פארבאטן הנאה צו האבן דערפון פון אן אנדערן פלאץ, צוליב דעם וואס זי ווערט פארהייראט צו דעם מאן, קומט דאך אויס אז ער נעמט דאס צו פון איר..."

ב. א משל אדער א נמשל?

שטעלט אייך פאר, אז עס וועט אונטערוואקסן א דור וואו די עלטערן האבן נישט ליב זייערע קינדער. זיי פארשטייען נישט פארוואס עפעס דארף מען ליב האבן א קינד, ווען פערצופאל איז דאס קינד געבוירן געווארן ביי מיר און עס וואלט פונקט אזוי געקענט זיין א צווייטנס קינד. זיי זאגן קיינמאל נישט קיין גוט ווארט פאר די קינדער, און אדרבה זיי שטראפן די קינדער אויף יעדע קלייניגקייט און פייניגן זיי אויף טריט און שריט, און זיי פירן זיך אזוי אויף בשיטה. זיי האבן מיט זיך פסוקים אין די תורה אז מען דארף זיך אזוי צו פירן

ובספר מרכבת המשנה על (על המכילתא) הביא קושיא מאת הצידה לדרך וז"ל: בקשתי ולא מצאתי חבר להרי זה בא ללמד הנמצא כאן, דבכל המקומות בש"ס דאשכחן הרי זה בא ללמד פירושו אף למד וכו' אבל כאן הוי ונמצא למד דוקא דהא ללמד לא בא כלל וכו' ואיך אמרו כאן כמשפט הבנות יעשה לה, ותלי תניא בדלא תניא, שהרי לא ידעינן חיוב שאר כסות ועונה לבנות ישראל אלא ממה שכתוב כאן גבי אמה העבריה, וצריך עיון. עכ"ל. ולפי דברינו אתי שפיר, דאי"ז לימוד וחידוש דין שחידשה התורה, וביסודו הוא דין מצד מדת דרך ארץ, וכדברי הנצי"ב בהמשך.

וראה מש"כ הגרמ"פ זצ"ל בארוכה בסוגיא דמדיר הנאת תשמיש (דברות משה, נדרים אות טו) וז"ל: אבל במצות עונה שהמצוה היא רק ההנאה שמזה, היינו שמחוייב להנות אשתו בתשמיש לא שייך כל כך לומר שלא יתחשב הנאה, ורק לגבי מצות פרי' ורבי' שייך שלא יתחשב הנאה...שאף בלא מצוה הוי השעבוד כדהוכיח ממה שהיא משועבדת לו אף שליכא מצוה שע"כ הוא רק מטעם הנאה שלו שנשתעבדה לו לזה, שכן גם מה שהוא משועבד לה הוא רק מטעם הנאתה, וע"ז הוסיפה התורה מהאיש להאשה לחייבו גם במצוה להנותה, שא"כ לא שייך שתתבטל ענין ההנאה להמצוה כיון שרק ההנאה עושה המצוה וכו'.

184) ברכת נצי"ב על המכילתא, פרשת משפטים פ"ג ד"ה אם היתה ילדה וכו', וז"ל בא"ד: מיהו "עונה" לא צריך קרא, ולא מק"ו דירושלמי דיליף מ"כסות", אלא אפילו לא כתיב כסות כלל הסברא נותנת שעל זה נשתעבד, והכל יודעין למה כלה נכנסת לחופה, וגם כי נאסרה ע"י בעלה להשיג הנאה זו ממקום אחר, וא"כ הוא גוזל הנאתה ממנה, והרי אפילו בתענוג גידול בנים אם מונע ממנה כופין אותו להוציא וליתן כתובה, למשנה ראשונה לדעת השאילתות... וגם במכילתא וירושלמי לא הוצרכו לק"ו, אלא למיקם עלה בלא תעשה ד"לא יגרע". אבל השאילתות לא ס"ל הכי, ולא תעשה לא קאי אלא על "כסות" דמפורש בקרא, ו"עונה" משועבד מסברא. או אפשר, כיון דמשועבד מצד הסברא, ממילא עובר על "לא יגרע"...

און נאר דאס מיינט אן עכטע חינוך, ווי די גמרא זאגט[185] אז אפילו א וואויל קינד איז א מצוה צו שלאגן, און נאך אזעלכע מאמרי חז"ל.

עס פעלט נישט אויס ארויסצובערענגען וויאזוי די תוצאות פון אזא סארט חינוך וועלן אויסזען. די קינדער וועלן געוויס ארויסקומען אומגעזונט פיזיש און גייסטיש, און קיין סאך ערליכע אידן וועלן פון אזא סארט חינוך נישט ארויסקומען. מיר פארשטייען אלס א פשוט'ע זאך, אז אזעלכע עלטערן לעבן נעבעך אין א ביטערן טעות! דאס ליבשאפט פונעם טאטן און מאמען צום קינד, דארף מען נישט אויפווייזן אדער מסביר זיין, און יעדער רעכטדענקנדער מענטש ווייסט גאנץ גוט אז דאס ליגט אין די טבע הבריאה וואס דער באשעפער האט אוועקגעשטעלט, און עס קומט נאטורליך אזוי.

אבער פאר אט די מענטשן וואס לעבן נעבעך אזא סארט לעבן וועט נישט העלפן קיין הסברים, און קיין שום זאך וועט זיי נישט אוועקרירן פון זייער שיטה, ווילאנג מען ווייזט נישט אויף וואו עס שטייט אין די תורה אז מען מוז ליב האבן א קינד. בלית ברירה וועט מען מוזן אפירקראצן פסוקים וואו מען זעט יא אין די תורה אז עס פאדערט זיך ליב צו האבן א קינד, ווי דער פסוק דרוקט זיך אויס[186]: "כרחם אב על בנים" וגו', און נאך אזעלכע פסוקים און מקורות אין חז"ל וואס ווייזן אונז די וויכטיגקייט דערפון.

דאס זעלביגע איז בנוגע די געדאנק פון מצות הבית. א מענטש וואס האט נישט ארויס די פשוט'ע כוונה פון מצות עונה שטייט אייגנטליך אינעם זעלבן מצב, נאר צוליב עטליכע אורזאכן איז דאס נאטירליכקייט פון מצות הבית כמעט ווי אנטרינען געווארן. דאס טוישט אבער נישט דער פאקט, אז דאס ליבשאפט צווישן מאן און ווייב איז פונקט אזא נאטורליכע זאך ווי דאס ליבשאפט צווישן עלטערן און זייערע קינדער.

ווען מען קוקט אריין אין גמרא, זעען מיר דאס טאקע אזוי אלס א דבר פשוט מאוד. צוםביישפיל, ווען מען האט געוואלט ווייזן פאר די אידן ווי שטארק דער באשעפער האט זיי ליב, האט מען זיי געוויזן דעם ענין פון חיבת זכר ונקבה, און זיי האבן גלייך פארשטאנען דעם ענין[187]. מען האט זיי נישט געדארפט מסביר זיין דעם משל, ווייל דער משל איז געווען א דבר המובן מאליו.

אין די פריערדיגע ספרים זעען מיר אויך אזוי. גאנץ "שער אהבה" אינעם ספר "ראשית חכמה", לערנט אפ פון אט דעם ענין וויאזוי מען דארף צוגיין צו אהבת ה'. דאס זעלביגע זעען מיר אין חסידישע ספרים, אז דער דאזיגער ענין ווערט גענוצט אלס משל צו פארשטיין די

---

185) מכות ח ע"ב: אע"ג דגמיר, נמי מצוה קא עביד, דכתיב: "יסר בנך ויניחך".

186) תהלים קג, יג.

187) יומא נד ע"א, זע מער באריכות דערוועגן אין פרק ט' "ועשו לי מקדש ושכנתי בתוכם".

קשר צווישן דעם באשעפער מיט די אידן, אדער צו פארשטיין אנדערע ענינים אין עבודת השי"ת, ווי התקשרות לצדיקים, אדער א ריכטיגע הכנה צו דאווענען, וכדומה. לאמיר אצינד צוגיין און פארשטיין וואס איז דאס מצות הבית.

ג. פעולה של אהבה

איינער וואס פארשטייט נישט גענוי די ריכטיגע צוגאנג צו "שלום בית" - וואס איז ערקלערט געווארן אינעם ערשטן חלק פונעם ספר - וועט לכאורה אויך נישט פארשטיין וואס איז די עיקר כוונה פון "מצות הבית".

מצות הבית איז א המשך פון א שטוב וואו עס הערשט א ליבשאפט און א ווארעמע געפיל א גאנצן טאג, מיט א שטארקן קשר איינער צום צווייטן, מען האט זיך ליב איינער דעם צווייטן, און מיט גאר א טיפער געפיל פון "**חד גופא וחד נפשא**".

אין אט אזא סארט אידישע שטוב האט די מצוה א פשט, און עס איז אפילו הייליג. ווייל די געדאנק פון עונה איז בעיקר איין זאך: **עס איז א "פעולה פון ליבשאפט"**[188]. פונקט ווי מען פארשטייט אז ווען איינער וויל ארויסברענגען זייער ליבשאפט צו א קינד, וועט מען אים אדער איר געבן א קוש אין פנים, אדער ווען מען וועט טרעפן אן אלטן פריינד/ין וועט מען זיי ארומהאלזן מיט א ליבשאפט, אזוי אויך שאפט זיך עס ביי מצות הבית אויף פיל א שטערקערן פארנעם. דאס איז די נענטסטע וואס צוויי מענטשן וואס האבן זיך ליב קענען צוקומען צו, עס הערשט נישט קיין שום מחיצות צווישן זיי, און מען נעמט זיך ארום באהבה ואחוה מיט ליבליכע געפילן און מיט א שטארקער ווילן צו זיין דאס נענטסטע וואס עס איז נאר מעגליך, ביז מען ווערט ממש בשר אחד מיטן קיום המצוה אליינס, ווי מיר זעען פון די ווערטער פון די **בני יששכר** און **תולדות יעקב יוסף**[189].

---

188) ראה באבודרהם (סדר שחרית של חול) וז"ל: ותמצא כי בברכה זו {אהבה רבה} נכללים דברים רבים כי השם יאהב אותנו מכל האומות ונתן לנו תורה ולהאמין ביחודו ושהוא אדון הכל ומסיים הברכה על האהבה לא על היחוד, מפני שספור היחוד אם לא יהיה מאהבה ומלב שלם לא יועיל כלום.

189) בני יששכר, תשרי, יחידא שלים, וז"ל: רז"ל נתנו טעם וכו' הנה יש להתבונן אדרבא כיון שהוא אוהבו אצלו אדרבא מהראוי להגדיל ולהאריך עמו בסעודה יותר ויותר וגם מהו הטעם כדי שאהנ' ממך... וזהו הנרצ' עשו לי סעוד"ה קטנ"ה שלא להאריך בהנאת הסעוד' כי אני מבקש לעשות הסעודה בחפזון כי רצוני ליהנות ממך כביכול בקירוב בשר ולא יתערב זר בשמחתינו הבן הדבר. ובתולדות יעקב יוסף, פ' שלח, וז"ל: וכמו שהכלה אחר הקשוטין והלבושין הוא היחוד והזווג ואז אשתליל מלבושי' ודבק באשתו והיו לבשר אחד כך בסוגי התורה אחר הקשוטין והלבושין הוא היחוד ודביקו' בפנימי' התורה שהיא תורת ה' ובו תדבק בדביקה חשיקה וחפיצה. ובזה יובן בתורת ה' חפצו בדביקה בחשיקה וחפיצה רק

דאס וועלן זיין צוזאמען איז א תוצאה פון גרויס ליבשאפט, ווי מיר זעען אויך אין **אור החיים הקדוש**[190] אז וואס גרעסער עס איז דאס ליבשאפט אלס מער וויל מען וואוינען צוזאמען, און ער ברענגט א ראי' דערצו פון חתן און כלה. ענליך שרייבט דער **ראשית חכמה**[191] אז דער פאקט איז אז א מענטש וועט נישט פארשפעטיגן פון צו זיין צוזאמען מיט די ווייב, ווען זיי האבן זיך ליב מיט אן אמת'ן חשק, אפילו מען וועט אים געבן אלע געלט אין די וועלט. אזוי ווייט קען גיין דאס ליבשאפט צווישן מאן און ווייב, און זיין ווילן ארויסצואווייזן די ליבשאפט.

אזוי אויך ערקלערט ער[192] דאס וואס עס שטייט אין גמרא, אז: **אין אשה כורתת ברית אלא למי שעשאה כלי** - א פרוי שליסט נאר א בונד מיט דער וואס וואוינט מיט איר צום ערשטן מאל, אז דאס איז נישט סתם עפעס א טעכנישע זאך, נאר וויבאלד אט די פעולה קומט נאך די ריכטיגע הקדמה פון אמת'ע שטארקע ליבשאפט (דביקה חשיקה און חפיצה), וואס דאן זעט די פרוי אז עס איז דא א טיפע ליבשאפט וואס ענדיגט זיך מיט אט די פעולה פון מצות הבית, דאן שליסט זי א בונד פון ליבשאפט אויף אייביג. **תוס'**[193] לייגט צו, אז נאר מיט אזא ליבשאפט קען מען בויען א שטוב און געבוירן קינדער.

דאס זעלביגע איז אויך געזאגט געווארן מצד דעם מאן, ווי דער **רמב"ן** שרייבט[194] אז דער

שאין זה סוג היחוד והזווג שייך בהתמדה כי אי אפשר ומבשרי אחזה וגו' אבל בתורתו יהגה יומם ולילה והוא חלק הנגלה מהתורה יהי' בהתמדה יומם ולילה והבן. עיי"ש באריכות הדברים ות"נ.

190) פרשת יתרו (שמות יט, א) ד"ה בחודש השלישי, עיי"ש באריכות, וז"ל בסוף: אכן זה יגיד עוצם חשק נתינת התורה לישראל וכו', ותקח לך שיעורן של דברים מחשוק וחשוקתו, כי לא יצטער בעכבתו מבוא אליה כל זמן שלא הגיעו עת דודים ועדיין לא עלתה כלה לחופתה, אשר לא כן בעת כלה בחופתה לא יעצור כח לעכב ביאתו אליה.

191) שער האהבה, פרק ד אות כד, וז"ל: ובמציאות שלא יאחר אדם מלהזדוג לאשתו בהיות תכלית חשקו בה, אפילו היו נותנים לו כל ממון שבעולם.

192) שער האהבה, פרק ד ד"ה ונחזור, וז"ל: ונחזור לדרוש הבנת המאמר, אמרנו כי שהביא בעל המאמר ושלשתם למדנו מפרשתו של אותו רשע, הוא ללמדנו שחייב אדם לאהוב את השכינה בשלשתם. והטעם הוא, כי אי אפשר לשכינה שתתייחד למעלה אלא אם כן יקדים הצדיק בה ג' בחינות אלו, ואז על ידי אלו השכינה כורתת לו ברית, מפני שעל ידה תעשה כלי כמו שנבאר. ופי' ז"ל (סנהדרין כב ע"ב): "אין אשה כורתת ברית אלא למי שעשאה כלי" וכו', וכדי שתהיה אהבת האשה תקועה בבעלה יפה הוא כשתראה היא שאינו אוהב שום אשה בעולם אלא לה לבדה, אז תכרות לו ברית אהבה שלימה.

193) כתובות ד ע"א וז"ל: בעילת מצוה. קרי לה בעילת מצוה משום דכתיב כי בועליך עושיך ואמרי' (סנהדרין דף כב:) אין אשה כורתת ברית אלא למי שעושה אותה כלי וע"י כך מידבק בה ובאין לידי פריה ורביה ולהכי קרי לה לבעילה ראשונה בעילת מצוה.

194) פרשת ויצא, ד"ה ויאהב גם את רחל, וז"ל: והטעם, בעבור כי הטבע לאהוב יותר האשה אשר ידע האדם בראשונה, כענין שהזכירו חכמים בנשים שאינה כורתת ברית אלא למי שעשאה כלי... עכ"ל. ומשמע ג"כ מפורש מן התוס' בהערה הנ"ל, דכתב "וע"י כן מודבק בה".

מאן האט אויך א ספעציעלן געפיל צום פרוי מיט ווען ער וואוינט דאס ערשטע מאל, וואס דעמאלסט איז די אהבה אויף די שטערקסטע אופן.

עס זענען באקאנט די ווערטער פון **רבי מאיר**[195]:

> פארוואס האט די תורה געזאגט אז א פרוי ווערט א נדה? ווייל ער איז איינגעוואוינט מיט איר, האט די תורה געזאגט אז זי זאל נישט זיין ריין פאר זיבן טעג כדי זי זאל [נאכן ווערן טהור] זיין באליבט ביי איר מאן אזוי ווי ווען זיי זענען אריין אונטערן חופה.

די תורה האט זיך געזארגט, אז מען זאל וועלן פירן א לעבן פון געפיל און ליבשאפט איינער צום צווייטן, און אויב מען איז צוזאמען א גאנצע צייט - פעלט אינעם פרישקייט, און דאס ליבשאפט קען חלילה אויסוועפן. דערפאר האט די תורה געמאכט אז עס זאל זיין א הפסק פון צייט, וואס דאס וועט זיי ברענגען צוזאמען שפעטער אויף א ליבליכן אופן, און דאס וועט נאכאמאל ערוועקן די טיפע געפילן אזוי ווי זיי גייען יעצט אריין אונטער די חופה צום ערשטן מאל. ווייל ווען איינער איז אפגעשיידט פון א נאנטע פריינד פאר א שטיק צייט, ווערן די געפילן פון ליבשאפט שטערקער און שטערקער, און מ'קען נישט אויסווארטן די מינוט ווען מ'קען שוין פארברענגען צוזאמען. אט דאס זענען די צייטן פון ריחוק, וואס ווען צוויי מענטשן האבן זיך ליב אהבת נפש ווארטן ארויס אויפן מינוט ווען מען וועט קענען זיין צוריק צוזאמען, און ארויסווייזן זייער ליבשאפט איינער צום צווייטן, און ווערן צוריק "בשר אחד".

און וויבאלד עס איז א פעולה פון אהבה, דערפאר אויב טוט מען דאס אויפן ריכטיגן אופן, דאן ברענגט דאס צו אז זיי זאלן זיך נאכמער ליב האבן, ווי עס זענען באקאנט די ווערטער פונעם **חינוך**[196]: "**האדם נפעל כפי פעולותיו**" - אז א מענטש ווערט געטוישט לויט ווי ער פירט זיך אויף, און אויב ער איז אריינגעטון אין א פעולה וואס ברענגט ליבשאפט, וועט דאס צוברענגען אז זיי זאלן זיך מער און מער ליב האבן.

אבער פון די אנדערע זייט, טאקע וויבאלד מצות הבית איז א וועג פון ארויסברענגען די געפילן, מוז עס געטון ווערן מיט א ריכטיגן געפיל פון ליבשאפט וואס דארף שוין צו הערשן פון פריער אין שטוב. די מצות הבית ברענגט נאר ארויס די געפילן אויף פיל א שטערקערן פארנעם ווי סתם דורכן טאג, אבער עס קען נישט זיין אז נאר דא ווייזט מען פלוצלינג ארויס געפילן, ווען דורכן טאג הערשט אן אנגעצויגנקייט אין שטוב. די צוויי זאכן זענען א סתירה.

---

195) נדה לא ע"ב: תניא, היה ר"מ אומר: מפני מה אמרה תורה נדה לשבעה? מפני שרגיל בה וקץ בה, אמרה תורה: 'תהא טמאה שבעה ימים, כדי שתהא חביבה על בעלה כשעת כניסתה לחופה'.

196) מצוה טז, וז"ל: ועתה בני, אם בינה - שמעה זאת והטה אוזנך ושמע, אלמדך להועיל בתורה ובמצוות. דע, כי האדם נפעל כפי פעולותיו, ולבו וכל מחשבותיו תמיד אחר מעשיו שהוא עוסק בהם, אם טוב ואם רע.

אזוי שרייבט טאקע הרה"ג רבי **עזריאל טויבער זצ"ל**[197]:

> מיר דארפן וויסן אז דאס נאנטע קירבה איז די קודש הקדשים פון א אידישע שטוב, און אז אזא הויכע דרגה פון קירבה איז נאר שייך אויב בעפאר דעם קומט א לעבן פון אמת'ע ליבשאפט, א לעבן פון נשיאת עול, א לעבן פון געבן לשם געבן, און א לעבן פון "**אוהבה כגופו**". א מענטש וואס איז אן עגאאיסט וועט קיינמאל נישט קענען מקיים זיין די מצות הבית מיט קדושה, מיט א ריינע כוונה און דורכן מקדש זיין שם שמים.

אין אנדערע ווערטער, די שמחה און קשר פון מצות הבית איז נישט "א זאך פאר זיך" וואס מען קען טון און עס ברענגט ארויס ליבשאפט, נאר דאס איז עפעס וואס פאסירט דוקא אויב מען לעבט מיט אהבה אחוה שלום און רעות, דעמאלט איז די מצות הבית א פעולה פון התקשרות הנפש און פון א גענצליכער פאראייניגונג, וואס דאס וועט פארמערן שלום און האלטן שטארק זייער פארבינדונג.

מצות הבית איז מער א **סימן** פון פריערדיגער ליבשאפט, ווי א **סיבה** גורם צו זיין ליבשאפט. אויב עס פעלן די ליבליכע געפילן, קען דאס גאר זיין א ווייטאגליכער איבערלעבעניש פארן פרוי[198].

ד. פעולה של אחדות

אין ספרים הקדושים ווערט געברענגט, אז מצות הבית איז די שפיץ אחדות צו וואס א מאן און פרוי קענען צוקומען. עס ברענגט די צוויי צוזאמען מיט אן אמת'ן שטארקן בונד, אויב עס ווערט געטון מיט די ריכטיגע כוונה און מיט די ריכטיגע פעולות. אין **זוהר הקדוש**

---

197) פרקי מחשבה, הבית היהודי, עמ' קח, וז"ל: עלינו לדעת שהקירבה ההדדית היא הקודש הקדשים, של הבית היהודי, שרוממות כזו ופסגה כה עילאית של התקרבות, תיתכן רק אם קדמו לכך חיים של אהבה אמיתית, חיים של נשיאה בעול, חיים של נתינה לשם נתינה, חיים של אוהבה כגופו ומכבדה יותר מגופו. אדם אנוכי המרוכז בעצמו, לא יוכל לעולם לקיים את מצות הבית בקדושה, בכוונה טהורה ומתוך קידוש שם שמים.

198) ראה ספר בנין עדי עד (ירושלים תש"מ), וז"ל: עלינו לדעת, הזיווג הוא שיא של קרבה, אבל כל שיא קודמת לו התפתחות עד שמגיעים אליו. קירבה גופנית בלי קרבה נפשית - מעליבה את האשה, עיניה של אשה בעלת רמה דווקא אל קרבה נפשית, ויחס של שימת לב אוהבת. אם יש יחס כזה - היא משתוקקת גם אל קירבה גופנית, אך אם אין בעלה מגלה כלפיה שימת לב אמיתית וקירבת דעת תמידית - היא סולדת ממש מהזיווג הגופני! כי קירבה גופנית שאינה באה מתוך קירבת הדעת, משפילה אותה וכואבת לה!

שטייט[199] אז די פעולות פון חיבוק ונישוק איז טאקע אן ענין פון קירוב און אהבה, אבער דאס שפיץ יחוד און אחדות געשעט נאר ביים עצם זיווג. נאך שטייט אין **זוהר הקדוש**[200], אז דאס זיווג איז צוגעגליכן צו תפילת שמונה עשרה. ווייל פונקט ווי ביי שמונה עשרה פאדערט זיך די גרעסטע מאס דביקות פון א איד מיטן באשעפער, וויבאלד דעמאלט איז מען זיך מייחד מיטן באשעפער מיט אלע רמ"ח איברים ושס"ה גידים, און טראצדעם וואס ביי אנדערע חלקים פון דאווענען מעג מען מרמז זיין צו אנדערע, טאר מען דאס נישט טון ביי שמונה עשרה, וויבאלד מען מוז האבן די גרעסטע מאס אחדות בשעת מעשה און נישט טראכטן פון עפעס אנדערש. אזוי איז אויך מיט מצות הבית, אז ווען א מאן און פרוי טוען זיך פאראייניגן דארף עס צו זיין מיט די גרעסטע מאס אחדות, פריינדשאפט און ליבשאפט צווישן זיי צוויי, און נישט טראכטן פון עפעס אנדערש נאר פון זיי צוויי.

אסאך הלכות פון מצות הבית ברענגען ארויס דעם געדאנק, ווי צום ביישפיל: מען זאל עס לכתחילה טון אינמיטן נאכט ווען מען הערט נישט קיין מענטשן אויפן גאס, וואס דעמאלט קען מען פארלירן די כוונה איינער צום צווייטן אפילו בלויז פאר איין מינוט[201]. מען זאל נישט רעדן פון אנדערע זאכן בשעת מעשה ווייל דאס איז מבטל די שמחה[202], און דאס ברענגט היסח הדעת פון די אחדות ווייל מ'קען טראכטן פון אנדערע[203].

ביים זיווג ווערט אן "אחדות הגוף" און אזוי אויך אן "אחדות הנפש", ווי דער ראשית חכמה ברענגט פונעם **זוהר הקדוש**[204]:

---

199) תיקוני זוהר (דף פט ע"ב) וז"ל: אדהכי הא אליהו וכו' דיחודא דתרווייהו לאו איהו בכל איברין דלהון אלא בברית מילה. כשמזדווג אז הוא יחודא שנעשים גוף אחד באחדות, משא"כ בשאר איברים אפילו בחיבוק ונישוק אינו אלא אחוה ואהבה, ואינם מתייחדים להיות גוף אחד. (הלה"ק ע"פ כסא מלך)

200) ראשית חכמה (שער הקדושה פרק טז) בשם הזוהר, וז"ל: ובענין קדושת הזווג וכוונתו ביארו בתיקונים, שהוא דומה ליחוד שאדם עושה בתפלת י"ח, ואמר שם שכמו שכשאדם מתפלל תפלת י"ח הוא בחשאי, כן הזווג צריך להיות בחשאי וכו'.

201) שו"ע או"ח סימן רמ ס"ז: לא ישמש בתחלת הלילה ולא בסופה, כדי שלא ישמע קול בני אדם ויבא לחשוב באשה אחרת, אלא באמצע הלילה. אגב ראה שם במג"א שם סק"כ, וז"ל: וכתוב ביש"ש בב"ק פ"ז סימן מג: ואין זה אלא לפרושים, או למי שלבו נוקפו שיהרהר באחרת, עכ"ל.

202) בעל היראים בשטמ"ק נדרים כ ע"א, שמבטלים שמחתם מתוך שמסיחין דעתם, ואזהרתם מ"והתקדשתם".

203) שו"ע או"ח סימן רמ ס"ח: לא יספר עמה בדברים שאינם מעניני התשמיש, לא בשעת תשמיש ולא קודם לכן, שלא יתן דעתו באשה אחרת, ואם סיפר עמה ושימש, אמרו עליו (עמוס ד, יג): "מגיד לאדם מה שיחו" - אפילו שיחה קלה שבין אדם לאשתו מגידין לו בשעת הדין.

204) שער הקדושה פרק טז, העתק בלשה"ק: בוא וראה, בזמן שהאדם נמצא בזווג אחד זכר ונקבה ומתכוין להתקדש כיאות, אז הוא שלם ונקרא אחד בלי פגימה. לפיכך צריך האדם לשמח את אשתו

> ווען א מאן און ווייב געפונען זיך אין א זיווג, און ער האט אינזין זיך צו הייליגן ווי עס דארף צו זיין, דעמאלט איז מען גאנץ און מען הייסט "איינס" אן קיין פעלער. דערפאר דארף א מאן דערפרייען זיין ווייב אין יענע צייט, איר צוצוגרייטן אז זיי זאלן האבן דעם זעלבן ווילן און אינזין האבן דעם זעלבן זאך, און דאן ווען זיי זענען אינאיינעם, דאן איז אלעס איינס סיי אינעם גוף און סיי אינעם נפש. מיטן נפש - זיך צו באהעפטן איינער מיטן אנדערן אין איין ווילן. און מיטן גוף - אזוי ווי מיר האבן געלערנט אז דער וואס האט נישט חתונה איז ווי איינער וואס איז צוטיילט, און ווען זיי באהעפטן זיך דאן ווערט מען איין גוף. קומט אויס אז זיי זענען איין גוף און איין נפש, און מען הייסט "איין מענטש".

בשעת די זיווג קען מען צוקומען - און מען דארף צוקומען - צו אן אחדות גמורה, ווייל דעמאלט ווערט מען ממש ווי איין גוף און איין נפש. דער וועג וויאזוי דאס צו טון איז ווי דער זוה"ק זאגט, אז ביידע דארפן האבן א געענצליכן ווילן און זיין פרייליך, און ביידע זאלן אינזין האבן צו ווערן איינס ממש. ווי דער **נצי"ב** פון וואלאזשין זצ"ל שמועסט אויס[205] אז נאר דורך די פעולה ווערט מען עכט נאנט איינער צום צווייטן.

ה. פעולה של שלום

אינעם ערשטן חלק האבן מיר פיל מאריך געווען איבער דאס ענין פון "שלום בית" אין א אידישן שטוב, און ווי מיר זעען די גרויסע חשיבות פון שלום אין די תורה. אז מען פארשטייט דאס גוט, דארף מען וויסן וואס איז פאראנטווארטליך אויף די שלום בית פון א שטוב. אוודאי איז א שטוב פון שלום א גאנצע צייט בשלום, עס איז נישטא אזא זאך אז יעצט גייט מען טון א פעולה פון שלום, און דערנאך זיך ווייטער קריגן. אוודאי איז שלום בית אן עבודה פון א גאנצן טאג, אויף יעדן טריט און שריט, פארט אבער, טוט אונז די הייליגע גמרא אנטפלעקן וואו עס ליגט די פינטל פון שלום.

די **גמרא** פארציילט אזא מעשה[206]: רבי האט געפרעגט פון רבי שמעון בן חלפתא

באותה שעה, להכין אותה ברצון אחד עמו, ויתכונו שניהם כאחד לדבר ההוא, וכאשר נמצאים שניהם כאחד, אז הכל אחד בנפש ובגוף, בנפש - להדבק זה בזה ברצון אחד. ובגוף - כמו שלמדנו, שאדם שלא נשא אשה הוא כמו שנחלק, וכאשר מתחברים זכר ונקבה, אז נעשים גוף אחד. נמצא שהם נפש אחת וגוף אחד, ונקרא איש אחד.

205) העמק דבר (בראשית ב, כג עה"פ עצם מעצמי ובשר מבשרי), וז"ל: שידע שאהבתו אותה בעוד לא בא עליה ועוד לא דבק בה, כי אם בלי דעת. ואמר שרק בזאת הפעם הוא כן, באשר היא עצם מעצמיו, וכמו שאוהב אדם את ידו. אבל לדורות לא יהיה כן, אלא הדביקה תקרבם להיות אחד. ע"כ.
וי"ל דמשו"ה נקרא זאת בלשון "חבור", שזה מחבר הדבקים בין איש לאשתו ומקרבם לאחד.

206) שבת קנב ע"א: א"ל רבי לר' שמעון בן חלפתא: 'מפני מה לא הקבלנו פניך ברגל כדרך שהקבילו

פארוואס ער איז נישט ארויף געקומען עולה רגל זיין היי יאר, האט ער אים געענטפערט אז ער איז אלט געווארן און עס איז אים שווער געווארן די וועג. ער האט דאס מסביר געווען מיט משלים: די קליינע שטיינער זענען מיר גרויס געווארן, ערטער וואס זענען מיר ביז יעצט געווען נאנט זענען מיר ווייט געווארן, פון צוויי פיס זענען געווארן דריי (ד.ה. אז ער גייט שוין מיט א שטעקן), און נאך איין זאך האט ער צוגעלייגט: **משים שלום בבית בטל**, דאס וואס מאכט שלום אין שטוב ארבעט שוין נישט. **רש"י** איז מסביר אז דאס מיינט די "אבר התשמיש".

עס הערט זיך מאדנע פארוואס ער האט געדארפט מסביר זיין אז ער איז אלט געווארן, פונקט מיט אזא משל. נאר עס קומט אונז אנווייזן די ריכטיגע כוונה פון מצות הבית, און די גמרא האט דאס געפינען פאר וויכטיג ארייצולייגן פאר אונז אלס א טייל פונעם תורה שבעל פה, כדי אונז אויסצולערנען אז טראצדעם וואס עס זענען פארהאן פארשידענע זאכן וואס ברענגען אריין שלום אין א שטוב, איז אבער די צענטראלע נקודה וואס ברענגט שלום און ברענגט מאן און ווייב נענטער איינער צום צווייטן, דורך מצות הבית[207]. ווי עס שטייט אין **שבט מוסר**[208], אז דער געדאנק פונעם זיווג איז צו פאראייניגן די הערצער פון מאן און ווייב. אזוי שרייבט טאקע קלאר **רבינו נסים גאון** אויפן ארט: **משים שלום בבית בטל, זו תאוה שהיא מעלה שלום בין איש לאשתו** - דאס איז די תאוה, וואס ברענגט שלום צווישן א מאן און זיין ווייב. אין אמת'ן אריין זאגן דאס שוין אויך חז"ל זעלבסט[209]: "תאוה איז דאס וואס מאכט שלום צווישן א מאן אין פרוי".

דער קשר וואס מאן און ווייב האבן איז טאקע א טיפער קשר, מער ווי סיי וועלכן אנדערן קשר, וויבאלד דאס איז ביסודו א נפשיות'דיגער קשר וואס מען קען נישט טאפן מיט די האנט. אבער דער וועג צוצוקומען דערצו איז דורך פארשידענע גשמיות'דיגע פעולות, ווען די מצות הבית איז געוויס דער הויפט שפילער דערינען. מיט דעם פעולה ווייזן זיי איינער פארן צווייטן אז עס איז נישטא קיין נענטערן מענטש אויפן וועלט ווי דיר, און מען וויל זיין

אבותי לאבותיך?', א"ל: 'סלעים נעשו גבוהים, קרובים נעשו רחוקים, משתים נעשו שלש, משים שלום בבית בטל'.

207) וע"ע חולין קמ ע"ב: ואמר מר, גדול שלום שבין איש לאשתו, שהרי אמרה תורה שמו של הקב"ה שנכתב בקדושה ימחה על המים, והאי מצורע כיון דכמה דלא מטהר אסור בתשמיש המטה, דכתיב (ויקרא יד, ח): "וישב מחוץ לאהלו שבעת ימים" - אהלו זו אשתו, מכאן שאסור בתשמיש המטה, מהו דתימא כיון דאסור בתשמיש המטה ליתי עשה דידיה ולידחי עשה דשלוח הקן, קמ"ל.

208) פרק כד, וז"ל: שאין כוונת הזיווג למלאות תאות היצר כי אם ליחד הלבבות וכו'.

209) ויקרא רבה פי"ח ס"א, וז"ל: "וְתָפֵר הָאֲבִיּוֹנָה" (קהלת יב, ה) - זו התאוה, שהיא מטילה שלום בין איש לאשתו. וראה עוד במסכת שבת קנב ע"א: 'ותפר האביונה' זו חמדה. רב כהנא הוה פסיק סידרא קמיה דרב, כי מטא להאי קרא נגיד ואתנח, אמר: שמע מינה בטל ליה חמדיה דרב. ועיי"ש בהגהת היעב"ץ שביאר שהוא מטעם שמשים שלום בבית בטל.

דאס נענטסטע איינע צום צווייטן דאס מערסטע שייך, און דורכדעם ווערט מען בשר אחד ממש, און אויב איז יא געווען צווישן מאן און פרוי עפעס אן אנגעצויגנקייט, קען מען דורך דעם מצות הבית זיך שנעל איבערבעטן און צוריק ברענגן שלום אין שטוב [210].

ו. פעולה של שמחה

עס זענען פאראנען צוויי סארטן מצוות אין די תורה: עס זענען דא מצוות עשה און מצוות לא תעשה. געווענליך זענען די מצות עשה'ס אויך א מצוה מעשית, דאס הייסט אז מען דארף טון א געוויסע פעולה כדי יוצא צו זיין די מצוה. מען דארף לייגן תפילין, מען דארף בלאזן שופר, עסן מצה, א.א.וו. די אלע מצות האבן גאר טיפע כוונות אין וואס מען קען ארייניגיין טיפער און טיפער, אבער כדי יוצא צו זיין די מצוה פאדערט זיך נישט מער ווי איין זאך: טון די בלויזע פעולה פון די מצוה און נישט מער. עס זענען אבער דא געציילטע מצוות אין די תורה וואס זענען נישט אנגעוואנדן אין א פיזישע פעולה, נאר מער אינעם נפש און אין די מחשבה פונעם מענטש, אן דעם איז בכלל נישט שייך צו טון די מצוה. ווי צום ביישפיל, די מצוה פון אהבת ה' אדער יראת ה', וואס זיי זענען מצוות שבנפש אין וואס מען דארף אריינטראכטן מיט קאפ און מח, און נאר נאכדעם קען מען אנקומען צו עפעס אן השגה, און מקיים זיין די מצוה.

דאס זעלבע איז ביי מצות הבית, וואס חז"ל רופן דאס אן "א מצוה פון שמחה". ווי די **גמרא** זאגט[211], אז דאס וואס דער אייבערשטער האט באפוילן פאר אלע אידן גלייך נאך מתן תורה[212]: **שובו לכם לאהליכם**, דאס מיינט **לשמחת עונה**. ובאמת איז דאס מפורש אין פסוק[213] **ושמח את אשתו** און ווי די מפרשים[214] זאגן גייט דאס ארויף אז ער זאל איר

210) וראה בהגהת היעב"ץ (שבת שם) וז"ל: משים שלום בבית בטל, לפי' מוכרח הוא להישאר בבית שלא יגרום מריבה עמה בצאתו ותשאר לבדה ולא יוכל לפייסה. וע"ע בתפארת שלמה (ליום כפורים, בד"ה כי ביום הזה) וז"ל: וז"ש תענו את נפשותיכם תענ"ו אותיות עונ"ת הוא היחוד של נפשות ישראל עם קוב"ה כביכול וכן ועניתם את נפשותיכם ג"כ כנ"ל שיהי' היחוד גם לנפשות בנ"י וז"ש בפ' אמור כי יום כפורים הוא לכפר עליכם לפני ד' אלקיכם, לכאורה סיום הכתוב לפני ד' אלקיכם הוא מיותר אך הוא כנ"ל כי צריך לכפר עליכם כדי שתתעלו לפני ד' אלקיכם וזה ועניתם ר"ת עונ"ת יסו"ד מלכו"ת, וזהו יהי כבוד ד' לעולם כו' ישמח ד' במעשיו הם בנ"י וירצה להתיחד עמהם לכן בע"כ והוא רחום יכפר עון כדי שיוכלו להתעלות לדביקות כנ"ל.

211) ע"ז ה ע"א: בסיני נמי כתיב לך אמור להם שובו לכם לאהליכם לשמחת עונה.

212) דברים ה, כו.

213) דברים כד ה.

214) ראה שם בבעל הטורים: ושמח מנין ימים של ושמח חייב בתשמיש המטה בשנה שהן כל ימות השנה חוץ מיה"כ. וע"ע בספר חרדים (פרק ה, מצוות לא תעשה מהתורה התלויות בידים ואפשר לשמרם כל יום, מא)

דערפרייען מיט מצות עונה. שמחה איז נישט קיין "פעולה" וואס מען טוט, און עס "געשעט שמחה" פון זיך אליינס. שמחה איז א פועל יוצא פון א שפראך צווישן צווי מענטשן, וואס דערפרייען זיך איינער דעם צווייטן. דאס איז אן ארבעט וואס יעדער איינער דארף אליין אויסטרעפן וואס עס מאכט דעם צווייטן פרייליך, און מען דארף צולייגן קאפ דערצו.

די **גמרא** זאגט[215]: פארוואס האט די תורה געזאגט אז מצות מילה איז אויף די אכטע טאג? כדי ס'זאל נישט אויסקומען אז אלע מענטשן פרייען זיך ביים ברית, אבער די טאטע און מאמע זענען טרויעריג. ווי **רש"י** ערקלערט, אז אלע מענטשן וועלן עסן און טרונקן ביים סעודת ברית, און די טאטע-מאמע פונעם קינד וועלן זיין טרויעריג ווייל זיי זענען אסור צו וואוינען צוזאמען [וואס ביי א זכר איז מען - מן התורה - נאר טמא פאר די ערשטע זיבן טעג נאכן געבורט[216]]. מיר זעען פון דעם, אז די תורה האט זיך געזארגט אז די מאמע זאל זיין ריין צום ברית פון איר קינד כדי זי זאל קענען זיין צוזאמען מיטן מאן פאר מצות הבית, און דורכדעם וועלן זיי זיין בשמחה, און אויב זיי קענען דאס נישט טון, איז דאס גאר א מצב פון עצבות. די תורה וויל אונז אנווייזן, אז מצות הבית - אויב מען טוט דאס ריכטיג - איז די מקור פון שמחה און חיות אין א אידישע שטוב[217].

ז. הנאה של מצוה

די ספרים זענען מאריך אין דעם, אז טראצדעם וואס מ'זאל שטיין ווייט פון סתם תאוה לשם תאוה, איז אבער די הנאה דערפון יא דער שליסל פון הצלחה ביים מקיים זיין די מצוה, ווייל די שפיץ נקודה וואס ברענגט א מאן און ווייב צו ווערן נאנט איינער צום צווייטן, איז די טיפע גופניות'דיגע הנאה צוזאמען מיט די נפשיות'דיגע הנאה וואס איז דא בשעת

וז"ל: דכתיב כי יקח איש אשה חדשה ושמח את אשתו אשר לקח, דהיינו מצות עונה, כדכתיבנא לעיל, וסמך לו לא יחבול רחיים ורכב, זו אזהרה שלא ימנע אחר עונתן לא יקשור הרחים שהוא רמז לאשה, ולא הרכב שהוא רמז לאיש וכו'. וע"ע בסמ"ק (סי' רפ"ה) וז"ל: לשמח את אשתו כדכתיב ושמח את אשתו אשר לקח, יש בעשה זה לאו שנאמר ועונתה לא יגרע. וראה באריכות להלכה למעשה בשו"ת בצל החכמה, ח"ד סי' ע"ב.

215) נדה לא ע"ב: מפני מה אמרה תורה מילה לשמונה, שלא יהיו כולם שמחים ואביו ואמו עצבים. פירש"י: שלא יהיו הכל שמחין - שאוכלין ושותין בסעודה, ואביו ואמו עצבים - שאסורין בתשמיש.

216) ראה בספר מראית העין להחיד"א שם וז"ל: מפני מה אמרה תורה מילה בח' שלא יהיו כלם שמחים ואביו ואמו עצבים. הכונה שזה אחד מהטעמים. והגם דעתה בזה"ז היא ממתנת ימים רבים ליטהר ואינה יכולה לטבול בליל ח'. מ"מ הא איכא שאר טעמים עיקריים. ורשב"י לפי זמנו אמר טעם פשוט.

217) וכבר הבאנו לעיל לשון הגמרא (ברכות סב ע"א) שח ושחק. וש"נ למש"כ מצחק את רבקה.

קיום מצות הבית. ווי דער הייליגער **רוקח** דרוקט זיך אויס דערוועגן[218]: ״דורכדעם וואס זיי האבן הנאה איינע פונעם אנדערן, וועלן זיי זיך ליב האבן איינער דעם אנדערן״[219].

כדי דאס בעסער צו פארשטיין, לאמיר דא אראפברענגען א באקאנטע שטיקל פון הגה״ק רבי אברהם מסאכאטשוב זי״ע, אינעם הקדמה צו זיין ספר **אגלי טל**[220]:

> עס זענען דא מענטשן וואס זענען זיך טועה אינעם געדאנק פון לימוד התורה, און זיי זאגן אז דער וואס פריידט זיך און האט הנאה פון זיין לערנען, איז דאס נישט קיין לימוד התורה לשמה אזויווי ווען איינער לערנט פשוט אן קיין שום תענוג נאר בלויז צו לערנען, אבער אויב ער האט הנאה מישט זיך אויך אריין זיין פערזענליכע הנאה. אבער דער אמת איז אז דאס איז א טעות מפורסם, און אדרבה דער עיקר פון מצות לימוד התורה איז צו זיין פרייליך און הנאה האבן פון די תורה, און דעמאלט זאפט זיך איין די תורה אין זיין בלוט, און נאכדעם וואס ער האט הנאה פון די תורה ווערט ער דבוק אין די תורה.

אויב ביי לימוד התורה שרייבט דער הייליגער סאכאטשאווער גאון אז געוויסע מענטשן זענען זיך טועה אינעם ענין פון הנאה, קען מען זיכער זאגן אז ביי מצות הבית מאכן פיל מער מענטשן דעם זעלבן טעות. עס זענען דא וואס מיינען, אז וויפיל מער מען וויל דאס טון ״לשם מצוה״ - מיינט עס אויטאמאטיש וואס ווייניגער הנאה צו האבן בשעת מעשה. דאס איז אבער א טעות מיסודו, און פונקט ווי ביי לימוד התורה איז דער עיקר מצוה צו זיין: ״שש ושמח ומתענג בלימודו״ - פרייליך און צופרידן און האבן א געשמאק אין לערנען, דאס זעלביגע איז מיט שמחת עונה, אז די שמחה און הנאה איז דאס וואס ברענגט דעם פארפאלק נענטער צוזאמען.

עס איז טאקע גאר אינטערעסאנט, אז דער מקור פונעם אגלי טל אז הנאה איז דאס וואס ברענגט א מענטש צו זיין דבוק אין די תורה, ברענגט ער פון א רש״י וואס רעדט ממש פון

---

218) בראשית ב, כה, וז״ל: כי בשעת תשמיש, אם הם ערומים נהנין זה מזה, ויאהבו זה את זה.

219) ותדייק מדברי הבני יששכר שהבאנו לעיל וז״ל: וגם מהו הטעם כדי שאהנ׳ ממך... וזהו הנרצ׳ עשו לי סעודה קטנה שלא להאריך בהנאת הסעוד׳ כי אני מבקש לעשות הסעודה בחפזון כי רצוני ליהנות ממך כביכול בקירוב בשר ולא יתערב זר בשמחתינו הבן הדבר.

220) וז״ל: ומדי דברי, זכור אזכור מה ששמעתי קצת בני אדם טועין מדרך השכל בענין לימוד תוה״ק, ואמרו כי הלומד ומחדש חדושים ושמח ומתענג בלימודו, אין זה לימוד התורה כ״כ לשמה כמו אם היה לומד בפשיטות, שאין לו מהלימוד שום תענוג והוא רק לשם מצוה, אבל הלומד ומתענג בלימודו הרי מתערב בלימודו גם הנאת עצמו. ובאמת זה טעות מפורסם, ואדרבא כי זה היא עיקר מצות לימוד התורה להיות שש ושמח ומתענג בלימודו, ואז דברי תורה נבלעין בדמו, ומאחר שנהנה מדברי תורה הוא נעשה דבוק לתורה. ועיין פירש״י סנהדרין נח ע״א ד״ה ודבק.

אונזער נושא. רש"י שרייבט קלארע ווערטער[221], אז "ודבק" קען נאר זיין אויב דער צווייטער האט אויך הנאה, אבער אויב זי האט נישט הנאה קען מען נישט ווערן צאמגעקלעבט.

מיר זעען פון דעם, אז דער קיום רצון ה' פון "ודבק באשתו" איז נישט שייך אין א פאל וואס דער שותף האט נישט קיין הנאה, ווייל אויב נאר איינער האט הנאה מיינט מען נאר זיך, און דאס מאכט נישט קיין קשר צווישן די צוויי. עס דארף זיין א שותפות'דיגע הנאה פוןביידן אינאיינעם, און נאר דורכדעם האט מען א ריכטיגע דביקות און נאנטקייט איינער צום צווייטן, ווי דער הייליגער **מעזריטשער מגיד** זי"ע שרייבט[222], אז דער תענוג איז דאס וואס פאראייניגט דעם מאן מיטן פרוי. דאס הייסט, אז די אייגענע הנאה פונעם מענטש איז נישט נאר אן הנאה לשם הנאה אליין - נאר א הנאה פאר א תכלית, ווייל די הנאה איז דער מיטל וויאזוי זיי צאמצוברענגען נענטער איינער צום צווייטן.

דער הייליגער **בני יששכר** פרעגט[223], פארוואס שרייבט די תורה א לשון[224]: "פרו ורבו", וואס איז א לשון רבים, לכאורה וואלט געדארפט שטיין "פרה ורבה" מיט א לשון יחיד, וויבאלד נאר דער מאן האט א חיוב פון פריה ורביה און נישט די פרוי. ער ענטפערט, אז די תורה וויל מיט דעם מרמז זיין אז מען זאל מקיים זיין די מצוה דווקא וועןביידע האבן הנאה, און נישט ח"ו ווען נאר ער האט הנאה און זי האט נישט קיין הנאה. וויבאלד מצות הבית איז א גרויסע הנאה און עונג, איז דא א ספעציעלע מצוה דאס מקיים צו זיין אום שבת, ווי עס ווערט גע'פסק'נט אין **שו"ע**[225], אז עס ווערט אנגערופן **מתענוגי השבת**[226]. ווי **רש"י**[227] דרוקט

221) סנהדרין נח ע"א: ודבק ולא בזכר - דליכא דיבוק, דמתוך שאין הנשכב נהנה אינו נדבק עמו. ועוד שם בע"ב: שלא כדרכה - אין כאן דבק שמתוך שאינה נהנית בדבר אינה נדבקת עמו.

222) מגיד דבריו ליעקב עמ' קלד, וז"ל: שהתענוג הוא המחבר שני דברים, למשל זכר ונקבה.

223) דרך פיקודיך, מ"ע א פרק ו, וז"ל: דוקא בזמן שהנאת שניהם כאחד, אבל לא יריק לאשפות חוץ לדרך ח"ו, שהוא נהנה והיא אינה נהנית.

224) בראשית ט, ז.

225) או"ח סימן רפ, וז"ל: תשמיש המיטה מתענוגי שבת הוא.

226) וז"ל הרמב"ם בפירוש המשניות, נדרים ח ו: וכבר ידעת, שעונת תלמידי חכמים מלילי שבת ללילי שבת, מוסף עם היות השבת בעצמו מחוייב בו העונג, בכל צד מצידי ההנאה, לבני אדם כולם. ובכן גם הנשים מחיובות בעונת שבת מטעם עונג שבת, ראה בירכתי ביתך, עמוד עב. וכ"ה פי' הזמר מה ידידות ולנוח בחבת כשושנים סוגה וכו' ראה סידור עמדין.

דרך אגב, ראה מש"כ הבעל התניא (מכתבים) וז"ל: האוכל בשרא שמינא דתורה ושותה יין מבושם להרחיב דעתו לה' ולתורתו כדאמר רבא חמרא וריחא וכו' או בשביל לקיים מצות **ענג שבת וי"ט** אזי נתברר חיות הבשר והיין... אך מי שהוא בזוללי בשר וסובאי יין למלאות תאות גופו ונפשו הבהמית.. ע"י זה יורד חיות הבשר והיין וכו'.

227) רש"י כתובות סב ע"ב, ד"ה מע"ש כו' - שהוא ליל תענוג ושביתה והנאת הגוף.

זיך אויס אז שבת בייאנכט איז א ספעציעלע צייט פון תענוג און הנאת הגוף. עונג שבת, מוז ווארשיינליך זיין במציאות אן עונג און א פיזישע הנאה פארן גוף, אנדעם איז מען סיי נישט מקיים מצות עונה ווי עס דארף צו זיין און אויך נישט מצות עונג שבת[228].

אין **חובות הלבבות** שטייט גאר[229], אז די הנאה דערפון, איז שכר פאר די וואס זענען מקיים די מצוה. ווידער **רבי עובדיה מברטנורא** גייט א שטאפל ווייטער. ער זאגט פשט אין די ווערטער פונעם משנה: "שכר מצוה – מצוה", ווי פאלגענד[230]: "דאס וואס א מענטש האט הנאה און פארדינט פון טון א מצוה ווערט אויך פאררעכנט אלס א מצוה פאר זיך, און ער באקומט שכר סיי אויפן מצוה וואס ער האט געטון און סיי אויף די הנאה וואס ער האט געהאט ביים טון די מצוה". דאס באדייט, אז א מענטש וועט באקומען שכר נישט נאר פארן מקיים זיין מצות הבית, נאר אויך פאר די הנאה וואס ער האט געהאט דערפון בשעת מעשה. דער אמת איז, אז דא איז עס א כל-שכן פון די אנדערע מצוות, וויבאלד דא איז די הנאה דערפון ממש א טייל פונעם מצוה זעלבסט, ווי אויבנדערמאנט. (אבער דאס איז לכאורה נאר ווען מען גייט צו מיט די ריכטיגע כוונה צו די מצוה און מען האט אינזין די מטרה פון די מצוה און נישט בלויז אויף צו נעמען דא הנאה[231].)

228) ראה בדברי תורה להגה"ק ממונקאטש זצ"ל (מהדורא ו' אות סג) וז"ל: וכן בעונג שבת אם כונתו לשם שמים בלבד ומחמת העול לא יהנה ולא יהיה לו עונג אם כן לא קיים מצות ה', אלא ודאי שצריך להרגיש העונג, ועם כל זה יהיה כונתו לשם שמים.

229) שער הפרישות פרק א, וז"ל: והרכיב בהן עוד כח אחר, תכספנה בו למשגל להיות מן האיש תמורתו בעולם, ונתן הבורא יתברך לאדם שכר עליהם - התענוג בהם.

230) אבות פ"ד מ"ב, וז"ל: שכל מה שאדם משתכר ומתענג בעשיית המצוה, נחשב לו למצוה בפני עצמה, ונוטל שכר על המצוה שעשה, ועל העונג וההנאה שנהנה בעשייתה.

231) ראה לשונו של הבן איש חי (הלכות ש"ב, עה"פ קדש לי כל בכור פטר כל רחם בבני-ישראל באדם ובבהמה, לי הוא (שמות יג, ב). וז"ל: נראה לי, בסייעתא דשמיא על פי מה שכתב הרב "סדורו של שבת", דמצינו כמה מצוות תלויים בדברים גשמיים שהגוף נהנה בהם; דרך משל, מצוות מזוזה ומעקה – צריך שיהיה לו בית כדי לקיים אותם; וכן לקט שכחה ופאה – צריך שהיה לו שדות וכרמים; וכן תרומה מעשר וחלה – צריך שיהיה לו דגן ועיסה, וכן שאר מתנות כהונה, כגון ראשית הגז, וזרוע לחיים וקיבה – צריך שיהיו לו צאן, וכן כיוצא באלה. והאדם – אף-על-פי שרואה שיש לו הנאה לגופו מכל דברים אלו, לא יתאווה להם וישתדל להשיגם בשביל הנאת גופו, אלא בשביל קיום המצוות התלויות בהם. ובזה פרש הרב ז"ל מאמר (ויק"ר כז, ב): "מי הקדימני ואשלם" (איוב מא, ג) – מי קיים מצוות מזוזה עד שלא נתתי לו בית? פרוש: הן אמת שקיים מצוות מזוזה ומעקה, אך לא הקדים במחשבתו מצוות אלו, אלא הוא נתאווה לבית והשתדל לבנותו בשביל הנאת עצמו, ואחר שהשלים, בא בדעתו לקיים מצוות מזוזה ומעקה; וכן הוא לש העיסה להנאת גופו, ואחר שלש, בא בדעתו לקיים מצוות חלה, וכן בשאר דברים,עד כאן דבריו. וכו' וזה שאמר "קדש לי כל בכור", רוצה לומר, המחשבה שהיא הבכור בכל הפעולות של הגוף, תקדש אותה "לי" לשמי – שתכוון בכל דבר תחילת הכול בעבור כבודי וקיום מצוותי, וכו' וגם יש לך תועלת אחרת גדולה מצד קדושת המחשבה, דעל-ידי כך תזכה שגם הנאה הגשמית שהיא הנאת נפש

ח. ברכת הנהנין

לאמיר צוענדיגן דעם פרק מיט איין קורצע געדאנק. די מציאות איז אז מצות הבית - אויב טוט מען דאס ריכטיג - איז דאס פארביידע פון זיי א גרויסע פיזישע הנאה ווי אויך א טיפע נפשיות'דיגע הנאה. שטעלט זיך א פראגע, אין חז"ל שטייט דאך[232], אז מען טאר נישט הנאה האבן פון דער וועלט אן קיין ברכה. אויב אזוי וואלט מען דאך געדארפט מאכן א ברכה אויף דעם הנאה וואס מען האט פון די פעולה. דער **בני יששכר** ברענגט עטליכע תירוצים דערוועגן, אבער נאך אלע תירוצים פירט ער אויס[233]:

> טראצדעם וואס חז"ל האבן נישט מתקן געווען קיין ברכה אויף די מצוה און אויף די הנאה, פארט זאל א ירא שמים דאנקן און לויבן דעם באשעפער מיט יעדן סארט שפראך וואס ער פארשטייט, אויף די הנאה וואס ער האט, וויבאלד ער האט פארט הנאה – אפגעזען צי מען וויל צי נישט, זאל מען דאנקן די באשעפער דערויף כדי מען זאל נישט זיין קיין נהנה פון די וועלט אן קיין ברכה.

הבהמית, תהיה בכלל הקודש, בסוד תוספת מחול על הקודש, שגם זו ההנאה נחשבת לו למצווה ומקבל עליה שכר; כי חלק החומר הבהמי שבאדם יזדכך מחמת קדושת המחשבה, ויהיה החומר צורה וכו'.

וע"ע בכלי חמדה, מועדים, פסח, סימן קמח, דהקשה האיך מהני הנאת בעילה ואשר ע"כ אי"צ כוונה לקיים המצוה, הא אי' דלא יכוין להנאתו, ותי' וז"ל: אמנם יש לקיים דבריהם, דבאמת גם בפריה ורביה הנאה נחשבת למצוה כמו באכילת מצה וכיוצא בזה, ולכן באמת אין צריך כוונה בפו"ר מצד הנאה. אמנם נ"ל דזה דווקא באם אינו מכוין כלל, על זה אמרינן דמהני הנאה לקיום המצווה, אבל היכא דמכוין להנאה לבד ולא לקיום המצוה, בכהאי גוונא אינו מקיים המצוה כלל.

232) ברכות לה ע"א: אסור לו לאדם שיהנה מן העולם הזה בלא ברכה.

233) דרך פיקודיך, מ"ע א, בחלק הדבור, בסק"ו, וז"ל: ואעפ"כ כתב מחו' הרב החסיד המקובל מהרצ"ה, הגם שלא תיקנו שום ברכה על המצוה ועל ההנאה, אעפ"כ ירא שמים ישבח ויודה בכל לשון שמבין על ההנאה, כיון דבעל כרחו נהנה יתן הודאה לשמו ית' על ההנאה, בכדי שלא יהנה מן העוה"ז בלא ברכה ותהלה, ואז תחזור ההנאה לבעלים ולא ימעול בקודש.

א קורצן סיכום פון דעם פרק:

- מצות הבית איז נישט ווי מצות תפילין וואס די גאנצע געדאנק איז באשאפן געווארן אין די תורה, נאר עס איז טייל פונעם נאטורליכן בריאה, בבחינת דרך ארץ קדמה לתורה. מיר זעען טאקע אז מצות עונה ווערט דערמאנט אינעם תורה נאר דרך אגב, ווי ס׳וואלט געווען א פשוט׳ע אנגענומענע זאך.
- לאמיר נעמען א ביישפיל פון מחנך זיין קינדער, וואס עלטערן האבן א נאטורליכע געפיל אויפצוציען די קינדער מיט ליבשאפט, אפילו ווען עס וואלט נישט געשטאנען אין די תורה. אלזא עס איז וויכטיג זיך נישט אומוויסנדיג צו מאכן פונעם פאקט אז דער אייבערשטער האט עס ארייגעלייגט אלס טייל פונעם מענטשליכן נאטור.
- מצות הבית איז א "פעולה של אהבה", אבער עס דארף שוין הערשן א ליבשאפט צווישן דעם פארפאלק איידערן צוגיין צו מצות הבית, וואס איז נאר ווי א תוצאה און א וועג וויאזוי ארויסצואווייזן זייער פריערדיגער ליבשאפט. אין אנדערע ווערטער, מצות הבית איז א "סימן" אויף פריערדיגע ליבשאפט, און נישט קיין "סיבה" פאר ליבשאפט.
- מצות הבית איז אויך א "פעולה של שלום", וואס דערנענטערט דעם פארפאלק איינע צום צווייטן און ברענגט א שטערקערן "שלום בית" אין שטוב.
- די תורה זאגט אז מצות הבית איז אויך א "פעולה של שמחה", וואס באדייט אז ס׳דארף שוין פון פריער הערשן א שמחה אין שטוב צווישן דעם פארפאלק, וויבאלד שמחה איז נישט קיין זאך וואס "באשאפט זיך" פון איין רגע צום צווייטן.
- פונקט ווי מ׳מעג, און ס׳איז גאר א חשוב׳ע זאך, הנאה צו האבן פון לערנען די הייליגע תורה, און דאס הייסט גאר א "הנאה של מצוה", דאס זעלביגע איז מיטן הנאה האבן פון מצות הבית אויב מ׳טוט דאס מיטן ריכטיגן חשבון פון מקיים זיין א מצוה - וואס דאס מיינט צו ווערן נענטער איינער צום צווייטן.
- עס איז טאקע ראוי אז א מענטש זאל דאנקען דעם באשעפער פארן צושטעלן דעם הנאה, פונקט ווי א מענטש האב א חיוב צו זאגן "ברכת הנהנין".

• פרק ט׳ •

ועשו לי מקדש ושכנתי בתוכם

חז״ל ערקלערן אז מצות הבית קען זיין אזוי דערהויבן, אז ס׳קען ארייַנברענגען אן ״השראת השכינה״ אין שטוב

א. שפייז פארן נפש

אין די תורה ווערט מצות הבית עטליכע מאל אנגערופן מיט׳ן ווארט ״**לחם**״ - ברויט. אין פריערדיגע ספרים[234] ווערן געברענגט ערקלערונגען מיט וואס מצות הבית איז צוגעגליכן צו ברויט. דער הויפט פארגלייך איז, אז א מענטש דארף עסן כדי צו האלטן די נשמה אין די גוף, ווייל אויב איינער וועט אויפהערן צו עסן וועט די נשמה זיך באלד אפטיילן פונעם גוף, עסן איז מקשר די רוחניות מיט די גשמיות פון דעם מענטש. טראצדעם וואס ביים עסן איז דא א סכנה פון זיך איבער-עסן, וואס דאן ברעכט מען און די גוף ווערט אומגעזונט, איז אבער פיל א גרעסערע סכנה צו עסן צו ווייניג, וואס דאן קען מען פשוט אויסגיין.

דאס זעלביגע איז געזאגט געווארן ביים מאכן דעם קשר פון שלום בית. סיי א מאן און

234) ז״ל היעב״ץ במוסך השבת: גם השמעתיך מאז כי מסגולת לה״ק נודע זה ג״כ מהוראות המשותפת בלשון אכילה ולחם – ״הלחם אשר הוא אוכל״ (בראשית לט, ו), הנה כמו שזה נקרא לחם כך זה, כמו שזו אכילה כן זו וכו׳, כמו שהאכילה הראויה הגדורה שומרת דרך החיים ומקיימת הכח והבריאות, כך הבעילה ההגונה בעתה ובזמנה על מטה כבודה, הנאה ותועלת לגוף ולנפש, כל טוב אדוניה בידה, מולדת בדומיה לא להשחתה וחבול, אך יש פרי לצדיק פריו למאכל ועלהו לא יבול וכו׳. כמו האכילה המגונה בכמות ובאיכות מכלה ומחרבת הגוף והנפש גם יחד, ככה הבעילה הנמאסת משחתת הגוף והורסת הנפש וכו׳. וראה גם בכלי יקר (בראשית לט, ו), וז״ל: כי כמו שהלחם משביע לכל חי יותר מן הכל, כך בעילות של היתר משביעין אותו אבר, לאפוקי בעילות של איסור שאינן משביעין, כארז״ל אבר קטן וכו׳.

סיי א פרוי דארפן ליבשאפט. ליבשאפט איז אין די טבע פון יעדן איינעם און עס איז גלייך ביי יעדן, נאר איינער באהאלט עס בעסער פון צווייטן. דאס טיפע געפיל פון ליבשאפט איז קריטיש וויכטיג כדי צו קענען פירן א שטוב ווי עס דארף צו זיין, אז עס זאל זיין א שטוב וואו עס הערשט אן אטמאספערע פון רואיגקייט און שלוות הנפש, א געזונטע שטוב צו ערציען די קינדער מיט געפיל און מיט א געשמאק. דאס איז דער ציל פון מצות הבית, צו ערוועקן פון צייט צו צייט די געפילן איינער צו צווייטן, און דאס ארויסצוברענגען אויפן שטערקסטן אופן וואס איז שייך, ווייל דאס איז די שפראך פון די גוף - וואס דערציילט די שפראך פונעם נפש.

לאמיר דאס ערקלערן מיט א משל: ווען מען וויל האלטן א טאפ ווארעם, דארף מען דאס גוט אויפקאכן אויפן פלאם, און ווען מען נעמט דאס אראפ האלט זיך דאס נאך ווארעם פאר א שטיק צייט, אבער אויב לאזט מען דאס אזוי ליגן וועט זיך דאס עווענטועל אפקילן. מען דארף עס דערנאך צוריקלייגן אויפן פייער כדי עס צוריק אנצואווארעמען, און נאכדעם קען מען דאס נאכאמאל צוריק אראפנעמען פאר אביסל צייט. דאס זעלבע איז מיט די געפילן אין שטוב, די טיפסטע געפילן פון ליבשאפט קומען ארויס בשעת מען איז צוזאמען און מען איז מקיים מצות הבית אזויווי עס דארף צו זיין, און איינמאל דאס איז ריכטיג געטון געווארן קען מען דאס אראפנעמען פון פייער פאר א שטיקל צייט, אבער מען דארף דאס האלטן אין איין אנווארעמען די גאנצע צייט. אט אזוי בויט זיך א ליבליכע אידישע שטוב, וואו עס הערשט א ליבליכן אטמאספערע, און מען קען ערציען געזונטע ערליכע קינדער מיט ליבשאפט און מיט הרחבת הדעת[235].

מיר זעען אין די תורה[236], אז מצות הבית גייט צוזאמען מיט די פונדאמענטאלע זאכן וואס א מענטש דארף האבן: עסן און קליידונג. ווייל א שטוב אן אזא סארט ליבשאפט וואס ברענגט צו צום מצות הבית קען נישט האבן קיין קיום. עס איז פונקט אזא יסודות׳דיגע זאך פאר א שטוב, ווי די אנדערע לעבנסוויכטיגע באדערפענישן וואס מען דארף האבן.

דער **רמ״א** ערקלערט[237] דאס וואס מיר זאגן ביים סוף פון ברכת אשר יצר: **ומפליא לעשות**, אז דער פלא איז: **ששומר רוח האדם בקרבו, וקושר דבר רוחני בדבר גשמי** - אז די באשעפער בינדט צוזאמען די רוחניות מיט די גשמיות פון א מענטש, און האלט דאס צוזאמען. דאס זעלביגע זעען מיר ביים קשר צווישן מאן און ווייב וואס איז באמת א טיפע **נפשיות׳דיגע קשר**, אבער דער באשעפער האט געמאכט מפלאי הבריאה, אז דייקא דורך א **גשמיות׳דיגע פעולה** פון מצות הבית ווערט מען נאנט איינער צום צווייטן, און דורכדעם

235) געהערט פון הגה״צ רבי ברוך מאשקאוויטש שליט״א אבד״ק יאמפאלע במאנסי.

236) עי׳ שמות כא, י.

237) או״ח סימן ו סעיף א.

קומט מען אן צו אן אחדות גמור און צום שפיץ פון שלום. דורך מצות הבית וואס מען טוט איינער מיטן צווייטן בויט זיך א רוחניות'דיגע און נפשיות'דיגע קשר אמיץ וחזק, און די גשמיות'דיגע פעולה ברענגט נאר ארויס די געפילן וואס ליגן אויפן הארץ, ווייל דאס הארץ קען נישט רעדן און געפילן קען מען נישט טאפן, אבער די גשמיות'דיגע חיצוניות'דיגע פעולות ברענגט ארויס די טיפע געפילן וואס ליגן באהאלטן.

מען דארף געדענקן אז מצות הבית וואס איז א גשמיות'דיגע פעולה כדי צאמצוברענגען די טיפערע געפילן פון מאן און ווייב, איז אויך א חלק פון דעם הייליגן באשעפער'ס פלאן וואס האט אריינגעלייגט אין א מאן און אין א פרוי זייערע באדערפענישן און גלוסטענישן, און דער אופן וויאזוי ער האט עס אהערגעשטעלט איז א חלק פונעם רצון השם, וויבאלד דאס האלט צוזאמען מאן און ווייב אויף לאנגע געזונטע יארן, אויב ווייסט מען די כוונה דערפון און וויאזוי דאס צו טון אויף א ריכטיגן פארנעם.

ב. קדושה און השראת השכינה

אויב מצות הבית ווערט געטון ריכטיג איז נישטא קיין זאך וואס איז מער הייליג פון דעם, ווי מיר האבן שוין אויבן ציטירט די ווערטער פונעם רמב"ן: **כשיהיה החבור לשם שמים, אין דבר קדוש ונקי למעלה הימנו** - ווען די חיבור ווערט געטון לשם שמים איז נישט דא קיין הייליגערע און ריינערע זאך פון דעם.

מצות הבית איז די מקור פון השראת השכינה אין א אידישע שטוב, ווי דער **רמב"ן** שרייבט אין א צווייטן ארט[238]: "חז"ל האבן געזאגט, אז אין א צייט וואס דער מאן באהעפט זיך מיט זיין פרוי בקדושה וטהרה, איז די שכינה שורה צווישן זיי, ווי עס שטייט אין גמרא: **איש ואשה זכו - שכינה ביניהם**. דאס איז דער איינציגסטער פאל וואס מיר געפונען, אז מיר קענען זוכה זיין צו א "השראת השכינה" אין שטוב, און פון דארט פארשפרייט זיך די השראת השכינה אויף די גאנצע שטוב.

נאכן גוט אפלערנען די סוגיא, קען מען בעסער פארשטיין פארוואס די מצוה איז אזוי

238) אגרת הקודש, וז"ל: אמרו חז"ל, בשעה שאדם מתחבר עם אשתו בקדושה ובטהרה, שכינה שרויה ביניהם... כדגרסינן בסוטה (יז ע"א): "היה דורש ר"ע, איש ואשה זכו - שכינה ביניהם, לא זכו - אש אוכלתם". פי', כשהאדם מתחבר לאשתו בקדושה שכינה ביניהם, תמצא בשם האיש יו"ד ובשם האשה ה', הרי זה שמו של הקב"ה מצוי ביניהם. אבל אם לא נתכוונו לחבור קדושה אלא למלאות תאותם, ומתוך התאוה והחמוד נתחממו כאש, יו"ד של שם האיש וה' של שם האשה שהוא י"ה מסתלק מביניהם, ונשאר אש ואש. (וכוונתו בזה כשבאו רק למלאות תאוותם בלי הקשר הנפשי, וכפי שרואים בשאר מקומות בלשון הרמב"ן באגרת הקודש ובתפלת הרמב"ן המובא בסידור השל"ה).

הייליג ביי אידן, און פארוואס דווקא דאס איז די מקור פון השראת השכינה אין שטוב. די תורה האט אונז אויסגעלערנט וואס עס ליגט אין די מצוה, וויאזוי מען דארף צו גיין צו די מצוה, די תכלית פון די מצוה, און וואס עס איז דער רצון ה' אין די מצוה, און נאכמער פון דעם, אז דער באשעפער איז א שותף אין פאראייניגן דאס פארפאלק, ווי דער **מהר"ל** שרייבט[239]:

> דאס באהעפטונג פון א מאן מיט זיין ווייב אז זיי זאלן ווערן ממש איינס, זאלט איר נישט זאגן דערויף אז עס איז א גשמיות'דיגע זאך אזוי ווי ביי אנדערע באשעפענישן, עס איז נישט אזוי, ווייל דער מאן און די פרוי האבן דעם כח פון חיבור פונעם באשעפער, ווייל דער באשעפער פאראייניגט און באהעפט דעם זיווג, און דערפאר געפונט זיך דעם באשעפער'ס נאמען צווישן זיי.

די סיבה פון דעם איז נאר איין זאך, ווייל די מצוה פון מצות הבית ווען עס ווערט געטוהן ריכטיג, איז די שפיץ אחדות וואס א מענטש קען טון אויפן וועלט. עס איז די טיפסטע וועג ארויסצואוויזן ליבשאפט, און די נענטסטע וואס מאן און פרוי קענען זיין צוזאמען און ווערן לבשר אחד. דערפאר איז דאס טאקע אזוי הייליג, ווייל די שכינה רוהט נאר וואו ס'איז דא אחדות, און וויפיל מער אחדות - אלס מער השראת השכינה איז דא, ווי עס שטייט אין **זוהר**[240]:

> דער באשעפער רוהט נישט און געפונט זיך נישט - נאר ביי "אחד". ווען הייסט א מענטש אחד? ווען מאן און ווייב זענען פאראייניגט, און ער הייליגט זיך און האט אינזין צו ווערן הייליג... דעמאלס איז ער גאנץ און ער ווערט אנגערופן 'איינס' אן קיין חסרון. דערפאר דארף א מענטש דערפרייען זיין ווייב אין יענע צייט, און איר צוגרייטן אז זי זאל אויך האבן דעם זעלבן רצון ווי אים און ביידע זאלן אינזין האבן דעם זעלבן ענין, און דאן ווען זיי זענען פאראייניגט מיטן נפש און מיטן גוף, דעמאלט רוהט דער באשעפער אין דעם פאראייניגונג, און ער לייגט אריין דערינען א הייליגע נשמה, און זיי ווערן אנגערופן: קינדער פון הקב"ה.

דער הייליגער **רמ"ק** שרייבט[241]: "א מענטש וואס האט נאכנישט חתונה געהאט, איז

---

239) באר הגולה עמ' צג, וז"ל: חיבור האדם ואשתו שיהיו לדבר אחד לגמרי, החיבור הזה אל תאמר כי הוא דבר גשמי כמו שאר בעלי חיים, אין הדבר כך, כי יש להם האיש והאשה כוח החיבור מן השי"ת, כי השי"ת מחבר הזיווג ומאחד אותם, ולכך שמו ביניהם.

240) ויקרא פא ע"א, וז"ל מתורגם ללשה"ק: אין הקב"ה שורה ולא נמצא אלא באחד, ואימתי נקרא האדם "אחד", בשעה שהוא נמצא בחיבור זכר ונקבה, ומתקדש בקדושה עליונה, ומתכון להתקדש וכו', אז הוא שלם ונקרא אחד בלא חסרון. משום כך צריך האדם לשמח את אשתו באותה שעה, ולהכין אותה שתהיה ברצון אחד עמו, ויתכוונו שניהם כאחד לאותו ענין, וכאשר נמצאים שניהם אחד כך, בהכל בנפש ובגוף, אז הקב"ה שורה באחד, ומפקיד נשמה קדושה באותו אחד, והם נקראים בניו של הקב"ה.

241) תומר דבורה פרק ט, וז"ל: עוד זהירות הרבה צריך ליקח האדם לעצמו, לעשות שתהיה שכינה דבקה עמו ולא תפרד ממנו, והנה האדם בעוד שלא נשא אשה פשיטא שאין עמו שכינה כלל, כי עיקר

פשוט אז ער האט נישט מיט זיך די שכינה", און די שכינה קומט נאר ווען מען איז מקיים מצות הבית. ווען מען קען נישט זיין צוזאמען, למשל אין די נישט ריינע טעג, אדער ווען מען לערנט, אדער ווען מען פארט אוועק, און מען איז ווייטער עוסק אין תורה און מ'איז אפגעהיטן מיט הלכות נדה, דאן בלייבט די שכינה מיטן מענטש.

אבער כדי זוכה צו זיין צו אן השראת השכינה מוז הערשן אן אטמאספערע פון ליבשאפט, ווי דער **רמב"ן** שרייבט[242]: "ער זאל נישט וואוינען מיט איר אנטקעגן איר ווילן, ווייל עס איז נישטא קיין השראת השכינה אין אזא זיווג".

ג. "קודש-הקדשים"

צו פארשטיין ווי הייליג דאס איז ביים אייבערשטן, און ווי ווייט דאס ענין איז פון די גוי'אישע נידעריגע השקפות, זעען מיר פון דעם וואס אין די סאמע הייליגסטע פלאץ פון די וועלט, אינעם "**קודש הקדשים**", זענען די הייליגע כרובים געווען אויסגעשטעלט אין די צורה פון א זכר און א נקבה ארומגענומען מיט ליבשאפט.

ווי די **גמרא** זאגט[243]:

ווען די אידן האבן עולה רגל געווען האט מען אויפגעדעקט דעם פרוכת, און מען האט

שכינה לאדם מצד הנקבה, והאדם עומד בין שתי הנקבות, נקבה תחתונה גשמית שהיא נוטלת ממנו שאר כסות ועונה, והשכינה העומדת עליו לברכו בכולם שיתן ויחזור ויתן לאשת בריתו, כענין התפארת שהוא עומד בין שתי הנקבות, אימא עילאה להשפיע לו כל הצורך, ואימא תתאה לקבל ממנו שאר כסות ועונה, חסד דין רחמים כנודע. ולא תבוא אליו שכינה אם לא ידומה אל מציאות העליון. והנה לפעמים האדם פורש מאשתו לאחד משלשה סיבות: הא' - להיותה נידה. הב' - שהוא עוסק בתורה ובודל ממנה כל ימי החול. הג' - שהוא הולך בדרך ושומר עצמו מן החטא. ובזמנים אלו השכינה דבקה וקשורה עמו ואינה מנחת אותו, כדי שלא יהיה נעזב ונפרד, אלא לעולם אדם שלם זכר ונקבה, והרי שכינה מזדווגת לו, צריך אדם ליזהר שלא תיפרד שכינה ממנו בהיותו יוצא לדרך, ויהיה זריז ונשכר להתפלל תפלת הדרך ולאחוז בתורה, שבסיבה זו שכינה שהיא שמירת הדרך, עומדת לו תמיד בהיותו זהיר מן החטא ועוסק בתורה. וכן בהיות אשתו נידה, שכינה עומדת לו כששומר הנידה כראוי. אחר כך בליל טהרתה או בליל שבת או בבואו מן הדרך, כל אחד מהן זמן בעילת מצוה הוא, ושכינה תמיד נפתחת למעלה לקבל נשמות קדושות, גם אשתו ראוי לפקוד אותה ובזה שכינה תמיד עמו, כן פירש בזוהר בפרשת בראשית (מט ע"א): הפקידה לאשתו צריך שתהיה דוקא בזמן שהשכינה במקומה, דהיינו כשהיא בין שתי זרועות. אמנם בזמן צרת הצבור שאין השכינה בין שתי זרועות, אסור. וכן פירשו בתיקונים פרשת בראשית.

242) אגרת הקודש פרק ו, וז"ל: וכשהוא בועל אותה, לא יבעלנה בעל כרחה ולא יאנוס אותה, מפני שאותו החבור אין השכינה שורה בו, מפני שכוונתו בהפך מכוונתה, ואין דעת אשתו מוסכמת לדעתו.

243) יומא נד ע"א: בשעה שהיו ישראל עולים לרגל מגללים להם את הפרוכת, ומראים להם את הכרובים שהיו מעורים זה בזה, ואומרים להם: ראו חיבתכם לפני המקום כחיבת זכר ונקבה. ובב"ב צט ע"א איתא: וכשפסקו ישראל לעשות רצונו של מקום, נפרדו הכרובים זה מזה, והפנו את פניהם אל הבית.

זיי געוויזן די כרובים וואס זענען געווען ארומגענומען איינער מיט צווייטן, און מען האט זיי געזאגט: "זעטס ווי שטארק דער באשעפער האט ענק ליב, ווי די ליבשאפט פון א מאן מיט א פרוי", און ווען די אידן האבן אויפגעהערט צו טוהן דעם רצון ה', האבן זיך די כרובים אפגעטיילט איינס פון צווייטן און האבן אויסגעדרייט זייער פנים צום בית המקדש.

עס איז נישטא קיין בעסערע וועג אויפצואוויזן ווי הייליג דאס ענין איז ביי אונז אידן, ווי דאס אז דער באשעפער האט געמאכט אזא מין נס, צו ווייזן די ליבשאפט פון כביכול מיט כלל ישראל טאקע אויף אזא אופן ווי דאס ליבשאפט פון א מאן מיט א פרוי צוזאמען, און נישט אין קיין שום אנדערע פלאץ ווי די קודש הקדשים זעלבסט![244] דער הייליגער רמב"ן שרייבט[245]: "אויב דאס וואלט געווען א מיאוס'ע זאך, וואלט דער באשעפער נישט באפוילן אזוי צו טון, און דאס לייגן אין די הייליגסטע פלאץ פון די גאנצע וועלט".

ווען א מענטש פארשטייט נישט דעם ריכטיגן געדאנק פון מצות הבית, אז דאס איז א הייליגע פעולה וואס ברענגט צוזאמען א מאן און פרוי באחדות גמורה, איז דאס מאדנע ביז גאר אז דייקא אין די הייליגסטע פלאץ פון דער וועלט איז געווען אזא אויסשטעל. די אידן אין יענע צייטן האבן דאס יא פארשטאנען, און מען האט זיי דאס געוויזן יעדעס מאל ביים עולה רגל זיין, און דורך דעם נס האבן זיי פארשטאנען וויפיל דער אייבערשטער האט ליב כלל ישראל, ווי א מאן און פרוי האבן זיך ליב בשעת'ן זיווג. ווידער די גוים וואס זענען אריין אין בית המקדש און האבן דאס געזען, האבן דאס נישט פארשטאנען, ווי די **גמרא** דערציילט[246]:

244) ראה בפירש"י (שם) וז"ל: "הכרובים - מדובקין זה בזה ואחוזין ומחבקין זה את זה כזכר החובק את הנקבה". משמע מלשונו שלא היתה חיבור גמור. וראה בקו' קדושת ישראל: (להגרי"א שר זצ"ל) "הנה החיבוק הזה בדמות הכרובים במקדש חלילה להעלות על הדעת שהיה בזה ציור החבור עצמו, אלא היה ציור מהאהבה והתאווה שלפני מעשה החיבור". אולם הרבה מפרשים אחרים פירשו דהכוונה הוא לפעולת תשמיש ממש. לדוגמא ראה; בפירוש הראב"ד: (לספר יצירה - פרק א משנה ג) "כמער איש ולויות מאי כמער איש ולויות אמר רבא בר שילא כאיש המעורה בלויה שלו פירוש כאיש הדבק באשתו בשעת מעשה בסוד ודבק באשתו והיו לבשר אחד". ספר תורה אור: (למהר"מ פאפירש ז"ל - פרשת חיי שרה) "כי הוא נכנס בה (מלכים א, ז) כמער איש ולויות, ושמחתים ביחד, יסוד דכורא בנוקבא והנוקבא בדכורא בסוד תשמח רעים האהובים, ושמחתי בהם, כי הזכר נהנה בשעת ההשפעה". ספר השל"ה הקדוש: (פרשת וישב מקץ ויגש, תורה אור ב אות יא) "ואז נתייחדו הכרובים כמער איש ולוית, וחיבור האיש עם הלויה שלו הוא על ידי ברית מילה שהוא יסוד". שו"ת חתם סופר: (או"ח תשובה נה) "כי לשון עריות הוא דביקות והשרשה זה בזה כמער איש ולויות (כאיש) המעורה בלויה שלו".

245) באגרת הקודש, וז"ל: ואילו היה הדבר גנאי, לא היה מצוה רבונו של עולם לעשות ככה ולשום אותם במקום היותר קדוש וטהור שבכל הישוב.

246) יומא נד ע"ב: אמר ריש לקיש, בשעה שנכנסו נכרים להיכל ראו כרובים המעורין זה בזה, הוציאון לשוק ואמרו: ישראל הללו שברכתן ברכה וקללתן קללה יעסקו בדברים הללו, מיד הזילום, שנאמר (איכה

> ווען די גוים זענען אריין אין היכל און געזען די כרובים וואס זענען ארומגענומען איינער אינעם אנדערן, האבן זיי דאס ארויסגעטראגן אויפן גאס און געזאגט: "די אידן וואס זייערע ברכה איז א ברכה און זייערע קללה איז א קללה, זאלן זיין פארנומען מיט די זאכן?" גלייך האבן זיי דאס פארשעמט, ווי די פסוק זאגט: "כל מכבדיה הזילוה כי ראו ערותה"[247].

א גוי קוקט אן די גאנצע זאך ווי א בלויזע ביליגע גשמיות'דיגע תאוה, און דערפאר האבן זיי נישט געקענט פארשטיין וויאזוי אזא זאך קומט אן אינעם הייליגסטן ארט פון כלל ישראל. אבער ווען מען טוט דאס מיט די ריכטיגע געפילן פון ליבשאפט צווישן מאן און ווייב, דאן איז דאס הייליג ביז גאר. ווען די באשעפער האט געוואלט ווייזן ווי נאנט כלל ישראל איז מיט כביכול, האט דאס געמוזט זיין מיט דעם משל פון א מאן מיט א פרוי, ווייל דאס איז דאס שטערקסטע אופן פון אן אמת'ן קשר. סיי וועלכע אנדערע משל אויף ליבשאפט וואלט נישט

א, ח): כל מכבדיה הזילוה כי ראו ערותה.

247) בספה"ק דנו מדוע אכן היו הכרובים מעורים זה בזה, הלוא בעת החורבן היה עם ישראל בגדר "אין עושים רצונו של מקום". עיין בחידושי הר"י מיגאש, ב"ב צט, וז"ל: ובשעה שנכנסו עכו"ם להיכל נמי היו מעורים במעשה נס כמו שהיו מעורים בשעה שעולים לרגל, להראות לעכו"ם מה היתה חיבת ישראל לפני המקום. אי נמי, כדי להראות ערותם לעכו"ם כדי שיזילום (ראה גם רמב"ן, רשב"א ור"ן שם). ראה עוד בפרשת דרכים, דרוש כב, וז"ל: והנה באותה שעה שנכנסו עכו"ם להיכל שהיתה שעת חירום, כדי שלא יעלה על דעתנו, כי מאוס מאס את ישראל ובציון געלה נפשו, וכההיא דאמרינן בפרק חלק (סנהדרין קה.) שאמרו: "ישראל עבד שמכרו רבו ואשה שנתגרשה מבעלה כלום יש לזה על זה כלום", וכדי לבטל סברא זו הנפסדת רצה הקב"ה להורות לנו, דאכתי חביבותיה גבן, והשרה שכינתו בינינו, להורות שהוא מצטער בצרותינו... והחיד"א מביאו בספרו 'מראית עין' (יומא שם), בזה"ל: הדברים עתיקים כמו שביאר הרב עיר וקדיש הרמ"ע ז"ל, דבעת החורבן היו הכרובים מעורין זה לזה, דבעת החורבן היה יחוד וזיווג עליון וקדוש, כדי שיהיה הכנה וכח לישראל, שלא יאבדו בגלות... ובהמשך מרמז הענין בפסוק (איכה א, טו): "קרא עלי מועד לשבור בחורי", וכותב שבשעת החורבן: "היה תשעה באב מעין דוגמא למועדי ה', שיש למעלה יחוד זיווג עליון, והן הן מפלאות תמים דעים, וגודל רחמי בעל הרחמים", יעו"ש באריכות. וע"ע באוהב ישראל (שבת חזון) וז"ל: י"ל אשר שבת חזון הוא יותר גדול במעלה מכל שבתות השנה ע"ד שנשאלתי פעם א' לבאר המדרש דאיתא שם לא היה יום מועד לישראל כיום שנחרב בהמ"ק ע"כ והוא פלא וכבר עמד בזה בעל המחבר משנה למלך בספרו הטהור פרשת דרכים עיי"ש אמנם בשום שכל והערת לב י"ל בזה ע"ד מאחז"ל חייב אדם לפקוד את אשתו בשעה שיוצא לדרך והמשכיל יבין דוגמא לזה תמצא בפ' ויגש ע"פ ויסע ישראל וכל אשר לו גו' יעו"ש ובפרט כשחל יום ט"ת באב בשבת והבן היטיב.

וע"ע ביערות דבש, (חלק א, דרוש יג) וז"ל: ידוע מ"ש במדרש לעולם לא זזה שכינה מישראל בשבתות וימים טובים... ומבואר בירושלמי דתענית בחורבן בית ראשון היה חורבן הבית באחד באב, כי בט' תמוז הובקעה העיר. וכ"א יום מקל שקד הוא א' באב. וידוע בגמרא דעירובין (יא ע"ב) כי ט' אב היה ביום א, א"כ ראש חדש אב היה בשבת, והיתה אז השכינה שורה בנו. ושפיר מצאו פניהם איש אל אחיו. (וע"ע תירוץ שם חלק א, דרוש ט) וע"ע בפרי צדיק פרשת דברים אות יג, שתירץ שאז נעשו עושים רצונו.

געגוג געווען אויף צו ארויסברענגען די טיפע ליבשאפט, ווי דער **רבינו בחיי** איז דאס מסביר[248].

דערפאר ווען מען גייט צו צו מצות הבית מיט די ריכטיגע הכנה, און מען גרייט זיך מקיים צו זיין דעם רצון ה' מיטן בויען דעם ריכטיגן קשר צווישן מאן און ווייב, מען גייט צוקומען צו אן אחדות הגוף והנפש, און מען נוצט די הנאה צו ווערן נענטער איינער צום צווייטן, זאל מען וויסן אז מ'גייט נישט אריין אין א "שלאף צימער", נאר מען גייט אריין אינעם "קודש הקדשים". אין פאקט ווערט דער קודש הקדשים אנגערופן אין נ"ך[249] "**חדר המטות**" - די שלאף-צימער, ווייל א שלאף-צימער וואו עס איז דא אן אחדות אויף א דערהויבענעם פארנעם, איז דאס גאר הייליג, ווייל אט דאס איז די מקור פון השראת השכינה אין א אידישע שטוב.

ביים זיך פאראייניגן מיט די ריכטיגע געפילן און הייליגקייט איז מען זוכה צו אן אמת'ן מקדש מעט, ווייל די שכינה קען רוען אין אזא שטוב, און טאקע אינעם "קודש הקדשים פונעם שטוב", ביים קיום פון מצות הבית. דורכדעם ווערט מען כביכול א שותף מיטן באשעפער אין באשאפן הייליגע לעכטיגע נשמות לשם ולתפארת[250].

---

248) רבינו בחיי פרשת תרומה, וז"ל: ועל דרך הפשט שנים כרובים זכר ונקבה היו להודיע כמה ישראל חביבין לפני הקדוש ברוך הוא בחבת זכר ונקבה, וכן דרשו רבותינו במסכת יומא... וצריך שתתבונן במאמרם זה כי היו הכרובים כצורה הזו למשל נמרץ להעיד על הפלגת הדבקות שבין הקדוש ברוך הוא לישראל בלא שום אמצעי כי הוא יתעלה בדד ינחנו ואין עמו קל נכר כשאר האומות אשר חלק להם שרים של מעלה, והיה אפשר שהיו הכרובים האחד כצורת אדם גדול השני כצורת ילד קטן כענין שראה יחזקאל פני האחד פני הכרוב והשני... כאהבה האב לבנו שהיה אהבה חזקה, אבל רצה לעשות משל בדבקות גופני שאין למעלה ממנו שאי אפשר באמצעי וזהו יותר חזק כשהוה מעורים, כענין שכתוב ושמח אשת נעוריך, וכל זה כדי שנדע ונשכיל שדבקותו יתעלה עמנו דבקות גדול וחזק בלא שום אמצעי וכו' כשרצה להודיענו בתורה שדבקותו עמנו בלא שום אמצעי אי אפשר להודיענו אלא על ידי משל זה בהכרח.

249) מלכים-ב יא, ב. ראה ברש"י וז"ל: "בחדר המטות" - בעליית בית קדשי הקדשים כמה שהוא אומר (לקמן פסוק ג) ויהי אתה בית ה' מתחבא וגו' עליו אמר דוד (תהלים כז ה) כי יצפנני בסכה יסתירני בסתר אהלו וקורא אותה חדר המטות על שם (שיר השירים א יג) בין שדי ילין וזהו שיסד רבי אליעזר נפץ חדר המטות חורבן ביתך יכפר עליהם. ע"כ.

ובעוד כמה מקומות מצינו בחז"ל כסגנון הזה, ראה לדוגמא סנהדרין קו ע"א: אוי מי יחיה משמו אל א"ר יוחנן אוי לה לאומה שתמצא בשעה שהקב"ה עושה פדיון לבניו מי מטיל כסותו בין לביא ללביאה בשעה שנזקקין זה עם זה. ועוד.

250) דרך אגב ראוי לציין מדוע יש טומאה מה"ת לבעל קרי, והא עוסקים בדבר מצוה וקדוש מאוד. יעו' בספר מצודת דוד לרדב"ז, מצוה תנג, וז"ל: וענין שכבת זרע שהיא מטמאה, היוצא ממנו שלא בשעת תשמיש הטעם בו מבואר ממה שכתבתי למעלה בזב ובזבה, אבל היוצא בשעת תשמיש צריך טעם. ולפי הפשט אפשר דטעמא הוי, כדי שלא יהיו ישראל נמצאים אצל נשותיהם כתרנגולים, דומיא לזה גזרו חז"ל טבילה לבעלי קריין וכו', ע"כ. ועניינו ע"פ דברי הרמב"ם, הלכות דעות פ"ד הי"ט, מדרכי הבריאות. וראה לקמן הסברו של האור שמח, בפרק "לא ניתנה תורה למלאכי השרת". ראה גם מש"כ בתורה אור

ד. דאס שייכות פון מצות פריה ורביה מיט מצות הבית

ווי שוין דערמאנט, זענען די מצוות פון "**פריה ורביה**" און פון "**עונה**", צוויי באזונדערע זאכן. עס איז דא א מצוה פון האבן קינדער, וואס דאס פאסירט טאקע נאר דורכן מקיים זיין מצות הבית, אבער עס איז אויך דא א באזונדערע מצוה פון מצות הבית זעלבסט, וואס דער געדאנק דערינטער איז צו פארשטארקן די אחדות פונעם פארפאלק, צו זיין צוזאמען און ווערן איינס ממש, ווי דער הייליגער **מהר"ל** ערקלערט באריכות[251].

עס איז טאקע מערקווירדיג, אז דער באשעפער האט אויסגעשטעלט אז די מצוה פון פריה ורביה זאל קענען געשען נאר דורכן מקיים זיין מצות עונה. אבער אצינד נאכן ערקלערן וואס עס איז דער טיפער געדאנק אונטער מצות עונה, פארשטייען מיר שוין אויך דאס זייער גוט. וויבאלד נאר אין אזא סארט מצב וואס א פארפאלק איז אין א מצב פון "אחד", זענען זיי זוכה צו אן השראת השכינה, און מיר ווייסן דאך וואס חז"ל זאגן[252] אז עס זענען דא דריי שותפים אינעם געבורט פון יעדן מענטש: דער באשעפער, זיין פאטער, און זיין מוטער. קומט אויס, אז דורכן השראת השכינה וואס פאסירט דורך קיום מצות העונה איז מען זוכה צום דריטן שותף וואס פעלט זיך אויס פארן געבורט פונעם קינד[253].

(לבעל התניא מגילת אסתר ד"ה ומרדכי יצא) וז"ל: ועכשיו ג"כ צ"ל כל דבר גופני בבחי' אחור כמארז"ל גבי זיווג כאלו כפאו שד. וק"ו אצל שארי דברים ולא כמו שמדמין העולם שזהו דבר מאוס מפני שצריך טבילה אח"ז לא כן כי הוא דבר גדול וגם למעלה הוא דבר גדול וק"ו אצל אכילה וש"ד שצ"ל כאלו כפאו שד ולא לומר שזה אינו יכול לאכול כו'.

251) באר הגולה עמ' לו, על סנהדרין נח ע"ב, וז"ל: אמר רבי אלעזר אמר רבי חנינא, בן נח שבא על אשתו שלא כדרכה חייב, שנאמר: ודבק - ולא שלא כדרכה. ודבר זה פלא גדול, כי לא בא על ישראל אלא להחמיר ולא להקל. ודבר זה כי האיש והאשה יש בחיבורם שני פנים: א' - הוא החיבור לפריה ורביה, כמו שהוא בחבור כל שאר בעלי החיים, שחבור שלהם הוא עבור פריה ורביה, כי לא תוהו בראה לשבת יצרה, ובודאי דבר זה החיבור כדרכה. ב' - הבחינה השניה מצד כי האיש עצמו הוא צורה לאשה, ומצד הזה יש להם חיבור ביחד. והאדם הוא שלימות הבריאה בתחתונים, ראוי שיהא שלם, ואין בריאת האדם שלימה כי אם ע"י האשה. וזהו בחינה שניה, כי בחיבורם יחד הוא השלמת האדם. והחיבור הזה בכל ענין נקרא חיבור, בין כדרכה ובין שלא כדרכה וכו', ואילו האומות אין להם דבר זה כי הם חומריים, ולפיכך חיבור שלהם כמו שאר נבראים שהם מתחברים יחד לפריה ורביה. אבל ישראל יש להם מדרגת צורה, ולפיכך בכל ענין בין כדרכה ובין שלא כדרכה הוא חיבור חומר לצורה, אף שלא כדרכה.

252) קידושין ל ע"ב: ת"ר, שלשה שותפין הן באדם, הקב"ה ואביו ואמו.

253) ועיין ברמב"ם הלכות אישות פט"ו ה"א, וז"ל: האשה שהרשת את בעלה אחר הנישואין שימנע עונתה, הרי זה מותר. במה דברים אמורים? בשהיו לו בנים, שכבר קיים מצות פרייה ורבייה. אבל אם לא קיים, חייב לבעול בכל עונה עד שיהיו לו בנים, מפני שהיא מצות עשה של תורה, שנאמר (בראשית א, כח): "פרו ורבו". ובפשטות צ"ע, מה הקשר בין חיוב מצות פריה ורביה למצות עונה, שחייב להשתדל לקיים מצות פו"ר ע"י חיוב לבעול בכל עונה, וביאר בשו"ת אגרות משה (אבהע"ז ח"ג סימן כ"ח) שכוונת הרמב"ם

אזוי אויך קען זיין – ווי מיר וועלן שפעטער זעען באריכות, אז כדי דאס קינד זאל געבוירן ווערן ערליך, הייליג, קלוג און שיין, פעלט זיך אויס אז די מאן און ווייב זאלן האבן א שטארקע און טיפע ליבשאפט און תאוה אײנער צום צווייטן, וואס דאן אויב מ׳איז מקיים מצות הבית איז עס מסוגל צו האבן ספעציעלע קינדער[254].

ווי מער ליבשאפט עס הערשט צווישן א פארפאלק אלס מער א הייליגער נשמה וועט געבוירן פון אזא זיווג, ווי עס איז מבואר אין די ראשונים, און ווי דער **בני יששכר** שמועסט אויס קלאר בשם ר׳ **פנחס׳ל קאריצער** זצוק״ל.

אט אזוי שרייבט ער[255]:

> קומט אויס אז בשעת מען שיידט זיך אײנער פון צווייטן, דעמאלט איז די זיווג מיט

לומר, שאינו חייב יותר מכפי חיוב ההשתדלות הרצוי, ולא בכל יום ויום. ולפי דברינו אתי שפיר.

254) ראה בספר תקנת השבין (אות ו) להרה״ק ר׳ צדוק הכהן מלובלין זי״ע, וז״ל: ועוון זה דכוונה להנאת עצמו, הוא מצד ה׳ יתברך, שרצה שיהיה כן וישנו אפילו בחסיד שבחסידים. והיינו כידוע מהטבעיים דכל הולדה הוא רק על ידי תאוה, וכאשר הוא בתוקף התאוה אז יהיה הנולד זריז וממולא וחכם, דעל כן רובן של ממזרים פקחים, ואם לא בתאוה כל כך יהיה עצל וסכל, ושלא בתאוה כלל לא יוליד כלל, וכן איתא (יומא סט ב) דכשכבשו יצר הרע לא אשתכח ביעתא בת יומא, ולא אמרו דלא היה זיווג, רק לא היה הולדה, שאינו בלא יצר ותאוה, וכך רצה ה׳ יתברך שיהיה יצירת האדם על ידי תאוה ושיהיה בו יצר דתאוה בתולדה, ועל ידי זה יהיה מקום לבחירה ולהשתדלות ומקום לתורה, שהוא רק על ידי היצר, כמו שאמרו (שבת פט ע״ב) ׳כלום יצר רע ביניכם׳ ואינכם צריכים לתורה, שהיא ניתנה רק להיות תבלין ליצר על ידי תרי״ג עטין שבה, ועיקר נטיעת היצר באדם הוא על ידי תאות האבות בשעת יצירה, ושורש היצר אינו לרע דהרי יש יצר טוב, גם כן נקרא יצר, דחשקות הלב הוא הנקרא ׳יצר׳, כאשר יש בו תוקף חשק והמיון חמדה ותשוקה לאיזה דבר טוב או רע, זהו תוקף היצר.

255) בני יששכר (חדשי תמוז-אב ג, א), וז״ל: שמעתי בשם הרב הקדוש מורינו הרב ר׳ פנחס מקאריץ זצוק״ל, על הא דאמרו רז״ל (איכ״ר שם): ״בט׳ באב נולד בן דוד״, הטעם הוא, להיות נשמת משיח בן דוד היא נשמה היותר גבוה וכוללת, ואם כן צריכין ללידת זאת הנשמה זווג היותר עליון, והנה נוכל להתבונן בענין אהבה גשמיות בעולם הזה כענין אהבת חברים ואיש עם אשתו, בהיותם ביחד לא תוכר כל כך האהבה, משא״כ כשרוצים להיפרד ולהרחיק נדוד לזמן רב אז יתפעלו הנפשות באהבה יתירה אהבה עזה מגודל הגעגועים, ועל כן (יבמות סב ע״ב): ״חייב אדם לפקוד וכו׳ בשעה שיוצא לדרך״ וכו׳, ואם כן תתבונן לפי״ז דבשעת הפירוד אז הוא הזווג באהבה יתירה ביותר ומקרי זווג היותר עליון ונולד מזה הנשמה היותר עליונה, על כן להיות בעוה״ר הפירוד בין הדבקים נעשה בתשעה באב, מיקרי בעוה״ר יום יציאה לדרך, נולד מזה הזווג משיח הנשמה היותר עליונה וכוללת, הבן.

ועפי״ז תתבונן מה ששמעתי שהקשו תלמידי הרב הקדוש מוה״ר דוב בער זצוק״ל לרבם, על הא דאמרו רז״ל שמצאו האויבים ביום ההוא את הכרובים כמער איש וכו׳, הלא אמרו רז״ל שזה לא היה רק בזמן שישראל עושין רצונו של מקום, ובהיפך ח״ו הכרובים הופכים פניהם זה מזה, והשיב להם הקדוש הנ״ל, ׳חייב אדם לפקוד וכו׳ בשעה שיוצא לדרך׳ וכו׳, ואתה הבן.

> א גרויסע ליבשאפט, און עס איז די העכסטע אופן פון א זיווג, און פון דעם ווערט געבוירן די גרעסטע נשמה.

אט די סארט נאנטקייט און קשר קען נאר געשען בשעת קיום מצות עונה, וואס דאן ווערט מען דאס מערסטע נאנט איינער צום צווייטן, און נאר פון אזא סארט צוזאמקום קען בעזהי"ת געבוירן ווערן א קינד מיט אלע מעלות. און פארקערט, אויב ווערט עס געטוהן אויף אן אופן ווי עס הערשט נישט קיין שטארקע ליבשאפט, זעען מיר דאך פון די גמרא פון "תשע מדות" (זע קומענדיגן פרק) אז עס האט א שטארקע השפעה אויפן קינד צום שלעכטס חלילה. דערפאר פארשטייען מיר זייער גוט, אז עס איז אויסגעשטעלט אז מען איז מקיים פרי' ורבי' דייקא צוזאמען מיטן קיום מצות עונה, ווייל כדי אז דאס קינד זאל זיין הייליג און געראטן, פאדערט זיך א שטארקע מאס פון ליבשאפט, און דאס פאסירט טאקע ביים טוען דעם גרעסטן פעולה פון אהבה, ביים מקיים זיין מצות עונה וואס איז איין גרויסע פעולה פון ליבשאפט.

א קורצן סיכום פון דעם פרק:

- מצות הבית ווערט אנגערופן אין די תורה מיטן ווארט ״לחם״, ווייל פונקט ווי ס׳איז אוממעגליך צו האלטן די נשמה אינעם גוף אן עסן, אזוי איז אויך ביים מאכן א קשר פון שלום בית דורך מצות הבית. עס איז א גשמיות׳דיגע פעולה וואס האלט צאם דעם רוחניות׳דיגן פארבינדונג צווישן דאס פארפאלק.
- דער רמב״ן שרייבט טאקע, אז אויב מ׳איז מקיים די מצוה ווי עס דארף צו זיין דאן ״אין דבר קדוש ונקי למעלה הימנו״, און עס איז דא אן השראת השכינה בשעת מעשה.
- מיר זעען טאקע אביישפיל דערצו פונעם קדשי-הקדשים זעלבסט וואס די פסוק רופט אן ״חדר המיטות״, און וואו עס זענען געווען די כרובים ארומגענומען איינע מיטן צווייטן.
- דאס איז מעגליך אויך דער אורזאך פארוואס מצות פרו ורבו פאסירט נאר דורכן קיום מצות הבית, וויבאלד ביי מצות הבית הערשט אן השראת השכינה, און דאס איז דאך די וויכטיגסטע זאך וואס פעלט זיך אויס ביים אראפברענגען א קינד אויפן וועלט, און ווי חז״ל זאגן טאקע אז עס זענען דא דריי שותפים אין א קינד וואס ווערט געבוירן: דער פאטער, מוטער, און דער הייליגער באשעפער.

• פרק י׳ •

להבדיל בין הקודש ובין החול

דער חילוק צווישן ׳קדושה׳ און ׳קדישה׳; ׳אהבה׳ און ׳תאוה׳; און אינזין האבן א ׳צווייטן׳ אדער נאר ׳זיך׳ זעלבסט

א. בני תשע מידות

ווי דערמאנט פריער, איז דער גאנצער ענין פון מצות הבית א פעולה פון אהבה און אחדות. דערפאר דארף מען וויסן, אז אויב מען טוט דאס אויף א וועג וואס עס ברענגט נישט קיין נאנטקייט איינער צום אנדערן, דאן איז עס נישט קיין גלייכע זאך און זייער נישט אויסגעהאלטן.

די **גמרא** זאגט[256], אז קינדער וואס ווערן געבוירן פון א זיווג פון איינע פון ניין מיני מצבים - ״**תשע מידות**״ - גייען אריין אין די קאטאגאריע פון פושעים און מורדים רח״ל, ווי דער **ר״ן** איז מסביר אויפן פלאץ: ״**שלפי שיש צד עבירה ביצירתן, הוו מורדין ופושעין**״ - ווייל זיי זענען געבוירן פון א זיווג וואס האט א צד עבירה, הייסן זיי ווידערשפעניגע קינדער.

וואס זענען די תשע מידות?

1) **בני אימה**: ווען ערווארפט א שרעק אויף די פרוי צו וואוינען מיט אים ווען זי וויל נישט. 1) **בני אנוסה**: ווען דער מאן צווינגט איר ממש.[257] 2) **בני שנואה**: ער וואוינט מיט איר

---

256) נדרים כ ע״ב: וּבָרוֹתִי מִכֶּם הַמֹּרְדִים וְהַפּוֹשְׁעִים בִּי (יחזקאל כ, לח), אמר רבי לוי: אלו בני תשע מדות, בני אימה, בני אנוסה, בני שנואה, בני נידוי, בני תמורה, בני מריבה, בני שכרות, בני גרושת הלב, בני ערבוביא, בני חצופה.

257) על מספר ״תשע״ הגם שמנה עשר, ראה במהרש״א שם וז״ל: אסנ״ת משגע״ח בני אמה בני אנוסה

בשעת ער האט איר פיינט. 3) **בני נידוי**: ווען ער איז אין א חרם. 4) **בני תמורה**: ער וואוינט מיט איין פרוי און ער האט געמיינט אז דאס איז זיין צווייטע פרוי. 5) **בני מריבה**: זיי האבן געוואוינט צוזאמען אינמיטן א געפעכט, אפילו זיי האבן זיך נישט פיינט. 6) **בני שכרות**: ווען ער איז שיכור. 7) **בני גרושת הלב**: ווען ער האט אפגעמאכט אין הארצן איר צו גט'ן. 8) **בני ערבוביא**: ער טראכט פון א צווייטע פרוי בשעת מעשה[258]. 9) **בני חצופה**: ווען די פרוי בעט מיט א חוצפה.

ביי אלע די אויסגערעכנטע אופנים איז ע"פ הלכה מותר צו האבן דעם זיווג, און די מצוה קען אויסזען פונקט דאס זעלביגע ווי אלעמאל, נאר איין זאך פעלט דא: **די הארץ!** די רצון און כוונה פון זיך פאראייניגן צוזאמען. זיי שלאגן זיך, קריגן זיך, מען איז אנגעטרונקן און די קאפ איז נישט דא, עס זענען נישטא די געפילן פון ליבשאפט איינער צום צווייטן, און דאס גאנצע תכלית פונעם זיווג פעלט[259].

דער דאזיגער ערקלערונג זעען מיר אין די ווערטער פון אסאך ראשונים. דער **טור** שרייבט אויף בני מריבה[260]: "די זיווג איז אזיווי זנות ווייל עס איז נישטא קיין אהבה". דער **ראב"ד** שרייבט אויף בני שכרות[261]: "אויב ער איז שיכור אדער זי איז שיכור, דאן איז נישטא ביי זיי די כוונה פון ליבשאפט". ענליך צו דעם שרייבט דער **רמב"ם**, ביים אויסרעכענען פילע פון די "תשע מידות"[262]: "זיי זאלן נישט זיין שיכור... נאר עס מוז זיין מיטן ווילן און שמחה פון

כו'. מפי' הר"ן בני אנוסה גריעי טפי מבני אמה כו' ומתוך שב' אלו קרובים זה לזה חשיב להו כחד דהא ר"ל אמר ט' מדות ובפרטן אתה מוצא עשרה עכ"ל אבל הרא"ש גרס בני אמה פי' שפחה משוחררת כו' עכ"ל וי"ל לדבריו דלכך נקט ט' בפרטן משום דסימניהון לא הוו רק ט' אסנ"ת משגע"ח דהא סי' א' מורה על אמה ועל אנוסה ובגירסת הילקוט לא הזכיר כלל בני אנוסה ובטור א"ה סי' כ"ה לא הזכיר בני אמה והוו שפיר ט' גם בפרטן וק"ל.

258) ע"פ המאירי והראב"ד.

259) ונראה שזאת הכוונה ג"כ בבני חצופה כשהיא תובעת בפה, דלכאורה לפי המושכל ראשון שמצות עונה הכל בשביל למלאות תאוות האשה מדוע הוי חצופה כשתובעת דבר המגיע לה ונעשית רק בשביל תאותה, וכפי האמור מובן, דכוונת מצות העונה הוא לביטוי האהבה השרויה ביניהם ולא למלאות תאוה גשמית בלבד, וממילא כשהיא תובעת בפה שוב נעשה למעשה תאוה וחסר בה את עצם הכוונה, ע"כ מוטלת עליה להביא אותו למצב של אהבה ויתן את דעתו עליה ע"י דברי ריצוי וכדומה, ואז נעשית המצוה בתכליתה. וכן משמע מדברי השטמ"ק בשם היראים, נדרים כ ע"ב, וז"ל: תובעת בפה - להשביע את יצרה.

260) אהע"ז סימן כה ס"א, וז"ל: דהוי ביאה זו כמו זנות, כיון שאינה מתוך אהבה.

261) בעלי הנפש שער הקדושה, וז"ל: שהוא שכור או שהיא שכורה, ואין בהם כוונת אהבה.

262) הלכות דעות פ"ה ה"ד, וז"ל: ולא יהיו שניהם לא שכורים ולא עצלנים ולא עצבנים, ולא אחד מהן, ולא תהיה יְשֵׁנָה, ולא יאנוס אותה והיא אינה רוצה, אלא ברצון שניהם ובשמחתם.

זייביידע". פון דעם מיר זעען קלאר, אז דער פראבלעם פון די תשע מידות איז אז אין די דאזיגע פעלער ווערט עס נישט געטון מיטן ווילן און פרייליכקייט פון זיי ביידע[263].

עס איז אזוי קריטיש וויכטיג אז די מצוה זאל געטון ווערן מיט הארץ און געפיל, אזש די גמרא רופט אן קינדער פון אזא זיווג אז זיי זענען געבוירן פון א זיווג וואס האט א צד עבירה. דער פגם איז נישט נאר אין די קינדער נאר אויך אויף זיך אליין, אזוויוי דער **ראב"ד** שרייבט[264]: "דער וואס האט די זיווג אויף אזא אופן, איז סיי פוגם דאס קינד און סיי פוגם זיך אליינס, און ער הייסט א מורד ופושע". (בנוגע אויב מ'קען מתקן קינדער וואס זענען שוין געבוירן פון אזא סארט זיווג זע אינעם הערה.[265])

עס איז פשוט אז די אלע הלכות זענען נוגע סייביים מאן און סיי ביים פרוי, וויבאלד די זיווג איז אן אחדות פון צוויי מענטשן צוזאמען, מוז עס געוויס צוגיין מיטן פולן כוונה פון זיי צוויי זיך צו פאראייניגן מיט א ריכטיגן ליבשאפט. אזוי האבן מיר געזען אויבן פונעם לשון הרמב"ם והראב"ד, און אזוי ווערט טאקע גע'פסק'נט אין **שו"ע**[266]: "לא יבוא עליה והוא או היא שיכורים" - סיי דער מאן און סיי די פרוי טארן נישט זיין אנגעטרינקן. אין **ספר חסידים** שטייט זייער שארף[267]: "סיי אויב דער מאן און סיי אויב די פרוי טראכטן פון א צווייטן בשעת'ן זיווג, זענען די קינדער פון אזא זיווג אזוויוי ממזרים". נאך שטייט אין **מדרש**[268]: "אין די צייט וואס א

---

263) וראה בפרישה (אה"ע סי' עז אות ה) ולא כתב כופין אותו לשמש עמה משום דבלא דעת וכו' דצריכין דעתה לתשמיש, והוא הדין או כל שכן דבעינן דעתו.

264) בעלי הנפש שער הקדושה, וז"ל: אם תלד ומחשבתו על אשה אחרת, או שהיתה אנוסה בשעת תשמיש, או שהיו בה אחת מכל המדות האלו שזכרנו, פוגם את הוולד ופוגם את עצמו שהוא נקרא מורד ופושע.

265) ראה בדברי יחזקאל (פ' נצבים עה"פ ומל ה' אלקיך) וז"ל: קשה להבין למה כתב לבב זרעך כי התורה דברה עם כל אחד ואחד ואיך שייך לומר את לבבך ואת לבב זרעך. אך דהנה החטאים של האדם הם מביאין פגם אל זרעו, ע"ע אמה"כ ומל ה' את לבבך, שתשוב בתשובה וע"י שתשוב בתשובה שלמה תסיר הפגם מזרעך ג"כ שבא ע"י חטאים שלך, וזה ואת לבב זרעך שע"י לבבו יתוקן לבב זרעו וכו'. ושמעתי מאדמו"ר מפו' שליט"א שציין לקטע זה על נידון דידן, שאם מתנהגים כשורה מכאן ולהבא באהבה ואחוה וכו' מתקנים הפגם של ט' מדות למפרע.

266) אהע"ז סימן כה ס"ט.

267) סימן תתשטו, וז"ל: לכך רבי אליעזר לא היה משמש אלא בחצי הלילה, פן תשמע אשתו שום איש, או הוא - אשה, ויהרהר אחריהם ויהיו הבנים כממזרים, וכתיב (בראשית ג, טז): וְאֶל אִישֵׁךְ תְּשׁוּקָתֵךְ - ולא אל איש אחר.

268) תנחומא במדבר פ"ט וז"ל: בזמן שהאשה מתייחדת עם בעלה, והוא משמש עמה ולבה לאיש אחר שראתה בדרך, אין לך ניאוף גדול מזה, שנאמר (יחז' טז לב): האשה המנאפת, תחת אישה תקח את זרים. וכי יש אשה מנאפת תחת אישה (משמשת עם בעלה ונותנת עיניה באיש אחר)?! אלא זו היא שפגעה באיש אחר ונתנה עיניה בו, והיא משמשת עם בעלה ולבה עליו.

פרוי איז זיך מתייחד מיט איר מאן, און איר הארץ איז מיט אן אנדערן מאן וואס זי האט געזען אויפן וועג, איז נישטא קיין גרעסערע ניאוף פון דעם".

פון די דאזיגע הלכות וואס באווארענען דעם מענטש פון וואס זיך צו דערווייטערן, לערנען מיר אויך ארויס אז מען דארף טון דאס פארקערטע[269].

פון די גנות פון די "בני מריבה", פארשטייען מיר אז עס דארף זיין ווי דער **שבילי אמונה** שרייבט[270]: "ער זאל נישט וואוינען מיט איר ביז עס וועט זיין צווישן זיי ליבשאפט און פרידן". פונעם פראבלעם מיט די "בני אנוסה", לערנען מיר ארויס אז עס מוז זיין ווי דאס וואס דער **רמב"ן** דרוקט זיך אויס[271]: "דברי חשק אהבה ורצון". און פון די "בני ערבוביא" פארשטייען מיר, אז נישט נאר מען זאל זיך דערווייטערן פון טראכטן פון א פרעמדן, נאר די מחשבה זאל זיין איבערן בן/בת-זוג, ווי דער **רבינו יונה** זאגט[272]: "ער זאל זיך הייליגן בשעת'ן זיווג און טראכטן פון זיין פרוי". און נאך שרייבט ער[273]: "א פרוי זאל אכטונג געבן אז עס זאל זיין שלום צווישן איר און איר מאן, און זי זאל זיין באליבט און באווילגט פאר איר מאן, ווי חז"ל זאגן אז בני מרובה ובני שנואה זענען עזי פנים" וכו'.

אט אזוי דרוקט זיך טאקע אויס דער **סדר היום**[274] אויף א כלליות'דיגן פארנעם: "והכלל העולה, שיעשה הדבר באהבה וחבה וברצונה ומחשבתו בה, וכוונתו לקיים המצוה" - דער כלל פון דעם איז, אז מען זאל עס טון מיט א ליבשאפט און מיט איר ווילן און ווען זיין מחשבה איז מיט איר, און זיין כוונה איז מקיים צו זיין די מצוה[275].

---

269) ראה מנורת המאור (נר ג כלל ו ח"ה פ"ב) וז"ל: כשהאיש והאשה אוהבים זה את זה ומשמשים בפיוס ומכוונין שיצא מהם זרע הגון הקב"ה ימלא משאלותם ויוציא מהם בנים הגונים, אבל אם יש ביניהם מחשבות נכריות מפסידות את המעשה ופוגמת את הזרע היוצא מהם כדגרסי' בנדרים וברותי מכם המורדים והפושעים וכו' אלו בני ט' מדות וכו'.

270) לרבי מאיר אבן אלדבי נכד הרא"ש, נתיב שלישי, וז"ל: הני מריבה שסופן לצאת לריב מהר ולכן מי שהיה לו מריבה עם אשתו לא ישמש עמה עד שיהא ביניהם אהבה ושלום.

271) אגרת הקודש, הדרך החמישי.

272) ברכות ה ע"ב, וז"ל: יקדש עצמו בשעת תשמיש ויחשוב באשתו.

273) אגרת התשובה לרבינו יונה (יום שישי) תהא אשה זהירה שיהא שלום בינה ובין בעלה ותהא אהובה ורצויה לבעלה, כארז"ל בני מריבה ובני שנואת הלב הם עזי פנים ומורדים ופושעים.

274) בהנהגת הלילה.

275) ועיין רוקח פרשת לך לך, וז"ל: בפרשת מילה כל האותיות נעלם ט', וכן בע' נפש שירדו למצרים נעלם ט'. אמר לו הקב"ה לאברהם וכו' הזהר מט' מדות וכו', כל זה לא היה בע' נפש שירדו למצרים. ומי שיש לו מאלו ט' מדות, כביכול איני לו לאלקים ואיני עונה לו, וכן במזמור "יענך ה'" נעלם ט' וכו'. ב"ויקחו לי תרומה" העלים ט', שלא היו מכניסין לעזרה בני אסנ"ת משגע"ח. וע"ע בעל הטורים (דברים כא, ט"ו): והיה הבן הבכור לשניאה, שהרי מבני ט' מדות, ולכך סמיך ליה: כי יהיה לאיש בן סורר ומורה.

פון דעם אלעם זעען מיר קלאר, אז מצות הבית איז נישט קיין מצוה וואס מען קען טון אן קיין כוונה און געפיל, און אויב מען טוט דאס אויף אן אופן וואס עס זענען נישטא קיין געפילן פון נאנטקייט און ליבשאפט, סיי פונעם מאן און סיי פונעם פרוי, אדער עס פעלט פונעם אחדות צווישן זיי, דאן איז דאס זייער נישט אויסגעהאלטן. מען דארף פרובירן צו טון פונקט דאס פארקערטע, און מוסיף זיין אין אהבה און אחדות, ווייל דאס איז דער ציל פון די זיווג, און דאס איז וואס מאכט אז די זיווג זאל זיין הייליג, ווי אויבנדערמאנט. אפילו אויב מען האט די בעסטע כוונות ביים קיום מצות הבית, מען האט אינזין לשם שמים ממש - צו מען האט אינזין צו מקיים מצות פרי' ורבי'[276] אדער צו מקיים זיין מצות עונה[277] - איז דאס נאך אלס אין דעם כלל פון תשע מדות רח"ל אויב פעלט די כוונה פון ליבשאפט.

ב. עורו ישנים משנתכם

אין **מסכת כלה** איז דא נאך איין הוספה צום ליסטע פון די בני תשע מידות[278]: "**בני ישינה**" - אויב איינער איז שלעפעריג בשעת מעשה. דער אורזאך דערצו איז דאס זעלביגע ווי ביי די אנדערע אויבנדערמאנטע מצבים, ווייל עס פעלט אין זייער אחדות. אט איז דער לשון פונעם הייליגן **רמב"ן**[279]: "דו זאלסט נישט וואוינען מיט איר ווען זי שלאפט, ווייל ענקער כוונה איז נישט גלייך, און איר מחשבה איז נישט מסכים צו דיין מחשבה. נאר דו זאלסט איר דערוועקן און אריינברענגען אינעם מצב דורך פאסיגע רייד".

דאס טון די מצוה מונטער און מיט א געשמאק און פארמיידן א מצב פון פארשלאפנקייט בשעת מעשה, איז אזוי וויכטיג אין די אויגן פון חז"ל, אז זיי האבן אפילו געהאלטן אז דאס וועגט איבער אנדערע הייליגע ענינים. עס שטייט אין **גמרא**[280], אז די אידן זענען א הייליג פאלק און זענען נישט מקיים מצות הבית בייטאג. די גמרא האט א צד צו זאגן אז די משפחה פון מונבז המלך פלעגן משמש זיין אינמיטן טאג, און די חכמים האבן זיי גאר אויסגעלויבט דערויף. די גמרא וויל פון דעם ברענגן א ראי' אז עס איז נישט קיין פראבלעם. למעשה,

---

276) כ"ה בב"ח (או"ח סי' ר"מ) וז"ל: ובא עליה לשם מצוה לקיים מצות פרי' ורבי', אפילו הכי הולד יהיה פגום.

277) כמש"כ רש"י (נדה י"ז) ומשמש לקיום מצות עונה בעלמא ולבו קץ בה והוא מבני תשע מדות. ראה לקמן.

278) כלה רבתי פ"א מט"ז.

279) אגרת הקודש פרק ו, וז"ל: ואל תהי בועל אותה והיא ישנה, מפני שאין כוונת שניכם אחדות, ואין מחשבתה מוסכמת אל מחשבתך, אבל הוי מעורר אותה ומכניסה בדברים.

280) נדה יז ע"א: אמר רב הונא, ישראל קדושים הם, ואין משמשין מטותיהן ביום. אמר רבא, ואם היה בית אפל מותר, ות"ח מאפיל בכסותו ומשמש וכו'. תא שמע: ושל בית מונבז המלך היו עושין ג' דברים ומזכירין אותן לשבח, היו משמשין מטותיהם ביום וכו'. אין הכי נמי, דאגב דאיכא אונס שינה.

זאגט די גמרא אז עס מיינט עפעס אנדערש. די גמרא ווייזט אויף אז עס קען נישט זיין אז עס מיינט כפשוטו, ווייל אפי' אויב מען 'מעג' יא, צו וואס אבער דערמאנט מען זיי 'לשבח'? זאגט די גמרא, אז דאס איז נישט קיין אפפרעג, ווייל מען וואלט זיי געקענט דערמאנען לשבח ווייל בייטאג איז צומאל אויך דא א מעלה, ווייל אזוי קען מען מקיים געווען די מצוה מיטן פולן וואכזאמקייט. (מיר ברענגען דאס נישט אלס **הלכה**, אויב דאס איז נוגע למעשה מוז מען זיך אדורך שמועסן מיט א פוסק וואס פארשטייט אין די ענינים[281]. בכל אופן ווען עס קומט צום ענין עפ"י קבלה צו זיין צוזאמען דווקא ביי חצות, איז זיכער נישט כדאי - איבעהויפט אויב איז נישטא קיין חשש צו ווערן דערפון מעבורת - אויב דאס וועט גורם זיין אז דאן וועט מען זיין שלאפעדיג.[282])

דער פראבלעם פון מצות עונה ווען מ'שלאפט איז נישט נאר ווען מען שלאפט ממש, נאר אפילו אויב מען איז האלב-שלאפעדיג און מען איז נישט אינגאנצן דערביי, ווייל כדי צו מקיים זיין די מצוה ווי עס דארף צו זיין דארף מען זיין דערינען מיטן גאנצן קאפ און הארץ.

אט אזוי זאגט **רש"י** קלאר אויפן פלאץ[283]:

---

281) עיין במאירי שם. ובעיקר הדיון, ראה: שו"ע או"ח רמ, יא; במ"א רמ, כו; א"ר רמ, יז; לבוש רמ, יא; חכ"א קכח, ט; ערוה"ש רמ, טז; ומאידך גיסא ראה: חסד לאלפים רמ, ו; תורה לשמה, תלה; כה"ח רמ, פ; אג"מ אה"ע א, קב; ברכי יוסף או"ח רמ, טז. וע"ע בדרכי טהרה כב, יג. וחוץ מצד ההלכה יש בזה דיון מצד עניני קדושה, וגם בגשמיות הרבה פעמים יש בו חסרון, תיכף או לאחר זמן, לכן אם זה נוגע למעשה יעשה שאלת חכם, תרתי משמע.

282) ראה חסד לאלפים (לבעל ה"פלא יועץ", או"ח סוף סימן רמ), וז"ל: ומה מאד הפליגו והחמירו בזה"ק לאסור לת"ח לשמש חוץ מליל שבת ויו"ט אחר חצות, ולשאר עמא דשרי בימות החול - דוקא אחר חצות, כדי שיזכה להמשיך נשמה קדושה לולד ולא נשמה מהסטר"א. אבל צריך שיהא ער ממש ולא יהא מטומטם בשינה, למען יכונו מחשבותיו מחשבות טהורות וקדושות, כי בזה תלוי עיקר תיקון הולד. לכן אשרי השם ארחותיו ועושה כל מעשיו לש"ש, ה' לא ימנע טוב, כדכתיב (משלי ג, ו): "בכל דרכיך דעהו, והוא ישר אורחותך".

וע"ע בספרו אורות אילים (אות שו), וז"ל: דאע"ג דכתבו משם הזוהר והאריז"ל דאין לשמש קודם חצות, אם חושש שמא תחטפנה שינה, או שיהא מטומטם בשינה בעת עונה, ולא תהא דעתו צלולה ומיושבת לחשוב מחשבות טהורות, יותר טוב שישמש מטתו בתחילת הלילה קודם שישקע בשינה, והכי עדיף טפי מלשמש בלא דעת. והכל לפי מה שהוא, ולפי מעשיו וכו'.

ומשולש בכתובים, בספרו בפלא יועץ (אות ז - זיווג), וז"ל: והנה הגדר הגדול לחשוב מחשבות טהורות שתהא דעתו צלולה באותו פרק, ולא יהא מטומטם בשינה, כי אז לבו בל עמו, וחושב מחשבות זרות והרהורים רעים כחולם חלום, וע"ז נאמר (משלי יט, ב): "גם בלא דעת נפש לא טוב", אע"כ אני אמרתי שבלילות הקצרות וחושש שלא יהא ניעור בלילה, או אם יעור יהא מטומטם בשינה, כל כי הא זריזין מקדימין, ויותר טוב שיקיים מצותו בתחילת הלילה, ומאחר שכונתו רצויה לשמים גם מעשיו יהיו רצויים.

283) וז"ל: מתוך שהוא נאנס בשינה, אינו מתאווה לה כל כך, ומשמש לקיום מצות עונה בעלמא או

> וויבאלד ער איז מיד האט ער נישט אזא תאוה צו איר, און ער איז מקיים די מצוה סתם צוליב מצות הבית אדער איר צו באפרידיגן, און זיין הארץ פאר'מיאוס'ט זיך פון איר, און דאס איז פון די בני תשע מידות.

עס שטייט דא א מורא'דיגע זאך. אויבנאויף וואלט מען געקלערט, אז ווען איינער טוט די מצוה ריין לשם שמים, און נאר לשם קיום מצות הבית, איז ער דאך לכאורה אויף גאר א הויכע מדריגה, אז ער האט נישט קיין זייטיגע הנאה און ער מיינט עס נאר לשם מצוה. וואס קען זיין בעסער פון דעם? זאגט דא רש"י אז ניין! נישט נאר ער איז נישט קיין צדיק, נאר אויב טוט ער דאס נאר לשם מצות הבית אן קיין געפיל גייט דאס אריין אין די גדר פון "קץ בה", וואס די תוצאה פון דעם איז אז דאס איז פון די "תשע מידות".

נאכמער, אפילו אויב ער שפירט יא א שטיקל תאוה צו איר איז עס אויך נישט גוט גענוג, ביז ווען ער שפירט א גרויסע תאוה צו איר, ווי רש"י דרוקט זיך אויס: "שאינו מתאוה לה כל כך". דער אורזאך דערצו איז, וויבאלד אן קיין טיפע ליבשאפט איינער צום צווייטן, קען ער טאקע האבן די גרעסטע כוונות פון וועלן מקיים זיין די מצוה, אבער ער בלייבט טאקע נארביים "וועלן" און ער איז ניטאמאל מקיים די מצוה, נאר ליבערשט גרעניצט זיך דאס מיט פונקט דאס פארקערטע: די "תשע מידות".

פון דעם אלעם זעט זיך ארויס גאר שטארק אונזער אויבנדערמאנטער יסוד, אז דער גאנצער געדאנק פון מצות הבית איז דאס צו טון מיט א ליבשאפט, מיט געפיל, און מיט א שטארקע רצון. ווי די **ראשית חכמה** דרוקט זיך אויס[284]: "ביי א זיווג איז די גאנצע רצון פונעם מענטש, און זיין הארץ און אלע די גלידער, דא פאר איין זאך". אט דאס איז די מצוה, און אויב מען איז מקיים מצות הבית אן קיין שטארקע רצון, זאגט טאקע דער הייליגער **אהבת שלום** זי"ע[285] איז עס פארערכנט ווי מ'האט גארנישט געטון.

אין **זוהר הקדוש** שטייט[286] קלארע ווערטער אז אויב איינער טוט דאס מתוך עצבות איז דאס פארערכנט ווי גילוי עריות ח"ו. דערפאר איז וויכטיג אז א מענטש זאל זיך צוערשט

לרצותה, ולבו קץ בה, והוא מבני תשע מדות דאמרו בנדרים.

284) שער האהבה, אות מ"ד במהדורות החדשות, וז"ל: ועוד פי' בזוהר בפסוק ובחרו באשר חפצתי, 'באשר חפצתי' סתם דא זווגא דמטרוניתא. והטעם, כי בזיווג כל רצון האדם ולבו וכל איבריו כלם אל פניה אחת.

285) אהבת שלום פרשת פנחס, בשם רבו המגיד (כנראה כוונתו להרה"ק בעל צמח ה' לצבי מנדבורנא זי"ע, שהיה רבו מובהק של האהבת שלום) : פי' כי שימוש (תלמידי חכמים) מלשון תשמיש, כי בשימוש לצדיקים צריך להיות מאוד ברצון שלם כמו התשמיש, כי השימוש בענין אחר לאו כלום.

286) תיקוני זוהר (דף פט ע"ב) וז"ל: לאמר, דא גלוי עריות, ודא טחו"ל, מאן דזריק טפה באתתיה בעציבו ובקטטה, אתגליאת ביה עריתא ובגין דא ערות אביך וערות אמך לא תגלה וכו'.

זארגן, אז די מצוה זאל זיין ווי עס באדארף צו זיין, און דערנאך קען מען מקפיד זיין און מוסיף זיין נאך פארשידענע אנדערע ענינים[287].

ג. דער חילוק פון "קדושה" און "קדישה"

מיר ווייסן שוין, אז אינעם דאזיגן מצוה ליגט די שפיץ הייליגקייט פון א אידישע שטוב. אויב מען טוט עס ריכטיג ברענגט עס א "**קדושה**" און השראת השכינה אין שטוב. פון די אנדערע זייט איז אינטערעסאנט אנצומערקן, אז אן אשה זונה ווערט אנגערופן אין תנ"ך מיטן נאמען "**קדישה**"[288]. דער חילוק צווישן די אותיות פון "קדושה" און "קדישה" איז זייער קליין, ווי אויך איז די עצם פעולה מיט אן אשה זונה זייער ענליך בגשמיות צו דאס וואס מען טוט אין א היימישע שטוב. אלזא וואו שטעקט די חילוק?

דער ענטפער איז זייער קלאר: בגשמיות קען טאקע אויסזען ווי עס איז די זעלבע זאך, אבער אינעם "נשמה פון די זאך" זענען זיי ווייט געווקט איינע פונעם צווייטן כרחוק מזרח ממערב. ווען איינער טוט עס מיט אן אשה זונה, איז עס נישט ווייל ער וויל זיין נאנט צו איר, נאר ער מיינט בלויז זיך - צו זעטיגן זיין אייגענע רצונות. ער ווייסט ניטאמאל ווי אזוי זי הייסט, ער האט נישט קיין שייכות מיט איר, און ער מיינט נישט איר טובה. דאס זעלביגע מיט די זונה, זי מיינט אויך בלויז זיך אליינס, און זי זוכט בכלל נישט נאנט צו ווערן צו אים. ווידער אין א אידישע שטוב איז דאך דאס ממש פונקט פארקערט, מען זוכט די נאנטקייט איינער צום צווייטן, מען פרובירט מהנה צו זיין דעם צווייטן, און מען ווערט נאר נענטער איינער צום אנדערן אויף אן אופן פון בויען די שלום בית אין א אידישע שטוב, און דאס ברענגט די השראת השכינה ביי זיך אין שטוב.

דאס איז די נקודה פון "קדושה", צאמצוברענגען צוויי נפשות צוזאמען באהבה ואחוה, און פארקערט א "קדישה" זעט טאקע מעגליך אויס ענליך דערצו, אויסערליך, אין די עצם הפעולה, אבער עס איז ממש דאס פארקערטע פון קדושה, ווייל יעדער מיינט בלויז זיך, אן די נפשיות'דיגע קשר איינער צום צווייטן.

---

287) יש שהוכיחו שלמעשה אסור רק אם ישנים ממש, אבל אם עייפים מאד או אפילו מנמנמים, מותר מן הדין לקיים את החיבור. וכן מוכח מהרמב"ם, הלכות איסורי ביאה פ"ד ה"ט: הלך בעלה למדינה אחרת והניחה טהורה, כשיבוא אינו צריך לשאול לה, אפילו מצאה ישנה - הרי זה מותר לבוא עליה שלא בעונת וסתה, ואינו חושש שמא נדה היא. וכ"כ ראשונים רבים, ופירשו תוס' נדה יב ע"א ד"ה בין: הכא לא לגמרי בישנה איירי, אלא אינה ערה כל כך שתדע להשיב אם היא טהורה אם לאו. והיינו מנמנמת. וכ"כ הט"ז יו"ד סימן קפד ס"ק א, ש"ך שם ס"ק לא, וחיד"א בכסא רחמים על מסכת כלה פ"ב מ"ז. ואולי כוונתם לומר שבדיעבד סומכים ע"ז לענין נדה, אבל לכתחילה ראוי שיהיו ערים ממש.

288) לדוגמא, בראשית לח, כא. וראה פי' הרמב"ן שם שמבאר ב' פירושים על קדישה.

ד. "תאוה" - אן עבירה, א דבר הרשות, אדער גאר א מצוה?

דאס ווארט "**תאוה**" ברענגט מיט זיך גליין אן אפשיי, ווי כאילו דאס איז א טריפה'נע זאך. אבער אין אמת'ן אריין ווענדט זיך עס ווען און וואו. דאס באדייט פונעם ווארט "תאוה" איז: א שטארקע גלוסטעניש, א שטארקע ווילן עפעס צו האבן אדער טון.

ביי אונזער ענין פון מצות הבית, איז דאס ווארט "תאוה" א סימבאל פון גאר א שטארקע ווילן צו זיין צוזאמען, ווייל דאס פארפאלק האט זיך ליב איינער דעם צווייטן אהבת נפש, און מען האט גאר א שטארקן ווילן צו פארברענגען אינאיינעם. דאס איז מער א נפשיות'דיגע תאוה. דאס ווארט "תאוה" קען אויך מיינען א גשמיות'דיגע תאוה, ווייל דאס זיין צוזאמען ברענגט א שטארקע גוטע געפיל און אן גופניות'דיגע הנאה, און צו דעם האט מען א תאוה.

אבער דער אמת איז, אז ביידע ערקלערונגען גייען זייער גוט צוזאמען. די מצוה פון עונה איז איין גרויסע פעולה פון ליבשאפט און הנאה, א צירוף פון הנאה מיט תאוה, א ווילן פון זיין צוזאמען און געבן הנאה פארן צווייטן, און אזוי אויך פון קריגן הנאה פון איינעם וואס מען האט אזוי ליב. אויב מען טוט דאס מיט די ריכטיגע אינערליכע געפילן פון ליבשאפט, דאן ווערן די שטארקע הנאה געפילן ברענגען נענטער דאס פארפאלק צוזאמען.

דאס האבן א תאוה דערצו איז גוט פארן קיום המצווה, ווייל ווי מער תאוה עס איז דא - ברענגט דאס צו מער אהבה, ווי **חז"ל** זאגן[289]: "טראכטן ברענגט צו תאוה, און תאוה ברענגט צו ליבשאפט". אזוי אויך זאגן זיי[290]: "תאוה איז דאס וואס מאכט שלום צווישן א מאן אין פרוי".

דער **מנורת המאור** שרייבט דערוועגן[291], אז מ'זאל רעדן צו די ווייב אזעלכע סארטן רייד וואס ווערן איר צוציען צום מצוה, און דורכן שטארקן ליבשאפט וואס וועט זיין ביי זיי בשעת'ן זיווג לשם שמים, וועט ארויסקומען א שטארקע קלוגע און שיינע קינד. דאס ווערט ערקלערט דורכן **יעב"ץ** מער קלאר[292]:

289) כלה רבתי פרק ב, וז"ל: הרהור מביא לידי תאוה, ותאוה מביאה לידי אהבה.

290) ויקרא רבה פי"ח ס"א, וז"ל: "וְתָפֵר הָאֲבִיוֹנָה" (קהלת יב, ה) - זו התאוה, שהיא מטילה שלום בין איש לאשתו.

291) סימן קפה, וז"ל: ימשיך לבה בדברי פיתוי חן וחשק וכו', ומתוך אהבה יתירה שיכנס ביניהם בעת החיבור לשם שמים, יצא הוולד חזק ופיקח ונאה.

292) הנהגות ליל שבת, וז"ל: וכן צריך שיהא מיישב דעת אשתו, ומשמחה ומכינה ומסעדה בדברים המשמחים את הלב, כדי שתשיג את התאוה אליו, וזה יהיה ניכר בנשימתה ובעיניה, ואז יאהבו זה לזה בשעת תשמיש. כי כפי מה שתהיה אהבתם זה לזה בשעת תשמיש, כן יהיה פקחות הנער היולד, והטעם הוא לפי שהאהבה לא תהיה כי אם מן התאוה, והתאוה לא תהיה כ"א מחום הלב וכו'. וכ"כ בספר שבילי אמונה (לרבינו מאיר אבן אלדבי - נכד הרא"ש, נתיב ג שער ד), וז"ל: לפי שהאהבה לא תהיה כי אם

א מאן דארף צוגרייטן זיין ווייב׳ס געדאנקען, איר צו דערפרייען און אנגרייטן און זעטיגן מיט ווערטער וואס דערפרייען דאס הארץ, כדי זי זאל קריגן א תאוה צו אים, און דאס קען מען דערקענען אין איר אטעמען און אין אירע אויגן, און דאן וועלן זיי זיך ליב האבן ביים קיום מצות הבית, און לויט די מאס ליבשאפט פון איינער צום צווייטן בשעת תשמיש, אזוי וועט זיין דאס קלוגשאפט פונעם קינד, ווייל די אהבה קומט נאר פון די תאוה, און די תאוה קומט פון דאס ווארעמקייט פונעם הארץ, א.א.וו.

דאס אז מ׳זאל רעדן צום ווייב זאכן וואס מאכן איר מער מונטער צום קיום המצוה, ווערט שוין געברענגט להלכה לגבי דעם איסור (לדעת המחבר) צו רעדן בשעת מעשה פון פרעמדע זאכן. עס שטייט דארט אין שו״ע[293], אז אין ענינים פון תשמיש מעג מען יא רעדן, כדי צו פארמערן זיין תאוה. דער **לבוש** האט גאר א גירסא[294], אז מען מעג רעדן מעניני תשמיש כדי צו פארמערן איר תאוה, און אזוי וועט זי מזריע זיין ערשט און האבן א בן זכר.

אבער דער אמת איז, אז עס נישט נאר א ״היתר״ אז מ׳מעג רעדן מעניני תשמיש, און פארמערן זייער תאוה ביים קיום המצוה, נאר עס ווערט שוין געברענגט פון די ראשונים אז עס איז דווקא א גוטע זאך צו טון, און עס איז אויך א תועלת פאר די קינדער וואס קומען ארויס פון דעם זיווג, אזויווי עס ווערט געברענגט פונעם **ראש**[295]: ״עס איז גוט צו רעדן מעניני התשמיש, ווייל אזוי איז ער זיך מזווג מיט שמחה, און דורכדעם וועלן די קינדער זיין שיין״. די תאוה ביים קיום המצוה איז אזוי חשוב, אז עס איז גאר א סגולה אויף ערליכע קינדער, ווי דער בארימטסטער ״חסיד״ – **רבינו יהודה החסיד** – שרייבט אינעם ספר חסידים גאר קלארע ווערטער[296]:

מן התאוה, והתאוה לא תהיה כי אם מחום הלב, ומחום הלב יחמו הדם וכל האיברים, ולפי רוב תאוותם תהיה חמימותם, ויחמו שני הזרעים זרע האיש וזרע האשה אשר מהם יברא הילוד, ולכן יהיה פיקח. (שוב ראיתי שכל לשון היעב״ץ מקורו טהור מספר שבילי אמונה.) (עיין בקו׳ קדושת ישראל להגרא״י שר זצ״ל שהשיג על היעב״ץ, ולדעתו נהפוך הוא, כי אהבה מעוררת את התאוה ולא להיפוך. וכתב הגר״ש וולבה זצ״ל במכתב [מובא בספר מגילת סתרים], שאלו ואלו דברי אלוקים חיים).

293) אהע״ז סימן כה ס״ב, וז״ל: במילי דתשמיש שרי לספר, כדי להרבות בתאוותו.

294) שם, וז״ל: אבל בעניני תשמיש יכול לספר עמה כדי להרבות תאוותה, ותזריע תחלה ותלד זכר.

295) הובא בשטמ״ק נדרים כ ע״ב, וז״ל: במילי דתשמיש טוב לספר, שמתוך כך היה מוציא זרע בשמחה, ומתוך כך היה בניו יפים. וע״ע בספר תקנת השבין (אות ו) להרה״ק ר׳ צדוק הכהן מלובלין זי״ע, וז״ל: והיינו כידוע מהטבעיים דכל הולדה הוא רק על ידי תאוה, וכאשר הוא בתוקף התאוה אז יהיה הנולד זריז וממולא וחכם, דעל כן רובן של ממזרים פקחים, ואם לא בתאוה כל כך יהיה עצל וסכל, ושלא בתאוה כלל לא יוליד כלל, וכן איתא (יומא סט ב) דכשכבשו יצר הרע לא אשתכח ביעתא בת יומא, ולא אמרו דלא היה זיווג, רק לא היה הולדה, שאינו בלא יצר ותאוה, וכך רצה ה׳ יתברך שיהיה יצירת האדם על ידי תאוה ושיהיה בו יצר דתאוה בתולדה וכו׳.

296) סימן שסב, וז״ל: אמרו לחסיד אחד... תהרהר ביראת שמים בשעת ביאה שיהיו בניך צדיקים, אמר

> מ'האט אמאל געזאגט צו א חסיד... טראכט אריין אין יראת שמים'דיגע זאכן בשעת'ן זיווג, כדי דיינע קינדער זאלן זיין צדיקים. האט ער זיי געזאגט, אז מיטן פארמערן תאוה וועלן די קינדער זיין צדיקים, ווידער אריינטראכטן אין תורה'דיגע זאכן איז מבטל די תאוה.

עס קען אויך אמאל זיין, אז א מענטש וועט ארבעטן אויף זיך בשעת'ן זיווג צו זיין "הייליג" און דערנאך וועט ער זיך וואונדערן פארוואס זיינע קינדער זענען עפעס נישט אזוי הייליג. דער אורזאך קען זיין צוליב דעם וואס ער אדער זי האבן נישט געהאט קיין חשק אדער תאוה ביים זיווג, און פון אזא זיווג קענען געבוירן ווערן אזעלכע קינדער, וויבאלד די דאזיגע קינדער קענען מעגליך אריינגיין אינעם קאטעגאריע פון "תשע מידות", ווי אויבנדערמאנט[297].

דאס חשיבות פון א ריכטיגע תאוה ביי מצות הבית איז אזוי גרויס, אז דער הייליגער **רמב"ן** האט אפילו מתקן געווען א תפילה, וואס מען זאל זאגן איידערן זיווג[298], אז די תאוה זאל נישט זיין שוואך. די תאוה דארף זיין סיי פון אים און סיי פון איר, ווי די הלכה לויטעט אז אויב איינער פון די פארפאלק שפירט נישט אז די צווייטע האט א תאוה, קען דאס זיין א גרויסע פעלער[299].

להם: ברבות התאוה יהיו הבנים צדיקים, לפי שהרהור התורה מבטלת התאוה. וז"ל בסימן תקט: ולאיש בליל טבילה יש תאוה, לכך טוב שתהנה היא ממנו, שאם תתעבר יהיה הולד כמוהו חריף, והיא תזריע תחלה והולד זכר.

297) ראה בקונטרס קדושת ישראל, שעהר, (עמ' 7) וז"ל: ושמעתי על כמה יראים מתחסדים, העושים הכנות גדולות לקיים מצוה זו לש"ש בלא תאוה כלל, והרי הוא עסוק עד חצי הלילה בלימוד ועיון בתורה ובתפילות כפי הנמצא בספרים, ואח"כ בא אחר חצות הלילה לביתו ומעורר את אשתו משנתה, ומפטפט לה דברי פיוסין לקיים מצוה זו, והרי היא מרשה אותו לעשות עמה כרצונו, והרי הוא מתפאר בלבבו שהצליח לקיים מצוה זו בלא היצה"ר וטומאת התאוה, והוא תמה למה הוליד בנים רשעים או טפשים. וזה בא להם מפני שנכשלו לחשוב לאמת, שהתאוה במצוה זו היא דבר מגונה מאד, ובלא תאוה יוצא הבן הנולד סכל וטפש כידוע ומפורסם. ובלא דעתה ורצונה - שאין לה חשק כשהיא שקועה בשינה, והיא כועסת על שהוא מצערה, ועושה עמה כרצונו ולא כרצונה - הרי הוא עובר על לאו, ובניו הם מבני ט' מדות מורדים ופושעים.

298) הובא בסידור השל"ה, וז"ל: *יהי רצון מלפניך ה' אלוקי וכו'*, שתאציל מרוח גבורה עלי ותתן אומץ וכח באיברי ובגופי לקיים מצות עונתי בכל עת, ולא ימצא באיברי ובגופי ובתאותי שום חולשה ושום רפיון, ולא אונס ולא הרהור ולא בלבול מחשבה ולא תשישות כח, לבטלני מלהשלים תאותי בכל עת שארצה עם אשתי, ותהיה תאותי מזומנת לי בכל עת שארצה, בלי שום השמטה ובלי שום רפיון אבר, מעתה ועד עולם וכו', וטהר גופי וקדש נפשי ומחשבותי ושכלי ודעתי ויתר הרגשותי, ואתחזק ואתאמץ ואתלבש ברוחך הטובה הזכה והנדיבה בכוונת תאותי, כדי שאשלים רצונך, ותשלים זרעי וכו'.

299) שו"ע אבן העזר קנד ס"ז: אם טוענת: אין לו גבורת אנשים לבא עליה, ושואלת גט... וכופין אותו להוציא מיד עיי"ש. וראה בשו"ת פרי השדה סי' פב (מאת רבי אליעזר דייטש זצ"ל אב"ד בוניהאד) וז"ל: מי

*

א מענטש קען זיך איינרעדן אז א תאוה איז א סתירה מיטן ריינעם חיוב התורה פון מצות הבית, אבער אין פאקט איז די תאוה א טייל פונעם וועג וויאזוי מקיים צו זיין די מצוה, און אן דעם איז נישט שייך מקיים צו זיין די מצוה ווי עס דארף צו זיין.

דער הייליגער **בן איש חי** ברענגט אראפ א שאלה: וואס איז די הלכה אויב ער האט א חיוב עונה און ער איז יעצט אויפגעשטאנען אינמיטן די נאכט, און ער האט נישט קיין תאוה פאר די מצוה, צי זאל ער עס מעורר זיין דורכן רעדן דברי שחוק און ענליכעס, און דעמאלס וועט ער משמש זיין מיט א רצון און ריבוי תאוה, אדער איז בעסער אז ער זאל מקיים זיין די מצוה נאר צוליב די חיוב עונה אן קיין תאוה. זיין ענטפער איז זייער קלאר[300]:

> עס איז נישט גוט מקיים צו זיין די מצוה אן קיין ווילן, נאר אדרבה ער דארף האבן א ווילן און א תאוה פון זיין זייט, אזוויי עס שטייט אין גמרא..., קומט אויס אז עס איז בעסער צו דערוועקן א ווילן און א תאוה כדי ער זאל זיך נישט פאר'מיאוס'ן דערפון, און דערפאר מעג מען רעדן און לאכן מיט איר כדי מעורר צו זיין א תאוה און ווילן אין זיין הארץ, אויב ער ווייסט אז מיט דעם וועט ער מעורר זיין זיין א תאוה און א ווילן. ווייל א מענטש, אפילו ער דארף אינזין האבן צו טון דעם מצות ה', דארף ער פארט האבן א תאוה און א ווילן מיטן גאנצן הארץ.

דער **ראשית חכמה** פרעגט טאקע[301], אז אויב א מענטש דערגרייכט אזא הויכע מדריגה און דבקות אינעם באשעפער, אז ער קען ניטאמאל טראכטן פון קיין גשמיות'דיגע זאכן, וויאזוי

שטוען שאינו יכול לסבול עמה התשמיש לפי שאין לה תאוה... אפש"ל דזהו דמי למי שאין לו גבורת אנשים דכופין אותו לגרש... וא"כ מכ"ש באשה אע"ג שיש לו קצת הנאת תשמיש אע"ג שהיא אין לה תאוה מ"מ כיון שאין לו הנאה כדרך כל הארץ שפיר הוי מום ודו"ק.

300) שו"ת תורה לשמה סימן עב, וז"ל: אין טוב לשמש בלא רצון, אלא אדרבה צריך שיהיה לו רצון ותאוה, מצד עצמו דהכי איתא בגמרא וכו' ע"ש. נמצא דיותר טוב לעורר רצון ותאוה, ולא יהיה קץ בתשמיש זה, על כן מותר לו לדבר בשיחה ושחוק עמה כדי לעורר תאוה ורצון בלבו, אם יודע שבזה תתעורר התאוה, ויהיה לו רצון. כי האדם אע"פ שצריך לכוין לעשות מצות ה', צריך שיהיה לו בזה תאוה ורצון בכל לבו. (ומאידך גיסא, ראה לשונו בתשובה תקד)

301) שער הקדושה פרק טז, וז"ל: ואם תאמר, אם יקדש האדם במחשבתו ויסלקה מלחשוב בגשמיות, לא יבא לידי קישוי לעולם, והאיך אפשר שיהיה זווג נשמה עתה בזמננו והיותו בקדושה, דהא תרי דסתרן אהדדי. יש לומר וכו', אשרי המקריב את האותיות של הוי"ה ב"ה בו ובאשתו בקדושה, בברכה, בנקיות, בענוה, בבושת פנים, ובכל המדות טובות הכתובות על בעלי המשנה, ומתחממים באישים הקדושות של האיש והאשה, שהן אש עולה ואש יורדת, אש קודש של עצי המערכה, שהם עצי הקדש, האיברים הקדושים, ואש של גבוה יורדת, שהיא קודש הקדשים וכו'. ובשביל שתי אישים אלו אומר הנביא: על כן באורים כבדו ה' וכו', כי הוא מתחמם באש קדוש לשם מצות קדושת הזיווג וכו'.

באפעלט מען אים אנצוצינדן א תאוה וואס איז לכאורה א סתירה מיט זיין דערהויבנקייט? און ער ענטפערט לויט די ווערטער פונעם זוהר הק', אז די תאוה וואס מען האט כדי מקיים צו זיין די מצוה איז: "**אישין קדישין**" - א הייליג פייער, וואס פעלט זיך אויס לצורך מצות הבית.

נאכמער פון דעם שטייט אין ספה"ק **נועם אלימלך**[302], אז אפילו א מענטש וואס איז אנגעקומען צו א דרגה פון התפשטות הגשמיות ממש, אזש ער קען שוין ניטאמאל עסן און טרינקען ווייל ער האט נישט קיין שום תאוה צו גשמיות'דיגע זאכן, דאך מוז מען צוקומען צו תאוה כדי מקיים צו זיין מצות הבית, און אן דעם קען מען במציאות נישט מקיים זיין די מצוה. דער באשעפער האט זיך געזארגט אז אפילו אזא 'מלאך אלוקים' זאל אויך האבן א תאוה צו קענען מקיים זיין מצות הבית, און נאכן זיווג נעמט מען אוועק פון אים דעם תאוה און ער קערט זיך צוריק צו זיין דערהויבנקייט און אפגעזונדערטקייט פון אלע תאוות פונעם וועלט. אהן א פיזישע תאוה דערצו איז סיי נישט מעגליך במציאות צו מקיים די מצוה פראקטיש, ווי אויך פעלט דאן די עצם זאך וואס איז זיי מקשר צוזאמען. די תאוה זעלבסט איז טייל פון די מצוה און אויב טוט מען עס מיטן ריכטיגן כוונה צו פארמערן ליבשאפטביים זיווג, דאן איז עס א הייליגע זאך.

אט אזוי שרייבט דער הייליגער **יעב"ץ** מיט אומצווייידייטיגע ווערטער[303]:

---

302) אגרות הקודש שבסוף הספר, אגרת ב (נכתב ע"י הרה"ק רבי זכרי' מענדל מיערסלוב זי"ע, מגדולי תלמידי הרה"ק רבי אלימלך מליזענסק זי"ע), וז"ל: ומידי דברי במדה הזאת, זכור אזכרנו לטובה לפני אהובי דודי, מה ששמעתי פעם אחת מגדול אחד שבהם פירוש על פסוק אחד: אם בחוקותי תלכו כו' ונתתי גשמיכם בעתם, פירש רש"י ז"ל: בלילי שבתות, פירוש, כי אדם צריך לקשר עצמו כל כך במחשבותיו הטהורים תמיד בעבודת השי"ת ב"ה, עד שמגיע למדריגה זו שיתבטל החמדה מגופו כל עיקר, ולא יהיה לו שום תאוה לתענוגי העוה"ז, הן אל אכילה ושתיה ומשגל, והן שאר תענוגי האדם כמו הכבוד וכדומה לו. אך כשהוא במדריגה זו, אין יכול לקיים מצות הבית האמורה בתורה, המוטלת על אדם בחיוב.
ותירוץ לזה, שהשם הטוב ברחמיו הגדולים מרחם על האדם כזה שהוא במדריגה זו, ויתן לו בעת הצורך הגמור כח גשמי ותאוה לזמן ההוא בלבד, כדי שיהיה יכול לקיים המצוה, ואח"כ חוזר למדריגתו הראשונה אשר היה בו מקדם, ונשאר בביטול כל חמדת ותאוה הגשמי, כאשר פעל בעצמו ע"י מעשיו הטהורים ומחשבותיו הקדושים. ולפי זה פירוש הפסוק מובן מעצמו: אם בחוקותי תלכו - והיינו כמו שכתבתי לעיל שהצדיק הולך במחשבות השי"ת תמיד בלי הפסק, עד שבא למדריגה זו שיתבטל ממנו כח התאוה כנ"ל, ונתתי גשמיכם בעתם - הבטיח השי"ת שיתן לו גשמיות חדש לעת הצורך לקיים עונה דאורייתא, וע"ז כתב רש"י: היינו בלילי שבתות, שהוא עונת ת"ח. היש חיך מתוק מזה.
וע"ע בספר ברית אברם להרה"ק המגיד מזאלאזיץ זצ"ל פרשת בחוקותי וז"ל: וז"ש הכתוב אם בחוקותי תלכו ואת מצותי, דהיינו הדביקות שלי (מלשון צותא חדא) תשמרו, ולא תאבדו אף רגע אחת מהדביקות, ותסלקו מחשבותיכם מלחשוב בגשמיות כלל. ואם יהיה קשה לכם קושיית הראשית חכמה הנ"ל איך אפשר שיהיה זיווג או שאר דברים גשמיים, לזה אמר ונתתי גשמיכם, פי' הגשמיות שלכם, בעתם, שצריך להם. ע"כ. וע"ע באור לשמים פ' וישלח. ובדגל מחנה אפרים פ' וירא.

303) סידור יעב"ץ בהנהגת ליל שבת, אות כב, וז"ל: וכשמתעוררת בו האהבה ע"י אש התאוה מצד

> וועז דאס ליבשאפט ערוועקט זיך ביי אים דורכן פייער פון תאוה... איז דאס א הייליגע פייער, ווייל דורכדעם ווערט הייליג אויך דער יצר וואס איז אנגעכאפט אין יענע זייט, און מיט דעם איז מען ווי ״מוסיף מן חול אל הקודש״ און דאס ווערט הייליג.

אצינד פארשטייען מיר שוין דאס וואס עס שטייט אין **גמרא**[304], אז עזרא הסופר האט גאר מתקן געווען: ״**ושיהו אוכלין שום בערב שבת משום עונה**״ - מ׳זאל עסן קנאבל פרייטאג צונאכטס, וועגן עס איז גוט פאר מצות עונה. אין **ירושלמי** שטייט[305]: ״**התקין שיהו אוכלין שום בלילי שבתות שהוא מכניס אהבה ומוציא תאוה**״, ווי דער **קרבן העדה** ערקלערט: ״עס ברענגט אריין אהבה ווייל ס׳מאכט פרייליך דאס הארץ, און ס׳ברענגט ארויס די תאוה מער אז ער זאל וועלן וואוינען מיט זיין פרוי״. דאס ווערט אויך גע׳פסק׳נט להלכה אין **משנה ברורה**[306].

עזרא הסופר האט גאר איינגעפירט א תקנה צו עסן עפעס וואס פארמערט די ״תאוה״ צו מצות הבית. ווייל דער אמת איז, אז ״תאוה״ איז גענצליך נישט קיין סתירה מיטן קיום המצוה לשם שמים, נאר אדרבה, כדי צו מקיים זיין מצות הבית ווי עס דארף צו זיין פעלט זיך אויס סיי אהבה און סיי תאוה, און צוזאמען בויט מען א הייליג שטוב וואו עס איז דא אן השראת השכינה.

ה. הנאה מיט תאוה איז נאר פארן ריכטיגן תכלית

אין דעם דאזיגן ענין פון הנאה מיט תאוה, קען הערשן א שטיקל אומקלארקייט אויב מען לערנט דאס נישט גוט אפ. עס זענען דא וואס האבן ארויסגענומען פון די מראי-מקומות, אז א תאוה צווישן מאן און ווייב איז אייביג א גוטע זאך, און וויפיל מער מען איז עוסק אין דעם

שמאל - הוא מצד הקדושה, ואש קדוש הוא, שעל ידו מתקדש גם היצר הנאחז מאותו צד, ובזה הוא נעשה תוספת מחול אל הקודש ומתטהר.

304) ב״ק פב ע״א.

305) ירושלמי מגילה פ״ד ה״א, וז״ל קרבן העדה: שהוא מכניס אהבה מתוך שמשמח את הלב, ומוציא תאוה להזדקק לאשתו. ראה בחת״ס עה״פ זכרנו את הדגה, וז״ל: חז״ל פירשו פסוק זה שהתלוננו על עריות, מי יאכילנו בשר, שאר בשר, עיין הפלאה. והנה אחז״ל (מו״נ ח״ג פמ״ט) דכריתת הערלה מתיש כח התאוה, ואמנם בליל עונה מצוה לאכול דברים המרבים תאוה ודגים המפרים ומרבים, והנה במצרים לא היו נימולים והיה תאוותן רבה, ועכשיו נמולו והתאוו תאוה להיות להם תאוה כמקדם כשהיו ערלים, ואמרו במצרים אכלנו דגים והשומים חנם, כי לא היינו צריכים.

306) או״ח סימן רפ, וז״ל: מצוה לאכול שום בערב שבת או בליל שבת, והוא הדין שאר דברים המרבים זרע. ועיי״ש בערוך השלחן, וז״ל: ואין אנו נוהגים בזה, ואולי מפני שנמצא בספר חסידים (סימן ש״צ) דשומים מבטלים תאוה, רק שומים צלוים מרבים זרע ע״ש, ואין אנו בקיאים לצלותן.

וועט עס ברענגען די צוויי נענטער, וויבאלד הנאה ברענגט זיי נענטער.

דאס איז אבער אומריכטיג, וויבאלד די הנאה און תאוה ברענגט נענטער דעם פארפאלק נאר אויף אן אופן וואס מען טוט דאס מיט די טיפע געפילן פון ליבשאפט, און מען זוכט אן אינערליכער אחדות. אין אזא פאל איז די תאוה פון מצות הבית א הייליגע און ריינע תאוה, און טאקע די סארט תאוה וואס די תורה פאדערט, וויבאלד מען פארשטייט אז עס נישטא קיין בעסערע וועג וויאזוי זיי נענטער צו ברענגען ווי דורך מצות הבית. אבער דאס איז אויסדריקליך נאר ווען דער מענטש געדענקט אז די תכלית פונעם הנאה איז צוצוקומען צום אחדות, זיך צו דערנענטערן איינער צום צווייטן אויף א נפשיות'דיגן פארנעם.

כדי קלארער ארויסצוברענגען דעם פונקט, לאמיר נעמען אביישפיל פונעם מצוה פון "עונג שבת", וואס מיר אלע ווייסן אז עס איז דא א ספעציעלע מצוה מענג צו זיין דעם גוף, מיטן עסן און טרינקען, שלאפן און מצות הבית. עס איז אבער פשוט אז דער געדאנק דערפון איז נישט אז שבת איז א טאג ווען מ'קען זיין צולאזט, שיכור'ן און זיך איבער-עסן ביז מען פארגעסט אז היינט איז שבת, נאר פונקט פארקערט, אז דורכן מענג זיין דעם שבת ווערט א מענטש אריינגעברענגט אין א גוטע געמיט, און דאס ברענגט אריין אין אים געפילן פון פרייליכקייט און דינען דעם באשעפער אום שבת[307].

אזוי איז אויך מיטן אויבנדערמאנטן ביישפיל פונעם "אגלי טל", אז די הנאה פון לימוד התורה ברענגט א מענטש צו זיין אנגעקניפט אין די תורה. עס פארשטייט זיך אליינס, אז דאס איז נאר אויב מען לערנט "לשם מצות לימוד התורה" און בנוסף צו דעם איז דא אן הנאה צו דעם אויך, וואס דאן וועט די הנאה צוברענגען צו זיין דבוק בתורה, אבער אויב איינער וועט לערנען בלויז צוליב דעם וואס ער שפירט אן אינטעלעקטואלע הנאה פון לערנען תורה, דאן וועט עס זיכער נישט צוברענגען קיין דביקות צום תורה[308].

307) וכ"כ בתולדות יעקב יוסף, ריש פרשת קדושים, וז"ל: וביאר ע"פ משל למלך שנשבה בנו יחידו בשבי הקשה מכולם, ועברו זמני זמנים ותוחלתו נמשכה מלפדותו ולהשיבו אל אביו, וברוב עתים ושנים הגיעוהו מכתב אביו המלך, לבל יתייאש שמה ושלא לשכוח נמוסי המלכות בין זאיבי ערב, כי עוד ידו נטוי' להחזירו אל אביו ע"י כמה וכמה טצדקאות, במלחמה או בשלום וכו'. ומיד שמח בן המלך שמחה גדולה, אפס שהי' מגילת סתרים ואי אפשר הי' לו לשמוח בגלוי, מה עשה? הלך עם בני עירו אל בית היין או שאר דבר המשכר, והם שמחו ביין שמחה גשמיות, והוא שמח באגרת אביו וכו'. וככל החזיון הזה הוא ממש מצות עונג שבת, אל הגוף שהוא החומר במאכל ומשתה, כדי שיהי' פנאי להצדיק לשמוח שמחה ב' שהוא שמחת הנשמה, בדביקות הש"י כל היום, לבל יסיח דעתו מקדושת ומורא השבת וכו'. וד"א ראה בפרי צדיק (במדבר יא) וז"ל: וקדושה הוא ענין פרישות היינו שגם בעניני אכילה ושתיה שאוכל אפילו להנאת עצמו נמצא בו קדושה בסעודת שבת כדאיתא בשם האריז"ל... ביום השבת שאפילו מה שאוכל להנאת עצמו יש בו קדושה וכו' עיי"ש.

308) להשלמה ראה בספר יושר דברי אמת (אות כ') וז"ל: ובאמת רבים וכן שלימי' החושקים בתורה

דאס זעלביגע איז געזאגט געווארן ביי מצות הבית: די הנאה פון די פעולה ברענגט טאקע צוזאמען דאס פארפאלק אינאיינעם, אבער דאס איז נאר ווען די הנאה איז פון אן אחדות'דיגן שטאנדפונקט, דאס מיינט אז עס זענען דא געפילן פון א טיפער דערנענטערונג, פאראייניגונג און צוזאמענלעבן, און מען שפירט א ריינעם ליבשאפט איינער צום צווייטן. אין אזא פאל קומט טאקע אריין די הנאת הגוף, וואס דער באשעפער האט ספעציעל באשאפן כדי צוזאמענצוברענגען דאס פארפאלק מיט א שטארקן פאראייניגונג.

ווי הגה"ק רבי **שמעון זשעליכאווער** זצוק"ל הי"ד שרייבט[309]:

> דער באשעפער האט אונז באשאפן א יש מאין, און ער האט באשאפן אלע אונזערע איברים, און פון זיי - אויך די איברים פון די זיווג, און ער האט עס אזוי געמאכט אז מען זאל שפירן אן הנאה, כדי מען זאל זיין צוזאמען מיט א ליבשאפט.

אבער מ'דארף געדענקן, אז דער וואס וויל בלויז נעמען די הנאה, און מען מיינט אז דאס וועט אויטאמאטיש צוברענגען א ליבשאפט, זאל מען וויסן אז דאס איז נישט קיין ריכטיגע וועג, אזא איינער איז עוסק אין זייערע אייגענעם הנאה, און עס וועט זיי ברענגען נענטער נאר צו זיך אליינס.

ו. דער סימן פון אן אויסגעהאלטענע און גוטע תאוה

די גרעניצן פון אהבה מיט תאוה קענען אפטמאל זיין פארנעפלט, און א מענטש קען זיך וואונדערן וויאזוי ער קען וויסן דעם ריינעם אמת, צי ער באנוצט זיך טאקע מיט זיין תאוה כדי צוצוקומען צו א ריכטיגע ליבשאפט, אדער מיינט ער גאר זיך אליינס, תאוה לשם תאוה.

דער אמת איז, אז ביים פרוי איז די תאוה געווענליך נאר א תוצאה פון אן אינערליכער ליבשאפט וואס זי שפירט שוין פון פריער צום מאן, וואס דאס איז א גוטע זאך. פארקערט

והוגים בה יומם ולילה וסוברים שהם דבקים בה' ובתורתו ומתענגים יותר בלימודה מכל עניני עוה"ז וסוברים שמקיימים הפסוק (משלי ז, ד): "אמר לחכמה אחתי את" אבל עדיין לא אור נגה עליהם, כי למה אמר הכתוב ודמה לחכמה לאמור אחותי את ור"ל שיתדבק בה באהבה...כי אפשר לאהוב התורה מחמת התענוג שיש לו למי שלומד החכמה ורגיל בה תמיד ומשתעשע ביופיה, וזה דומה לתענוג איש ואשה יפה והיא תלוי בדבר ובטל, אבל אמיתית אהבת החכמה צריך להיות מחמת שהוא הבל הפה השי"ת ב"ה וב"ש והוא עצם מעצמיו וכו', עיי"ש באריכות. ונ"ל כוונתו ע"ד זה, שמי שאוהב את התורה אך ורק בעבור התענוג וזהו כל מגמתו עדיין לא אור נגה עליו. אולם מי שלומד עבור היות התורה עצם מעצמיו, ושוב מגיע לי הנאה ותענג מזה, אינו נפחת ממנו המושג של לימוד לשמה, ויש בזה מעלה ג"כ וכמש"כ האגלי טל, וכן האריכו הספה"ק בגדלות נועם מתיקות התורה, ותלוי בכוונת הלומד.

309) המכתב המלא הובא לעיל בההקדמה.

גאר, עס איז א גרויסער ענין צוצובערענגען דעם ווייב צו א תאוה[310]. אבער ביים מאן קען יא זיין אביסל שווער פאנאנדערצושיידן, ווען מען איז עוסק אין "אהבה" און ווען מען איז עוסק בלויז אין "תאוה".

דער וועג וויאזוי צו וויסן אויב די אהבה און תאוה איז אויפן אויסגעהאלטענעם וועג אדער נישט, איז דורכן אריינקלערן צי עס הערשט ביים פארפאלק שלום און שלווה און א שמחת החיים א גאנצע צייט - אריינגערעכנט ווען זי איז אין די אומריינע טעג, און וויפיל ער איז גרייט מוותר צו זיין פון זיין אייגענע געשמאק און רצונות כדי צופרידנצושטעלן זיין ווייב, וואס דאן איז דאס אן אמת'ער ליבשאפט. אדער נאר ווען עס קומט א נאכט פון קיום מצות הבית, דעמאלט ווערט ער פלוצלינג פרייליך און ער איז מלא תאוה און אזויגערופענע "אהבה", און גלייך נאכדעם לאזט ער איר איבער און גייט זיך צוריק צו זיין אייגענעם וועלט, וואס דאס איז א סימן אז זיין קשר מיט איר איז בלויז פאר זיך אליינס, וואס דאס איז געוויס נישט קיין ריכטיגע ליבשאפט, און עס איז נישטא קיין פלאץ פאר א השראת השכינה ווען עס איז בכלל נישטא קיין אמת'ער אחדות.

אזוי אויך קען מען דאס בודק זיין בשעת מעשה זעלבסט, ווייל אויב מ'טוט עס שנעל און ער לייגט בכלל נישט צו קיין קאפ אז זי זאל הנאה האבן, דאן ווייזט דאס אז ער איז דא נאר צו נעמען פאר זיך אליינס. דאס זעלביגע איז אויך נאכן קיום המצוה, אז אויב האט ער בכלל נישט קיין נערוון פארצוזעצן צו זיין מיט איר צוזאמען, (וואס עס קען אמאל זיין אז דעמאלט דארף זי עס מער), איז דאס א סימן אויף א געפיללאזער אחדות, און די אהבה און תאוה איז נישט כדי צוצוברענגען א שלום-בית אין שטוב, נאר עס איז א תאוה פאר זיך אליינס[311].

---

310) ווי מיר וועלן מאריך זיין שפעטער, אינעם פרק איבער די פרוי'ס חיובים במצות הבית.

311) כ"כ בספר יסודות הבית וקדושתו, פרק ח עמ' קמד, וז"ל: המבחן הגדול למדוד את מידת אהבתו ותאותו אם טובה היא אם רעה, הוא לבדוק אם יש ביניהם שלום נחת רוח ושמחה כל הימים, גם כאשר היא אסורה לו, וכמה הוא מוכן לוותר מטובת עצמו ונוחיותיו ולמעט מתענוגיו ורצונותיו למען סיפוק רצון אשתו, שזו אהבה אמיתית, או האם רק בליל התקדש עונה בלבד ישמחנה לדבר מצוה, ויתנהג כבהמה במהומת התאוה, ואח"כ יפרד ממנה ויזניחנה ויחזור לעולמו הבודד, שאין היא קשורה אליו כמער איש ולוויתו, אלא תלושה ממנו כמו הבהמות שלא ידעה בשכבה ובקומה, שבזה אין אהבה ואין חיבור דקדושה אלא פירוד, כאהבת אוה"ע לעצמם, אשר פשוט ומובן שבמקום שיש שני עצמים - אף אם מועילים מאוד זה לזה בשותפותם, כשכל אחד דואג רק לטובת עצמו והוגה איך להשקיע פחות מצידו ולהרויח כמה שיותר מחבירו, אין כאן שום אחדות ולא מקום להשראת שכינתו של "אחד", אלא פירוד מוחלט.

וכן בשעת קיום מעשה המצוה עצמו, יבדוק כל צורבא מרבנן א"ע, שאם הוא ממהר לעשותו ואינו נותן לבו ודעתו להנאתה, הדבר מורה על נטילה לעצמו [אע"פ שיכול להיות שהוא צריך לזה, דלפי מדרגתו או מצב רוחו דהשתא עדיין לא הגיע לשלמות הרגשת האחדות]. וגם לאחר המעשה יבחן א"ע, שאם תיכף בגמר תאותו הוא מדי עייף ויגע ליהנות מחו"נ (אם כי במדה פחותה מלפני כן, עיין עירובין ק ע"ב), בזה מורה

א קורצן סיכום פון דעם פרק:

- דער פראבלעם מיט די "תשע מידות" איז, אז עס פעלט ביי זיי דער אינערליכער געפיל און טיפער פארבינדונג צווישן דעם פארפאלק, וואס דאס איז דאך דער גאנצער כוונה פון מצות הבית.
- דערפאר דארף מען אויך זיין געניצליך וואך און נישט פארשלאפן ביים קיום המצוה, און נישט ווי מיר וואלטן געקענט מיינען אז וויבאלד ער האט נישט די ריכטיגע תאוה איז עס גאר א חשוב'ע און א שטיקל-דערהויבענע זאך, נאר פונקט פארקערט, עס איז פונקט ווי די "תשע מידות".
- דאס זעלביגע איז געזאגט געווארן לגבי די "תאוה" צו מצות הבית, אז נישט נאר עס איז נישט אסור, און נישט נאר עס איז מותר, נאר עס איז גאר טייל פונעם קיום מצות הבית, און דערפאר האט עזרא הסופר גאר מתקן געווען געוויסע תקנות צו פארמערן די תאוה צווישן דעם פארפאלק.
- לאמיר נעמען א ביישפיל פון מצות "עונג שבת", וואס ווילאנג מ'האלט חשבון פארוואס מ'האט הנאה און וואס עס איז דער ציל פונעם תאוה, דאן איז מען טאקע מקיים א מצוה דערמיט.
- דער סימן וויאזוי צו וויסן אויב ס'איז אן אויסגעהאלטענעם תאוה אדער א בלויזע תאוה, איז דורכן אריינקלערן צי עס הערשט א שלום בית אין שטוב אפילו אין די טעג וואס זי איז נישט ריין. אזוי אויך דורכן באטראכטן צי מ'פרובירט מהנה צו זיין דעם ווייב אדער מ'איז אריינגעטון בעיקר אינעם אייגענעם תאוה.

על חוסר הרגשה של אחדות, ושאין האהבה והתאוה לצרכה. וע"ע בקונטרס קדושת ישראל, שעהר, וז"ל: וזוהי הבחינה הנאמנה בשעה זו, אם הוא עושה את החבור מתוך תאוה בהמית או מתוך אהבה שלימה, שמדרך התאוה במצב נפש זה, להתפרץ בדריסה וטירוף הדעת, ולשכוח על אהבה ודברי חבה שלו לאשתו אהובתו, ויתגבר עליה למלא רצונו כאות נפשו. ומדרך האהבה האמיתית, להתאפק שלא להתעורר כ"כ, וישלוט בעצמו עד שאהובתו תעורר אותו מתוך אהבתה ומסירותה לאהובה, וברצונה לענגו ולמלא הנאתו כראוי, שכך הוא טבע האהבה האמיתית בין האהובים, שכל אחד שוכח על עצמו ועל רצונותיו, והוא מסור בכל כוחו לעשות רצון אהובו, במלוי רצונו ותשוקתו. ע"כ.

וראה בבאר מים חיים (פ' ויחי עה"פ המלאך הגואל) שמאריך בגנות התאוה באכילה ובזווג, ובתו"ד כותב וז"ל: וכן בזיוג מקצר בדבר ומאריך והכל כדי לשבור תאותו. ע"כ. וכוונתו לומר דיש להאריך אח"כ דאז הוא לשם שמים יותר.

וע"ע בספר אור צדיקים (למוהר"מ פאפר"ש, סי' כ"ז ס"ג) וז"ל: ואם צריך לשמש לשם מצות פו"ר אחר גמר השימוש כמו חצי שעה יקום וישוב למטתו המיוחד לו.

• פרק י״א •

פרטי מצות הבית

פארשידענע פרטים איבער מצות הבית
און דער צוגאנג דערצו

א. דער חיוב מצות הבית איז א דאורייתא

די מצוה פון עונה איז א חיוב מן התורה אויף יעדן מאן, צו געבן פאר זיין פרוי. די גמרא זאגט[312]: **משתעבד לה מדאורייתא, דכתיב** (שמות כא, י): **שארה כסותה ועונתה לא יגרע**[313].
עס ווערט געפסק׳נט אין שולחן ערוך[314]: ״א מאן טאר נישט צוריקהאלטן עונה פון זיין פרוי, און אויב האלט ער דאס אפ כדי איר ווי צו טון, איז ער עובר אויפן לא תעשה פון: עונתה לא יגרע״.

312) נדרים טו ע״ב.

313) רש״י עה״ת פירש: שְׁאֵרָהּ - מזונות, כְּסוּתָהּ - כמשמעו, וְעֹנָתָהּ - תשמיש. ורמב״ן שם פירש: שְׁאֵרָהּ - קירוב בשרה, כְּסוּתָהּ - כסות מטתה, כמו שנאמר (להלן כב, כו): ״כי היא כסותו לבדה במה ישכב״, וְעֹנָתָהּ - הוא עונה שיבוא אליה לעת דודים. ואם יהיה פירוש שאר כמו בשר כדברי המפרשים (כ״ה ברש״י ורד״ק בתהלים עח, כז, ורד״ק כאן), ונאמר כי ״אל כל שאר בשרו״ (ויקרא יח, ו) כמו בשר בשרו, כענין שנאמר (בראשית לז, כז): ״כי אחינו בשרנו הוא״, ג״כ נפרש שארה לא יגרע - שלא ימנע ממנו בשרה, כלומר הבשר הראוי לה, והוא בשר הבעל אשר הוא עמה לבשר אחד. וענין הכתוב, שאם יקח אחרת, קרוב בשרה של זו וכסות מטתה ועת דודיה לא יגרע ממנה, כי כן משפט הבנות. והטעם, שלא תהיה האחרת יושבת לו על מטה כבודה, והיו שם לבשר אחד, וזו עמו כפילגש ישכב עמה בדרך מקרה ועל הארץ, כבא אל אשה זונה, ולכן מנעו הכתוב מזה. וכך אמרו חכמים (כתובות מח ע״א): ״שארה זו קרוב בשר, שלא ינהג בה כמנהג פרסיים שמשמשין מטותיהן בלבושיהן״. וזה פירוש נכון, כי דרך הכתוב בכל מקום להזכיר המשכב בלשון נקי ובקצור, ולכן אמר באלו ברמז: שארה כסותה ועונתה, על שלשת הענינים אשר לאדם עם אשתו בחבורן, ויבא זה כהוגן על דין ההלכה.

314) אהע״ז סימן עו סי״א, וז״ל: אסור לאדם למנע מאשתו עונתה, ואם מנעה כדי לצערה עובר בלא תעשה ד״עונתה לא יגרע״.

דרך אגב, איז אינטערסאנט צו אנמערקן, אז עס איז אביסל מאדנע אז אין אלגעמיין ווערט דאס זיין צוזאמען אנגערופן "מצות" עונה, אדער גאר "די מצוה", ווען רוב ראשונים, אריינגערעכנט די רמב"ם ווי אויך דער שולחן ערוך האלטן לכאורה אז עס איז בכלל נישט דא קיין "מצוה" פון עונה. דאס עצם עונה איז א א פארשטענליכע זאך, וואס דאס איז די עיקר חיוב פון אישות, די תורה געבט נאר א "לא תעשה" טאמער טוהט מען דאס נישט[315]. אונז וועלן זיך פארט ווייטער באניצן מיט דעם אויסדרוק, ווייל דאס געפינען מיר דורכאויס די מקורות אין די פוסקים, ווי אויך איז דא א טייל ראשונים וואס ברענגן דאס יא אלס א מצות עשה, געבויעט אויף פארשידענע פסוקים אין די תורה[316].

בכל אופן, א יעדער מאן איז זיך מחייב אונטערן חופה בפני כל הקהל ועדה, און פארנט פון אלע רבנים און משתתפים, אז[317]: **ומיעל לותיכי כאורח כל ארעא** - אז ער וועט קומען צו איר ווי דער שטייגער פון די וועלט[318]. עונה איז א חלק - אדער בעסער געזאגט א יסוד - פונעם פארהייראטן לעבן, און קיינער קען נישט זאגן אז ער איז נישט מחויב דערמיט. דאס האט לאו דווקא צו טוהן מיט דעם אז עס איז א "מצוה", נאר ווייל אט אזוי קומט א א חתונה געהאטע לעבן[319].

315) ראה גור אריה (להמהר"ל שמות כא, י) שאירה אלו מזונות וכו'. במכילתא, ובפרק נערה שנתפתתה (כתובות מז ע"ב). הקשה הרמב"ן (פסוק ט) על זה, דבסוגית הגמרא מוכח דמזוני תקנו לה רבנן, ומי שסובר דמזוני מן התורה הוא יחיד, ואין הלכה כן... ויראה כי אין קשיא על דברי רש"י, שהוא פירש לפי פשוטו של מקרא, ופשוטו של מקרא כך הוא. אף למאן דאמר מזונות תקנו לה רבנן, מפרשים המקרא כפשוטו, ולא שהוא חייב לה מן התורה מזונות, אלא שכן האדם דרך לעשות, שהוא מפרנס אשתו ובניו... ומה שאמרה על פי הפשט "שאירה כסותה ועונתה לא יגרע", לא נאמר זה אלא רק על שלא יסיר אותה מהיות אשתו אחר שלקח אחרת... ולפיכך יאמר, אל יחשוב שאינה אשתו, ובשביל כך לא ירצה לנהוג עמה כאיש עם אשתו, ולמעט לה שלשה דברים, אלא אשתו היא, ובשביל כך "לא יגרע", שכאשר היא אשתו בודאי לא יגרע ממנה שלשה דברים אלו, שכן דרך כל בני אדם.

316) יש מן הראשונים שהביאו כמצות עשה, הרבינו חננאל (פסחים עב, ב) למד מצוות עשה של עונה ממה שנאמר אחר מתן תורה: שובו לכם לאהליכם. ראה בספר המצות לרס"ג, מ"ע ע"ב. ובסמ"ק מצוה רפ"ה, אוהל מועד (דרך יא, ב), וספר חרדים כ, ח הביאו מקור ממה שנאמר (דברים כד, ה): ושמח את אשתו אשר לקח, שמצווה לאיש לשמח את אשתו במצוות עונה, ואמנם מצווה זו נאמרה לגבי שנה ראשונה, אולם למדנו מכך שמצווה על האיש לשמח את אשתו במצוות עונה בהיותו עימה, ומה שנאמר לחתן הוא, שבשנה הראשונה לא יצא לצבא ויבטל את מצוות עונה.

וראה באריכת נפלאה בביאור רי"פ פערלא (על ספר המצוות, שם) שהאריך להקשות על המקורות הנ"ל ולבסוף דבריו מסיק דהמקור למ"ע הוא ממש"כ בקרא דכמשפט הבנות יעשה לה, עיי"ש. אולם הרמב"ם מנה אותו בלא תעשה רס"ב, וכ"ה הפשטות בשאר הראשונים, וכן נפסק בשו"ע.

317) מתוך נוסח הכתובה.

318) כך הוא פירוש המלות כפשוטו, ומפורש כן בנחלת שבעה סימן יב אות לד.

319) וז"ל הרשב"א (נדרים טז ע"ב) והיינו נמי דכי אמרינן באומר הנאת תשמישך עלי, לא אקשינן עליה

נאכמער פון דעם, איינער וואס איז נישט מקיים מצות הבית איז אויך א **גזלן** ווייל ער דאך משועבד פאר איר, אזוי ווי דער **רמב"ם** שרייבט קלאר[320]: "עס איז נישטא קיין חילוק פון דער וואס האלט זיך צוריק פון אפצאלן אן ארבעטער, צו דער וואס האלט צוריק דאס וואס עס קומט זיך פאר זיין ווייב". אזוי שרייבט אויך דער **נודע ביהודה**[321]: "דער אופן פון מצות הבית שטעל איך אים נישט אויס, ווייל ער טאר נישט זיין א גזל'ן זיין ווייב". אין די באקאנטע בריוו פונעם **סטייפלער גאון** שטייט ענליך[322]: "דער וואס האלט אפ דאס וואס ער איז מחויב פאר זיין ווייב איז אזוי ווי א גזלן, און עס איז א שרעקליכע פארברעכן צוריקצוהאלטן דאס וואס עס קומט זיך פאר זיין ווייב".

ב. ווי אפט ליגט אויף אים די חיוב פון מצות הבית

די מאס מאל ווי אפט עס ליגט אויפן מאן די חיוב פון מצות הבית, ווענדט זיך אין יעדן מאן פאר זיך לויט זיין לעבנסשטייגער, די חיוב עונה איז נישט דאס זעלביגע ביי יעדן איינעם. עס ווענדט זיך אינעם סדר היום פונעם פארפאלק, און אין די כוחות פונעם מאן.

עס זענען דא מענער וואס זענען מחויב מער, און ס'זענען דא מענער וואס זייער ארבעט ערלויבט זיי נישט צו זיין אינדערהיים - וואס דאן קען צומאל זיין די חיוב וויניגער. ווי דער **רמב"ם** שרייבט[323], אז עס ווענדט זיך יעדער לויט זיין ארבעט: אמאל איינמאל אין 6 חדשים, אמאל איינמאל אין 30 טעג, אמאל איינמאל וואך, און אמאל צוויי מאל א וואך אדער מער. אזוי

וכי מצות ליהנות ניתנו, כדאקשי רבא גבי הנאת סוכה עלי [לקמן (נדרים טז, ב)] משום דהתם אין אדם משועבד לסוכה אלא מחמת קיום המצוה בלבד, ומצות לאו ליהנות ניתנו, אבל הכא מלבד מה שהוא מצוה לעונה יש עליו שעבוד.

320) מורה נבוכים, חלק ג פרק מט, וז"ל: אין הפרש מי שיכבוש שכר שכיר, למי שיכבוש חוק אשתו.

321) שו"ת נודע ביהודה חלק א, או"ח סימן לה, וז"ל: ואופן עונתו איני מסדר לו, כי אינו רשאי "לגזול" אשתו.

322) וז"ל: המונע מה שחייב לאשתו הרי הוא כגזלן, ועוון פלילי לעשוק מה שמגיע לאשתו.

323) הלכות אישות פי"ד ה"א-ה"ב, וז"ל: בני אדם הבריאים הרכים והענוגים, שאין להם מלאכה שמכשלת כוחן, אלא אוכלין ושותין ויושבין בבתיהן - עונתן בכל לילה: הפועלין - כגון החייטין והאורגין והבונים וכיוצא בהן, אם הייתה מלאכתן בעיר - עונתן פעמיים בכל שבת, ואם מלאכתן בעיר אחרת - עונתן פעם אחת בשבת. החמרים - פעם אחת בשבת. הגמלים - אחת לשלושים יום. המלחין - אחת לשישה חודשים. תלמידי חכמים - עונתן פעם אחת בשבת, מפני שתלמוד תורה מתשת כוחן, ודרך תלמידי חכמים לשמש מיטתן מלילי שבת ללילי שבת.

ווערט גע'פסק'נט להלכה אין **שו"ע**[324]. די חיוב גייט אזוי ווייט, אז עס ווערט גע'פסק'נט[325] אז די פרוי האט א רעכט אפצוהאלטן דעם מאן פון טוישן זיין ארבעט, צו אן ארבעט וואס וועט פארמינערן די צאל מאל וואס מ'האט ביז יעצט געקענט מקיים זיין מצות הבית.

למעשה איז היינט צוטאגס אנגענומען אויסצולערנען אז עס איז כדאי מקיים צו זיין "עונת הפועלים", וואס דאס מיינט צוויי מאל א וואך[326]. אין אמת'ן אריין איז נישט פארהאן קיין כלל אין דעם: עס ווענדט זיך פאקטיש אין דעם צורך פונעם פארפאלק, סיי פון דעם מאן און סיי פון די פרוי. עס קען זיך ווענדן אין די מצב אין שטוב, אדער אין ספעצילע זמנים וכדומה. אזוי אויך, אויב איינער טוט עס נאר "פונקט" וויפיל מען איז "מחויב", דאן קען דאס פארלירן די געפיל פון ליבשאפט, עס מעג אמאל זיין ספאנטאניש אויך[327]. דערפאר זאל יעדעס פארפאלק טון באזירט אויף וואס זיי שפירן אז עס ארבעט פאר זיי ביידע. פארשטייט זיך, אז עוסק זיין דערין איבער די מאס איז נישט גוט סיי ברוחניות, און סיי בגשמיות, אבער ווילאנג מען טוט דאס באופן פון ליבשאפט און ביידע האבן דערפון הנאה איז דאס בדרך כלל גוט. אויב עס מאכט זיך מיינוגס פארשידענהייטן דערינען, אדער מען זעט אז איר אדער אייער שותף פארלאנגט דאס אויף אן אויסנאם אופן אדער פארקעט מען האט נישט קיין

324) אהע"ז סימן עו ס"א: עונתה כיצד, כל איש חיב בעונה כפי כחו וכפי מלאכתו. והטילים, עונתם בכל לילה.

325) שם ס"ה: יש לאשה לעכב על בעלה שלא יצא לסחורה אלא למקום קרוב, שלא ימנע מעונתה וכו'.

326) עיין ביאור הלכה סימן רמ ד"ה ת"ח, וז"ל: עיין במ"ב בשם הפמ"ג, וכ"כ בתשו' מ"צ סימן נ"א, שכל מי שהוא לומד בתמידות, הן אם הוא מהמורים בעם או מן התלמידים, רשאי שלא לקיים עונתו כ"א אחת בשבת. ואף שאין לנו דין ת"ח בזה"ז לכמה דברים, מ"מ בזה רשאי לעשות עצמו ת"ח. ומש"כ מגן אברהם שאין רשאי, היינו כשהוא באמת פועל או טייל ואינו עוסק בתורה, אבל לעוסקי תורה שמתשת כחם אין חילוק בין ת"ח שבזמניהם לזמנינו, ע"ש. ומ"מ כתב לבסוף, שהיה מיעץ לסביביו שיקיימו עונת פועלים שתים בשבת, והובא כ"ז בפ"ת אה"ע סי' ע"ו, וכן הביא בחכמ"א בשם צוואת ר"י מפראג, והעיקר הכל לפי כח האדם וכדלעיל בסק"ג, ועיין לקמן בסי"ד.
ועי' במכתב למרן הסטייפלער זצ"ל, וז"ל: מצות הבית הוא לפועלים שתים בשבת ולת"ח פעם אחת, וכתבו האחרונים ז"ל דלכאורה מכיון שבזמנינו אין לנו זה שנקרא ת"ח לחז"ל (כי בזמנינו אין נזהרים מביטול תורה כדין ועוד כמה טעמים), מ"מ כיון שטעם דת"ח רק פ"א בשבת משום שהתורה מתשת כוחו זה איכא גם בת"ח שבזמנינו, וא"כ מי שיודע שהוא בבריאות - הדר דינא לחייבו ב' פעמים בשבת, וכמש"כ כ"ז בבה"ל סי' ר"מ עיי"ש, וכן הנהיגו המע"צ והחת"ס כידוע וע"ש במ"ב, וכן מנהג רוב ת"ח בזמנינו (טרם שהגיעו לימי העמידה). ופשוט שאדעתא דמנהג הת"ח נשאת, וכן הבעל התחייב בהכתובה לנהוג בזה כמנהג גוברין יהודאין, ופשוט דלענין הרוצה לפטור עצמו בפ"א בשבוע, ולא ב' פעמים בשבוע, קרוב דהוי ספק דאורייתא ממש וכו'.

327) ראה אור החיים הקדוש, בראשית ל, טו, וז"ל: וטעם יעקב שהיה עושה הפרש בין ב' נשיו לצד שאין עליו חיוב לאה זולת עונה האמורה בתורה (משפטים כא, י): "לא יגרע", כי לא נשאה ברצונו ובידיעתו, וכמעשה שהיה. מה שאין כן רחל - אשתו זאת, ובה עבד פעם ראשונה ושניה.

חשק דערצו און מען פארמינערט פון די נארמאלע שטייגער זאל מען זיך אדורך שמועסן מיט אן ערפאנעם מדריך/מדריכה אדער אן ערפארענעם מורה הוראה.

ג. דער שטערקסטער חיוב פון חתונה האבן

די הלכה לויטעט, אז מצות הבית איז די סאמע שטערקסטע חיוב ווען מען האט חתונה, מער ווי סיי וועלכע אנדערע חיוב וואס ליגט אויפן מאן דורכן חתונה האבן, ווי צום ביישפיל געבן עסן און קליידונג פאר די פרוי. אויף די אנדערע זאכן קען מען זיך אויסנעמען פון פריער א תנאי אז מ'וויל זיך דאס נישט אונטערנעמען, אבער די הלכה איז אז עס איז נישטא קיין מציאות פון חתונה האבן מיטן תנאי אז מען איז נישט מקיים מצות עונה[328].

נאכמער פון דעם, אויב דער מאן טוט נישט איינע פון די אנדערע חיובים באקומט ער נישט קיין נאמען פון א "**מורד**" - א ווידערשפעניגער, אבער אויב ער איז נישט מקיים מצוות עונה באקומט ער יא א נאמען פון א מורד, און דאס צווינגט ארויף אויף אים א פרישע הוספה אין די כתובה. אזוי ווערט גע'פסק'נט אין **שולחן ערוך**[329]: "דער וואס ווידערשפעניגט אויף זיין ווייב, און זאגט: 'איך גיי איר שפייזן און אויסהאלטן אבער איך גיי נישט טון מצות הבית וויל איך האב איר פיינט', לייגט מען צו צו די כתובה געלט" א.א.וו.

ד. דאס וויכטיגקייט פון "חיבוק ונישוק"

איידערן עצם הזיווג זעלבסט, פאדערט זיך אן הכנה דרבה מיטן טון פעולות פון "חיבוק ונישוק" - וואס דאס זענען שטארקע פעולות וואס ווייזן ארויס דאס ליבשאפט איינער צום צווייטן. פונקט ווי מען פארשטייט, אז ווען מען האט א קינד און מען וויל ארויסווייזן דאס ליבשאפט, געבט מען זיי א קוש אין פנים, אזוי איז אויך ווען א מאן און ווייב קומען זיך צוזאמען, וואס דאס איז דאך די גרעסטע ליבשאפט וואס איז שייך, דארף דאס קלאר ארויסגעברענגט ווערן מיט געפילישע פעולות, אזוי גייט צו מצות הבית.

דאס געדאנק פון זיך ארומנעמען איז אויך א וועג ווי אזוי איינער זאגט פארן צווייטן לאמיר אצינד זיך ארומנעמען גאר שטארק, שפירנדיג ווי מען וויל זיך אנכאפן פאר אייביג און מ'וויל נישט ארויסלאזן דעם צווייטן פון האנט. דאס חיבוק ברענגט שטארק ארויס

---

328) שולחן ערוך אהע"ז סימן לח ס"ה, וז"ל: התנה בשעת הקידושין שלא יהא לה שאר וכסות, תנאו קיים, ואינו מתחייב לה בהם. אבל אם התנה שלא יתחייב בעונה, תנאו בטל וחייב בה.

329) אהע"ז סימן עז ס"א, וז"ל: המורד על אשתו ואמר הריני זן ומפרנס, אבל איני בא עליה מפני ששנאתיה, מוסיפין לה על כתובתה משקל שלשים וששה שעורים של כסף בכל שבוע וכו'.

דאס אחדות פונעם גוף, אין דאס נישוק ברענגט ארויס דאס שטארקן קשר פונעם נפש[330].

די **גמרא** זאגט[331]: "ווער עס מאכט חתונה זיין טאכטער מיט אן עם הארץ, איז עס אזוי ווי ער לייגט איר פאר א לייב: פונקט ווי א לייב רייסט אויף זיין פלייש צו עסן און שעמט זיך נישט דערמיט, אזוי אויך אן עם הארץ שלאגט און וואוינט גלייך און ער שעמט זיך נישט דערמיט". דאס מיינט, אז אויב מען טוט די מצוה אן קיין צוגרייטונג פון ליבשאפט, איז דאס אן אויפירונג פון אן "**עם הארץ**" - א פראסטער מענטש.

דער הייליגער **יעב"ץ** שרייבט דערוועגן[332]:

> עס איז נישטא קיין זיווג, וואס מ'זאל זיך נישט האלזן און קושן פון פריער. עס זענען דא צוויי צייטן זיך צו קושן, איינס - איידערן זיווג, וואס דאס טוט מען כדי צוצוציען דאס ווייב און צו ערוועקן א ליבשאפט צווישן זיי, און דאס צווייטע מאל - בשעת'ן זיווג און בשעת תשמיש זעלבסט, דאן קישן זיי זיך איינער דעם צווייטן.

אויף יעדן זאך וואס א איד דארף זיך פירן איז דא א מקור אינעם תורה, און טאקע אויך אויף חיבוק ונישוק האט אונז די תורה מגלה געווען גלייך ביים ערשטן זיווג, ביי אדם און חוה, אז עס איז געווען מיט א ליבשאפט דורך "חיבוק ונישוק". אזוי שרייבט דער **רוקח**[333] אויפן פסוק: "והאדם ידע את חוה", אז דאס ווארט "את" איז איבעריג און עס קומט צו פארמערן און לאזן וויסן, אז אדם הראשון האט ארויסגעוויזן ליבשאפט דורך חיבוק ונישוק, וואס אזוי איז דער סדר צו טון איידערן זיווג.

---

330) ראה בשושנת העמקים פי' על שיר השירים להאלשיך הק', פרק א פסוק ב, וז"ל: והנה לבא עד תכונת הדבר נשים פנינו אל מהות נשיקה וענינה והן הוא כל פרי גודל אהבת רעים אהובים כאשר נפלאת אהבתם ואב את בן ירצה ונפשו קשורה בנפשו ישקהו מנשיקות פיהו ואחשב' לדעת זאת מאמרי נועם קדמונינו הלא המה כי האהבה תתהוה בין השוים ובעלי התחברות והפכו בפירוד לכן אומר כי ע"כ להורות איש את עמיתו אהבתו אותו כנפשו יחבקהו וינשקהו וטע' לשבח הדבר הלא הוא כי שתים הנה מיני התחברות והתקשרות זו למעלה מזו האחת תתייחס אל החומר ולמעלה הימנה המתייחס אל הנפש והוא הגדול המפלש באיכות תוכיותם ולכן המורה בעמק אהבתו את בן בריתו בשתים יתחתן בו ויראהו שני אלו קשרים אשר יתקשר ויתחבר בו להורות על הגופני יחבק לו ועל הנפשיי ינשק לו להורות כי נפשו קשורה בנפשו.

331) פסחים מט ע"ב: תניא, היה רבי מאיר אומר, כל המשיא בתו לעם הארץ - כאילו כופתה ומניחה לפני ארי, מה ארי דורס ואוכל ואין לו בושת פנים, אף עם הארץ מכה ובועל ואין לו בושת פנים.

332) הנהגת ליל שבת, וז"ל: אין זווג שלא יקדים אליו חיבוק ונישוק. ושני מיני נשיקין הן, האחד - קודם הזיווג באין הנשיקין כדי לפייס האיש את האשה ולעורר את האהבה שביניהם, ואח"כ בעת הזיווג ובעת התשמיש עצמו אז נושקין זה את זה.

333) בראשית עמ' צא, וז"ל: את - לרבות אהבות חיבוקין ונשיקין, שדרך לעשות לפני תשמיש.

נאך זעען מיר ווי תורה שרייבט איבערן ענין פון חיבוק ונישוק, ווי עס שטייט אין פסוק[334]: ״וַיַּשְׁקֵף אֲבִימֶלֶךְ מֶלֶךְ פְּלִשְׁתִּים בְּעַד הַחַלּוֹן, וַיַּרְא וְהִנֵּה יִצְחָק מְצַחֵק אֵת רִבְקָה אִשְׁתּוֹ״ - אז אבימלך האט אריינגעקוקט דורכן פענסטער, און ער האט געזען ווי יצחק שפילט זיך מיט רבקה (וואס בפשטות מיינט עס מצות הבית), און פון דעם האט ער פארשטאנען אז זיי זענען מאן און ווייב און נישט געשוויסטער. די מפרשים פרעגן, וויאזוי קען זיין אז ער דאס האט טאקע געזען, ווען עס שטייט דאך אז מ׳זאל עס נישט טון בייטאג. טייל ערקלערן[335], אז מען רעדט טאקע נישט פון די מעשה המצוה זעלבסט, נאר אבימלך האט געזען ווי זיי זענען עוסק אין ״חיבוק ונישוק״ וואס מ׳טוט איידערן קיום המצוה זעלבסט.

*

אין אמת׳ן אריין, איז קירוב בשר און פארשידענע הנאות וואס זענען דא בעפאר די קיום המצוה זעלבסט - ווי זיך קושן און ארומנעמען און האלזן - א חלק פון מצות הבית. אט איז דער לשון פונעם **מחנה חיים**[336]:

> די תורה האט יורד געווען צו די דעת פון מענטשן, אז דער שטייגער זיך צו דערנענטערן צום געשמאקייט פון ביאה איז דורכן ליגן נאנט איינער צום צווייטן ממש בקירוב בשר, און זיך ארומצוהאלזן און קושן מיטן מויל, אזעלכע סארטן שגיונות פונעם יצר וואס דער אייבערשטער האט אריינגעלייגט אינעם טבע כדי מהנה צו זיין דעם מענטש, וואס די דאזיגע הנאות זענען באלד אזוי גרויס ווי די הנאה פון ביאה זעלבסט צי גאר מער... דערפאר, טאמער דער מאן זאגט אז ער וויל עס טון נאר מיט די קליידער, דארף ער איר אפ׳גט׳ן, וויבאלד אויך די דאזיגע הנאות זענען א טייל פון מצות עונה.

אזוי שטייט שוין אינעם ספר **הרוקח**[337]:

---

334) בראשית כו, ח.

335) חזקוני שם, וז״ל: צחוק שלפני הבעילה. ואין לומר שראהו בועל, שלא היה יצחק עושה כך לפני רואים, וביום. וכן באלשיך שם, וז״ל: וַיַּשְׁקֵף - וירא אותו מצחק, שהוא ענין נשוק וחבוק. וכן באור החיים שם, וז״ל: מְצַחֵק אֵת רִבְקָה - פי׳, מעשה חיבה הנעשית בין איש לאשתו. וראה גם בריב״א, רבינו עובדיה מברטנורא, וגור אריה שם, שמפרשים שהיה ע״פ הדין שת״ח מאפיל בטליתו.

336) חלק ב, אהע״ז סימן מא ד״ה והנראה, וז״ל: ונלע״ד בהבנת דברי ירושלמי, והוא דמה דנשתעבד איש לאשה או אשה לאיש במצות העונה, דירדה תורה ללבו של בני אדם, שדרך התקרבות לחיבת ביאה הוא השכיבה בקירב בשר בחבוקים יחדיו בנשיקות פיו וכדומה, שגיונות היצר אשר נתנו מפי הטבע להנות בהם בני אדם, אשר יגדל הנאת ההתקרבות כמעט כגוף הנאת ביאה או יותר, כחז״ל בילקוט קהלת סימן תקעב, וז״ל: ״אמר ר׳ שמעון בן לוי, טוב מראה עינים באשה יותר מגופו של מעשה״ עכ״ל... ועל כן אם אמר שרוצה לבעול הוא בבגדו והיא בבגדה, יוציא ויתן כתובה, שגם הנאות כאלה הם בכלל עונה, ודוק.

337) הלכות תשובה אות יד, וז״ל: ולאחר טבילתה ישמחנה ויחבקנה וינשקנה, ויקדש עצמו בתשמיש המטה וכו׳, אך ישעשע במשמושי׳ ובכל מיני חיבוק למלאות תאוותו ותאוותה, שלא יהרהר באחרת כי

> נאכדעם וואס זי איז געווען אין מקוה, זאל ער איר דעפרייען און ארומהאלזן און קושן, און ער זאל זיך מקדש זיין ביי תשמיש... אבער ער זאל זיך שפילן מיט איר מיט אלערליי סארטן טאפערייען און ארומנעמען, און אזוי ארום ערפילן זיין תאוה און איר תאוה, כדי ער זאל נישט טראכטן פון א צווייטן נאר פון איר וואס זי איז זיין ווייב, און ער זאל איר ארויסווייזן פיל ליבשאפט.

אין שיר השירים שטייט[338]: "ישקני מנשיקות פיהו", און רש"י ערקלערט פשט[339], אז עס זענען דא וואס קושן אויף די הענט אדער אויפן אקסל, און אינעם דאזיגן שיר בעט ער פאר א נענטערע קוש, וואס דאס איז אויף די מויל, ווי עס איז דער סדר ביי חתן און כלה. דער **מהרש"א** שרייבט[340]: "קושן אויף די מויל איז א טייל פון "קירוב בשר", און דאס איז א גלייכע זאך צווישן א מאן און א פרוי".[341]

עס גייט אבער פיל ווייטער פון דעם: אין שו"ת **מהר"ם לובלין** איז דא אן אינטערעסאנטער שאלה, אין א פאל וואס מען קען נישט מקיים זיין מצות הבית, אויב די פרוי זאל גיין אין מקוה. שרייבט ער דאס פאלגענדע[342]:

> איך בין מתיר אז זי זאל גיין אין מקוה פרייטאג צונאכטס, אפילו ער וועט נישט וואוינען מיט איר ביז נאך שבת, ווייל נישט נאר די זיווג אליינס איז די מצוה, נאר אלערליי נאנטקייטן מיט וואס א מאן דערפרייט זיין פרוי, איז אויך א מצוה. וויבאלד די אלע נאנטקייטן ברענגט איר אויף שמחה, גייען זיי אויך אריין אינעם קאטעגאריע

אם עליה, כי היא אשת חיקו, ויראה לה חיבות ואהבות. (ראוי לציין מש"כ החיד"א בשם הגדולים אות ריט, שהלכות תשובה להרוקח הינו בקבלה איש מפי איש עד למשה מסיני).

338) שיר השירים א, ב.

339) וז"ל: ישקני מנשיקות פיהו. זה השיר אומרת בפיה בגלותה ובאלמנותה, מי יתן וישקני המלך שלמה מנשיקות פיהו כמו מאז, לפי שיש מקומות שנושקין על גב היד ועל הכתף, אך אני מתאוה ושוקקת להיותו נוהג עמי כמנהג הראשון, כחתן אל כלה, פה אל פה.

340) ברכות ח ע"ב, וז"ל: נשיקות פה הוא קירוב בשר, הוא ראוי בין איש לאשתו.

341) וראה בתולדותיעקב יוסף פרשת וארא באד"ה חפציך, וז"ל: וכמו ששמעתי בשם מורי, מה שנאמר לו משמים טעם איחור ביאת משיח, שאין מאריכין באהבה רבה, סוד נשיקין שקודם הזווג, כדי לעורר תאוותה שתזריע תחלה ותלד זכר, שהוא רחמים, ודפח"ח. וזה שסיים הש"ס, דהווין ליה בנים זכרים, והבן. עכ"ד. ושמעתי מאת ת"ח חשוב, הפי' בדבריו הק' הוא דסיבת אריכת הגלות הוא תוצאה מאי יחוד בין קוב"ה וכנסת ישראל, והיחוד נעשה בעת קרי"ש בכל דוקדוקי' וכוונותיה, ולכן כאשר אין מאריכין קודם לכן בברכת אהבה רבה אשר מעוררת הכוונה כדבעי, אזי עצם היחוד של קרי"ש לוקה בחסר.

342) סימן נג, ז"ל: נראה להתיר לה לטבול בליל שבת, אע"ג דאין בועל בעילת מצוה עד אחר השבת, משום דאין הבעילה בלבד היא מצוה, אלא כל מיני קריבות שאדם משמח בהם את אשתו הוי מצוה, דהא כל מיני קריבות הווין לה שמחה וכו', וכיון דשאר קריבות הווין לה נמי שמחה, מצוה לשמחה בהן, דהוי בכלל מה שאמר רבא בפ' אלו דברים: 'חייב אדם לשמח את אשתו בדבר מצוה' וכו'. ע"כ.

> פון "**שמחה של מצוה**", און ער דארף איר דערפרייען דערמיט, ווייל עס גייט אריין אין דאס וואס רבא זאגט: "א מאן מוז דערפרייען זיין ווייב מיט די מצוה".[343]

עס דארף דא אויך ארויסגעברענגט ווערן, אז ווי עס זעט זיך ארויס איז "חיבוק ונישוק" דער הויפט צווישנשייד צווישן מענטשן און אלע אנדערע באשעפענישן ביים זיך מזווג זיין. אין די צייט וואס אלע באשעפענישן טוען טאקע אויך די פעולה פון זיווג זעלבסט, ווערט דאס אבער נישט באגלייט מיט די זייטיגע פעולות וואס זענען געשטעלט געווארן צו ברענגען נענטער דעם פארפאלק אזיווי ביים מין האנושי, וואס דער אייבערשטער האט באשאפן מיט פארשידענע הרגשים פון הנאות וואס ברענגט צוזאמען דעם פארפאלק נענטער איינער צום צווייטן[344].

ה. די חיוב פון פיוס וריצוי איידערן זיווג

אין חז"ל געפונען מיר[345], אז איינע פון די נעמען מיט וואס זיי באצייכענען מצות הבית איז – "**רעדן**". אויבנאויף איז דער אורזאך דערצו אומקלאר, וויבאלד ס'איז נישטא קיין דירעקטע פארבינדונג פון רעדן מיטן זיווג, אבער טאקע פון דעם דרינגט דער **ב"ח** ארויס א געוואלדיגע יסוד, ווי ער שרייבט[346]:

---

343) למעשה יש בזה מבוכה גדולה בין הפוסקים אי מותר לעשות חו"נ שלא במקום מצוה, ויש בזה אריכות גדולה ראה בשו"ע (קפד ס"י) ובש"ך, טהרת ישראל (סי' קפד) מקו"ח (סי' רמ), חזון איש (באגרות הקודש) שיעורי שבט הלוי (שם אות י'), שו"ת אגרות משה (יו"ד ח"ג סי' נח), שו"ת באר משה (ח"ח סי' צ'), עת לעשות (אות לח), משכן ישראל (ח"ב עמ' ס') ואכמ"ל. ולפעמים תלוי בטבעו ומזגו וגם בהרגשה שלה, וכל אחד יעשה שאלת חכם.

344) ובענין טיפין היוצאין לפני הזיווג, כתוב בפרי עץ חיים, (שער ק"ש שעל המטה פרק יא) בזה"ל: מורי (האר"י) זלה"ה אמר, כי גם אותן טיפות היוצאת מן האדם קודם הזיווג, הם בכלל מוציא זרע לבטלה, וצריך תיקון גדול על זה. וע"ע בשו"ת אגרות משה (אהע"ז סימן סו). ועיין בספר ופקדת נוך, הלכות קדושה אות י', וז"ל: מה שמרגישים לפעמים שיוצא מהאבר טיפות בודדות כמו מים צלולים לפני תשמיש, מעיקר הדין אינן בכלל זרע, להיות אסור משום עון הוצאת זרע לבטלה וכו'. ובהערה שם, ז"ל: כן ראיתי במכתב מהגאון הר' משה שטרנבוך שליט"א, שכן מקובל מהגאון החזון איש זצ"ל, וכן אמרו לי כמה פוסקי זמננו ובתוכם הגאון הרב מאיר ברנסדורפער. ושם בהערה יא, ז"ל: והנה כד תדייק בלשון האריז"ל תראה, שלא כ' שהם בכלל "איסור" הוז"ל, דבאמת לא שייך לאסור דבר שאינו ביד האדם, וצורך הוא לקיום מצותו, ולא נתנה תורה למלאכי השרת או רק לצדיקים שהם כמלאכים כמו יעקב אבינו. רק שכ' שהוא בכלל מוציא ז"ל, דהיינו שצריך לזה תיקון ע"י ק"ש שעל המטה וכו'.

345) כתובות יג ע"א: ראוה מדברת. וכן נדרים כ ע"ב: אינו מספר עמי.

346) אהע"ז סימן כה, וז"ל: מ"מ מדקרי לתשמיש מספר, ואין ענין לשון סיפור להבין ממנו תשמיש, אא"כ שנפרש דבשעת תשמיש צריך לספר עמה תחלה בענייני תשמיש, לכך נקרא התשמיש בשם מספר.

> וויבאלד מען רופט אן מצות הבית - "רעדן", און דאס ווארט "סיפור" קען נישט באדייטן דער מושג פון "תשמיש", סיידן אויב מיר וועלן זאגן אז מען דארף רעדן בעפאר דעם אין ענייני תשמיש, און דערפאר הייסט די מצוה: 'רעדן'.

אזוי פסק'נט טאקע דער **רמב"ם**[347]: "מען זאל וואוינען מיט איר נאר מיט איר פולסטער הסכמה, און נאכן שמועסן אייניאיינעם און זיין פרייליך", און ענליך צו דעם שטייט אין שולחן ערוך[348].

דער הייליגער **רמב"ן** שרייבט[349]:

> צוערשט דארפסטו איר אריינברענגען דערינען מיט ווערטער וואס ציען איר הארץ, און זענען מיישב איר דעת און דערפרייען איר, כדי צוצובינדן איר דעת מיט דיין דעת, און איר כונה מיט דיין כונה. זאלסט איר זאגן אביסל ווערטער פון גלוסטעניש, ליבשאפט און ווילן, וואס וועלן איר אריינברענגען אינעם פאסיגן מצב, און אביסל ווערטער וואס וועט איר ציען צו יראת שמים, חסידות און צניעות.

אויך אין **זוהר הק'** זענען דא פילע מראי מקומות[350], וואו מיר זעען ווי וויכטיג דער

---

347) הלכות אישות פט"ו הי"ז, וז"ל: אלא לדעתה, ומתוך שיחה ושמחה.

348) הנה בשו"ע אהע"ז סימן כה ס"ב, ז"ל: ולא יספר עמה בשעת תשמיש ולא קודם לכן, כדי שלא יתן דעתו באשה אחרת, ואם סיפר עמה ושימש מיד, עליו נאמר (עמוס ד, יג): "מגיד לאדם מה שיחו". ומכאן יש טועים שצריך לשתוק במשך כל המצוה, אבל באמת סיבת השתיקה מפורש: "כדי שלא יתן דעתו באשה אחרת" - שזה מפריע לאחדות וכוונת הזיווג, אבל לדבר מעניני תשמיש ודברי חיבה וכדומה, אדרבה, מן הנכון לדבר וכמש"כ הלאה: אבל בענייני תשמיש יכול לספר עמה כדי להרבות תאותו. וזה אינו סתור למש"כ בס"א: ולא יקל ראשו עם אשתו, ולא ינבל פיו בדברי הבאי אפילו בינו לבינה, הרי הכתוב אומר: "מגיד לאדם מה שיחו". כי לכל דבר יש גבול וקץ.

349) אגרת הקודש - איכות החיבור, וז"ל: ולפיכך יש לך להכניסה תחלה בדברים שמושכין את לבה, ומיישבין דעתה ומשמחין אותה, כדי שתקשר דעתה בדעתך וכוונתה בכוונתך. תאמר לה דברים, קצתם מכניסין אותה בדברי חשק ואהבה ורצון, וקצתם מושכין אותה ליראת שמים וחסידות וצניעות וכו', ויכניס אותה בדברים אלו, מהם אהבים ומהם עגבים, ומהם יראת שמים וצניעות וטוהר מחשבה.

350) (בראשית חלק א מט ב), עה"פ "ויבן ה' אלוקים את הצלע", וז"ל: מכאן אוליפנא דמאן דמתחבר באנתתיה, בעי למפגע לה ולבסמא לה במילין, ואי לאו לא יבית לגבה (כלומר, לא ילין אצלה), בגין דיהא רעותא דלהון כחדא בדלא אניסו וכו'. תא חזי מה כתיב הכא: "ויאמר האדם זאת הפעם" וגו', הא בסימו דמלין לאמשכא עמה חביבותא, ולאמשכא לה לרעותיה, לאתערא עמה רחימותא. חמי כמה בסימין אינון מלין, כמה מלי דרחימותא אינון: "עצם מעצמי ובשר מבשרי", בגין לאחזאה לה דאינון חד, ולא אית פירודא בינייהו בכלא, השתא שרי לשבחא לה: "לזאת יקרא אשה", דא היא דלא ישתכח כוותה, דא היא יקרא דביתא, כולהון נשין גבה כקופא בפני בני נשא, אבל 'לזאת יקרא אשה' - שלימו דכלא לזאת ולא לאחרא, כלא הוא מלי רחימותא, כד"א: "רבות בנות עשו חיל ואת עלית על כלנה". ועיעו"ש קמח ע"ב, עה"פ (בראשית כח, יא): "ויפגע במקום", וז"ל: למלכא דאזיל לבי מטרוניתא, בעי למפגע לה

דאזיגער ענין איז, אריינצוברענגען א געשמאקע אטמאספערע דורכן רעדן פאסיגע רייד פון פריער, און עס שטייט זייער קלאר אז אויב טוט מען דאס נישט - **איז בעסער אז מ'זאל בכלל נישט וואוינען מיט איר**! עס איז זייער מעגליך אז אויב מ'גרייט איר נישט צו קודם מיט פאסיגע און ליבליכע ווערטער אז דאס זאל ח"ו אריינגיין אין די גדר פון תשע מדות, ווי דער **שבילי אמונה** דרוקט זיך אויס[351]. די **באר מים חיים**[352] שמועסט אויס קלאר אז די פרוי מוז זיין דערביי מיט א עכטן רצון, עס איז נישט בלויז גענוג אז זי זאגט נישט אפ.

ווי גרויס די מצוה דערפון איז, קענען מיר אפלערנען פונעם מעשה מיט רב כהנא - וואס מיר האבן שוין אויבן געברענגט - וואס האט זיך באהאלטן אונטערן בעט פון זיין רבי'ן רב, כדי צו וויסן וויאזוי מען דארף מקיים זיין די מצוה, וואס רב כהנא האט זיך נאכדעם אויסגעדרוקט צו רב: **דמי פומיה דאבא כדלא שריף תבשילא**, ווי רש"י טייטשט: **כאדם רעב, כמו שלא שמשת מטתך מעולם, שאתה נוהג קלות ראש זה לתאותך** - דיין אויפפירונג זעט אויס ווי כאילו דו האסט נאך קיינמאל נישט משמש געווען אין דיין לעבן. די דאזיגע ווערטער פון רב כהנא איז שווער צו פארשטיין, ווייל מילא דאס וואס ער האט זיך געוואלט לערנען די פרטי המצוה ווייל: "תורה היא וללמדה אני צריך", דאס קען מען נאך פארשטיין, אבער צו וואס פעלט זיך אויס דאס ארויסצוברענגען מיט אזעלכע אפענע ווערטער? דער **בני יששכר** ערקלערט דאס באריכות און עס איז כדי צו זען זיין הסבר פון אינעווייניג[353].

ולבסמא לה במלין, בגין דלא תשתכח גביה כהפקירא.

351) לרבי מאיר אבן אלדבי נכד הרא"ש, נתיב ג שער ה, וז"ל: אמנם יכול לדבר עמה בדברים מושכין את לבה ומיישבין את דעתה ומשמחין אותה כדי לקשור דעתו בדעתה וכונתה בכונתו ולומר לה דברים שמכניסין אותה בחשק וחבור אהבה ורצון ועגבים, ואז לא יהיו הבנים בני תשע המדות שכתבתי למעלה.

352) פר' בראשית (אות ז) וז"ל: ופעמים שאין רצון אשתו בזה בריצוי גמור ורק שאי אפשר לה לדחותו, ועובר על לאו דדברי קבלה גם בלא דעת נפש לא טוב' ואמרו חז"ל זה הכופה אשתו לדבר מצוה. (ועיי"ש שמאריך בגנות קברות התאוה.)

353) דרך פיקודיך, מ"ע א פרק יג, וז"ל: והנראה דהנה אחז"ל: "אלמלא לא ניתנה תורה, למדנו דרך ארץ מתרנגול, שמפייס ואח"כ בועל". הנה לפי"ז, גם רב כהנא לא הוצרך בזה ללמוד הענין עפ"י התורה, דיש ללמוד מתרנגול. אך רב כהנא היה מסופק, אם הוצרך הפיוס דוקא בשיש לה כעס עמו, או אפילו באין כעס - מן הצורך להמשיך אותה בדברי חביבות, בכדי דיהא רעותא דלהון כחדא. וזה א"א להתבונן מפיוס התרנגול, ורצה לדעת עפ"י התורה אשר יורוהו. וע"כ הוה גני תותי' פורי דרב, ושמע דשח ושחק וכו'. והנה עדיין הי' מסופק, דאפשר דרב עשה זה משום דהיתה בכעס, דידוע מגמ' יבמות שלא הי' מצייתית לרב, וכשצוה הוא שתבשל לו איזה תבשיל, היתה מבשלת תבשיל אחר בכדי לצערו, נשמע מזה דהיתה כעסנית, וע"כ הוצרך לפייסה. ורצה רב כהנא לידע זה, אם עושה רב זה מצד דרך ארץ בלבד הנלמד מתרנגול, או מצד משפטי התורה אפילו באין צורך לפיוס. וע"כ הי' נכנס בדברים, ואמר: "דמי פומא דאבא" וכו', והי' רוצה שרב ישיב לו מפני מה עשה, והנה רב השיבו: "פוק, לאו אורח ארעא", והנה נשאר עדיין בספק, אז אמר: "תורה היא וללמוד אני צריך", ושתק רב ולא ענהו דבר, אז הבין דמן

אין קורצן איז זיין תירוץ, אז רב כהנא איז געווען מסופק אויב דאס ענין פון "**פיוס**" איז נאר מצד מידת דרך ארץ, אדער אויך מצד דיני תורה, ווי אויך אויב דער געדאנק איז נאר ווען עס פעלט זיך אויס ממש "איבערצובעטן" די ווייב, אדער אפילו סתם אזוי דארף מען איר ארייננברענגען אין די זאך דורך פאסיגע רייד, און פון רב'ס אויפפירונג האט ער געהאט א "מעשה רב" אז די פיוס איז נישט נאר ווען מ'דארף זיך איבערבעטן ממש [וואס האט זיך גראדע אויסגעפעלט ביי רב, וואס ווי עס שטייט אין גמרא[354] האט ער געהאט גאר א שווערע ווייב, וואס פלעגט אים שטענדיג מצער זיין], נאר ליבערשט כדי איר ארייננברענגען וואס מער אין די זאך, וואס דאס איז שוין געוויס א חיוב מדיני התורה.

דאס האט רב כהנא געזאגט פאר רב, אז וויבאלד עס איז געווען אזא שטארקע סארט פיוס מוז מען זאגן אז דאס איז נישט נאר אויף "איבערצובעטן" דאס ווייב, נאר אויך כדי איר ארייצוברענגען מיט ליבליכקייט און ווארעמקייט אינעם פאסיגן מצב, און אט די דאזיגע וויכטיגע פונקט וואס רב כהנא האט אפגעלערנט פון רב, האט ער אונז געוואלט לאזן וויסן.

בנוסף צו דעם איז דא א חלק אין דיבור, פון קאמפלימענטירן דעם ווייב אויף איר שיינקייט, ווי דער **רמב"ן** שרייבט, אז מען זאל רעדן: **מהם אהבים, ומהם עגבים**, וואס דאס איז אויך א פאסיגע זאך אינעם ריכטיגן מינוט, וואס געבט פארן ווייב גאר א גוטע געפיל[355]. אבער חלילה נישט רעדן איבעריגע **ניבול פה** אויף א פראסטן אופן, וואס אויף דעם שטייט אין גמרא און עס ווערט געברענגט אין שו"ע[356]: **אפילו שיחה קלה שבין אדם לאשתו, עתיד ליתן עליה את**

הצורך הוא להמשיך רחימותא מצד דיני התורה, ולא מצד דרך ארץ, דזה נלמד מתרנגול. דאילו עשה רב זה לצורך פיוס הנצרך לו, ולא מצד התורה, הי' לו להשיבו זה אינו מצד התורה רק מצד דרך ארץ לפייס כעסה, דזה נלמוד מתרנגול.

354) יבמות סג ע"א: רב הוה קא מצערא ליה דביתהו כי אמר לה עבידי לי טלופחי עבדא ליה חימצי וכו'.

355) ראה בקונטרס קדושת ישראל (עמ' 15), להגה"צ רבי יצחק אייזיק שעהר זצ"ל, וז"ל: וענין עגבים שלכאורה אינו מובן כראוי איך ידבר אדם שלם דברי עגבים עם אשתו, כדי להבין ענין זה כראוי אעתיק בזה לשון הזוה"ק בפרשת יתרו, עה"פ (שמות ט, יג): "ומשה עלה אל האלוקים", דף פ ע"א: "כל בר נש בעי לאשתעי בבר נש אחרא כפום ארחוי, דהא לנוקבא כפום ארחוי, לגברא כפום ארחוי, לגברא דגברי כפום ארחוי... היינו דכתיב (שמות יט, ג): כה תאמר לבית יעקב ותגיד לבני ישראל", עכ"ל. שם ע"ב, עה"פ (שם, טז): "ויהי ביום השלישי", ז"ל: "אחות לנו קטנה ושדים אין לה (שיר השירים ח, ח)... דהא אינון תקונא ושפירו דאתתא ולית שפירו דאתתא אלא אינון", עכ"ל. ועיין מד"ר שיר השירים: "שני שדיך, כמו שהשדים הם הודה והדרה של האשה, והם נוי של האשה, והם כבודה ושבחה של האשה, כן היו משה ואהרן לישראל". המשכיל יבין, שלזה כיון הרמב"ן בדברי עגבים, שיש לדבר עמה בענין היופי שלה. עכ"ל. א"ה, בפשטות עגבים פירושו דברי חשק ורצון באופן של שמחה ושחוק. ראה יחזקאל לג לא, ובפירש"י, מצודות דוד, רד"ק ועוד.

356) אהע"ז סימן כה ס"ב, וז"ל: ולא יקל ראשו עם אשתו, ולא ינבל פיו בדברי הבאי אפילו בינו לבינה.

הדין. ווי דער יעב"ץ שמועסט אויס [357]:

עס שטייט אין חז"ל "מגיד לאדם שיחו" וכו' דאס מיינט צו זאגן איבעריגע רייד פון ליצנות מיט קלות ראש פון ניבול פה, דאס האבן חז"ל גע'אסר'ט. אבער מען מעג רעדן זאכן וואס עס פעלט אויס פאר די מצוה, און איר אריינברענגען מיט רייד וואס ציהט די הארץ, און איז מיישב איר דעת און דערפרייט איהר, כדי צו אנבינדן איהר געדאנקן צו זיינע געדאנקן, און איהר זאגן רייד וואס ברענגט איר צו חשק, ליבשאפט און ווילן, ווי אויך זאל ער איר זאגן רייד פון יראת שמים און צניעות.

ו. די מצוה זאל זיין "בקירוב בשר"

מיר האבן שוין אויסגעשמועסט אין די פריערדיגע קאפיטלען, אז די מצוה איז נישט נאר א פעולה פון א "מצוה בלי טעם", נאר עס איז א מצוה וואס ברענגט ארויס דאס שפיץ ליבשאפט, דאס ברענגט אן הנאה פארן פארפאלק, וואס דאס ברענגט צו נאנטקייט און צו שלום אינעם שטוב. דערפאר ווערט אויך געברענגט להלכה, אז דאס דארף ווערן געמאכט אויפן נענטסטן אופן וואס איז נאר שייך איינער צום צווייטן, דהיינו בקירוב בשר[358]. (עס קען צומאל זיין שווער פון אנהייב זיך צוצוגעוואוינען דערצו, ובפרט פרויען וואס זענען בטבע מער צניעות'דיג[359] וואס קענען זיין אומבאקוועם דערמיט ביים אנפאנג פונעם צוזאמענלעבן, הגם עס איז איבערהויפט נישט קיין סתירה צו צניעות ווי מיר וועלן באלד אויסשמועסן. מען דארף עס לאזן געשען אויף א נאטורליכן וועג נאכדעם וואסביידע זענען באקוועם דערמיט).

הרי הכתוב אומר (עמוס ד, יג): "מגיד לאדם מה שיחו", אמרו חז"ל (חגיגה ה ע"ב): "אפילו שיחה קלה שבין אדם לאשתו עתיד ליתן עליה את הדין". ולא יספר עמה בשעת תשמיש ולא קודם לכן, כדי שלא יתן דעתו באשה אחרת, ואם סיפר עמה ושימש מיד, עליו נאמר: "מגיד לאדם מה שיחו". אבל בעניני תשמיש יכול לספר עמה כדי להרבות תאותו, או אם היה לו כעס עמה וצריך לרצותה שתתפייס, יכול לספר עמה כדי לרצותה.

357) וז"ל היעב"ץ (במוסך השבת) ואפי' המספר וכו' אמרו חז"ל ומגיד לאדם שיחו. ור"ל שיחה בטלה של ליצנות וקלות ראש לנבל הפה הוא שאסרו, אבל רשאי לדבר עמה דברים שהם לצורך תשמיש, ולהכניסה תחלה בדברים המושכים את לבה ומיישבים דעתה ומשמחין אותה, כדי לקשור דעתה בדעתו וכונתה בכונתו, ולומר לה דברים שמביאין לה חשק ואהבה ורצון, גם יאמר לה דברי ירא"ש וכו'.

358) ראה בתולדות יעקב יוסף, פ' שלח, וז"ל: וז"ש אל תיקרי הליכה אלא הלכה שהיא [אותיות] הכלה שלא ישארה כלה מקושטת רק שילך ממדריגה זו אל מדריגה עליונה שהיא הזווג בלי לבוש וקישוט רק דביקות עצם פנימיותו. עיי"ש.

359) כדאיתא במדרש (בראשית רבה פ' יח), ויבן... אלא ממקום צנוע באדם וכו'.

אין **שולחן ערוך** ווערט געפסק'נט[360], אז אויב דער מאן צי די פרוי וויל מקיים זיין די מצוה נאר אנגעטון מיט קליידער, קענען דער צווייטער פארלאנגען א גט דערפאר. אזוי אויך ווערט געפסק'נט[361], אז אזא איינער הייסט א "מורד"/"מורדת". דער אמת איז, אז די גמרא זאגט שוין[362] אז מקיים זיין מצות הבית אנגעטון מיט די קליידער איז א פרעמדע גוי'אישע מנהג, און מען זאל זיך נישט אזוי פירן, נאר אדרבה די תורה פארלאנגט: "**שארה - זו קירוב בשר**"[363], דווקא מיט קירוב בשר, ווייל דאס פארמערט די הנאה און עס ברענגט

360) אהע"ז סימן עו סי"ג, וז"ל: האומר אי אפשי אלא אני בבגדי והיא בבגדה, יוציא ויתן כתובה, וכל שכן אם אינו נזקק לה כלל. וכן היא אומרת אי אפשי אלא אני בבגדי והוא בבגדו, תצא בלא כתובה.

361) עיי"ש בחלקת מחוקק, וז"ל: וכ"ש אם אינו נזקק וכו'. מפשט לשון זה משמע דאם אינו נזקק כלל, ואומר אי אפשי אלא בבגדים, דין אחד להם, ודין מורד אית ליה וכן היא דין מורדת אית לה לכל דבר. דהא ילפינן לה מ"שארה - זה קירוב בשר" שלא ינהיג בה מנהג פרסיים, וכאלו לא קיים עונה כלל. ולא ידעתי מה שכתב הב"ח, דלענין קריאת השם קורין אותה מורדת, ולא שידונו בה דין התלמוד כמורדת כלל, ולא ידעתי מי הכריחו לזה, ופשוט בעיני כל שלא מתנהג עמה ע"פ הדין, למעט מן העונות או בשאר דברים, מורד מקרי. וכן היא שאינה עושה לו רצונו, מורדת מקרי. מה לי כולה, מה לי פלגא. וע"ע בבית שמואל, וז"ל: האומר א"א אלא בבגדי כו'. ב"ח מדייק מלשון הריטב"א שכתב "יוציא ויתן כתובה", משמע דהוא אינו מורד כשאומר אי אפשי אלא בבגדי, וכן היא ג"כ אינה מורדת. ויש לדחות וי"ל, הריטב"א לישנא דש"ס נקיט, ובש"ס מצינו באומר "איני זן ואיני מפרנס - יוציא ויתן כתובה", אף על גב דהוא מורד, כמ"ש בש"ס דף סג אליבא דר"י וכן כתב בחלקת מחוקק. אלא מיהו י"ל, דין זה תליא בפלוגתא דאיתא בש"ס, אם "שארה" דכתיב באורייתא פירושו קירוב בשר, או אם פירושו מזונות, ולרמב"ם ושאר פוסקים דסבירא להו דפירושו מזונות, יש לומר משום קירוב בשר לאו מורד היא, והריטב"א אפשר דס"ל דפירושו הוא קירוב בשר.

362) כתובות מח ע"א: תני רב יוסף, שארה - זו קרוב בשר, שלא ינהג בה מנהג פרסיים, שמשמשין מטותיהן בלבושיהן.

363) ראה רמב"ן, שמות כא, ט, וז"ל: ולכך אני אומר, כי פירוש "שאר" בכל מקום - בשר הדבק והקרוב לבשרו של האדם, נגזר מלשון שאר, כלומר שאר בשרו מלבד בשר גופו. ויקראו הקרובים "שאר": 'אל כל שאר בשרו' (ויקרא יח, ו); 'שארה הנה' (שם, יז), כענין: 'אך עצמי ובשרי אתה' (בראשית כט, יד); 'ויאכל חצי בשרו' (במדבר יב, יב). וכן: 'שם ושאר נין ונכד' (ישעיהו יד, כב), זרעו הקרוב אליו. וכן: 'בכלות בשרך ושארך' (משלי ה, יא), עצמך ובניך, שהם הבשר הקרוב לך. ויקרא הבשר הנאכל "שאר": 'וימטר עליהם כעפר שאר' (תהלים עח, כז), כי הבשר הנאכל ידבק באוכל, ויחזור לבשרו. ויתכן שיהיה מזה: 'בכלות בשרך ושארך' (משלי ה, יא), בשר גופך, ושאר הבשר הנעשה מן המאכל, יכלה, ולא יהיה לך לבשר. ותקרא האשה "שאר" לבעל, כמו שדרשו (יבמות כב ע"ב): "כי אם לשארו - שארו זו אשתו", והוא מן הענין שאמר: 'ודבק באשתו והיו לבשר אחד' (בראשית ב, כד). והנה "שארה" - קרוב בשרה, ו"כסותה" - כסות מטתה, כמו שנאמר (להלן כב, כו): 'כי היא כסותו לבדה במה ישכב', ו"עונתה" - הוא עונה שיבא אליה לעת דודים. ואם יהיה פירוש "שאר" כמו בשר, כדברי המפרשים (-רש"י ורד"ק בתהלים עח, כז, ורד"ק כאן), ונאמר: 'כי אל כל שאר בשרו' (ויקרא יח, ו), כמו בשר בשרו, כענין שנאמר (בראשית לז, כז): 'כי אחינו בשרנו הוא', ג"כ נפרש "שארה לא יגרע" שלא ימנע ממנו בשרה, כלומר הבשר הראוי לה, והוא בשר הבעל אשר הוא עמה לבשר אחד.

דעם פארפאלק נענטער צוזאמען אן קיין מחיצות. ווי דער **רוקח** לייגט צו[364], אז מ'זאל עס טון דוקא אן קיין קליידער, וויבאלד דורכדעם האבן זיי הנאה איינער פונעם צווייטן, און זיי ווערן זיך ליב האבן איינער דעם צווייטן.

דער **בעל הטורים** זאגט א שיינעם רמז וואו דאס שטייט מרומז אין די תורה[365], ווייל די פסוקים: **וְדָבַק בְּאִשְׁתּוֹ וְהָיוּ לְבָשָׂר אֶחָד: וַיִּהְיוּ שְׁנֵיהֶם עֲרוּמִּים הָאָדָם וְאִשְׁתּוֹ** וגו', שטייען איינע נעבן די אנדערן, כדי מרמז צו זיין אז די קיום המצוה פון "והיו לבשר אחד" דארף זיין אן קיין קליידונג. אזוי איז אויך שטארק אנגענומען על פי קבלה[366].

וענין הכתוב, שאם יקח אחרת, קרוב בשרה של זו וכסות מטתה ועת דודיה לא יגרע ממנה, כי כן משפט הבנות. והטעם, שלא תהיה האחרת יושבת לו על מטה כבודה והיו שם לבשר אחד, וזו עמו - כפילגש ישכב עמה בדרך מקרה ועל הארץ כבא אל אשה זונה, ולכן מנעו הכתוב מזה. וכך אמרו חכמים (כתובות מח ע"א): "שארה - זו קרוב בשר, שלא ינהג בה כמנהג פרסיים, שמשמשין מטותיהן בלבושיהן", וזה פירוש נכון, כי דרך הכתוב בכל מקום להזכיר המשכב בלשון נקי ובקצור, ולכן אמר באלו ברמז: "שארה כסותה ועונתה", על שלשת הענינים אשר לאדם עם אשתו בחבורן, ויבא זה כהוגן על דין ההלכה, ויהיו המזונות ומלבושי האשה תקנה מדבריהם.

364) פרשת בראשית (ב, כה), וז"ל: אם הם ערומים נהנין זה מזה, ויאהבו זה את זה.

365) בראשית ב, כה, וז"ל: "והיו לבשר אחד" - וסמוך ליה: "ויהיו שניהם ערומים", רמז למה שאמרו: 'הוא בבגדו והיא בבגדה יוציא ויתן כתובה'. שוב מצאתי שכבר קדמו הזוה"ק, הובא בספר רוח חיים (להגר"ח פלאג'י זצ"ל, או"ח סי' רמ ס"ח) וז"ל: ומה שאמר לייחדא בבת זוגיה ברתת בזיע ובכסוייא כן נראה ג"כ בזוהר ז"ל ובשוכבך לדוכרא גרמיה בדחילו דמאריה בקדושא בענוה ולא אשתכח חציף לקבליה דמאריה עכ"ל ובודאי דהמשמש כלי כיסוי הוא חציפותא...ומ"מ לא אתא לאפוקי שישמש בלבושו שהרי אמרו הוא בבגדו והיא בבגדה יוציא ויתן כתובה ופירש הרשב"י בתיקונים תיקון נ"ח, ובההוא זימנא דאיתפשטת מאילן לבושין איתייחדת עם בעלה בקירוב בשר הה"ד עצם מעצמי ובשר מבשרי לזאת יקרא אשה... והיו לבשר אחד דכך דרכה לצאת יחידא דכר ונוקבא בקירוב בשר ודא דוכותא דיחודא דלעילא דלא יהא דבר חוצץ בינו ובין הקיר... ורזא דמלא ויהיו שניהם ערומים האדם ואשתו ערומים בקירוב בישרא בלא לבושא כלל. הנך רואה בעיניך כי הרב הקדוש ר"ח עמד בכל דברי רבותינו בתלמודא ובזוה"ק וזו הלכה העלה כי מה שאסרו רז"ל תשמיש בלי כיסוי הוא למעלה על גביהן דזה מורה חציפותא אבל בין שניהם צריכים להיות בקירוב בשר והוא ברור.

366) עיין ראשית חכמה פרק טז, וז"ל: ובודאי שהמשמש בלי כיסוי הוא חציפותא, ולכן אמרו בגמרא 'ג' הקב"ה שונאן' וא' מהם המשמש ערום. ומכל מקום לא אתא לאפוקי שישמש בלבושו, שהרי אמרו: 'הוא בבגדו והיא בבגדה יוציא ויתן כתובה', ופי' הרשב"י בתיקונים (תיקון נח), ז"ל: 'ובההוא זמנא דאיתפשטת מאלין לבושין, אתייחדת עם בעלה בקירוב בישרא, הה"ד (בראשית ב, כג-כד): "עצם מעצמי ובשר מבשרי, לזאת יקרא אשה, כי מאיש לוקחה זאת: על כן יעזב איש את אביו ואת אמו, ודבק באשתו, והיו לבשר אחד", דכך דרכה לאתייחדא דכר ונוקבא בקירוב בשר, ודא דיבוקא דיחודא דלעילא דלא יהא דבר חוצץ, ובגין דא אוקמוה מארי מתניתין דבר נש מצלי ומייחד קב"ה בשכינתיה, דלא יהא דבר חוצץ בינו ובין הקיר, בלא פירוד וקצוץ בין קב"ה ושכינתיה, ורזא דמלה (שם): "ויהיו שניהם ערומים האדם ואשתו", ערומים בקרוב בשרא, בלא לבושא כלל'.

למעשה, זענען אבער פארהאן פארשידענע מנהגים אין דעם[367]. בנוגע צו מען זאל אויסטון די ציצית בשעת מעשה, זעה אין הערה[368].

ז. צניעות און מצות הבית זענען נישט קיין סתירה

מיר האבן שוין דערמאנט אויבן[369], אז אויב מען פארשטייט נישט ריכטיג די געדאנק פון מצות הבית, קען זיך דאכטן אז עס איז א סתירה מיט די השקפה פון צניעות. אבער דאס איז נישט ריכטיג, ווי מיר זען פון די הלכות דערפון אז ווען מען איז צוזאמען דארף דאס צוגיין מיט די מערסטע נאנטקייט וואס איז נאר מעגליך[370].

---

367) הבאנו הדברים כפשטם כי כן הוא מנהג ברוב מקומות, וכן הוא דרך כל הארץ וכן נהגו גדולים וצדיקי עולם, למעשה יש שהביאו מנהגים אחרים. ועפ"י הוראת אחד הרבנים שליט"א הוספתי פה שלש תנאים להתנהג אחרת: א' שידע שהתנהגות זו מותרת אך ורק בהסכמתה המליאה. ב' שלא יצא שכרו בהפסדו, דהיינו שידע בנפשו שאין לו צורך לזה כלל. וג' שידע שמעיקרא דדינא ומה שהתחייב עצמו בכתובה הוא כדרך כל הארץ, ויהיה מוכן לעשות שינויים כפי המצב והתקופה, שידע שיש לו פת בסלו.

368) מובא בשם האר"י ז"ל שאי"צ להפשיט את הציצית. ובפשטות אין כוונתו שיש כאן ענין מיוחד להקפיד ללבוש ציצית, רק שמי שמקפיד תמיד שלא לילך בלי ציצית אז גם כעת מותר להישאר עם הציצית, ולא נקראת חציצה. וכ"מ ממש"כ הכף החיים (או"ח סי' כ"א אות ט"ז). והלום ראיתי בקובץ אליבא דהלכתא (קובץ מ, על טור ושו"ע סימן רמ, עמ' יז), וז"ל: ועדיין צל"ע מקור ענין זה וטעמו, ואולי הטעם הוא כי על פי אריז"ל אין ראוי לעולם להוריד הטלית קטן ואפילו בלילה ובשינה כידוע, ואינו ברור אם הוא טעם מיוחד השייך להנהגת העונה, או שהוא מטעם שלעולם אין להוריד הטלית קטן, ואולי הטעם שמועיל לשמירה כי הוא סוד אור המקיף, וצ"ע.

שוב הרעוני מש"כ בדרכי חיים ושלום (אות שמה) וז"ל: בשעת הזיווג אין להסיר הטלית קטן כמו שמבואר בשער הכוונות למרן האר"י שאין להסיר הט"ק זולת במרחץ, הגם שאין נראה כן דעת הראשית חכמה שער הקדושה פרק ט"ז...לפי שודאי קיבל כן מפי רבו הגה"ק המקובל מהר"ם קורדובורו ז"ל ואנחנו ג"כ נעשה כפי קבלנו ממרן האר"י ז"ל שכתב לפי עולם התיקון שאין להסיר הט"ק ואנו נקראים תלמידיו וכו'. ע"כ. וראה ג"כ בכף החיים (או"ח סי' ר"מ ס"ח) שהביא את השני דעות אם ראוי ללבוש ציצית בעת הזיווג עפ"י קבלה. ומובא דאלו המקפידים בזה יניחו את הט"ק על צווארם שלא יחצוץ ביניהם. שוב שמעתי בשם אחד מן האדמורי"ם שאצל החסידים הקפידו מאוד שלא ללבוש ציצית על גוף ערום.

369) בפרק "בין ישראל לעמים".

370) בוודאי יש הלכות צניעות הנוגע בשעת מעשה, כמבואר בטושו"ע או"ח סימן ב, ושורשם במילי דחסידותא (עיי"ש בב"ח). אבל בעצם התקרבות הגופים אין שום חסרון, ועיקר הצניעות ששייך כאן הוא שלא להישאר בגילוי בשר כלפי חוץ. והא דאיתא בנדה טז ע"ב (לפי גירסת התוס'), שהקב"ה שונא מי שמשמש ערום, ראה בסידור יעב"ץ וז"ל: היינו שצריך לכסות עצמו אף בלילה בסדין או במצע, עיי"ש. ועיין במשנה ברורה סימן רמ ס"ק לו, וז"ל: ואם מכסה עצמו מלמעלה ליכא שום חשש בדבר. ובשער הציון אות יח, הוסיף בשם יד אהרן בשם המקובלים, שעדיף לשמש בלא בגדים כלל ולהתכסות מלמעלה.

די עצם מצוה פון עונה איז נישט עפעס וואס מען באהאלט, ווייל עס איז דא עפעס נישט איידל אין דעם ח"ו. נאר אדרבה, עס ווערט געברענגט להלכה[371], אז דאס טון די מצות הבית איז נישט קיין תשמיש בזוי, און דערפאר מען מעג עס טון אינעם סוכה. דאס באהאלטנקייט בנוגע מצות הבית, דארף נאר זיין פון סיי וועלכע דרויסנדיגע השפעה[372], און דער טעם דערצו ווערט קלאר ארויסגעברענגט דורכן **יעב"ץ** וואס שרייבט[373]: "דער אורזאך פארוואס מען דארף עס טון באהאלטענערהייט, איז אויך וועגן די גרויסע קדושה". פשט פון דעם איז, אז דאס באהאלטנקייט און צניעות ביי מצות הבית איז נאר כדי צו האלטן אין זיך די הייליגקייט פון די זיווג, און נישט ווי אנדערע מיינען אז מען וויל באהאלטן עפעס אומאיידל[374].

דער ענין פון צניעות בשעת'ן זיווג, פארשטייען מיר זייער גוט מיט דאס וואס מיר האבן דערמאנט פריער, אז די קדושה און תכלית פון מצות הבית איז נאר ווען עס איז דא אן אמת'ער טיפער פארבינדונג און אחדות, אן אריינמישן פרעמדע און זייטיגע זאכן. ווייל ווען עס ווערט נישט געטון בצניעות, פארלירט מען די אינעווייניגסטע געפילן און עס הערשט נישט קיין ריכטיגער אחדות, און דעמאלט בלייבט עס בלויז א פיזישע פעולה אן די תכלית דערפון, און ממילא ווערט עס אויס הייליג.

אין ספר **קדושת הבית** שטייט אזוי[375]:

> עס איז נישט גוט, און עס איז מסוכן אז עס זאל זיין א בושה איינער פונעם צווייטן. עס ליגט א פליכט אויפן מאן צו פירן די שטוב אויף אן אופן אזביידע צוזאמען זאלן האבן צניעות פארן באשעפער, אבער איינער צום צווייטן דארפן זיין אין א בחינה פון "**ולא יתבוששו**" - מ'טאר זיך נישט שעמען, אנדערש קען דאס חלילה צוברענגען נכשל צו

וכ"כ בכף החיים סימן רמ ס"ס, בשם ר"ח ויטאל בשער הקדושה, שמה שהקב"ה שונא למשמש ערום, היינו בלא כיסוי מלמעלה.

371) עיין ביאור הלכה סימן תרלט, וז"ל: ותשמיש המטה בסוכה לא מקרי תשמיש בזוי, במה שהוא מקיים מצות עשה דפו"ר ועונה.

372) כמש"כ רמב"ם, הלכות אישות פי"ד הט"ו, וז"ל: לבעול לפני אדם אי אפשר, שאסור לשמש מטתו לפני כל בריה. וכן צריך להיזהר שבני אדם לא ירגישו בדבר, כמש"כ הטור סימן רמ, וז"ל: קולנית - שמשמעת קולה על עסקי תשמיש.

373) הנהגת ליל שבת, וז"ל: ומה שצריך לעשותו בהסתר ובצינעא, זהו ג"כ מרוב קדושתו.

374) עוד כתב היעב"ץ במור וקציעה סימן רמ, וז"ל: אין ערוך אליו בכל מעשה בשר ודם, כשיופעל בכוונה טהורה ומחשבה זכה ונקייה... ונראה כי מרוב גודל פרי חשיבות זה הפועל... הוצרך לצניעות ביותר, כדי שלא תשלוט בו עין הרע... ומחמת זה יש לנהוג צניעות יתירה והסתר, במעשה היקר והנורא והעצום הלז.

375) עמ' 272, וז"ל: לא טוב והוא מסוכן שתהיה בושה אחד מהשני. על הבעל מוטל להנהיג את הבית בצורה כזו, שביחד תהיה בושה וצניעות מפני ה', אבל אחד כלפי השני צריכים להיות בבחינת "ולא יתבוששו", אחרת יכולים להכשל חלילה בהלכות מפורשות, שאז מדת הבושה גרועה.

> ווערן אין מפורש'ע הלכות, וואס דאן איז די מידה פון בושה שלעכט.

און דער אמת איז, אז אין **גמרא** שטייט שוין קלאר[376] אז איינמאל חתן און כלה האבן חתונה איז די פרוי מער נישט באהאלטן און בצניעות פון איר מאן. ווייל צווישן מאן און ווייב איז דא די גרעסטע און שטערקסטע נאנטקייט מעגליך, און דאס פריוואטקייט ערמעגליכט פארן פארפאלק צו פארגעסן פונעם גאנצן וועלט, און פאקוסירן נאר אויף זייער טיפע אחדות צוזאמען, וואס דאס איז איינע פון די יסודות הקדושה ביי א זיווג, ווי מיר וועלן שפעטער מסביר זיין באריכות.

דאס ענין ווערט הערליך שיין אויסגעשמועסט אין ספר **בירכתי ביתך**[377]:

> ווען מען וואלט גערעדט פון צוויי באזונדערע גופים וואלט געווען נייטיג זיך צו באהאלטן איינס פון צווייטן מחמת צניעות, אבער וויבאלד מאן און ווייב זענען ווי איין גוף "בשר אחד" ממש, איז דאס פונקט ווי עס איז נישטא קיין ענין צו צודעקן דאס רעכטע האנט פון די לינקע האנט וויבאלד דאס איז איין גוף, דאס זעלבע איז דא. צניעות ווערט נישט ארויסגעברענגט מיט מחיצות צווישן זיי בײדע, נאר דורך איין מחיצה ארום זיי ביידע... אבער ביי איין גוף אליינס איז אויך פאראן דינים פון צניעות, דערפאר פאדערט זיך אז זיי זאלן זיין צוגעדעקט בצניעות בשעת מעשה.

עס איז אויך וויכטיג ארויסצוברענגען, אז אויב די ווייב איז מעורר דעם מאן צו מצות הבית, איז דאס להדיא נישט קיין סתירה צו צניעות, און עס איז גאר א גוטע זאך צו טון, ווי דער **מאירי** ערקלערט[378]:

---

376) יומא נד ע"א: כלה כל זמן שהיא בבית אביה צנועה מבעלה, כיון שבאתה לבית חמיה אינה צנועה מבעלה.

377) להרה"ג ר' אהרן רייזמאן שליט"א, דף רפג וז"ל: לאחר הקדמה זו, נבין כי קיום המצוה בקירוב בשר, אינו חסרון צניעות אלא להיפך. אילו היה מדובר בשני גופים נפרדים, היה צורך לכסות האחד מפני חבירו, משום צניעות, אך מאחר שהאיש ואשתו בעת קיום המצוה, הם כבשר אחד ממש, הרי כשם שאין ענין לכסות את יד ימין ולהצניעו מפני יד שמאל, כי גוף אחד הוא, הוא הדין כאן. הצניעות אינה מתבטאת במחיצות שביניהם, אלא במחיצה אחידה מסביב לשניהם, שכן גוף אחד הם, וכדברי חז"ל (ברכות כד א; סנהדרין עו ע"ב עוד) : "אשתו כגופו", כי ממנה לוקחה. מאידך, "האומר אי אפשי אלא אני בבגדי והיא בבגדה, יוציא ויתן כתובה", שכך הוא "מנהג פרסיים שמשמשין מיטותיהן בלבושיהן" (כתובות מח א) משום שההנהגה הפרסית קובעת ומכרזת שהם שני גופים נפרדים עד שיש צורך בצניעות ולבוש ביניהם, ומעשה הזיווג והתשמיש באופן זה מופרך ופסול, כי הוא מנוגד לדרך התורה בעניני אישות הדורשת חיבור טהור, הנובע אך ורק מכח היותם גוף אחד. אכן, גם על גוף אחד חלים דיני צניעות, ולפיכך עליהם להיות מכוסים ולנהוג בצניעות בשעת קיום המצוה.

378) עירובין ק ע"ב, וז"ל: אע"פ שמדת הצניעות משובחת אצל הכל, בנשים משובחת ביותר, ואעפ"כ כל שמתחבבת אצל בעלה ומפייסתו לכונת מצוה, אין זו פריצות אצלה, אלא זריזות ומדה מעלה,

טראצדעם וואס די מידה פון צניעות איז געלויבט ביי יעדן איינעם, און ביי פרויען נאך מער, פארט אויב זי מאכט זיך באליבט פארן מאן און ציט צו דעם מאן צום מצות הבית דורך "פיוס", ווערט עס נישט פארערעכנט פאר קיין פריצות, נאר עס איז "זריזות" צום מצוה און א גוטע מידה, און איר שכר איז אפגעהיטן פאר איר אז עס וועלן ארויסקומען פון איר גוטע קינדער.

ח. צוויי ערליי סארטן "צניעות"

מיר האבן שוין אויבן געברענגט די הלכה, אז אויב א פרוי פארלאנגט צו טון מצות הבית נאר אנגעטון מיט די קליידער הייסט זי א "מורדת". עס איז וויכטיג אנצומערקן דאס וואס דער **ריטב"א** לייגט צו דערצו[379], אז אפילו אויב זי טוט עס צוליב "צניעות", הייסט זי נאך אלס א ווידערשפעניגע. אויבנאויף קען זיך דאכטן, אז עס זענען פאקטיש דא צוויי וויכטיגע זאכן: צניעות פון איין זייט און מצות הבית פון די אנדערע זייט, וואס זענען אייגנטליך א סתירה איינע צום אנדערן, און חז"ל האבן געזאגט אז מצות הבית שטופט אוועק די חיוב פון צניעות. אבער אויב דאס איז פשט, דאן איז עטוואס שווער צו פארשטיין פארוואס קריגט אזא צניעות'דיגע פרוי דעם שארפן טיטל "מורדת" - א ווידערשפעניגע? סך הכל וויל זי מער מחמיר זיין אין צניעות, מיינענדיג אז די מצוה פון צניעות איז מער חשוב פון געוויסע פרטים אינערהאלב מצות הבית, אבער פארוואס זאל זי פארלירן די כתובה צוליב דעם?

הגאון רבי **אהרן קאטלער** זצ"ל, ערקלערט וואונדערליך שיין[380] אז די דאזיגע פרוי איז זיך גענצליך טועה אינעם מושג פון "צניעות", און זי האט א פונדאמענטאלע טעות אין ארויסהאבן דאס חשיבות פון א "בת ישראל", און אינעם געדאנק אונטערן מצוה פון "עונה".

עס זענען פארהאן צוויי ערליי סארטן געדאנקן פון "צניעות" - זיין באשיידן, וואס אויסערליך קענען זיי אויסזען ענליך אבער פאקטיש זענען זיי גענצליך פארקערט איינע פונעם צווייטן. דאס ערשטע סארט צניעות טרעפן מיר אן, צום ביישפיל, ביי הלכות בית הכסא. בעצם איז עס נישט קיין עבירה אדער א שלעכטע זאך פאר זיך, נאר וויבאלד מען איז עוסק אין א זאך וואס איז אין די **נידעריגסטע** חלק פון א מענטש, דערפאר דארף דאס זיין באשיידן. ווידער דאס צווייטע סארט צניעות, דארף מען האלטן באשיידן דווקא צוליב איר חשיבות. צום ביישפיל: א קעניג'ס קרוין ווערט שטרענג אפגעהיטן, און מען נוצט דאס נאר פארן תכלית - ווען דער

ושכרה שמור לה לצאת ממנה בנים הגונים. וכ"כ בפירושו לנדרים כ ע"ב.

379) כתובות מז ע"ב, באד"ה אמר רבא האי תנא סבר, וז"ל: האומר אי אפשי אלא הוא בבגדו וכו' יוציא ויתן כתובה, ואע"פ שיאמר כן לצניעות, וה"ה כשהיא אומרת כן - מורדת מתשמיש חשיב, שאין דרך חבה וכ"ש שאינו נזקק לה כלל, שיוציא ויתן כתובה, כדכתיב' במסכת נדרים.

380) הובא בספר בנין הבית, שיעור שלישי.

קעניג דארף עס טראגן אויפן קאפ, אבער מען קען נישט ארומשפילן דערמיט סתם אזוי. מען נעמט עס ארויס נאר איינמאל א יאר ביים געבורטסטאג פונעם קעניג, און מען געבט זייער אכטונג אויף דעם, אבער דורכן יאר ליגט עס באהאלטן. די סארט "צניעות" איז דווקא צוליב איר ספעציעלע **חשיבות** און מעלה.

ממש דאס זעלביגע איז בנוגע די צניעות פון א אידישע פרוי. א בת ישראל איז א בת מלך, און איר חיוב פון צניעות גייט אריין אינעם צווייטן קאטעגאריע - וואס דאס איז צניעות צוליב איר חשיבות און טייערקייט, און עס באשטייט נישט פון אזא סארט צניעות ווי ביים ערשטן קאטעגאריע, צוליב מיאוס'קייט ח"ו. זי איז א פרינצעסין וואס איז געאייגנט נאר פאר איר אייגענע שטוב, ווי עס שטייט אין פסוק[381]: **כָּל כְּבוּדָּה בַת מֶלֶךְ פְּנִימָה**, און אזא חשוב'ע זאך דארף ווערן אפגעהיטן פון פרעמדע מענטשן, אז זיי זאלן נישט זען איר גוף. דאס נעמט מען ארויס נאר אין איר אייגענעם שטוב, **ווען מען איז עוסק אין מצות הבית**, וואס דאן איז די ריכטיגע צייט ארויסצונעמען דעם קרוין פון באהעלטעניש און עס נוצן פארן ספעציעלן מאמענט פאר וואס עס איז באשאפן געווארן. אבער אויב א פרוי וויל דאס באהאלטן פונעם מאן און זיך ארומנעמען מיט קליידער, ווייזט דאס אז זי פארשטייט בכלל נישט איר חשיבות אלס א "בת ישראל", און זי האט בכלל נישט ארויס וואס איז דאס "צניעות". זי מיינט אז זי דארף זיך באהאלטן ווייל זי איז א מיאוס'ע זאך וואס האט בכלל נישט קיין חשיבות, ווען אין פאקט איז דער אורזאך פאר איר חיוב צניעות גענצליך פארקערט - צוליב איר גרויסע חשיבות און ריינקייט. אזא פרוי נעמט ארום דעם קרוין מיט שמאטעס, און פירט זיך געוויס נישט מיט די ריכטיגע פארשטאנד אין צניעות.

מיר פילן פאר וויכטיג צו באטאנען נאכאמאל, אז דאס מיינט נישט צו זאגן אז עס זענען נישט פארהאן פארשידענע וויכטיגע הלכות וואס זענען שטארק נוגע, ווי דאס ענין פון לעקטער און זיין צוגעדעקט וכדו' - וואס אויף דעם דארף יעדער פרעגן זיין מורה דרך די גדרים דערפון - מיר רעדן נאר פון די עצם זיין נאנט צוזאמען אז דאס איז נישט קיין סתירה צום ענין פון צניעות.

381) תהלים מה, יד.

א קורצן סיכום פון דעם פרק:

- דער חיוב פון מצות הבית איז א חיוב מדאורייתא, און מ'קען נישט חתונה האבן אן זיך אונטערנעמען צו מקיים זיין די מצוה, און אויב מ'האלט דאס צוריק פונעם ווייב ווערט מען אנגערופן א גזלן.
- עס איז דא א מינימאלע צאל טעג וואס דער מאן איז מחויב מקיים צו זיין מצות הבית, יעדער לויט זיין ארבעט. רוב פוסקים נעמען אן, אז היינט צוטאגס זאל מען דאס מקיים זיין צוויי מאל א וואך.
- עס איז וויכטיג ארויסצוברענגען וואספארא פונדאמענטאלע חיוב מצות הבית איז, אז אנדערש ווי דער חיוב צוצושטעלן "שאר" און "כסות", עסן און קליידונג, וואס דער מאן קען זיך אויסנעמען איידערן חתונה אז ער וועט דאס נישט צושטעלן, איז אבער נישטא אזא מעגליכקייט לגבי חיוב מצות הבית, וויבאלד דאס איז דער יסוד פון הייראטן א ווייב. דערפאר אויב שטעלט ער זיך נישט צו דערצו נאכן חתונה, הייסט ער א "מורד" – א טיטל וואס ער קריגט נישט ביים נישט צושטעלן די אנדערע זאכן וואס ער דארף צושטעלן.
- פונקט ווי עס איז דא א חיוב זיך מזווג צו זיין ממש, אזוי איז אויך דא א חיוב פון "חיבוק ונישוק" וויבאלד עס ליגט אין דעם די "נשמה" פונעם שמחה של מצוה, און דאס צייגט אויפן אינערליכן פארבינדונג און ליבשאפט צווישן דעם פארפאלק, און אנדעם הייסט ער אן פראסטער מענטש.
- אזוי אויך איז דא א חיוב פון "פיוס וריצוי" איידערן זיווג, צוליב דעם זעלבן אורזאך, וויבאלד דאס ברענגט אריין דעם ווייב אינעם געשמאק פונעם מצוה זעלבסט. מיר זעען טאקע אז רב האט אזוי געטון וויבאלד דאס איז דער געדאנק אונטערן מצוה זעלבסט.
- דערפאר דארף מען אויך מקיים זיין די מצוה "בקירוב בשר", וויבאלד דאס ברענגט זיי נענטער צוזאמען. דאס איז געגוג א וויכטיגע פרט אינעם מצוה, אז אויב אויב דער מאן/פרוי וויל עס מקיים זיין נאר אנגעטון מיט קליידער, קען דער צווייטער פאדערן א גט.
- עס קען זיך דאכטן אז מצות הבית איז א סתירה מיט צניעות, אבער אין פאקט איז עס פונקט פארקערט: צוליב דאס דערהויבנקייט פון מצות הבית, און צוליב דעם וואס דאס איז דער הויפט פאקטאר אינעם אינערליכן פארבינדונג פונעם פארפאלק, דערפאר דארף מען עס טון באהאלטן פון אלץ אין די וועלט, וויבאלד דאס איז א ספעציעלע בונד נאר צווישן דער דאזיגער מאן און ווייב.

• פרק י״ב •

אעשה לו עזר כנגדו

די חיובים און הנהגות פון מצות הבית וואס ליגן אויפן פרוי

א. "דרך ארץ קדמה לתורה"

די מצוה פון עונה איז געגעבן פארן מאן און נישט פארן פרוי. בפשטות איז דער אורזאך דערצו, וויבאלד א מאן קען חתונה האבן מיט מער ווי איין פרוי [מן התורה], אבער א פרוי קען נאר האבן איין מאן. די תורה ווארנט, אז ווען איינער האט חתונה מיט א צווייטע פרוי[382]: "**שְׁאֵרָהּ כְּסוּתָהּ וְעֹנָתָהּ לֹא יִגְרָע**" - טאר ער נישט פארמינערן די פונדאמענטאלע רעכטן וואס קומען זיך פאר זיין ערשטן ווייב, וואס דאס זענען: "שאר" = עסנווארג, "כסות" = קליידונג, און "עונה" = מצות הבית.

די תורה האט געשריבן "שאר כסות ועונה" צוזאמען, וואס ווייזט אונז אז פונקט ווי עסן און קליידונג איז א פשוט'ער נאטורליכער זאך וואס פעלט זיך אויס פארן מענטש, אזוי איז אויך די פעולה פון מצות הבית א נארמאלע נאטורליכע זאך, און ווי חז"ל רופן דאס טאקע אן[383]: "**דרך ארץ**". דאס איז א נאטורליכער באדערפעניש, וואס אן דעם הייסט עס ניטאמאל קיין פארהייראטע לעבן.

אצינד, פונקט ווי סיי דער מאן און סיי די פרוי האבן דעם באדערפעניש פון עסן און פון זיך אנקליידן, נאר דער מאן האט די חיוב און מצוה צו פארזיכערן אז זיין ווייב האט וואס צו עסן און זיך צו אנקליידן, דאס זעלביגע איז מיט מצות הבית. עס איז טאקע א פונדאמענטאלער באדערפעניש סיי פארן מאן און סיי פארן פרוי, אבער די חיוב און מצוה ליגט אויפן מאן צו פארזיכערן אז זיי וואוינען טאקע צוזאמען באהבה ואחוה, און אז ער ערפולט אירע באדערפענישן.

---

382) שמות כא, י.

383) עירובין ק ע"ב: אילמלא לא ניתנה תורה, היינו למידין דרך ארץ מתרנגול, שמפייס ואחר כך בועל.

טראצדעם וואס אויך די פרוי דארף זיך צושטעלן צום מצות הבית, האט די תורה באפוילן נאר פארן מאן צוצושטעלן די דאזיגע באדערפעניש פארן פאמיליע לעבן, וויבאלד די פרוי קען נישט חתונה האבן מיט מער פון איין מאן און דערפאר וועט זי געוויס מקיים זיין מצות הבית ווי עס דארף צו זיין, ווידער דער מאן קען דאך טעכניש חתונה האבן מיט נאך פרויען און דעמאלט וואלט ח"ו געקענט אויסקומען אז ער זאל נישט צושטעלן דעם באדערפעניש פאר איינע פון זיינע ווייבער, דערפאר האט די תורה באפוילן דוקא פארן מאן אז ער טאר קיינמאל נישט פארנאכלעסיגן זיין חיוב פארן ווייב.

אזוי אויך, קען דאך א מאן פארלאנגען קלאר פון זיין ווייב אז ער וויל מקיים זיין מצות הבית, ווידער די פרוי טאר דאך נישט פארלאנגען קלאר[384] נאר זי דארף מרמז זיין, און דערפאר איז אומפאסיג ארויפצולייגן אויף איר דעם חיוב צוצושטעלן מצות הבית אין שטוב, אבער דער מאן וואס קען יא פארלאנגען מצות הבית דארף טאקע פארזיכערן אז זיין ווייב באקומט וואס זי דארף[385].

אבער דאס וואס די תורה לייגט ארויף א "חיוב" און "מצוה" אויפן מאן, צוצושטעלן מצות הבית אין שטוב, נעמט נישט אוועק פונעם פאקט אז דאס איז א פונדאמענטאלער טייל פון א פאמיליע לעבן, וואס אפילו מצד מידת דרך ארץ איז פשוט אז א פארפאלק לעבט אינאיינעם, און טוט די פעולה פון מצות הבית אלס פשוט'ער מענטשליכער באדערפעניש, און אין דעם זענען מאן און ווייב ביידע גלייך.

ב. די פרוי איז משועבד מקיים צו זיין מצות הבית, וואס מיינט דאס?

אצינד אז מיר האבן שוין דעם ריכטיגן פארשטאנד איבער מצות הבית, פארשטייען מיר אויך אז די פרוי איז אויך משועבד צום מאן, צו מקיים זיין מצות הבית, ווי דאס צוזאמענלעבן נאכן חתונה פאדערט פון א פארפאלק. טראצדעם וואס די פרוי האט נישט קיין "**מצוה**" מן התורה מקיים צו זיין מצות הבית, דאך אבער דורכן חתונה האבן ווערט זי אויטאמאטיש "**משועבד**" מקיים צו זיין מצות הבית מיט איר מאן, און אזוי זעען מיר טאקע פון די ווערטער פונעם **רשב"א**[386]:

---

384) עיין נדרים כ ע"ב: "וּבָרוֹתִי מִכֶּם הַמֹּרְדִים וְהַפּוֹשְׁעִים בִּי" (יחזקאל כ, לח), אמר רבי לוי: אלו בני תשע מדות וכו', בני חצופה. וע"ע עירובין ק ע"ב.

385) זע אויך שפעטער נאך א טעם, פארוואס די תורה האט נאר באפוילן דעם מאן מיטן חיוב פון מצות הבית.

386) נדרים טו ע"ב, וז"ל: ועוד תדע לך, שהרי האשה אינה מצווה בעונה, ואפילו הכי באוסרת הנאתה על בעלה לא חייל נדרה כלל, ואינה צריכה להפר, מהאי טעמא דשעבודי משעבדי ליה.

> מען זאל וויסן, אז טראצדעם וואס די פרוי איז נישט באפוילן מיט מצות הבית, דאך אויב זי מאכט א נדר צו אסר'ן איר הנאה אויפן מאן, איז די נדר געגצליך נישט חל און מ'דארף ניטאמאל צושטערן דעם נדר, וויבאלד זי איז משועבד צו אים.

אזוי ווערט טאקע אנגענומען להלכה[387].

ווי שוין דערמאנט איז די הלכה אז אויב די פרוי זאגט זיך אפ פון מקיים זיין מצות הבית, באקומט זי גלייך א דין פון "**מורדת**", וואס באדייט אז דער מאן מעג איר געבן א גט אן דארפן באצאלן א פרוטה פונעם כתובה. ווי עס שטייט אין **שולחן ערוך**[388]:

> א פרוי וואס האלט אפ מצות הבית פון איר מאן, ווערט אנגערופן א "מורדת" - א ווידערשפעניגע, און מען פרעגט איר פארוואס זי האט ווידערגעשפעניגט, און אויב זי זאגט: איך בין פאר'מיאוס'ט פון אים און איך קען מער נישט וואוינען מיט אים מיט מיין ווילן... אויב דער מאן וויל, קען ער איר געבן א גט און זי האט בכלל נישט קיין כתובה.

עס איז אפילו אינטערעסאנט, אז די דאזיגע שעבוד וואס ליגט אויפן פרוי בנוגע מצות הבית, איז גאר א **גרעסערע שועבד** ווי די חיוב וואס ליגט אויפן מאן בנוגע מצות הבית. דאס זעען מיר פון דעם, וואס דער מאן האט נאר ספעציעלע באשטימטע צייטן ווען ער איז מחויב צוצושטעלן מצות הבית פארן ווייב, ווידער די פרוי האט א שטענדיגע שעבוד צוצושטעלן מצות הבית פארן מאן אויב ער וויל עס טון. אזוי שרייבט דער **נצי"ב**[389]: "א פרוי איז מחויב צו וואוינען מיט אים יעדעס מאל וואס ער וויל", און אזוי זעט מען שוין גע'פסק'נט פונעם **גר"א**[390].

עס איז אויך וויכטיג פארן פרוי צו וויסן, אז די צער פון אפהאלטן דעם מאן פון מצות הבית

---

387) יו"ד סימן רלד סעיף ס"ז, וז"ל: אבל אמרה הנאת תשמישי עליך, אינו צריך להפר, שהיא משועבדת לו.

388) אהע"ז סימן עז ס"ב, וז"ל: האשה שמנעה בעלה מתשמיש, היא הנקראת מורדת. ושואלין אותה מפני מה מרדה, אם אמרה: מאסתיהו ואיני יכולה להבעל לו מדעתי וכו', ואם רצה הבעל לגרשה אין לה כתובה כלל. ואם מרדה מתחת בעלה כדי לצערו, ואמרה: הריני מצערת אותו בכך, מפני שעשה לי כך וכך, או מפני שקללני, או מפני שעשה עמי מריבה וכיוצא בדברים אלו, שולחין לה מבית דין ואומרים לה: הוי יודעת שאם את עומדת במרדך, אפילו כתובתיך מאה מנה הפסדת אותם, וכו'.

389) שו"ת משיב דבר, חלק ד סימן לה, וז"ל: משא"כ אשה שהיא קנויה לו, היא מחויבת להזקק בכל עת שירצה.

390) אהע"ז סימן כה, וז"ל: בועל בכל עת וכו', ר"ל בעונתה ושלא בעונתה. וע"ע שו"ת אגרות משה, (או"ח חלק ד סימן עה) וז"ל: שהאשה משועבדת להבעל לתשמיש בכל זמן שרוצה, אף שלא בזמן העונה, אם היא בבריאותה. והבעל אינו מחוייב אלא בימי העונה שקבעו חכמים ובליל טבילה ובשעה שיוצא לדרך, וכן כשהוא מכיר בה שהיא משדלתו ומרצה אותו ומקשטת עצמה לפניו.

איז גרעסער ווי די צער פונעם ווייב וואס ווערט אפגעהאלטן פון מצות הבית, ווי עס שטייט קלאר אין **גמרא**[391]: "די צער פונעם מאן איז מער ווי די צער פונעם פרוי", און דער **סטייפלער גאון** שרייבט דערוועגן[392]:

> א פרוי וואס האלט צוריק דעם מאן פון וואוינען צוזאמען מיט מצות הבית, איז דאס א גרויסע אכזריות, ווייל די צער פונעם מאן איז זייער גרויס, און עס איז אזויווי שפיכת דמים.

איבעריג צו זאגן, אז דער מאן טאר איר נישט צווינגען דערצו ח"ו און עס טון אן איר ווילן, ווי די גמרא דרוקט זיך אויס דערוועגן זייער שארף[393], און ווי מיר האבן אויבן געזען קלאר אז די גאנצע געדאנק פון מצות הבית איז אז עס דארף געטון ווערן ווען ביידע האלטן דערביי און ווילן זיין צוזאמען. אויב די פרוי וויל נישט זיין מיט אים אין די מאמענט - פאר סיי וועלכע סיבה - זאל זי דאס זאגן קלאר, און נישט מכשיל זיין די מאן צו אריינגיין חלילה אין די גדר פון "בני אנוסה".

מיר שמועסן נאר אויס די געדאנק, אז די פרוי פון איר זייט האט א אויפגאבע צו טון וואס עס איז נאר מעגליך פון איר זייט, **אז זי זאל דאס יא וועלן**, פונקט ווי דער מאן דארף זיך צושטעלן מיט א פרייליכקייט ווען זי וויל דאס, און דאס שאפט גאר א חיוב מצות הבית אויף אים. אבער זיך "צושטעלן" דערצו ווען מען האלט נישט דערביי, איז זייער נישט אויסגעהאלטן. אויב האט מען נישט קיין חשק דערצו, קען זי נישט זאגן אז זי וויל עס נישט און אז עס גייט איר נישט אהן, נאר עס פארלאנגט זיך אז זי זאל זוכן פאר הילף, און זען וואס מען קען טון צו פארבעסערן דער מצב אין שטוב.

ג. די נאטור פון א פרוי ביי מצות הבית

ווי דערמאנט אויבן, ווערט די מצוה אפטמאל אנגערופן דורך חז"ל מיטן נאמען: "דרך ארץ", וויבאלד דער שטייגער פונעם וועלט איז אז א יעדער מאן וואס האט ליב זיין ווייב

---

391) ירושלמי כתובות פ"ה ה"ח: צערו של איש מרובה יותר מן האשה. עיין גם כתובות סד ע"ב, וסוטה ט ע"ב.

392) באגרות הקודש, וז"ל: האשה המונעת את בעלה מחיי האישות זה אכזריות גדולה, כי צער הבעל גדול מאד כשפיכת דמים וכו'.

393) עירובין ק ע"ב: ואמר רמי בר חמא אמר רב אסי, אסור לאדם שיכוף אשתו לדבר מצוה, שנאמר (משלי יט, ב): "וְאָץ בְּרַגְלַיִם חוֹטֵא". וא"ר יהושע בן לוי, כל הכופה אשתו לדבר מצוה, הווין לו בנים שאינן מהוגנין. אמר רב איקא בר חיננא, מאי קראה (שם): "גַּם בְּלֹא דַעַת נֶפֶשׁ לֹא טוֹב". תניא נמי הכי, "גם בלא דעת נפש לא טוב" - זה הכופה אשתו לדבר מצוה, "ואץ ברגלים חוטא" - זה הבועל ושונה. איני, והאמר רבא: הרוצה לעשות כל בניו זכרים יבעול וישנה? לא קשיא, כאן לדעת כאן שלא לדעת.

וויל זיין מיט איר צוזאמען, און וויל איר געבן און מהנה זיין מיט וואס אימער ער קען נאר. אזוי אויך א פרוי וואס האט ליב איר מאן, שטייט און ווארט אז דער מאן זאל קומען און פארברענגען מיט איר צוזאמען, און זי וויל אים דערפרייען מיט וואס זי קען נאר. אזוי האט דער באשעפער באשאפן דעם מענטשליכן נאטור, אז ווען צוויי מענטשן האבן זיך ליב ווילן זיי דאס נאטורליכערהייט טון איינער פארן צווייטן.

די ספרים ערקלערן[394], פארוואס די תורה האט נישט מחייב געווען דעם פרוי מיט מצות הבית, ווייל די תורה האט אנטפלעקט איר חיוב דורך איר נאטורליכן טבע אליינס, ווי די תורה דערציילט אז דער באשעפער האט אריינגעלייגט אינעם טבע פונעם פרוי צו וועלן מקיים זיין מצות הבית, ווי די פסוק זאגט[395]: "**ואל אישך תשוקתך**". דערפאר, אויב זי וועט נאכגיין די טבע מיט וואס דער אייבערשטער האט איר באשאפן, וועט דאס פירן צו א גליקליכע שלום בית, און צו א געשמאקן מצות הבית.

מיר געפונען דאס טאקע אפטמאל אויך אין די ווערטער פון חז"ל. צום ביישפיל, די **גמרא** פרעגט[396] אויב א מאן מעג טוישן זיין פרנסה פאר א בעסערע פרנסה אין א פאל וואס דאס וועט צוברענגען אז ער וועט זיין ווייניגער צייט אין שטוב, און ער וועט נישט קענען מקיים זיין מצות הבית אזוי אפט ווי פריער, צי מעג ער אננעמען דעם נייעם פרנסה אן איר רשות, און וואס איז פאקטיש וויכטיגער פארן פרוי, און די גמרא ענטפערט אז א פרוי קען ענדערש באשטיין צו האבן גאר ווייניג עסן - אויב דורכדעם וועט זי זיין מער אפט מיטן מאן, ווי איידער צו לעבן גאר ברייט - מיטן פרייז פון דארפן זיין מער אפגעזונדערט פונעם מאן. אט דאס איז די טבע פון א פרוי, צו וועלן ענדערש לעבן א חיי דחקות, אבער נישט מוותר צו זיין אויפן מעגליכקייט פון וואוינען צוזאמען מיטן מאן. דאס איז איר מער וויכטיג[397].

אזוי אויך שטייט אין **גמרא**[398], אז מצות הבית איז נישט אזויווי געלט וואס מען קען מוחל זיין, וויבאלד דאס איז א צער פארן גוף, און דאס קען מען נישט מוחל זיין[399]. עס איז נישט סתם א צער, נאר עס הייסט גאר א פייניגונג, ווי מיר זעען אין די **תורה** זעלבסט אז לבן האט

394) עיין כעי"ז במשך חכמה, פרשת נח ד"ה פרו ורבו, לגבי מצות פריה ורביה.

395) בראשית ג, טז.

396) כתובות סב ע"ב: חמר ונעשה גמל מאי? (רש"י: נישאת לו כשהוא חמר, מהו ליעשות גמל שלא ברשות, הרווחה עדיפא לה שיתעשר או עונה עדיפא לה), א"ל: רוצה אשה בקב ותיפלות, מעשרה קבין ופרישות.

397) ראה מכילתא דר"י, (משפטים כא, י) וז"ל: דרך ארץ מנין – אמרת קל וחומר, ומה דברים שלא נשאת עליהם מתחלה אינו רשאי למנוע הימנה, דברים שנשאת עליהם מתחלה דין הוא שלא יהא רשאי למנוע הימנה.

398) קידושין יט ע"ב: בדבר שבממון תנאו קיים, וברש"י: אבל עונה צערא דגופה לא אתהיב למחילה.

399) עיין באריכות במשנה למלך, הלכות אישות פרק ו.

אנגעזאגט יעקב[400]: "אם תענה את בנותי" - אז ער זאל נישט פייניגן זיינע טעכטער, און ווי רש"י ערקלערט: "למנוע מהם עונת תשמיש" - צוריקצוהאלטן פון זיי מצות הבית.

די דאזיגע טבע איז בעצם ארייננגעבויט אין יעדן פרוי, ווי עס שטייט אין **מדרש**[401]: "א פרוי'ס גלוסטעניש איז נאר צו זיין צוזאמען מיטן מאן", און אזוי שרייבט אויך דער **אור החיים הקדוש**[402]: "עס איז אין די טבע אז א פרוי זאל הנאה האבן דערפון". אפגעזען ווי הייליג מען זאל נאר זיין, ליגט אין איר דעם דאזיגן טבע, ווי מיר זעען ביי צפורה די ווייב פון משה רבינו, אז נאכדעם וואס משה רבינו האט זיך אפגעשיידט פון וואוינען צוזאמען מיט איר צוליב זיין שטענדיגן רעדן מיטן באשעפער, האט צפורה געזאגט[403]: "ווי איז פאר די פרויען פון די וואס זענען אפגעשיידט פון זיי".

*

זעען מיר פון דעם אלעם, אז בעצם איז די נאטור אויסגעשטעלט אז די פרוי זאל האבן א רצון און א תשוקה פאר מצות הבית, פארט איז דא אסאך פעלער וואס במציאות איז דאס נישט ממש אזוי, נאר די פרוי איז היבש ווייניג אינטערסירט דערינען.

עס קען זיך מאכן היינט צוטאגס אז פרויען שפירן נישט די געפיל אזויווי מיר שילדערן דא פון די אלע מראי מקומות, און עס מוז נישט מיינען אז עפעס טויג נישט אין זייער אינעווייניגסטער נאטור, נאר געוועגליך איז עס א תוצאה פון דעם אז זייערע השקפה דערויף איז ליידער פארדרייט ביים פארפאלק אדער ביי איינער פון זיי, מיט דעם וואס זיי מיינען אז די פעולה פון מצות הבית איז א סתירה צום ענין פון צניעות און פון אידישקייט, און דערפאר קענען זיי זיך נישט צוגעוואוינען עס צו טון מיט א געשמאק.

אזוי אויך קען זיין, אז מען האט זיי איינגערעדט איידערן חתונה אז דאס איז א הנאה נאר פארן מאן, און זיי דארפן דאס בכלל נישט, וואס איז אויסדרוקליך נישט ריכטיג, און היפוך גמור פון דעת התוה"ק. אדער אז זייערע אויפגאבע איז בלויז צו זיין "מצילות מן החטא", וואס דאס איז אויך נישט ריכטיג. דאס איז אפשר א זייטיגע תועלת פון דעם ענין, אבער נישט אז דאס איז די תכלית פון מצות הבית.

און נאך פארשידנארטיגע סיבות קען זיין: עס קען זיין אז די שלום בית איז נישט ווי עס דארף צו זיין, עס קען זיין אז ביים טון מצות הבית טוט איר עפעס וויי פיזיש וואס דארף באהאנדלט ווערן דורך א דאקטאר, און עס קען אפילו זיין אז אנדערע גייסטישע

400) בראשית לא, נ. וראה יומא ע"ז ע"ב: תשמיש המטה דאיקרי ענוי מנא לן דכתיב אם תענה וגו'

401) בראשית רבה פ"כ סט"ז: אין תשוקת אשה אלא לבעלה.

402) בראשית לד, ב, וז"ל: ומן הטבע שתהנה האשה.

403) הובא ברש"י, במדבר יב, א, וז"ל: אוי להם לנשותיהם של אלו.

מיטמאכענישן לאזן איבער זייער איינדרוק און די מצות הבית ווערט נישט אדורכגעפירט ווי עס דארף צו זיין, און דאן דארף מען אויך גיין פאר פראפעסיאנאלע הילף. אויסער דעם איז דאך היינט סתם אזוי די געפילן אונזערע אסאך שוואכער ווי אמאל, און מחמת כמה סיבות קען זיין אז א פרוי זאל נישט זיין באוואוסטזיין פון אירע געפילן אינגאנצן.

אבער נארמאלערהייט דארף א פרוי יא האבן א גלוסטעניש צו זיין צוזאמען מיטן מאן, אויב עס איז דא א ריכטיגע שלום בית אין שטוב, און א געזונטע פארבינדונג צווישן דעם מאן און זיין ווייב, דאן האט די מצות הבית איר ריכטיגן באדייט צאמצובערענגען די צוויי נאך נענטער צוזאמען, וואס דאן האט די פרוי הנאה פון זייער נאנטקייט, און דאס איז דער ריכטיגער באדייט פון מצות הבית.

עס איז וויכטיג צו באטאנען, אז געוויינליך קען מען טאקע נישט ערקלערן די דאזיגע הנאה בעפאר'ן חתונה, און אפילו נאכן חתונה גערדויערט עס געוויינליך א שטיקל צייט, וואס אויב מ'איז מקיים מצות עונה מיטן ריכטיגן געפיל - ווי אויסגעשמועסט אויבן - דאן קען מען שפירן די ריכטיגע הנאה. פארשטייט זיך, אז דאס איז נאר אויב דער מאן טוט עס אויף אן אופן פון אחדות און אהבה מיט די ריכטיגע פיוס, און נישט מיט אן אופן פון ווילדקייט ווי אן עם הארץ, ווי געשילדערט אין די פריערדיגע קאפיטלען.

דערפאר דארף א יעדע פרוי שטרעבן צו וועלן מקיים זיין די מצוה אויפן העכסטן דרגה וואס איז נאר מעגליך, און צו העלפן דעם מאן מקיים זיין די חיוב פון מצות הבית, וואס ליגט טאקע אויף אים אבער קען נאר ארבעטן מיט איר צוזאמען, וויבאלד דורך אירע מעשים און אירע מחשבות ווערט עס אדורכגעפירט ווי עס דארף צו זיין, מיט א ווילן, גלוסטעניש און ליבשאפט[404].

ד. ווען איז מען אממערסטנס מחויב מיט מצות הבית?

אויסער די באשטימטע צייטן ווען דער מאן איז מחויב מקיים צו זיין מצות הבית, ליגט אויף אים א באזונדערן חיוב דאס מקיים צו זיין ווען זיין ווייב ווייזט ארויס אן אינטערעסע דערינען. אפילו ווען זי ווייזט דאס נישט ארויס, האבן חז"ל פארשטאנען אז אין געוויסע סיטואציעס האט זי זיכער א גלוסטעניש דערצו, א שטייגער ווען דער מאן פארט אוועק פון שטאט, וואס דאן איז די הלכה[405] אז דער מאן האט א באזונדערע חיוב מקיים צו זיין מצות

---

404) עס איז דא היינט צוטאגס א פלייץ פון גוטע פלעצער וואו צו גיין פאר הילף אין די נושא, און הגם עס איז נישט אייביג געשמאק צו רעדן צו איינעם דערוועגן, איז צום האפן אז איינמאל מען האט ארויס די וויכטיגקייט דערפון, דאס אחריות וואס איז דא דערביי, די נאטורליכקייט וואס וואלט געדארפט זיין און די דערהויבנקייט דערפון, אז דאס וועט געבן א שטופ צו טוהן דאס ריכטיגן שריט.

405) שולחן ערוך אהע"ז סימן עו ס"ד, וז"ל: כל אדם חייב לפקד את אשתו בליל טבילתה, ובשעה שהוא

הבית, וואס דער אורזאך דערצו איז וויבאלד די פרוי האט א שטערקערע גלוסטעניש צום מאן ווען ער פארט אוועק פון שטאט[406].

נאכמער פון דעם, חז"ל האבן נאר געלאזט וויסן ווען די פרוי האט אזא שטארקע גלוסטעניש, אבער אין פאקט ליגט דאן אויפן מאן א חיוב מן התורה מקיים צו זיין מצות הבית, ווי עס שטייט אין **אגרות משה**[407]:

> ווען דער מאן פארט אוועק, וואס ער איז דאן מחויב צו זיין מיט איר וויבאלד זי האט דעמאלט א גלוסטעניש צו אים, דאס איז זיכער א חיוב מן התורה. א ראי' דערצו איז, אז רב יוסף האט מתיר געווען אין אזא פאל מצות הבית אפילו אויב זי האלט נאנט צו איר ווסת, און אויב וואלט מצות הבית - אין פאל זי שפירט א גלוסטעניש - געווען נאר א חיוב מדרבנן, איז נישט מסתבר אז מען זאל דאס מתיר זיין ווען זי האלט נאנט צום ווסת.

ווען צוויי נאנטע מענטשן שיידן זיך איינער פונעם צווייטן, דעמאלט קומען ארויס די געפילן אויף פיל א שטערקערן פארנעם ווי געווענליך, ווי דער בני יששכר ברענגט אין נאמען פון הרה"ק רבי **פנחס'ל קאריצער** זי"ע[408]:

> מען קען אריינקלערן אין דאס ליבשאפט צווישן נאנטע חברים אדער א מאן און זיין ווייב, וואס ווען זיי זענען צוזאמען דערקענט מען נישט אזוי שטארק זייער ליבשאפט, אבער ווען זיי ווילן זיך אפשיידן איינער פון צווייטן ווען מ'פארט אוועק פאר א לענגערע צייט, דאן וועט זיך דערוועקן אין זייער זעהל א גרויסע און שטארקע ליבשאפט פון גרויס בענקעניש, און דערפאר איז א מאן מחויב צו זיין מיט זיין ווייב בעפאר ער פארט ארויס אין וועג.

יוצא לדרך. ומקורו ביבמות סב ע"ב: ואמר רבי יהושע בן לוי, חייב אדם לפקוד את אשתו בשעה שהוא יוצא לדרך, שנאמר (איוב ה, כד): "וְיָדַעְתָּ כִּי שָׁלוֹם אָהֳלֶךָ" וגו'. הא מהכא נפקא? מהתם נפקא: "וְאֶל אִישֵׁךְ תְּשׁוּקָתֵךְ" - מלמד שהאשה משתוקקת על בעלה בשעה שהוא יוצא לדרך. אמר רב יוסף, לא נצרכה אלא סמוך לווסתה.

406) רש"י שם, וז"ל: משום שמתאוה לו באותה שעה יותר.

407) שו"ת אהע"ז חלק ג סימן כח, וז"ל: וכן ביוצא לדרך שאמר ריב"ל ביבמות דף סב דחייב לפוקדה, מטעם זה שהאשה משתוקקת, שהוא ודאי חיוב מדאורייתא, מדא"ר יוסף דאפילו סמוך לוסתה יפקדנה, לפרש"י ועוד הרבה ראשונים שהביא הב"י ביו"ד סימן קפד בד"ה ומ"ש שי"א, עיין שם. ואם היה רק מדרבנן, לא מסתבר שהיה שייך להתיר בסמוך לוסתה.

408) חדשי תמוז-אב, מאמר ג אות א, וז"ל: והנה נוכל להתבונן בענין אהבה גשמיות בעולם הזה, כענין אהבת חברים ואיש עם אשתו. בהיותם ביחד לא תוכר כל כך האהבה, משא"כ כשרוצים להיפרד ולהרחיק נדוד לזמן רב, אז יתפעלו הנפשות באהבה יתירה אהבה עזה מגודל הגעגועים, ועל כן (יבמות סב ע"ב): "חייב אדם לפקוד וכו' בשעה שיוצא לדרך".

אבער ווי געזאגט, איז פארהאן א ספעציעלן חיוב פון מצות הבית נישט נאר ווען דער מאן פארט אוועק, נאר אויך יעדעס מאל וואס דער מאן זעט אז זיין ווייב וויל זיין צוזאמען מיט אים. דער דאזיגער חיוב איז אויך א בפירוש'ע **גמרא**, וואס זאגט[409]: "א מאן איז מחויב צו דערפרייען זיין ווייב מיט מצות הבית", און דא רעדט מען אפילו אויב ס'איז נישט דער באשטימטער צייט דערצו. ווי רש"י ערקלערט, אז די גמרא איז מחייב דעם מאן: "אפילו אויב ס'איז נישט דער באשטימטער צייט ווען ער איז מחויב מיט מצות הבית, אויב זעט ער אז זי גלוסט צו אים".

די דאזיגע געדאנק ווערט ארויסגעברענגט נאך שטערקער אין די פוסקים, אז ווען די פרוי האט א גלוסטעניש צו זיין מיטן מאן, דאן איז עס נישט קיין אלגעמיינעם מצות הבית נאר עס איז גאר דער **עיקר** מצות הבית, ווי עס שטייט שוין פונעם הייליגן **ראב"ד**[410]: "און אזוי אויך ווען ער פארט אוועק, וואס עס איז זיכער אז דאן גלוסט זי צו זיין מיט אים... און אט דאס איז די מצות הבית מיט וואס די תורה האט אים באפוילן". אזוי שרייבט אויך דער **חיד"א** מער קלאר[411]: "אויב זי געפעלט זיך פאר אים [זייענדיג מרמז אז זי וויל מקיים זיין מצות הבית], דאן איז ער מחויב צו זיין מיט איר, ווי עס שטייט אין די פוסקים, און דאס איז די ריכטיגסטע פאל ווען ער האט די חיוב פון מצות הבית, וואס ווענדט זיך אין איר און אין איר צער...", און אזוי שטייט אויך פון אנדערע פוסקים[412].

עס איז אויך וויכטיג ארויסצוברענגען, אז דאס זעלביגע איז געזאגט געווארן **צום פרוי**. אויב זי זעט אז איר מאן וויל שטארק זיין מיט איר, און ער טוט פעולות ארויסצואווייזן זיין ליבשאפט צו איר, דאן האט זי אויך א חיוב צו זיין מיט אים, ווי עס שטייט אין ספר אמרי

---

409) פסחים עב ע"ב: אמר רבא, חייב אדם לשמח אשתו בדבר מצוה. רש"י: לשמח את אשתו. אפילו שלא בשעת עונתה, אם רואה שמתאוית לו.

410) בעלי הנפש שער הקדושה, וז"ל: וכן בעת צאתו לדרך שבודאי היא משתוקקת אליו... והיא היא מצות העונה שאמרה התורה.

411) פני דוד, (פרשת משפטים אות ח), וז"ל: אם היא ארצויי ארצה קמיה, מחוייב לפוקדה כמו שאמרו הפוסקים, והיא עונתה האמיתית - התלויה בה ובצערה... וכן שמעתי מגברא רבא חד קדוש מגדולי הדור זלה"ה, דכאשר היא מראה סימן וארצויי ארצה, לפום דינא הוא עונתה האמיתית למאן דאפשר ליה.

412) כ"כ החיד"א (בספר מראית העין, נדה לא ע"א), וז"ל: ושמעתי מאחד מגדולי הדור, דאם מראה סימנים וארצויי ארצה קמיה, היא עונתה האמיתית. וכ"כ בחכמת אדם, (כלל קכה סי"ט), וז"ל: ועיקר העונה הוא, כשרואה שאשתו משדלת אותו בדברים, או שמתקשטת עמו, והוא מבין שהוא בשביל שהיא רוצה בתשמיש יותר, אז חייב לקיים העונה. וכן משמע מדברי הטור, או"ח סימן רמ, וז"ל: כי העונות שקבעו חכמים ע"ד סתם קבעו אותם, כי אמרו דעת האשה שהיא מתפייסת בכך, אבל אם רואה שהיא מבקשת יותר - על ידי התקשטותה והשתדלותה לפניו - חייב לשמחה בדבר מצוה. וע"ע בספר חסד לאלפים, או"ח סימן רמ אות ב, וכן בשו"ת שאילת יעקב, חלק א סימן קיג, בשם חותנו המהר"ם שיק.

פנחס אין נאמען פונעם הייליגן **תולדות יעקב יוסף**[413].

לויט ווי מיר האבן שוין אויבן אויסגעשמועסט די טיפע נקודה פון מצות הבית, איז דאס טאקע גאר פשוט צו פארשטיין, ווייל ווען איינער פונעם פארפאלק האט א שטארקע ווילן ארויסצואווייזן ליבשאפט און בויען שטערקער דעם בונד פון שלום בית, איז דאס דאך דער עיקר נקודה פון מצות הבית, און סיי דער מאן און סיי די פרוי דארפן זען ווייטער אנצוהאלטן די קשר מיט א פרייליכקייט און מיט פיל ליבשאפט.

ה. דער ספעציעלער שכר פארן האבן א גלוסטעניש צו מצות הבית

מיר האבן דא טאקע געברענגט די הלכה אז ווען א פרוי גלוסט צו מצות הבית, דאן ליגט אויפן מאן דעם הויפט חיוב מקיים צו זיין די מצוה, אבער דער אמת איז אז עס גייט פיל ווייטער פון דעם. חז"ל אנטפלעקן אונז, אז עס איז פארהאן א ספעציעלער חשיבות ווען די פרוי גלוסט צום מאן און ווייזט ארויס איר אינטערעסע צו זיין מיט אים, אזוי ווייט אז אין דעם זכות וועט זי האבן ספעציעל-געראטענע קינדער. ווי די **גמרא** זאגט[414]: "יעדע פרוי וואס בעט פון איר מאן מקיים צו זיין די מצוה, וועט זי האבן אזעלכע חשוב'ע קינדער וואס אפילו אינעם דור פון משה רבינו איז נישט געווען ווי זיי".

די גמרא לערנט עס ארויס פון לאה אמנו, וואס האט ארויסגעוויזן א ספעציעלן אינטערעסע צו זיין מיט יעקב אבינו, ווי די פסוק זאגט: "ותצא לאה לקראתו, ותאמר אלי תבוא, כי שכר שכרתיך", און אין דעם זכות האט זי געהאט אזא קינד ווי יששכר וואס זענען געווען ספעציעל קלוג. די גמרא פירט אויס, אז צו פארלאנגען קלאר מיטן מויל איז נישט אויסגעהאלטן, נאר זי זאל אים מרמז זיין דערצו, און ווי **רש"י** ערקלערט: "מראה לפניו עניני חיבה", אז לאה האט ארויסגעוויזן פאר אים זאכן פון ליבשאפט, און ווי **רבינו חננאל** שרייבט

---

413) שער הקדושה, (דף שפא במהודרה החדשה) וז"ל: בשם רבי יוסף מפולנאה ז"ל, מש"כ בשולחן ערוך (או"ח סימן רמ ס"א): "אם אשתו מקשטת את עצמה וכו' חייב לפוקדה אפילו שלא בשעת" וכו', גם באיש יש בחינה זו. אך שלא יהיה ח"ו מבחינת יצה"ר.

414) עירובין ק ע"ב: א"ר שמואל בר נחמני א"ר יוחנן, כל אשה שתובעת בעלה לדבר מצוה, הווין לה בנים שאפילו בדורו של משה לא היו כמותן, דאילו בדורו של משה כתיב (דברים א, יג): "הבו לכם אנשים חכמים ונבונים וידועים לשבטיכם", וכתיב (שם, טו): "ואקח את ראשי שבטיכם אנשים חכמים וידועים", ואילו נבונים לא אשכח. ואילו גבי לאה כתיב (בראשית ל, טז): "ותצא לאה לקראתו, ותאמר אלי תבוא, כי שכר שכרתיך", וכתיב (דברי הימים-א יב, לג): "ומבני יששכר יודעי בינה לעתים, לדעת מה יעשה ישראל, ראשיהם מאתים, וכל אחיהם על פיהם". איני, והאמר רב יצחק בר אבדימי וכו', (בראשית ג, טז): "והוא ימשל בך" - מלמד שהאשה תובעת בלב והאיש תובע בפה, זו היא מדה טובה בנשים, כי קאמרינן, דמרציא ארצויי קמיה.

מער קלאר[415]: "זי טוט זיך אן שיינע קליידער, און מאכט זיך שיין דאס גוף, און זי רעדט צו אים לייכטע ווערטער, וואס ברענגען אריין דעם מאן אינעם געמיט מקיים צו זיין מצות הבית".

*

די **גמרא** זאגט אויף אן אנדערן פלאץ[416] אז די באשעפער האט צוגעהאלפן דעם זיווג פון יעקב מיט לאה אין יענעם נאכט. די **חיד"א**[417] איז מסביר אז דער באשעפער האט מיט דעם געוואלט אז אונז זאלן דערפון ארויסלערנען די הלכה אז ווען א פרוי ווייזט ארויס אירע געפילן איז דא א ספעציעלן מצוה צו זיין צוזאמען. איז לאמיר זיך אביסל מתבונן זיין אין די מעשה. אין די תורה ווערט דערציילט אין קורצן, אז ראובן האט געטראפן "דודאים" אין פעלד, און רחל האט עס געוואלט האבן און כדי עס צו באקומען האט זי געגעבן רשות פאר לאה צו זיין מיט יעקב אבינו, טראצדעם וואס עס איז געווען איר באשטימטע נאכט צו זיין מיט יעקב. לאה האט טאקע זוכה געווען צו זיין מיט יעקב, און אין יענע נאכט האט זי זוכה געווען צו ווערן טראגעדיג מיטן קלוגן ישכר.

אויסערליך שיינט די דאזיגע מעשה עטוואס אומפארשטענדליך: **א'** - וואס איז אזוי חשוב מיטן געוואוקס "דודאים", אז עס איז בכלל געווארן א שמועס צוליב דעם. **ב'** - וויאזוי האט רחל געקענט מסכים זיין אויפצוגעבן אויף מצות הבית מיט איר הייליגן מאן, צוליב די דאזיגע דודאים. **ג'** - נאכדעם וואס לאה האט זוכה געווען צו יעקב, דערציילט די פסוק (בראשית ל, טז): "**וישכב** עמה בלילה הוא" - יעקב איז געלעגן מיט איר יענעם נאכט. דאס איז זייער אן אפענעם שפראך, וואס די תורה נוצט נישט געווענליך ווען מען רעדט פון וואוינען צוזאמען.

דער ענטפער ליגט אינעם "דודאים" געוואוקס, וואס ווי די מפרשים זענען מסביר[418] באזיצט עס א סגולה צוצוברענגען א פרוי צו ווערן טראגעדיג. דערפאר האט רחל - וואס

---

415) וז"ל: דמרציא ארצויי קמיה. בלבישת בגדים נאים, ותיקונם של גוף, ודברים בניחותא, שמרגילין את האדם לדבר מצוה.

416) נדה לא ע"א: והיינו דאמר רבי יוחנן מאי דכתיב (בראשית ל, טז) וישכב עמה בלילה הוא מלמד שהקב"ה סייע באותו מעשה שנאמר (בראשית מט, יד) יששכר חמור גרם חמור גרם לו לישכר.

417) בספרו מראית העין שם וז"ל: אפשר לומר דרך אסמכתא במ"ש מלמד דכשאומר מלמד היכא דאיכא למדרש שאומר מלמד ללמד דין דרשינן והכא יש להסמיך דהדין הוא דאם ארצויי ארצה קמיה חייב לפוקדה וכו'.

418) ע' ספורנו (בראשית ל, יד) וז"ל: מין עשב, טוב הריח, וטוב אל התולדה. וע"ע בתקנת השבין (פ"ו) להר"ר צדוק הכהן זי"ע וז"ל: ודודאים אמרו דמסוגלין להריון היינו דמעוררים חשק לשון דודים כי פעמים מניעת ההריון מצד מיעוט החשק והתאוה וכו'.

האט נישט געהאט קינדער - געוואלט באקומען די דודאים, כדי צו טון נאך א השתדלות צו קענען ענדליך ווערן טראגעדיג. לאה האט דאס איר געגעבן פארן פרייז פון קענען זיין בייאנאכט מיט יעקב, און זי האט אים טאקע געזאגט: "כי שכר שכרתיך בדודאי בני" - איך האב דיר היינט נאכט אנשטאט די דודאים. זי האט אים געוואלט ווייזן מיט דעם, אז זי וויל זיין מיט אים נישט נאר כדי צו קענען האבן קינדער - וואס דאן איז יא גוט צו האבן די דודאים מיט זיך, נאר זי זוכט פשוט די נאנטקייט פון זיין מיט אים צוזאמען. דערפאר האט זיך די תורה אויסגעדרוקט מיט אזא אפענע לשון ווי "וישכב עמה", כדי ארויסצוברענגען אז טראצדעם וואס די הויפט כונה פון די אבות איז געווען כדי צו האבן קינדער, איז אבער דא געווען מער אן ענין פון פשוט'ע נאנטקייט.

דערפאר לערנט די גמרא אפ פון דעם, אז ווען אימער די פרוי ווייזט ארויס אן אינטערעסע צו זיין מיט איר מאן, דורך רעדן אדער דורך שענערע קליידער אדער דורך זיך ספעציעל אויספוצן - אזוי ווי לאה וואס האט ארויסגעוויזן ענינים פון ליבשאפט - פשוט כדי צו זיין נאנט מיט אים מיט א טיפע ליבשאפט און אחדות, וועט מען אויך זוכה זיין צו גאר ערליכע קינדער[419].

דער אורזאך דערצו קען מעגליך זיין לויט ווי מיר האבן שוין אויסגעשמועסט, אז דער געדאנק פון מצות הבית איז צאמצוברענגען דעם מאן און זיין ווייב נענטער, און צו ברענגען אן אחדות און שלום אין שטוב, און כדי דאס זאל קענען פאסירן מוזן ביידע זיין אינטערעסירט דערין. דערפאר, ווען די פרוי צייגט ארויס איר אינטערעסע אין דעם, טוט דאס באדייטן אז זי איז יעצט דא מיט אן עכטן ווילן און ליבשאפט פון זיך אליינס, אן דעם וואס מ'זאל איר דארפן אריינברענגען אין די זאך, און געוויס איז די ליבשאפט שטערקער ווי געוועגליך, וואס באדייט אז זי גייט זיך בעסער פארבינדן מיטן נקודה הפנימית פון מצות הבית – וואס דאס איז די ליבשאפט און אחדות וואס קומט ארויס דערפון. דערפאר ווען עס איז געמאכט אויף אזא סארט אופן, ברענגט דאס א ספעציעלע ברכה פון האבן אזעלכע ערליכע און גוטע קינדער.

אזוי זעט זיך שוין ארויס פון די ווערטער פונעם בעל **יראים**, וואס ערקלערט וואס עס איז דער ספעציעלקייט ווען זי גלוסט דערצו און איז אים מרמז דערוועגן[420]: "ווייל זי פירט זיך

---

419) בוודאי אין לנו השגה כלל בהנהגת האבות והאמהות, וכמש"כ המלבי"ם, וז"ל: ותאמר אלי תבא, וזה מורה שהיתה כוונתה לש"ש, ולכן לא בושה לומר כן. וכ"כ הספורנו, וז"ל: כי לא היתה כוונתם בזה להנאת עצמם כלל. עכ"ז חז"ל למדו מכאן הנהגה זו לכל הנשים, וכאמרם ז"ל: "כל אשה שתובעת", ולא אמרו כן רק בצדיקת כמותה, אלא כל אשה שכוונתה לטובה, לאחדות ולחיבה, יש לה קיבול שכר. (שוב ראיתי שהעיר ע"ז בספר מצוות הבית, להרב יוסף דוב עפשטיין, ניו יארק תשכ"ו דף 261 עיי"ש.)

420) הובא בשטמ"ק נדרים כ ע"ב, וז"ל: דמרצה ארצויי - נוהגת עמו עניני חיבה כדי לשמחו, ומתוך כך בא עליה בשמחה.

צו אים מיט ליבשאפט כדי אים צו דערפרייען, און דורכדעם איז ער מקיים מצות הבית מיט פרייד". ער לייגט צו, אז דאס איז ממש דאס פארקערטע פונעם "תובעת בפה" וואס ווערט אנגערופן א חצופה, און איז טייל פון די אויבנדערמאנטע "תשע מידות", ווייל דארטן האט זי נאר אינזין איר אייגענע תאוה און דא מאכט זי זיכער אז ביידע זאלן האבן א פאראייניגטע ליבשאפט וואס פארשטערקערט דעם שלום בית.

פון דעם זעט זיך קלאר ארויס, אז פונקט ווי א חצופה מאכט א פגם אינעם קינד וואס קומט ארויס פון דעם זיווג, וויבאלד די מצות הבית איז געטון געווארן אומריכטיג, אזוי אויך ביים פארקערטן פאל ווען זי ברענגט צו אז די מצוה זאל געטון ווערן אויפן בעסטן פארנעם, דורכן אריינברענגען די נויטיגע ליבשאפט אין אחדות צווישן דעם מאן און ווייב, דאן האט דאס אויך א דירעקטע פאזיטיווע השפעה אויפן קינד.

דאס וואס עס ווערט געברענגט, אז דורכן מקיים זיין מצות הבית נאך אזא סארט גלוסטעניש איז מען זוכה צו האבן ערליכע געזונטע קינדער, איז געזאגט געווארן סיי אויף א **מסוגל'דיגן** פארנעם, און סיי אלס א **טבעיות'דיגן** פארנעם, ווי מיר זעען פון חז"ל אז יעדעס אויפפירונג - גוט צי נישט גוט - ביים קיום מצות הבית האט א דירעקטע השפעה אויפן קינד, און ווי דער רמב"ן איז מאריך אין אגרת הקודש, עיי"ש.

ו. די פרוי ברענגט אריין די אהבה און אחדות אין מצות הבית

ווי שוין דערמאנט אויבן, ליגט טאקע די הלכה'דיגע חיוב פון מצות הבית אויפן מאן, אבער די פרוי איז אויך משועבד פארן מאן זיך צוצושטעלן צו מצות הבית, וויבאלד דער געדאנק פון מצות הבית איז זיי צאמצוברענגען נענטער צוזאמען, איז פארשטענדליך אז ביידע האבן א פליכט צו זיין אקטיוו אינעם קיום המצוה, און אסאך מאל ליגט דער שליסל אינעם ווייב'ס האנט אריינצוברענגען א שמחה אינעם מצוה און א גלוסטעניש ביים מאן.

לאמיר אנהייבן מיטן באוואוסטן **רש"י**[421]:

421) שמות לח, ח, וז"ל: בנות ישראל היו בידן מראות, שרואות בהן כשהן מתקשטות, ואף אותן לא עכבו מלהביא לנדבת המשכן, והיה מואס משה בהן, מפני שעשויים ליצר הרע. אמר לו הקב"ה: קבל, כי אלו חביבין עלי מן הכל, שעל ידיהם העמידו הנשים צבאות רבות במצרים. כשהיו בעליהם יגעים בעבודת פרך, היו הולכות ומוליכות להם מאכל ומשתה ומאכילות אותם, ונוטלות המראות, וכל אחת רואה עצמה עם בעלה במראה ומשדלתו בדברים, לומר אני נאה ממך. ומתוך כך מביאות לבעליהן לידי תאוה ונזקקות להם, ומתעברות ויולדות שם, שנאמר (שיר השירים ח, ה): "תחת התפוח עוררתיך", וזהו שנאמר במראות הצובאות. ונעשה הכיור מהם, שהוא לשום שלום בין איש לאשתו, להשקות ממים שבתוכו את שקנא לה בעלה ונסתרה. ותדע לך שהן מראות ממש, שהרי נאמר (שמות לח, כט-ל): "ונחשת התנופה שבעים ככר וגו': ויעש בה" וגו', וכיור וכנו לא הוזכרו שם, למדת שלא היה נחושת של כיור

> די אידישע פרויען האבן געהאט שפיגלען אין וואס זיי האבן געקוקט ווען זיי פלעגן זיך שיין מאכן, און אויך די דאזיגע שפיגלען האבן זיי מנדב געווען צום משכן, און משה רבינו איז געווען פאר'מיאוס'ט פון זיי ווייל זיי זענען געמאכט פארן יצר הרע. האט אים דער אייבערשטער געזאגט: נעם זיי יא אן, זיי זענען מיר דאס מערסטע באליבט פון אלע, ווייל דורכדעם האבן זיי אויפגעשטעלט א ריזן טייל פון כלל ישראל אין מצרים. ווייל ווען זייערע מענער זענען געווען אפגעמוטשעט פון די שווערע ארבעט, האבן זיי געטראגן צו די מענער עסן און טרונקען, און זיי האבן מיטגענומען זייערע שפיגלען, און יעדעס פרוי האט אריינגעקוקט אינעם שפיגל מיט איר מאן, און אים אויפגעהייטערט דורכן זאגן 'איך בין שענער פון דיר', און דורכדעם האבן זיי געברענגט זייערע מענער צו א גלוסטעניש און זיי האבן מקיים געווען מצות הבית און געהאט קינדער...

די מקור פון דעם רש"י איז א **מדרש**[422].

אויבנאויף זעט זיך אויס, אז דאס איז נאר געווען א קלוגע און פראקטישע וועג וויאזוי צו פארזיכערן אז זיי האבן קינדער אין מצרים. אבער דער אמת איז אז עס ליגט אין דעם א טיפערע געדאנק, ווי דער הייליגער **מהר"ל** ערקלערט באריכות[423], אז וויבאלד זיי האבן

מנחשת התנופה, כך דורש רבי תנחומא.

422) מדרש תנחומא, פקודי אות ט', וז"ל: אמר רבי שמעון בר חלפתא: מה היו בנות ישראל עושות? יורדות לשאוב מים מן היאור, והקדוש ברוך הוא היה מזמין להם דגים קטנים בתוך כדיהן, והן מוכרות ומבשלות מהן ולוקחות מהן יין והולכות לשדה ומאכילות את בעליהן שם, שנאמר: בכל עבודה בשדה (שמו' א יד). משהיו אוכלין ושותין, נוטלות המראות ומביטות בהן עם בעליהן, זאת אומרת: אני נאה ממך, וזה אומר: אני נאה ממך, ומתוך כך היו מרגילין עצמן לידי תאווה ופרין ורבין, והקדוש ברוך הוא פוקדן לאלתר...וכל המניין האלו, מן המראות. וכתיב בהן: ותמלא הארץ אותם (שמו' א ז). וכאשר יענו אותו כן ירבה וכן יפרוץ (שם שם יב). בזכות אותן המראות שהיו מראות לבעליהן ומרגילות אותן לידי תאווה מתוך הפרך, העמידו כל הצבאות, שנאמר: יצאו כל צבאות ה' מארץ מצרים (שם יב מא)... כיון שאמר לו הקדוש ברוך הוא למשה לעשות את המשכן... אמרו הנשים: מה יש לנו ליתן בנדבת המשכן? עמדו והביאו את המראות והלכו להן אצל משה. כשראה משה אותן המראות, זעף בהן. אמר להם לישראל: טולו מקלות ושברו שוקיהן של אלו. המראות למה הן צריכין? אמר לו הקדוש ברוך הוא למשה: משה, על אלו אתה מבזה?! המראות האלו הן העמידו כל הצבאות הללו במצרים. טול מהן ועשה מהן כיור נחשת וכנו לכהנים, שממנו יהיו מתקדשין הכהנים, שנאמר: ויעש את הכיור נחשת ואת כנו נחשת במראות הצובאות אשר צבאו (שמ' לח ח), באותן המראות שהעמידו את כל הצבאות האלה. וכו'.

423) גבורות ה' פרק מג, וז"ל: ומה שאמרו בשביל נשים צדקניות שבדור נגאלו, והוא רמז נפלא מאוד מאוד, כי כאשר היו משתוקקים מאוד הנשים אל בעליהן, היו יולדות בנים ראוים לחירות. וראיה לזה, שהאשה משתוקקת לבעלה וכו', אמר ר' יוחנן כל אדם שאשתו תובעת אותו הויין ליה בנים שאפילו בדורו של משה לא היו וכו'. ביאור דבר זה, כאשר האשה תובעת אותו, אז האשה מתדבקת בבעלה

געוואוינט צוזאמען מיט א שטארקע ליבשאפט, האט עס צוגעברענגט אז די קינדער זאלן זיין ראוי אויסגעלייזט צו ווערן, און דאס איז פשט אין די באקאנטע ווערטער פון גמרא[424]: "**בזכות נשים צדקניות נגאלו אבותינו ממצרים**". ווייל ווען מען האט א קינד פון א זיווג וואו עס האט געהערשט אן אמת'ן שטארקן ליבשאפט, דאן איז דאס קינד פיל הייליגער, און נאר אדאנק דעם וואס די נשים צדקניות האבן אריינגעברענגט א שטארקע געפיל ביי די מענער צו וועלן מקיים זיין מצות הבית - ווי אויך זענען די פרויען אליין געווען דערביי מיט א שטארקן חשק און געפיל[425] - מיט אט דעם שטארקן פארבינדונג האבן זיי מקיים געווען די מצוה, האבן זיי זוכה געווען צו אזעלכע ערליכע קינדער, וואס זענען געווען ווערד אויסגעלייזט צו ווערן פון מצרים.

אזוי אויך, אויב א פרוי זעט אז איר מאן גייט אדורך א שווערע תקופה, איז דא א ספעציעלע מצוה און זכות אויב זי דערפרייט אים מיט מצות הבית, און אויך דאס קענען מיר זיך אויסלערנען פון די נשים צדקניות אין מצרים, וואס זעענדיג ווי זייערע מענער ליידן נעבעך צאם דורכן טאג פון די מצריים, האבן זיי דערפרייט זייערע מענער מיט מצות הבית מיט א ספעציעלן פארבינדונג און ליבשאפט. ווי הגה"צ המשפיע רבי **סנדר ערלאנגער** ז"ל

שיש לו מעלת צורה ולאשה מדת חומרי, והנה מתדבק החומר בצורה, ומשלמת האשה עצמה בצורה, ולפיכך הוין ליה בנים נבונים, שנמשכים הכל אחר הצורה ורחוקים מן החומר וכו'. ומה שאמר "ונזקקין בין המשפתים", הכל הוא שהיו מחבבין בעליהן עד שהיו מזדווגים להם כשהיה אפשר. ובמה שאמר בין המשפתים, הוא דבר עמוק מאוד, כי רצה לומר כי היה להם התאחדות הגמור שיש לזיוג, וזה נקרא בין המשפתים לפי ששם מתחברים ומתאחדים הגבולים, ועל ידי ההתאחדות הגמור שיש לזיוג התדבקות האשה בבעלה, הבן הנולד והנמשך אינו חומרי רק צורה, כי מתחבר החומר בצורה במו שהתבאר למעלה וכו'. וכאשר עוד תבין דברי חכמה, תדע כי כאשר יש כאן אחדות אל הזיוג, כמו שהיו מתדבקים ומתאחדים על ידי תשוקת האשה, אז יש כאן זיוג אלקי. וזה שכבר התבאר פעמים הרבה בזה הספר, כי החלוק הוא דבר גשמי והאחדות הוא ענין אלקי וכו', כי כאשר היו מזדווגים ביחד היה להם חבור אלקי מיוחד ועצמי נבדל מן הגוף, רק חבור אלקי מפני האחדות הגמור שהיה להם, כי האחדות מדריגה אלקית וכו'.

424) סוטה יא ע"ב. דרש רב עוירא בשכר נשים צדקניות שהיו באותו הדור נגאלו ישראל ממצרים בשעה שהולכות לשאוב מים הקב"ה מזמן להם דגים קטנים בכדיהן ושואבות מחצה מים ומחצה דגים ובאות ושופתות שתי קדירות אחת של חמין ואחת של דגים ומוליכות אצל בעליהן לשדה ומרחיצות אותן וסכות אותן ומאכילות אותן ומשקות אותן ונזקקות להן בין שפתים שנאמר (תהלים סח, יד) אם תשכבון בין שפתים וגו'.

425) ראה בחת"ס, שמות א טז, וז"ל: ויש להסביר על דרך זה גם אומרו והבת תחיון, כי מסברא שהמצרי המאנס בת ישראל הוא מזריע תחלה ויולדת נקבה כי האשה איננה מתאוה לו כי נאנסה, וישראל העיף ויגע בעבודת פרך אשתו מזרעת תחלה כמ"ש חכז"ל (תנחומא פקודי אות ט') שהנשים השתדלו להרבות התאוה לבעליהן בקישוטין במראות הצובאות, וא"כ היא מזרעת תחלה ויולדת זכר, א"כ הזכרים בני ישראל והנקבות בני מצרים וכו'.

לייגט דאס אראפ[426]:

פון דא קען מען זיך אפלערנען אויף אייביג, אז אמאל גייט א מענטש אדורך פארשידענע מצבים און נסיונות, און שוועריקייטן מיט פרנסה א.א.וו. מיט אסאך סארטן דאגות און אנגעשטרענגטע צייטן דורכאויס פארשידענע תקופות אין א מענטש'ס לעבן. דאס איז אביסל ענליך צו די שעבוד פון מצרים וואס האט צובראכן דעם מאראל פונעם גוף און דעם נפש, און אין אזעלכע אומשטענדן פעלט פונעם מענטש א ווילן אויפצובויען א שטוב און אוועקצושטעלן א פאמיליע. דאן האט די פרוי א גרויסע מצוה צו געפונען חן ביים מאן, צו ערוועקן זיין ווילן און געפילן ווייטער צו בויען די שטוב.

און דאס זעלבע איז געזאגט געווארן איבערן פרוי, וואס צומאל גייט זי אריבער שווערע מצבים בגוף אדער בנפש, וואס דאן האט דער מאן א מצוה איר צו דערפרייען מיט מצות הבית ווי עס דארף צו זיין, כדי איר צו ערוועקן אז זי זאל וועלן פארזעצן מיטן פירן דעם שטוב. דער אייבערשטער האט אונז געגעבן מצות הבית כדי צו העלפן דעם מענטש זיך צו בארואיגן מיט דעם, און געפונען שמחה און נחת אויפצושטעלן דעם שטוב, און צו וועלן טראגן ווייטער די עול וואס ליגט אויף זיי.

אין מצרים האבן די נשים צדקניות ערפולט זייער תפקיד דורכן ווייזן די שפיגלעך, ווייל זיי האבן פארשטאנען וויאזוי זיך צו באנוצן מיטן כח היצר לשם שמים, און דורכדעם האט זיך כלל ישראל געהאלטן. פון דעם זאלן זיך אלע פרויען אפלערנען, יעדער אויף איר שטייגער, וויאזוי זיך צו באנוצן מיט פארשידענע עצות צו ערוועקן דעם מאן לשם שמים, אויפן ריכטיגן אופן און אינעם ריכטיגן צייט, כדי צו האלטן זייערע שטובער מיט שמחה ונחת.

און ווי שוין אויסגעשמועסט אויבן, איז מצות הבית בעיקר איין זאך: א פעולה פון

426) בנין הבית על פי תורה עמ' צח, וז"ל: והנה יש ללמוד מכאן לימוד לדורות, שלפעמים עוברים על האדם כל מיני מצבים שונים, בכל מיני נסיונות וצער וקושי פרנסה ושאר קשיים, וכמה מיני דאגות ומצבי מתח בתקופות שונות עוברים על האדם, ולפעמים עד כדי עצבים ומשברים ה"י. וכל זה דומה מעין השיעבוד הקשה שהיה במצרים, שהיה מדכדך הגוף והנפש, ובמצבים אלו וכדומה חסר לאדם חשק והרצון לבנות ולייסד משפחתו, ובזה מצוה גדולה על האשה שתראה למצא חן בפני בעלה, ולעורר אותו בסבר פנים יפות, כדי שחייהם יהוי נעימים, ויבנו ביתם בשמחה וימשיכו להוליד בנים ולגדל את הדורות הבאים. וכמו כן לפעמים האשה עוברת מצבים קשים בגוף ובנפש, ואז המצוה על בעלה לשמחה כראוי בדבר מצוה, כדי לעורר אותה ולעורר בה הרצון והחשק להמשיך בבנין הבית.

ונתן לנו הקב"ה ענין העונה ושמחתה, לסייע לאדם שיתפייס בזה, וימצא שמחה ונחת להקים הבית, ולסבול העול המוטל עליו. ובמצרים מלאו נשים צדקניות תפקיד זה, על ידי מראות האלו, שהבינו להשתמש בכח היצה"ר לשם שמים, ובזה נתקיים בית ישראל. ומזה יקחו הנשים לימוד, כל אחת לפי דרכה, איך להשתמש עם כמה עצות, לעורר הבעל לשם שמים, באופן הנכון ובזמן הנכון, כדי לקיים את ביתם בשמחה ונחת.

ליבשאפט, דאס געפיל וואס זי געבט פארן מאן דורכן ארויסווייזן א ריכטיגע ליבשאפט, דאס איז די ריכטיגע מצוה. דערפאר איז פשוט, אז אפילו ווען מ'רעדט נאר פון מצות הבית אן די חשבון פון מצות פריה ורביה, האט די פרוי די זעלבע ספעציעלע מצוה צו דערפרייען איר מאן מיט מצות הבית[427].

לאמיר צוענדיגן מיט די טייערע ווערטער פונעם **שבט מוסר**[428]:

> אויב די פרוי זעט אז עס האט פאסירט צום מאן עפעס א שטרויכלונג אדער א געלט בלבול, און דעריבער איז ער צובראכן, זאל זי רעדן צו אים מיט טרייסט ווערטער און זי זאל אים פארגרינגערן זיינע שווערע איבערלעבענישן מיט ווערטער וואס ציען דאס הארץ פון א מענטש און מיט א שמייכלדיגן געזיכט, און זי זאל אים זאגן: איך האב דיר ליב מיט א שטענדיגע ליבשאפט! דיין געזיכט שיינט צו מיר ווי א געטליך געשטאלט, און דערפאר קום איך דיר אנטקעגן כדי דיר אויפצונעמען. קום מיין באליבטער, לאמיר זיך דערקוויקן ביז צופרי און פארברענגען מיט ליבשאפט! און ווען דער מאן הערט די זיסע רייד פון ליבשאפט, נעמט דאס אוועק זיינע זארגן. אויב וועט ער דאן וואוינען מיט איר וועלן אירע קינדער זיין גוט און זייער קלוג, פארקערט ווי ווען מ'איז מיטן ווייב מיט זארג און טרויער, וואס דאן איז דאס קינד א נאר, ווי די וויסנשאפטלער האבן געזאגט.

427) עס איז אויך אינטערעסאנט אנצומערקן דאס וואס עס שטייט פונעם הייליגן קאזשניצער מגיד זי"ע, אז צומאל קען זיך מאכן אז די פרוי שפירט נישט קיין שום הנאה און זי איז גענצליך נישט אינעם געמיט מקיים צו זיין מצות הבית. דאך, אין אזא פאל, האט זי פארט א גרויסע מצוה מיטצושפילן און ארויסווייזן ווי זי האט אפיציעל שטארק הנאה דערפון, אויב זי האט אינזין צו דערפרייען דעם מאן דורכן אים געבן דעם דאזיגן געפיל אז אויך זי האט הנאה.

לאמיר ציטירן זיין לשון אין ספר עבודת ישראל לפסח: והנה לפעמים משכחת, שהאשה אין לה שום תאוה להתקשט ולהתיחד עם דודה, רק מחמת הבנתה את בעלה והשתוקקתה לשמח את בעלה, מתקשטת ומראית לו פנים שוחקות, עד שנראה הדבר לבעלה כאלו היא תובעת אותו. אבל באמת אין כונתה לשום עצמה כלום, רק עבור לשמח לב בעלה, כי לפעמים היא מרת נפש מחמת איזה סיבות ומקרי הזמן. ואז אילו היה מבין בעלה את כל לבבה, וגודל אהבה המסותרת אשר בקרבה, המסתרת כל עצבה ויגונה, ומעוררת שמחת בעלה, הלא בודאי יוסיף אהבה אליה אלף מנות ככה, ואולי היה באפשרי שיתקן גם כן ויסיר הצער ודאבון נפש ממנה, בודאי היה עושה כפי יכולתו.

428) פרק כד אות ו, וז"ל: אם רואה האשה שאירע לבעלה איזה תקלה או עלילת ממון שהעלילו עליו, והוא עצב, תדבר על ליבו דברי תנחומים, ותקל הדברים הקשים בעיניו בדברים המושכים ליבו של אדם, מדברי חן ופנים שוחקות, ותאמר לו: אהבת עולם אהבתיך! ראיתי פניך כראות פני מלאכי אלוהים, ועל כן יצאתי לקראתך לשחר פניך ואמצאך. לכה דודי נרוה עד הבוקר, נתעלסה באהבים! וכשמוע האיש דברי פיוסים כי נעמו, מסיר עצבותו מליבו, ואם מזדקק עמה - יהיו בניה טובים וחכמים מחוכמים, הפך המזדווג עם אשתו בעצבות ודאגה - נוצר הוולד משועמם וטיפש, כאשר אמרו חכמי המחקר.

א קורצן סיכום פון דעם פרק:

- מצות הבית איז א נאטורליכער באדערפעניש וואס ליגט אינעם טבע פון יעדן באשעפעניש, און דערפאר רופן עס חז"ל אן מיטן נאמען "דרך ארץ". דער אורזאך פארוואס מצות הבית ליגט אויפן מאן און נישט אויפן ווייב, איז אויך צוליב דעם, וויבאלד א פרוי קען נאר הייראטן איין מאן און דערפאר וועט זי געוויס וועלן מקיים זיין מצות הבית, אבער דער מאן וואס מן התורה קען ער הייראטן עטליכע ווייבער און ער קען פארנאכלעסיגן דאס מקיים זיין מצות הבית מיט אלע זיינע ווייבער, דערפאר שטייט אין די תורה אז ער טאר דאס נישט פארנאכלעסיגן.
- מיט דעם פארשטייען מיר אז טראצדעם וואס די פרוי האט נישט קיין מצוה מן התורה אויף מצות הבית, דאך האט זי אן אויטאמאטישער שעבוד דאס צו טון מיטן מאן, און אויב זי זאגט זיך אפ דערפון הייסט זי א מורדת. מיר האבן קלאר אויסגעשמועסט אז די שעבוד מיינט נישט חלילה אז מען קען איר "צווינגן", נאר דאס שעבוד איז אויף איר צו זען וואס זי קען טון זי זאל טאקע יא האלטן דערביי.
- דער אמת איז, אז מיר זעען אין פסוק, חז"ל, און מפרשים, אז די טבע פונעם פרוי איז צו גלוסטן צום קיום המצוה. עס קען אפשר געדויערן צייט אז דאס ווייב זאל אנהייבן צו שפירן א גלוסטעניש דערצו, אבער עס איז אריינגעבויט אין איר נאטור צו גלוסטן דערצו.
- אויסער די באשטימטע צייטן ווען עס איז דא א חיוב קיום מצות הבית, זענען דא נאך ספעציעלע צייטן ווען עס איז דא א באזונדערע חיוב מקיים צו זיין די מצוה: ווען דער מאן פארט אוועק פון שטוב, אדער ווען איינער פונעם פארפאלק זעט אז דער צווייטער שפירט א ספעציעלן גלוסטעניש דערצו.
- דער דאזיגער גלוסטעניש איז אזוי חשוב, אז חז"ל זאגן אז דאס ברענגט צו אז מ'זאל זוכה זיין צו קלוגע, ערליכע, און שיינע קינדער, ווי מיר געפונען שוין ביי לאה אמנו. דער אורזאך דערצו איז וויבאלד דורכן ריכטיגן גלוסטעניש איז מען מקיים די מצוה ווי עס דארף צו זיין, מיטן פארמערן ליבשאפט און פארשטערקערן דעם שלום בית און פארבינדונג צווישן דעם פארפאלק.
- נאכמער פון דעם, די פרוי האט אפילו א מצוה אריינצוברענגען א גלוסטעניש דערצו ביים מאן, און געוויס ווען זי זעט אז ער איז אין א געפאלענעם געמיט און זי קען אים דערהייבן דורכדעם, וואס דאן איז עס גאר א חשוב'ע מצוה, און מיר געפונען שוין אז אין דעם זכות זענען די אידן ארויס פון מצרים און מ'האט געניצט די שפיגלען – וואס די פרויען האבן געניצט אריינצוברענגען א גלוסטעניש ביי זייער מענער – פארן משכן.

• פרק י״ג •

זכר ונקבה בראם

די דיפערענצן צווישן דעם מאן און די פרוי
ביים פאקטישן מקיים זיין מצות הבית

א. די פרוי דארף שפילן אן אקטיוון - נישט פאסיוון - ראלע ביי מצות הבית

אינעם פריערדיגן קאפיטל האבן מיר ארומגערעדט איבערן פאקט אז די פרוי האט אויך הנאה נאטורליכערהייט פון מצות הבית, און די ראלע וואס זי שפילט דערין דורכן ארויסווייזן אן אינטערעסע דערינען און דורכן צייגן ליבשאפט פארן מאן. אבער עס גייט פיל ווייטער: די פרוי דארף אויך פארזיכערן אז דער מאן האט הנאה בשעת'ן קיום המצוה, און פונקט אזוי דארף זי זען זעלבסט הנאה צו האבן דערפון ביים קיום המצוה.

איינמאל מען פארשטייט שוין דעם ריכטיגן באדייט פון מצות הבית, אז דאס ברענגט צוזאמען דעם פארפאלק מיט א שטארקע בונד, און די הנאה און תאוה פון זיי ביידע איז א פאזעטיווע זאך, ווייל דאס ברענגט די פארבינדונג צווישן זיי צוויי, איז פשוט און פארשטענדליך אז די פרוי האט א חלק דערינען דורכן מהנה זיין דעם מאן, און דורכן זעלבסט הנאה האבן דערפון. ווי עס שטייט אין **מגילת סתרים**[429]:

> איין גרויסן טעות איז פארשפרייט איבער דעם, ווי כאילו נאר דער מאן איז דער וואס טוט פאקטישע פעולות בשעת'ן קיום המצוה, און ער איז אקטיוו, און זיין ווייב דארף זיין נאר **פאסיוו**. אבער דער אמת איז, אז אויך זי דארף זיין **אקטיוו**, און מ'דארף איר

429) מכתב מהגרש"ו זצ"ל, וז"ל: טעות אחת נפוצה בענין זה, שכאילו רק האיש הוא הפועל, אקטיב, והאשה רק צריכה להיות פסיבית. באמת גם היא צריכה להיות אקטיבית, וצריך להרגיל אותה בזה, שגם היא לא תתבייש ותעשה עמו מה שהיא רוצה. כי גם היא צריכה לעורר ולהרבות תאותו. הוא אשר אמר בזוה"ק, הובא בראשית חכמה: "ומתחממין באישין קדישין", דהיינו שכל אחד מעורר את השני. כאשר הוא מבחין בה שכבר נתעוררה תאותה, הגיעה העת להתחלת הביאה, דהיינו הכנסת אבר כולו.

צוגעוואוינען דערצו אז זי זאל זיך נישט שעמען נאר טון מיט אים אזויווי זי וויל...

מיט דעם קענען מיר פארשטיין די "כלה לעססענס" וואס רב חסדא האט געגעבן פאר זיינע טעכטער, ווי עס שטייט אין **גמרא**[430]. ער האט זיי געגעבן פונקטליכע הדרכות, און זיי זייער קלאר אנגעוויזן איידער זייער חתונה געוויסע נקודות, און אזוי ארום בעסער צו ערוועקן די תאוה ביי זייערע מענער.

דער **סטייפלער גאון** זצ"ל האט מדייק געווען עטליכע געוואלדיגע פונקטן וואס מיר דארפן ארויסנעמען פון די גמרא[431]:

רב חסדא דערציילט פאר זיינע טעכטער וואס זייערע מענער וועלן טון און וויאזוי זיי וועלן זיך אויפירן ביים קיום המצוה, אבער לכאורה ווער האט פאר אים אנטפלעקט אז זיינע איידימער וועלן טאקע אזוי טון? דער ענטפער איז, אז עס זענען פארהאנען צוויי סארטן צוגאנגען צום מצות הבית: איינס איז דער שטייגער פון אן עם הארץ - א פראסטער מענטש, וואס די גמרא זאגט[432] אז ער איז "מכה ובועל", דאס הייסט אז ער דערקוויקט איר נישט פון פריער אז זיי זאלן ביידע הנאה האבן פון מצות הבית. דער צווייטער צוגאנג איז דער שטייגער פונעם תלמיד חכם, וואס ערוועקט איר צו מצות הבית מיט ליבשאפט און דערקוויקעניש, און אזוי, און נאר אזוי, פירט זיך א תלמיד חכם אויף. וויבאלד רב חסדא האט געוויס נישט גענומען קיין איידימער עמי-הארצים, נאר אלע זענען געווען גדולי הדור[433], האט ער געוואוסט אז דאס איז די וועג וויאזוי זיי וועלן זיך אויפפירן ביים קיום המצוה, טאקע צוליב דעם וואס זיי זענען געווען תלמידי חכמים.

נאך א נקודה איז: מיר זעען פון דעם, אז נישט נאר זאל א פרוי "מיטארבעטן" מיטן מאן און אים לאזן הנאה האבן, נאר זי דארף שפילן אן אקטיוון ראלע אין מצות הבית, און נישט בלויז זיין פאסיוו. נאך מער פון דעם, נישט נאר דארף די פרוי זיין אקטיוו ביים קיום המצוה, נאר זי זאל אויך אויפקומען מיט קלוגע געדאנקען ווי אזוי אים מהנה צו זיין.

פון די ווערטער פון רש"י אויפן פלאץ זעען מיר אז נישט נאר עס איז נישט קיין

430) שבת קמ ע"ב. אמר להו רב חסדא לבנתיה וכו', נקיט מרגניתא בחדא ידיה, וכורא בחדא ידיה... (רש"י: כשבעליך ממשמש ביך להתאוות ליך לתשמיש, ואוחז הדדים בידו אחת והאחרת עד אותו מקום), מרגניתא אחוי להו וכורא לא אחוי להו, עד דמיצטערן, והדר אחוי להו הדדין (רש"י: המציאי לו שתתרבה תאותו, ומקום תשמיש אל תמציאי לו מהר, כדי שיתרבה תאותו וחיבתו ויצטער, הדר אחוי ליה).

431) געברענגט אין ספר בנין הבית (להרב שוחטוביץ), עמ' 89. ועצם הדיוק כתב גם בשו"ת באר משה סימן קנב, וז"ל: ועוד, לפי פי' הלחם משנה (שסובר שאסור למשמש שם) מה עלה על לב רב חסדא שחתניו לוקחי בנותיו יעברו למשמש באותו מקום אם הוא אסור, וכי היו נחשדים בעיניו שיעשו דבר אסור, שידבר עם בנותיו מענין זה מתחלה בלא שום יסוד וכו'.

432) פסחים מט ע"ב.

433) ה"ה רבא ורמי בר חמא ומר עוקבא בר חמא, ראה ב"ב יב ע"ב, וברכות מד ע"א.

עבירה צו פארמערן זיין הנאה, נאר עס איז זאגאר דא א ספעציעלן ענין צו פארמערן דעם מאן'ס תאוה, און טאקע אויך אויב ער איז א חשוב'ער יונגערמאן און א תלמיד חכם[434]. (די תאוה ביים קיום המצוה איז גאר וויכטיג, און מיר האבן עס שוין טאקע אויסגעשמועסט אין א פריערדיגן קאפיטל.)

זע אויך אינעם הערה נאך דיוקים[435].

עס איז אבער ווערד ארויסצוברענגען, אז אנדערש ווי געוויסע ווילן אפלערנען פון אזעלכע סארטן לשונות אין גמרא אדער חז"ל, מיינט דאס געוויס נישט אז דורכן טאג זאל מען פארמערן צו טון אלערליי זאכן וואס רייצן אן דעם מענטש א.א.וו. וואס אזא אויפפירונג האט נישט קיין ארט אין א היימישע אידישע שטוב, און טאקע ווי משה רבינו האט גע'טענה'ט אז די שפיגלעך וואס מען האט גענוצט אין מדבר זענען נישט גוט וויבאלד זיי זענען געמאכט פארן יצר הרע[436]. נאר דער אייבערשטער האט געענטפערט, אז וויבאלד זיי נוצן עס פאר

434) בנין הבית בעמ' 129 ביאור הדברים, וז"ל: הענין של ריבוי התאוה, מבואר היטב עפ"י יסוד האחדות. כאן לא מספיק רק מקצת אחדות, אלא צריך להגיע לשיא האחדות, בכל רמות הקשר שאפשר להגיע. א"כ כפי רמת התאוה, זה קובע את רמת אחדות הגופים. עד שמגיעים לרמת השיא של אחדות גמורה, שהם כאחד ממש. לעורר זאת, זוהי עבודת ה' גדולה, כמו שמצאנו ברב שכבר לא היה צעיר, ומ"מ "דמי כמאן דלא שריף תבשילא". מצד שני, אם אינו מתאוה לה כ"כ, הרי אינו עוסק באחדות אלא בפירוד, ולכן זו עבירה חמורה. מקור הטעות הוא, משום שבאמת בכל התורה כולה 'תאוה לשמה' היא אבי אבות הטומאה, ולכן צריך שיעשה את עניני החומר לש"ש ללא נגיעות עצמיות. משא"כ בסוגיין, אין כאן תאוה לשמה של דרך זנות ח"ו (שזו עבירה חמורה ביותר!), אלא יש כאן גישה של דרך אישות. נדרש מן האדם להגיע לרמת אחדות מושלמת עם אשתו, ולצורך זה הוא מפעיל את ריבוי התאוה. האדם עוסק בזה בעבודת ה', ולא במלוי התאוות השפלות.

435) קונטרס קדושת ישראל, שעהר, וז"ל: דקדק רש"י בלשונו לומר ג' דברים, כדי שיתרבה: "תאותו", ו"חיבתו", ו"יצטער". ללמדנו ג' ענינים הנחוצים בפעולה זו: 'התאוה' - היא הדבק, שע"י כך הוא מתדבק בה והיא מתדבקת בו, שזו הדביקות היא תכלית קדושת ההתאחדות בגוף ונפש, שבזה מתקיים המצוה: "ודבק באשתו והיו לבשר אחד". 'והחיבה' - היא האהבה, שהוא יתחזק באהבתו למלאות רק רצונה, וכשיראה בעלה הצדיק שהיא ממציאה לו המרגניתא, ישכיל לדעת שהיא רוצה שישתעשע עמה במרגניתא שלה, וימלא את רצונה בכל כוחו ואפשרותו, עד שתעורר בכל תוקף תאותה ותזריע תחילה, ואז תמציא לו הכורא שיגמור את המעשה, לתת לה גם העונג של קבלת הזרע שלו. והוסיף לומר 'ויצטער', שגם זה ענין נחוץ, שבעת תוקף התאוה והחיבה, עליו להצטער בשהיות אלו שלא יעשה דרך דריסה וטירוף, שזהו מנהג התאוה לעשות מעשה זה בשכרון כבעל חי ממש, וצער זה הוא בחינת הקדושה, שנצטוה לשהות על הבטן לישב את דעתו ואת דעת האשה, להתחבר בשכל ודעת, כרצון ה' על יראיו.

436) ראה בפירוש האלשיך הק' "שושנת העמקים" על שיר השירים, ו' ו' וז"ל: כמאמר ז"ל על פ' תחת התפוח כו' אל תחשוב שלתאות משגל היו עושות רק לש"ש בל יאבד זרע ישראל והראיה שלא עלו במעלה מן הרחצה שע"י רחוץ את בעליהן נעשה כיור וכנו לרחצה מדה כנגד מדה ממראות

גוטע צוועקן איז עס: "**חביב עלי מן הכל**", אבער דאס איז טאקע נאר געזאגט געווארן ווען מען נוצט דאס פארן ריכטיגן צוועק, מיטן ריכטיגן צוגאנג צו מצות הבית, יעדעס פארפאלק לויט זייערע ספעציפישע באדערפענישן, וואס איוב מ'טוט דאס פארן ריכטיגן תכלית דאן איז די תאוה גאר חשוב און וויכטיג, ווי עס שטייט אין **מדרש**[437]: "זו התאוה, שהיא מטילה שלום בין איש לאשתו".

אזוי אויך איז דא דערביי א זייטיגער תועלת, אז דורכדעם איז דער מאן זאט, און ער וועט נישט שפירן קיין דראנג צו זוכן קיין פרעמדע גליקן[438].

ב. דער באשעפער האט באשאפן די יצר און תאוה פאר א חשוב'ן צוועק

עס איז פארהאן א גרויסער חילוק, צווישן די וועג וויאזוי מענער גייען צו צו מצות הבית, און וויאזוי פרויען גייען צו דערצו, און עס איז וויכטיג דאס צו וויסן כדי צו פארשטיין וויאזוי מקיים צו זיין די מצוה בשלימות. די גמרא באנוצט זיך מיט אן הגדרה[439]: **זה יצרו בחוץ וזו יצרה מבפנים**, ארויסצובערענגען דעם דיפערענץ מיט וואספארא כלים זיי באנוצן זיך ביים מקיים זיין מצות הבית. אבער אין א טיפערן זין טוט עס באדייטן, אז דער מאנ'ס באדערפענישן זענען אנדערש ווי דאס ווייב'ס באדערפענישן. א מאן דארף דעם "**חלק המעשה**" מער ווי די פרוי דארף עס, און א פרוי דארף דעם "**חלק הנפש**" מער ווי דער מאן דארף עס. אין פאקט דארפן זייביידע צוקומען צוביידע סארט הרגשים, אבער זייער עיקר באדערפעניש דערין איז אנדערש.

אזוי אויך איז פשוט אז יעדע מענטש איז אנדערש: עס זענען דא מער געפילישע און מער פארמאכטע מענטשן, געוויסע מענטשן פארמאגן הייסע בלוט, און אנדערע פארמאגן דוקא

שהיו מתקשטות בהן ואין זה רק להיותן עושות לש"ש והראיה חושיית לצניעתן היא כי הלא היו כלם מתאימות יולדות ששה בכרס אחד ואין זה רק מזכות הצניעות וכמאמז"ל על אשתך כגפן פוריה בזכות היותה בירכתי ביתך בזכות הצניעות. ע"כ. (וראה בפרק י"ב שהבאנו דברי המהר"ל בזה.)

437) ויקרא רבה פי"ח ס"א.

438) ראה בספר אמרי טל [להרה"ק רבי משה יחיאל אלימלך מלעבערטאוו זי"ע הי"ד (בא"ב ליהודי הקדוש מפרשיסכא זי"ע)], מאמר שישי: "לא ניתנה תורה למלאכי השרת", וז"ל: וזה הקורת רוח שישיג כל אחד מהם בדרך מצוה, יתן בו כח לכבוש את יצרו, (שמעיז פנים לבוא להסית אף לגדול ולחתנא דבי רבנן), לבלי ליכשל באיסור שנופל האדם, על ידי בחינת הטעם כנ"ל, שבזה ההתעורות ירגישו טעם בהיתר, וירגישו חיבתן אותם, ויהיו הם אוהבים לנשיהם, כשישתרש בהם בעובדה שלהן ריבוי תענוג וקורת רוח, ולא בשביל להציל מחטא בשביל תאוה לבד, רק בשביל הקורת רוח שיבוא בם, שהוא ענין עודפת על התמלאות תאוה לבד. עכ"ל. ויתבאר בארוכה בהמשך בפרק "אין בית בלא חומה".

439) כתובות סד ע"ב.

א קעלטערע נאטור. דערפאר דארף יעדע מענטש ארייגלייגן קאפ און מח צו פארשטיין די באדערפענישן פונעם צווייטן, און יענעם פרובירן צופרידנצושטעלן דאס מערסטע וואס איז נאר מעגליך.

מ'דארף זיך איינ'חזר'ן דעם יסוד, אז די באדערפענישן וואס א מענטש האט און שפירט בנוגע מצות הבית - ווילאנג עס איז אויף א געזונטן פארנעם - איז נישט עפעס וואס איז אים/איר איינגעפאלן, נאר דאס אלעס קומט פונעם איין אייגציגסטן באשעפער וואס האט דאס איינגעפלאנצט אינעם מענטש, לצורך קיום העולם. ווי די מדרש זאגט[440], אז די אלע גשמיות'דיגע באדערפענישן און "יצר הרע'ס" וואס ער האט ביים קיום המצוה, האט דער באשעפער ספעציעל ארייגעגעבן אינעם מענטש כדי די וועלט זאל אנגיין ווי עס דארף צו זיין, מיטן אויפשטעלן א שטוב און חתונה האבן, און געבוירן קינדער, און ארבעטן פאר פרנסה. דער **יעב"ץ** לייגט צו א נקודה[441], אז צוליב אט דעם וויכטיגקייט פון "קיום העולם", האט דער באשעפער געמאכט אז די דאזיגע תאוה איז **שטערקער** פון סיי וועלכע אנדערע גשמיות'דיגע תאוה.

אז מען טראכט אריין אין דעם, איז עס ממש פון די וואונדער'ס פונעם וועלט-באשאף, וויאזוי דער באשעפער האט אוועקגעשטעלט א גאנצע סיסטעם אז יעדעס פארפאלק האט זיך זייערע ספעציפישע באדערפענישן, וואס דאס ברענגט צו אז מען זאל ווערן נאנט איינער מיטן צווייטן. אזוי ווי דער הייליגער **חזון איש** שרייבט[442]:

> אויך איז דא פאר אונז אן אויסגעארבעטן פלאן וואס איז מעיד אויפן געטליכן כשרון פונעם באשעפער, וואס א מענטש קען נישט באגרייפן און גענוג אפגעבן א שבח והודיה. דאס אויסשטעלן דעם זיווג פון א זכר מיט א נקבה כדי צו פארזיכערן דאס וועלטס-אייביגקייט, די וואונדערליכע כלי המין פון יעדן באזונדער, און דאס באשאפן זייער ווילן און גלוסטעניש צו פארזיכערן דעם ענין. וויבאלד מענטשן זענען אזוי

---

440) בראשית רבה פ"ט ס"ז, וז"ל: שאלולי יצר הרע, לא בנה אדם בית, ולא נשא אשה, ולא הוליד, ולא נשא ונתן.

441) מור וקציעה סימן רמ, וז"ל: ונ"ל, מפני זה התחכם הטבע להגדיל אותה ההנאה, על כל יתר ההנאות והרבות עריבתה וכו', כדי שיהו הכל רודפים אחריו, לחיות זרע לישוב העולם וכו'. וע"ע במכתב מאליהו (חלק א, באהבת המין, עמ' לח), וז"ל: אהבת המין היא דבר פלא בכחות הנפש. לכאורה היה נראה, כי באמת אין תוכן ממשי באהבה זו, אלא שהיא עצה עמוקה של הבורא יתברך, למען קיום העולם, כמו שנתן בנו את הרעבון למען קיום הגוף.

442) אמונה ובטחון אות ה, וז"ל: עוד לפנינו תכנית מעובדת, מעולפת ספירי תבונה, המעידה על כשרון פועלה, אשר אין כח אדם לחקרו, ולתת לו תהלה ושבח, התכנית של הזיווג זכר ונקיבה, כדי להבטיח נצחיות העולם, פליאות הכלים של המין לכל אחד, ובריאת הרצון המוכרח להבטחת ענינם. ומרוב ההרגל לא ירגישו בני אדם את נוראות הבורא, את כולם הכינם וגם יסדם, קיימים לעד לעולמי עולמים.

צוגעוואוינט דערצו שפירן זיי נישט די געוואלדיגע וואונדער פונעם באשעפער, וואס האט דאס אלעס אנגעגרייט און אוועקגעשטעלט אויף שטענדיג.

דאס הייסט אז די גאנצע געבוי פון א מאן און א פרוי, און אויך דער גלוסטעניש וואס א מענטש האט פאר דעם ענין, און וויאזוי דער גאנצער סיסטעם ארבעט צו פראדוצירן ווייטערדיגע דורות, איז פון די גרעסטע פלאי הבריאה וואס איז נאר פארהאן און איז טייל פונעם באשעפער'ס פלאן, צו פארזיכערן אז דער מענטש וועט ווייטער פארזעצן צו באשאפן נייע דורות וואס פעלט זיך אויס פאר קיום העולם, ווי אויך איז דאס א חלק פונעם באשעפער'ס פלאן, אז דאס וועט צוזאמענהאלטן די פארפאלק מיט א שטארקן ליבשאפט איינער צום צווייטן[443].

ג. דאס וואונדערליכקייט פון די ביאלאגישע דיפערענצן צווישן דעם מין הזכר ונקבה

דערפאר האט דער באשעפער אויסגעשטעלט, אז דער מאן שפירט א גרעסערע ביאלאגישע באדערפעניש אינעם **עצם מעשה** זעלבסט, ווייל טעכניש קען ער געבוירן אן א שיעור קינדער א טאג און ער האט נישט קיין גרעניץ דערצו, און וויבאלד דער מאן טראגט נישט דאס קינד און קען טעכניש גלייך אפלאזן דאס ווייב אן טראגן קיין פרישע דאגות, דערפאר האט ער א גלוסטעניש צום עצם מעשה פיל מער ווי די פרוי[444].

443) ראה בקרן לדוד (ליקוטים, תהלים עה"פ כי הוא אמר ויהי הוא צוה ויעמוד), וז"ל: אמרו חז"ל כי הוא אמר ויהי, זו אשה, הוא צוה ויעמוד אלו בנים. ויש לפרש בס"ד, דהנה מגודל חכמתו וחסדו יתברך שמו אשר ברא את האדם זכר ונקבה, עשה שהאיש ישתוקק אחר האשה והאשה אחר האיש, כדי שיהיה שלום ואחדות ביניהם, ועי"ז יתקיים הקשר ויהיה אמיץ, כי לולא זאת אי אפשר בשום אופן להתאחד שתי דעות לשכון יחד באחוה וריעות, דכשם שאין פרצופין דומין זה לזה כך אין דעתן דומה זה לזה (ירושלמי ברכות פרק ט הלכה א) אמנם הקב"ה רצה שידורו ויתקיימו יחדיו, ע"כ נתן השתוקקת לשניהם אשר עי"ז יתאחדו ויתלכדו ולא יתפרדו. וכמו שאמר רבי שמעון בן חלפתא משים שלום בבית בטל. עיי"ש, כי התאוה הוא חוט המתאחדם, והוא מגודל חסדו, ובכדי שיהיה אפשר להתקיים בשלום שניהם יחדיו.

444) עיין בספר עקידה, (בראשית ג, טז) וז"ל: ואל אישך תשוקתך - הוא התובע, כי עליו חובת השארות המין, ולכן נמצאת תאוה זו כחולשה אצל הנקבות, ואין מטבע הזכר להתבייש מהמשגל כטבע הנקבות, עם שהיא תאוה בשרית. וע"ע במלבי"ם, (בראשית ב, יח) וז"ל: כל בעל חי יש לו גבול טבעי מתי יזדווג בבת זוגו, ובעבור הזמן לא יתאוה עוד, אבל האדם אין לו עת טבעי, רק בכל עת שיתעורר שלהבת תשוקתו, ומי שאין מעצור לרוחו לא ישקוט מתאותו עד כלות כחו. והוא, כי הבעלי חיים שאין להם כח הממשלה בנפש לעצור בעד תאותם, אם לא היה לעונתם גבול טבעי היה מאבד כחו, אבל האדם שיש לו בחירה ושכל וממשלה על כחות נפשו, זה עיקר תפארתו שיתנהג על פי השכל, ובעת ילך בעצת שכלו ועל פי תורת ה' תורהו עם מי יזדווג, שהוא עם אשת בריתו, ושלא יקרב אל כל ערוה, ומתי זמן העונה. ולכן

ווידער די פרוי'ס ביאלאגיע ארבעט פונקט פארקערט: זי קען נאר האבן א געוויסע צאל קינדער אין איר לעבן, און זי דארף א מאן וואס וועט זיך זארגן פאר אירע קינדער, זיי צו שפייזן און היטן א.א.וו.. דערפאר האט זי נישט אזא שטארקע גלוסטעניש צום עצם מעשה, און נאר ווען זי שפירט אמת'ע שטארקע און נאנטע **געפילן** צום מאן, דעמאלט שפירט זי זיך אויך געגוג רואיג מיט אים אז זיי וועלן אי"ה זיין צוזאמען און ערציען די קינדער צוזאמען. ווען דער מאן ווייזט שטענדיג ארויס ליבשאפט צו איר און זי שפירט טאקע אז עס ליגט ליבשאפט צו איר אין זיין הארץ, דעמאלט קען זי יא שטארק הנאה האבן פונעם עצם זיין צוזאמען, און אין פאקט קען איר דעמאלטדיגער הנאה זיין פיל **שטערקער** ווי דער מאן'ס, און עס האלט זיך אויף פאר לענגער (זע שפעטער מער דערוועגן).

דערפאר איז זייער וויכטיג צו וויסן און געדענקן, אז דער מאן'ס עיקר הנאה איז מער פונעם עצם מעשה הזיווג זעלבסט, און זיין שפיץ הנאה איז ווען ער ענדיגט די מצוה. ווידער די פרוי'ס עיקר הנאה איז באזירט אויף די פנימיות'דיגע געפילן פון זיין צוזאמען, די געפילן פון ליבשאפט וואס נעמען זיי ארום, און פונעם "חיבוק ונישוק", דאס באדייט אז איר הנאה איז פיל מער אינערליך[445]. עס ליגט א פליכט אויף זיי ביידן צו פרובירן צופרידנצושטעלן דעם צווייטן, דער מאן דארף מער ארבעטן אויפן ארויסווייזן אן אינערליכער ליבשאפט צום ווייב וואס וועלן איר צוברענגען א הנאה און איר מאכן צופרידן, און די פרוי דארף פרובירן צופרידנצושטעלן דעם מאן מער אינעם חלק המעשה[446].

פונקט ווי יעדער פארשטייט, אז אויב דער מאן האט ליב פיש און די פרוי האט ליב פלייש, און זיי ווילן מהנה זיין איינער דעם צווייטן ביים עסן, וועט מען יענעם נישט געבן צו עסן וואס מ'האט אליינס ליב נאר וואס דער צווייטער האט ליב, אזוי אויך ביי מצות הבית קען מען זען אויב זיי זענען דא איינע פארן צווייטן אדער נאר פאר זיך זעלבסט. ווען יעדער

לבעל חי לא נתיחדה בת זוג מיוחדת, ולאדם נתיחדה אשתו המיוחדת לו.

445) און טראצדעם וואס זי קען אויך דערגרייכן א קלימאקס פון פאקטישן הנאה, אזויווי דער מאן זעלבסט, ווי מיר וועלן אויסשמועסן שפעטער. דאך פעלט זיך אויס די ריכטיגע פנימיות'דיגע הכנה דערצו, און אן דעם וועט זי כמעט נישט קענען צוקומען צו א קלימאקס.

446) עס איז אויך וויכטיג דאס צו וויסן, וויבאלד עס כאפט א גרויסע נפקא מינה אין פאקטישן לעבן. צום ביישפיל: אפילו ווען דאס ווייב וויל זיך צוגרייטן צום מצוה, נעמט עס פיל לענגער פאר איר אריינצוגיין אין דעם געמיט, און עס פעלט זיך אויס א לענגערע הכנה פון איר זייט ביזן ווערן גרייט צו די מצוה. דער מאן קען זיין פולקאם גרייט ממש אין געציילטע מינוטן, אבער פארן ווייב קען עס געדויערן אסאך לענגער. אזוי אויך, טאקע וויבאלד עס איז אזוי גרינג פארן מאן צו זיין גרייט, קען ער אוועקלייגן אלעס אנדערש אין די זייט און זיין געגצליך גרייט צום זיווג, ווידער ביים ווייב מוז אלעס אנדערש ארום אויך קלאפן, און נאר ווען זי איז פולקאם רואיג און די שטוב איז מסודר, קען זי באמת הנאה האבן. דערפאר דארף מען פארשטיין דעם צווייטן, און פרובירן זיך אריינצולייגן אין יענעמ'ס מצב, און זען אויף וויפיל מ'קען זיך צושטעלן מיט א געשמאק.

פרובירט צופרידנצושטעלן דעם צווייטן, איז עס א סימן אז זיי האבן זיך ליב איינער דעם צווייטן, אבער ווען מען טראכט נאר פון זיך זעלבסט צופרידנצושטעלן דאן טוט מען אן אומריכטיגן זאך, ווייל דאס ברענגט זיי נישט נענטער צוזאמען - וואס דאס איז דאך די גאנצע ציהל פון מצות הבית.

דער אמת איז, אז אפילו אן דעם חיוב פון צופרידנשטעלן דעם צווייטן - וואס דאס איז דער טיפער באדייט פון מצות הבית, איז דאס פארט די ריכטיגסטע זאך וואס א מאן און ווייב קענען טון אפילו פון א **פראקטישן** שטאנדפונקט. ווייל עס איז פשוט אז די הנאה און סיפוק וואס א מענטש האט פון דעם וואס מ'האט באוויזן מהנה צו זיין דעם צווייטן, שטייגט איבער די אייגענע גשמיות'דיגע הנאה, און דאס ברענגט צו אז א מענטש זאל אמת'דיג זיין אינערליך צופרידן, און דער דאזיגער סיפוק הנפש איז דער בעסטער רעצעפט צו בויען א געזונטן שלום בית.

*

עס דארף אויך ארויסגעברענגט ווערן, אז דאס וואס דער מאן דארף ארויסווייזן ליבשאפט צום ווייב איז נישט נאר געזאגט געווארן ממש ווען מ'האלט ביים מקיים זיין מצות הבית, נאר ער דארף דאס געדענקן דורכן גאנצן טאג, אז כדי זיין ווייב זאל הנאה האבן בשעת מעשה דארף מען ארויסווייזן א גרויסע מאס ליבשאפט אסאך **בעפאר** מ'האלט שוין ביים פאקטישן קיום המצוה, און דורכן טאג זאל ער שוין ארויסזאגן וואס ער שפירט איבער איר און ער זאל נישט באהאלטן זיינע געפילן אינעווייניג. עס איז נישט קיין ספק אז **אכציג פראצענט פון די הצלחה פון מצות עונה ווערט געטוהן במשך די טאג**, וואס עס פאסירט אינעם שלאף צימער איז בלויז די לעצטע שטאפל פון דאס געפיל וואס הערשט אין שטוב דאס גאנצע צייט.

מיר רעדן געוויס נישט פון פאפן דעם ווייב, נאר מ'זאל טאקע פאקטיש האלטן דערביי, אז דורכן טאג זאל ער שוין ארויסווייזן וואס ער שפירט איבער אים, וואס אזוי בויען זיך צוביסלעך אויף די געפילן ביים ווייב, און דורכדעם וועט זי שפירן א הנאה בשעת מעשה זעלבסט, און אזוי ארום וועלן זיי מקיים זיין מצות הבית ווי עס דארף צו זיין. אט אזוי שרייבט דער הייליגער **ב"ח**[447]:

447) או"ח סימן רפ, וז"ל: שצריך ליזהר, שקודם שיגיע הלילה חייב להראות תוספת חבה ואהבה עם זוגתו, ואצ"ל שלא ירגיל שום קטטה מע"ש, ואם היה לו עמה איזה קטט שיפייסנה מקודם שנכנס שבת. וז"ש: ויהא זהיר לקיים עונתו, דזהירות הוא קודם מעשה, ור"ל בזהירות זה שירדוף בינו לבינה אהבה

> ער דארף אכטונג געבן, אז איידער עס ווערט נאכט דארף ער ארויסווייזן און איבערפלוס פון ליבשאפט צו זיין ווייב, און שוין אפגערעדט פון דעם אז ער זאל זיך נישט קריגן אום ערב שבת, און אויב האט ער געהאט עפעס א קריגעריי זאל ער איהר איבערבעטן בעפאר עס קומט אריין שבת... מען דארף אכטונג געבן דערויף בעפאר די מצוה זעלבסט, דאס מיינט צו זאגן אז ער דארף אכטונג געבן גאנץ ערב שבת צו פארזיכערן אז עס איז דא ליבשאפט און אחדות צווישן זיי.

ד. דער מאן דארף איר צוברענגען צו א שטארקע פיזישע הנאה

מיר האבן שוין אויסגעשמועסט אויבן, אז די פרוי'ס עיקר הנאה איז מער געבויט אויף די טיפע נפשיות'דיגע הארציגע געפילן פון ליבשאפט און נאנטקייט, אבער מ'דארף קלארשטעלן אז אויב די דאזיגע טיפע געפילן זענען טאקע דא, דאן קען די פרוי אויך צוקומען צום פיזישע שטארקע הנאה, וואס רופט זיך קלימאקס, ווי די גמרא זאגט[448] אז מצות הבית איז א **גרויסע הנאה**. אבער כדי דאס זאל פאסירן געדרויערט א שטיקל צייט, און עס פאסירט נאר ווען עס איז דא די ריכטיגע הכנה צום מצוה[449].

אין **גמרא** שטייט[450]: "אמר רבא, חייב אדם לשמח אשתו בדבר מצוה" - א מאן איז מחויב צו דערפרייען זיין ווייב מיט מצות הבית. אזוי אויך שטייט אין **גמרא**[451]: "מה יעשה אדם ויהיו לו בנים זכרים? רבי יהושע אומר, ישמח אשתו לדבר מצוה" - וואס זאל א מענטש טון כדי צו האבן יונגלעך? זאגט רבי יהושע, אז ער זאל דערפרייען זיין ווייב צום מצות הבית.

דאס וואס די גמרא זאגט אז דער מאן האט א חיוב צו דערפרייען זיין ווייב, איז פונקט ווי יעדעס חיוב וואס ליגט אויפן מענטש, וואס ס'איז דא א באזונדערע מצוה און חשיבות עס צו ערפולן אויפן בעסטן און שטערקסטן פארנעם. פונקט ווי א מענטש זוכט דעם שענסטן

ואחוה כל ע"ש, כדי שלא יגיע שום ביטול לעונת שבת. ולכן הביא מאמר זה, דלפי דהיה רגיל להקדים לבא אל ביתו מע"ש, להראות אהבה וחבה וכו'.

448) מס' קידושין ה ע"א: מה להנך שכן הנאתן מרובה.

449) הגרש"וו זצ"ל כותב במכתב, (הובא במגילת סתרים) וז"ל: ומהדיבור למעשה, דהיינו חיבוק ונישוק לעורר גם בה תאוה. יש לדעת, שהזכר מתעורר הרבה יותר מהר מאשר האשה, וכאשר אצלו תאוה כבר בוערת - היא עדיין לא נתעוררה כלל. וכמו בכל עניני אישות, צריך גם כאן להתחשב בה ולא לדחוק השעה, אלא לגלגל עמה בחיבוק ונישוק וכדו' עד שגם היא התעוררה. ועיין נא בסידור הגר"י עמדין, הנותן סימנים בזה כיצד לעורר תאותה, עי' שבת קמ בהא דאמר רב חסדא לבנתיה וכו'.

450) פסחים עב ע"ב.

451) בבא בתרא י ע"ב.

אתרוג און די מערסט-מהודר'דיגע פאר תפילין, אזוי אויך אויב ער האט א חיוב איר צו דערפרייען מיט מצות הבית, און ער האט די מעגליכקייט איר צו דערפרייען ביזן סוף דורכן איר צוברענגען צום שפיץ הנאה און קלימאקס, גייט דאס געוויס אריין אין דעם זעלבן חיוב פון מקיים זיין מצות הבית בהידור.

דאס זעען מיר אויך אין **גמרא**[452], וואו עס ווערט געברענגט אז אויב דער מאן פארזוימט זיך און וויל נישט שנעל פארענדיגן זיין טייל פון מצות הבית, צוליב דעם וואס ער וויל אז זיין ווייב זאל **צוערשט** מזריע זיין, געבט אים דער באשעפער שכר - צו האבן קינדער. עס שטייט שוין אין די פוסקים, אז די גמרא רעדט דא פון איר צוברענגען צו א הויכע מאס פיזישע הנאה, זע די הערה[453]. פון דעם זעען מיר ווידער, אז חז"ל האבן שטארק מחשיב

---

452) נדה עא ע"א: מאי שכר פרי הבטן א"ר חמא ברבי חנינא בשכר שמשהין עצמן בבטן כדי שתזריע אשתו תחילה נותן לו הקב"ה שכר פרי הבטן.

453) כ"כ הראב"ד (בשער הקדושה) וז"ל: והוא משהא עצמו כדי שתהנה האשה מן המעשה ותזריע תחילה וכו'. ע"ע בתשב"ץ בספרו מגן אבות, אבות פ"ג מ"א ד"ה מאין באתה, וז"ל: וכן מה שאמר טפה סרוחה, ולא הזכיר ג"כ זרע הנקבה, שגם היא מזרעת בשעת תשמיש חלק בהולדה. שהרבה נשים הן מתעברות ולא הזריעו, שאין אותו הזרע (-שפולטת בשעת חימום התשמיש) אלא כעין ריר היוצא מרוב התענוג, ואם אינן מתענגות אינן מזריעות (-היינו הריר הנזכר, ובכל זאת), והן מתעברות.
וראה בקו' קדושת ישראל, שעהר, (דף 18): והאשה אין בכוחה בסוף המעשה לחשוב מחשבות מושכלת בקדושה מפני שהיא נופלת בשכרון התאוה שיצרה הפנימי משכר אותה בשעה הזו, אלא שהיא נמצאת חולמת בהקיץ, בדמיונות של עונג ונועם במלוי תאותה ותשוקתה הטבעית.
וע"ע בירור ארוך של הגאון המקובל רבי יעקב משה הלל שליט"א ראש ישיבת חברת אהבת שלום, (בקובץ אליבא דהלכתא, קובץ מ - אדר תש"ע) אודות אשה המזרעת לפני הביאה, ובתוך דבריו כתב בזה"ל: וכפי כל הנזכר נראה ברור, שאין בהתרגשות האשה ובאותו ריר הנפלט ממנה בשעת תשמיש, שום קשר להזרעת טיפת אודם שלה.... אלא דעיקר הקפידה באשה לענין איסור הוצאת זרעה לבטלה הוא כנ"ל, מחמת התעוררת המוח שלה להוציא רוחניות הטיפה, שהוא ענין ראשית המשכת הארת הנפש, שדבר זה הוא בעת ובעונת התרגשותה והפרשת אותו ריר היוצא ממנה משום תענוג וכנ"ל, ועל זה אמרו בנדה: "אשה מזרעת תחלה" - שמתרגשת כנ"ל ומוציאה אותו ריר, "יולדת זכר". וכבר כתבנו לעיל בס"ד, דכל שנעקרת רוחניות הטפה ממוחה בעת תשמיש, ואפילו בעת ההכנות לתשמיש, שאז כל כוונתה ומחשבה על בעלה, ואינה מכוונת לעבירה, בוודאי שאין בזה שום חשש כלל, ושפיר איקרי: "ונגע לא יקרב באהלך". ע"כ.
ועיין עוד שם שהביא דברי הבן איש חי (שו"ת תורה לשמה סי' תקד) שכתב שאין בזה איסור אלא שהדבר מכוער. (דחשש באריכות ההכנת שמא יוציא גם האיש לפני המעשה) ולבסוף מסיק הרב הנ"ל "אמנם ברור שגם מרן הרי"י ז"ל יודה, דאם רצון האשה בכך, ושבלא ריבוי ההכנות אינה מתרצית כלל לזווג, ומרגישה דחייה ופגיעה מחמת מהירות הבעל לסיים מלאכתו עמה, ומפח נפש גדול, מצד קיום מצות עונה כתקנה חייב לפוקדה בדרך ובאופן שיש בה רצון ותאוה...ובזה כל אדם יעשה בחכמה ובתבונה ויכלכל עניניו כמשפט השכל הישר, כי יודע צדיק נפש בהמתו... וכמה דברי חסידות יש הכתובים בספרים שאינם כלל לפי ערך דורנו" וכו' עיי"ש.

געוועין דעם מאן וואס איז ספעציעל שטארק מהנה זיין ווייב, אזוי ווייט אז דער באשעפער געבעט אים פאר דעם א ספעציעלן שכר[454].

דאס זעען מיר נאך קלארער אינעם פאלגענדן שטיקל **גמרא**[455]: "ווער עס וויל זוכה זיין אז זיינע קינדער זאלן זיין יונגלעך, זאל ער מקיים זיין מצות הבית איינמאל נאכן צווייטן", און **רש"י** ערקלערט: "שמתוך תאות בעילה ראשונה תהא מזרעת, ונהי נמי דתזריע אחריו - תקדום הזרעתה בבעילה שניה". דאס זעלביגע שרייבט רש"י אין א צווייטן ארט[456]: "שמחמת ביאה ראשונה נתאוה האשה והולבשה תאוה, וכשבא ביאה שניה היא מזרעת תחילה, והיכא דהיא מזרעת תחילה - יולדת זכר".

פון דעם זעען מיר גאר קלאר, אז די מצוה איז צוצוברענגען דעם ווייב צו שפירן א העכערע דרגה פון הנאה, וואס קומט נאר נאך א גאר שטארקע גלוסטעניש און תאוה. זע נאך מקורות אינעם הערה[457].

דער הייליגער **יעב"ץ** ברענגט שוין מער פרטים, וואס א מאן דארף טון כדי איר צוצוברענגען צו א ספעציעלע תאוה און הנאה, און עס זעט זיך ארויס פון זיינע ווערטער אז מ'רעדט פון איר צוברענגען צום קלימאקס[458]:

---

454) וראה ברבינו בחיי (ויקרא יב, ב) וז"ל: וע"ד חכמת הטבע אשה מזרעת תחלה יולדת זכר, כי כשהאשה משתוקקת לבעלה ומתחממת בחשקו כל רצונה ומחשבתה עליו ומציירת צורתו בלבה, ומתוך אותו חשק ממהרת ומזרעת תחלה ובכח אותה המחשבה המצויירת בלבה תלד זכר שכנגד לבה ועיניה, וזהו ענין המקלות ליעקב אבינו, וכו' ומי שהוא יכול לכבוש את יצרו ומשהה את עצמו כדי שתזרע היא תחלה קבל שכרו כי היא יולדת זכר מן הטעם הזה, וזהו שדרשו רז"ל בפסוק (תהילים קכ"ז:ג') הנה נחלת ה' בנים שכר פרי הבטן, אלו המשהין את עצמם על הבטן כדי שיזריעו נשותיהן תחלה ויולדות זכר, וזהו שכר פרי הבטן.

455) נדה לא ע"ב: אמר רבא, הרוצה לעשות כל בניו זכרים - יבעול וישנה.

456) עירובין ק ע"ב, ד"ה יבעול וישנה.

457) ראה לשון תוס' הרא"ש (בגליון מס' נדה י"ב ע"א סוד"ה עד) וז"ל: אבל בעד שלפני תשמיש איכא למיחש שמחמת חימוד רוב התאוה הזריעה כבר. וכ"כ אבודרהם (ברכות השחר) וז"ל: אמר רבא הרוצה לעשות כל בניו זכרים — יבעול וישנה, פי' שמתוך תאות בעילה ראשונה תהא מזרעת תחלה. וכ"כ אוהל מועד (דרך יא, נתיב ב) וז"ל: והזהיר לשהות על הבטן כדי שתהנה האשה ותזריע תחילה יהיה שכרו שתלד בנים זכרים. וכ"כ הלבוש (או"ח רמ, ט) וז"ל: אבל בענייני תשמיש יכול לספר עמה כדי להרבות תאוותה ותזריע תחלה ותלד זכר.

458) הנהגות ליל שבת, וז"ל: וכן צריך שיהא מיישב דעת אשתו, ומשמחה ומכינה ומסעדה בדברים המשמחים את הלב, כדי שתשיג את התאוה אליו, וזה יהא ניכר בנשימתה ובעיניה. וראה גם ברבנו אברהם מן ההר (נדרים צא, ב:) וז"ל: דהוה בדיחא — שהיתה שמחה בו למצוה בכל פעם פניה צהובין. כלומר, הסיפוק היה ניכר על פניה.

> א מאן דארף צוגרייטן זיין ווייב'ס געדאנקען, איר צו דערפרייען און אנגרייטן און זעטיגן מיט ווערטער וואס דערפרייען דאס הארץ, כדי זי זאל קריגן א תאוה צו אים, און דאס קען מען דערקענען אין איר אטעמען און אין אירע אויגן, און דאן וועלן זיי זיך ליב האבן ביים קיום מצות הבית.

און אזוי שטייט אויך גאנץ קלאר אין ספר **עמוד העבודה** פון הגה"ק המקובל רבי ברוך מקאסוב זי"ע, זע זיינע ווערטער אינעם הערה[459].

איינמאל די פרוי'ס געפיל קומט אריין מיטן גאנצן קראפט, קען דאס זיין פיל שטערקער בכמות ובאיכות אנטקעגן דעם מאן'ס געפיל. ווי די גמרא זאגט[460] "זייערע [פון די פרויען] תאוה איז גרעסער ווי אונזערע [די מענער]. נאך שטייט אין גמרא[461], אז א פרוי וואס איז ח"ו באצווינגען געווארן דורך א פרעמדן מאן, אפילו אויב צום סוף שרייט זי: "לאזט אים אפ, ווייל איך וואלט אים אפילו געצאלט געלט פאר דעם", הייסט עס פארט אן אונס און זי איז נאכאלס מותר פאר איר מאן, פארוואס? ווייל **"יצר אלבשה"** - עס האט איר אנגעכאפט די יצר אויף אזא שטארקע אופן, וואס אין אזא סיטואציע איז עס פארט אונטערן קאטעגאריע פון אן אונס.

ווי עס קוקט אויס, איז אמאליגע צייטן געווען אסאך מער שכיח דאס ענין ביי פרויען, און

---

459) עמוד העבודה, בקונטרסים לחכמת אמת, (דפוס טשערנאוויץ דף קכ ע"ב) וז"ל: והנה המ"ן (מיין נוקבין) הגשמיים שלמטה ג"כ צומחים מתוך תשוקת האשה לתשמיש כי הנה כתיב ועונתה לא יגרע ומי שמשמש עם אשתו ואינו מכוין למלאות רצון האשה אלא להנאת עצמו הרי זה אינו מקיים כלל ועונתה לא יגרע אבל מי שמכוין שתתענג אשתו הרי ע"ז מקיים ועונתה לא יגרע, ומאחר שהאשה אין לה מצח לתבוע בפה וגם התובעת בפה יוצאת בלא כתובה א"כ מאין ידע הבעל אם יש לה תשוקה לכן הטביע הקב"ה באשה כשתשתוקק לביאה שתיכף יהי' נובעים בה מ"ן וכשהוא מרגיש לחלוחית המ"ן אז נודע לו תשוקתה וכמו שתשוקתו גורמת שנוי מורגש בגופו שהוא קשוי אבר כמו כן תשוקתה גורמת שנוי מורגש שהם לחלוחית המ"ן.

460) בבא מציעא פד א, אמרה להו ההיא מטרוניתא בניכם אינם שלכם אמרו לה שלהן גדול משלנו. ובפירש"י ד"ה כי כאיש גבורתו: לשון אחר שלהן גדול תאוה של אשה מרובה משל איש. וראה בבן יהוידע (נדה יג ע"א) וז"ל: אין זה ילוד אשה. נראה לי בס"ד דאמרו רבותינו ז"ל תאות האשה מרובה משל איש ואמרתי על זה טעם נכון דאותיות אש שבשם אשה אין מפסיק אות אחר ביניהם מה שאין כן אותיות אש שב'איש' יש אות יו"ד מפסקת ביניהם להורות כי אש התאוה שבאשה הוא גובר יותר מן האיש. וידוע מה שאמר רבינו האר"י ז"ל יש ולד לוקח מאביו חלק יותר מאמו ויש להפך ולזה אמר עליו בענין זה של תאוה 'אין זה ילוד אשה' שלקח מאביו יותר ולכן אין לו חשש כי התאוה מועטת אצלו מעיקרא בטבעו ומזגו.

461) כתובות נא ע"ב: אמר רבא, כל שתחלתה באונס וסוף ברצון, אפילו היא אומרת הניחו לו שאלמלא (לא) נזקק לה היא שוכרתו, מותרת. מאי טעמא? יצר אלבשה.

דאס האט פאסירט יעדעס מאל מען האט עוסק געווען אין מצות עונה[462], עס איז פארהאן מערערע סיבות פארוואס די מציאות איז היינט אנדערש[463]. אז דאס זאל ארבעטן במציאות היינט צוטאגס פאדערט זיך מער ווי דאס עצם מעשה זעלבסט.

מען דארף אבער אויפמערקזאם מאכן, אז טראצדעם וואס דאס איז טאקע דא ביים מערהייט פון די פרויען, איז פארט דא א געוויסע צאל וואס דערגרייכט נישט צו אזא קלימאקס, און אויב זי קומט נישט אן דערצו נאך א שטיק צייט, זאל מען וויסן אז דאס קען זיין נארמאל. עס פארשטייט זיך אבער, אז מ'קען נאכאלס פרובירן צו טון פארשידענע זאכן צו זען אויב דאס וועט ארבעטן, און אודאי איז כדאי זיך אדורכשמועסן מיט א מומחה וואס קען בס"ד אסאך צוהעלפן.

בדרך כלל וועדנט זיך דאס בעיקר וויאזוי די מאן גייט צו צו די גאנצע ענין, אויב די צוגאנג איז מיט טיפע געפילן פון ליבשאפט און מען איז משקיע צו ארויסברענגען די ליבשאפט, וועט מען לייכטער אנקומען צו דעם. בכלל דארף מען וויסן, אז ביים פרוי ארבעט עס געווענליך נאר ווען די גוף איז גוט אויסגערוט, און זי טראגט נישט קיין דאגות אין קאפ, אויב מען איז אנגעצויגן וועט עס געווענליך נישט ארבעטן. אזוי אויך האט א פרוי פארשידענע תקופות אין חודש, און אין לעבן, און דערפאר דארף מען צוגיין צום דאזיגן ענין מיט א רואיגקייט.

---

462) דהרי אמרו חז"ל בכתובות סב, ב: "רוצה אשה בקב ותיפלות מעשרה קבין ופרישות", כלומר חזקה על האשה שהיא מעדיפה קיום עונה כל יום על שיפור ברמת חייהם. וקשה מאוד להבין מדוע אשה שלא מגיעה לגודל השמחה תעדיף חיבור בכל יום על פני רווחה כלכלית. וכ"כ רואים את הלשונות של גדולי הראשונים בגודל תשוקת האשה ואינו רשאי למעט ממנה אלא מדעתה וכו' אשר לכאורה משמע שענינו תשוקה גדולה.

463) ראה בספר הרחבת לשמחת הבית וברכתו (פ"ב הלכות עונה, סניף שמחת עונה) וז"ל: ככל הנראה בעבר נשים הגיעו לשיא תענוגן יותר בקלות, וגם יכלו להגיע ביתר קלות לשיא התענוג מהחיבור עצמו... וזאת על סמך שלוש עובדות שאנו יודעים שהיו שונות בעבר:

א) נשים הרגישו בפתיחת המקור בתחילת הווסת (שו"ע יו"ד קפג, א). כלומר היו מודעות יותר לגופן, ואולי זה מאפשר גם יכולת להקשיב יותר לתחושות ולהיענות לתשמיש.

ב) אנשים ישנו בעבר יותר שעות בימה, שכן באופן כללי הלילה הוקדש לשינה. כלומר מעט לאחר שהחשיך אכלו, כמבואר בברכות ב, ב, ומיד לאחר מכן הלכו לישון עד סמוך להנץ החמה. ותלמידי חכמים נידדו שינה מעיניהם כדי לעסוק בתורה. וכיוון שישנו הרבה, באשמורת השלישית כבר יכלו בקלות להתעורר, ואשה מספרת עם בעלה (ברכות ג, א). ועל פי זה מובנים דברי הרמב"ם (דעות ד, ד) שדי לאדם בשמונה שעות, שמלשונו משמע שהתכוון שימעטו בשינה, ואילו כיום נדמה שהרחיב בשעות השינה, אלא שבזמנו היו רגילים לישון יותר שעות.

ג) המתח המלווה כיום את החיים גדול בהרבה, הן מפני שנשים רבות יוצאות לעבוד, והן מפני כלי התקשורת האישיים והציבוריים. ואולי גם בעקבות חורבן בית המקדש נשתנה המצב לרעה, "דאמר רבי יצחק: מיום שחרב בית המקדש ניטלה טעם ביאה וניתנה לעוברי עבירה, שנאמר (משלי ט, יז): מַיִם גְּנוּבִים יִמְתָּקוּ וְלֶחֶם סְתָרִים יִנְעָם" (סנהדרין עה, א).

עס איז אויך וויכטיג אנצומערקן, אז רוב פרויען קענען במציאות נישט דערגרייכן דעם שטארקן געפיל נאר דורכן קיום המצוה זעלבסט. דא איז נישט דער פאסיגער ארט ארומצורעדן אין דעם ענין, צו געוואויר ווערן מער פרטים קען מען אדורכלערנען די קונטרסים "**שלום אהלך**" און "**פרקי הנהגת הבית**" וואס זענען עטוואס מער מאריך אין דעם[464].

464) מ'קען דאס בעטן ביים אימעיל אדרעס וואס איז פארצייכנט אנהייב קונטרס.

א קורצן סיכום פון דעם פרק:

- א פרוי דארף שפילן אן אקטיוון טייל אין מצות הבית, און נישט נאר זיין פאסיוו און צולאזן דעם מאן טון וואס ער וויל. רב חסדא האט אויסגעלערנט פאר זיינע טעכטער אז זיי זאלן טון פאקטישע זאכן אפילו אנצורייצן זייערע מענער.
- מ׳דארף אבער פארשטיין אז פונקט ווי ביי די כלי הזיווג איז עס בבחינת ״זה יצרו בחוץ וזו יצרה בפנים, אזוי איז עס אויך ביים ״נשמה״ פונעם מצוה, אז דער מאן דארף דעם ״חלק המעשה״ מער ווי די פרוי, און דאס פרוי דארף דעם ״חלק הנפש״ מער ווי דער מאן, טראצדעם וואס זיי ביידע דארפן אייגנטליך ביידע טיילן ביים קיום המצוה.
- ווען צוויי מענטשן וויל מהנה זיין איינער דעם אנדערן, דארף מען געוויס געבן פאר יענעם וואס יענער גלייכט, און נישט וואס מען האט אליינס ליב. דערפאר דארף מען זעהן צו עוסק זיין און זיכער מאכן אז די שותף באקומט דאס וואס זיי ווילן באקומען.
- מען דארף אויפבויען די ליבשאפט במשך די גאנצע טאג, ווייל דארט ליגט באמת די שליסל צו א ריכטיגע קיום מצות הבית, אכציג פראצענט פון מצות עונה פאסירט דורכאויס די ״טאג לעבן״ ווי איידער די ״נאכט לעבן״. מצות עונה ברענגט נאר ארויס די געפילן צום אויבערפלאך, אבער מען קען עס נישט אנהייבן בלויז אויפן פלאץ. נאר מיט א המשך פון ווארעמע געפילן א גאנצע צייט, וועט דאס מצות הבית זיין א ריכטיגע פעולה פון התקרבות און התקשרות הנפש.
- פונקט ווי די פרוי דארף זען מהנה צו זיין דעם מאן, אזוי אויך דארף דער מאן אריינברענגען זיין ווייב צום שפיץ ״קלימאקס״ פון הנאה, וואס דאס פאסירט נאר נאכן זיך דערנענטערן צו איר מיט אן אינערליכן ליבשאפט וואס קומט פון א טיפער געפיל פון פארבינדונג און פאראייניגונג, און ווען זי דערגרייכט דעם קלימאקס קען זי צומאל צוקומען צו א גרעסערע הנאה ווי דער מאן. חז״ל זאגן אז אין א פאל וואס ער ברענגט איר צום קלימאקס איידער ער זעלבסט קומט צום שפיץ הנאה, וועט ער זוכה זיין צו א ספעציעלע ברכה.

פרק י״ד

והתקדשתם והייתם קדושים

וואס איז דער באדייט פון זיין ״הייליג״? וואס איז דער חילוק צווישן קדושה און פרישות? ״קדושה״ מיינט זיך אפשיידן, זיך באהעפטן, אדער גאר ביידע?

א. בלבול המוחות

עס איז פאר יעדן וואויל באקאנט, אז ״קדושה״ איז איינע פון די יסודות ביים איד, אבער ליידער הערשט א גרויסע צומישעניש טאקע אינעם נושא פון ״**קדושה**״. מען וויל זיין הייליג, אבער עס פעלט א קלארקייט וואס פונקטליך דאס באדייט, און דאס קען זיין א דירעקטער גורם צו פראבלעמען אין א אידישע שטוב. אויב לערנט מען נישט ריכטיג אפ די סוגיא קען זיך דאכטן פון פארשידענע מראי מקומות וואס מען לערנט אויבערפלעכליך אז קדושה מיינט בעצם זיך צו דערווייטערן פון קיום מצות הבית, ווייל דאס איז לכאורה א סתירה מיט קדושה.

ביי אלע מצוות איז וויכטיג צו וויסן דער ריכטיגער צוגאנג און כוונה פונעם מצוה, אבער ביי מצות הבית איז עס פיל וויכטיגער ווי ביי אנדערע מצוות, ווייל אויב מען טוט עס אומריכטיג און מיט פאלשע הנחות, קען אפטמאל אויסקומען אז מען איז גענצליך נישט מקיים די מצוה. ערגער פון דעם קען גאר זיין, אז אנשטאט עוסק צו זיין אין א מצוה קען מען גאר עוסק זיין אין אן **עבירה**[465].

465) בדרך כלל מגיעות אליו השקפות עקומות אלו, כאשר יש בראש מהלך שגוי הבנוי על הנהגת ימי בחרותו, ואח״כ כאשר רואים משהו בספה״ק כבר הכל הולך סביב אותו הנחה מוקדמת שיש לו מקדמת

ב. דער אורזאך פארן מענטש'ס קדושה: "כי קדוש אני"

דערפאר, איידער מיר גייען מסביר זיין וואס דאס איז "קדושה", דארף מען וויסן איין וויכטיגע יסוד: קדושה מעסט זיך לויט וואס דער רצון ה' איז אז דאס איז קדושה, און נישט לויט די אייגענע הרגשים וואס מען האט זיך אויפגעבויט דורכאויס די יארן.

דאס איז מרומז אין די ווערטער פון חז"ל[466]: **'קדושים תהיו' - יכול כמוני? תלמוד לומר: 'כי קדוש אני ה' מקדישכם' - קדושתי למעלה מקדושתכם.** פשט דערפון איז, אז מען זאל נישט מיינען אז פונקט ווי דער אייבערשטער'ס קדושה איז מצד עצמו, אזוי זאל יעדער מענטש ארבעטן זיך צו הייליגן מצד עצמו, און וואס עס פאלט אים נאר ביי אז דאס איז קדושה - איז עס טאקע די אמת'ע געדאנק פון קדושה. נאר וואס דען איז דער אמת? אז נאר עפעס וואס דער באשעפער זאגט דערויף: "דאס איז קדושה" - דאן איז דאס טאקע הייליג, אבער אלע אייגענע געפילן און אלע אייגענע מחשבות, וואס א מענטש שפירט און קלערט פאר זיך אז דאס מיינט קדושה - איז נישט עכט קדושה. וואס איז טאקע די ריכטיגע קדושה וואס דער אייבערשטער רעדט דערפון? דאס לערנען מיר ארויס פון די ווערטער פון חז"ל, וואס זיי האבן אונז דערציילט דערוועגן.

דערפאר איז פשוט, אז אויב מען איז מקיים מצות הבית ווי חז"ל האבן אונז אויסגעלערנט, דאן איז מען עוסק אין "קדושה" - דורכן מקיים זיין אלע הלכות וואס מען זעט אז חז"ל האבן אוועקגעשטעלט כדי אז די מצוה זאל זיין בתכלית השלימות. דאס איז ריין קדושה. אבער אויב מען טוט די מצוה מיט פאלשע אייגענע הרגשים, און דורכדעם איז מען עוסק אין דאס פארקערטע ווי עס דארף צו זיין, דורכן פרובירן אוועקצושטופן די מצוה, דאן איז ער זיך אויך גורם אז נישט נאר וואס ער איז בכלל נישט מקיים די מצוה, נאר אויך וויבאלד ער איז דאן טאקע נאר עוסק אין א גשמיות'דיגע פעולה אן קיין שום קדושה — וויבאלד די מצוה כתיקונה טוט ער דאך נישט — טוט ער דאן פאקטיש לוידער פונקט **דאס פארקערטע** פון קדושה.

דנא, וזו טעות מכאוב. וע"ע בקונטרס קדושת ישראל, שעהר, וז"ל: הצדיקים היראים או המתחסדים חושבים, שהם יודעים הכל מהספרים שהם לומדים שלא בעיון, כנדרש בענינים אלו, כמו בשל"ה וראשית חכמה. הם חושבים לדבר ברור ע"פ התורה, שהתאוה הלזו היא הטומאה, והיצה"ר מתגבר בזה מאד להוליך את האדם בדרך טומאה. וע"כ אינם מדברים עם האשה בענינים אלו - שלא לגרות את היצה"ר, וכשהם באים לקיים מצוה זו - הם מעוררים אותה משנתה, ושואלים או מבקשים רשות לעשות את המצוה עמה, והיא מסכמת שהיא יודעת מאמה שכך נוהגים הצדיקים. והרי הוא מקיים מצותו כאילו כפאו שד, ופורש ממנה ובורח לו מהטומאה, ולבו דואג עליו שעכ"פ עשה זו המעשה בתוקף התאוה שנתעוררה בו, וכשבא לעשות מעשה שוכח את כל המחשבות הק' שחשב מקודם, ומתנחם כשהוא שומע מחבריו שגם הם דואגים כמותו, ואומרים שהתורה לא ניתנה למלאכי השרת, ומתפללים שמן השמים יסייעו אותם, ואומר שלום עליך נפשי שהרי הוא מתכוון לקיים מצוה, ודי בזה.

466) בראשית רבה פ"צ ס"ב. ההסבר עפ"י ספר משכן ישראל ח"א דף 12.

ג. די דריי שטאפלען ביים טון דעם "רצון השם"

ווען עס קומט צו טוהן דעם רצון ה' איז דא דערביי דריי שטאפלען, ביי די ערשטע צוויי שטאפלען זענען מענטשן געווענליך זיך נישט טועה, אבער ביים דריטן שטאפל קען מען אפטמאל מאכן א פאטאלע טעות[467].

ערשטער שטאפל: וואס איז אויסגעהאלטן און גוט צו טון, און וואס איז נישט? דער מעסטער דערצו איז - "**רצון השם**". עס איז נישטא קיין זאך וואס איז שלעכט, נאר אויב דער ספעציפישער זאך איז נישט דער רצון השם, וויבאלד אלעס איז געוואנדן אינעם באשעפער'ס ווילן.

צווייטער שטאפל: וויאזוי ווייסט מען וואס איז טאקע דער רצון השם? נאר דורך "לימוד התורה". די הייליגע תורה איז אונזער וועג ווייזער, וואס אנטפלעקט אונז שטענדיג דעם רצון השם.

דריטער שטאפל: מיט אט די צוויי יסודות, צו באטראכטן דעם רצון השם דורכן תורה הקדושה, צוצוגיין אויף **למעשה**, און זיך פירן אין טאג-טעגליכן לעבן מיטן אנערקענונג אז וואס עס שטייט אין די תורה איז דער אמת'ער רצון השם. אבער ווען מ'קומט אן צום דריטן שטאפל, ווערט מען אפטמאל שוין צומישט. עס קוקט אויס, ווי ביז מ'קומט סוף כל סוף אן צום חלק המעשה, פארגעסט מען אז מען איז עוסק אין טון דעם רצון השם.

ווער עס שפירט נאכן מקיים זיין מצות הבית אז מען איז אראפ א דרגה אין זייער רוחניות'יגע מצב, דאן קען עס נאר זיין צוליב איינע פון די פאלגענדע צוויי סיבות: אדער האבן זיי בכלל נישט עוסק געווען אין מקיים זיין דעם רצון השם, אדער האבן זיי יא עוסק געווען אין טון דעם רצון ה' - אבער דאן קומט אויס אז מען איז פשוט אן אפיקורס חלילה, ווייל **פון קיום רצון ה' איז נישטא קיין מעגליכקייט צו האבן א ירידה**, נאר בלויז אן עליה.

ד. בטל רצונך מפני רצונו

מענטשן זענען בטבע זייער שטארק מיט זייערע אייגענע מיינונגען, זייערע מיינונגען טוישן זיך זייער שווער ביים הערן א צווייטנ'ס מיינונג. געוויס ביי א זאך וואס ליגט אריינגעבאקן אין קאפ פאר א לאנגע צייט, איז עס פילפאכיג שווערער. אוודאי און אוודאי ווען מען רעדט פון איידעלע ענינים, וואס אויב מען קוקט עס אן מיט אן אומריכטיגן בליק דאן קען עס אויסקוקן "נישט אידישלעך", וואס אין אזא פאל איז עס די שווערסטע אופן זיך צו טוישן דעם פריערדיגן איינגעגעסענעם מיינונג.

---

467) בנין הבית עמ' 2 בשם הגר"מ פיינשטיין זצ"ל.

אבער מען דארף ארבעטן אויף זיך, צו טון דאס וואס חז"ל האבן געשריבן[468]: **בטל רצונך מפני רצונו.** זיי מבטל דיין אייגענע רצון - אפילו ווען דו הענגסט עס אן אינעם באשעפער, כדי צו טון דעם אמת'ן און ריינעם רצון השם. די הייליגע תורה זאגט אונז וואס עס איז דער רצון ה', און מיט סייעתא דשמיא און מיט א רצון פון ווערן מקיים זיין דעם אייבערשטנ'ס רצון, וועט מען זוכה זיין צו בויען א שטוב וואס פירט זיך למעשה מיטן ריכטיגן רצון ה'.

ה. "בכל לבבך" - בשני יצריך, ביצר טוב וביצר הרע

דאס שטרעבונג פון א מענטש צו ווערן זיין הייליג, קומט פונעם רצון וואס דער באשעפער האט אריינגעלייגט אין יעדן איד. דאס איז דער רצון פון שטרעבן אויף רוחניות, און פון שטייגן אין עבודת השם. א איד וויל זיין ערליך, און א איד וויל זיין הייליג, אבער מען דארף גוט אפלערנען וואס עס איז דער ריכטיגער רצון ה' און וואס עס מיינט צו זיין הייליג. מען טאר זיך נישט לאזן פון אייגענע הרגשים, נאר מ'דארף טון דאס וואס איז אמת'דיג דער רצון השם, וואס ווי אויבנדערמאנט קען מען זען דעם ריכטיגן רצון השם נאר פון די תורה.

דער באשעפער האט אריינגעלייגט אין יעדן מענטש א יצר טוב און א יצר הרע, פאר אט דעם אורזאך אז מען זאל טון דעם רצון ה', סיי אין רוחניות'דיגע ענינים און סיי אין גשמיות'דיגע ענינים, און דורך דעם עוסק זיין אין אויפשטעלן א שטוב. אזוי שטייט קלאר אין מדרש, און נאך פיל שטערקער[469]:

> די יצר טוב איז "**טוב**" - גוט, און די יצר הרע איז "**טוב מאוד**" - זייער גוט. צו קען מען דען זאגן אז די יצר הרע איז גאר גוט?! נאר וויבאלד אן דעם יצר הרע (-דאס מיינט, די שטופ וואס א מענטש האט עוסק צו זיין אין עולם הזה'דיגע ענינים) וואלט א מענטש נישט געקענט אנגיין אין לעבן. ער וואלט נישט געבויט קיין הויז, ער וואלט נישט חתונה געהאט, ער וואלט נישט געבוירן קינדער, ער וואלט נישט געגאנגען ארבעטן, א.א.וו.

אזוי זעען מיר אויך אין גמרא[470]: **אמר להם לישראל, בני, בראתי יצר הרע ובראתי לו תורה תבלין** - דער אייבערשטער האט געזאגט צו די אידן: מיינע קינדער, איך האב באשאפן דעם יצר הרע, און איך האב באשאפן פאר אים די תורה, וואס דאס איז די "תבלין" - דאס מיינט געווירצן, "ספייסעס". לכאורה, א זאך וואס איז פארדארבן אדער שלעכט, איז נישט מעגליך

---

468) אבות פ"ב מ"ד.

469) בראשית רבה פ"ט ס"ט, וז"ל: "והנה טוב מאוד" (בראשית א, לא), טוב - זה יצר טוב. והנה טוב 'מאוד' - זה יצר רע. וכי יצר הרע טוב מאוד? אתמהה! אלא שאלולי יצר הרע לא בנה אדם בית, ולא נשא אשה, ולא הוליד, ולא נשא ונתן וכו'.

470) קידושין ל ע"ב.

צו פארבעסערן מיט "ספייסעס", אויב אזוי וואס איז פשט פון דעם וואס דער באשעפער זאגט אונז אז די תורה איז ווי "תבלין" פארן יצר הרע?

נאר דער ענטפער איז ווי מיר האבן געזען אינעם אויבנדערמאנטן מדרש, אז דער עצם כח פונעם יצר איז א שטוף פארן מענטש עוסק צו זיין בישובה של עולם, און טראצדעם וואס אן די כח התורה קען די כח פונעם יצר הרע אראפשלעפן דעם מענטש צו גשמיות און צו טון אנדערש פונעם רצון השם, דאך אבער טוישט זיך דאס גענצליך מיטן כח התורה וואס ווייזט אונז אן וויאזוי צו טון דעם רצון השם, וואס דאן ווערט אויך די גשמיות'דיגע כח פונעם יצר פארראכטן, און עס ווערט פארוואנדלט פון א דבר גשמי צו א דבר רוחני.

די טבע וואס דער באשעפער האט ארייגעלייגט אין די בריאה, אז עס ציט צו געשמיות'דיגע זאכן, איז "טוב מאד" - זייער גוט, ווייל דאס געבט פארן מענטש דעם נויטיגן שטוף אנצוגיין און פירן א לעבן ווי עס דארף צו זיין, און אן אזא רצון וואלט נישט געווען קיין קיום פאר מענטשהייט. עס פארשטייט זיך אליין, אז מען קען נישט טון וואס אימער עס גלוסט זיך פארן מענטש, און געוויס דארף מען ארייננקוקן אין די תורה צו זען וויאזוי עס איז דער ריכטיגע וועג צו לעבן, אבער מ'דארף שטענדיג געדענקן אז די גשמיות'דיגע טבע איז דא טאקע כדי צו טון גשמיות'דיגע זאכן וואס פעלן זיך אויס פארן נארמאלן לעבן, וואס דאן איז דער רצון השם צו טון טאקע אט די דאזיגע גשמיות'דיגע זאכן[471].

דאס זעלביגע דארפן מיר וויסן בנוגע די פארקערטע טבע וואס געפונט זיך אין יעדן מענטש: דער יצר טוב, וואס דאס איז דער אינערליכער שטוף וואס פירט דעם מענטש צו שטרעבן אויף רוחניות, און אויב דער באשעפער וואלט נישט ארייגעלייגט די דאזיגע טבע אינעם מענטש, וואלט מען דאך נישט געהאט קיין שום רצון צו טון מצוות און מעשים טובים, צו שטרעבן און אנקומען צו עפעס העכערס און צום ריכטיגן תכלית אויפן וועלט.

471) וז"ל הגר"א מווילנא (בספרו אמרי נועם, ברכות נד ע"א): פירוש, דמה שברא הקב"ה היצה"ר אינו בשביל קיבול שכר לבד, בעבור שיכופו אותו, אלא דהתועלת ג"כ הוא דאם לא היה לאדם יצה"ר לא היה יכול לחיות אפילו שעה אחת, דהיצר טוב אינו רוצה לא לאכול ולא לשתות ולא לזקוק לאשה, ולא היה העולם יכול להתקיים. לכך נתן הקב"ה היצה"ר באדם, וכ"כ במדרש רבה: "טוב מאוד זה יצה"ר" וכו'. אבל האדם צריך לעבוד להשי"ת גם ביצה"ר, דהיינו אפילו כשאוכל או שותה יהיה נזהר ג"כ לעשות הכל לשם שמים ולא בשביל תאוותו. וזהו שכתוב (משלי י, טז): "פעולת צדיק", בצדיק אפילו הפעולה דהיינו המעשה שהוא עושה, כגון אכילה ומשגל, הוא גם כן לחיים וכו'. וע"ע בערבי נחל (פ' תולדות) וז"ל: נראה לי, שנודע, שטוב התמידי עם היותו טוב מ"מ לא יקרא תענוג כי ההרגל נעשה טבע ואין הרגש תענוג כענין אב ובנו חביבו שמורגלין אינו מרגיש תענוג בו, משא"כ אם נפרד ממנו איזה זמן אז יש הרגש תענוג בואו אליו, כך לולי היצר הרע עם שיהיה האדם טוב תמיד מ"מ צריך שיהיה גם תענוג וזה ע"י הפרדו קצת מצד יצר הרע, וזה טוב מאד הרגש תענוג והבן. נמצא היצר הרע הוא רק מרכבה ליצר טוב כעבד לאדוניו והוא ג"כ טוב ואין בו רע ח"ו.

פארט אבער, איז דער דאזיגער אינערליכער רצון אויך נאר גוט אויב עס ברענגט אים צו טון דעם רצון ה', ווידעראום אויב דער דאזיגער געפיל פון ווען זיין הייליג ברענגט דעם מענטש צו זיין הייליג אויף אן אופן וואס איז זיך סותר מיטן רצון ה', דאן איז עס נישט קיין אמת'ע רצון ה'[472]. טראצדעם וואס עס קומט טאקע פון אט דעם אינערליכן שטוף וואס הייסט אים צו ווערן נענטער צום באשעפער, פארט אבער האט ער זיך פארפלאנטערט ערגעץ-וואו אינמיטן וועג.

דער איינציגסטער אופן וויאזוי צו שטייגן אין רוחניות, איז דורכן אפלערנען דעם אמת'ן רצון השם פון די תורה זעלבסט, און צו וועלן טון נאר דאס וואס עס שטייט אין די תורה, און נישט אייגענע איינגערעדטע הרגשים און רצונות.

ו. דער חילוק צווישן "קדושה" און "פרישות"

עס איז וויכטיג צו וויסן אז עס זענען דא צוויי ענינים, וואס זעען מעגליך אויס ענליך, אבער זיי זענען צוויי באזונדערע זאכן. עס איז דא די סוגיא פון "**קדושה**", וואס באדייט אז מען דארף מקיים זיין מצות הבית אויף א הייליגן פארנעם, און נישט אויפן פראסטן אופן. דאס איז א מצוה וואס ליגט אויף יעדן איינציגסטן איד, סיי אמאליגע צייטן און סיי היינט צוטאגס, ווי עס שטייט אין פסוק[473]: "**קדושים תהיו**", און ווי חז"ל דרש'נען[474]: "**קדש עצמך במותר לך**", אז אפילו ווען מען איז מקיים מצות הבית דארף עס זיין אויף אן אופן פון קדושה[475].

---

472) ועי' בספר מלכי בקודש פרשת שופטים, וז"ל: אמר בשם אביו הרב המגיד מזלאטשוב זי"ע הכלל, כשם שהיצר הרע מפתה את האדם לעבירה רח"ל, כן הוא מפתה אותו שיהיה צדיק יותר מדאי. וזהו פירוש (דברים טז, כ): "צדק צדק" - דהיינו יותר מדאי "תרדוף" מזה, רק "למען תחיה" - היינו שילך בדרך הממוצע.

473) ויקרא יט, ב.

474) יבמות כ ע"א.

475) יש לציין, שהגמרא שם לא מיירי באשתו אלא כפי מה שפירש"י שם, וז"ל: אף במותר לך - להוסיף עליהם שניות המותר לך, על העריות, כדי שלא תבא לידי עריות האסורות מן התורה. אך כבר ידוע ומפורסם פירוש הרמב"ן בפרשת קדושים הנ"ל. ועיין בקונטרס מי הדעת בענין החיוב למעט בעונה, וז"ל: ואולי י"ל, דהרמב"ם והמחבר ושאר הראשונים פליגי על הרמב"ן, וס"ל דאין זה הפירוש של "קדושים תהיו", והא ראיה - דלא הביאו כלל דיש בזה איסור של קדושים תהיו, רק הביאו הדין דרבנן של טבילת עזרא, והענין שלא יהא רגיל ביותר עם אשתו, ולא כתבו דיש בזה מצות עשה. ולפיכך כתב המחבר דין זה באו"ח ולא באהע"ז, דאין זה רק חיוב של פרישות דלא יהא שנוא לפני המקום, אבל לא מעיקר הדין. אבל המשנה ברורה מביא דברי הרמב"ן, ומשמע דנקט כוותיה להלכה, וכן משמע בהרבה ספרי מוסר, וצ"ל דהמ"ב רצה רק לציין דברי הרמב"ן כדי להראות חומר הדברים, אבל להלכה ס"ל דאין

דערנאך איז דא א באזונדערן ענין פון "**פרישות**"[476], וואס דאס מיינט זיך אפצושיידן פון א זאך וואס איז מותר כדי נישט צוצוקומען צו אן איסור און נישט צו זיין געצליך פארזינקען אין גשמיות, וואס דאס איז א דרגה אין עבודת השם צו וואס יעדער קען צוקומען. בנוסף צו דעם איז פארהאן א העכערע דרגה פון פרישות, וואס באדייט זיך גענצליך אפצושיידן פונעם וועלט וויפיל עס איז נאר מעגליך. דאס איז שוין א העכערע עבודה, וואס איז געמאכט פאר בני עליה וואס קומען אן צו דעם שטאפל פון פרישות נאך א לאנגע ליסטע פון אנדערע קנינים אין עבודת השם. ווי עס שטייט אין **מסילת ישרים**[477]: "אך השרידים אשר בעם החפצים לזכות לקרבתו יתברך, ולזכות בזכותם לכל שאר ההמון הנתלה בם, להם מגיע לקיים משנת חסידים אשר לא יוכלו לקיים האחרים". אזוי אויך זענען געוויסע חלקים פון פרישות נאר נוגע פאר יחידי סגולה ממש, ווי עס איז ווערט געברענגט באריכות אין חובת הלבבות שער הפרישות.

ז. וואס איז דאס באדייט פונעם ווארט "קדושה"?

דאס ווארט "קדושה" באשטייט פון צוויי באזונדערע אפטייטשן, וואס אויבנאויף קוקט אייגנס אויס פונקט פארקערט פון די צווייטע. דאס ערשטע איז, דאס וואס חז"ל רופן אן[478]: "**אפגעשיידט**". דאס צווייטע איז א לשון וואס מען נוצט ווען מען וויל זיך צוגרייטן, כדי זיך צו "**באהעפטן**" מיט א געוויסע זאך. צום ביישפיל, עס שטייט אין פסוק[479]: **וקדשתם היום ומחר**, וואס רש"י טייטשט: **וזימנתם** - עטס זאלטס זיך צוגרייטן, כדי צו קענען זיין גרייט זיך צו באהעפטן מיט די תורה.

טראצדעם וואס "זיך אפשיידן" און "באהעפטן" זעען אויס צו זיין פונקט דאס פארקערטע איינע פונעם אנדערן, איז אבער דער אמת אז זיי זענען איין און דער זעלבער געדאנק, וויבאלד דאס זיך אפטיילן פון דרויסנדיגע זאכן ברענגט די גרעסטע באהעפטונג. כדי זיך גענצליך צו באהעפטן מיט סיי וואס, פאדערט זיך א גענצליכער אפטיילונג פון אלע אנדערע זאכן. דערפאר, ווען די תורה באפעלט אונז צו זיין הייליג, איז עס כולל אין זיך ביידע ענינים צוזאמען. מיר דארפן זיך **אפטיילן** פון אלעס וואס שטערט אונז אין אונזער עבודת השם, און דאס וועט אונז ברענגען נענטער זיך צו **באהעפטן** און מקיים זיין דעם רצון השם.

בזה איסור, רק חיוב של פרישות.

476) וואס מיר וועלן בעז"ה שילדערן באריכות אין א שפעטערדיגן פרק פאר זיך.

477) פרק יג.

478) ספרא ויקרא יט, ב. ותורת כהנים ריש קדושים, פרושים תהיו.

479) שמות יט, י.

אט די דאזיגע געדאנק געפונען מיר אויך להלכה, טאקע ווען א מאן איז מקדש א פרוי. דער מאן זאגט צום פרוי: "הרי את מקודשת לי" - דו ביסט מקודשת צו מיר. דאס מיינט, אז מיר גייען זיך **באהעפטן** און ווערן איינס[480]. אבער פון די צווייטע זייט, מיינט "מקודשת" א לשון פון "**הקדש**", ווי די גמרא זאגט[481] אז ער אסר'ט איר אויף די גאנצע וועלט און זי ווערט **אפגעטיילט** פון זיי, און אזוי ווי הקדש איז "קדוש לשמים" אזוי איז די פרוי נאר פאר איר מאן, און זי ווערט אסור און אפגעטיילט פון די גאנצע וועלט, און דאס אלעס איז א תוצאה דורך דעם וואס זי ווערט **מיוחד** פאר די מאן.

אט די דאזיגע יסוד דארפן מיר געדענקן, ווען עס רעדט זיך פונעם "קדושה" וואס פאדערט זיך ביי א זיווג: עס איז דא אן ענין פון "**צניעות**" און אן ענין פון "**אחדות**". מצות הבית איז א פעולה מיט וואס דאס פארפאלק איז **אפגעטיילט** פון די גאנצע וועלט, וויבאלד עס איז א פנימיות'דיגע זאך נאר פארן דאזיגן פארפאלק. טאקע דערפאר איז עס אויך א זאך וואס ברענגט ארויס זייער אחדות, אז דאס פארפאלק זאל זיך פאראייניגן און **באהעפטן** מיט א טיפן פארבינדונג און מיט אהבה ואחוה. ווי געשמועסט שטאמען ביידע געדאנקען פון איין שורש, אז אויב דאס פארבלייבט טאקע א באהאלטענע זאך וואס מען טוט צווישן זיך אנדעם וואס קיין פרעמדער מענטש זאל דאס מיטהאלטן אויף סיי וואספארא אופן, דאן טוט דאס גלייכצייטיג פארשטערקערן זייער אינערליכער טיפער קשר און פאראייניגונג, אזויווי די תורה פאדערט.

ח. דאס פארבינדונג פון "צניעות" און "אחדות" ביים זיווג

מיר האבן ערקלערט וויאזוי די חיוב פון באהאלטן מצות הבית פון פרעמדע מענטשן איז פארבינדן מיטן אחדות וואס פעלט זיך אויס ביים זיווג, און פארוואס זיי ביידע גייען אריין אינעם זעלבן קאטעגאריע פון "קדושת הזיווג". אבער לאמיר דאס עטוואס מער ערקלערן, צו זען וויאזוי אונזערע גדולי ישראל האבן באטראכט אט די צוויי געדאנקען איבערן זיווג.

רש"י ברענגט שוין אראפ דעם געדאנק, אז קדושת הזיווג באדייט "צניעות" ביים מקיים זיין מצות הבית, ווי ער שרייבט קלאר[482]: "ויקדש עצמו בשעת תשמיש - לשמש בצניעות".

---

480) ראה תוס' הרא"ש קידושין ב ע"ב ד"ה דאסר, וז"ל: ופשטא דמילתא מקודשת לי מיוחדת לי ומזומנת לי כמו וקדשתם היום ומחר דמתרגמינן ותזמינון... דדוקא גבי קדושי אשה הוא דאמרינן הכי דהא במה שמתיחדת להיות לו נאסרת על הכל.

481) קידושין ב ע"ב: דאסר לה אכולי עלמא כהקדש.

482) נדה ע ע"ב.

אזוי שרייבט אויך דער הייליגער **מהר"ל**[483]: "כי פועל זה הוא מעשה חומרי כאשר אינו בקדושה, ואם מקדש עצמו בצניעות אינו נחשב חומרי, כי הצניעות הוא קדושה". דאס באדייט, אז "צניעות" איז די יסוד פון קדושה, ווייל ווי מער עס איז בצניעות פון אנדערע מענטשן - איז עס וויניגער מגושם'דיג און מער נפשיות'דיג און רוחניות'דיג[484].

די צווייטע אויבנדערמאנטע יסוד, אז קדושת הזיווג ווענדט זיך אינעם אחדות פונעם פארפאלק ביים קיום מצות הבית, שרייבט קלארערהייט דער הייליגער ווילנער גאון[485], אז דער עיקר געדאנק פון זיך מקדש זיין בשעת הזיווג איז די כוונה זיך צו דערווייטערן פון די "**תשע מידות**", וואס איז די גרעסטע שטער צו קדושה, ווייל דעמאלט פעלט די פונדאמענט פונעם חיבור פון אישות. ווידעראום די ריכטיגע "קדושה" טוט דאס פארקערטע. עס טוט פארמערן זייער **אחדות**, צו טון מער איינע פארן צווייטן, און בויען א טיפע קשר מתוך אהבה ואחוה, וואס נאר דאס טוט צוברענגען א השראת השכינה אין שטוב[486]. דאס שטייט אויך זייער קלאר אין **ב"ח**[487], אז די השראת השכינה איז א דירעקטע תוצאה פון א פאסיגן אהבה בין איש לאשתו.

---

483) נתיב הצניעות פרק א.

484) עוד כתב המהר"ל (נתיב הפרישות פרק א), וז"ל: לפי שתשמיש בעצמו - כשהוא עושה שלא בצניעות - הוא מעשה בהמה, כמו הבהמה שאין לה צניעות. ואם אין מקדש עצמו בשעת תשמיש - הוא אדם בהמי חומרי. ואם מקדש עצמו, דהיינו כאשר עושה מעשה זה בצניעות, ולפיכך ראוי שיהיו בניו זכרים...

485) על תקוני זוהר, סוף תיקון נג, וז"ל: דכתיב (ויקרא יט, ב): "קדושים תהיו" וכו' ואמרו כל המקדש וכו', ועיקרו קאי על בני ט' מדות שנאמר בהן (יחזקאל כ, לח): "וברותי מכם הפושעים והמורדים", דהן מסטרא דערב רב ועמי הארץ, כמש"ל.

486) וכן משמע בילקוט הראובני, סוף פרשת שמיני, וז"ל: ת"ר, א"ר יהודה בן יעקב, תמה אני על אנשי הדור אם רובם נעשו בכשרות. מה כתיב (ויקרא יא, מד): "והתקדשתם והייתם קדושים", מלמד שצריך האדם לקדש עצמו בשעת תשמיש. מה קדושה שייך הכא? א"ר יהודה בר יעקב, שלא יעשה פריצותא וחציפותא ולא לשם זנות, הבהמות אינן עשויות אלא כך וכו'. וכל הבועל לשם מצוה, ומקדש עצמו ומכוין לבו לשם שמים, הוי ליה בנין דמעלי צדיקים וחסידים יראי שמים קדושים, הדא הוא דכתיב: "והתקדשתם והייתם קדושים". א"ר יהודה, עכו"ם, על שאינם מולידים אלא לשם זנות, אין להם אלא אותו הנפש החיה שניתן לבהמות, אבל ישראל היודעים לקדש עצמם, כתיב (ירמיה ב, כא): "כלו זרע אמת". מאי אמת? א"ר אחא, אמת כל שאינו מהרהר באשה אחרת, ויש לו אמת עם אשתו. וכ"כ בזהר חדש יא ע"א.

487) או"ח סימן רפ: ...ולכן הביא מאמר זה דלפי דהיה רגיל להקדים לבא אל ביתו מע"ש להראות אהבה וחבה וסימנא דעמודא דנורא מקמי שבא לביתו דהוא סימן להתפשטות אור וקדושת השכינה שתהא מתייחדת לליל שבת ומזדווגת בהקב"ה ובההוא יומא לא חזו ההוא סימנא לפי דלא היה זהיר או דמשכתיה שמעתתא לכך נענש.

אין אמת'ן אריין שטייט דאס שוין בפירוש אין **זוהר הקדוש**[488]:

> קום און זע, אז ווען א פארפאלק איז זיך מזווג, און ער האט אינזין זיך מקדש צו זיין ווי עס דארף צו זיין, דעמאלט איז מען גאנץ און מען הייסט 'איינס' אן קיין פעלער. (- וואס מיינט דאס "קדושה", למעשה גערעדט? איז דער זוהר הקדוש ממשיך -) דערפאר דארף א מענטש דערפרייען זיין ווייב אין יענע צייט, אז זי זאל וועלן זיין אינאיינעם מיט אים, און ביידע זאלן אינזין האבן די זעלבע זאך, און ווען זיי געפינען זיך ביידע אינאיינעם, דאן איז אלעס פאראייניגט סיי אין זייער גוף און סיי אין זייער נפש.

עס ווערט בעסער ארויסגעברענגט דורכן בארימטן בעל מקובל רבי **חיים ויטאל**[489]:

> אזוי איז דאס ענין ביים זיווג, ווייל די שכינה און די הימלישע ברכה רוהט נאר אויף דער וואס האט חתונה געהאט מיט א פרוי, וויבאלד דאן איז מען גאנץ... און זייער עיקר אחדות איז, ווען זיי זענען זיך מקדש ביים זיווג אן קיין פיינטשאפט, נאר מיט איין הארץ.

דער **יראים** זאגט אויך אזוי[490], אז מיר לערנען ארויס פון "**והתקדשתם**" דאס טון מיט שמחה.

ווי מיר האבן שוין אויבן דערמאנט, זעען מיר דאס זייער קלאר אויך אין די גמרא[491], וואס זאגט אז טראצדעם וואס עס איז דא אן ענין זיך נישט מזווג צו זיין בייטאג, ווי חז"ל רופן עס אן: "ישראל קדושים", דאך האט מען דערמאנט די "בית מונבז" לשבח וואס זיי פלעגן

---

488) הובא בראשית חכמה, שער הקדושה פרק טז, וז"ל מתורגם ללה"ק: בוא וראה, בזמן שהאדם נמצא בזווג אחד, זכר ונקבה, ומתכוין להקדש כיאות, אז הוא שלם ונקרא אחד בלי פגימה. לפיכך צריך האדם לשמח את אשתו באותה שעה, להכין אותה ברצון אחד עמו, ויתכונו שניהם כאחד לדבר ההוא. וכאשר נמצאים שניהם כאחד, אז הכל אחד בנפש ובגוף, בנפש - להדבק זה בזה ברצון אחד. ובגוף - כמו שלמדנו, שאדם שלא נשא אשה הוא כמו שנחלק, וכאשר מתחברים זכר ונקבה - אז נעשים גוף אחד. נמצא שהם נפש אחת, וגוף אחד, ונקרא איש אחד. וכ"ה בזוהר ויקרא ז ע"ב, וז"ל: בשעתא דאזדווג בבת זוגיה באחדותא בחדוותא ברעותא, ויפיק מיניה ומנוקביה בן ובת, כדין הוא ברנש שלים כגוונא דלעילא וכו', וכדין אתקרי שמא קדישא עלאה עליה. וע"ע בתרגום שיר השירים (פ"ד פי"ג), וז"ל: וְעוּלֵימַיִךְ מָלְיָן פִּקּוֹדִין הַכְּרִימוֹנִין וְרָחֲמִין לִנְשֵׁיהוֹן וְיָלְדָן בְּנִין צַדִּיקִין כְּוָתְהוֹן וְרֵיחֵיהוֹן מְתִיל הַכֵּי כְּבוּסְמָנִין טָבִין דְּגִנְתָא דְעֵדֶן כְּפוֹרִין עִם רַשְׁקִין. פי' בחוריך מלאים מצוות כרמונים, ואוהבים לנשותיהן, ויולדים בגלל זה צדיקים כמותם, וריחם משום כך כבשמים טובים שבגן עדן.

489) אור החמה על הזוהר, ויקרא פא ע"א, וז"ל: וכן בענין הזיווג, כי אין השכינה שורה ולא ברכה עליונה שורה אלא מי שנשוי אשה, כי אז הוא שלם וכו'. ועיקר אחדותם הוא, כשהם מתקדשים בעת הזיווג, בלתי שנואה אלא בלב אחד, ואז נוצר גוף הבן באחדות שוה וכו'. מהרח"ו נר"ו.

490) הובא בשטמ"ק נדרים כ ע"ב, וז"ל: בענין דיבור בדברים אחרים בשעת תשמיש, שמבטלים שמחתם מתוך שמסיחין דעתם, ואזהרתם מ"והתקדשתם" (ויקרא יא, מד).

491) נדה יז ע"א.

דאס טון דווקא בייטאג, וויבאלד ביינאכט איז געווען ביי זיי א סיטואציע פון "**אונס שינה**", וואס רש"י ערקלערט אז אויב מען איז מקיים מצות הבית ווען מען איז מיד גייט דאס אריין אין די קאטעגאריע פון "תשע מידות". דערפאר האבן זיי ענדערש אויסגעוועלט מקיים צו זיין מצות הבית אינמיטן טאג - טראצדעם וואס עס איז נישט אזוי לכתחילה'דיג, וויבאלד עס איז וויכטיגער מקיים צו זיין די מצוה מיט די גאנצע געשמאק ווען מען איז פריש און מונטער, ווי איידער ביינאכט ווען עס קען זיין אונטערן קאטעגאריע פון "תשע מידות" - טראצדעם וואס עס איז זיכער מער לכתחילה'דיג מקיים צו זיין די מצוה ביינאכט.

דערפאר האבן די חכמים זיי דערמאנט לשבח, ווייל די עיקר קדושה - מער ווי סיי וועלכע אנדערע מושג פון קדושה - איז, אז מ'זאל עס טון מיט א פרישקייט און נאנטקייט, און נישט נאר סתם כדי מקיים צו זיין מצות הבית. מיר זעען פון דעם ווידעראמאל, אז **די עיקר קדושה פון מצות הבית איז דאס מקיים צו זיין מיט א ריכטיגן גענצליכן אחדות.** (מיר ברענגען דאס **נישט** אלס הלכה, אויב דאס איז נוגע למעשה מוז מען זיך אדורך שמועסן מיט א פוסק וואס פארשטייט אין די ענינים.)

אממערסטענס שיינט דאס ארויס פון די ווערטער פונעם **רי"ף**, וואס גייט א שטאפל ווייטער מיט דעם, און ערקלערט אז אפילו דאס וואס מיר זעען אין חז"ל אז עס איז דא אן ענין פון מאריך זיין און זיך משהה זיין על הבטן, כדי מעורר צו זיין דאס ווייב צום מצוה, איז אויך א חלק פון די **עניני קדושה זעלבסט.** לאמיר דא ציטירן זיינע הייליגע ווערטער[492]:

> "א"ר אלעזר, כל המקדש עצמו בשעת תשמיש הויין לו בנים זכרים, שנאמר: 'והתקדשתם והייתם קדושים', וכתיב בתריה: 'אשה כי תזריע וילדה זכר'. פירוש, יקדש עצמו כגון הא דאמרינן: שאלו את אימא שלום וכו', וכגון ההוא דאמרינן: הנה נחלת ה' וכו', בשכר שמשהין עצמן על הבטן בשעת ביאה, כדי שיזרעו נשותיהם תחלה, הקב"ה נותן להן בשכרן בנים"[493].

חז"ל האבן טאקע געהאלטן אז דורכן פארמערן ליבשאפט און אפילו א גלוסטעניש, איז מען אפילו זוכה צו קינדער בני תורה. אט לאמיר דא אראפברענגען די ווערטער פון **חז"ל** ככתבם וכלשונם[494]: "הרוצה שיהיה בניו זכרים בעלי תורה, ימשמש במעשיו, ויפתה את

---

492) ריש הלכות נדה, במסכת שבועות.

493) הרי"ף הביא מקודם את הנהגתו של ר' אליעזר שקיצר במעשה הזיווג, ועיין בהמשך תירוצו של הראב"ד ובכוונת ר' אליעזר. ותירוצו של הראב"ד עולה בהכרח גם מדברי הרי"ף, שאין אלו שתי הנהגות הסותרות זו את זו, אלא אחר כוונת הלב הן הן הדברים. אך יתירה מזו משמע להדיא, ששניהם מתכוונים לאותו קדושה, היינו שהנהגת ר' אליעזר היתה ג"כ באותו הכוונה לחזק את קשר האישות - כדי שלא יתן עיניו באחרת - ויפסיד את האחדות. ולא היתה בגדר של פרישות וכדו' רק כנ"ל, וזהו ג"כ גדר הקדושה במשהה על הבטן, שעי"ז מחזק את הקשר ביתר שאת ועוז.

494) כלה פרק ב.

אשתו לדבר מצוה. מאי יפתה? לאהבה ולחשקה". וואס איז די גרויסע חשיבות פון האבן א גלוסטעניש צום ווייב? דאס שטייט נישט קלאר אין חז"ל, אבער פון די ווערטער פון די הייליגע ראשונים זעען מיר אז ווען דער מאן טראכט נאר פון זיין ווייב ביים זיווג, דאן הייסט דאס "זיך מקדש געווען" בשעת קיום המצוה. פון דעם פארשטייען מיר, אז דורכן פארמערן זיין ליבשאפט און גלוסטעניש צו זיין ווייב, דאן איז ער מקיים די מצוה מיטן ריכטיגן אחדות, און אט דאס זעלבסט הייסט "זיך געהייליגט", און די שכר אויף דעם איז צו האבן גוטע קינדער.

לאמיר טאקע אראפברענגען די ווערטער פון די ראשונים. עס ווערט אראפגעברענגט פונעם באקאנטן "חסיד", **רבינו יונה** מגרונדי[495]: "יקדש עצמו בשעת תשמיש, ויחשוב באשתו, כדי שיהיו בניו ראויין". עטוואס קלארער דערפון, שרייבט **רבינו בחיי**[496]: "לעולם יקדש אדם את עצמו בשעת תשמיש. וקדושה זו היא טהרת המחשבה, שלא יחשוב באשה אחרת ולא בדברים אחרים, רק באשתו" - דאס ענין פון קדושה איז, אז ער זאל טראכטן נאר פון זיין אייגענע ווייב. וויבאלד דאס זיין צוזאמען, און טראכטן נאר פון איר מיט א גענצליכן אחדות, דאס ברענגט די גרעסטע אחדות צווישן דעם פארפאלק, וואס דאס איז די תכלית פון "קדושים תהיו", ווי אויבנדערמאנט[497].

ט. די גשמיות'דיגע הנאה איז אויך א טייל פון די קדושה

אבער דער אמת איז, אז עס גייט אפילו ווייטער פון דעם. נישט נאר איז דאס **דערנענטערונג** פונעם פארפאלק א דבר קדוש, און נישט נאר די עצם **פעולה** פון מצות הבית איז א דבר קדוש ונקי, נאר דאס שפירן א **גשמיות'דיגע הנאה** בשעת מעשה, איז אויך א טייל פונעם קדושה ממש, אויב מען גייט צו צו דעם ריכטיג[498].

495) ברכות ג ע"א מדפי הרי"ף.

496) בראשית ל, לח.

497) וז"ל המהר"ל, גבורות ה' פרק מג: וכאשר תבין דברי חכמה תבין כמה גדולים דברי חכמים, והוא סוד נסתר שיש בשם איש י' ובאשה ה', ובהתחברות יש כאן שם י"ה, ומזה תראה כי התחברם באחדות גמור יש בהם מעלה קדושה אלקית. וז"ל השל"ה, שער האותיות אות ק: דעו בני, כי אין קדושה בכל הקדושות כקדושת הזיווג, אם הוא בקדושה ומקדש עצמו בתשמיש כאשר הזהירו רז"ל, כי אז הוא כדמות וצלם העליון, ומעורר הזיווג העליון סוד תפארת ומלכות, איש ואשה המתיחדים ביחוד גמור, על ידי ברית העליון ברית המעור, סוד צדיק יסו"ד עולם וכו'.

498) זאת ברור מכל ספרי המוסר והחסידות שאם הגישה שלו הוא למלא תאותו, זהו חסרון בקדושה. וכדאי' ביראים עה"פ אל שאר בשרו (ויקרא יח ו) דשארו זו אשתו, ואפי' בזה אם כוונתו למלא תאוה מיקרי ערוה ועיקר לקדש עצמו במותר לו. ע"כ. והכוונה בזה הוא ג"כ ע"ד הנ"ל, שאז אין כוונתו לשם

לאמיר דא אראפברענגען די ווערטער פון הגה"ק המקובל **רבי ברוך מקאסוב** זי"ע[499]:

> איך האב אמאל געהערט פון אן ערליכער איד, אז עס האט אים זייער ווי געטון דאס וואס די טבע איז אז ביים זיווג שפירט א מענטש א גשמיות'דיגע הנאה, און ער וואלט ענדערש געוואלט אז ער זאל נישט האבן קיין שום גשמיות'דיגע הנאה דערפון, כדי זיך צו קענען מזווג זיין נאר אויף מקיים צו דעם באשעפער'ס ווילן. אבער אצינד פארמישט אים דער יצר הרע, מיטן אריינמישן מחשבות פון א גשמיות'דיגע געשמאק אינמיטן די מחשבות פון מקיים זיין די מצוה, און די געדאנקען זענען צומישט. לויט זיינע ווערטער האב איך געזאגט פשט, אין די ווערטער פון חז"ל אז א מענטש זאל זיך מקדש זיין בשעת תשמיש, וואס עס איז אומבאקאנט מיט וואס א מענטש זאל זיך מקדש זיין. האב איך געקלערט, אז דער געדאנק איז זיך צו הייליגן זיינע מחשבות ארויסצונעמען די כוונה פונעם גשמיות'דיגן געשמאק, און ס'זאל אים וויי טון פארוואס עס איז דא דערינען אזא טבע פון א גשמיות'דיגע געשמאק, און הלוואי וואלט עס נישט אזוי געוועז.
>
> אבער נאך א שטיק צייט האט מיר דער אייבערשטער געשאנקען א חסד, און איך האב

הענין של האישות, וכמש"כ הבאר מים חיים (פ' בראשית אות ז') ופעמים שאין רצון אשתו בזה בריצוי גמור ורק שאי אפשר לה לדחותו, ועובר על לאו דדברי קבלה... ואמרו חז"ל זה הכופה אשתו לדבר מצוה... וכשעושה דבר זה בכח התאוה והחמדה למלאות תשוקת תאותו והתאוה הוא כח הרע וכו' עיי"ש בפנים. דהיינו שצריכים רצונה הגמור וזה בלתי אפשרי רק אם הגישה שלו הוא לפעול לפעולה של קירבה ואהבה עמוקה, וכמבואר שזה לא יתכן בלי כחות התאוה, וכשכוונתו אינו עבור מילוי תאותו, הרי זה משובח.

ועיין בקונטרס מגילות סתרים, מכתב מהגרש"וו זצ"ל וז"ל: בני תורה בחורים רגילים להתפש למחשבה, כי בודאי התורה הקדושה מתכוונת לקיום מצות זיווג בלי תאוה, או לכה"פ במיעוט תאוה כל מה שאפשר, כי כשמדברים על קדושת הזיווג מסתמא הכוונה להעדר התאוה. זוהי טעות גמורה. תוס' נדה י"ב מביאים גירסא, כי אסור לבא על ישנה, ושמעתי בשם ראשונים הביאור כי בישנה חסרה התאוה. לכאורה אדרבה, הלא כל אשר תמעט התאוה תרבה הקדושה. אלא אין הדבר כן. הנני מבקשך ללמוד היטב בראשית חכמה (פט"ז) כל הקטעים מהזוה"ק וכו'. ע"כ.

499) עמוד העבודה עמ' קכד, וז"ל: וכן שמעתי פעם אחד מאיש צנוע, שהיה מצטער על מה שהוטבע הטבע שע"י תשמיש המטה ימשך עונג גשמי לאדם, והיה חפץ יותר שלא ימשך עונג גשמי כלל, כדי שישמש המטה רק לקיים מצות בוראו. ועתה היצר הרע מבלבל מחשבתו של אדם, במה שמערב במחשבתו לקיים מצות בוראו עוד מחשבת הרגשת עונג הגשמי, והוי עירוב מחשבות. ועפ"י דבריו פירשתי פרוש פשוט, על מה שארז"ל שכל אדם יקדש עצמו בשעת תשמיש המטה, ואין ידוע במה יקדש את עצמו. וחשבתי בדעתי שענין הקידוש הוא, שיקדש מחשבתו להוציא ממחשבתו כוונה הרגשת עונג הגשמי שלו, ויצטער על מה שהוטבע במעשה הזאת עונג הגשמי, והלואי שלא היה הדבר כן. ואחר זמן חנני השם חסד חנם, וזיכני להבין אמיתת ענין הקידוש בשעת תשמיש, ודוקא ענין הקידוש נמשך ע"י הרגשת עונג הגשמי, והוא סוד נפלא ועמוק ונורא, ואין כאן מקומו, כי צריך אני להקדים הקדמות והצעות רבות ואין כאן מקומם.

> זוכה געווען צו פארשטיין די אמת'ע געדאנק פון קדושה בשעת הזיווג, אז דאס ענין פון קדושה ווערט נמשך דווקא דורכן שפירן א גשמיות'דיגע געשמאק, און דאס איז א וואונדערליכע טיפע און מורא'דיגע סוד, וואס דא איז נישט די פלאץ דאס צו ערקלערן, ווייל איך דארף מקדים זיין אסאך הקדמות דערצו, און זייער ארט איז נישט דא.

עס איז נישט קלאר וואס די "וואונדערליכע טיפע און מורא'דיגע סוד" איז, עס איז זיכער דא דערין גאר טיפע כוונות און ענינים, אבער מיט וואס מיר האבן ערקלערט באריכות ביז אהער וואס דאס מיינט קדושה, אחדות, און תכלית מצות הבית, פארשטייען מיר אביסל בעסער זיינע הייליגע ווערטער, אז דוקא דורכן שפירן אן עונג גשמי ווערט מען פאראייניגט מיטן ווייב, דאס ברענגט זיי צוזאמען מיט א שטארקן פארבינדונג, וואס דאס איז די יסוד הקדושה און דער תכלית פון מצות הבית[500].

מיט דעם פארשטייען מיר די ווערטער פונעם הייליגן **רמב"ן**[501]:

> לפיכך יש לך להכניסה תחלה בדברים שמושכין את לבה, ומיישבין דעתה ומשמחין אותה, כדי שתקשר דעתה בדעתך וכוונתה בכוונתך. תאמר לה דברים, קצתם מכניסין אותה בדברי חשק ואהבה ורצון, וקצתם מושכין אותה ליראת שמים וחסידות וצניעות.

דער כלל דערוועגן שטייט אינעם ספר **סדר היום**, ווי פאלגענד[502]:

> אויב ער האט חתונה געהאט זאל ער זיך מקדש זיין במותר לו. אנדערע האבן שוין גערעדט פון דעם, וויאזוי מען זאל זיך אויפפירן בשעת הזיווג. דער כלל וואס קומט ארויס דערפון איז, אז מען זאל טון די מצוה מיט אהבה וחיבה און מיט איר גאנצן ווילן, און מיט א כוונה מקיים צו זיין די מצוה.[503]

---

500) ראה בקונטרס קדושת ישראל, שעהר, (עמ' 5): והמסתכל ומדקדק בדברי הרמב"ן (אגרת הקודש) מוצא, שהרמב"ן מדבר על התאוה שיש במעשה החבור ולא רק על המעשה עצמו. וזהו חדושו, שהתאוה עצמה היא קדושה ונקיה מטומאה, והוא קורא את התאוה עם המעשה בשם חיבור, מפני שהם דבר אחד, וזה בלא זה אי אפשר להיות במציאות, וכו'.

501) אגרת הקודש - איכות החיבור.

502) הנהגת הלילה, וז"ל: ואם היה נשוי אשה, יקדש עצמו במותר לו. וכבר דיברו אחרים בזה, האיך ינהג האדם עם אשתו בשעת תשמיש. והכלל העולה הוא, שיעשה אותו מעשה באהבה וחיבה ברצונה, ומחשבתו בה, וכוונתו לקיים המצוה.

503) ראוי לציין, שמובא בשם האריז"ל שיקדש עצמו בשעת הזיווג שלא יהנה, והלום מצאתי דברי האריז"ל בספר שומר אמונים [אירגאס], בהקדמה שניה שבין ויכוח ראשון לויכוח שני. אבל צריך לדעת שזוהי דרגה נעלה מאוד לבני עלייה ממש (וגם זה רק באופן שאינו סותר לעיקר קיום המצוה, ואין לו צורך לזה כלל), וכמש"כ שם שאלו ההנהגות הם לאלו שנפשם איותה לבא בחדרי החכמה ורוצים לעסוק בקבלה לבער הקוצים מהכרם וכו'. ומנה שם עוד כעשרים הנהגות הנחוצים לאלו שעוסקים בקבלה, עיי"ש. שוב מצאתי עוד באגרא דפרקא (אות קצ"ז) וז"ל והנה יש כמה דברים שלא נתקן עליהם ברכה כגון על הנאת חוש המישוש בזיווג וכו' אבל לא ניתן להנאת הגוף כי באמת השרידים אשר ה' קורא מגלה טפח וכו'

(מען דארף ווידער באטאנען, אז מען זאל נישט ארויסנעמען פון אונזערע רייד, אז מען קען זיך לאזן וואילגיין מער ווי עס איז לצורך מצות הבית. נאר, אויף אזוי פיל יא, אז ווען עס איז נוגע מצות הבית, איז די הנאה און תאוה די שליסל צום מצוה, און דאן איז דאס א חלק פון די מצוה גופא. דאס איז די ארבעט פון יעדן איד כפי דרגתו, צו טון אלעס אויף דער וועלט למען כבוד שמו יתברך. אין דעם דארף יעדער ארבעטן מיט חכמה, ווייל אויב וועט מען זיין אנגעצויגן בשעת מעשה צו אפמעסטן פונקטליך וואס גייט אריין אין א צורך פאר אים/איר אדער נישט, וועט דאס דאך שאטן פאר די גאנצע שמחה פון שמחת עונה. דערפאר דארף די צוגאנג און צוגרייטונג זיין מיט א גוטע כוונה, צוגיין צו דעם מיט אן ערנסטקייט, אבער זיכער מאכן אז מען קומט אהן צום מטרה און תכלית פון מצות הבית, וואס דאס איז ארויסווייזן ליבשאפט און בויען ווייטער די קשר צווישן מאן און פרוי.)

ובאמת עפ"י תורה יותר טוב שלא ליהנות אבל מרבית ההמון שעדיין תאוות הגוף עמוס, ובע"כ נהנים הנה כמעט אין להם תקנה אם יזדווגו הרי נהנים מן עוה"ז בלא ברכה וכו'. עכ"ל. ולכאורה צ"ל עפ"י כל המראי מקומות שהבאנו, דכוונתו לומר כי למרבית העם יש הנאה גרידתא בלי שייכות למצוה עצמה, וע"ז היה צריכים לברך, אולם אותה ההנאה השייכות להמצוה, - כדמבואר בדבריו, (תשרי, יחידא שלים) "כי רצוני ליהנות ממך כביכול בקירוב בשר ולא יתערב זר בשמחתינו" - ובלעדה א"א לקיימה כלל, ע"ז לא צריכים לברך כי לא ניתנה להנאה סתם, כשאר הנאות של מה בכך. ויש לעיין בזה.

וע"ע מש"כ הרה"ק רבי צבי הירש מזידיטשוב זי"ע, בספר סור מרע ועשה טוב, חלק א' סור מרע ד"ה שישית, וז"ל: והנה באמת לאו כל אדם יכול לקיים קדושת הזיווג אם לא למד בחכמה זו, לידע צינורי היחוד ולהפשיט מחשבותיו מן החומר הגס, ולקדש עצמו במחשבתו ביחודי שמותיו ית' במקור הזווג במס"נ באמת לה'. ושמעתי ממורי, דעיקר קדושת הזווג הוא, קודם הזווג לדבק במחשבתו ולקשר עצמו בבורא ב"ה וב"ש יתברך ויתרומם ויתנשא, כמבואר בספרי קדושה.

ולהמעיינים, ראה סוגיא ארוכה במסכת נדרים דף ט"ו וט"ז בענין מצות לאו ליהנות ניתנו, והדין באומר הנאת תשמישך עלי וכו'. ראה בר"ן וברשב"א ובמפרשים באריכות. וראה בקרן אורה ובמנחת שלמה שם שהוקשו אמאי אינו יכול לאסור הנאת תשמישו להדיא כמו שיכול לאסור כל שאר הנאה שרוצה, וז"ל המנח"ש: ואפשר דהנאת מצוה היא עצמה מצוה וחשיב חפצי שמים, וכמו שלא חל הנדר על דבר מצוה ה"נ לא חל על הנאת המצוה, שהנאת המצוה בטילה להמצוה עצמה. וע"ע בלבושי מרדכי (ממאדע) נדרים שם, שמחלק בין נודר מן המעיין לזה וז"ל: וכן בפרי' ורבי' דאי אפשר לקיים בלא הנאת הגוף בשום פעם וכל שכן מצות עונה היא הנאה היא המצוה, וא"כ כשאמרה תורה תקיים מצוה זו ע"כ גם ההנאה ציותה תורה ליהיות מן המצוה, ולכן אמרינן בי' מצוה לאו ליהנות ניתנו.

א קורצן סיכום פון דעם פרק:

- עס הערשט א בלבול המוחות איבערן נושא פון "קדושה", און אויב מ'איז מקיים מצות הבית מיטן אומריכטיגן פארשטאנד אינעם באדייט פון קדושה, קען מען עוסק זיין אין אן עבירה אנשטאט אין א מצוה.
- דער ערשטער יסוד וואס מ'דארף געדענקען איז, אז דער אורזאך פון "קדושים תהיו" איז נאר וויבאלד "כי קדוש אני ה' מקדישכם", קדושה איז נאר דאס וואס דער באשעפער זאגט דערויף אז עס איז קדושה, און נישט וואס דער מענטש שפירט און קלערט ביי זיך אז מיט דעם איז ער הייליג.
- עס זענען דא דריי שטאפלען ביים קיום רצון ה': **1.** וויסן וואס עס איז דער רצון ה'. **2.** דער וועג צו וויסן דעם רצון ה', דורכן אריינקוקן אין די תורה און זען וואס עס שטייט דארטן דערוועגן. **3.** זיך צו פירן דערמיט אינעם טעג-טעגליכן לעבן אויף למעשה. עס איז נישט מעגליך צו האבן א ירידה פון טון דעם רצון ה'.
- צומאל איז שווער פאר א מענטש צו טוישן איינגעגעסענע מיינונגען, אבער אויך ביי דעם איז שייך דעם מאמר חז"ל: "בטל רצונך בפני רצונו", אפילו ווען דו הענגסט אן דיין אייגענעם רצון אינעם וועלן טון דעם רצון ה'.
- חז"ל זאגן אז מ'דארף דינען דעם באשעפער מיט ביידע יצרים, דער יצר טוב און דער יצר הרע, ווייל צומאל איז דער גלוסטעניש טייל פונעם וועג וויאזוי צו דינען דעם אייבערשטן, און די ביידע יצרים דארף מען ניצן נאר וויאזוי די רצון ה' איז, סיי מיט די רצון צו גשמיות, און סיי מיט די רצון צו רוחניות.
- קדושה איז נישט "פרישות", קדושה באדייט אז מ'זאל מקיים זיין מצות הבית אויף א הייליגן פארנעם און נישט פראסטערהייט, און פרישות באדייט זיך אפצושיידן פון א דבר מותר כדי נישט צוצוקומען צו אן איסור.
- מיר געפונען אז דאס ווארט קדושה באדייט אפשיידן, און אז עס באדייט באהעפטן. אויסערליך זעט עס אויס ווי א סתירה, אבער דער אמת איז אז דער בעסטער באהעפטונג פאסירט דורכן זיך אפשיידן פון אלעס אנדערש. קדושת הזיווג באדייט, אז ס'איז בצניעות און אפגעהאקט פון אנדערע, און טאקע מער-באהאפטן צווישן זיך אלס פארפאלק, מיט אן אינערליכן טיפן באהעפטונג. אט די אחדות וואס הערשט צווישן דעם מאן און ווייב איז די גרעסטע קדושה וואס איז מעגליך, און דערפאר ברענגט דאס צו אן השראת השכינה.
- נישט נאר די אינערליכע קשר און אחדות ווערט אנגערופן קדושת הזיווג, נאר אפילו דעם פיזישן הנאה וואס מ'שפירט בשעת מעשה איז טייל פונעם קדושה, אויב דער גורם דערצו איז דער אינערליכער קשר און ליבשאפט וואס דאס פארפאלק האט צווישן זיך.

• פרק ט״ו •

לא ניתנה תורה למלאכי השרת

דורכן זיך אויפפירן ווי א 'מלאך' איז מען זוכה צו אן השראת השכינה? וויאזוי דארף מען זיך באפאסן צום חשש "נבל ברשות התורה", און חיוב קיום המצוה "באימה וביראה" און "כמי שכפאו שד"? צי מעג מען וועלן הנאה האבן דערפון?

א. אויב מ'פירט זיך אויף ווי א 'מלאך', צי הייסט דאס "קדושה", אדער איז עס גאר אן "עבירה"?

עס זענען דא וואס האבן אנגענומען, אז דאס פאר'מיאוס'ן און אוועקמאכן מצות הבית איז די יסוד פון קדושה. דאס איז אבער א טעות גמור, ווי דער רמב"ן שרייבט אז דאס איז אן "**ענין קדוש ונקי**". די וואס טראכטן אז עס איז דא עפעס א מיאוס'קייט אין דעם, האלטן פונקט ווי די שיטה פון בלעם און פונעם קריסטליכן גלויבן, ווי אויבנדערמאנט.

עס איז טאקע אמת, אז עס איז פארהאן געציילטע מענטשן וואס ווערן אזוי אויסגעטון פונעם וועלט, אז זיי ווילן נישט האבן קיין שום פארבינדונג צו סיי וואספארא גשמיות'דיגע זאך, און ווען מען קומט אן צו אזא מדריגה איז מען געוויס אויך אדורכגעטראכט וויאזוי מקיים צו זיין מצות הבית ריכטיגערהייט, אן עוסק זיין אין זיך אליינס[504]. אבער דער וואס

---

504) שזה נכלל בהגדרה הכללית של פרישות, שהוא מיעוט בפעולות גשמיות כדי שלא להיות שקוע בתוך הבלי עוה"ז, שיכול גם להביאם לדבר איסור. אך זוהי השגה לאנשי מעלה בלבד, ואצלם זוהי הנהגה כללית הן בדיבור הן באכילה והן בשאר ההנאות שיש לאדם (ראה בזה באריכות לקמן פרק "חסידות הפרישות"), אבל בודאי אין כאן הנהגה ושיטה למאס בבת ישראל הכשרה חלילה.

לערנט אויס די גרויסע השגות פאר פשוט'ע מענטשן, און ער פארלאנגט פון יעדן צו זיין אין דעם דאזיגן מדריגה, דער לעבט סיי אין עולם הדמיון — ווייל רובא דרובא פונעם עולם האלט נישט ביי אזעלכע מדריגות. אזא איינער לעבט אויך אין אן עולם החורבן — ווייל אזעלכע שיטות ברענגט צו אז ביים פשוט'ן מענטש ווערט דאס מצות הבית אן אנגעצויגענע זאך, וואס דאס קען אפטמאל זיין א גרויסע גורם צו צושטערן א אידישע שלום בית, און אזוי אויך קען עס צוברענגען אסאך אנדערע פראבלעמען ברוחניות, וואס קענען באגלייטן א מענטש לאורך כל ימי חייו[505].

מיר האבן שוין אראפגעברענגט די פייערדיגע ווערטער פון הגה"ק רבי **שמעון זשעליכאווער** זצוק"ל הי"ד, משגיח ישיבת חכמי לובלין, אין א בריוו צו א תלמיד, וואו ער רייסט שטארק אראפ די וואס האבן אויסגעלערנט אז "קדושה" מיינט אז יעדער דארף זיך פירן ווי א מלאך[506]:

> און בנוגע עניני אישות, וויבאלד איך ווייס קלאר אז אסאך נפשות זענען פארפלאנטערט געווארן אין דעם, און זענען אריינגעפאלן און צובראכן געווארן און פארכאפט געווארן, מיט דעם וואס זיי האבן געליינט אין ספרים און געהערט פון זייערע רבי'ס, אז אויב א מענטש איז נישט אזוי ריין ווי א מלאך האט ער שוין נישט קיין תקנה אדער איז גארנישט ווערד, און דורכדעם זענען אסאך אריינגעפאלן אין א יאוש, און מאנכע האבן זיך גאר דערקייקלט פון טון וואס איז מותר צו טון וואס עס איז אסור...
>
> און אויב די ווייב פארשטייט אביסל בעסער, איז גוט איר צו זאגן: "זאלסט וויסן אז דו ביסט א טאכטער פון אברהם אבינו, און איך האב דיך ליב דורכדעם וואס דו גייסט אין

---

505) ועיין בספר קדושת הבית עמ' 267, וז"ל: לא כאותם אנשים החושבים, שאם אדם עושה או אינו עושה איזה מעשה קירבה - בזאת נהיה קדוש, ואם לאו - אינו קדוש. שזה דברי הבל, וכפי ששמענו במפורש בשם צדיקים. אך עקמימות היא לחשוב שבעשיית מעשה מסוים, או אי עשיית מעשה מסוים, האדם רוכש לו עוה"ב או קדושה - שזוהי גישה שצדיקים שללו זאת מכל וכל. אדם נשפט: א) לפי כל מעשיו בחיים בכלל, ב) ובענין זה - לפי מה שהוא מסוגל על פי טבעו, בשילוב עם טבע אשתו, ג) כפי מה שעושה את מה שמחויב כלפיה, כפי יכלתו.

506) וז"ל: ואודות עניני אישות, מפני שידעתי בבירור שהרבה נפשות נשתקעו בזה, ונפלו ונשברו נוקשו ונכלדו במדינתינו, בזה שראו מספרים ויותר ממה ששמעו... שבאם אין האדם נקי כמלאך שוב אין לו תקנה או אינו שוה כלום, ומזה הרבה נפלו ליאוש ושממון, ומהם פרשו מההיתור ונפלו באיסור וכו'. ואם הזוג יש לה מעט הבנה, נכון לומר בפה: דעי לך שאת בתה של אברהם אבינו, ואני אוהב אותך ע"ז שתלכי בדרכיו בצניעות וחסדים, והקב"ה יצר אותנו יש מאין, ויצר אברינו ומהם כלי הזיווג, והוא עשהם שירגיש הנאה למען נדבק יחד באהבה, והוא זיווג אותנו לאחד מפני שמשרשינו אנו אחד, ככתוב (בראשית ה, ב): זכר ונקבה בראם, ונשאנו בחופה וקידושין כדת משה וישראל ונקיות וטבילה. וכמו כן דברים טובים ונעימים המשמחים נפשות, ומקדשים הרגש ההנאה לצאת מתאות בשרים לתאות זיווג ישראל, וא"א לכתוב יותר. והמבין יבין שזה הדרך של חז"ל, לא כחדשים שרצו לעשות מכל אדם מלאך. (ראה כל המכתב בההקדמה).

> זיינע וועגן פון צניעות און חסד. דער באשעפער האט אונז באשאפן א 'יש מאין', און האט באשאפן די כלי הזיווג, און ער האט דאס אזוי אויסגעשטעלט אז מען זאל שפירן אן הנאה, כדי מיר זאלן זיך פאראייניגן מיט א ליבשאפט. דער באשעפער האט אונז צוזאמען געפארט און פאראייניגט וויל אינעם שורש זענען מיר איינס, ווי עס שטייט אין פסוק: 'זכר ונקבה בראם', און מיר האבן חתונה געהאט מיט חופה וקידושין כדת משה וישראל מיט נקיות און טבילה", און נאך אזעלכע גוטע און געשמאקע רייד וואס דערפרייט נפשות, און פארהייליגן דעם געפיל פון הנאה, דאס ארויסצונעמען פון א בלויזע ביליגע תאוה צו א תאוה פון א אידישע זיווג, און מער קענען מיר נישט שרייבן דערוועגן. דער וואס פארשטייט – פארשטייט, אז דאס איז די וועג פון חז"ל, און נישט ווי די נייע וועגן וואס ווילן מאכן פון יעדן מענטש א מלאך.

דער **סטייפלער גאון** שרייבט נאך פיל שארפער דערוועגן אין זיין בריוו, און ער באצייכנט עס אלס נישט ווייניגער ווי אן עבירה וואס וועט אים גאר שטערן פון שטייגן אין עבודת ה'. לאמיר ציטירן זיינע ווערטער[507]:

> און ווער עס כאפט און איז זיך גלייך מזווג אן קיין נאנטשאפט, און דערנאך שיידט ער זיך גלייך אפ און דערווייטערט זיך פון איר, און דער מאן מיינט אז ער כאפט מלאכים מיט דעם, אבער אין אמת'ן אריין האט ער נישט גארנישט פארמינערט פון זיין תאוה, און זיין יצר איז שוין געגנצליך זאט מיט א גאנצן הנאה. אבער זיין ווייב האט בכלל נישט הנאה פון דעם אויפפירונג, און אדרבה, עס טוט איר וויי און זי איז פארשעמט און אין הארצן וויינט זי וכו', און ער איז געוויס מעורר דינים אויף זיך, און ער וועט נישט זוכה זיין צו קיין סייעתא דשמיא – נישט ברוחניות און נישט בגשמיות, און דאס וואס ער דמיונ'ט אז אדאנק דעם שטייגט ער העכער, איז א פאלשע דמיון, ווייל פון עבירות איז מען פוגם און מען ווערט טמא, און מען שטייגט נישט העכער.

נישט ווייניגער שארף שטייט אין קו' **קדושת ישראל**, וואס שרייבט גאר אז דער וואס מיינט אז ער פראוועט דא "קדושה" ענינים, זאל וויסן אז פאקטיש איז ער עובר אויף די "תשע מידות", און ער זאל זיך נישט וואונדערן אויב פון אזא התנהגות וועט ער האבן פארדארבענע קינדער! לאמיר אראפברענגען זיינע שארפע ווערטער[508]:

---

507) וז"ל (אגרות הקודש, איגרת א): ומי שחוטף ובועל מיד בלא קירוב, ופורש תומ"י ומתרחק ממנה, הבעל חושב שחוטף מלאכים בזה, ובאמת לאמתו לא נגרע מתאוותו כלום, ויצרו מפויס בהחלט בהנאה שלימה. אבל אשתו לא נהנית כלל מהנהגה זו, ואדרבה היא כואבת ומבויישת ובמסתרים תבכה וכו', ובודאי מעורר דינים עליו, ולא יזכה לסייעתא דשמיא לא לרוחניות ולא לגשמיות. ומה שנדמה לו שעולה למעלה, הוא דמיון שוא ושקר, כי מעוונות ופשעים פוגמים ונטמאים, ולא עולים.

508) קו' קדושת ישראל, שעהר, וז"ל: ושמעתי על כמה יראים מתחסדים, העושים הכנות גדולות לקיים מצוה זו לש"ש בלא תאוה כלל, והרי הוא עסוק עד חצי הלילה בלימוד ועיון בתורה ובתפילות

איך האב געהערט אויף עטליכע ערליכע אידן, וואס מאכן גרויסע הכנות מקיים צו זיין די דאזיגע מצוה בלויז לשם שמים אן קיין תאוה בכלל, און ביז חצות הלילה איז ער עוסק אין לערנען און אין פארשידענע תפילות ווי עס שטייט אין ספרים. נאך חצות קומט ער אהיים און ער וועקט אויף זיין ווייב פון שלאף, און רעדט איר איבער מקיים צו זיין די מצוה, און זי לאזט אים טון וואס ער וויל, און ער האלט זיך נאך גרויס אין הארצן אז ער האט מצליח געווען מקיים צו זיין די מצוה אן קיין יצה"ר און טומאת התאוה, און דערנאך וואונדערט ער זיך פארוואס ער האט געבוירן א רשע אדער א טיפש.

דאס קומט צו זיי, ווייל זיי האבן זיך טועה געווען צו טראכטן אז די תאוה ביים מצוה איז א מיאוס'ע זאך. אבער אין פאקט איז דאך באקאנט אז אן קיין תאוה ווערט געבוירן א נארישע קינד, און ווען זי האט נישט קיין ווילן און איר דעת איז נישט דערביי וויבאלד זי איז ארייגעטון אין איר שלאף, און זי רעגט זיך אז ער איז איר מצער און ער טוט מיט איר ווי זיין ווילן און נישט ווי איר ווילן, דאן איז ער גאר **עובר אויף א לאו**, און די קינדער זענען פון די "**בני תשע מידות**" און זענען אין כלל פון "**מורדים ופושעים**".

דער באשעפער האט ספעציעל באשאפן דעם מענטש מיט א תאוה, כדי מען זאל ארבעטן אויף זיך אליינס און דאס נוצן נאר אויף אן אויסגעהאלטענעם פארנעם. עס וואלט מעגליך געווען גרינגער פאר א מענטש זיך אינגאנצן צו שלאגן מיט דעם און דאס פרובירן אויסצורייסן פון זיך, אבער נישט דאס איז די כוונה פונעם באשעפער. דער באשעפער האט דוקא יא באשאפן א מענטש מיט די סארטן באדערפענישן, און די עבודת הקודש איז ארייינצוברענגען די דאזיגע "גשמיות'דיגע" באדערפענישן אינעם קדושה דורכן עס טון אויף אן אויסגעהאלטענעם אופן, און ווען מען וואוינט בקדושה מיטן אייגענעם ווייב איז דאס די גרעסטע דרגה פון קדושה צו וואס א מענטש קען צוקומען[509].

כפי הנמצא בספרים, ואח"כ בא אחר חצות הלילה לביתו ומעורר את אשתו משנתה, ומפטפט לה דברי פיוטין לקיים מצוה זו, והרי היא מרשה אותו לעשות עמה כרצונו, והרי הוא מתפאר בלבבו שהצליח לקיים מצוה זו בלא היצה"ר וטומאת התאוה, והוא תמה למה הוליד בנים רשעים או טפשים. וזה בא להם מפני שנכשלו לחשוב לאמת, שהתאוה במצוה זו היא דבר מגונה מאד, ובלא תאוה יוצא הבן הנולד סכל וטפש כידוע ומפורסם. ובלא דעתה ורצונה, שאין לה חשק כשהיא שקועה בשינה, והיא כועסת על שהוא מצערה, ועושה עמה כרצונו ולא כרצונה, הרי הוא עובר על לאו, ובניו הם מבני ט' מדות, מורדים ופושעים.

509) עיין בעבודת ישראל פרשת בראשית, וז"ל: ועפ"ז הסברא נותנת, כיון שקדושת אות הברית כ"כ גדול, ולהיפך ח"ו הפגם גדול מאוד שגורם להוריק השפע לחיצונים. א"כ יותר טוב הי', שיברא האדם נעדר מתאות המשגל לגמרי, אפילו מהאשה הראויה לו להיותו לבדו בארץ, למען לא יכשל בחטא גדול כזה ח"ו. ואפילו הכי אנחנו רואים כי לא כמחשבותינו מחשבת יוצר כל, ו"לא תוהו בראה לשבת יצרה" (ישעיה מה, יח), ואיתא בזוה"ק: לא לשבת בינייהו אלא מינייהו למיעבד ישבם מנהון, פי' משברא את האדם בתאוה הזאת, ולא לשבת בינייהו בין עולם התוהו, רק לשבר מלתעות עול ולהסיר כח זנונים

אט דער דאזיגער צוגאנג -אז קדושה קומט פון דאס אחדות - איז אויסגעהאלטן און ריכטיג לויט ווי מיר זעען אין די ווערטער פון די ראשונים און אחרונים און פריערדיגע צדיקים, און דאס איז אויך פראקטיש און ריאליסטיש אויסצופירן אויף למעשה, און מיט דעם קען מען לייכט זוכה זיין צו אמת'ע קדושה[510].

אזוי אויך געבט דאס אן ערקלערונג פארוואס עס איז בכלל א הייליגע מצוה, וואס דורכדעם קען מען דאס האלטן אין די ראמען פון קדושה. מיט אט דעם ריכטיגן תורה'דיגן צוגאנג איז מען זוכה מקיים צו זיין די מצוה בתכלית השלימות וואס דאס אט ברענגט צו אן השראת השכינה אין שטוב, און אזוי אויך קען מען זיך דורכדעם צוגעוואוינען עוסק זיין נאר אין ענינים וואס ברענגען צו אן אחדות השלימות אין שטוב, און נישט אין אייגענע הרגשים פון "תאוה לשם תאוה" – אויב עס פעלט נישט אויס[511].

מקרבו, ויטהר ויתקדש במותר לו ביחודו עם אשתו, לגרום יחוד עליון עם מדות עליונות, ותתייחד השפעת הקדושה אל כנסת ישראל. וע"י שבירת התאוה והמשכתה אל הקדושה, נולד תענוג עליון, ועי"ז נעשה האדם לבחינת (משלי י, כה): "צדיק יסוד עולם" וכו', לכן אמר (בראשית ב, יח): "אעשה לו עזר כנגדו", פי' שתהיה עזרתו ע"י כנגדו, הוא כח המתאוה לאשה והוא המסיתו ולא יוכל לו. לכן דרשו רז"ל שהוא אחד מעשרה מאמרות, כנ"ל שהמה נגד עשר ספירות, ומאמר הזה הוא להיותו מרכבה למדה הט', הנקרא בשם צי"ע.

510) וז"ל הגאון רבי משה שמואל שפירא זצ"ל ראש ישיבת באר יעקב, בהסכמתו לספר משכן ישראל: אחרי שעברתי על ספרו מהחל עד כלה וכו', ומעלה גדולה בו, כי אם בתחילה עולה על הדעת כי קדושה פירושה פרישות כולו לשם קדושה, השכיל מדברי רבותינו כי קדושה זו פירושה למען שמחת קשר האישות, שמחת איש באשתו, ולהמנע מט' מדות ששנו חכמים, ולפי זה בנקל להתעלות וליכנס בשערי קדושה.

511) וכן כל מה שמבואר בספה"ק ובפרט בספרי חסידות, שקדושת הזיווג היא שעל האדם לקדש את עצמו, לכשתדייק תמצא שהכל סובב והולך על דברים המפריעים את האחדות השלימות, ולמעט בכוונת או הנאת עצמו שאינו צריך לו. אבל בודאי אינו סותר את עצם קיום המצוה בשלימותה, שצריך להיות מתוך אהבה וחשק ורצון שלם, רק שיכוין לשם שמים ולקיום מצות העונה ולהשים שלום בבית. וכל מי שיעיין בספה"ק אחרי שמבין הדק היטיב מה שנתבאר בספרנו, יראה בהם אור אחרת לגמרי. דוגמא לדבר נעתיק מש"כ ראה בדרך פקדיך (מ"ע א אות ז) וז"ל: וככה יש להתבונן ביצחק דהשקיף אבימלך בעד החלון וירא והנה יצחק מצחק (ששימש מטתו) את רבקה אשתו והנה יפלא הפלא ופלא האיך שימש מטתו בלא הצנע עד שראהו אבימלך דרך החלון ולפמ"ש ניחא שאותן אהבן דעלמא לא הרגישו שיש בזה בושת שלא ידעו שום סוג יצה"ר בזה כמו שאין בושת בציצית ותפילין וכו'. עכ"ל. דבמושכל ראשון אולי משמע דהכוונה אצל צדיקי עולם לעסוק בזה הענין כמו עשיית איזה מצוה אחרת, בלי שום רצון וחשק, וכמו שאר המצוות שיוצאים ידי חובתו רק בעשייתה לבד ומדאגביה נפיק ביה, כן הוא הענין במצות הבית, שהוא ג"כ מצוה בלי טעם ובדרך גבר בעלמ"א יוצאין את המצוה.

אולם זה נסתר ממש"כ בפירוש בספרו אגרא דכלה (פ' תולדות ד"ה ויהי כי ארכו) וז"ל: אגב אורחא אשמעינן עוד באומרו את רבקה... דצריך לבסמא לה במילין, לאתקשרא עמה בחביבותא דלא תתשכח גביה כהפקירא, וז"ש מצחק את רבקה, שהביא אותה לידי צחוק, כהא דרב שח ושחק וכו'. ע"כ. ומזה תבין

ב. תפסת מרובה לא תפסת

עס שטייט אין **שולחן ערוך**[512]: "מען זאל נישט זיין מיטן ווייב מער ווי דער חיוב עונה וואס שטייט אין די תורה". וואס איז פשט פון די הלכה? מיר ווייסן דאך אז מצות הבית איז גאר א הייליגע מצוה, און עס איז די מקור פון השראת השכינה אין שטוב, נו פארוואס זאל מען דאס פארמינערן? און טראצדעם וואס דא שטייט נישט אז מען זאל פארמינערן פון מצות הבית, נאר אז מען זאל נישט זיין צופיל מיטן ווייב מער ווי די חיוב עונה[513], דאך דארפן מיר פארשטיין אז אויב די פעולה פון מצות הבית איז א פעולה פון קירוב לבבות, דאן פארוואס זאל זיין אן ענין נישט צוצולייגן דערצו.

כדי דאס צו פארשטיין, לאמיר מעיין זיין אין די באקאנטע ווערטער פונעם הייליגן **רמב"ן**[514]:

> והענין, כי התורה הזהירה בעריות ובמאכלים האסורים, והתירה הביאה איש באשתו ואכילת הבשר והיין, אם כן ימצא בעל התאווה מקום להיות שטוף בזימת אשתו או נשיו הרבות, ולהיות בסובאי יין בזוללי בשר למו, וידבר כרצונו בכל הנבלות, שלא הוזכר איסור זה בתורה, והנה יהיה "נבל ברשות התורה". לפיכך בא הכתוב, אחרי שפרט האיסורים שאסר אותם לגמרי, וצוה בדבר כללי שנהיה פרושים מן המותרות. ימעט במשגל, כעניין שאמרו (ברכות כב ע"א): "שלא יהיו תלמידי חכמים מצוין אצל נשותיהן כתרנגולין", ולא ישמש אלא כפי הצריך בקיום המצווה ממנו. ויקדש עצמו מן היין במיעוטו, כמו שקרא הכתוב הנזיר - "קדוש" (במדבר ו, ה), ויזכור הרעות הנזכרות ממנו בתורה, בנח ובלוט וכו'.

בפשיטות את היסוד הנ"ל, שבודאי צורת המצוה ותכליתה היינו להגיע לדביקות הגופות והנשמות באופן של שמחה של מצוה, וזה לא נתקיים במעשה ביאה גרידא, אלא בהכנה ובמעשים שקודמת לו, ואף בהאבות הקודשים שלא היה בהם נטייה לזה מצד היצה"ר כלל וכלל, שהיו בדרגת ולבי חלל בקרבי, עכ"ז את החלק של פעולות האהבה, היא היא המצוה בשלימותה, ואין בו שום בושה, אלא דבר טבעי ונקי. וכאשר האריך עוד בדרך פיקודיך (מ"ע א אות יג) והביא את דברי הזוה"ק וז"ל: דעל פי התורה מן ההכרח הוא לדבר עמה במילין דאהבה דיהא רעותא דליהון כחדא דז"ל הזוהר (בראשית דף מא) מכאן אוליפנא מאן דאתחבר באיתתיה בעי למפגע לה במילין ואי לא לא יבית לגבה וכו'. ועיין עוד מזה בזוהר בפ' ויצא דף קמח וז"ל ויפגע במקום למלכא דאזיל לגבי מטרוניתא בעא למיפגע לה ולבסמא לה בנילין בגין דלא תשתכח גביה כהפקרא עכ"ל.

512) או"ח סימן רמ ס"א, וז"ל: לא יהא רגיל ביותר עם אשתו, אלא בעונה האמורה בתורה.

513) ועיין רמב"ם הלכות איסורי ביאה פכ"א הי"א, וז"ל: אין דעת חכמים נוחה למי שהוא מרבה בתשמיש המטה, ויהיה מצוי אצל אשתו כתרנגול, ופגום הוא עד מאד, ומעשה בורים הוא. אלא כל הממעט בתשמיש הרי זה משובח, והוא שלא יבטל עונה [אלא] מדעת אשתו, ולא תקנו בראשונה לבעלי קריין שלא יקראו בתורה עד שיטבלו, אלא כדי למעט בתשמיש המטה.

514) ויקרא יט, א.

לאמיר ערקלערן זיין געדאנק מיט א ביישפיל פון עסן: עס איז קלאר אז א מענטש דארף עסן א געוויסע מאס עסנווארג כדי צו קענען אנגיין און עקזיסטירן, אבער אויב ער עסט אומגעזונטע אדער צופיל עסנווארג, לשם תאות האכילה, דאן ווערט מען אומגעזונט פון דעם אליינס. דאס זעלביגע איז מיט קיום מצות הבית, וואו חז"ל האבן אוועקגעשטעלט באשטימטע צייטן פאר יעדן איינעם לויט זיין כח און ארבעט [פון איינמאל א טאג ביז איינמאל אין זעקס חדשים], וואס דעמאלט איז דא די מצוה פון עונה ווען מען טוט עס מיטן ריכטיגן כוונה, אבער אויב מען טוט עס מער ווי די צורך, קען עס טאקע זיין א "**דבר המותר**" על פי תורה, אבער מען איז א "**נבל**" **ברשות התורה**. דער אורזאך דערצו איז, וויבאלד עס פעלט אינעם גאנצן כוונה פונעם מצוה, ווייל אויב מען טוט עס בלויז פארן אייגענעם תאוה איז נישטא די אינערליכע קשר וואס פאדערט זיך ביים קיום המצוה, און דאס מיינט אז מען "עסט זיך איבער".

אט אזוי שרייבט טאקע דער **טור**[515]: "וזה דומה לאדם שהוא שבע, ואוכל ושותה יותר מדאי עד שמשתכר ומקיא, ודומה לבהמה שאוכלת עד שיאחזנה דם ותמות". דאס איז נישט איינקלאנג מיט "קדושים תהיו", און ווי דער רמב"ם שרייבט איז דאס א: "**מעשה בורות**"[516].

אבער עס ליגט אונטער דעם אויך א טיפערע געדאנק: דאס וואס עס שטייט להלכה אז מ'זאל נישט צופיל מרבה זיין מיט מצות הבית, שטאמט פון א תקנה פון עזרא הסופר אז נאכן וואוינען מיטן וויב דארף די מאן גיין אין מקוה, וואס דער אורזאך דערצו איז געווען: **כדי שלא יהיו ת"ח מצויים אצל נשותיהם כתרנגולים** - אז א מענטש זאל נישט זיין מיט זיין וויב אזויווי א האן, וואס איז זיך כסדר מזווג[517]. איי וואס איז געווען עזרא הסופר'ס פראבלעם מיטן פארמערן מצות הבית? געבט דער **אור שמח** א וואונדערליכן ערקלערונג[518], אז עזרא

---

515) או"ח סימן ר"מ.

516) עיין במשכן ישראל, חלק ב עמ' כא, שדן אם הוסיף על חיוב העונה אף שאינו רצוי, אם קיים בזה מצוה קיומית. ובבעלי הנפש כתוב: "כי אמרה שאינה צריכה", משמע שאם לא אמרה כן וניחא לה, קיים מצוה זו. וכ"כ בתרומת הדשן סימן רנה ובשלמת חיים אהע"ז קו, עיי"ש. ועיין בקונטרס מי הדעת, אם הוספת עונה הוא מגונה או איסור או מ"ע מה"ת, לדעת הרמב"ן.

517) כ"ה בתלמוד ירושלמי, מסכת ברכות, פרק ג', הלכה ד'. ועיין ברכות כב ע"א, שהביא טעם זה על אי גילוי העצה של ט' קבים. ועיין בטור (או"ח סי' פח) שהביא טעם נוספת משום שבא מקלות ראש (והמקור מהגמ' ברכות שם), וראה בשו"ע שם ובנו"כ שדנו בשני טעמים אלו. וע"ע בקונטרס מי הדעת שמבאר את מקור הדין בטוטו"ד.

518) הלכות איסורי ביאה פ"ד סוף ה"ח, וז"ל: ועוד, דהמעיין יראה דלא חשב הגמרא בהנך דעזרא, מידי דהוי סייג אל התורה, רק תקנות שהמה מועילים אל קיום האומה ולחיי המשפחה, שיהיו מקושרין לנשיהם ולא יגרשו אותם וכו'. ולכן תקן רוכלים וחפיפה, שמא ימצא בה נימא קשורה, וכמו שדרשו

הסופר האט מתקן געווען נאך פילע תקנות[519], ווי צו פארקויפן בשמים, עסן קנאבל, א.א.וו. וואס זיי זענען אלע געמאכט געווארן כדי צו פארשטערקערן דעם פארבינדונג צווישן א פארפאלק. דאס זעלביגע איז מיטן תקנה צו גיין אין מקוה נאך קיום מצות הבית, וואס אדאנק דעם וועט מען זיך עטוואס צוריקהאלטן פון צופיל פארמערן מיט מצות הבית, וואס אויב מען טוט עס צו אפט פארלירט עס די טיפע נאנטקייט וואס די פארפאלק שפירט ביים זיווג, און דערפאר האט דאס עזרא מתקן געווען כדי "לחבבה על בעלה"[520].

אט דאס איז די כוונה אינעם פסוק (ויקרא יט, ב): "**קדושים תהיו**", אז מען זאל דאס נישט טון סתם אזוי לשם די אייגענע תאוה נאר ווייל "מען מעג", וויבאלד דאס ברענגט צו אז מען גייט אוועק פון די גרעניצן פון "אהבה" און מען קומט אריין אין די טעריטאריע פון "תאוה", און ווי דער **אור החיים הקדוש** דרוקט זיך אויס דערוועגן[521]: "כי כפי טבע ההתמדה - תמעיט האהבה". נאר מען זאל עס טון מער "באיכות" און ווייניגער "בכמות", און טאקע נאר ווען ער האט א באשטימטע צייט מקיים צו זיין די מצוה כדי צו בויען די קשר און שלום בית אין שטוב, און דאס זאל דינען ווי די יסוד פון זייער צוזאמלעבן[522].

*

דערפאר שטייט אויך אין **טור**[523], אז מען זאל נישט פארמינערן פון מצות הבית וואס שטייט אין די תורה, ווייל דער געדאנק אונטערן מצוה איז דאס פארבינדונג וואס עס ברענגט צום פארפאלק, און פון דעם טאר מען נישט פארמינערן און עס ליגט גאר א חשיבות אין דאס מקיים זיין[524]. דער **בן איש חי** שרייבט טאקע, אז ווען עס ליגט אויף אים די חיוב פון מצות

על (שופטים יט, ב): "ותזנה עליו פלגשו" ועל תמר בפ"ב דסנהדרין, ותיקן שיהיו מכבסין ואוכלין שום, וגם טבילה לבעלי קריין שלא יהיו מצויין אצל נשיהן כתרנגולים, ותהא אשתו חביבה עליו.

519) כמבואר בב"ק פב ע"א וע"ב.

520) דאס איז ממש ענליך צו דאס וואס רבי מאיר ערקלערט איבערן עצם איסור נדה, אז דאס איז אויך כדי צו פארשטערקערן דעם פארבינדונג צווישן דעם פארפאלק, ווי עס שטייט אין גמרא נדה לא ע"ב.

521) בראשית כט, לה.

522) ראה בהקדמה לשערי יושר מה שביאר דברי הרמב"ן וז"ל: לכן נלענ"ד שבמצוה זו כלול כל יסוד ושורש מגמת תכלית חיינו, שיהיו כל עבודתנו ועמלנו תמיד מוקדשים לטובת הכלל... והנה כשאדם מיישר הליכותיו ושואף שתמיד יהיו דרכי חייו מוקדשים להכלל, אז כל מה שעושה גם לעצמו להבראת גופו ונפשו הוא מתיחס ג"כ את מצות קדושה, שעי"ז יטיב גם לרבים וכו' עיי"ש ביתר אריכות.

523) או"ח סימן ר"מ: כי העונות שנתנו חכמים למלא תשוקת האשה, אינו רשאי למעט מהם שלא מדעתה.

524) עיין מועד קטן ט ע"א: "וילכו לאהליהם שמחים וטובי לב, על כל הטובה אשר עשה ה' לדוד עבדו, ולישראל עמו" (מלכים-א ח, סו), לאהליהם - שהלכו ומצאו נשיהם בטהרה. ורואים מכאן, שזה היה מעלה שזכו ישראל לכך.

הבית זאל מען ח"ו נישט מזלזל זיין אין דעם, און ער שרייבט די פאלגענדע ווערטער[525]:

> די מצוה פון עונה זאל נישט זיין ביי דיר קליין. זע נאר וואס דער גרויסער רבי רבינו חיים ויטאל שרייבט: "איך האב געפרעגט מיין רבי'ן זלה"ה (-דעם אריז"ל), אויב איך זאל מיך ארויסדרייען פון מקיים זיין מצות עונה אין די צייט וואס די פרוי איז טראגעדיג אדער געבט צו זייגן, וויבאלד עס איז קאלט און מ'קען זיך נישט טובל'ן, און דער רבי האט געענטפערט אז אפילו אויב די פרוי איז מוחל און איז נישט מקפיד וואס דאן איז מען זיכער פטור פון די מצוה, דאך אבער איז גוט דאס יא צו טון"[526].

פון דעם זעען מיר, אז דער הייליגער אריז"ל האט געזאגט אז אפילו ווען עס איז נישטא קיין חיוב עונה - וויבאלד זי האט דאך מוחל געווען דערויף, דאך איז בעסער דאס יא צו טון, און אפילו אויב דאס קומט אויפן חשבון פון טבילת עזרא. איז דאך אוודאי געוויס נישט קיין קלייניגקייט ווען מען רעדט פונעם פאקטישן מקיים זיין מצות הבית האמורה בתורה בתכלית השלימות.

ג. דער וואס האט הנאה פון מצות הבית, הייסט א "נבל ברשות התורה"?

עס זענען דא וואס האבן געמאכט פונעם אויבנדערמאנטן רמב"ן א גאנצע שיטה, כאילו מען דארף זיך דערווייטערן פון קיום מצות הבית וויפיל עס איז נאר מעגליך, און אדאנק דעם טוט מען פארמינערן די חיוב מצות עונה וואס מען האט, אדער אפילו ווען מען טוט עס יא - ווערט עס געטון ממש ווי א "בדיעבד", אן די ריכטיגע הכנות און כוונות ווי עס דארף צו זיין על פי תורה. דער וואס וועט אבער גוט אפלערנען די ווערטער פונעם רמב"ן, וועט קלאר פארשטיין אז ער זאגט נאר אז מען זאל נישט זיין קיין נבל ברשות התורה, עוסק צו זיין אין דעם אן קיין שום צורך.

עס איז אויך וויכטיג אנצומערקן, אז דער רמב"ן רעדט נישט דווקא פון עניני זיווג, נאר פון פארשידענע זאכן וואס טויגן נישט ווען דער מענטש פארמערט דאס צו טון צופיל. ער רעדט פון זיך איבער-עסן: **וגם ישמור פיו ולשונו מהתגאל ברבוי האכילה**, און פון טרינקען צופיל: **ויקדש עצמו מן היין במיעוטו**, און אויך פון רעדן איבעריגע רייד: **ומן הדבור הנמאס, ויקדש עצמו בזה עד שיגיע לפרישות, כמה שאמרו על רבי חייא שלא שח שיחה בטלה מימיו**.

525) שו"ת תורה לשמה סימן ע, וז"ל: ודע דאל יקטן בעינך מצות עונה, כי ראה תראה מ"ש הרב הגדול רבינו חיים ויטאל ז"ל, וז"ל: שאלתי למורי זלה"ה, אם אמלט עצמי מן העונה בימי עיבורה או מניקתה, להיות הזמן קר וא"א לטבול, והשיב, כי אם גם האשה מוחלת ואינה מקפדת בודאי פטור, אך עכ"ז טוב לקיימו, עכ"ל. ע"כ זה השואל לא יבטל עונתו במשך הימים האלו, ואע"פ שהוא בימי עיבור, ואע"פ שמוחלת אשתו, וכ"ש דאפשר דאינה מוחלת מאחר דאפשר לקיים ביום וכו'.

526) מקור דברי מהרח"ו הם בליקוטי תורה פרשת בראשית, והובאו דבריו במג"א ריש סימן רמ.

אבער מען זעט נישט אז מענטשן זאלן פארפירן אזוי שטארק ווען ס'איז דא א קידוש אין שול, אז מען זאל נישט סתם עסן מער פון וויפיל עס פעלט זיך אויס. אזוי אויך זעט מען נישט קיין מוחים אויף די וואס שמועסן ביי קופקעס, אז זיי זאלן נישט רעדן נאר וויפיל עס איז פונקטליך די צורך... עס איז טאקע גאר חשוב אז מען זאל אנקומען צו אזעלכע מדריגות, אבער ווי עס שיינט האלט נאכנישט רוב עולם ביי דעם. נאר ווען עס קומט צום ענין פון זיווג, האט מען געטראפן א לשון הרמב"ן אז מען זאל נישט זיין קיין נבל ברשות התורה, און פונקט ביי דעם ענין לייגט מען א דגוש צו פארמינערן און ממאס זיין אינעם קיום המצוה. נישט נאר איז דאס נישט גלייך צו די אנדערע גשמיות'דיגע הנאות און תאוות, נאר דא ווערט מען "פרום" און מען שטופט עס אינגאנצן אוועק, און קען צוברענגען געפעליך צו פארמעקן די גאנצע תכלית און צורה פון מצות הבית.

אט די טענה ווערט גוט ארויסגעברענגט אינעם ספר **משכן ישראל**[527]:

> וויאזוי קען א מענטש וואס איז אנגעקלעבט מיט זיך-ווערטלען און איבעריגע-שמועסן דורכן טאג, קומען מיט געפילן און דמיונות פון קדושה צו פארמינערן אין מצוות און הלכות וואס זייער אינהאלט איז ליבשאפט און פארבינדונג, און וואס זייער תכלית איז אויסצואיידלען און הייליגן די עצם מעשה. דאס איז בלויז די עצה פונעם יצר הרע וואס באקליידט זיך אינעם קטנות-הדעת פונעם מענטש, און ער איז מטמא וואס איז טהור און איז מטהר וואס איז טמא, ווי עס שטייט אינעם וידוי רב ניסים גאון: "את אשר אסרת התרתי ואשר התרת אסרתי".

דער אורזאך צו דעם איז פשוט, ווייל מען כאפט נישט וואס עס איז דער אינערליכער געדאנק פון מצות הבית, און מען האט נאך אומפאסיגע דעות וואס האבן זיך אנגעזאמלט מיט די צייט איבערן גאנצן געדאנק פון אישות, און דערפאר כאפט מען נישט דעם ריזן חילוק פון א זיווג בקדושה ובאהבה אין א אידישע שטוב, צו פארגרעבטע תאוות פונעם גוי'אישן גאס.

אדער קען דאס זיין ווייל עס איז שווער פאר א טייל מענטשן צו ארויסווייזן זייערע געפילן באופן כללי, צי איז דאס מענטשן וואס טראכטן נאר פון זיך, און קענען נישט

527) חלק א עמ' 15, וז"ל: וכיצד יוכל אדם הנגוע בשחוק ובשיחה בטילה, לבא בהרגשת קדושה דמיונות ולמעט במצוות ודינים שתוכנם אהבה וקשר, ואשר תכליתם לעדן ולקדש את המעשה. אין זאת אלא עצת היצר המתלבש בקטנות הדעת של האדם, ומטמא את הטהור ומטהר את הטמא, כדברי רב ניסים גאון בוידויו: את אשר אסרת התרתי ואשר התרת אסרתי. ובהמשך כותב: מדברים אלו נבין, שהנטיה האנושית להמנע לעיתים בדמיון של התקדשות, ממערכת היחס והאהבה הנקשרים בענין מצות עונה, אין לה מקום בטבע הישר שעשה אלוקים, אלא ככל ענין הרע, דעתו של אדם ויצרו הרע יוצרים אותם, וכמו שמצינו בחז"ל: (פסחים מט ע"ב, ובתוס' שם): כל המשיא בתו לעם הארץ וכו' אינו ממתין עד שתתפייס וכו'.

איינזען דאס צורך אין בויען א קשר אין שטוב, וכדומה, וואס זיכן דעקונג פאר זייערע פאראויס אפגעמאכטע באנעמונג.

אודאי געוויס דארף מען ארבעטן אויף זיך נישט צו זיין גענצליך אריינגעטון אין גשמיות, אבער דאס איז א "פעקעדזש-דיעל", וואס קומט צוזאמען מיטן ענין פון פארמינערן זיך איבערצועסן, טרינקען צופיל, און פלוידערן צופיל[528]. אפילו דעמאלט, פארבלייבט די צורת המצוה מיט א **שמחה און געשמאק**, ווייל אנדעם איז בעסער בכלל נישט צו טון די מצוה, ווייל מען טוט קיינעם נישט קיין טובה אויב מען גייט צו דערצו אנגעצויגן און מיט אפשיי. עס איז נישט גוט זיך צו פייניגן און צו פייניגן דאס ווייב, און קיין טובה איז דאס אויך נישט פאר כביכול, ווייל די שכינה איז נישט שורה ביי אזא סארט זיווג.

עס קען מעגליך יא זיין א ספעציעלן ענין צו פארמינערן מצות הבית, פשוט וויבאלד עס איז דא דערביי א גרעסערע תאוה, און דערפאר דארף מען מער ארבעטן אויף אט די תאוה[529]. אבער פון די אנדערע זייט, איז עס טאקע דערפאר א גרעסערע סכנה צו פארמינערן אויף אן אומריכטיגן אופן. דערפאר דארף יעדער וויסן ביי זיך זיינע באדערפענישן, און פונקט ווי ביי אלעס אנדערש געבט מען אכטונג נישט איינצוזינקען אין דעם, זאל מען אויך דא אכטונג געבן נישט צו זיין אריינגעטון אין גשמיות מיטן ממלא זיין די תאוה ביזן סוף. נאר ווי דערמאנט, זאל מען דאס טון אויף אן אופן פון פארמערן "אהבה ואחוה ושלום ורעות" אין שטוב, און מען זאל אפילו פארמערן דערינען אויב מען האט דעם מענטשליכן צורך דערפאר, און דאן וועט מען געוויס באקומען שכר דערויף, ווילאנג מען איז נישט קיין "נבל ברשות התורה" דאס צו טון מער ווי עס פעלט זיך אויס.

ד. וואס באדייט: "לא יכוין להנאתו"?

מיר האבן שוין מאריך געווען ארויסצוברענגען, ווי וויכטיג עס איז צו טון די מצוה מיט שמחה, הנאה און תאוה, און ווי מיר זעען פון די אומצאליגע מדרשים און גדולי הדורות.

---

528) ומחמת חיבת הקודש נביא עוד פעם לשון קדשו של הגה"ק רבי שמעון מזשעליכאוו זצוק"ל הי"ד במכתבו: ואני מתמיה על הגדולים הנ"ל, וכי גוף בת ישראל שבודאי כבר עשה כמה מצות ושמר שבת קודש והתענה ביום הכיפורים וכדומה, ובענין זה עצמו צער הבדיקה והטבילה וכהנה, גרע מבשר שור או כבש או גלוסקא יפה, שגם שם אם ידבק בהגשם מאוס מאד. אלא צריך להאמין, שבפנימיות יש אלקית של מאמר (בראשית א, כד): תוצא הארץ וכו', ומכ"ש וכ"ש אם נדבק לחיות אלוקית ששם בגוף הזה ביפיפיותן ועדנותן ובחוש המשמוש ושימוש, ויודה לזה ויברך אותו בהכנעה ובשמחה שטוב לו סלה.

529) וכמש"כ בארחות צדיקים, (שער התשובה) וז"ל: לכן כל אחד יעשה גדרים לפי מה שרואה שיצרו מתגבר עליו, אם דעתו נמשך לגנבה - יתרחק מלקבל פקדונות ולהשתדל בשל אחרים, וכן בענין הזנות - יגדר עצמו גם במותר לו וכו'.

אבער ווען מ'קוקט אריין אין שולחן ערוך קען מען ווערן צומישט, וויבאלד עס שטייט דארט קלאר[530]: **"אף כשהוא מצוי אצלה לא יכוין להנאתו, אלא כאדם שפורע חובו - שהוא חייב בעונתה, ולקיים מצות בוראו"**. אלזא, וויאזוי גייט דאס צוזאמען?

טראצדעם וואס דער דאזיגער ענין שטייט לגבי יעדן זאך וואס א מענטש זאל נאר טון: עסן צי טרינקען, רעדן צי שלאפן, ווי עס ווערט קלאר געברענגט להלכה[531], איז עס אבער עטוואס שווער צו פארשטיין לגבי מצות הבית וויבאלד מיר האבן דאך געזען ווי דער מחבר פסק'נט אז מען מעג זיכער הנאה האבן, און מען זאל עס גאר טון אום שבת ווייל עס איז "עונג שבת", און מען דארף אפילו רעדן בשעת מעשה מעניני הזיווג כדי צו פארמערן זייער תאוה, וויבאלד די הנאה איז א וויכטיגע טייל פונעם קשר און פונעם קיום הפסוק: "ודבק באשתו. נו, אויב אזוי, וואס איז פשט פון די ווערטער: "לא יכוין להנאתו"?

דער ענטפער איז לויט ווי עס ווערט געברענגט אין ספרים[532], אז א בעל נפש זאל פרובירן מחמיר צו זיין און אינזין האבן אז ער מיינט נישט די גאנצע מעשה בלויז פאר זיין הנאה, ווייל אויב מיינט מען די אייגענע הנאה אליין דאן פעלט ווידער די קשר פון מצות הבית. נאר מען דארף עס מאכן לשם שמים, וואס דאס מיינט - לצורך המצוה, וואס די מצוה איז שמחה,

530) סימן רמ ס"ב.

531) וז"ל הטור או"ח סימן רלא: וכן בכל מה שיהנה בעה"ז לא יכוין להנאתו אלא לעבודת הבורא יתעלה, כדכתיב (משלי ג, ו): "בכל דרכיך דעהו", ואמרו חכמים ז"ל (אבות פ"ב מי"ב): ויהיו כל מעשיך לשם שמים. וכן סדר ה"ר יונה הענין בפרקי אבות: ויהיו כל מעשיך לשם שמים - אפילו דברים של רשות, כגון האכילה והשתיה וההליכה והישיבה והקימה והתשמיש והשיחה וכל צרכי גופך, יהיו כולם לעבודת בוראך או לדבר הגורם עבודתו.

אכילה ושתיה כיצד? אין צ"ל שלא יאכל ולא ישתה דברים האסורים, אלא אף כי יאכל וישתה דברים המותרים והיה רעב וצמא, אם להנאת גופו עשה אין זה משובח, אלא א"כ נתכוון להשלים צרכי גופו ושיאכל כדי חיותו כדי לעבוד בוראו. הישיבה והקימה וההליכה כיצד? אין צ"ל שלא ישב במושב לצים ושלא לעמוד בדרך חטאים ושלא לילך בעצת רשעים, אלא אפילו לישב בסדר ישרים ולעמוד במקום צדיקים ולילך בעצת תמימים, אם עשה להנאת עצמו להשלים חפצו ותאותו אין זה משובח, אלא א"כ עשה לשם שמים. שכיבה כיצד? אין צ"ל בזמן שיכול לעסוק בתורה ובמצוות אם מתגרה בשינה לענג עצמו שאין ראוי לעשות כן, אלא אפילו בזמן שהוא יגע וצריך לישן כדי לנוח מיגיעתו, אם עשה להנאת גופו אין זה משובח, אלא א"כ נתכוון להשלים צרכי גופו שיוכל לעבוד בוראו, ויתן שינה לעיניו ולגופו מנוחה לצורך הבריאות ושלא תיטרף דעתו בתורה מחמת היגיעה. תשמיש כיצד? אין צ"ל שלא יעבור עבירה, אלא אפילו בעונה האמורה בתורה, אם עשה להנאת גופו או להשלים תאותו הרי זה מגונה, ואפילו אם נתכוון כדי שיהיו לו בנים שישמשו אותו וימלאו מקומו אין זה משובח, אלא אם כן נתכוון שיהיו לו בנים לעבודת בוראו, או שנתכוון לשמש מטתו לקיים עונה האמורה בתורה כאדם הפורע חובו. השיחה כיצד? אין צ"ל לספר לשון הרע ונבלות פה, אלא אפילו לספר בדברי חכמים צריך שתהיה כוונתו לעבודת הבורא או לדבר המביא לעבודתו.

532) עיין באריכות בספר משכן ישראל, חלק א עמ' 32.

רצון, הנאה און אהבה. אט דאס דארף זיין די כוונה פון די הנאה: נישט פאר מיין אייגענע הנאה, נאר מיין הנאה איז לשם מצוה! ווייל דאס איז דער רצון ה׳, און עכ״פ זאל מען אינזין האבן אויך די שותף, נישט נאר זיך[533]. ווי מיר האבן אויבן געברענגט די ווערטער פונעם הייליגן ווילנא גאון, אז דער ציל פון מקיים זיין מצות הבית מיט געפיל איז זיך צו דערווייטערן פון די "תשע מידות"[534].

דער געדאנק דערונטער איז גאנץ איינפאך, אזוי ווי מיר ווייסן אז דאס עסן מצה אום פסח דארף זיין "**לתיאבון**"[535]. אויב איינער וועט באשפריצן זיין מויל מיט כעמיקאלן אז ער זאל נישט שפירן די טעם פון מצה בכלל, און ער עסט דאס **נאר** כדי מקיים צו זיין "**מצות אכילת מצה**", דאן קען גאר זיין אז ער איז בכלל נישט מקיים די מצוה, ווי די גמרא זאגט[536]: "**דבעינן טעם מצה**".

דער פשט דערפון איז, אז געוויס איז נישט דער וויכטיגסטער טייל פון מצות אכילת מצה צו שפירן איר טעם, און אויב איינער וועט עסן מצה נאר פאר איר געשמאקע טעם, אויף דעם זאגט די גמרא [בנוגע אכילת קרבן פסח] אז דער וואס עסט אן "**אכילה גסה**" האט נישט מקיים געווען די "מצוה מן המובחר"[537], ווייל נישט דאס איז דער תכלית פון עסן מצה, נאר

533) ראה קו׳ בעטרה שעיטרה לו אמו, (סעגעדין, קרית יואל): איש אחד שאל מבעל ויואל משה דסאטמאר זי״ע על מה שכתב בשו״ע לא יכוין להנאתו, והשיב לו: "עס איז דא א מיטל וועג, מען זאל אינזין האבן אויך פאר איר הנאה". עכ״ל.

534) ועיין בספר מי דעת סימן רמ, וז״ל: אין ר״ל "דלא יכוין להנאתו" דיהא לבו קץ בה ח״ו, דזהו מט׳ מדות, רק שישמש מתוך יראה ושמחה וכוונתו לשם שמים. וע״ע בספר תורות אמת, אהע״ז סימן כה, וז״ל: יש לתמוה איך יהיה זה אם יהלך איש על הגחלים ורגליו לא תכוינה וכו׳ אבל נראה אמת ואמונה, שמה שהתירה תורה - מותר גמור הוא, ואין בו שום נדנוד איסור, ואין כ״ז כ״א חסידות גדולה, וכו׳ עכ״ל. איברא לא משמע כן משאר הספה״ק, אלא נראה כמש״כ שאף שזה היתר גמור מ״מ צריך לכוין שלא יהא רק להנאתו לבד, ועיקר הכוונה תהיה על כוונת המצוה ולשם שמים להרבות שלום הבית.

535) משנה ריש ערבי פסחים: ערב פסחים סמוך למנחה לא יאכל אדם עד שתחשך. ופרש״י לא יאכל כדי שיאכל מצה של מצוה לתיאבון משום הידור מצוה. וכ״פ הרשב״ם. וברמב״ם פ״ו מהל׳ חו״מ הל׳ י״ב - כדי שיכנס לאכילת מצה בתאוה. ובשו״ע (או״ח סי׳ תע״א ס״א) נפסק: אסור לאכול פת משעה עשירית ולמעלה כדי שיאכל מצה לתיאבון.

536) ברכות לח ע״ב, ולהלכה עיין במשנה ברורה (סי׳ תע״ה ס״ק כ״ט) וז״ל: בלע מצה יצא. בדיעבד דגם זה מיקרי אכילה אע״פ שלא לעסה ולא הרגיש טעם מצה ואע״ג דלעיל בסימן תס״א ס״ד פסקינן דאין יוצאין במבושל ומשום דנתבטל טעם מצה אלמא צריך טעם מצה יש לומר דהתם גרע משום דהפת בעצמה אבדה טעם מצה אבל הכא יש בה טעם אלא שהוא לא הרגיש הטעם בפיו ומ״מ כ״ז בדיעבד אבל לכתחלה יש ללעוס אותה עד שירגיש הטעם בפיו.

537) נזיר כג ע״א: אמר רבה בר בר חנה אמר רבי יוחנן, מאי דכתיב (הושע יד, י): "כי ישרים דרכי ה׳ וצדיקים ילכו בם ופושעים יכשלו בם"? משל לשני בני אדם שצלו את פסחיהן, אחד אכלו לשום מצוה

צו טון דעם רצון ה'. אבער דעם רצון ה' טוט מען מיטן גאנצן געשמאק, און טראצדעם וואס די הנאה איז א זייטיגע זאך - איז עס אבער אויך א וויכטיגע זאך, ווי דער **רמב"ם** שרייבט[538]: "די אמאליגע חכמים פלעגן פאסטן ערב פסח כדי צו עסן די מצה מיט א תאוה, אז די מצוות זאלן זיין באליבט ביי זיי".

דאס זעלביגע איז מיט מצות הבית, ווי דער **סטייפלער גאון** זצ"ל שרייבט אין זיין באקאנטן בריוו, אז: "**מצות עונה היא מצות עשה מדאורייתא כאכילת מצה**". עס קען גאר זיין די רמז, פארוואס האט ער אנגעכאפט דווקא "אכילת מצה", ווייל פונקט ווי ביים מצוה פון עסן מצה דארף מען דאס מקיים זיין מיטן גאנצן הנאה, נאר מען דארף פארזיכערן אז די הנאה איז נישט דער תכלית פאר זיך, אזוי אויך דארף מען מקיים זיין מצות הבית מיטן גאנצן הנאה, נאר מען זאל געדענקן אז די הנאה איז א טייל פונעם קיום המצוה און דער תכלית איז מקיים צו זיין דעם באשעפער'ס רצון, וואס האט אויסגעשטעלט אז די הנאה פון מצות הבית שפילט א הויפט ראלע אין די שלום בית פון א אידישע שטוב, אויב עס ווערט געטון ווי עס דארף צו זיין[539].

אודאי האט מען הנאה פון מקיים זיין מצות הבית, און עס איז אפילו אוממעגליך נישט הנאה צו האבן דערפון, אבער עס איז נישט קיין סתירה צום מצוה זעלבסט! מען האט הנאה, מען מעג הנאה האבן, און מען דארף הנאה האבן, אבער דאס איז אלץ פאר די כוונה פונעם מצוה, און נישט סתם הנאה האבן לשם הנאה האבן[540].

ואחד אכלו לשום אכילה גסה, זה שאכלו לשום מצוה - "וצדיקים ילכו בם", וזה שאכלו לשום אכילה גסה - "ופושעים יכשלו בם", אמר ליה ר"ל: האי רשע קרית ליה? נהי דלא קא עביד מצוה מן המובחר, פסח מיהא קא עביד. (וראה במאירי שם ובנו"כ בפי' אכילה גסה.)

538) הלכות חמץ ומצה פ"ו הי"ב, וז"ל: וחכמים הראשונים היו מרעיבין עצמן ערב הפסח, כדי לאכול מצה בתאווה, ויהיו מצוות חביבין עליו.

539) כמש"כ הגרש"ו זצ"ל במכתבו בקונטרס מגילות סתרים: כתוב שצריך לאכול את המצה בתיאבון, אחרת זוהי אכילה גסה, כלומר אם אין רעב - דהיינו תאבון - אין זה נקרא אכילה. בנידון דידן, צריכה להיות תאוה ויש דוקא לעורר התאוה, אבל אין זה אומר כלל שצריך לגשת לשם הנאה. אדרבה, כל הכוונה לעורר את התאוה דוקא לשם קיום המצוה. ואולי זה לשם חסד שהיא תהנה, אבל דוקא לא לשם הנאת עצמו. אולם כמעט אי אפשר שלא ליהנות, וכפי שהזכרתי מאחד מגדולי החסידות. אבל כל מה שבאו חז"ל לשלול, הוא הביאה לשם הנאה.

540) ועיין בספר מי דעת, מהות הקדושה, וז"ל: והנה עיקר הקדושה היא, במה שמתחזק לעשות עפ"י התורה ועושה לשם שמים לקיים חובו כמ"ש בשו"ע, וממילא חלק מהחיוב הוא לעשות באופן שמשמחה, דזה נכלל בחובתו, ולשיטת הר"מ יש חיוב כללי לעשות מצוה זו בשמחה, וזהו מעיקר דיני מצוה זו ע"ש. אבל מה שהוא צריך לעשות מצוה זו בשמחה וצריך לשמחה דזהו שעבודו וזה בא מתענוג, הכונה בזה צריכה להיות לשם שמים ולא למלא תאותו, ואדרבה צריך לעשות כמי שכפאו שד - דהיינו שהיה יותר מעדיף שלא ליכנס לכל הענין הזה, ורק לשם שמים הוא עושה את כל המעשה הזה.

ה. די עיקר קדושה איז אין די צוגרייטונג

מיר האבן שוין אויסגעשמועסט אויבן, אז דער באשעפער האט באשאפן דעם מענטש אויף אן אופן אז ער זאל הנאה פון קיום המצוה, און דערפאר איז נישט שייך צו באפעלן א מענטש צו באוויזן ניסים און נישט הנאה האבן, וויבאלד דאס איז פשוט נישט במציאות.

כדי צו זיין אינעם קאטעגאריע פון איינער וואס איז מקיים מצות הבית "לשם מצוה", דארף מען משקיע זיין אין די **הכנה** און צוגאנג צום מצוה. אויב גרייט מען זיך צו דערצו מיט אן ערנסטקייט, מען זאגט א הארציגע תפלה בעפאר דעם, און מען האט אינזין מקיים צו זיין א מצוה, דארף מען נאכדעם צוגיין צום עצם מעשה דורכן פארזיכערן אז ביידע האבן ריכטיג הנאה דערפון. מען זאל נישט זיין אנגעצויגן אז אפשר גייט די כוונה אריין אינעם גדר פון הנאה לשם די אייגענע הנאה, ווייל אויב מען איז אנגעצויגן פארלירט מען די עצם **צורת המצוה**.

אט אזוי שרייבט קלאר דער בני יששכר אין נאמען פונעם הייליגן **חוזה פון לובלין** זי"ע[541]: "דער עיקר ענין זיך צו הייליגן איז בעפאר די מעשה זעלבסט, אבער בשעת מעשה איז אוממעגליך נישט הנאה צו האבן". דאס איז אויך דער אורזאך, פארוואס די דאזיגע מצוה ווערט אנגערופן "דעת", ווייל עס איז בעיקר תלוי אינעם דעת און מחשבה

אבל צריך לעשות צורת המצוה באופן שמשמחה, דרק עי"ז מתדבק עמה, וזהו תכלית מצוה זו וצורתה, דאם אינו באחדות עמה יש חסרון בצורת המצוה. ומי שיצרו גובר עליו, וע"י ריבוי תאוה נשמר מיצר הרע, גם נכלל בקדושת מעשה זה, כדאיתא בראב"ד ונפסק בטושו"ע סימן רם וכו'.

והטעם דחז"ל שבחו הפרישות, דמדרך החסיד להיות לו פחד שלא יכול לעמוד בעצם המלחמה עם היצר, ויבוא לעשות לשם תאוה, ולפיכך מדרכי החסידות לפרוש עצמו מן הגשמיות כמה שיכול. אבל מה שמוכרח עפ"י מצות התורה, לא בלבד שאין בזה שבח אם פורש, אדרבה, יש לו חטא בזה ואין זו קדושה כלל, ואם יקיים מצות התורה דוקא עי"ז יתקדש וכו'. וקשה מאד לומר לכל אדם בפרטות מה נקרא העדפה ותאוה אצלו, דהא כבר הביאו הפוסקים מחז"ל דמה שצריך האדם לשמור את עצמו מן החטא, ג"כ נכלל בהמצוה, וזה קשה לדעת אצל כל אדם בדיוק, וגם מה שמוכרח לעשות בשביל שלום בית בודאי נכלל בהמצוה, דהא זהו עיקר גדר המצוה של עונה לדעת כמה פוסקים, ואכמ"ל.

והעיקר הוא, דכל אדם ישער בנפשו מה שצריך לקיום המצוה ושיהא לו שלום בית, דזה גם נכלל בהקדושה, ועל ידו יתדבק למעלה בהשי"ת. ומה שיוסיף בשביל תאוה זה, יבטל אותו מדבקות ויביא אותו למחשבות זרות וכו', וידע כי בזה הוא עובר על תכלית הקדושה, דצריך לפרוש ממותרות ותאוות עוה"ז, וללחום לדבק מחשבתו בשעת מעשה למעלה בהשי"ת, ולא בשביל תאות לבו. אבל הכל יהיה עפ"י גדרי המצוה, דהוא שיהיו באחדות ובלב שלם, ולא לעשות ח"ו באופן שיקלקל השלום בית בינו לבין אשתו, ויהיה בזה פירוד בעצם המצוה.

541) בספר דרך פיקודיך מצוה א, וז"ל: והנה כתב מחו' הרב החסיד המקובל המפורסם מהרצ"ה שליטא"ל, ששמע מכבוד אמו"ר הרב הקדיש מהריעי"ץ זצוק"ל, דעיקר האזהרה על הקידוש הוא קודם המעשה, אבל בשעת המעשה א"א שלא יהנה.

פונעם מענטש, מיט וואספארא כוונה ער גייט צו דערצו[542].

ו. אינזין האבן "לשם מצוה" צוזאמען מיט "להנאת גופו" איז אויך א "מצוה מן המובחר"

דער אמת איז, אז עס שאדט נישט אויב עס מישן זיך אויס די צוויי כוונות: די כוונה פון מקיים זיין מצות הבית לשם מצוה, און די כוונה אז מ'זאל זעלבסט הנאה האבן דערפון, וויבאלד עס ווערט געברענגט אין ספרים אז ווען איינער וואס טוט א מצוה וואס האט אין זיך אויך "הנאת הגוף", און ער האט אינזין מקיים צו זיין די מצוה און אגב דעם איז ער אויך מכוין הנאה צו האבן, פעלט נישט אינעם חשיבות המצוה.

אט אזוי שרייבט דער **בן איש חי** מיט אומצווייידייטיגע ווערטער[543]: "העושה מצוה שיש בה הנאת הגוף, כאכילת מצה בליל פסח, ועונג שבת, ומצות עונה, ומכוין לשם מצוה וגם להנאת גופו, הוי שפיר **כמצוה מן המובחר**". ווי עס שטייט אויך אין **משנה ברורה** לגבי מצות צדקה[544]: "דהוי **צדיק גמור** אע"פ שמכוין גם להנאתו".

אזוי שרייבט אויך הגאון רבי **שלמה קלוגער** זצ"ל מער באריכות, ערקלערנדיג אז דא איז עס אפילו מער אויסגעהאלטן ווי ביי די אנדערע מצוות התורה. לאמיר ציטירן זיינע ווערטער[545]:

> טראצדעם וואס ביי אלע מצוות דארף מען אינזין האבן לשם מצוה און נישט פארן אייגענעם הנאה, אבער דא וואס דער עיקר מצוה איז פרי' ורבי', און אויב וועט מען

> אינזין האבן נאר געצווינגענערהייט וועט ער זיך פאר'מיאוס'ן פון איר, און די קינדער וועלן זיי פון די "בני תשע מידות" און עס איז נישטא דערביי קיין קיום המצוה, און נישט דאס האט דער באשעפער געוואלט מיטן געבן די מצוה. דערפאר איז די מצוה יא אינזין צו האבן פאר זיין הנאה, כדי ער זאל האבן באליבטע קינדער, און אזוי וועט ער מקיים זיין די מצוה ווי עס דארף צו זיין. אלעס גייט נאך די כוונה פונעם הארץ: אויב האט ער אינזין זיין הנאה, ווייל דורכדעם וועט ער בעסער קענען מקיים זיין די מצוה - איז זייער גוט, און עס נאר אסור ווען ער האט אינזין נאר זיין הנאה, און נישט לשם מצוה בכלל.

ענליך צו דעם שטייט שוין אפילו אין **תוס' ישנים**[546], אז ווען די פרוי געפעלט זיך פארן מאן איז גוט: "ווייל זי האט נישט נאר בלויז אינזין צו זעטיגן איר יצר, נאר זי האט אויך אינזין צו דערפרייען איר מאן און צו פארמערן שלום".

ז. וויאזוי קען מען מקיים זיין מצות הבית: "באימה וביראה"?

עס איז דא נאך זייער א וויכטיגע נקודה וואס מען דארף גוט אפלערנען. דער מחבר שרייבט[547]: "**וישמש באימה וביראה**" - ער זאל משמש זיין מיט א ציטער און מיט א פארכט. אויב לערנט מען דאס פאר זיך אליינס, קען דאס צוברענגען אז די גאנצע מעשה זאל געטון ווערן מיט אן אנגעצויגענעם געמיט און אנגעשטרענגטע גיסטע. אבער די דאזיגע פחד און ציטער איז דאך א היפוך פון שמחה, און מיר האבן דאך שוין מאריך געווען אז מצות הבית איז א מצוה פון "**שמחת אשתו**", און דאס איז נישט סתם א פראקטישע מצוה וואס אלס תוצאה דערפון געשעט א מציאות פון שמחה פון זיך אליינס. נו, אויב אזוי, וואס איז פשט אין די ווערטער פונעם מחבר אז מען זאל דאס טוהן "באימה וביראה"?

איידער מיר ענטפערן אויף דעם פראגע, דארף מען צושטעלן קלארשטעלן איין וויכטיגע זאך: עס מיינט זיכער **נישט** אז עס זאל הערשן אן אנגעצויגענעם אטמאספערע אין שטוב ביים קיום המצוה, פון אימה און יראה!

אין ספר **בנין הבית** ווערט געברענגט א מורא'דיגע מעשה[548], אז איינער איז אמאל געקומען צום **סטייפלער גאון** זצ"ל, און אים געזאגט אז ער איז ב"ה מקיים די מצוה מיט א געוואלדיגע פחד און יראה, אזויווי עס שטייט אין שו"ע. האט דער סטייפלער אים געפרעגט: "אפשר ווייסטו

546) נדרים כ ע"א, וז"ל: דמרצייא ארצויי - אינה מתכוונת כל עיקרה להשביע יצרה, אלא מתכוונת גם לשמח ולהרבות שלומו.

547) או"ח סימן רמ ס"ח.

548) שיעור שלישי.

פארוואס עס דארף זיין באימה ויראה? פון וועמען האסטו מורא?!", האט יענער געענטפערט: "וואס הייסט?! איך ווייס דאך איז עס איז דא דערביי אן השראת השכינה, און איך האב מורא פונעם באשעפער!". האט אים דער סטייפלער צוריקגעענטפערט: "דו האסט דען מורא פון השראת השכינה?! ביי דיר איז בכלל נישטא קיין השראת השכינה, ווייל די גמרא זאגט דאך קלאר אז[549]: אין השכינה שורה אלא מתוך שמחה!", און ער האט צוגעלייגט: "ביי דיר איז די איינציגסטע זאך וואו עס קומט אריין דאס ענין פון 'מורא', מצד דיין פרוי - וואס **די האט מורא פון דיר**, און דו פירסט דיך אויף ווי דאס וואס די גמרא זאגט[550] אז אן עם הארץ איז דורס ואוכל".

דאס הייסט, אז די "אימה ויראה" טאר בשום אופן נישט זיין קיין סתירה מיטן צורה פונעם מצוה, וויבאלד דער עצם מצוה דארף זיין מיט א גרויסע שמחה און מיט א ריבוי פון הנאה ועונג, כדי עס זאל נענטער ברענגען דעם פארפאלק וואס דאס ברענגט צו צום השראת השכינה אין שטוב. נאר וואס דען? אויב איינער קען מאכן די אויבנדערמאנטע צורת המצוה **צוזאמען** מיט אן אימה ויראה, דאן אשרי לו ואשרי חלקו, אבער מען זאל נישט מאכן פונעם טפל קיין עיקר און דערנאך פארלירן די גאנצע מצוה, וואס דאן האט מען נישט קיין מצוה און נישט קיין השראת השכינה[551].

פון די אנדערע זייט באדייט דאס יא פאר אונז אלעמען גלייך, אז מען זאל האלטן קאפ אז דאס איז אזא הייליגע מצוה אז עס קען גאר צוברענגען אן השראת השכינה, און דערפאר זאל מען צוגיין דערצו מיט א פאסיגע הכנה און מיט אן ערנסטקייט, און מען זאל וויסן אז דאס איז "דברים העומדים ברומו של עולם", און מיט אט דעם צוגאנג זאל מען צוגיין צום עצם מצוה און זיך דערפרייען אינאיינעם[552].

כדי בעסער צו פארשטיין דעם ענין, וועלן מיר ברענגען א משל פון א איד וואס האט געזען די גרויסע זאכן וואס די גמרא זאגט[553] איבער משמח זיין א חתן וכלה, אז מען איז "**זוכה לתורה שניתנה בחמשה קולות**" א.א.וו., און ער האט זייער שטארק געוואלט מקיים זיין אזא הייליגע און חשוב'ע מצוה, האט ער זיך צוגעגרייט עטליכע ווערטלעך און ביים קומענדיגן

549) שבת ל ע"ב.

550) פסחים מט ע"ב.

551) ובאמת מבואר בטור או"ח סי' פח בטעם תק"ע שבא מקלות ראש - ומבואר מזה שצורת המצוה הינו היפוך מ"כובד ראש", ומשו"ה אפי' ביחד עם האימה והיראה זה ג"כ סותר להיראה שצריכים לקריא"ש, כי ב' מיני יראה יש, ולא ראוי זה כראוי זה, ולאו כל אנפין וזמנים שוים.

552) דוגמא לדבר ראה בשו"ע או"ח סי' צג ס"ב, דאימה ויראה ושמחה אינם שני הפכיים, וז"ל: לא יעמוד להתפלל אלא באימה והכנעה לא מתוך שחוק וקלות ראש ודברים בטלים ולא מתוך כעס אלא מתוך שמחה וכו'.

553) ברכות ו ע"ב.

חתונה האט ער זיך אויפגעשטעלט בדחילו ורחימו אויפן בענקל אין צענטער פונעם זאל, כדי משמח צו זיין חתן כלה. ער גייט צו צום דערהויבענעם הייליגן מצוה מיט א געוואלדיגע ערנסטקייט, אזש ער ציטערט אוועק פונעם הייליגקייט פונעם מצוה, און אזוי הייבט ער אן צו זאגן א ווערטל מיט א געוואלדיגן כובד ראש... פארשטייט זיך אליינס אז צוליב זיין ערנסטקייט האט קיינער נישט געלאכט, און עס איז ניטאמאל געווען אינטערעסאנט אים אויסצוהערן.

אזא מענטש וויל באמת זייער שטארק מקיים זיין די מצוה, ער מיינט עס גאר ערנסט און האט די פאסיגע כוונות און רצונות, אבער צי האט ער דען מצליח געווען מקיים צו זיין די מצוה? געוויס נישט! ער איז טאקע געבליבן מיט אלע גוטע כוונות אבער אן דעם עיקר - דער עצם מצוה, און געוויס איז ער נישט זוכה צו די אלע גוטע זאכן וואס עס שטייט אויף דער וואס איז משמח חתן וכלה, ווייל ער האט פשוט נישט מקיים געווען די מצוה. והנמשל מובן מאליו.

ח. וואס מיינט דאס "כמי שכפאו שד"?

איינע פון די גרויסע צומישעניש מאכט זיך ווען מ'קוקט אריין אין שולחן ערוך און מ'לערנט נישט אדורך די סוגיא געהעריג, נאר מ'זעט א סעיף דא און א סעיף דארט, און עס דאכט זיך אים אז די מצוה דארף געטון ווערן מיט א פחד און שרעק, אן קיין שמחה און געשמאק. דאס זעלביגע איז מיט דער וואס לערנט אפ א שטיקל גמרא פלאטשיג אן גוט אדורכטון די נושא, און שטויסט זיך אן אינעם שטיקל גמרא[554] וואס דערציילט איבער אן הנהגה פון קיום המצוה "**כמי שכפאו שד**"[555]. אבער דער אמת איז, אז אויב ער וואלט גוט אפגעלערנט די גמרא פון אינערוויינינג וואלט ער עס גוט פארשטאנען, און נאר ווען איינער נעמט א טרוקענע לשון המחבר אן פארשטיין די מקור הדברים, קען דאס גורם זיין ספיקות אין קאפ[556].

---

554) נדרים כ ע"ב.

555) בבעלי נפש להראב"ד הביא שלשה פירושים בהנהגת ר"א: א' - שלא יהא ממרק, כדי למעט הנאתו. ב' - שלא היה מאריך באותה מעשה. ג' - שאף בשעת הזיווג היה מצריכה לחגרו ומגלה רק טפח ממנה ומכסה מיד. ובספר נזירות שמשון (או"ח סי' רמ) כתב בזה"ל: אבל לדברי הזוהר והאר"י ז"ל אין נראה אלא פירוש ראשון, וכל אינך יש קצת איסור. וכ"כ מרן הסטייפלער זצ"ל במכתבו, וז"ל: אבל פירוש השני והשלישי שיהיה בבגדים ושיהיה במהירות, אדרבה יש בזה איסור. וכן הבאנו לעיל שלפי השו"ע הנהגות אלו לא שייכים בלי הסכמתה המלאה כשנתרצית בדבר.

556) כאן המקום להזכיר מש"כ הסמ"ע בהקדמתו, וז"ל: ועצומים כל הרוגיה, רמז לאלו המעצימים עיניהם לראות במקור הדין, והטעם כי אף שהגיעו להוראה, כל שפוסקין מתוך השו"ע הסתום והחתום,

דער **מג"א** אויפן ארט[557] פרעגט א שטארקע קשיא אויפן הנהגה פון רבי אליעזר "כמי שכפאו שד", פון דעם וואס די גמרא זאגט אין אן אנדערן ארט[558] אז ס'איז גאר דא א ספעציעלן ענין מאריך צו זיין אינעם מעשה, כדי די פרוי זאל מער הנאה האבן און צווערשט מזריע זיין. ער ברענגט א תירוץ פונעם ראב"ד, אז דאס וואס ר"א האט נישט מאריך געווען איז געווען צוליב גרויס פחד אז ער וועט טראכטן פון אנדערע, אבער ווער עס איז מאריך כדי מקיים צו זיין מצות הבית ריכטיגערהייט דורכן מהנה זיין דאס ווייב, **דער באקומט דערויף א באזונדערע שכר**. נאר דער וואס איז אינעם מדריגה פון א בעל נפש, און ער איז חושש צו א ספק אז דורכן מאריך זיין וועט ער פארלירן דאס קשר מיטן ווייב, דאן זאל ער מקצר זיין. פארשטייט זיך, אז דאס איז געזאגט געווארן נאר נאכדעם וואס עס איז שוין דא די ריכטיגע שלום בית אין שטוב, און נאר נאכדעם וואס עס איז מיט איר גאנצע הסכמה[559], און נאר נאכן

אינן מבינין גוף הדברים על בוריו הכתובים לפניהם. וע"ע מש"כ התוס' יו"ט בהקדמת ספרו מעדני יו"ט, וז"ל: ואף הרב הגדול מהר"י קארו ז"ל וכו' לא נתכוין לעולם להורות מתוך ספרו, חלילה וחלילה מלחשוב עליו כזאת, רק מי שלמד ועיין בספר הטורים ע"פ פי' ב"י. וע"ע במהרש"א סוטה כב ע"א, וז"ל: ובדורות הללו אלו שמורין הלכה מתוך שו"ע, והרי הם אינם יודעים טעם הענין של כל דבר, אם לא דקדקו תחילה בדבר מתוך התלמוד, שהוא שימוש ת"ח וטעות נפל בהוראותם והרי הם בכלל מבלי עולם. דבריהם אלו אמורים בכל ההלכות, וכ"ש בענינים דקים האלו הצריכים בירור רב להבחין בין קודש לחול, שצריכים הרחבה במקור הדברים בכדי להבין את כוונת הדברים לאמיתת הענין.

557) או"ח סימן רמ סקכ"א, ז"ל: וקשה, הלא אמרו בשכר שמשהין עצמן על הבטן ה"ל בנים זכרים? ותירץ הראב"ד, כל המעשים שהם לש"ש טובים הן; מי שיודע בעצמו שיאריך ולא תכנס בו מחשבה אחרת, ומשהה עצמו כדי שתהנה האשה ממנו ותזריע תחלה, הקדוש ברוך הוא משלם לו בנים זכרים. ומי שאינו בוטח בעצמו, וממהר כדי להנצל מן החטא, גם הוא עושה מצוה, והקב"ה נותן לו זכרים. ובri"ף ריש הלכות נדה הביא ג"כ שתי הנהגות אלו בבת אחת, ושתיהן הן מדרכי הקדושה.

558) נדה ע"א ע"א.

559) וראה בקונטרס קדושת ישראל, שעהר, (עמ' 20), אחרי שהביא הגמ' בברכות סב ע"א אודות רב כהנא שהאזין לרב מתחת למיטתו (והבאנו הסיפור לעיל ומה שיש ללמוד מזה), וז"ל: הרי יש ללמוד מרב הלכה למעשה, שרב כהנא מסר נפשו על "תורה היא וללמוד אני צריך", שעל צדיק שלם כמו רב - המצוה לנהוג כמו קלות ראש עם אשתו, כפי רצונה ממש, כאילו היה הוא "חתן יוצא מחופתו" שלא שמש מטתו מעולם, והיא רוצה בכך שתהיה ככלה בשעת חופתה, ואלו הם דברי ר' מאיר שדרש טעם החק בטומאתה (נדה לא ע"ב), וכך מצינו שנהג השלם בתכלית השלמות למעשה. והמתחסדים כולם יודעים המאמר "כאילו כפאו שד" שלא נאמר זה הלכה למעשה, רק שהשלם נהג כך, והראב"ד מביא סתירה מהיא דמצוה לקדש עצמו על הבטן, ופי' שכל אחד יתנהג כפי הראוי לו. אבל כמנהגו של רב - שרב כהנא למד למעשה - בודאי שכך צריך כל אדם לנהוג, אלא ברבות השנים התאוה כבר נחלשה ואהבה אין לו, אז הם מתפארים בקדושה לעשות כמעשה שדים, שזהו טעות גמור ומביא לידי מכשולים רבים, שהאשה מואסת בבעלה הצדיק ומתקוטטת עמו כמובן על תביעות אחרות, ובושה לומר מה מעיק לה ומה חסר לה, ושלום בית אין, והבנים עזובים בלא חינוך טוב מפני הקטטות, ה' ירחמם. ובהמשך כותב, וז"ל: ועיין בתקוני זוהר שפירשו על הא דכפאו שד, דאיהו שד מן השם הקדוש שד"י. וביאר

וויסן קלאר אז ער וועט נישט נכשל ווערן צוליב דעם מיט אנדערע ענינים.

די **טורי זהב** שמועסט אויס [560] זייער שיין, אז עס זענען דא פארשידענע דרגות אין עבודת ה', ווען איינער וועלט אויס א געוויסע דרגא למשל "וויינג שלאפן", אבער דאס ברענגט זיי נישט צו צום תכלית אין עבודת ה' ווייל מען איז נישט גוט אויסגערוהט, איז דאס ממש א שאד זיך צו פייניגן, ווייל אין די זעלבע צייט וואלט מען געקענט יא שלאפן און אויפטוען דאס זעלביג זאך. און דאס זענען מיר טאקע פון אונזער ענין, אז עס זענען דא פארשידענע סארטן הנהגות, וואס ביי איינעם ארבעט דאס און ביים צווייטן ארבעט דאס פארקערטע, אבער ביידע צילן צו אנקומען צום זעלבן תכלית.

אין אנדערע ווערטער זעען מיר דא, אז די הנהגה פון ר"א איז נישט געווען אוועקצונעמען אדער פארמינערן אין מצות הבית - ווי מאנכע קענען ווען אפלערנען אז דער גאנצער ענין איז א "בדיעבד" וואס מען דארף אפ'פטר'ן ווי אמשנעלסטן, נאר **פונקט פארקערט**, ער האט מקצר געווען כדי די מצוה זאל זיין מיט א געצליכן אחדות, "וכל הלבבות דורש את ה'" - יעדער לויט זיין מצב[561].

הגר"א בפירושו, שלכך היה נזהר בצניעותו שלא יסתלק היו"ד וישאר ש"ד ח"ו, זהו מפורש למבין כפי שפרשתי, שהיה מתקדש בדביקות ופחד פן תופסק דביקותו וישאר שד ח"ו. והצדיקים שלנו חושבים שהם מתדמים להחסיד השלם הזה, ומפרשים "כפאו שד" - שד ממש, ועושים מעשה שדים היפך האמת, שהשלם פחד מזה שלא יהיה כמו מעשה שדים ח"ו.

560) טורי זהב (אבן העזר סי' כג) וז"ל: בטור הבי' בשם הראב"ד דקשה במה שאמרו במעש' דאימ' שלום אשת ר' אליעזר שאמרה על בעלה שהיה מקצר בתשמיש עמה הא איתא שדרשו חז"ל על פסוק שכר פרי הבטן בשכר שמשהין עצמם על הבטן כדי שיזרעו נשותיהן תחלה ה"ל בנים זכרים ותירץ כי כל לבבות דורש ה' וכל המעשים לש"ש חשובים מי שיודע שיוכל להשהות עצמו ולא יבא לידי מחשב' אחרת הקב"ה נותן לו שכרו ומי שאינו בטוח בזה וממהר כדי להנצל מחטא הקב"ה נותן לו ג"כ שכרו. ודכוותיה מצינו שכתב הרמב"ם על פסוק בכל דרכיך דעיהו דהיינו מי שאוכל ושותה ומעדן נפשו כדי שיהיה ברי וחזק לעבודת השי"ת יש לו שכר כמו שמתענה ודברים אלו אסמכת' אקר' שוא לכם משכימי קום...דהיינו שיש ת"ח מנדרין שינה מעיניהם ועוסקים בתורה הרבה ויש ת"ח שישינים הרבה כדי שיהיה להם כח החזק וזריזות לב לעסוק בתורה ובאמת יכול ללמוד בשעה א' מה שזה מצטער ועוסק בשני שעות ובודאי שניהם יש לכם שכר בשוה ע"כ אמר שוא לכם דהיינו בחנם לכם שאתם מצטערים ומשכימים בבוקר ומאחרי שבת בליל' וממעטים שנתם זה בחנם כי כן יתן ה' לידידו שינה דהיינו מי שישן הרבה כדי שיחזק מוחו בתורה נותן לו הקב"ה חלקו בתורה כמו אותו שממעט בשינה ומצטער עצמו כי הכל הולך אחר המחשבה ומבי' הפסוק ראיה ע"ז הנה נחלת ה' בנים דהיינו מי שזוכה לבנים הוא שכר פרי הבטן דהיינו שמשהין עצמן ומצינו ג"כ להיפך כקושייתו של הראב"ד אלא ודאי כתירוץ הראב"ד דכל לבבות דורש ה' ה"נ בזה כנלע"ד נכון, עכ"ל.

561) וכ"כ במשכן ישראל עמ' סד, וז"ל: יסוד הלשם שמים בחיבור הוא, לייחד דעתו לאשתו, ולהגיע עמה לקשר אישות שלם, ולכן ראשית כוונה זו להשלים את "שמחת העונה". ולשם שמירת הקשר על אמיתתו באו חומרות אלו, והן נוהגות במי שלפי מעלתו ומעלת זוגותו, הן מוסיפות על שלימות המצוה.

אזוי אויך איז וויכטיג אראפצובערנגען דאס וואס דער הייליגער **יעב"ץ** שרייבט איבערן הנהגה פון "כמי שכפאו שד"[562]:

> פון דעם וואס די גמרא ברענגט די מעשה פון רב (-פון שח ושחק), קען מען זיך ארויסלערנען אז די הנהגה פון רבי אליעזר פון "כמי שכפאו שד" איז אן איבעריגע זאך, און דאס איז נישט די מידה פאר אלע מענטשן - אפילו פאר איינער וואס איז אזוי גרויס ווי רב.

אבער דער אמת איז, אז נאכן גוט אפלערנען די סוגיא מיט אלע הלכות ארום און ארום, קען גאר זיין אז עס איז בכלל נישטא קיין סתירה פון די צוויי הנהגות, און דער ענין פון "כמי שכפאו שד" איז נאר א משל וואס איז געווען מצוי אין יענע צייטן ווען מ'איז געווען צוגעוואוינט צום מציאות פון שדים, וואס היינט צוטאגס ווען עס זענען נישטא קיין שדים איז דער משל נישט אזוי קלאר.

מיר קענען אפלערנען דער געדאנק פונעם משל - דורכן נמשל, אז מ'זאל מקיים זיין מצות הבית מיט יראת שמים און מיטן ריכטיגן הנהגה, וואס זאל נישט זיין סתירה מיטן חלק פון "שמחת עונה". אין אנדערע ווערטער, מען קען מקיים זיין די מצוה "כמי שכפאו שד" אבער ח"ו נישט "**כמי שכפאו לאשתו**", וואס דאן האט נישט קיין פשט דאס מקיים זיין מצות עונה, וויבאלד קיינער האט נישט הנאה פון אזא הנהגה און עס קען גאר זיין דאס פארקערטע פון שמחת עונה, עס ווערט א צער און פיין פאר דאס ווייב - ווי איידער א דערפרייאונג.

איי וואס באדייט "כמי שכפאו שד"? לאמיר זען די הייליגע לשון פונעם **מנורת המאור**, וואס ערקלערט די הנהגה פון רבי אליעזר ווי פאלגענד[563]:

> גם בעת החבור, אל ישמש להנאתו לבד אלא גם להנאתה, וכמי שפורע חוב המוטל עליו מהעונה האמורה בתורה, כמו שספרה אשתו של רבי אליעזר שהיה דומה כמי שכפאו שד, כלומר - שלא היה מתכוין להנאתו לבד, אמנם היה התשמיש בעיניו כמי שמתעסק במלאכה אחרת.

דאס הייסט, אז דאס וואס רבי אליעזר האט געטון די מצוה "כמי שכפאו שד", מיינט צו

זו היראה שנהג בה ר"א, מצד אחד היה מספר במילי דתשמיש "כדי להרבות בתאוותו", וכדי לרצותה. ומצד שני היה מגלה טפח ומכסה טפחיים כדי למעט בהנאתו, ולא היה כל סתירה בין שתי הנהגות אלו, היות והיראה והכוונה לשם שמים חייבה בשתיהן לתכלית אחת - לקיים קשר האישות שלם המיולד לאשתו, וע"ז נאמר (קהלת ז, יח): "כי ירא אלקים יצא את כולם".

562) הגהות יעב"ץ, ברכות סב ע"א ד"ה שמעיה, וז"ל: שמע מינה, ההוא דנהג ר"א שגלה טפח וכו' ודומה כמי שכפאו שד, מלתא יתירתא עבד, ואינה מדת כל אדם - אפילו הגדול כרב. [ולפלא שקטע זה נשמטה מכמה מהדורות הש"ס, בכוונה או שלא בכוונה].

563) סימן קפה.

זאגן אז ער האט עס נישט געטון בלויז פאר זיין אייגענע הנאה, נאר אויך פאר איר הנאה, און וויבאלד ער האט אינזין געהאט מקיים צו זיין די מצוה לשם שמים, האט ער זוכה געווען צו גוטע קינדער.

ווען מ'קוקט בעסער אריין אינעם סוגיא, זעט מען אז ס'איז א דבר פשוט אז דער געדאנק פון פארמינערן זיין הנאה איז בעיקר געזאגט געווארן כלפי די מחשבה און צוגאנג צום מצוה, ווייל די גמרא ברענגט גאר אראפ די מעשה אלס א ראי' אז מען מעג רעדן בשעת'ן זיווג[564], און די גמרא זאגט אז סתם רעדן איז נישט גוט אבער רעדן פון "מילי דתשמיש" איז יא גוט, ווי מיר געפונען אז אזוי האט זיך רבי אליעזר געפירט, און ווי רש"י ערקלערט אז ער האט דאס געטון: "כדי לרצותה" - אריינצוברענגען דאס ווייב אינעם ענין. זעען מיר פון דעם, אז ער האט עס נישט געטון מיט אן "אימה ופחד" און מיט א שטילשווייגעניש, ווי כאילו איינער שטייט העכער אים מיט א ביקס און צווינגט אים צו טון די מעשה (און ווי ס'קען זיך דאכטן פשט אין "כמי שכפאו שד"), ווייל דעמאלט איז דאך בכלל נישט שייך אז די פרוי זאל הנאה האבן, נאר **ער האט זיכער געמאכט אז פאר איר איז עס געשמאק**, און ווי מיר האבן געברענגט די ווערטער פונעם מנורת המאור, און אזוי ארום איז די מצוה טאקע געווען ווי עס באדארף צו זיין.

אבער עס גייט נאך פיל ווייטער פון דעם: דער **רא"ש** שרייבט - און עס ווערט געברענגט אין שו"ע[565], אז: **במילי דתשמיש שרי לספר כדי להרבות בתאוותו** - מען מעג רעדן מילי דתשמיש כדי צו פארמערן זיין תאוה. די מקור פון דעם איז טאקע פון אט די מעשה פון ר' אליעזר. אויב אזוי איז דאך זיכער פשט, אז אינעם **חלק המעשה** איז עס געווען מיט אן הנאה און רצון, ווי מיר האבן שוין אויבן אויסגעשמועסט אז דאס איז דער רצון ה' און דער וועג פונעם קיום המצוה. נאר זיין עיקר התנהגות איז געווען אינעם **חלק המחשבה**, אין זיין כוונה פארן קיום המצוה, און אדאנק דעם האט ער געקענט מקצר זיין בשעת מעשה, וויבאלד ער האט סיווי מקיים געווען די מצוה ווי עס דארף צו זיין און מער פון דעם האט נישט אויסגעפעלט פאר זיי[566]. ווידער דאס וואס האט זיך יא אויסגעפעלט בשעת מעשה, צו

564) נדרים כ סוף ע"א: חרשים מפני מה הוין? מפני שמספרים בשעת תשמיש. ורמינהו: שאלו את אימא שלום, 'מפני מה בניך יפיפין ביותר'? אמרה להן: 'אינו מספר עמי לא בתחלת הלילה, ולא בסוף הלילה, אלא בחצות הלילה, וכשהוא מספר - מגלה טפח ומכסה טפח, ודומה עליו כמי שכפאו שד. ואמרתי לו: מה טעם? ואמר לי: כדי שלא אתן את עיני באשה אחרת, ונמצאו בניו באין לידי ממזרות'? לא קשיא, הא במילי דתשמיש הא במילי אחרנייתא.

565) אהע"ז סימן כה ס"ב.

566) שוב מצאתי כעין ראיה זו בקונטרס קדושת ישראל, (עמ' 24) וז"ל: יש סומכים על מאמר זה וטועים לומר שיש להם לעשות מעשה בבהילות כמעשה שדים, ואמרתי שיש להם לעיין במסכת כלה - הובא בבעלי הנפש להראב"ד ובטור אהע"ז סוף סימן כה: ר' אליעזר אומר, יפתה אותה בשעת תשמיש. ובגמ'

רעדן מילי דתשמיש וואס פארמערט די תאוה און איז א חלק פונעם אופן קיום המצוה, דאס האט טאקע רבי אליעזר יא געטון, **און טאקע נאר דערפאר וואס ער האט עס געטון בשמחה דורכן רעדן אין די זאכן, האט ער זוכה געווען צו שיינע קינדער**[567].

אצינד, ווען מיר באטראכטן פון פריש דעם סוגיא, קענען מיר גיין נאך א שטאפל ווייטער: וואס איז געווען די "מילי דתשמיש" וואס רבי אליעזר האט גערעדט מיט זיין ווייב? מיר געפונען זייער שמועס אינעם גמרא זעלבסט, אז זי האט אים געפרעגט בשעת מעשה פארוואס ער פירט זיך מיט זיין ספעציעלן הנהגה, און ער האט איר געענטפערט: **"כדי שלא אתן את עיני באשה אחרת"** - כדי איך זאל נישט טראכטן פון א צווייטע פרוי בשעת מעשה.

ווען מ'קלערט אריין זעט מען אז דאס זעלבסט איז געווען די "מילי דתשמיש" וואס זיי האבן גערעדט בשעת מעשה - וואס דאס מעג מען יא רעדן, וויבאלד מילי דתשמיש זענען איר מעורר און ברענגען צו אז זי זאל וועלן מקיים זיין די מצוה מיט א גלוסטעניש, און טאקע דא אויך האט עס איר מעורר געווען וויבאלד זי האט פארשטאנען פון זיינע ווערטער אז ער פירט זיך מיט זיין הנהגה דווקא ווייל ער האט איר ליב און וויל נישט טראכטן פון א צוויטן. אט די דאזיגע רייד זענען פאסיגע מילי דתשמיש, וואס די גמרא לערנט ארויס פון דעם אז אזוי זאל זיך יעדער פירן בשעת'ן מצוה, און טאקע דאס איז די נקודה וואס מיר דארפן ארויסנעמען פונעם הנהגה פון רבי אליעזר.

שם: מאי יפתה? אילימא לספר עמה וכו', אלא לאהבה ולחשקה. הרי מפורש, שאותו ר' אליעזר שעשה המעשה כאילו כפאו שד, עשה באהבה ובחשקה. ואם הוא מכוין לש"ש, הרי טוב הוא וזוהי מצותו, והוא מתאמץ למעט כפי יכלתו. ומה זאת "כוונה" - ג"כ אין מתחסדים אלו יודעים בבירור, ואמירה בפה ברצון טוב - זוהי הכוונה שלהם, ובאמת הם שקועים בתאוה כפי נטיית הטבע, והוא עושה מעשה בהמה ממש. שעיקר הכונה היא הידיעה האמיתית הברורה בשכלו ובלבבו, וכיון שידיעתו פגומה, ויודע שהוא עושה מעשה בהמה בשיקוץ התאוה, הרי זוהי כונתו בשעת מעשה, וטומאה זו א"א להתקדש באמירתו ורצונו הטוב. אלא השלם יודע שהוא עושה מעשה קודש, שמצד עצם הבריאה הוא חול, והרי הוא מקדש את הענין כולו במחשבותיו הקדושות, כמפורש וכמבואר בכל המאמר הנ"ל.

וע"ע במשכן ישראל, חלק א עמ' 41, וז"ל: ברור א"כ שהכוונה "להיזהר בהם", אינו לחקות מעשה ר"א עצמו כמו שהם, שהרי משמע שגם בזמן חז"ל הקדושים היה ר"א ודביתהו מיוחדים בכוחם לקיים את המצוה בשלמות באופן זה. אלא הכוונה להיזהר בענינים אלו, שלא לעשותם יותר על המחויב בגדרי מצות העונה, כדי שלא לסתות מאהבת השי"ת ויראתו וכו', זו דרכו של ר"א שלא להוסיף על מה שהוצרך אצלו להשלמת המצוה, לפי גובה מעלתו שאמר בשעת פטירתו (סנהדרין ס"ח ע"א): "אוי לכם, שתי זרועותי שהם כשתי ספרי תורה שנגללין", ולפי מעלת אשתו הנקראת "אימא שלום" - כלומר מקור כוח השלום, ואין היא צריכה מעשים חיצוניים לעורר אותו.

567) וכמש"כ בעל היראים, הובא בשטמ"ק נדרים כ ע"ב, וז"ל: הא במילי דתשמיש - טוב לספר, שמתוך כך היה מוציא זרע בשמחה, ומתוך כך היו בניו יפים.

ט. "בזאת יבא אל הקודש" - וויסן ביי זיך ווען עס איז הייליג און ווען איז עס סתם "תאוה"

אצינד ווען מיר פארשטייען אז די מהות פון קדושה איז "אחדות", און אז אחדות קומט נאר דורכן גשמיות'דיגן הנאה וואס דער באשעפער האט באשאפן טאקע פאר דעם צורך - צו קענען מקיים זיין דעם "**ודבק באשתו**", און אז טאקע נאר אט די אחדות ברענגט אן השראת השכינה אין שטוב, דאן פארשטייט מען זייער גוט וואס איז דער ריכטיגער וועג וויאזוי צו ערוועקן די תאוה, פארן געברויך פון קיום מצות הבית[568].

און כדי צו וויסן מיט א קלארקייט, אויב זיין כוונה מיטן תאוה איז פאר זיך אליינס אדער פארן תכלית פונעם מצוה, וועלן מיר דא אראפברענגען די געוואלדיגע רייד פון קונטרס **קדושת ישראל** זצ"ל[569]:

---

568) וז"ל ספר בנין הבית (שעור רביעי ד' 121): הענין של ריבוי התאוה מבואר היטב עפ"י יסוד האחדות. כאן לא מספיק רק מקצת אחדות, אלא צריך להגיע לשיא האחדות בכל רמות הקשר שאפשר להגיע. א"כ כפי רמת התאוה - זה קובע את רמת אחדות הגופים, עד שמגיעים לרמת השיא של אחדות גמורה, שהם כאחד ממש. לעורר זאת - זוהי עבודת ה' גדולה, כמו שמצאנו ברב שכבר לא היה צעיר, ומ"מ דמי כמאן דלא שריף תבשילא. מצד שני, אם אינו מתאוה לה כ"כ - הרי אינו עוסק באחדות אלא בפירוד, ולכן זו עבירה חמורה. מקור הטעות הוא משום שבאמת בכל התורה כולה 'תאוה לשמה' היא אבי אבות הטומאה, ולכן צריך שיעשה את עניני החומר לש"ש ללא נגיעות עצמיות. משא"כ בסוגיין, אין כאן תאוה לשמה של דרך זנות ח"ו, אלא יש כאן גישה של דרך אישות. נדרש מן האדם להגיע לרמת אחדות מושלמת עם אשתו, ולצורך זה הוא מפעיל את ריבוי התאוה. האדם עוסק בזה בעבודת ה', ולא במלוי התאוות השפלות.

569) קונטרס קדושת ישראל, שעהר, (עמ' 15): וכן אנחנו מבינים את דבריו (של הרמב"ן) שכתב, שידבר עמה כדי לקשור דעתך בדעתה וכונתך בכונתה, היינו שישפיע עליה בדבריו עד שגם היא תדבר בהתעניינות בענינים אלו כמו שהוא מדבר עמה, וכשיראה את דעתה שלמה עם דעתו, ומתוך אהבתם שנתעוררה בדבריהם כבר באו לידי חבוקים ונשוקים ושעשועים שונים, על שעה זו בא הרמב"ן בדבריו בסוף דבר כשאתה מתחבר אל תמהר לעורר את התאוה היינו לעשות מעשה, מפני שיש עליך לקיים את המצוה שנאמרה על שעה זו (ויקרא יא, מד): "והתקדשתם והייתם קדושים", ופירשו חז"ל (עיין ברי"ף ריש הלכות נדה שכתב שם כגון הא), שישהה על הבטן עד שהיא תזריע תחילה ויזכה לבנים זכרים. ומה קדושה יש בזה שישהה על הבטן, כבר נתבאר לעיל שהקדושה היא החשיבות, שהאדם מרגיש בנפשו כשהוא חי חיי השכל ומתרחק מכל כיעור וגנאי ומלהתענג כבהמה, ועל כן עתה בשעה קדושה זו שדעת האשה מסכמת לדעת הבעל, להתאחד ולהיות צלם אלוקים כמראשית היצירה מתוך אהבה ומסירות בכל לב ונפש, על הבעל להתרחק מרגשי התאוה שמתעוררים בטבע האדם כשהוא קרוב כ"כ אל האשה.
וזוהי הבחינה הנאמנה בשעה זו אם הוא עושה את החבור מתוך תאוה בהמית או מתוך אהבה שלמה, שמדרך התאוה במצב נפש זה להתפרץ בדריסה וטירוף הדעת, ולשכוח על האהבה ודברי חיבה שלו לאשתו אהובתו, ויתגבר עליה למלא רצונו ככל אות נפשו, ומדרך האהבה האמיתית להתאפק שלא להתעורר כ"כ, וישלוט בעצמו עד שאהובתו תעורר אותו מתוך אהבתה ומסירותה לאהובה וברצונה

דאס איז דער ריכטיגער סימן בשעת מעשה, צו וויסן אויב ער איז זיך מזווג מיט א בהמי'שע תאוה אדער מיט א ריכטיגע ליבשאפט: דער שטייגער פון סתם "תאוה" ביים זיווג איז, זיך אויפצורייסן מיט א ווילדקייט וטירוף הדעת, **פארגעסנדיג** פון ליבשאפט און פון רעדן דברי חיבה צו זיין באליבטע ווייב, און ער וועט זיך שטארקן אויף איר כדי צו ערפילן זיין אייגענעם רצון אזויווי ער וויל. ווידעראום דער שטייגער פון אמת'ע ליבשאפט איז, **זיך איינצוהאלטן** פון ווערן אזוי איבערגענומען, און זיך באהערשן ביז זיין באליבטע ווייב וועט אים ערוועקן דערצו אדאנק איר ליבשאפט און איבערגעגעבנקייט צו איר באליבטן, וואס דאן וויל זי ערפילן זיין הנאה און געשמאק ווי עס דארף צו זיין, ווי עס איז דער טבע פון אמת'ע ליבשאפט צווישן צוויי מענטשן וואס האבן זיך ליב, אז יעדער פארגעסט פון זיך און פון זיינע אייגענע רצונות, און איז גענצליך איבערגעגעבן צו ערפילן דאס ווילן און תשוקה פונעם באליבטן... דאס איז די קדושה פון זיין א "שוהה על הבטן" און זיך איינהאלטן פון ערפילן זיין אייגענעם תאוה, נאר ער איז פארנומען איר אויפצולעבן מיט חיבוק ונישוק, כדי איר צו ערוועקן אזוי שטארק אזש זי וועט גרייכן דעם קלימאקס, און ווען זי האלט שוין דארטן דאן זאל ער זיך זעלבסט ערוועקן צו פארענדיגן די מצוה...

לענגו ולמלא הנאתו כראוי, שכך הוא טבע האהבה האמיתית בין האוהבים, שכל אחד שוכח על עצמו ועל רצונותיו והוא מסור בכל כוחו לעשות רצון אהובו במלוי רצונו ותשוקתו. וזוהי הקדושה שיש בזו ההתאחדות, שישתתפו שניהם בשלמות אהבתם, ריעים האהובים, שכל אחד יעורר את חברו להנאה ועונג שכל חפצו הוא לעשות רצון חברו האהוב לו, ואם א"א למלא רצון חברו רק באופן זה שהוא ג"כ יתעורר להתענג עמו, יעשה זאת לטובת חברו ולא להנאת עצמו, והנאתו שחברו האהוב לו מאד נהנה היא יותר גדולה מהנאתו שנהנה הוא בעצמו, וזוהי הקדושה שיש בשהיתו על הבטן ומעכב את עצמו שלא למלא תאותו לגמור חפצו, אלא הוא עוסק לשעשע אותה בחבוקים ונשוקים כדי שתתעורר כ"כ עד שתזריע, וכשיראה אותה במצב כזה אז יתעורר גם הוא לגמור מעשיו כדי שתתענג גם בקבלת הזרע שלו.

א קורצן סיכום פון דעם פרק:

- דער וואס פירט זיך אויף ווי א "מלאך" און איז זיך שנעל מזווג, און מיינט אז ער פליט אין הימל מיטן צוריקהאלטן הנאות, זאל וויסן אז ער טוט סך-הכל אן עבירה מיטן פייניגן זיין ווייב, און אזא זיווג איז א ריכטיגער טייל פון די "תשע מידות", וואס שוין אפגערעדט אז פון דעם וועט ער נישט שטייגן אין עבודת ה', נאר ער קען גאר זוכה זיין צו קינדער רשעים און טיפשים וואס קומען ארויס פון א זיווג של תשע מידות.
- דאס וואס ס'ווערט גע'פסק'נט אז מ'זאל נישט פארמערן מיט מצות הבית מער ווי זיין חיוב עונה, איז צוליב דעם זעלבן אורזאך פארוואס ער טאר נישט פארמינערן מיט מצות הבית וויניגער ווי זיין חיוב עונה: ווייל זיך איבער-עסן קען זיין מסוכן, פונקט ווי נישט עסן גענוג איז מסוכן. אזוי אויך, דורכן מקיים זיין צופיל מצות הבית פארלירט עס דעם ספעציעלן חשיבות, און עס איז פוגע אין איר כח פון פארשטערקערן דעם שלום בית אין שטוב.
- דערפאר איז אויך קלאר, אז הנאה האבן פון מצות הבית איז נישט קיין שום פראבלעם אלס "קדש עצמך במותר לך", פונקט ווי ס'איז נישטא קיין פראבלעם הנאה צו האבן פון עסן און טרינקען. דער פראבלעם איז ווען מ'לויפט נאך די הנאה און נישט דער ציל וואס די הנאה דארף צוברענגען.
- דאס וואס ס'ווערט גע'פסק'נט אז "לא יכוין להנאתו" מיינט טאקע אט דאס: מ'זאל נישט אינזין האבן נאר זיך זעלבסט מהנה צו זיין מיט א גשמיות'דיגן הנאה פאר גארנישט, אבער אויב דער געדאנק איז צו פארשטערקערן דעם שלום בית, דאס פארבינדונג צווישן דעם פארפאלק, דער אינערליכער געפיל און ליבשאפט צווישן זיי צוויי, און אפילו דער פראקטישער קיום חיוב מצות עונה, דאן טוט ער דאס נישט "להנאתו" — פאר זיין ביליגן תאוה.
- נאכמער, אין א פאל וואס ער האט אינזין מקיים צו זיין א מצוה ווי אויבנדערמאנט, דאן איז די הנאה וואס ווערט באגלייט — א טייל פונעם מצוה זעלבסט. פונקט ווי הנאה האבן פונעם טעם מצה אום פסח איז טייל פונעם מצוה פון עסן מצה, אזוי איז דער הנאה ביים קיום מצות הבית טייל פונעם מצוה זעלבסט, און עס ווערט גאר אנגערופן א "מצוה מן המובחר".
- דאס וואס ס'ווערט גע'פסק'נט אז מ'דארף מקיים זיין די מצוה "באימה וביראה" קען געוויס נישט מיינען אז מ'זאל עס טון מיט אן אנגעצויגנקייט און פארכטיגן געמיט, ווייל דאס איז א סתירה מיטן קיום המצוה בשמחה ובאהבה וואס מיר האבן שוין געברענגט פילע מקורות אז דאס דארף אזוי צוגיין. דער אימה ויראה מיינט אז אין צוגאב צו די צורת המצוה ווי מיר האבן אויסגעשמועסט, איז דא נאך א דרגה פון אן

אימה ויראה וואס באדייט אז מ'זאל שטענדיג געדענקן אז דאס איז אן ארט וואו עס קען און זאל הערשן אן השראת השכינה, און מ'זאל נישט צוגיין דערצו מיט א פראסטקייט.

- דאס וואס ס'שטייט אז מ'זאל מקיים זיין די מצוה "כמי שכפאו שד", דארף מען אויסקלארן פון פילע ווינקלען: 1. דאס איז אן הנהגה וואס מיר געפונען ביי איינע פון די גרעסטע תנאים, רבי אליעזר, און נישט יעדער האלט ביי דעם מדריגה, און עס קען געוויס נישט קומען אויפן חשבון פונעם חיוב קיום המצוה מתוך שמחה, אהבה ואחוה. 2. רבי אליעזר האט מקצר געווען כמי שכפאו שד, כדי ער זאל נישט טראכטן פון קיין פרעמדע פרוי בשעת הזיווג. דאס מיינט אז ער האט עס טאקע נאר געטון צוליב זיין ליבשאפט און טיפער פארבינדונג מיט זיין ווייב, אבער נישט אז דאס איז א ציל פאר זיך זעלבסט. דערפאר אויב איינער טראכט נישט פון קיין צווייטן דארף ער טאקע טון ווי רבי אליעזר – אנהאלטן א קיום המצוה מיטן ריכטיגן ליבשאפט און קשר הלבבות. 3. דער באדייט פון כמי שכפאו שד איז, אז ער האט נישט אינזין געהאט נאר זיין אייגענעם הנאה, נאר אויך זיין ווייב'ס הנאה. מיר דארפן טאקע טון פונקט ווי רבי אליעזר און זיך אויך אזוי פירן. 4. פונעם זעלבן סוגיא זעען מיר אז רבי אליעזר האט גערעדט מיט זיין ווייב בעניני מצות הבית כדי איר אריינצוברענגען אין די מצוה, דאס הייסט אז אויף קיין שום פאל קען מען נישט איגנארירן די באדערפענישן פונעם ווייב בשעת מעשה.

- דער סימן צו וויסן אויב ס'איז "אהבה" אדער "תאוה" איז דורך זיין צוגאנג דערצו בשעת מעשה. אויב עס איז תאוה וועט ער זיך נישט קאנטראלירן נאר זוכן "אויפצורייסן" און כאפן שנעל, און אויב איז עס אהבה וועט ער פרובירן מהנה צו זיין דאס ווייב.

• פרק ט"ז •

אין בית בלא חומה

דאס וויכטיגקייט און מצוה פון א נארמאלע און געזונטע צוזאמענלעבן, כדי זיך צו האלטן שטארק קעגן די נסיונות פון גאס

הקדמה

ווי איר האט האפענטליך געזען ביז אהער, איז מצות הבית בעיקר א פעולה פון ליבשאפט וואס ווען מאן און ווייב האבן זיך ליב איינער דעם צווייטן איז דאס די מיטל צו ארויסברענגען די טיפע געפיהלן פון ליבשאפט און נאטקייט. דאס איז בעצם די עיקר כוונה פון די גאנצע פעולה, און דאס איז די בעסטע כוונה און צוגאנג צו מצות הבית. אבער, ווי שוין דערמאנט, איז מצות הבית א פעולה וואס האט אין זיך מערערע אויפטואינגען, עס איז דא דערין נאך אנדערע וויכטיגע זאכן וואס דאס ברענגט צו. עס איז אויך א פעולה פון התקרבות; עס ברענגט א פארפאלק נענטער איינער צום צווייטן, עס איז א פעולה פון שלום; דאס ברענגט שלום און פרידן אין א אידישע שטוב, און אזוי ווייטער.

אין דעם פרק וועלן מיר צולייגן נאך א זייטיגע תועלת וואס ליגט אינעם קיום פון מצות הבית. ווי מיר האבן אויסגעשמועסט אויבן, האט דער יוצר כל יצירה איינגעווארצלט אינעם טבע פונעם בריאה אז מען זאל האבן א תשוקה און רצון צו וועלן זיין צוזאמען. סיי ביי א מאנספערזאן, וואס האט א נאטורליכע שטופ צו וועלן זיין מיט זיין פרוי, און סיי ביי א פרוי וואס עס איז דא ביי איר דער מציאות פון "ואל אישך תשוקתך" אז זי גליסט צו זיין מיט איהר מאן. דאס האט דער באשעפער באשאפן מיט גרויס חכמה, כדי דער וועלט זאל האבן א קיום, אז עס זאל זיך ציען דורות ווייטער, ווי אויך אז די קינדער וואס ווערן געבוירן זאלן זיין פעסט געבויט, קלוג און אהן קיין חסרונות.

דער מאן האט געוועגליך א פיזישע שטערקערע רצון צו וועלן זיין צוזאמען, מער ווי א פרוי. הגם עס מאכט זיך אויך גאנץ אפט דאס פארקערטע, אבער בדרך כלל איז דאס אזוי.

מיר זעען דאס אויך פון געוויסע הלכות פון הל' נדה אז די פרוי מעג טוהן פארשידענע זאכן וואס דער מאן טאר נישט, צוליב דעם וואס ער דארף א גרעסערע מאס פון הרחקה פון איר ווי די פרוי פון אים.

די איינציגסטע וועג ווי דער מאן קען ערפילן זיין רצון באופן המותר, איז בלויז ווען ער איז צוזאמען מיט זיין אשת חיל, דערפאר איז די פרוי אזוי ווי א באשיצער פאר איהר מאן, אז ער זאל נישט געליסטן קיין פרעמדע גליקן ערגעץ אנדערש, נאר ניצן זיינע רצונות אין שטוב אויף אן אויסגעהאלטן וועג.

מיר שפירן פאר וויכטיג אויסצושמועסן דעם געדאנק פון נאך תורה'דיגע מקורות, ווייל דאס וועט אי"ה זיין א תועלת סיי פארן מאן און סיי פארן פרוי. צו דער מאן איז דער ענין נוגע, אז ער זאל ארויסנעמען דערפון און פארשטיין אז זיינע רצונות איז א מציאות, עס איז נארמאל פאר איינער וואס איז נאך נישט אויסגעארבעט אינגאנצן אז זיין גוף פאדערט א נארמאלע פיזישע און גייסטישע צוזאמענלעבן, און דורך האבן א ליבליכע שלום בית מיט הארץ און געפיהל און דורכן מקיים זיין מצות הבית ווי עס דארף צו זיין, אויף א נארמאלע געזונטן שטייגער, וועט דאס זיין א וויכטיגע באשטיינדל צו קענען פירן זיין לעבן בקדושה ובטהרה, און דאס וועט אים העלפן אז ער זאל קענען זיין אפגעזונדערט פון פרעמדע נסיונות. דער פרק איז אויסגעשטעלט פאר די פרק איבער פרישות, ווייל איידער איינער וויל אריינטרעטן אינעם סוגיא פון פרישות דארף ער גוט וויסן אויב ער האלט באמת דארט, ווייל טאמער נישט קען מען לייכטערהייט אדורכפאלן אין אנדערע פלעצער. איינמאל מען האט גוט ארויס די מושגים פון דעם פרק, און מען ווייסט וואו מען שטייט אין דער וועלט, קען מען דערנאך לערנען דעם קומענדיגן פרק איבער "פרישות" און האפענטליך וויסן געוניי מה חובתו בעולמו לויט די אומשטענדן.

פאר די פרוי איז דאס אויך נוגע, זי מעג וויסן אז א מאן האט צומאל א שטערקערע רצון ווי איהר צו וועלן זיין צוזאמען, און ארויסברענגען זיינע געפילן. עס איז וויכטיג פאר איהר דאס צו וויסן, ווייל ווען זי זעהט אמאל אז איהר מאן וויל דאס מער ווי איר, זאל זי אים נישט אוועקשטופן און זי זאל דאס נישט נעמען פאר לייכט. זי מעג אויך פארשטיין, אז ווילאנג זיי זענען צוזאמען לויטן נארמאלן שטייגער באהבה ואחוה, טוט זי דערמיט אויך אויפטוהן פאר'ן תועלת פון זיין לעבן בקדושה ובטהרה. דאס הייסט, אז אויסער דעם וואס מצות הבית טוהט אויף צו ארויסברענגן די ליבשאפט, און טוהט מוסיף זיין ליבשאפט און איז מרבה שלום, קען דאס אויך זיין פאר איר א גוטע געפיל צו זיין א באשיצער פארן מאן פון אלעם בייזן אויב ווערט עס געטוהן מיט הארץ און געפיל.

די פרק איז זייער א האקעלע פרק, היות אז לײדער זענען דא אזעלכע וואס לייגן א גרויסן געוויכט בלויז אויף דעם נקודה אליינס און מאכן דערפון דעם "עיקר" געדאנק פון מצות הבית. דאס הייסט, אז זיי אליינס האבן נישט ארויס פונקטליך וואס 'שלום בית' מיינט,

ממילא פארשטייען זיי נישט עכט וואס מען וויל באמת אויפטוען מיט מצות הבית, זיי פארשטייען נישט אז דאס איז א פעולה פון ליבשאפט, און דארף ווען צו זיין א געשמאקע צייט פאר די מאן מיט די פרוי צוזאמען און זיי ברענגען נאך נענטער צוזאמען. צוליב זייערע אייגענע צומישעניש דערין, איז די איינציגע "ענין" וואס זיי האבן געטראפן אז א פרוי זאל דאס וועלן און "דארפן" טוהן איז נאר אלס די איינע סיבה אז זי איז 'די מאן'ס באשיצער'. זעלבסט פארשטענדליך אז די תוצאה פון אזא סארט חינוך, ברענגט צו אז די פרוי האט בכלל נישט ארויס די טיפקייט און עכטע השקפה ארום מצות הבית, און זי "שטעלט זיך צו" צו אים אלס א "מצוה", און פארשטייט זיך אז זי פרובירט נישט עכט צו הנאה האבן דערפון, און עס קוקט בכלל נישט אויס ווי עפעס א פעולה פון ליבשאפט, זי איז דארט פאר אים ווען מען "מוז" און יוצא געווען.

אויסערדעם וואס די בראך איז גרויס אז מען טוהט נישט וואס די עיקר תכלית פון מצות הבית, איז דאס דאך אבער ממש היפוך גמור פון די רצון ה', וואס האט באפוילן אז די מאן האט די עיקר חיוב אין מצות עונה, צו מעורר זיים דאָס ליבשאפט פון צייט צו צייט, און נישט אז די פרוי דארף אים צושטעלן זיינע באדערפענישן. די בראך איז אבער פילפאכיג גרעסער אז מען טוהט נישט אויף פאר דעם איינער פרט פון "זיין א באשיצער פאר אים" אויך נישט. דער מאן האט כמעט גארנישט פון אזא צוזאמלעבן, עס מאכט אים בדרך כלל נישט צופרידן אויב זי איז דא פאר אים מיט א קאלטקייט און מיטן אים צוליב טוהן א גאנצע טובה, נישט דאס זוכט ער און נישט דאס איז עפעס וואס וועט אים בכלל באשיצן. וואספארא טעם האט צו זיין מיט איינער וואס האלט נישט דערביי, און וואספארא געשמאק איז מיט'ן זיין מיט איינעם אויב די געפילן איז אייז קאלט. מיר קענען צענדליגע פעלער פון די נאנט ווי די מענער האבן זיך אפגערעדט אז זיי שפירן ווי כאילו מען פירט די פרוי צו עפעס וואס גייט זיין אן אפקומעניש ווי איידער צו עפעס וואס איז דיירקעט געמאכט צו זיין א הנאה פאר איהר און א שמחה של מצוה. א מאן האט בעיקר ליב צו משפיע זיין פאר איר אז זי זאל זיך גוט שפירן, און האט ליב צו צוריקבאקומען די זעלבע געשמאקע ליבשאפט, און דאס פאסירט נישט ווען די פרוי פארשטייט נישט די ריכטיגע כוונה פון די גאנצע מושג, און איז דא בלויז ווייל אזוי האט מיר אויסגעלערנט צו זיין אן "אשה כשירה העושה רצון בעלה" ווען אימער ער וויל, און עס איז איר "תפקיד" צו זיך צושטעלן.

דערפאר איז אויסשמועסן דעם געדאנק זייער האקל, און קען חלילה ווערן אויסגעטייטשט פאלש, פארט איז צום האפן, אז אויב סיי די מאן און סיי די פרוי וועלן גוט פארשטיין וואס מיר האבן געשריבן ביז אהער, און נישט נאר זיי וועלן דאס פארשטיין נאך אויך פראקטעצירן אויף למעשה, זייער שטוב וועט זיין א שטוב פון לעבעדיגע געפילן און מיט פיל ליבשאפט צווישן זיי צוויי אזוי ווי עס דארף צו זיין, און דאס זיין צוזאמען וועט בעיקר זיין א פעולה פון טיפע געפילן פון ליבשאפט איינער צו צווייטן, וועט נישט שאטן פאר די פרוי צו וויסן אז בנוסף צו דעם איז דא נאך א זייטיגע תועלת אינעם קיום מצות הבית, וואס ווי געזאגט

ברענגן מיר דאס ארויס אז זי זאל פארשטיין אז עס איז נאך עפעס וואס זי קען נעמען אין באטראכט, צו וויסן אז ביי אים קען דאס אמאל זיין מער וויכטיג, און אויב איז דא א גוטע קאמיוניקאציע צווישן זיי ביידע, וועט זי אויך קענען באשטיין צו זיין דא פאר אים מיט די גאנצע געשמאק, און זיך ארייגלייגן אין די מצב צו טאקע זיין צוזאמען מיט פיל ליבשאפט און ווארעמע געפילן.

דאס כאפט א גרויסע נפקא מינה אויף למעשה, ווייל אויב לערנט מען אויס פאר א פרוי אז עס איז איר תפקיד זיך צו "צושטעלן" צו אים, און זי זאל זיין גרייט אין א יעדע צייט, ציי זי וויל יא אדער נישט, ווייל ווארשיינלעך איז דאס אירע אחריות צו זיין דער מאן'ס באשיצער, דאן מאכט זיך אמאל אז די פרוי וועט זיין מיט אים אפילו ווען עס איז ממש קעגן איר יעצטיגע רצון, און די רעזולטאטן דערפון איז ממש נישט גוט. מען דארף אייביג זיכער מאכן אז די פרוי איז אינטערעסירט צו זיין צוזאמען, דורכ'ן לעבן א פרייליכע ליבליכע לעבן א גאנצע טאג, און אז זי קען באשטיין צו זיין מיט אים ווען ער וויל אפילו זי וויל נישט אזוי שטארק אבער זי קען זיך ארייגלייגן אינעם מצב און אויך הנאה האבן דערפון איז אויך גוט, אבער נישט חלילה אויף אן אופן אז עס זאל אריין גיין אינעם גדר פון איינער פון די תשע מדות, ווי בני אנוסה אדער בני שנואה. ווי אויך איז זייער וויכטיג צו וויסן, אז בשעת מעשה האט זי רעכט צו האבן א מיינונג וואס, ווען און וויאזוי. מצות הבית איז א פעולה וואס איז געמאכט פאר ביידע פון זיי, און ביז וויפיל עס איז פאר זיי ביידע אנגענעם. און נישט אז זי "מוז" טוהן אלעס וואס ער פארלאנגט ווייל עס איז איר אויפגאבע צו זיין זיין באשיצער.

א. "קדש עצמך" - דורך: "במותר לך"

דער הייליגער "**ישמח משה**" שרייבט די פאלגענדע ווערטער, איבערן געדאנק פון "קדש עצמך במותר לך"[570]:

> מען קען מקיים זיין דעם "קדש עצמך במותר לך" דורך צוויי וועגן: אדער אז מען פאר'מיאוס'ט מותרות, און צומאל פארקערט, ווי עס שטייט אין שולחן ערוך אז מען

---

570) פרשת קדושים, וז"ל: קדש עצמך במותר לך מתקיים על פי שני דרכים, או שממאס במותרות, ולפעמים ההיפוך - כמבואר בשלחן ערוך שמשביע עצמו מן ההיתר כדי שלא יבא לידי איסור, והכל לפי מה שהוא אדם באותה שעה, ובלבד שיהיה כוונתו לשמים. והיינו גם כן "קדש עצמך במותר לך", שעל ידי המותר הוא מקדש על עצמו שלא יבא לידי איסור, וגם אם לא עשה לכוונה זו, הוי עבודה לשם ב"ה וב"ש ומקדש עצמו, והבן. ע"כ. וראה בספר בנין אברהם, מכתבים מאת הרה"ג ר' חנינה אברהם לייטנער זצ"ל, אב"ד מאנטעווידעא (סי' נו) וז"ל: ואגב ארשום דבר בעתו מה טוב, מה ששאלתי את פי כ"ק אדמו"ר (שליט"א) [זצוק"ל] מסאטמאר בענין עונה משבת לשבת, ואמר לי לעיין בספר ישמח משה בפ' קדושים שכתב שם ב' פירושים על המאמר קדש עצמך במותר לך, עיי"ש ותרווה נחת.

> זעטיגט זיך בהיתר כדי מען זאל נישט צוקומען צו אן איסור, און אלעס ווענדט זיך אינעם סיטואציע אין וואס דער מענטש געפונט זיך אין יענעם צייט, ווילאנג די כוונה איז לשם שמים. דאס מיינט אויך "**קדש עצמך במותר לך**", ווייל דורכן זאך וואס איז מותר, הייליגט ער זיך כדי נישט צוצוקומען צו אן איסור, און אפילו ער טוט עס נישט מיטן דאזיגן כוונה, איז עס אן עבודה פארן באשעפער און ער איז זיך מקדש.

די יסוד דערצו איז אן אפענעם שטיקל **גמרא** וואס זאגט[571]: "כל השרוי בלא אשה שרוי בלא חומה", וואס דאס באדייט אז א מאן וואס האט נישט קיין ווייב איז עס ווי עס פעלט אים א באשיצער. ווייל א מאן האט מער א גופניות'דיגע באדערפעניש צו דעם ענין ווי א פרוי, וואס דער גוף פאדערט דאס זייניגע און עס איז זייער א שווערע מלחמה. דער איינציגסטער וועג וויאזוי א מאן קען דאס מקיים באופן המותר איז נאר מיטן אייגענעם ווייב, און דערפאר הייסט זי א באשיצערין פון איר מאן.

דער **רמב"ם** שרייבט[572], אז עס נישטא נאך אזא שווערע זאך אין די גאנצע תורה ווי זיך אפצושיידן פון עריות און פון ביאות אסורות, און דערפאר דארף א מענטש זיך גאר שטארק דערוויטערן פון א מכשול און פון איסור יחוד אד"ג. אבער דער רמב"ם ענדיגט צו, אז די אייגענע פרוי איז מותר פארן מאן, און דערפאר איז זי מותר וויאזוי זיי ווילן, און נאר מדרך החסידות זאל מען זיך אויך ביי דעם מקדש זיין א.א.וו. אט אזוי שטייט טאקע אין **רוקח**[573], אז דער אורזאך פארוואס "כל מה שאדם רוצה לעשות עם אשתו - עושה", איז כדי ער זאל נישט אויסשטיין נסיונות פון אנדערע פרויען.

---

571) יבמות סב ע"ב.

572) הלכות איסורי ביאה, פכ"ב הי"ח-הכ"א, וז"ל: אין לך דבר בכל התורה כולה שהוא קשה לרוב בני אדם לפרוש ממנו, יותר מן העריות ומביאות האסורות וכו', לפיכך ראוי לו לאדם לכוף יצרו בדבר הזה, ולהרגיל עצמו בקדושה יתירה ובמחשבה טהורה ובדעת נכונה כדי להנצל מהם, ויזהר מהיחוד שהוא הגורם הגדול וכו'. וכן יתרחק מן השחוק ומהשכרות ומדברי עגבים, שאלו גורמים גדולים הם והם מעלות של עריות. ולא ישב בלא אשה, שמנהג זה גורם לטהרה יתירה וכו', ואשתו של אדם מותרת לו, לפיכך כל מה שירצה לעשות באשתו עושה, בועל בכל עת שירצה ומנשק בכל אבר וכו'.

עוד כתב שם, פכ"א ה"ט-הי"א, וז"ל: מדת חסידות שלא יקל אדם את ראשו לכך, ושיקדש עצמו בשעת תשמיש... ולא יסור מדרך העולם ומנהגו, שאין דבר זה אלא כדי לפרות ולרבות. אין דעת חכמים נוחה במי שהוא מרבה בתשמיש המטה ויהי' מצוי אצל אשתו כתרנגול, ופגום הוא עד מאד ומעשה בורים הוא, אלא כל הממעט בתשמיש הרי זה משובח, והוא שלא יבטל עונה אלא מדעת אשתו.

573) שורש קדושת הבית, וז"ל: ואמרו בפרק ד' דנדרים: "כל מה שאדם רוצה לעשות באשתו עושה", כדי שלא יתן עיניו באחרת, אעפ"כ ישמש פנים כנגד פנים, שהאשה נהנית בין שדי ילין, ואהבת לרעך כמוך. והוסיף ע"ז הגה"צ רבי שלמה וואלבא זצ"ל, וז"ל: עוד זאת לדעת כי הגדר האמיתי של קדושה מבואר ברוקח (הנ"ל), וזוהי הבחינה האמיתי בקדושה, שכל שאר הנשים בעולם תהיינה בעיניו כתרנגולת.

ב. מצילות מן החטא

א יעדע אידישע פרוי שפילט א ראלע אין זיין א חומה א באשיצער פאר איר מאן, ווי מיר זעען עטליכע מאל אין חז"ל. די **גמרא** זאגט[574], אז א מאן טאר נישט חתונה האבן צו שפעט, ווייל אויב יא זענען אלע זיינע יארן מיט הרהורים. ענליך צו דעם שטייט אין **גמרא**[575], אז וויאזוי איז א מענטש זוכה צו לערנען תורה בטהרה? דורכן חתונה האבן מיט א פרוי און נאכדעם לערנען תורה, און ווי רש"י ערקלערט: "נושא אשה, ניצול מהרהור עבירה" - אויב ער איז פארהייראט דאן ווערט ער גערעטעוועט פון א הרהור עבירה. דאס שטייט אויך קלאר אין גמרא אין א צווייטן ארט[576], אז דורכן מקיים זיין מצות הבית ווערט דער מאן אפגעהיטן פון פרויען וואס ער זעט אין גאס.

ווען מיר רעדן דא פון אדורכפאלן מיט אן עבירה, מיינען מיר לאו דווקא אז מען שפירט אז מען קען אדוכפאלן מיט א ביאה אסורה ממש, נאר אויך ווען איינער שפירט אז ער קומט צו צו א הרהור פון א צווייטן אדער צו הוצז"ל איז דאס אויך פונקט די זעלבע, און בדרך כלל קען די פרוי אים העלפן מיט'ן זיך צושטעלן מיט א גוט הארץ[577]. דאס מיינט, אז אפי' אויב זי אליינס איז לאו דוקא אין די גיסטע יעצט דערצו, קען זי זיך צושטעלן און געבן פאר די מאן זיינע באדערפענישן, מיט א פרייליכקייט און מיט א סבר פנים יפות.

דער דאזיגער ענין איז נוגע פאר יעדן מאן. עס מאכט זיך אמאל אז א מענטש דמיונ'ט אז ער איז "הייליגער" פון די אלע זאכן, און דערנאך פאלט מען אדורך מיט שווערע נסיונות אין גאס, און מ'פירט כסדר א מלחמה. א מאן טאר זיך נישט נארן און איינרעדן אז די זאכן זענען אים נישט נוגע, אויב דערוויל האלט ער טאקע נאכנישט דארט. א ראי' דערצו געפונען מיר אין ש"ס, וואו עס ווערן אפטמאל געברענגט מעשיות פון תנאים און אמוראים וואס האבן געהאט נסיונות, און זענען דאס בייקומען. דער פאקט אז זיי זענען אויסגעשטאנען נסיונות, ווייזט אז קיינער איז נישט גענוג "מיוחס" צו זיין אויסגעשלאסן דערפון.

574) קידושין כט ע"ב: בן עשרים שנה ולא נשא אשה - כל ימיו בעבירה. "בעבירה" סלקא דעתך? אלא אימא: כל ימיו בהרהור עבירה.

575) יומא עב ע"ב: "יראת ה' טהורה עומדת לעד" (תהלים יט, י), אמר רבי חנינא: 'זה הלומד תורה בטהרה'. מאי היא? נושא אשה, ואחר כך לומד תורה.

576) בבא מציעא קז ע"ב: ת"ר, י"ג דברים נאמרו בפת שחרית וכו', ונזקק לאשתו ואינו מתאוה לאשה אחרת. ופירש"י: אם בעל הרהורים הוא, ומתוך שלבו טוב בבקר שאכל קצת תובע לאשתו, ובצאתו לשוק ורואה נשים אינו מתאוה להן.

577) ראה בפוסקים שדנו לענין מעלות הזיווג בזמנים שונים. ראה מג"א (ר"מ סק"כ) לענין חצות. ראשית חכמה (שעה"ק פט"ז). ובמשנה ברורה (ר"מ סק"ז) וז"ל: אין לשמש בליל א' של פסח... וכ"ז אינו אלא לאדם שהוא מלא ביראה ולא יחטא ח"ו אבל אלו שיצרם מתגבר עליהם והם חושבים שהוא כעין איסור תורה ועי"ז באים ח"ו לידי כמה מכשולים מצוה לשמש אפילו בר"ה.

און פאר די מענטשן - סיי מענער און סיי פרויען - וואס רעדן זיך איין אז די אלע זאכן זענען נישט נוגע פאר זיי, מענער היינט זענען אנדערש און לעבן אין העכער'ס, און זיי האבן נישט די סארט תאוות און רצונות, און געוויס אויב די פרוי שפירט אז איר מאן איז צופרידן סיי וויאזוי זי שטעלט זיך נאר צו, זאלן דאס היבש איבערטראכטן, וויבאלד אפטמאל רעדן די מענער נישט אפענערהייט דערוועגן, אבער אויב מען וועט האבן אן אפענעם שמועס דערוועגן מיטן מאן דאן קענען זיך זאכן אויסשטעלן גענצליך אנדערש ווי מען האט געקלערט.

אין גמרא זעט מען טאקע אז סיי די חכמים און סיי זייערע ווייבער האבן דאס פארשטאנען, און טראצדעם וואס מ'האנדלט דא פון די גרעסטע ריזן וואס כלל ישראל האט פארמאגט, דאך איז דאס געווען אן ענין וואס איז געווען נוגע אפילו פאר זיי. מיר וועלן ברענגען צווייביישפילן פון תנאים, דאס ערשטע וויזט וויאזוי דער מאן/תנא האט זיך באצויגן דערצו, און דאס צווייטע וויזט וויאזוי א תנא'ס ווייב האט זיך באצויגן דערצו.

די **גמרא** דערציילט[578]: רבי חייא האט געהאט א שווערע ווייב וואס פלעגט אים שטענדיג מצער זיין, און דאך ווען אימער ער פלעגט טרעפן עפעס א טשאטשקע אין גאס פלעגט ער דאס שיין איינפאקן און אהיימברענגען פאר איר פאר א געשאנק. האט אים רב (וואס איז געווען זיין פלומעניק) געפרעגט: וואס איז פשט דערפון? זי איז דיר דאך אזויפיל מצער, איז פארוואס פרובירסטו איר צו געפעלן?! האט ער אים געענטפערט: איך האב א גרויס הכרת הטוב פאר איר, ערשטנס - ווייל זי ציט אויף אונזערע קינדער, און צווייטנס - ווייל **זי ראטעוועט אונז פון זינד**.

עס איז זייער וויכטיג צו קלאר מאכן, אז מיר זען פון די גמרא אז דער פונקט פון 'מצילות מן החטא' איז זייער ריכטיג, אבער דאס איז ממש א זייטיגע נקודה. די גמרא זאגט, אז אפילו ווען עס איז נישט געווען קיין סך אנדערע סיבות פארוואס ער זאל איר שעצן, דאך האט איר געשעצט צוליב די סיבה אז זי ציהט אויף די קינדער און אויך אז זי ראטעוועט אים פון זינד. ווי די גמרא זאגט "**דיינו**" עס איז מיר גענוג א סיבה צו איר שטארק מכיר טוב זיין און צו איר ארויסווייזן ליבשאפט, אבער נישט אט דאס איז פארוואס מען האט חתונה, און נישט דאס איז די "תפקיד" פון די פרוי. דאס איז בלויז נאך איין זייטיגע פרט פאר די מאן צו מכיר טובה זיין און שעצן זיין אשת חיל.

דער צווייטער אנעקדאט פון גמרא וואס מיר ברענגען דא אראפ, איז דער ערציילונג[579]

---

578) יבמות סג ע"א: רבי חייא הוה קא מצערא ליה דביתהו. כי הוה משכח מידי, צייר ליה בסודריה ומייתי ניהלה. אמר ליה רב: 'והא קא מצערא ליה למר?' א"ל: 'דיינו שמגדלות בנינו, ומצילות אותנו מן החטא'.

579) תענית כג ע"ב: מאי טעמא כי מטא מר למתא, נפקא דביתהו דמר כי מיקשטא? אמר להו: כדי

אויפן תנא אבא חלקיה – דער בארימטער אייניקל און ממשיך דרכו פון "חוני המעגל", וואס ווען ער איז אהיימגעקומען איז זיין ווייב אים אנטקעגן געגאנגען באצירטערהייט, און ווען זיינע באגלייטער האבן אים פארוואונדערטערהייט געפרעגט וואס איז פשט דערפון, האט ער זיי געענטפערט אז זי טוט דאס **כדי ער זאל נישט האבן קיין נסיון** פון קוקן אויף אנדערע פרויען[580].

אן ערליכער איד וואס האט אין שטוב א ווייב וואס ערפילט זיינע באדערפענישן אויף א נארמאלן פארנעם, און זי איז אקטיוו אין מצות הבית און פרובירט כסדר זיך צוצושטעלן מיטן גאנצן שטארקייט, וועט איר מאן נישט איבערגענומען ווערן פון די תאוה. ער קען עס קאנטראלירן ווי עס דארף צו זיין, ער קוקט נישט און טראכט נישט וואס מ'דארף נישט, און זיין קאפ איז ריין פאר תורה און מצוות[581]. אבער אויב ער האט עס נישט אין שטוב וויבאלד זיין ווייב גלייכט אים נישט, אדער וויבאלד זי ווייסט נישט וואס ער וויל, דאן האט ער א שטענדיגן פראבלעם מיט זיין תאוה. אודאי באקעמפט ער די תאוה און עס איז צום האפן אז ער באזיגט אויך די תאוה, אבער דער פראבלעם איז אצינד שווערער. ווען א פרוי האלט זיך צוריק פון צופרידנשטעלן איר מאן, קען זי פאראורזאכן אז זיין געראנגל זאל זיין פילפאכיג שווערער.

לאמיר דאס בעסער ערקלערן מיט א משל צו א מענטש, וואס גייט ארויס אין די ביטערע קעלט אן א מאנטל, שאל און הענטשיך, און מ'זאגט צו אים: "ר' איד, איר וועט זיך פארקילן. טוטס אייך אן א מאנטל מיט א שאל". אבער יענער ענטפערט: "עה, די נארישע גוף, איך זאל אים דען עפעס נאכגעבן?", און עס קען זיך דאכטן אז דער מענטש איז א בעל מדריגה וואס פארגינט נישט פאר זיין גוף קיין שום געשמאק. דערוויל גייט ער ארויס אין גאס און ער ווערט פארקילט. אצינד גייט ער אהיים, ער פאקט זיך איין אין בעט, ער טרינקט

שלא אתן עיני באשה אחרת.

580) זע דערוועגן מער באריכות שפעטער, אין פרק יופי האשה על פי תורה.

581) ראה בספר אמרי טל (להרה"ק רבי משה יחיאל אלימלך מלעבערטאוו זי"ע הי"ד), מאמר שישי: "לא ניתנה תורה למלאכי השרת", וז"ל: וזה היה כוונת הקדוש האלקי הזה, לעורר בו בעת מצוה כל כך רגשותיו הנרדמים, וכל מיני ציורי התאוה, כדי שיביא בהיתר את התאוות הנמוכות הנרדמים, שבל יתעוררו פעם ויביאו לאיסור, ובהורות להם איך יתנהגו בבואו לידי עובדה זו, שכמותן עושה אדם באיסור בעת שיתגבר בו יצרו או מהרגלו, אכן בכדי שיהיה עודפת בו תענוג בדרך מצוה, כמאמרם ז"ל (סנהדרין עה ע"א): "מיום שחרב בית המקדש, נטלה טעם ביאה, ונתנה לעוברי עבירה", ועיין פירש רש"י. נמצא כי באם היה מביא בהם שיתנו לבם לתאותם, על ידי שתשהינה ותעכבנה אותם בזה, ובכח הוד יפיין שתמציאה להם, תתוסף בהם תאותם, להגדיל צערם מריבוי ההתעוררות התאוה שאינן מתמלאת תיכף, על ידי זה ישיגו טעם במצוה, וזה יהיה לו לזכרון תמיד, שבל תתפעל לבו מן ציורי העונג מהטעם בחטא, כי אז יתן תודה ויכיר את קורת הרוח שבמצוה, כי: "לפום צערא אגרא" (עיין אבות פ"ה מכ"ב), וד"ל.

טיי מיט האניג, ער מאכט זיכער אז ער האט באקוועמע טאש-טיכלעך, און ער איז באשעפטיגט מיט זיך א גאנצן צייט... אבער אויב דער מענטש וואלט אויפגעפאסט אויף זיין גוף נארמאלערהייט אין אנהייב, דורכן זיך אנטון מיט א מאנטל און א שאל, דאן וואלט ער נישט געלעגן היינט אין בעט באשעפטיגט א גאנצע צייט מיט זיין גוף. והנמשל מובן, אז דורכן נישט נאכגעבן פארן גוף זיינע פונדאמענטאלע באדערפענישן, קען מען צוקומען צו סאך ערגערס, וד"ל.

ג. צדיק אוכל לשובע נפשו

א יעדער מאן האט א גופניות'דיגע באדערפעניש אין קיום מצות הבית, אזויווי די **גמרא** זאגט[582]: **והכל רצין אחריה** - אלע לויפן איר נאך. כדי דאס אנצוקוקן ריכטיגערהייט, לאמיר באטראכטן א צווייטן לעבנסוויכטיגע באדערפעניש וואס יעדער מענטש האט - צו עסן. מיר געפונען דריי סארטן צוגאנגען צום עסן: עס זענען דא אויסגעארבעטע מענטשן וואס פאסטן, און זענען כמעט נישט נהנה פון דער וועלט נאר ממש וויפיל עס פעלט אויס. אבער רוב מענטשן זענען נישט אזוי, און געווענליך עסן מענטשן אויפן נארמאלן שטייגער: מען עסט נארהאפטיגע מאלצייטן, מען עסט צו דער זעט, און מען גערענקט צו דאנקן דעם באשעפער בעפארן עסן און נאכן עסן אויפן הנאה דערפון[583].

דערנאך זענען דא פראסטע מענטשן וואס ליגן אין עוה"ז, און עסן זיך איבער מער ווי מען דארף, און לעבן א גשמיות'דיגן לעבן. א פראסטער מענטש וואס ליגט אין תאות האכילה, וואלט ווען גערן געגעסן מער, נאר ער האט נישט נאך פלאץ דערפאר און עס פעלט אים פשוט נאך א בויך וואו דאס אריינצולייגן... ממש בבחינת[584]: "ובטן רשעים תחסר". ווידער דער וואס עסט נארמאל צו די זעט, ער איז בבחינת: "צדיק אוכל לשובע נפשו", מען מעג עסן צו די זעט, ווייל מען איז נישט מחויב זיך אויסצוהונגערן די נשמה.

ווען מיר רעדן פון תאות הזיווג זענען אויך פאראנען די זעלבע דריי קאטעגאריעס. עס זענען דא פרושים וואס "פאסטן" און זענען ממש ממעט דערינען, און טוען עס נאר וויפיל מען איז מחויב כדי מקיים צו זיין מצות עונה און צו ערפולן דאס ווייב'ס גלוסטעניש בכל

---

582) שבת קנב ע"א.

583) כעין מש"כ הראב"ד סוף שער הקדושה, וז"ל: והמעט שיאכל יהיה מתוקן ומתובל יפה, בעבור אשר יערב עליו, ותהיה נפשו מקבלתו ומפוייסת במעט ממנו.

584) משלי יג, כה. ראה בספר אגרת הטיול, לר' חיים מוורמייזא זצ"ל (אחיו של המהר"ל מפראג) אות ב' וז"ל: בטן רשעים תחסר, פירוש, הרשעים הללו מתאוים תאוה כל היום, וכאשר מלאו כריסם מעדנים, אמרו 'מי יתן לנו עוד בטן אחר!' הרי שחסר בטן לרשעים.

פרטיה. דערנאך זענען דא מענטשן וואס ווילן נישט פאסטן, נאר זיי טוען דאס לויט זייער באדערפעניש אויף א נארמאלן שטייגער.

צולעצט, זענען ווידער דא די פראסטע מענטשן וואס זענען אריינגעטון אין דעם ראשם ורבם[585]. אבער די מענטשן וואס פירן זיך אויפן נארמאלן שטייגער און זיי ווילן זיך נישט מצער זיין – טראצדעם וואס זיי וואלטן זיך מעגליך געקענט איינהאלטן, זיי גייען אריין אינעם גדר פון: ״צדיק אוכל לשובע נפשו״, ער עסט צו די זעט און ער וויל זיך נישט און דארף זיך נישט מצער זיין און איינהאלטן, ווילאנג ער איז עוסק אין דעם כפי הצורך.

אט די דאזיגע ווערטער, און טאקע מיטן פארגלייך צום עסן און דער פסוק ״צדיק אוכל לשובע נפשו״, זאגט שוין דער הייליגער **ראב״ד**. לאמיר ציטירן זיינע רייד[586]:

> אויב זיין כוונה איז נאר כדי צו זיין זאט באופן המותר, כדי ער זאל נישט זיין הונגעריג און גלוסטן עפעס וואס איז אסור, דאן איז זיין כוונה גוט, און ער האט שכר אזויווי איינער וואס וואלט געקענט פאסטן א גאנצן טאג אן קיין שוועריקייטן, און ער וואלט נישט געשטארבן און נישט קראנק געווארן און ניטאמאל געווען אין אסאך צער, און דאך טאמער עסט ער נארמאל ווי דער שטייגער פון אנדערע מענטשן, דאן ווערט ער נישט געשטראפט דערויף נאר ער באקומט דערויף שכר, ווייל ער ווייזט פאר זיין זעל אביסל הנאה און ער איז זיך נישט מצער און ער וויל איר נישט מצער זיין, אזויווי עס שטייט אין פסוק: ״צדיק אוכל לשובע נפשו״.

עס שטייט דא גאנץ קלארע ווערטער, אז זיך מזווג צו זיין אויף א נארמאלן אופן - נישט צופיל - איז א לכתחילה׳דיגע זאך, ווייל א מענטש דארף זיך נישט פייניגן און ער מעג לעבן **באופן הממוצע**[587]. דאס הייסט, פון איין זייט דארף מען נישט ״פאסטן״, און פון די אנדערע

---

585) וע״ז כתב הראב״ד בשער הקדושה, וז״ל: אבל מי שאינו צריך לדבר ואין יצרו מתגבר עליו, והוא מעורר תאותו ומביא עצמו לידי תאות קישוי כדי שישביע את יצרו, ולמלא תאותו מתאוות העולם הזה, הוא עצת יצר הרע, מן ההיתר יסיתנו אל האיסור. ועל זה אמרו רז״ל (נדה יג ע״ב): ״המקשה עצמו לדעת יהא בנידוי״, ופריך: ״ולימא אסור? - דמגרי יצר הרע בנפשיה״. וזה דומה לאדם שהוא שבע ואוכל ושותה יותר מדאי עד שמשתכר ומקיא, ודומה לבהמה שאוכלת עד שיאחזנה דם ותמות. וכונת הראב״ד בזה, שהגם שהוא עוסק בדבר המותר, אך מכיון שמעורר תאותו לזה אי אפשר שלא יתגבר יצרו כשיבוא איסור לידו.

586) וז״ל שם: מכל מקום מי שכוונתו לבד שיהא שבע מן ההיתר, כדי שלא ירעב ויתאוה לאסור, כונתו לטובה, ויש לו שכר כאדם שיוכל להתענות יום אחד בלי טורח גדול ולא ימות ולא יחלה ולא יצטער הרבה, ואעפ״כ הוא אוכל מעט כדרך שאר בני האדם, שאינו נתפש על אותה אכילה, והוא מקבל עליה שכר, שמראה לנפשו מעט הנאה ואינו מצטער ואיננו רוצה לצער אותה, כענין שנאמר: ״צדיק אוכל לשובע נפשו״, ואומר (משלי יא, יז): ״גומל נפשו איש חסד״.

587) ועיין ב״שמונה פרקים״ לרמב״ם (הקדמה למסכת אבות) פרק ד, וז״ל: ואמנם כוונה להיות האדם טבעי

זייט זאל מען נישט ליגן אין דעם מער ווי עס פעלט אויס, און פארט קען מען בלייבן אינעם הגדרה פון א **צדיק**.

ווען מען איז מקיים מצות הבית אויף א נארמאלן פארנעם, איז מען געווענליך זאט, און ווי דער **כלי יקר** ערקלערט פארוואס דער פסוק רופט אן דעם ענין פון זיווג מיטן לשון "לחם"[588]: "כי כמו שהלחם משביע לכל חי יותר מן הכל, כך בעילות של היתר משביעין אותו אבר, לאפוקי בעילות של איסור שאינן משביעין". מצות הבית אויף אן אויסגעהאלטענעם פארנעם, מאכט א מענטש זאט, אבער ווען עס איז נישט אויסגעהאלטן דאן מאכט עס אים נאר מער הונגעריג, און עס שלעפט אים נאר נאכמער אראפ. פון די דאזיגע רייד פונעם כלי יקר זעען מיר ווידעראמאל די געדאנק פונעם ראב"ד, אבער פונעם פארקערטן שטאנדפונקט: פונקט ווי עס איז געוונליך אויסגעהאלטן זיך מזווג צו זיין אויפן נארמאלן שטייגער, און עס העלפט גאר צו דעם מענטש זיך צו שפירן זאט, און דאן איז ער אין די בחינה פון "צדיק אוכל לשובע נפשו", אזוי אויך איז נישט אויסגעהאלטן זיך "איבערצוועסן" און נאכלויפן דעם ענין ווען עס איז נישט אויסגעהאלטן, וואס דאן ווערט ער נישט זאט, און טאקע ווי דער רשע וואס "ובטן רשעים תחסר".

עס דארף דא אבער אנגעמערקט ווערן, אז טראצדעם וואס די דאזיגע כוונה איז אויסגעהאלטן, איז דאס אבער **נישט** דער עיקר כוונה וואס א מענטש זאל אינזין האבן ביים ווערן מקיים זיין מצות הבית, נאר ווי מיר האבן אויבן אויסגעשמועסט אז דער עיקר געדאנק איז די טיפערע פארבינדונג צווישן דעם פארפאלק, און דער שלום בית וואס עס פאראורזאכט, און אזוי אויך די באזונדערע מצוה פון ערפולן דאס גלוסטעניש פונעם ווייב. דערפאר דארף ער ווייטער מצמצם זיין זיינע געדאנקן מקיים צו זיין מצות הבית צוליב די ריכטיגע אורזאכן, וואס דאן איז דאס דער ריכטיגער פארעם פונעם קיום המצוה, און אויטאמאטיש וועט שוין אויך זיין דערביי דער מושג פון "מצילות מן החטא".

ד. מעג מען זיך מזווג זיין נאר כדי נישט אדורכצופאלן?

עס איז אויך פארהאן אמאל א פאל, וואס א מענטש שפירט אז ער מוז עוסק זיין אין מצות הבית ווייל אויב נישט וועט ער אדורכפאלן מיט אן איסור. טראצדעם וואס דער מענטש איז זיך מזווג נאר צוליב דעם וואס ער וויל זיך ראטעווען פון שלעכטע מחשבות, דאך איז דאס

הולך בדרך האמצעי, יאכל מה שיש לו לאכול בשווי, וישתה מה שיש לו לשתות בשווי, ויבעול מה שמותר לו לבעול בשווי. וישכון במדינות ביושר ובאמונה, לא שישכון במדברות ובהרים, ולא שילבש הצמר והשער, ולא שיענה גופו.

588) בראשית לט, ו.

נישט נאר ווי אן עצה וויאזוי זיך אפצוהאלטן פון צוקומען צו אן עבירה, נאר דאס איז אויך א **מצוה** וואס מען באקומט דערויף שכר, און ווי דער **ראב"ד** ערקלערט[589]:

> די פערטע כוונה איז, ווען ער האט אינזין צו בלייבן באגרעניצט מיט דעם כדי נישט צו גלוסטן צו אן עבירה, ווייל ער זעט אז זיין יצר שטארקט זיך און גלוסט שטארק צום דאזיגן זאך, און עס וועט זיך מעגליך ענדיגן מיט א קראנקייט. אויך ביים אינזין האבן דעם דאזיגן כוונה באקומט ער שכר, אבער נישט אזויפיל ווי ביי די פריערדיגע כוונות, ווייל ער קען געוועלטיגן אויף זיין יצר און איינהאלטן זיינע תאוות, ווי עס שטייט אין גמרא: "אבר קטן יש באדם, משביעו רעב, מרעיבו שבע"...

לאמיר דאס קלארער ארויסברענגען: דא רעדט מען פון איינער וואס שפירט אז ער מוז דאס האבן, און פארט **באקומט ער דערויף שכר** אויב זיין כוונה איז זיך צו ראטעווען פון אן איסור. אפילו אויב ער איז זיך זעלבסט שולדיג אינעם שפירן א דראנג דערצו וויבאלד ער וואלט זיך לכתחילה נישט געדארפט אריינצולייגן אין אזא מצב, וויבאלד חז"ל זאגן אז דורכן זיך כסדר נאכגעבן די תאוה געפונט ער זיך אין א סיטואציע פון "משביעו רעב", פארט אבער אצינד ווען ער האלט שוין יא אין דעם מצב, איז ער מקיים א מצוה מיטן זיך מזווג זיין אויב זיין חשבון דערמיט איז זיך אפהאלטן פון זינדיגן, און ער קריגט גאר שכר דערויף.

און טראצדעם וואס דאס איז עטוואס פוגם אינעם געדאנק און קדושת מצות הבית, וויבאלד מען דארף דאס לכתחילה טון מיטן ריכטיגן כונה פון פארשטערקערן דעם טיפן בונד צווישן דאס פארפאלק, ווי אויבנדערמאנט, און נישט דאס כאילו "אויסנוצן" פאר די אייגענע אינטערעסן נאר כדי נישט אדורכצופאלן מיט עבירות אדער פאר די אייגענע הנאה[590]. פארט אבער, אויב האט מען כאטש אינזין אז מ'וויל עס טון כדי נישט

---

589) וז"ל שם: הרביעית, שהוא מתכוין לגדור את עצמו בה כדי שלא יתאוה לעבירה, כי הוא רואה את יצרו מתגבר ומתאוה אל הדבר ההוא, ואולי יצא ענינו לידי חולי מדרך הרפואות. גם זו הכוונה יש בה שכר, אך לא כראשונות, לפי שהוא יכול לרדות ביצרו ולכבוש תאותו, כענין שאמרו (סנהדרין קז ע"א): "אבר קטן יש באדם, משביעו רעב, מרעיבו שבע". ועוד אמרו (שם ע"ב): "יצר תינוק ואשה, תהא שמאל דוחה וימין מקרבת" וכו'. והכונה הרביעית, אם לא יתכוין לגדור עצמו מן העבירה - אלא להנאת עצמו הוא מתכוין, אין לו שכר של כלום, כי הוא אינו צריך לא לולד, ולא לתקן הולד, ולא לשמחת האשה כי אמרה שאינה צריכה לו. ואם צריך הוא לאותו דבר מתאות היצר, צריך הוא לתת שכר למעשיו, ותהי' כונתו להנצל בו מן האסור, ואם לא נתכון כן - הנה הוא בדרך הסתת היצר, וקרוב הוא להפסד ורחוק הוא מן השכר.

590) וכתב במשכן ישראל, חלק ב עמ' לה, וז"ל: הנה הראב"ד פתח בלגדור מן העבירה, משמע שהתכלית היוצאת מן הדבר היא בדרך "סור מרע", אך בהמשך כתב שיש לו שכר על שאינו מצער נפשו, והביא את הפסוקים: "צדיק אוכל לשובע נפשו" ו"גומל נפשו איש חסד", משמע שיש מעלה רצויה בזה. ונראה שלגדור מן העבירה, אינו ע"י עצם הביאה, אלא ע"י השלמת הקשר עם אשתו, וכמש"כ החינוך בטעם

אדורכצופאלן, איז דאס נאכאלס א מצוה וויבאלד זיין כונה איז לשם שמים, און דאס ציט אים נישט אראפ נידעריגער אינעם עולם התאוה[591].

ה. קדושת המחשבה נאכן חתונה

ווען עס קומט צום ענין פון "קדושת המחשבה" נאכן חתונה, זענען דא צוויי סארטן יונגעלייט - איינס פונקט פארקערט פונעם צווייטן. דער ערשטער סארט יונגערמאן האט טאקע געהאט שוועריקייטן אלס בחור אין דעם ענין, אבער נאכן חתונה האט ער שוין נישט קיין שום פראבלעם מיט דעם. אודאי ווען מען גייט אין גאס דארף מען נאכאלס אכטונג געבן אויף די אויגן, אבער עס איז אים כאטש מעגליך צו גיין אין גאס אן קיין גרויסע נסיונות, פשוט ווייל די אלע פרעמדע פאראינטערעסירן אים נישט און דערפאר קען ער זיך באהערשן גרינגערהייט. אבער פון די אנדערע זייט איז דא דער צווייטער סארט יונגערמאן, וואס נאכן חתונה ווערט זיין מלחמה נאך שווערער און ביטערער, און אויב ער האט געהאט שוועריקייטן אלס בחור דאן ווערן די פראבלעמען יעצט פילפאכיג מער קאמפליצירט.

און וואס ווענדט זיך דאס? **אינעם הנהגה אין שטוב!** אויב אינדערהיים איז דער מאן צופרידן און זאט, דער "שלום בית" קלאפט, און "מצות הבית" ווערט געטון אויפן ריכטיגן פארנעם מיט א טיפע ליבשאפט איינער צום צווייטן, און ער ווייסט פונעם דאזיגן כוונה וואס דער ראב"ד שרייבט: "**שהוא מתכוין לגדור את עצמו בה כדי שלא יתאוה לעבירה, כי הוא רואה את יצרו מתגבר ומתאוה אל הדבר ההוא**", און ער איז זיך טאקע מזווג ווען ער שפירט א באדערפעניש דערצו, און ער רעדט זיך נישט איין אז ער איז אויפן מדריגה פון נישט האבן צוטון מיטן גאנצן נושא, אזא איינער איז א צופרידענע מענטש וואס האט נישט קיין גרויסע פראבלעם מיט פרעמדע. אבער אויב ער נוצט נישט דעם היתר וואס די תורה האט אים געגעבן, אזא איינער ווערט קיינמאל נישט זאט און צופרידן, ווייל ער וועט

מצות (דברים כד, ה): "ושימח את אשתו" וכו'. ע"י ההליכה בדרך ישרה - האדם מייחד את כוחו לקשר שלם עם אשתו, ובזה עצמו ניצל מן החטא.

591) וכמש"כ הראב"ד לאחר שהביא את כל הכוונות, וז"ל: אבל מי שאינו צריך לדבר... ודאי הוא הדרך לעצת היצר שאמרנו בתחלה (קהלת ט, ט): "ראה חיים עם אשה אשר אהבת... כי היא חלקך בחיים". ומן ההיתר יביאנו אל האיסור, ועל זה אמרו ז"ל: "המקשה עצמו לדעת יהא בנידוי" וכו'. ומוכח מזה, שאם יש א' מהכוונות הנ"ל אין לומר 'מן ההיתר יסיתנו אל האיסור'. ובמשכן ישראל חלק ב עמ' לז, הביא ראיה לזה ממה שאמרו (נזיר כג ע"א): "זה שאכלו לפסח לשום אכילה גסה... נהי דלא עביד מצוה מן המובחר, מצוה מיהא קא עביד". ואמרו (סנהדרין ע ע"ב) גם בבן סורר ומורה, שאם זלל וסבא בחבורת מצוה: "אע"ג דכולה סריקין, כיון דבמצוה קא עסיק - לא מימשיך". ולכן גם כאן, אם יש בה מצוה - אין מעשה זה משליט עליו את היצה"ר.

שטענדיג זיין אינעם סיטואציע פון שפירן אז עס פעלט אים סיפוק, און זיינע נסיונות וועלן נאר ווערן שטערקער און שווערער ה"י[592].

דער הייליגער **רוקח** שרייבט דאס אין קלארע אומצוויידטיגע ווערטער, וואס מיר וועלן ציטירן בשלימות צוליב די וויכטיגקייט דערפון[593]:

> זאת תורת השב בכל לבו ובכל נפשו, ובא לידבק בבוראו וכו'. ויש לו לאדם להמנע מכל מה שהגוף נהנה בהם ע"י נשים: מלראותם, מליגע בהם, ומלישב אצלם, ומלראות וכו' בין אשת איש בין פנויה. חוץ מאשתו, ישמח בה כשהיא טהורה בכל חשק לבו, על כן ימהר ויחיש מלחשוב הרהורי נשים - כי אם על אשת חיקו, ישמח ויגל בה באהבה בכל עת שחפץ, כי היא שומרתו מן החטא. על כן, על כל חשק חפצו בה, לאהבה ולכבדה, אז ימצא תאות לבו בה, ומזכתו לזה ולבא.

די דאזיגע הנהגה איז געזאגט געווארן נישט נאר פאר אזעלכע פשוט'ע אידן ווי אונז, נאר טאקע אויך פאר די סאמע גרעסטע לייבן וואס כלל ישראל האט נאר פארמאגט אין היסטאריע, ווי מיר זעען פון די פאלגענדע מעשה וואס ווערט אראפגעברענגט אין **גמרא**[594]:

> די פרוי פון אביי איז געקומען צו א דין תורה ביים בית דין פון רבא, און אינמיטן די דין תורה האט זי אויפגעדעקט איר ארעם, און דאס שטוב האט אויפגעלאכטן (-פון גרויס שיינקייט). האט רבא זיך אויפגעהויבן און אהיימגעגאנגען צו זיין ווייב, זיך מזווג צו זיין מיט איר.

מיר האבן געוויס נישט קיין השגה אין רבא'ס גרויסקייט, אבער די גמרא ווייזט אונז אז

---

592) בבנין הבית עמ' 211 מובא הגדרה נפלאה ע"ז, איש מפי איש, משמו של הגה"ק רבי חיים מוואלאזשין זצוק"ל: אם עוסקים ב(-ספר) "ראשית חכמה" בבית - נשאר "אשת איש" מבחוץ, ואם אם עוסקים ב"אשת איש" בבית - זוכים לדרגה של "ראשית חכמה" מבחוץ. דהיינו, שאם נוהגים בפרישות יתירה כאשר אינו באמת באותה דרגה - אזי נכשל חלילה בעבירות ברחוב, ומאידך אם מתנהג בביתו כדרך איש ואשה - אזי נשמר ברחוב מדברים אסורים. ודבר זה ידוע לכל מי שעוסק בתחום הזה, וכפי שסיפר לי מדריך אחד שהגיע אליו מישהו שכבר חיתן כמה נכדים שלו, וטענתו בפיו כי בכל פעם שהוא יושב מול אשתו מגיעים אליו הרהורים. ואחר בירור הדברים נתברר, שהוא מתנהג בפרישות יתירה בזמן קיום המצוה. ואמר לו המדריך, שאם כנים הדברים אזי הסיבה להרהוריו פשוטה מאוד, כי מעולם לא התנהג כדרך איש ואשה, והיא איננה אשת בריתו כלל אלא כאשה זרה נדמית לו, וממילא פשוט שכאשר יושבים מול אשה זרה ומבלים ביחד - מגיעים לבעיה זו. והעצה לזה היא (קהלת ט, ז): "לך אכול בשמחה לחמך" וכו', וכמובן שנחלץ מצרתו והרהוריו.

593) הלכות תשובה אות כ.

594) כתובות סה ע"א: כי האי בהדי דקא מחויא ליה איגלי דרעא, נפל נהורא בבי דינא. קם רבא, על לביתיה, תבעה לבת רב חסדא. אמרה ליה בת רב חסדא: מאן הוי האידנא בבי דינא? אמר לה: חומא דביתהו דאביי וכו'.

רבא לויט זיין דרגה האט געשפירט א באדערפעניש זיך מזווג צו זיין מיט זיין ווייב. דאס לערנט אונז אויס וויאזוי מיר דארפן זיך באציען דערצו ווען עס איז נוגע פאר אונז זעלבסט.

דער **אור החיים הקדוש** שרייבט דאס זעלביגע[595], אויף נישט קיין צווייטן ווי יצחק אבינו אליינס. אז דאס וואס מיר זעען אין די תורה אז אבימלך האט געזען ווי יצחק איז זיך מזווג מיט רבקה אינמיטן טאג (-לויטן שיטה אז ער האט זיך מזווג געווען), קען זיין אז ער האט זיך אזוי געפירט ענליך צום אויבנדערמאנטן מעשה מיט רבא, אז ער האט געהאט א הרהור און דערפאר האט ער געשפירט א באדערפעניש צו זיין מיט זיין ווייב. דאס מיינט, אז לויט די הייליגע דרגה פון יצחק אבינו איז געווען עפעס א חשש פון א חשש, אין וואס ער וואלט געקענט נכשל ווערן.

עס דארף אבער אנגעמערקט ווערן, אז טאקע אויף דעם שטייט אין גמרא[596], אז עס דארף זיין אויף אן אופן פון: **שמאל דוחה וימין מקרבת**. מען דארף אוועקשטופן די גשמיות'דיגע באדערפענישן מיטן לינקן האנט, אבער מיטן רעכטן האנט דארף מען דאס מקרב זיין ווען עס פעלט זיך אויס. דאס מיינט, אז מ'דארף דאס אפוועגן און מעסטן אז ס'זאל זיין אין די ריכטיגע צייט און מיטן ריכטיגן מאס[597].

ו. נישט פארגעסן פונעם "משביעו רעב"

עס איז וויכטיג צו ווידערהאלן, אז דאס וואס מיר רעדן איבער דאס וויכטיגקייט פון זיך מזווג זיין ווען ער שפירט א באדערפעניש דערצו, איז טאקע נאר געזאגט געווארן אין א פאל וואס

---

595) בראשית כו, ח, וז"ל: ולדברי האומר מצחק - משמש מטתו וכו', או כמעשה הובא בש"ס: דביתהו דאביי דגלית וכו' אזל רבא וכו', כי הצדיקים יחשו לדומה דדומה לכיעור לבל יכשלו בו.

596) סנהדרין קז ע"ב.

597) וז"ל הטור באו"ח סימן רמ, בשם הראב"ד: ועוד יש לומר, כי עונות שנתנו חכמים למלאות תשוקת האשה, אינו רשאי למעט מהן שלא מדעתה, אבל אם יצטרך להרבות כדי להנצל מן העבירה - הרשות בידו. ועל הדרך הזה הזהיר, שיעמוד כנגד יצרו ולא ימלא כל תאותו, אלא תהא "שמאל דוחה וימין מקרבת", ולא דחייה גמורה, כי שמא מתוך לוחמו עם יצרו לדחותו יבטל עונתו, אלא תהא ימין מקרבת לקיים עונתו. וכתב במשכן ישראל, חלק ב עמ' נד, וז"ל: לזה אמר הראב"ד "שצריך האדם לשבור תאוותו ולהכניע את יצרו בדחיית השמאל, כדי שלא יבא לידי איסור", כלומר לקבוע בנפשו שאינו מזהה את עצמו מן היצר, ואין הוא קובע בכוחותיו. אבל בעת הראוי יש לקרבו בימין, כלומר לפעול עמו בשלימות ולא בדרך מקרה ועראי וכו'. אבל כמובן שאין לקבל את כח היצה"ר לגמרי, שאז לא יוכל לכבוש את עצמו מן האיסור, ולזה יש לשמור ריחוק ע"י השמאל, ולברר שהקירוב בימין הוא רק בעבור קיום המצוה, ולא כדי להשביע את יצרו וכו'. ובדרך זה אמרו בזהר: "יצה"ר לאתערא לגבי נוקביה", כלומר, אין היצה"ר שייך לעצמו של אדם, אבל תכליתו להביא ולעורר קשר שלם אם אשתו.

ער שפירט א נויט און באדערפעניש דערצו, און ווי מיר האבן אויבן געברענגט דערוועגן די קלארע ווערטער פונעם ראב"ד אז מ'רעדט דא פון א מענטש וואס וויל נישט פאסטן אפילו אויב ער קען, נאר ער וויל עסן נארמאל צו די זעט ווי עס איז דער נארמאלער מענטשליכער שטייגער. אבער דער וואס פארמערט דאס צו טון מער ווי זיין באדערפעניש איז, דאן איז דאס נישט אויסגעהאלטן - טראצדעם וואס ער טוט דא אייגנטליך א "דבר המותר". ווייל דורכן זיך נאכגעבן כסדר זיין יצר טוט ער נאר פאראורזאכן אז זיין באדערפעניש זאל כסדר וואקסן און שטייגן, און פון א "היתור" **קען זיך עס לייכט אויסשפרייטן צו אן "איסור"**, סיי מיט די אייגענע - אין צייטן וואס עס איז אסור, סיי מיט אנדערע, און סיי מיט זיך אליינס.

אויף דעם שטייט אין גמרא[598]: **אמר רבי יוחנן: אבר קטן יש לו לאדם - מרעיבו שבע, משביעו רעב; שנאמר** (הושע יג, ו): **כמרעיתם וישבעו.** אז אויב א מענטש וויל באמת זיין זאט, איז די עצה דאס צו לאזן אביסל אויסצוהונגערן און נאר עסן ווען מען איז הונגעריג, אבער אויב מען געבט זיך נאך מער ווי מ'דארף און ווי זיין אמת'ער באדערפעניש, דאן ברענגט דאס צו אז ער זאל שטענדיג זיין הונגעריג.

עס זענען דא וואס מיינען, אז וויפיל מער מען וועט פארמערן דערינען - וועט מען וויניגער צוקומען צו אן איסור, און אין גמרא געפונען מיר[599], אז אפילו דוד המלך האט זיך טועה געווען אין דעם. אבער חז"ל לערנען אונז אויס דעם ריכטיגן וועג דערינען, אז מ'זאל עס טון אויף א נארמאלן פארנעם, נישט צופיל און נישט צו ווייניג, און אזוי וועט מען זוכה זיין צו פירן א לעבן פון קדושה וטהרה. אויסער דעם איז דאס טוהן זייער אפט אויך נישט געזונט בגשמיות, ווי דער רמב"ם ערקלערט באריכות[600].

ז. דאס אחריות פונעם פרוי

עס איז וויכטיג אז די פרוי זאל פארשטיין די הארבקייט דערפון, און וואס עס ליגט אין אירע הענט צו צוהעלפן די מאן אין זיין עבודת הקודש. עס קען זיין זייער שווער פאר איר צו

---

598) סוכה נב ע"ב.

599) סנהדרין קז ע"א: "ויהי לעת הערב ויקם דוד מעל משכבו" וגו' (שמואל-ב' יא, ב), אמר רב יהודה: שהפך משכבו של לילה למשכבו של יום, ונתעלמה ממנו הלכה: "אבר קטן יש באדם, משביעו רעב, ומרעיבו שבע".

600) פ"ד מה' דעות הי"ט וז"ל: שכבת זרע היא כח הגוף וחייו ומאור העינים וכל שתצא ביותר הגוף כלה וכחו כלה וחייו אובדים...כל השטוף בבעילה זקנה קופצת עליו וכחו תשש ועיניו כהות וריח רע נודף מפיו ומשחיו ושער ראשו וגבות עיניו וריסי עיניו נושרות ושער זקנו ושחיו ושער רגליו רבה שיניו נופלות והרבה כאבים חוץ מאלו באים עליו אמרו חכמי הרופאים אחד מאלף מת בשאר חלאים והאלף מרוב התשמיש לפיכך צריך אדם להזהר בדבר זה וכו'.

פארשטיין די נושא: 'וואס הייסט? אויב א זאך איז אסור איז דאס אסור! און אויב איך שטעל מיך נישט צו - וועט ער דען עובר זיין אויף די תורה?!'. דערפאר **דארף דער מאן זיין אפן מיט זיין ווייב** איר צו ערקלערן דעם ענין אין א רואיגע מינוט, און אממערסטנס ארויסברענגען דעם פונקט אז זי שפילט א הויפט ראלע אינעם עבודת הקודש פון העלפן איר מאן זיך צו פירן בקדושת המחשבה. ווי דער **בעל העקידה** געבט א טעם פארוואס א פרוי האט נישט די מצוה פון "ברית מילה", ווייל די פרוי איז דאס מקיים דורכן ברית מילה פונעם מאן, א מאן און פרוי זענען ווי איין גוף - און איין ברית איז גענוג פארביידע, און אויף ביידע ליגט די אחריות און די פליכט צו זען מען זאל זיך קענען פירן בקדושה, אן קיין מכשולות.

ווען די פרוי שטעלט זיך צו צו מצות הבית און זי צייגט ארויס אינטערעסע, זי מאכט זיכער אז ער האט הנאה און מאכט אויך זיכער אליינס הנאה צו האבן, דעמאלט האט זי ערפילט איר חלק אינעם "קדושת הבית", און דורכן האבן א טייל אין דעם וואס ער איז אפגעהיטן פונעם גאס, מיט דעם טוט זי איר פליכט פון זיין א חומה פאר זייער אידישער שטוב. אבער א פרוי דארף פארשטיין, אז צו זיין א "**פת בסלו**" איז נישט אייביג גענוג א טרוקענע שטיקל ברויט, זי דארף פארשטיין אז געוועגליך האט דער מאן א גרעסערע גופניות'דיגע באדערפעניש דערצו ווי זי האט, און פונקט ווי זי גרייט אן די נאכטמאל אין א שיינעם טעלער, מיט אלערליי געשמאקע עסן, כדי ס'זאל זיין בא'טעמ'ט, דאס זעלביגע איז מיט מצות הבית.

זי דארף זען זיך צוצושטעלן מיט זאכן וואס ברענגען אן הנאה, און זי זאל זעלבסט הנאה האבן זיך צוצושטעלן. ווייל אויב האט מען זיך ליב איינע דעם צווייטן, דאן איז מען גרייט צו טון פאר יענעם אויך. מיט דעם וואס זי שטעלט זיך צו צו זיינע גופניות'דיגע באדערפענישן, מיט דעם וועט ער זיין מער הייליג צו קענען דינען דעם באשעפער מיט א קלארן און ריינעם קאפ.

ח. די אמת'ע אפטייטש פון זיין א "חומה"

אויבנאויף קוקט אויס, אז דאס וואס די פרוי דינט אלס "חומה" פארן מאן, באדייט אז דער מאן האט זיך זיינע ניסיונות און באדערפענישן, און דאס ווייב איז דער וואס דארף זיך אהערשטעלן און אים "ראטעווען". אבער דער אמת איז, אז דאס איז נישט דער ריכטיגער צוגאנג דערצו, אויב מ'האלט ביי אזא מצב טויג שוין עפעס נישט אינעם טיפן פארבינדונג צווישן דעם פארפאלק. עס דארף צוגיין אויף א פארקערטן אופן, אז זייער קשר זאל זיין פעסט און שטארק, די שלום בית זאל קלאפן ווי עס דארף צו זיין, און די מצות הבית זאל אויסגעפירט ווערן אויפן ריכטיגן פארנעם, אויף אזוי ווייט, אז דער מאן זאל שוין זיין זאט און צופרידן מיט איר אויפן העכסטן אופן, אז ער זאל שוין גארנישט דארפן מער פון דעם.

דאס איז דער ריכטיגער תורה'דיגער בליק, ווי עס שטייט אין פסוק[601]: "וְיָדַעְתָּ כִּי שָׁלוֹם אָהֳלֶךָ וּפָקַדְתָּ נָוְךָ וְלֹא תֶחֱטָא", און די גמרא זאגט דערויף[602]: **תנו רבנן, האוהב את אשתו כגופו, והמכבדה יותר מגופו, עליו הכתוב אומר: וידעת כי שלום אהלך** - ווען איינער האט ליב זיין ווייב ווי זיין אייגענעם גוף, וואס דאס באדייט אז עס איז דא א שטארקער פארבינדונג און אמת'ער ליבשאפט צווישן דעם מאן און ווייב, דאן איז דאס דער ריכטיגער וועג אויסצופירן דעם סוף פונעם פסוק - "ולא תחטא".

דער **חינוך** ברענגט ארויס דעם געדאנק גאר שיין און באריכות[603]:

> מיר זענען באפוילן געווארן אז דער חתן זאל דערפרייען זיין ווייב, וואס באדייט אז ער זאל נישט ארויספארן פון שטאט צו גיין אין קריג, אדער פאר סיי וועלכע אנדערע געברויכן אין איר אפוועזנהייט, נאר ער זאל זיך אויפהאלטן מיט איר פאר א פולע יאר פונעם חתונה-טאג, און אויף דעם איז געזאגט געווארן די פסוק: "**נקי יהיה לביתו שנה אחת, ושמח את אשתו אשר לקח**". איינע פון די גרונדן פון דעם מצוה איז, אז ווען דער באשעפער האט באשאפן די וועלט האט ער געוואלט אז עס זאל באזעצט ווערן מיט גוטע מענטשן, וואס ווערן געבוירן דורך א זכר און א נקבה וואס זענען צוזאמען אויף א כשר'ן אופן, ווייל מזנה זיין איז פאר'מיאוס'ט ביי אים.
>
> דערפאר האט ער באפוילן דעם אידישן פאלק - אויף וועמען ער האט אויסגעוועלט צו רופן זיין נאמען - אז ווען מיר האבן חתונה מיט אונזער באשטימטע פרוי, זאלן מיר זיך אויפהאלטן מיט זיי פאר א יאר צייט כדי איינצוגעוואוינען אונזער נאטור מיט איר, אנצוקלעבן אונזער ווילן צו איר, און אריינצוברענגען איר געשטעל און טאהטן אינעם הארץ.
>
> דורך דעם וועט ביי אים נאטורליך זיין פרעמד סיי וועלכע זאך פון פרעמדע פרויען, ווייל דער נאטור איז צו וועלן און ליב צו האבן דאס וואס מען איז צוגעוואוינט דערצו,

601) איוב ה, כד.

602) יבמות סב ע"ב.

603) מצוה תקפב, וז"ל: שנצטוינו שישמח החתן עם אשתו שנה אחת, כלומר שלא יסע חוץ לעיר לצאת למלחמה, ולא לענינים אחרים לשבת זולתה ימים רבים, אלא ישב עמה שנה שלימה מיום הנשואין, ועל זה נאמר (דברים כד, ה): "נקי יהיה לבית שנה אחת ושמח את אשתו אשר לקח". משרשי המצוה, כי האל ב"ה עלה במחשבה לפניו לבראת העולם, וחפץ שיתיישב בבריות טובות הנולדות מזכר ונקבה שיזדווגו בה כשר, כי הזנות תועבה הוא לפניו. על כן גזר עלינו, העם אשר בחר להיות נקרא על שמו, שנשב עם האשה המיוחדת לנו להקים זרע שנה שלימה מעת שנשא אותה, כדי להרגיל הטבע עמה, ולהדביק הרצון אצלה, ולהכניס ציורה וכל פעלה בלב, עד שיבא אצל הטבע כל מעשה אשה אחרת וכל ענייגה דרך זרות, כי כל טבע ברוב יבקש ויאהב מה שרגיל בו, ומתוך כך ירחיק האדם דרכו מאשה זרה, ויפנה אל האשה הראויה לו מחשבתו, ויכשרו הילדים שתלד לו, ויהי' העולם מעלה חן לפני בוראו.

> און דורכדעם וועט א מענטש זיך דערווייטערן פון פרעמדע פרויען, און זיינע געדאנקן וועלן זיין געוואנדן נאר צו זיין ווייב, און אזוי ארום וועלן די קינדער וואס זי וועט געבוירן צו אים זיין כשר, און די וועלט וועט געפונען חן ביים באשעפער.

ענליך צו דעם שטייט אין **שבט מוסר**, אז די טיפע ליבשאפט צווישן דעם מאן און ווייב דאס איז דער שליסל וואס ברענגט צו אז מען טראכט נישט פון אנדערע. לאמיר ציטירן זיינע הייליגע רייד[604]:

> ורמז לדבר, לקשר אהבת איש ואשה, פסוק בפרשת צו (ויקרא ו, ב): "זאת תורת העולה היא העולה"... כך האשה מזבח כפרה לאיש, לכפר על כל הרהורי לבו, שעל ידיה אין מהרהר עוד בעבירה... שאם יש פירוד עמה ח"ו מהרהר באשה אחרת, ואיך יתכפר? באופן שכדי שתשרה שכינה ביניהם, ויבלו בטוב ימיהם ושנותם בנעימים, ולא יגיע להם שום נזק, צריך יחוד גמור ביניהם[605].

אזוי איז טאקע די מציאות, אז אויב מען בויט דעם קשר אויף ליבשאפט און מען איז מקיים מצות הבית מיט קעגנזייטיגער ליבשאפט, דאן פאלן אויטאמאטיש אוועק די פרעמדע תאוות, ווייל מען שפירט און מען פארשטייט וואס א זיווג מיינט באמת, און אז עס איז נישט סתם "א פעולה וואס מען טוט". אבער אויב מצות הבית זעט אויס א יאר נאכן חתונה בערך ווי עס האט אויסגעזען דעם ערשטן נאכט, אן קיין ריכטיגע און טיפע קשר, דעמאלט קען מען גלוסטן אנדערע פאר צוויי סיבות: צוערשט, ווי אויבנדערמאנט אז אין אזא פאל איז ער מעגליך נישט גענוג זאט אינדערהיים. צווייטנס, וויבאלד ער טוט עס דאך נישט מיט א טיפן קשר ביי זיך אינדערהיים, דמיונ'ט דער מח אז מ'קען טון פונקט די זעלבע זאך מיט א צווייטן. אבער איינמאל אז מען וואוינט מיטן אייגענעם ווייב מיטן ריכטיגן קשר, ווי דער חינוך ערקלערט דעם פסוק "ושמח את אשתו אשר לקח", ווייסט מען אז דאס איז אזא סארט הנאה וואס איז פיל טיפער, און דאס קען מען נישט סתם אזוי באקומען נאר ביי זיך אין שטוב, דאן הייבט מען נישט בכלל אן צו טראכטן אומאויסגעהאלטענע געדאנקן[606].

---

604) סוף פרק כד.

605) וכתוב בקהלת ח, טו: "וְשִׁבַּחְתִּי אֲנִי אֶת הַשִּׂמְחָה", ופירש"י: ושאינו שמח בחלקו לענין אהבת אשתו, שטוף אחרי הנשים, להרהר אחרי אשת איש.

606) ראה בספר ברית אברם להרה"ק המגיד מזאלאזיץ זצ"ל פרשת משפטים, עה"פ מדבר שקר תרחק וז"ל: או יאמר אכלו לחם אלקים לא קראו, דקאי על אשתו, פי' אכלו לחם, שמשמשין מטתם שלא לשם שמים. וז"ש אלקים לא קראו רק למלא תאותן, ועי"ז באים לידי ניאוף, כמ"ש הכתוב ויאכלו וישבעו מאד, פי' שמשביעים את עצמם בתשמיש עם היצה"ר הנקרא מאד, כמ"ש חז"ל והנה טוב מאד זה יצה"ר, ועי"ז יש להם יותר תאוה. וז"ש (תהלים עח) ותאותם יביא להם, ע"ש שאמרו חז"ל אבר קטן יש באדם משביעו רעב וכו'. ולכאורה הוא נגד הגמרא (יבמות סג ע"א) דיינו שמצילות מן החטא. אלא על כרחך צ"ל דפי' משביעו הוא רק למלא תאותו אז הוא יותר רעב, ועי"ז יוכל לבא לידי ניאוף ח"ו.

אויב א מענטש וויל גערעטעוועט ווערן פון מחשבות זרות, איז די עצה צו לעבן מער בשלום מיט זיין ווייב, און טון אלעס וואס עס פעלט זיך אויס כדי צו פארמערן דאס צוזאמענלעבן בשלום, ווייל ווי מער ער וועט זיין בשלום אינדערהיים אלס מער וועלן מחשבות פונדרויסן אים נישט באריכן.

דאס איז נישט נאר א פראקטישע זאך, נאר אויך א הימלישע זאך. אט אזוי שרייבט הרה"ק רבי ר' **פנחס'ל קאריצער** זי"ע[607]:

> לפעמים נופל אדם בתאוות ניאוף רח"ל, והוא מחמת שיש לו שנאה על אשתו, ולמעלה הוא דבר גדול מאוד שיהיה שלום בין איש לאשתו, שהרי צוה השי"ת למחוק השם[608], על כן מפילים עליו מחשבת ניאוף, שאפילו מצד הקליפה יהיה שלום עם אשתו. ועצה יעוצה, לשוב אל לבו לאהוב את אשתו מצד הקדושה, ואז נחלץ מצרה.

דאס מיינט, אז מ'דארף בויען אן אמת'ער טיפער "קשר נפשי" צווישן דעם מאן און ווייב, און דעמאלט איז דער מענטש דאס מערסטע אפגעהיטן פון אלעם בייזן.

ט. בתחבולות תעשה מלחמה

צום שלום, דארף מען אוודאי קלאר שטעלן אז באופן כללי דארף א יעדער זיך שלאגן מיט די אייגענע תאות און נישט ליגן אין גשמיות, אלע ספרי מוסר און ספרי חסידות זענען פיל דערמיט און זענען זייער עוסק אין דעם ענין, דערפאר וועלן מיר נישט מאריך זיין דערין. נאר מען דארף צו וויסן אז דאס מלחמה מוז געטון ווערן מיט חכמה, ווייל אויב פרובירט מען צו טון פעולות מער ווי די כוחות זענען, ברענגט דאס צו אז מען זאל דורכפאלן אין אנדערע ערטער. מען קען זיך נישט צווינגען צו זיין הייליג, הייליג איז מען - ווען מען האלט באמת דארט, ווי דער **אור החיים הקדוש** דרוקט זיך אויס דערוועגן[609]: "כי הקדושה היא בחינה הנקנית ברצון ובהשלמת החפץ והחשק בה, ולא בכפייה".

דער עיקר מלחמה דארף זיין אין קאפ און אין די מח, ווייל אויב די מלחמה איז נאר ווען עס קומט אויף "**למעשה**", אבער אין "מחשבה" האלט מען נאכנישט דארט באמת, דאן פאלט מען שפעטער נאר אדורך. א יונגערמאן קען אמאל זען א שארפעווארט אין א ספר און זיך ארויפכאפן דערויף, זיך איינרעדנדיג אז ער האלט שוין ביי דעם מדריגה, ווען אין אמת'ן איז דאס געזאגט געווארן נאר אויף מענטשן וואס לעבן א גאנצע טאג אין

607) אמרי פנחס, דרכי עבודת השי"ת אות מא.

608) עי' חולין קמא ע"א.

609) ויקרא כא, ח.

העכערס, און זענען באמת ראוי זיך צו פירן אין אזא דרגה פון קדושה און פרישות.

ווי פאסיג איז דא אראפצובררענגען דאס וואס עס שטייט אין ספה"ק **ישמח ישראל**[610], אז הרה"ק רבי איציק'ל פון ווארקא זי"ע האט געטייטשט דעם פסוק: "קדושים תהיו", אז מען זאל זיין הייליג **דארט וואו מען איז**, דאס הייסט אז דער מענטש זאל זיין הייליג אינעם מדריגה וואס ער האלט יעצט דארט, אבער ער זאל נישט שפרינגען מדריגות העכער פון וואו ער האלט יעצט.

א מענטש וואס פירט זיך ערליך און איז מקיים מצות הבית לויט ווי די הלכה פארלאנגט, און מען טוט דאס מיט די ריכטיגע כוונות און פעולות, אזא איינער האט די ריכטיגע שמירה, און די תורה באהיט אים פון אלע בייזע מחשבות. ווידער אזא איינער וואס פרובירט זיך צו שלאגן דערמיט ווען ער האלט נישט דארט, לייגט זיך חלילה אריין אין גרעסערע שוועריקייטן און מלחמות.

אט איז די גאלדענע ווערטער פונעם **חזון איש**[611]:

> דער וועג פונעם תורה איז די געמאסטענע וועג, וויבאלד פון איין זייט קען "קירוב של מצוה" צוברענגען צו א הרהור ביינאכט, און פון די אנדערע זייט קען עס אים ראטעווען פון זינד. ווידער דער וועג פון "פרישות" קען אויך צוברענגען צו פארגרעסערן די הרהורים. אלזא, מיר דארפן נישט אריינקלערן אין דעם מיט אונזער שכל, נאר אפהיטן דער וועג פון די תורה. מיטן אייגענעם ווייב איז אלעס א מצוה, נאר על דרך החסידות - ווער עס איז ראוי דערצו - פארמינערט זיין אייגענעם תענוג.

י. איזהו חכם המכיר את מקומו

נאך איין נקודה איידער מיר פארענדיגן דעם פרק איז וויכטיג ארויסצוברענגען, אז ווען עס קומט אפצושאצן די אייגענע באדערפעניש אין דעם ענין אדער דעם דרגא וואו מען שטייט, קען קיינער אין דער וועלט נישט מחליט זיין פאר א צווייטן וואו מען האלט, נאר

---

610) פרשת קדושים, וז"ל: ואמר בשם רבינו הגדול הזקן מוהר"י מוורקא שדיבר בקדשו, קדושים תהיו - בהווייתן תהיו, היינו במדרגה שאתה עומד בה, בהמדרגה הזו תהיה קודש, אבל לא לעלות למעלה ממדרגתך, עכ"ל.

611) אגרות קודש אגרת ג, וז"ל: דרך התורה היא השקולה והמדודה, שגם ראיה ושאר קירוב של מצוה יש בה הבאה לידי הרהור בלילה, ולעומת זה יש בה שמצלת, והפרישות הוא ג"כ גורם להגברת הרהור. ואין לנו להרבות בהגיון, ורק לשמור דרך התורה, ובאשתו הטהורה הכל מצוה, רק על דרך החסידות מי שראוי לכך ממעט בתענוג.

דאס מענטש פאר זיך אליינס[612]. נישט קיין מנהג פון א קרייז קען באשטימען וואו איינער האלט באמת, און נישט א ווארט פון א מדריך איז מכריע וואס די באדערפעניש איז.

א מענטש דארף אליינס מחליט זיין, וואס איז די רצון ה' זיך צו פירן און דאס יעצטיגן מצב, און זיין אויפריכטיג מיט זיך אליינס. עס פאדערט זיך א גוטע קאמוניקאציע צווישן מאן און ווייב, און אויב עס פעלט אויס זאל מען זיך אדורכרעדן מיט א מומחה אין דעם פעלד וואס ווייסט אים / איר העלפן, צו קענען פירן א לעבן מיט קדושה וטהרה.

---

612) וז"ל השל"ה הק', הובא בשומר אמונים [אירגאס], בהקדמה שניה שבין ויכוח ראשון לויכוח שני: הטעם למה לא הזהירה התורה על זה בפרטות כל הענינים, והוא לפי שהוא בלתי אפשרי. בשלמא אם היו כל אנשי העולם שוין במזונם וכל העתות שוות, היתה כותבת התורה בהדיא: בזה השיעור תאכל ותדבר, ולא יותר. אמנם מאחר שלא כל האנשים שוין, ולא כל השעות שוות, לכן כלל התורה (ויקרא יט, ב): "קדושים תהיו", כלומר כל מה שתרגש שהוא מותריי אצלך באיזו פעולה שתהיה, תהיה קדוש ופרוש ממנה.

א קורצן סיכום פון דעם פרק:

- קדש עצמך במותר לך קען צומאל באדייטן, אז מ'קען זיך הייליגן דורכן יא טון וואס עס איז ערלויבט, כדי נישט אדורכצופאלן מיט א זינד.
- צומאל רעדט זיך א מאן איין אז ער איז דערהויבן און ער האלט העכער די רצונות און תאוות, אבער אין פאקט קען מען אדורכפאלן גאר ביטער, מיר געפונען אז חז"ל האבן נישט גענומען קיין שאנסן אין דעם, ווייל קיינער איז נישט "אויסגעשלאסן" דערפון. אזוי אויך זאל זיך די ווייב נישט איינרעדן אז איר מאן האלט העכער פון דעם, און מיר זעען אז די ווייבער פון די תנאים האבן נישט געמאכט אזעלכע סארט חשבונות אויף זייערע מענער.
- מצות הבית איז ווי דער מענטשליכער געברויך צו עסן. מ'טאר זיך נישט איבער-עסן אבער הונגערן איז נאכמער מסוכן, דא אויך איז דא דער כלל פון "מרעיבו משביעו - משביעו מרעיבו", אבער מ'דארף בלייבן אויפן שביל הזהב פון עסן נארמאל און מקיים זיין די מצוה נארמאל.
- ווידער אויב א מענטש שפירט אז אויב ער איז נישט מקיים מצות הבית וועט ער אדורכפאלן מיט א זינד, איז געוויס דא א מצוה זיך מזווג צו זיין, טראצדעם וואס לכתחילה דארף דער כוונת המצוה זיין צו דערנענטערן דעם פארפאלק איינער צום צווייטן. דערפאר דארף מען געדענקן, אז אויב מ'איז מקיים מצות הבית ווי עס דארף צו זיין, שפארט מען איין דעם מאן פון פילע נסיונות אין גאס.
- עס איז שטענדיג בעסער מקיים צו זיין מצות הבית כדי צו פארשטערקערן דעם קשר, וואס דאן איז עס יא א לכתחילה'דיגע מצוה, וואו עס איז נישטא דער חשש אז ס'וועט עווענטועל דערקייקלען דעם מענטש.
- דערפאר דארף דאס ווייב וויסן אז עס ליגט אויף איר אן אחריות זיך צוצושטעלן גענוג גוט אז דער מאן זאל נאכדעם נישט האבן קיין אומגעהויערע נסיונות אין גאס. חז"ל באנוצן זיך מיטן אויסדרוק "פת בסלו", און עס איז טאקע גוט זיך צו באציען דערצו, אז קיינער האט נישט ליב קיין טריקן שטיקל ברויט און געוויס נישט ווען דערנעבן קען מען איינקויפן א געשמאקע מאלצייט, און דערפאר זאל די פרוי פארזיכערן אז די פת בסלו איז געשמאק אז דער מאן זאל ניטאמאל וועלן פאשן אין פרעמדע פעלדער.
- דער אמת איז, אז אויב מ'דארף באווארענען דעם ווייב אז זי זאל נישט צוברענגען דעם מאן אדורכצופאלן מיט נסיונות, שטייט מען שוין גאר שמאל. דער שלום בית דארף זיין גענוג באפעסטיגט אז דאס ווייב זאל שפירן א ווילן צופרידנצושטעלן דעם

מאן, און מ׳דארף שפירן א קענגזייטיגע ליבשאפט און גלוסטעניש זיך צו פאראייניגן און פארשטערקערן זייער פארבינדונג און שלום בית.

- צולעצט דארף מען געדענקן, אז מ׳קען זיך נישט צווינגען צו זיין הייליג, און נאר ווען א מענטש האלט טאקע דערביי קען ער שטייגן אין קדושה, און יעדער קען טאקע שטייגן ביים ארט וואו ער האלט. אבער כאפן מדריגות שאדט מער ווי עס טוט אויף.

• פרק י״ז •

חסידות ופרישות

וואס איז דער אמת'ער באדייט פון פרישות? ווען איז עס א מצוה, ווען קען עס צוברענגען פראבלעמען און מכשולות, און ווען איז עס גאר אן עבירה? וואס זענען די סימנים פון אן אויסגעהאלטענעם פרישות?

א. פארווארט

אונזער ספר איז באמת נישט דער פלאץ וואו מאריך צו זיין אין אזא טיפע סוגיא ווי "פרישות", און אין אמת'ן אריין וואלט מען בכלל נישט געדארפט ארומצורעדן אינעם נושא פון פרישות וואס איז נישט קיין נחלת הכלל, ווי דער הייליגער מסילת ישרים זאגט[613], אז רוב פונעם ציבור קענען נישט זיין קיין "חסידים", און הלואי זאלן זיי כאטש זיין "צדיקים".

אבער פארט מוז מען דאס יא אנרירן און ערקלערן אויפן שפיץ גאפל, כדי אז די וואס מיינען אז זיי זענען עוסק אין פרישות זאלן זיך איבערקלערן אויב זיי האבן זיך נישט טועה געווען דערינען, ווייל אויב מען האט עס נישט ריכטיג ארויס קען מען זיך סתם פייניגן און מוטשענען און גארנישט האבן דערפון.

---

613) סוף פרק יג, וז"ל: אם תשאל ותאמר, אם כן אפוא שזה דבר מצטרך ומוכרח, למה לא גזרו עליו החכמים - כמו שגזרו על הסיגות ותקנות שגזרו? הנה התשובה מבוארת ופשוטה, כי לא גזרו חכמים גזרה אלא אם כן רוב הצבור יכולים לעמוד בה (עי' ע"ז לו ע"א), ואין רוב הצבור יכולים להיות חסידים, אבל די להם שיהיו צדיקים. אך השרידים אשר בעם, החפצים לזכות לקרובתו יתברך, ולזכות בזכותם לכל שאר ההמון הנתלה בם, להם מגיע לקיים משנת חסידים אשר לא יכלו לקיים האחרים, הם הם סדרי הפרישות האלה, כי בזה בחר ה', שכיון שאי אפשר לאומה שתהיה כלה שווה במעלה אחת, כי יש בעם מדרגות מדרגות, איש לפי שכלו, הנה לפחות יחידי סגולה ימצאו אשר יכינו את עצמם הכנה גמורה, ועל ידי המוכנים יזכו גם הבלתי מוכנים אל אהבתו יתברך והשראת שכינתו.

ב. איז פרישות בכלל א גוטע זאך?

מען דארף וויסן, אז נישט יעדעס סארט פרישות איז בכלל אן אויסגעהאלטענעם זאך, און אין פאקט זענען פאראנען פארשידענע מאמרי חז"ל איבערן נושא פון פרישות, וואס אויסערליך קען זיך דאכטן אז זיי זענען זיך סותר איינער דעם צווייטן.

לאמיר אנהייבן מיט עטליכע מאמרי חז"ל וואס מאכן לכאורה אוועק דאס ענין פון פרישות:

די **גמרא** זאגט[614]: "לא דייך מה שאסרה תורה, שאתה בא לאסור עליך דברים אחרים". איבער "סיגופים" דרוקט זיך די גמרא אויס מיט אן איסור ממש[615]: "אסור לאדם שיסגף עצמו" - עס איז פארבאטן פאר א מענטש זיך צו פייניגן. ענליך צו דעם געפונען מיר אין **גמרא**, אז אזא איינער הייסט גאר א זינדיגער[616]: "כל היושב בתענית נקרא חוטא" - דער וואס זיצט און פאסט הייסט א זינדיגער. עס זענען באקאנט די שארפע ווערטער פונעם **ירושלמי**, אנטקעגן דעם מענטש וואס האט נישט הנאה פון עפעס וואס ער קען הנאה האבן דערפון[617]: "א מענטש וועט אפגעבן א דין וחשבון פארן באשעפער, אויף יעדע זאך וואס זיינע אויגן האבן געזען און ער האט עס נישט געוואלט עסן, טראצדעם וואס ער האט עס געמעגט און געקענט עסן". פון די אלע מאמרי חז"ל זעען מיר, אז עס איז נישט גוט פארן מענטש זיך אפצושיידן, פייניגן, און נישט הנאה האבן פונעם וועלט.

אבער פון די אנדערע זייט זענען דא פילע מאמרי חז"ל, וואס ברענגען ארויס אז פרישות איז יא א גוטע זאך, פון וואס מיר וועלן אויך אראפברענגען עטליכע ביישפילן: אין **ספרא** שטייט[618]: "קדושים תהיו - פרושים תהיו", אז מען זאל יא זיין פרושים. די **גמרא** זאגט[619]: "כל היושב בתענית נקרא קדוש, קל וחומר מנזיר". איינער וואס פאסט הייסט גאר א הייליגער מענטש, וואס דאס איז ממש פונקט דאס פארקערטע פונעם אויבנדערמאנטן מאמר חז"ל, אז דער וואס פאסט הייסט א זינדיגער[620]. אזוי אויך געפונען מיר אין **גמרא**, אז

---

614) ירושלמי נדרים פ"ט ה"א.

615) תענית כב ע"ב.

616) תענית יא ע"א.

617) ירושלמי קידושין פ"ד הי"ב: עתיד אדם ליתן דין לפני המקום, על כל מה שראו עיניו ולא רצה לאכול ממנו - אף על פי שהיה מותר לו והיה יכול, דכתיב (קהלת ב, י): "וכל אשר שאלו עיני לא אצלתי מהם".

618) ויקרא יט, ב.

619) תענית יא ע"א.

620) אין גמרא געפונען מיר טאקע א מחלוקת חכמים דערוועגן, אויב ער הייסט א "חוטא" אדער א "קדוש", אבער לויט ווי מיר וועלן שפעטער אראפברענגען קענען זיי טאקע ביידע זיין גערעכט, ווי חז"ל

צומאל פעלט זיך יא אויס צו גיין בדרך הפרישות[621]: "כל הרואה סוטה בקלקולה - יזיר עצמו מן היין".

אצינד דארפן מיר טאקע פארשטיין וואס דא טוט זיך, און וויאזוי וועלן מיר זיך אן עצה געבן מיט די אנגעבליכע סתירות אין חז"ל, איז פרישות א גוטע זאך אדער נישט? דער ענטפער דערצו געפונען מיר אין **מסילת ישרים**, וואס שטעלט אוועק א כלליות'דיגע מהלך איבערן געדאנק פון פרישות, און מיר וועלן ציטירן זיינע ווערטער[622]:

> עס איז דא א סארט פרישות וואס מיר זענען באפוילן געווארן דערמיט, און עס איז דא א פרישות וואס מיר זענען אנגעווארנט געווארן זיך נישט צו שטרויכלען דערמיט (-דורכן טון דעם דאזיגן פרישות)... דער ריכטיגער כלל דערצו איז, אז אלע עניני עולם הזה וואס זענען אומנויטיג פארן מענטש איז ראוי זיך אפצושיידן דערפון, און אלעס וואס איז יא נייטיג פארן מענטש פאר סיי וועלכן אורזאך - וויבאלד ער איז נייטיג אין דעם - אויב שיידט ער זיך אפ דערפון איז ער א זינדיגער.

דער מסילת ישרים געבט אויך אן פראקטישע ביישפילן[623]: ביים עסן, אויב עסט מען נארמאל איז עס א גוטע זאך, אבער אויב מען עסט זיך אן קיין חשבון און מען עסט צופיל, מער ווי דעם באדערפעניש, דאן איז דאס גורם צו פריקת עול וואס ברענגט צו נישט גוטע זאכן.

אזוי אויך איז ביים ענין פון זיווג, וואס טראצדעם וואס עס איז א היתר גמור זיך מזווג צו זיין מיטן ווייב, דאך אבער אויב מען טוט עס אן קיין חשבון און צופיל, קען עס אריינגעבן א טבע אינעם מענטש אז ער מוז עס אייביג האבן, און דאס קען פאראורזאכן אז ער זאל

געבן אן דעם כלל פון (עירובין יג ע"ב): "אלו ואלו דברי אלקים חיים".

621) סוטה ב ע"א.

622) שם, וז"ל: אך הענין הוא, כי ודאי חילוקים רבים ועיקרים יש בדבר: יש פרישות שנצטוינו בו, ויש פרישות שהוזהרנו עליו לבלתי הכשל בו... הרי לך הכלל האמיתי: שכל מה שאינו מוכרח לאדם בעניני העולם הזה - ראוי לו שיפרוש מהם, וכל מה שהוא מוכרח לו מאיזה טעם שיהיה - כיון שהוא מוכרח לו אם הוא פורש ממנו הרי זה חוטא.

623) שם, וז"ל: כי הנה אין לך תענוג עולמי, אשר לא ימשוך אחריו איזה חטא בעקבו. דרך משל - המאכל והמשתה כשניקו מכל אסורי האכילה, הנה מותרים הם. אמנם, מלוי הכרס מושך אחריו פריקת העול, ומשתה היין מושך אחריו הזנות ושאר דברים רעים. כל שכן שבהיות האדם מרגיל עצמו לשבוע מאכילה ושתיה, הנה אם פעם אחת יחסר לו רגילותו, יכאב לו וירגיש מאד, ומפני זה נמצא הוא מכניס עצמו בתוקף עמל הסחורה ויגיעת הקנין, לשתהיה שולחנו ערוכה כרצונו, ומשם נמשך אל העוול והגזל, ומשם אל השבועות וכל שאר החטאים הבאים אחר זה, ומסיר עצמו מן העבודה ומן התורה ומן התפלה. מה שהיה נפטר מכל זה, אם מתחלתו לא משך עצמו בהנאות אלה.

אנקומען צו אן איסור ממש, ווי מיר זעען אין די ווערטער פון חז"ל[624]: "אבר קטן יש באדם - משביעו רעב, מרעיבו שבע", און ווי אויבנדערמאנט. דערפאר, אויב האט ער נישט די חיוב מצות עונה און ער שפירט נישט קיין דראנג און באדערפעניש דערצו, איז א גוטע זאך זיך אפצושיידן דערפון[625].

ג. פרישות איז א געוואלדיגע דרגא

"פרישות" איז א געוואלדיגע דרגה אין אידישקייט, ווי דער **מסילת ישרים** שרייבט[626]:

> ותראה שכל מה שביארנו עד עתה, הוא מה שמצטרך אל האדם לשיהי' צדיק. ומכאן ולהלאה הוא לשיהי' חסיד... דהיינו להניח מן ההיתרים עצמם - שלא נאסרו לכל ישראל - ולפרוש מהם, כדי שיהיה מרוחק מן הרע הרחק גדול.

דאס מיינט, אז דאס ענין פון פרישות איז נאר שייך נאכדעם וואס א מענטש איז שוין אויסגעארבעט צו זיין א צדיק, וואס הערשט דאן קען מען מוסיף זיין נאך דרגות אין רוחניות, מיטן אריינגיין אינעם סוגיא פון פרישות - וואס באדייט, זיך אפשיידן און וויניגער הנאה האבן פונעם וועלט, כדי צו שטיין וואס ווייטער פון זאכן וואס קענען מעגליך צוברענגען צו א צד עבירה, ווי דער מסילת ישרים שרייבט דארטן:

> והנה כלל הפרישות הוא, מה שאמרו ז"ל[627]: "קדש עצמך במותר לך", וזאת היא הוראתה של המלה עצמה "פרישות", ר"ל להיות פורש ומרחיק עצמו מן הדבר, והיינו שאוסר על עצמו דבר היתר. והכונה בזה, לשלא יפגע באיסור עצמו. והענין, שכל דבר

---

624) סנהדרין קז ע"א.

625) ראה בכוזרי (מאמר שני - אותיות מה-נ) וז"ל: אמר הכוזרי: כבר העירות החבר ודמית, והטבת להעיר ולדמות, אבל היה צריך שנראה בכם מהפרושים והעובדים יותר ממה שהם בזולתכם. אמר החבר: כמה קשה עלי שכחתך מה שהקדמתי לך מן השורשים והודית אתה בהם. הלא הסכמנו, כי לא יתכן להתקרב אל האלוקים כי אם במעשים מצווים מאת האלוקים, התחשוב כי הקורבה היא השפלות והכניעה והדומה להם?... והתורה האלוקית לא העבידה אותנו בפרישות, אך בדרך השווה, ולתת לכל כוח מכוחות הנפש והגוף חלקו בצדק, מבלי ריבוי בכוח אחד, קיצור בכוח אחר...ואין רוב התענית עבודה למי שתאוותיו חלושות וכוחותיו חלושים וגופו רזה, אבל טוב שיעדן גופו. ולא המעטת הממון עבודה, כאשר יזדמן מן המותר מבלי יגיעה ולא יטרידהו קנותו מן החכמה והמעשים הטובים, כל שכן למי שיש לו טפול ובנים, ומאויו להוציא לשם שמים, אך הריבוי יותר נכון לו. וכללו של דבר: כי תורתנו נחלקת בין היראה והאהבה והשמחה, תתקרב אל אלוקיך בכל אחת מהנה, ואין כניעתך בימי התענית יותר קרובה אל האלוקים משמחתך בימי השבתות והמועדים, כשתהיה שמחתך בכוונה ולב שלם.

626) פרק יג.

627) יבמות כ ע"א.

שיוביל להולד ממנו גרמת רע - אע"פ שעכשיו אינו גורם לו, וכ"ש שאיננו רע ממש - ירחק ויפרוש ממנו.

אבער איידער מען איז עוסק אין פרישות דארף מען גוט אפלערנען וואס דאס איז, וואס איז דער תכלית דערפון און וואס זענען די תנאים דערפון, ווייל אנדעם קען מען זיין אריינגעטון אין דאס פארקערטע פון עבודת ה' אנשטאט פארמערן אין עבודת ה'. מען דארף וויסן אז דאס איז אזא סארט מדריגה, וואס נאר **אויב מען האלט טאקע דארט** איז עס א מדריגה, און נאר אויב מען טוט עס צוליב גרויס אהבת ה' איז עס א מצוה, אבער אויב טוט ער דאס צוליב אנדערע חשבונות דאן איז עס נישט קיין מעלה, און געווענליך אויך א גרויסער חסרון[628].

דער מסילת ישרים ערקלערט וואס עס איז דער געדאנק פון פרישות[629]: "להוסיף על המפורש, מה שנוכל לדון לפי המצוה המפורשת, שיהי' נחת רוח לפניו יתברך". דאס ענין פון פרישות איז איין זאך - נענטער צו ווערן צום באשעפער און מאכן א נחת רוח פאר אים.

ד. איז זיך פייניגן דער רצון ה'?

עס זענען דא אזעלכע וואס זענען זיך טועה, אז עס איז דא **אן ענין זיך צו פייניגן** און נישט הנאה האבן פון געוויסע זאכן, און כאילו דאס איז דער עצם **תכלית** פון פרישות. אבער די תורה זאגט אונז נישט אזוי. עס איז אלס נאר אן אמצעי כדי נישט צוצוקומען אריינצופאלן אין א ברעקל דבר-איסור, אבער נישט אז דאס איז אן אויפטו פאר זיך.

---

628) מיר האבן אמאל געהערט א פאסיגער משל דערוועגן: אינעם ערשטן טאג סוכות אינדערפרי באמערקט דער טאטע אז די גלאז פונעם זילבער-שאנק איז צובראכן. צוערשט איז ער געווען זיכער אז דא איז געווען א גניבה, אבער צום סוף איז נתברר געווארן אז נישט-מער-און-נישט-ווייניגער זיין אייגענעם דרייצן יעריגער בחור האט דאס צובראכן. ווייל דער טאטע האט אים דערציילט א טאג פריער דעם באקאנטן מעשה מיטן הייליגן בעל "קדושת לוי" זי"ע, וואס האט געווארט א גאנצע נאכט צו קענען מקיים זיין די מצוה פון שאקלען לולב און אתרוג, און מחמת רוב קדושתו ווען עס איז געקומען די זמן המצוה האט ער אדורכגעבראכן די גלאז און געכאפט דעם אתרוג מיט א גרויסן דביקות. דער יונגער בחור האט נעמליך געוואלט נאכמאכן די גרויסע קדושה פונעם מלאך האלקים - דער בארדיטשובער רב, האט ער אויך פשוט צובראכן די גלאז... ער האט נישט געכאפט אז דער ענין איז נישט צו צוברעכן די גלאז, נאר די מדריגה וואו דער "קדושת לוי" האט געהאלטן, און דאס איז עפעס וואס מען קען נישט נאכמאכן נאר דאס איז אן עבודה רבה, וואס אפשר נאך יארן לאנג ארבעטן אויף זיך וועט ער אנקומען צו דעם דרגה, אבער מען איז נישט קונה מדריגות מיטן טון זייטיגע פעולות וואס זענען נאר א "פועל יוצא" פון א הויכע מדריגה. והנמשל מובן.

629) פרק יח.

לאמיר זען די אותיות מחכימות וואס דער **רמב״ם** שרייבט דערוועגן, מיט א היבש-שארפן שפראך[630]:

> וכאשר ראו הכסילים שהחסידים עשו אלה הפעולות, ולא ידעו כוונתם, חשבו שהם טובות וכוונו אליהם בחשבם שיהיו כמותם, ויענו את גופתם בכל מיני עינוי. ויחשבו שהם קנו לעצמם מעלה ומדה טובה, ושעשו טובה, ושבזה יתקרב האדם לשם - כאילו ה׳ יתברך שונא הגוף ורוצה לאבדו. והם לא ידעו שאלו הפעולות רע, ושבהן יגיע פחיתות מפחיתות הנפש... ואמנם כוונה להיות האדם טבעי, הולך בדרך האמצעי, יאכל מה שיש לו לאכול בשווי, וישתה מה שיש לו לשתות בשווי, ויבעול מה שמותר לו לבעול בשווי, וישכון במדינות ביושר ובאמונה. לא שישכון במדברות ובהרים, ולא שילבש הצמר והשער, ולא שיענה גופו.

דער גאנצער ענין פון פרישות זיך אפצושיידן פון דברים מותרים, איז כדי נישט צוצוקומען דורכדעם צו קיין איסור חלילה, ווי דער מסילת ישרים שרייבט[631]:

> הנה הבעילה עם אשתו מותרת היא היתר גמור, אמנם כבר תקנו טבילה לבעלי קריין, שלא יהיו ת״ח מצויים אצל נשיהם כתרנגולים[632]. לפי שאע״פ שהמעשה עצמו מותר, אמנם כבר הוא מטביעו בעצמו של האדם התאוה הזאת, ומשם יכול לימשך אל האיסור.

דאס הייסט, אז אויב מען טוט צופיל א זאך וואס איז גענצליך מותר, קען מען דורכדעם מעגליך ווערן צו שטארק נאכגעשלעפט אזש מ׳קען צוקומען צו אן איסור. דער אורזאך דערצו איז, ווייל אויב לאזט מען זיך וואוילגיין און מען ערפולט די תאוות מיט דברים המותרים, קען דער מענטש **פארלירן קאנטראל** אויף זיך אליינס, און אויב עס קומט ח״ו אן צו א מצב פון איסור האט ער נישט שטענדיג די כוחות זיך איינצוהאלטן.

א מענטש דארף אלץ פארזיכערן אז זיין שכל איז גובר אויפן יצר, אז ער איז אין קאנטראל אויף זיינע מעשים און אז ער איז ביכולת צו מאכן און אויספירן זיינע החלטות: דאס טו איך יא, און דאס טו איך נישט. איבערהויפט דארף זיין א פרישות פון "**לא ימלא כל תאותו**" אז דער יצה״ר זאל נישט האבן קיין שליטה אויף אים און אים איינטיילן וואס צו טון.

פרישות איז אן עבודה וואס מען דארף ארבעטן דערויף א לאנגע צייט ביז מען קומט אן אהין, אבער מען דארף וויסן אז א יעדע נקודה און דרגה אין פרישות וואס מען וויל זיך איינהאנדלן, איז אודאי א פעולה לטובה מיט׳ן תנאי אז מען האלט באמת דערביי, ווייל א נאכגעמאכטע הייליגקייט איז בלויז א שפיל און האט נישט קיין אחיזה מיט קדושה. דער

630) ב״שמונה פרקים״ (הקדמה למסכת אבות) פרק ד.

631) שם פרק יג.

632) עיין ברכות כב ע״א, ועוד.

גרונד פון פרישות איז צו שטיין ווייט פון זיין ארייגעטינקען אין עולם הזה - וואס דאס שלעפט אוועק דעם מענטש פון עבודת ה', נאר מען דארף עוסק צו זיין אין הוויות עולם הזה מתוך קדושה און מיט גוטע כוונות[633].

דערפאר דארף מען זיך אליינס פרעגן: 'פון וואו שטאמט מיין רצון צו וועלן לעבן בפרישות?', ווייל נאר אויב עס ברענט אינעם מענטש אן אמת'ער אהבת ה', און ער שטרעבט צו שטייגן העכער אין עבודת ה' לשם שמים, דעמאלט איז דאס די סארט פרישות וואס איז אויסגעהאלטן און גוט. אבער אויב דאס קומט סתם פון אייגענע מענטשליכע רצונות, דעמאלט זאל מען וויסן אז נישט נאר עס איז נישט דער ריכטיגער געדאנק פון פרישות, נאר דאס גייט גאר אריין אינעם קאטעגאריע פון "פרישות האסורה", ווי דער **סטייפלער גאון** זצ"ל האט געזאגט[634]: "ביי פרישות איז נישטא אזא זאך ווי 'שלא לשמה'! אויב זיין מקור דערצו איז נישט לויטער 'אהבת השם', דאן איז דאס פרישות אסורה".

ה. הנאה האבן פון דעם וועלט איז נישט קיין "בדיעבד"

לאמיר גיין א שטאפל ווייטער, אפילו אויב מען וועט פארשטיין אז זיך ממש פייניגן איז נישט דער תכלית פון פרישות, זענען פארט דא אסאך מענטשן וואס זענען זיך טועה, מיינענדיג אז דאס וואס מען האט הנאה פונעם וועלט איז זיכער עפעס א "בדיעבד", און אין אמת'ן אריין דארף וווען אן ערליכער איד ארבעטן אויף זיך נישט הנאה צו האבן פון גארנישט.

אבער פון די תורה ווייזט זיך אויס נישט אזוי. מיר געפונען אומצאליגע מאל אין די תורה הקדושה, אז דער באשעפער בענטשט די אידן מיט א שפע פון גשמיות אויב מען וועט גיין בדרך התורה, און פארקערט, אויב מען פאלגט נישט חלילה וועט דער באשעפער אוועקנעמען די שפע פון כלל ישראל.

אזוי אויך זעען מיר, אז חז"ל האבן פארפאסט די "**ברכות הנהנין**" ווען מען האט הנאה פון זאכן פונעם וועלט, און אויב איז דער עצם הנאה אן אראפגעקוקטער זאך ווי פאסט גאר צו

633) עיין ערוגת הבושם פרשת קדושים, ד"ה במדרש קדושים תהיו, וז"ל: ובמה יודע איפוא איזה מהם חשוב יותר, אם לפרוש לגמרי מכל העוה"ז - כדרך שעשו פילוסופים מהאומות שרצו להקרא בשם פרושים, או אם להנות מעוה"ז אבל ההנאה תהי' עפ"י התורה ובקדושה ובכוונה רצויה... והיינו דאמרו רז"ל במדרש הנ"ל: "קדושים תהיו - יכול כמוני", דהיינו שתהיו פרושים לגמרי לבלתי להנות מהעוה"ז כלל, על דרך שהשי"ת כביכול הוא נעלה ונשגב מכל עניני החומר, ית"ש לעילא מכל ברכתא, "תלמוד לומר: כי קדוש אני" וכו', שמע מינה שהכוונה במצות "קדושים תהיו" - לקדש עצמו בשעת הנאת עוה"ז ועסקיו, כדפירש הרמב"ן, עיי"ש.

634) הובא בבנין הבית עמ' 228.

דאנקן דעם באשעפער פאר אן אומאויסגעהאלטענעם זאך. חז"ל האבן אפילו פארפאסט די ברכה[635]: "ברוך שלא חיסר בעולמו כלום, וברא בו בריות טובות ואילנות טובות, להתנאות בהן בני אדם", ווען מען דאנקט דעם באשעפער אויפן שיינעם בריאה וואס ער האט באשאפן, כדי אז מיר זאלן הנאה האבן דערפון. אזוי אויך זענען דא ספעציעלע צייטן אינעם יאר, ווי שבת און יו"ט, ווען מיר האבן א באזונדערן מצוה און חיוב זיך צו דערפרייען און הנאה האבן.

אבער אפילו אן דעם, איז זייער נישט מסתבר צו זאגן אז דער באשעפער האט אריינגעלייגט אין אונז דעם נאטור פון וועלן זיין באקוועם מיט נארמאלע הנאות, נאר כדי צו קענען פייניגן דאס מענטשהייט און זיי שטעלן פאר א נסיון יעדן מינוט פון זייער לעבן. נאר עס איז גענויס פונקט פארקערט, אז דער רצון ה' איז טאקע אז א איד זאל זיין באקוועם און עס זאל אים גארנישט פעלן, ווי דער הייליגער **חתם סופר** שרייבט[636]: "שהקב"ה רצה בעה"ז שיהנו בריות ממנו", און ווען איינער שטופט אוועק דאס הנאה האבן פונעם וועלט אויף א נארמאלן שטייגער, גייט ער אקעגן דעם רצון ה'[637].

קומט דאך אויס, אז דאס עצם הנאה האבן איז חלילה נישט קיין "בדיעבד", נאר דער אייבערשטער האט אויסגעשטעלט אז כדי א מענטש זאל קענען טון מצוות און מעשים טובים מיט שמחה און הרחבת הדעת, פאדערט זיך אז ער זאל האבן א געשמאקן באקוועמען לעבן, און אויב איינער וועט אפמעסטן פונקטליך וויפיל עסן ער דארף צום לעבן, וועט ער נישט לעבן נארמאל און געשמאק, און דערפאר איז הנאה האבן פונעם וועלט א גוטע פאזיטיווע און אפילו וויכטיגע זאך.

עס איז נאר דא איין פאל ווען "הנאה האבן" איז נישט קיין אויסגעהאלטענע זאך: ווען מען נעמט די דאזיגע גשמיות'דיגע הנאות און מען מאכט פון זיי אן עיקר, מען ליגט דערין ראשו ורובו, און מען פארברענגט די צייט מיט נארישקייטן, וואס דאן זענען זיי א שטער פאר עבודת ה', און אפילו אויב ס'האנדלט זיך פון זאכן וואס זענען נישט ממש "אסור" צו טון, דאך אויב ליגט זיין גאנצע קאפ אין אט די דאזיגע הנאות איז עס שוין נישט קיין פאזיטיווע זאך, נאר אן אראפגעקוקטער זאך.

---

635) ברכות מג ע"ב.

636) נדרים נ ע"ב ד"ה אם לעוברי רצונו כך וז"ל: דרבינו הקדוש עבר על רצונו של הקב"ה שיש לו בעה"ז, שהקב"ה רצה בעה"ז שיהנו בריות ממנו ולא תהו בראו, והוא לא רצה ליהנות אפילו שלא לשמוח בשמחת חתונת בנו, א"כ עובר הוא על אותו רצון שיש לקב"ה ביישובו של העה"ז וכו'.

637) וע"ע באור החיים הקדוש על הפסוק (דברים כא, י): "ושבית שביו", שזה מצוה כדי שלא יראה כמזלזל במתנת המלך.

ו. פרישות באדייט צו גיין בדרך הממוצע

דערפאר ווען מען וויל צוגיין צום מדריגה פון "פרישות", דארף מען וויסן פון וואס זיך אפצושיידן און פון וואס נישט. ווי מיר האבן געזען די אויבנדערמאנטע ווערטער פונעם רמב"ם, אז דער רצון ה' איז **נישט** אז מען זאל לעבן א גענצליכער חיי פרישות, אפגעשיידט פון דער וועלט, נאר ווי דער **רמב"ם** ערקלערט: "ואמנם כוונה להיות האדם טבעי, **הולך בדרך האמצעי**, יאכל מה שיש לו לאכול בשווי, וישתה מה שיש לו לשתות בשווי, ויבעול מה שמותר לו לבעול בשווי" - די כוונה איז אז דער מענטש זאל גיין אויפן מיטלמעסיגן (נישט עקסטרעמער) וועג, צי דורך עסן אויפן נארמאלן מיטלמעסיגן וועג, צי דורך טרינקען אויפן מיטלמעסיגן וועג, און צי דורך זיך מזווג זיין כשר'ערהייט אויפן נארמאלן שטייגער.

דאס איז דער כלליות'דיגער געדאנק פון פרישות, נישט צי ליגן אין סתם זאכן וואס פעלן זיך נישט אויס, נאר צי לעבן ווי א נארמאלער מענטש לעבט - בדרך הממוצע. אט דאס איז וואס די תורה פארלאנגט פון יעדן איד, געוואנדן לויטן מצב וואו ער האלט, און ווי די אויבנדערמאנטע ווערטער פונעם מסילת ישרים אז א זאך וואס ער האט א באדערפעניש דערצו און ער שיידט זיך אפ דערפון, דאן הייסט ער א "חוטא", און מען מעג זיך נאר אפשיידן פון זאכן וואס א מענטש האט נישט קיין באדערפעניש דערינען, וואס דאן אויב מען שיידט זיך אפ דערפון הייסט מען א "קדוש". נאר וויבאלד עס איז גאר שווער אייביג צו וויסן פונקטליך וואס עס גייט אריין אינעם קאטעגאריע פון "א באדערפעניש" און וואס נישט, דערפאר אויב איינער לעבט אויף אן ערנסטן אופן און טוט נישט נאכלויפן מותרות, אזא איינער ווערט אנגערופן אז **ער לעבט מיט מידת הפרישות**.

הגאון רבי **יוסף יהודה לייב בלאך** זצ"ל ראש ישיבת טעלז האט געשריבן הערליכע רייד דערוועגן, וואו ער האט גאר גוט צונומען דעם דאזיגן ענין (זע אינעם הערה זיין לשון באריכות)[638],

---

638) שיעורי דעת, חלק ב שיעור ט, מאמר "פלס מעגל רגליך", וז"ל: יש לדעת כי ענין "לצורך" יש בו מדריגות מדריגות, ואין זאת אומרת שאסור לאדם לקחת מעוה"ז רק כדי קיום נפשו, ויותר מזה "שלא לצורך" נקרא, אלא ענין "לצורך" מתאים לכל אדם לפי מדריגתו ותכונתו. כי כל מה שנצרך לו לאדם למען יעמוד על מתכונת נפשו, כדי שיהיה במצב של רצון ושמחה, שרק אז ערים כישרונותיו וחיים בו כוחותיו, כל הנצרך כדי שתהיה לו שלמות ותפארת אדם, בכלל "לצורך" הוא. ומובן כי לרוב בנ"א דרוש לזה לקחת מהעולם יותר מכדי הסיפוק, כי דרוש הוא לתענוגים גשמיים, לטיול ולחברת בנ"א ולהתענג מנועם הטבע וכדומה, ואחרי שנחוץ לו כל זה, אם יגמור בנפשו לפרוש מהנאות אלו, הרי זה בכלל (קהלת ז, טז): "אל תהי צדיק הרבה למה תשומם".

וכבר דברנו כמה פעמים, כי אינו כדאי לאדם לפסוע בפעם אחת על מעלה עליונה, הרחוקה ממדרגתו הוא, כי כל זה לא יתכן, ומלבד יחידי סגולה שזכו להרגיש במלוא המידה בנועם התורה... אבל מי שלא הגיע למדריגה רמה כזו, לו יש צורך אף לתענוגים גשמיים, המעוררים בו את כוחותיו וכשרונותיו, המרחיבים את דעתו ומשביעים אותו רצון, ואם יחסר את נפשו מהם, יחסרו לו חיים ולא תהיה לו שלימות האדם כפי שנצרך לעבודת הבורא, החפץ באדם שלם, שהאדם עם כל כוחותיו ועניניו יעבוד

און דער תמצית הדברים איז מ'דארף לעבן נארמאלערהייט מיט א חשבון אויף וואס מען טוט, אבער מען טאר נישט לעבן מיט אן אנגעצויגנקייט אויף יעדן טריט און שריט, און זיין נערוועז אויף יעדן אטעם, צי דאס גייט אריין אינעם קאטעגאריע פון א באדערפעניש אדער נישט.

און נאר ווען א מענטש זעט אז ער ווערט צי שטארק אראפגעשלעפט אין א געוויסן ענין, און ער איז אריינגעטון דערינען מער ווי עס פעלט זיך אויס, דאן דארף מען זיך געוויס מער אריינלייגן אין דעם ספעציפישן הינזיכט זיך אפצושיידן דערפון, כדי צי קענען שפעטער צוריקגיין צום נארמאלן מיטעלן וועג, ווי דער רמב"ם שרייבט[639], און ווי דער **חובת הלבבות**

לו, ולכן אם יצמצם את עצמו לקחת מהעוה"ז רק כדי מחייתו, חוטא כלפי הנפש יקרא.
אמנם גם אחרי שביארנו כל אלה לא הוקל לנו, כי עדיין יקשה דרכנו מאד, כי מי הוא אשר יוכל לכוון אל נכון מדריגתו למען דעת מעגלי דרכו, ומי הוא זה אשר יוכל לשקלו בפלס שכלו כל פעולה, דיבור, ומחשבה, למען דעת אם זהו לצורך דרכו או שהוא שלא לצורך כלל, ואולי הוא מנטיית טבעו ויצרו שמטה אותו מדרכי חיים, לבקש לו מותרות ותענוגי הגוף שאינם לצורך עבודת הבורא, אף לפי כוחותיו הוא...
אמנם כשנתעמק בעניין יוקל הדבר הרבה, כי הנה יש להבין שמאחר שאין בכח האדם לדקדק כל כך במעשיו, לחשוב חשבונות לאין שיעור על כל דבר ועניין, למען ידע להחליט איזה דבר נצרך לו באמת ואיזה דבר לא, ואף מה שאפשר לו לדעת אחרי רב עיון ומחשבה, אם יצטרך על כל פרט ופרט לדקדק לחשוב חשבונו של עולם, הלא לא יוכל לפעול במרץ הדרוש לאיש חי, רק ישומם ולא יהיה במתכונתו בתפארת אדם, אם כן אין החובה עליו לדקדק כל כן במעשיו, כי במדה שקשה לו לשקול ולפלס דרכיו ומעשיו, לפי מידה זו צריך הוא לפעול ולעשות על פי אומד דעתו והרגשו, ואף אם יטעה במשפטו לא יקרא מבטל את התורה שלא לצורך, אלא כל זה בכלל "לצורך" הוא לו, כי צורך הוא לאדם ללכת בדרך החיים ברוח עוז ובצעדי און, ולא לפגר במעשיו בבקשת חשבונות רבים, ואם כן כל מה שמרגיש בנפשו כי דרוש בעדו לפעול ולעשות, למען יחיה חיי עוז ושמחה, הרי זה לצרכו ולצורך התורה.
ולפ"ז נמצא, כי כל העניינים והמעשים הנכללים במידת ההכערה שלו הרי הם בכלל מעגלו, ולכן כל מה שאפשר לו לדעת ולהבין שאין זה לצורך דרכו, אסור לו לפסוע אף פסיעה אחת, כי אז יוצא ממעגלו ומתרחק מנקודת האמת, אבל מה שאי אפשר לו לפי כוחותיו להביא בחשבון, וכבד ממנו הדבר לשקול במאזני שכלו, זהו כבר בכלל "לצורך", ובכלל מעגלי צדק לפי מה שהוא אדם. ברם אל ידמה האדם להקל מעליו עול מלכות שמים, ולאמר על כל דבר כי לצורך הוא. כי ידע נא האדם, כי לפי המידה שאפשר לו לחשב חשבונו של עולם, החובה עליו לשקלו את מעשיו בפלס שכלו, וליזהר שלא יכשל ח"ו בנטיה כל שהיא מדרך האמת.

639) "שמונה פרקים" (הקדמה למסכת אבות) פרק ד, וז"ל: הנה התבאר לך מכל מה שהזכרנוהו בזה הפרק, שצריך לכון אל הפעולות הממוצעות, ושלא יצא מהן אל קצה מן הקצוות אלא על צד הרפואות, ולעמוד כנגדו בהפך. כמו שהאדם היודע במלאכת הרפואות, כשיראה מזגו שנשתנה מעט שינוי, לא ישכח ולא יניח החולי להתחזק עד שיצטרך אל רפואה חזקה בתכלית. וכשידע שאבר מאבריו חלוש, ישמרו תמיד ויתרחק מדברים המזיקים לו ויכוון למה שיועילהו, עד שיבריא האבר ההוא, או עד שלא יוסיף חולשה. כן האדם השלם צריך לו שיזכור מידותיו תמיד, וישקול פעולותיו, ויבחן תכונות נפשו יום יום. וכל מה

ברענגט קלאר ארויס די דאזיגע נקודה איבער "פרישות", ווי פאלגענד[640]:

> אויב דער יצר שטארקט זיך אויפן שכל פונעם מענטש און עס שלעפט זיין זעל צו זיינע יצרים, דאן ברענגט דאס עווענטועל צו אדורכצופאלן און צו צוברעכן דעם מענטש, און דאן דארף מען זיך אפשיידן פון תענוגים און ענליכעס כדי צו באלאנסירן זיין לעבן, זיך צו קענען פירן אויפן ריכטיגן שטייגער אין דעם וועלט.

ז. פרישות ביי קיום מצות הבית

ווען מיר ווילן אדורכטון דאס ענין פון פרישות ביים קיום מצות הבית, איז עס היבש קאמפליצירט פאר א מענטש אפצומעסטן יעדעס מאל באזונדער, אויב עס איז טאקע עפעס וואס פעלט זיך אויס פאר אים און פארן שלום בית פונעם פארפאלק אדער נישט, ווי אויבנדערמאנט. דערפאר דארף דער וועג זיין ווי דער רמב"ם האט אוועקגעשטעלט, אז מען זאל לעבן נארמאל "בדרך האמצעי", נישט צופיל זיך אפשיידן דערפון און נישט צופיל פארמערן דערינען.

אויב מען לעבט ווי דער נארמאלער שטייגער, וואס פון איין זייט ליגט מען נישט ראשו ורובו אין תאוות, און פון די אנדערע זייט לעבט מען נישט ווי דער פילאזאפישער/קאטוילישער מהלך פון זיך גענצליך אפשיידן פון א פרוי און פונעם וועלט, און מען איז מקיים מצות הבית ווי חז"ל האבן אוועקגעשטעלט דעם דרך האמצעי פאר נארמאלע אומשטענדן - יעדער לויט זיין כח און ארבעט [און ווי שוין דערמאנט איז עס היינט אנגענומען אלס צוויי מאל א וואך] - דעמאלט ווייסט מען אז מען איז בדרך כלל אויפן דרך האמצעי, און אזוי פירט מען זיך מיט א "פרישות המותרת" אן אריינגיין אין "פרישות האסורה"[641].

שיראה נפשו נוטה לצד קצה מן הקצוות, ימהר ברפואה ולא יניח התכונה הרעה להתחזק בשנותו מעשה רע, כמו שזכרנו. וכן ישים לנגד עיניו המידות הפחותות אשר לו, וישתדל לרפואתם תמיד, כמו שזכרנו - שאי אפשר לאדם מבלתי חסרון.

640) בשער הפרישות וז"ל: וכאשר גבר היצר על השכל ונמשכה הנפש אליו, נטתה באדם אל הריבויים, המביאים להפסדת ענינו והריסת גופו, ונצטרך בעבור זה למידת הפרישות מן התענוגים והמנוחות, כדי שישתוו עניניו, ויהיו דבריו על הסדר בעולם הזה.

641) וכדברי הרמב"ם שם בהמשך דבריו, וז"ל: והזהירה מזה, לפי מה שבא בקבלה. נאמר בנזיר (במדבר ו, יא): "וכפר עליו מאשר חטא על הנפש". ואמרו רז"ל (תענית יא ע"א): "וכי על איזה נפש חטא זה? אלא על שמנע עצמו מן היין". והלא דברים ק"ו, מה זה שציער עצמו מן היין צריך כפרה, המצער עצמו מכל דבר ודבר עאכ"ו... וכשיבא האיש הסכל בלא ספק וישתדל להוסיף על אלו הדברים, כמו שיאסור המאכל והמשתה - מוסיף על מה שנאסר מן המאכלים, או יאסור הזווג יותר על מה שנאסר מן הבעילות, ויתן כל ממונו לעניים או להקדש - מוסיף על מה שבתורה על ההקדשות ועל הצדקות ועל הערכים, יהיה עושה מעשה רעים, והוא לא ידע ויגיע אל הקצה האחר, ויצא מן המיצוע לגמרי. ולחכמים בזה הענין

אזוי זעען מיר אויך קלארע ווערטער אין טור, אין נאמען פונעם **ראב"ד**[642]:

> ויש מקשין, מהא דאמר[643]: "יצר תינוק ואשה - תהא שמאל דוחה וימין מקרבת", כיון שנתנו חכמים עונה לכל איש לפי כחו כדאיתא בכתובות[644], אם כן מה תהא עוד דחיית השמאל והקרבת הימין? ויש לתרץ, שלא אמרו כן אלא על הטיילים שעונתן בכל יום, שעליהם אמר תהא השמאל דוחה למעט מהן ברשותה כדי שלא יתגבר יצרו עליו, אבל מעונת תלמיד חכם אין למעט, וכל שכן מעונות אחרות כגון הגמלים והספנים.

דאס מיינט, אז ווען די גמרא זאגט לגבי מצות הבית אז ס'זאל זיין אויף אן אופן פון "שמאל דוחה", רעדט מען פון "טיילים" וואס ארבעטן בכלל נישט, וואס זייער מצות עונה איז איינמאל א טאג - אזויווי תרנגולים. אזא איינער האט אן ערנסטן חשש פון "**שלא יתגבר יצרו**", ווייל דאס בויעט שטארק אויף דעם צורך פונעם מענטש, און דערפאר מעג ער עטוואס אפשטופן און דאס איז זיין "פרישות".

אבער פון עונת ת"ח (און אויך פון "עונת הפועלים"[645] - צוויי מאל א וואך) טאר מען געוויס נישט פארמינערן על פי הלכה, ווייל מען ווערט נישט פארזינקען דערינען דורכן זיך מזווג זיין אין די נארמאלע ימי העונה, און דער "שמאל דוחה" ביי אים באשטייט פון אלע אנדערע טעג וואס זי איז בעצם **מותר** פאר אים, און ער טוט זיך פארט אפשיידן פון איר – אבער ח"ו נישט אויפן חשבון פון די טעג ווען ער האט א **חיוב** מצות הבית.

*

אבער ביי דעם ענין דארף מען דאפלט שטארק אכטונג געבן פון "צופיל פרישות" וואס קען פונקט אזוי חרוב מאכן, ווי דער **חזון איש** דרוקט זיך אויס דערוועגן[646]: "כדאי להזהר

דבר, לא שמעתי כלל יותר נפלא ממנו, והוא בגמרא דבני מערבא בפ"ט מנדרים, דבר בגנות המקבלין על עצמן שבועות ונדרים עד שישארו כעין איסורים, אמרו שם בזה הלשון: "אמר רב אידי בשם רבי יצחק, לא דייך במה שאסרה תורה, אלא שאתה אוסר עליך דברים אחרים".

642) אהע"ז סימן כה.

643) סנהדרין קז ע"ב.

644) פ"ה מ"ו.

645) כמש"כ הטור שם, וז"ל: לא אמרו כן אלא בעונת הטיילים. וכוונתו בזה, כי עונת הפועלים אינה נחשבת כמרבה ביותר בזיווג, ואל לו לבקש להיפטר מחיובו וממצוותו ללא סיבה, וכ"ש בחוב זה שמוטל עליו למלא תשוקתה, וכמש"כ המג"א באו"ח סימן רמ סק"ג, וז"ל: אל יאמר אדם אעשה עצמי כת"ח, כי כתיב (שמות כא, י): "עונתה לא יגרע". והנה ממש"כ הטור: "מעונת ת"ח אין למעט" משמע, שבעונת הפועלים יש מקום למעט, וביאר במשכן ישראל חלק ב עמ' נו, שהטור מיירי כאשר האשה ג"כ ניחא לה בביטול העונה.

646) אגרות קודש, אגרת ג.

מהפרישות בלתי טבעית - המביאה לידי הרהור מרובה, וכדי לגרות יצה"ר בנפשו קבעה התורה הדרך הישרה".

אזוי אויך דארף מען באזונדער שטארק אריינקלערן אויב די דאזיגע "פרישות" איז בכלל אויסגעהאלטן פאר אזא מענטש ווי אים, און אויב ער האט טאקע נישט קיין שום באדערפעניש אינעם זאך וואס ער וויל זיך אפשיידן דערפון. ווייל אויב מען האט יא א באדערפעניש דערצו - אדער פעלט דאס נאך אויס פאר די שלום בית - און מ'איז זיך פארט פורש, דאן איז מען נישט קיין אויסגעארבעטע איד נאר מען הייסט גאר א חוטא, ווי אויבנדערמאנט[647]. אזוי אויך איז דאס פראבלעמאטיש וויבאלד דאס ברענגט גאר צו אז דער מענטש דארף זיך אצינד ספראוועןמיט פיל מער נסיונות אין גאס, און עס איז קלאר אז אויב ער וואלט זיך נישט פורש געווען נאר זיך באנוצט מיטן דרך המותר אויפן ריכטיגן פארנעם, וואלט זיין יראת שמים געשטאנען אסאך העכער.

ח. "כל המוסיף גורע"

נאך א וויכטיגע יסוד פון פרישות איז, אז מען דארף קלאר וויסן די "גדרים" פון יעדן זאך וואס ער וויל זיך אפשיידן דערפון: וואס איז אן הלכה, וואס איז א חומרא, און וואס איז א מנהג. ווייל א מענטש וואס איז זיך פורש פון עפעס וואס מ'מוז זיך נישט פורש זיין דערפון, און ער קוקט דאס אן אזוי הארב ווי עובר זיין אויף אן הלכה, דאן ברענגט דאס צו מער חורבנות ווי תיקונים.

דאס זעען מיר אין אן אפענעם שטיקל **גמרא**[648]: "אמר חזקיה, מנין שכל המוסיף גורע? שנאמר (בראשית ג, ג): 'אמר אלקים לא תאכלו ממנו ולא תגעו בו'". **רש"י** ערקלערט: "הקב"ה לא הזהירם על הנגיעה". **תוספות** לייגן צו: "שדחף הנחש את חוה על האילן, עד שנגעה בו. אמר לה: ראי שאין מיתה על הנגיעה, אף על האכילה לא תמותי".

די גמרא זאגט דא, אז מיר לערנען ארויס דעם כלל אז "כל המוסיף גורע" - ווער עס איז מוסיף צום תורה פארמינערט גאר דערפון, פון דאס וואס עס האט פאסירט ביים חטא

647) ועיין בקו' שלום אהליך (דף ט) וז"ל: לכן אם תשמע לעצתי אתה החתן, מתחלה תנקוט את מה שנראה כקולא, לעשות מה שהתורה התירה לך, מבלי כל חששות, ורק אחרי זמן (אפילו שנה) כשנתברר לך כי שלום אהלך אך אז תשית עצות אם זו מדרגתך... ולא תחוש שאם תחכה שמא לא תפנה לזה, כי אפי' החשש היותר רחוק שיכול ליהיות היינו לישאר "נבל ברשות התורה", הוא עדיף עד אין ערוך מהחשש שכנגד, לקלקל ח"ו האישות, שזה מביא לדברים האסורים ממש, מלבד כל בזיון וקצף התלוי בזה וכו'.

648) סנהדרין כט ע"א.

"עץ הדעת". דער אייבערשטער האט דאן באפוילן אדם און חוה אז זיי זאלן נישט עסן פונעם עץ הדעת, און אדם האט צוגעלייגט צום אייבערשטנ'ס באפעל אז מ'טאר אויך נישט אנרירן דעם עץ הדעת. וויבאלד חוה האט צוגערירט צום בוים און עס האט גארנישט פאסירט מיט איר, האט דער נחש איר געקענט מאכן זינדיגן זאגנדיג צו איר אז זי וועט נישט שטארבן אפילו אויב זי וועט עסן פונעם עץ הדעת.

אויבערפלעכליך זענען די דאזיגע ווערטער פונעם גמרא זייער אינטערעסאנט, ווי מיר ווייסן אז אלע תקנות פון חז"ל זענען דווקא יא הוספות צו די הייליגע ווערטער פונעם תורה, אזוי ווי עס שטייט קלאר אין גמרא[649]: "'ושמרתם את משמרתי'[650], עשו משמרת למשמרתי" - מ'זאל מאכן א היטונג (-דאס מיינט א באגרעניצונג), אויף די היטונגען וואס דער באשעפער האט אריינגעשטעלט אין זיין תורה. אין פילע ערטער געפונען מיר אז חז"ל זאגן[651]: "לך לך אמרינן לנזירא, סחור סחור לכרמא לא תקרב", וואס באדייט אז מ'דארף גאר ווייט אוועקשטיין פון א מעגליכן איסור. נו, אויב אזוי, האט דאך חוה לכאורה יא געטון די ריכטיגע זאך ווען זי האט צוגעלייגט דעם איסור אנצורירן דעם עץ הדעת, צום איסור פונעם תורה צו עסן פונעם עץ הדעת?

אבער דער ענטפער דערויף איז גאנץ איינפאך. אלע תקנות פון חז"ל קענען נאר העלפן, אויב דער מענטש ווייסט וואס עס איז אן איסור תורה, און וואס די חכמים האבן צוגעלייגט מיט זייערע תקנות, וואס דעמאלט קומט טאקע אויס אז דער מענטש האט א "גדר" ארום דעם ערשטן גדר וואס די תורה זעלבסט האט אוועקגעשטעלט. אבער אויב א מענטש לייגט צו אייגענע פרישע גדרים און ער געבט זיי **דעם זעלבן חשיבות** ווי דעם אריגינעלן איסור זעלבסט, דאן קומט אויס אז אדרבה, דער חשש אז ער וועט נכשל ווערן ווערט נאר גרעסער, ווייל אויב ער וועט נכשל ווערן אינעם צוגעלייגטן חלק וועט ער שוין נכשל ווערן אינעם אריגינעלן איסור, וויבאלד ער מאכט דאך נישט קיין חילוק צווישן זיי.

דאס איז געווען דער פראבלעם ביי חוה, ווייל אדם הראשון האט איר געזאגט אז דער אייבערשטער האט גע'אסר'ט אנצורירן דעם עץ הדעת, ווען אין פאקט האט דער אייבערשטער בלויז גע'אסר'ט צו עסן דערפון, און מיט אזא צוגאנג איז אויסגעקומען אז וויבאלד זי איז אדורכגעפאלן מיט אן אייגענעם "גדר" פון נישט צורירן צום עץ הדעת, איז זי שוין אויך אדורכגעפאלן מיטן ריכטיגן איסור התורה צו עסן פונעם עץ הדעת[652].

649) יבמות כא ע"א.

650) ויקרא יח, ל.

651) פסחים מ ע"ב, ועוד.

652) ראה ככל החזיון הזה בחת"ס עה"ת פ' בראשית עה"פ ולא תגעו בו וז"ל: אך באמת יש מכאן מאדם הראשון שהוסיף לאסור נגיעה ראי' לעשות סייג וגדר לתורה, אמנם הי' מחיוב לומר לה שזה אני

אצינד פארשטייען מיר בעסער דאס וואס די גמרא באנוצט זיך מיטן הגדרה[653]: "קדש עצמך במותר לך", אז עס ליגט אונטער דעם א טיפערע באדייט: א מענטש קען זיך נאר היילגן מיט עפעס וואס איז **מותר פאר אים**. דאס הייסט, אז נאר אויב ער איז גענוג א תלמיד חכם צו וויסן וואס איז אריגינעל מותר און וואס איז אריגינעל אסור, דאן קען ער זיך היילגן און אפשיידן פון עפעס וואס איז מותר אין זיינע אויגן. אבער דער וואס רעדט זיך איין אז עפעס א מותר'דיגע זאך איז אייגנטליך אסור, אזא איינער איז נישט קיין חסיד מיטן זיך אפשיידן דערפון, נאר ער איז א פשוט'ער עם הארץ וואס חז"ל זאגן אונז דערויף[654]: "**ולא עם הארץ חסיד**".

דער **מסילת ישרים** ערקלערט עס טאקע ממש אזוי, מיט די פאלגענדע ווערטער[655]:

> והנה כלל הפרישות הוא מה שאמרו ז"ל: "קדש עצמך במותר לך", וזאת היא הוראתה של המילה עצמה; פרישות, ר"ל להיות פורש ומרחיק עצמו מן הדבר, והיינו שאוסר על עצמו דבר היתר, והכונה בזה - לשלא יפגע באיסור עצמו.

*

עס איז אויך דא אן ענליכן פראבלעם מיטן צולייגן צופיל חומרות, וואס ברענגט אויך צו צום חורבן פון "כל המוסיף גורע", ווייל צומאל קען א מענטש זיך נישט צופאסן צו די חומרות און ער פאלט, און איינמאל מ'שפירט ווי מ'פאלט קען עס צוברענגען צו א כלליות'דיגע ירידה, אפילו ביז צום עוקר זיין מצוות התורה ממש ח"ו.

אט אזוי טייטשט דער הייליגער **חיד"א**[656], אויפן פסוק: "גלתה יהודה מעוני ומרוב עבודה", אז די אידן זענען געגאנגען אין גלות "מעוני" - צוליב זייער ארימקייט אין קיום המצוות און צוליב זייערע פילע עבירות, וואס דאס זעלבסט איז געקומען "מרוב עבודה" - צוליב דעם וואס זיי האבן פארמערט צופיל אין זייער עבודה, מער פון וואס זיי וואלטן געדארפט צו טון, און ווען דאס פלאצט – קומט עס אויפן חשבון פון מצוות התורה זעלבסט.

ענליך שטייט אין נאמען פונעם הייליגן **בעש"ט**[657], אז מוסיף צו זיין חומרות איז עצת

עושה מחמת סייג לעשות משמרת למשמרת שלא להוסיף על דברי תורה... אך הוא מחמת שירא שלא תשמע לקולו אמר לה לא תגעו בו בשם השם... וכן לא יעשה.

653) יבמות כ ע"א.

654) אבות פ"ב מ"ה.

655) פרק יג.

656) נחל אשכול על איכה א, ג, בשם מהר"י די שיגוביא.

657) ספר סגולות הבעש"ט, מערכה ח אות כא, ערך חומרות.

היצר, און ער איז דאס מרמז אין די ווערטער פון גמרא[658]: "כך אומנתו של יצה"ר, היום אומר לו עשה כך, ולמחר אומר לו עשה כך, עד שאומר לו עבוד ע"ז - והולך ועובד", אז דאס מיינט צו זאגן אז דער יצר הרע פארדרייט אים א קאפ אז ער זאל טון דעם דאזיגן חומרא, און מארגן זאגט ער אים צוצולייגן יענעם חומרא, און וויבאלד דער מענטש האלט נאכנישט באמת דערביי ברענגט דאס עווענטועל צו אדורכצופאלן מיטן ערגסטן ה"י. ענליך שטייט אין **באר מים חיים**[659] און אין נאך פיל פלעצער.

אויב דאס איז געזאגט געווארן אין די פריערדיגע דורות, איז דאך דאס געוויס נוגע אין אונזערע צייטן ווען מענטשן זענען פיל שוואכער ווי אמאל, און דערפאר דארף מען זיין פילפאכיג מער פארזיכטיג ווען מ'וויל נעמען אויף זיך פרישע חומרות און מנהגים.

לאמיר טאקע אראפברענגען די שארפע רייד וואס דער הייליגער **סטייפלער גאון** זצ"ל שרייבט דערוועגן[660]:

> עס איז וואר אז פרישות פון תאוות עולם הזה איז א גרויסער ענין (ווען דאס ווערט געטון לשם שמים כדי צו מאכן א נחת רוח פארן באשעפער, און נישט כדי צו דערגרייכן אייגענע מידות,) אבער דאס איז נאר געזאגט געווארן ווען ער איז מקיים דאס וואס ער איז מחויב על פי תורה, אבער אויב דורכדעם איז ער מבטל עפעס פון וואס ער

---

658) שבת קה ע"ב, ועוד.

659) (פרשת ואתחנן, דברים ד ב בא"ד לא תוסיפו וגו') וז"ל: כי ההוספה גרעון וגרעון הוא. וממנו תראו וכן תעשו לבל להוסיף על מצוותי. וידוע שגם חטא אדם הראשון היה מלא תוסיף שאסר לה הנגיעה ומזה באתה לאכלו כמאמר חז"ל (סנהדרין כ"ט). כי כן דרכו של היצר הרע להכביד את עולו על האדם לומר הלא בעל עבירות אתה ואין פחד אלהים לנגד עיניך. עשה זאת איפה בני והנצל. קבל עליך עולו ביתר שאת להתענות יומם ולילה ושלא לישן ולא להזדווג עם אשתך וכדומה. ובזה הוא מכביד על האדם. והאדם מתחיל לצייתו ועושה כפתויו ואחרי ימים לא כביר אי אפשר לאדם לישא עולו על כתפיו ומשליך הטפל עם העיקר. כי מתחילה עושה לו מן הטפל עיקר לומר לו כי זה העיקר כמו העיקר. וכשרואה שאינו יכול לעמוד בזה עובר על שניהם כי כבר השוה אותם בעיניו. ואמנם שזה בודאי אמת הוא שצריך האדם לפרוש מכל התאוות ולמאס אותם בעיניו בתכלית הבזיון ולהכניעם ולשברם ככל אשר יוכל. אבל הכל בשכל ובהשכלה ובחכמה, נגד ערמת היצר הרע, ולהשמר מאוד לידע את העיקר ואת הטפל, לשמור את העיקר בטעם כעיקר. והכל במורא ובושה והכנעה. ולחפש ולעיין אחרי ערמת היצר הרע שלא יכשל בהם ולא יספה בעוונם ח"ו.

660) וז"ל (אגרות הקודש, איגרת א): הן אמת שפרישות מתאות עולם הזה הוא ענין גדול (כשהוא לשם שמים כדי לעשות נחת רוח ליוצרו, ולא לשם השגת מדות), אבל זה אינו אלא כשמקיים מה שמחויב על פי תורה, אבל אם ע"י זה מבטל משהו ממה שמחויב על פי תורה, אז מעשיו הולכים לסטרא אחרא רח"ל, ולא ישיג אורחות חיים. אף כי יחשוב שעולה למעלה למעלה, באמת בקרבו קבורה גאוה לחשוב עצמו לבעל מדריגה ובאמת הוא פוגם ונפגם. ופעמים קרובות מציגים אותו לחרפות, ע"י שלבסוף נותן עיניו באיסור ממש, ואינו יכול להתגבר בשום אופן, כאשר ידענו עובדא כזאת ה"י.

איז מחויב עפ"י תורה, דעמאלט גייען זיינע מעשים צום סטרא אחרא רח"ל, און ער וועט נישט דערגרייכן דעם ריכטיגן לעבנסשטייגער. אפילו אויב ער וועט קלערן אז ער שטייגט העכער און העכער, איז אבער אין אמת'ן אריין באגראבן ביי אים אינעווייניג א שטיק גאוה, זיך צו האלטן פאר א בעל מדרגה, ווען פאקטיש איז ער פארדארבן און א פארדארבער. אפטמאל ווערט ער אויסגעשטעלט צו בזיונות, דורכדעם וואס עווענטועל פאלט ער אדורך מיט אן איסור ממש, און ער קען זיך בשום אופן נישט שטארקן דערויף, ווי מיר וועלן זעהן אן אנעקדאט וואו עס האט טאקע אזוי פאסירט ה"י.

ט. "לא עם הארץ חסיד"

די דאזיגע נקודה פון "לא עם הארץ חסיד", איז א וויכטיגע כלל זיך איינצו'חזר'ן ביי יעדן סיטואציע וואס קומט אים נאר אונטער, אבער עס איז פילפאכיג וויכטיגער ביים נושא פון "קדושת הבית". אלע ספרים זענען פארנומען ארויסצוברענגען אז די דאזיגע תאוה וואס איז נוגע א מאנספערזאן איז פון די שווערסטע מלחמות וואס א מענטש דארף צו פירן, און אז יעדער דארף פאר זיך מאכן גדרים וסייגים לויט זיינע כוחות הנפש און די באדערפענישן פון זיין גוף. דאס דארף אבער באגלייט ווערן מיט איין וויכטיגער הויפט-תנאי: **מען מוז וויסן** וואס איז מותר, וואס איז אסור, וואס איז א חומרא מצד ההלכה, און וואס איז א חומרא מצד תורת הקבלה.

אבער אויב מען לערנט נישט גוט אדורך די הלכות קען אלעס זיין זייער צומישט, ובפרט ביים נושא פון מצות הבית ווען די הלכות און הנהגות זענען ספעציעל אומקלאר אונטער וואספארא קאטעגאריע זיי געהערן, און דאס ברענגט צו מכשולות פאר מענטשן וואס אויב זיי וואלטן געטון וואס עס איז מותר וואלטן זיי געשטאנען אסאך בעסער מיט זייער "יראת שמים ויראת חטא". דערפאר דארף מען קלארמאכן וואס עס איז א "**מצוה**" און וואס איז אן "**עבירה**", וואס מיינט דאס "**אסור**" אדער "**מותר**", וואס איז דאס "**חסידות**", "**פרישות**" און "**נזירות**", און איבער אלעם - וואס מיינט דאס "**קדושה**".

ווייל, ווי אויבנדערמאנט, אויב מען איז אן עם הארץ פארוואנדלט מען דברים המותרים אין דברים-האסורים, און אדאנק דעם פאלט מען עווענטועל אדורך מיט אמת'ע איסורים ממש.

עס איז באקאנט דאס וואס עס שטייט אין **גמרא**[661]: "תניא, היה רבי מאיר אומר: כל המשיא בתו לעם הארץ - כאילו כופתה ומניחה לפני ארי, מה ארי דורס ואוכל ואין לו בושת

661) פסחים מט ע"ב.

פנים, אף עם הארץ מכה ובועל ואין לו בושת פנים" - דער וואס פארהייראט זיין טאכטער מיט אן עם הארץ איז גלייך ווי ער וואלט איר צוגעבינדן פארנט פון א לייב, וויבאלד ער איז מכה ובועל און קיין שום נאטורליכער בושה און איינגעהאלטנקייט.

עס קען זיך דאכטן, אז מ'רעדט דא דווקא פון א פראסטער און פארגרעבטער מענטש וואס עס מיינט נאר זיך אליינס, און דערפאר איז ער נישט עוסק אין "**פיוס וריצוי**" ווי עס דארף צו זיין. אבער אין פאקט רעדט די גמרא אויך פון אן אזויגערופענעם הייליגער איד - וואס רעדט זיך איין אז ער איז הייליג, אבער ליידער האט ער נישט גוט אדורכגעלערנט די סוגיא און אינעם דאזיגן נושא איז ער א וויסטער "**עם הארץ**", וואס רעדט זיך איין אז מיט אזא הנהגה איז מען א "**חסיד**" וואס איז עוסק אין קדושה, ווען אין פאקט זאגט די גמרא אויף אזא איינעם אז עס איז ווי מען וואלט איר געלייגט פארנט פון א לייב וואס איז דורס ואוכל[662].

אבער אויב מען איז אן עם הארץ, ווייסט מען נישט די גדרים פון די סוגיא. מען ווייסט נישט וואס עס מיינט "קדושה", און מען ווייסט נישט וואס דער רצון ה' איז. דאס איז דער באדייט פונעם אויבנדערמאנטן מאמר חז"ל: "**ולא עם הארץ חסיד**", אז עס איז נישט מעגליך אז אן עם הארץ זאל זיין א חסיד, וויבאלד ער האלט נאך בעפארן טון דעם רצון ה' בכלל, און געוויס איז ער נישט קיין חסיד, איינער פירט זיך אזוי אויף גייט ארײן אין די קאטיגאריע פון איינער פון די 'תשע מדות' ווי די **מאירי** זאגט[663].

נאר נאכדעם וואס מען איז קלאר אינעם סוגיא, און פון איין זייט ווייסט מען קלארערהייט וואס עס איז די צורת המצווה על פי תורה, און פון די אנדערע זייט נארט מען זיך נישט נאר מען ווייסט גוט וואס די אייגענע באדערפענישן זענען און וואס זיי פארלאנגען פון אים, נאר דאן קען מען צוגיין צום למעשה'דיגן אוועקשטעלן פאר זיך גדרים וסייגים וואס זאל אים ברענגען נענטער צום רצון ה', און אוועקשטעלן א מהלך החיים לויט די דרגה וואו מען האלט באמת דערביי[664].

662) כ"כ בספר בנין הבית שיעור השלישי בשם מרן הסטייפלער גאון זצ"ל. ועיי"ש שהסטייפלער גאון התבטא כן על אברך שהתנהג בגינוני קדושה על חשבון מצות הבית כתיקונה.

663) מאירי נדרים כ ע"ב וז"ל: בני מריבה כגון שמכה ובועל.

664) ראה באור החיים הק' (פ' בחוקתי אות ו') וז"ל: עוד יתבאר על דרך אומרם (אבות פ"ב) ולא עם הארץ חסיד פירוש שאסור לעם הארץ להתנהג בחסידות שיעשה חומרות וגדרים כמנהג החסידים, כי לפעמים יעשה חומרא בדבר שהוא אדרבה עבריין, כי ימצא חסיד שירצה לגדור עצמו לקיים מצות עונה בימים המקודשים ותהיה בעיניו מצוה גדולה לשמש מטתו בליל כיפור, כמו ששמענו שהיה מעשה כן וכדומה, לזה ציוו חז"ל שאין לעם הארץ להתנהג במדת חסידות, והוא מאמר ה' כאן אם בחקתי תלכו שהוא עסק התורה, אז ואת מצותי תשמרו פירוש תעשו לכם משמרת כדי לקיים גדרים ושמירות ולא זולת זה.

י. פרישות אויף יענעמ'ס חשבון

דער אויבנדערמאנטער יסוד אז מען טאר נישט זיין קיין פרוש אויב דאס ברענגט צו אז ער זאל עטוואס עובר זיין אויף א מצוה, איז בעיקר נוגע ווען איינער וויל פארמינערן אינעם באשטימטן מאס פון מצות הבית. מען דארף וויסן אז דאס פארמינערן פון מצות הבית קען זיין א ספק דאורייתא, און אויף איין זייט פונעם וואגשאל ליגט דער קיום מצות הבית וואס איז א מצוה אין די תורה, און אויפן צווייטן זייט פונעם וואגשאל ליגט דער ענין פון פרישות, און איינע פון זיי וועט זיכער אויסקלאפן אויפן חשבון פונעם צווייטן, ווי דער הייליגער **סטייפלער גאון** שרייבט[665]:

> ווער עס איז געזונט און האט כח, איז די הלכה אז ער איז מחויב מיט מצות הבית צוויי מאל א וואך... עס איז פשוט, אז אויב איינער וויל זיך פטר'ן מיט בלויז איינמאל א וואך, און נישט צוויי מאל א וואך, איז עס נאנט צו א ספק דאורייתא ממש.

דער דאזיגער פונקט איז וויכטיג זיך איינצו'חזר'ן פאר יעדן סיטואציע ווען זיין פרישות וועט פאראורזאכן עובר צו זיין אויף איסורים, אדער ווען עס איז אויף א צווייטנס חשבון. צום ביישפיל, אויב איינער איז א פרוש מיט אן אמת'דיגקייט און ער פאסט משבת לשבת, און עס קומט אים אונטער די מצוה פון הכנסת אורחים, דאן פארשטייט זיך אליינס אז ער וועט נישט זאגן פאר זיינע געסט אז היינט סערווירט ער זיי נאר א קליין שטיקל ברויט און גארנישט מער, מיטן ערקלערונג אז מען דארף זיך פורש זיין פון עסן מער ווי עס פעלט זיך אויס... אוודאי קען פרישות קיינמאל נישט קומען אויפ'ן חשבון פון א צווייטן איד, און דער פרוש האט ווייטער א מצוה צו געבן פאר די געסט מכל טוב וטוב אן קארגן אויף גארנישט.

דאס זעלביגע איז מיט מצות הבית וואס דער מאן האט זיך מתחייב געווען צושטעלן פאר זיין ווייב, און ער איז מחויב דערמיט מצד התורה, מצד זיין כתובה, און מצד דאס מענטשליכקייט פון געבן און צייגן זיין ליבשאפט פאר זיין ווייב מיט אלע פארבן. אויב זיין פרישות ברענגט צו אז זי זאל האבן צער דערפון, דאן דארף ער זאפארט מאכן א חשבון הנפש און תשובה טון אויף זיינע מעשים[666].

פרויען קענען אפטמאל באהאלטן אז עס שטערט זיי עפעס, אבער נאך יארן פון פיין און

---

665) אגרות הקודש, איגרת א, וז"ל: מצות עונה הוא לפועלים שתים בשבת... ופשוט דלענין הרוצה לפטור עצמו בפעם אחת בשבוע, ולא ב' פעמים בשבוע, קרוב דהוי ספק דאורייתא ממש.

666) ראה בספר עבודת פנים (להרה"ק רבי אהרן יוסף מסלאנים זצ"ל, מכתב לז) שכתב וז"ל: וזהו ענין קדש עצמך במותר לך, פי' במה שמותר לך להתקדש בשמירת העין כי הלא אין בזה מצוה וד"ל. ובמכתב נאה (שנכתב ע"י ת"ח חשוב הב"ש) בשם 'חובת גברא' כתוב וז"ל: והכוונה שיקדש עצמו במה שמותר לו ואפשר לו לקדש עצמו, כי לקדש עצמו בפרטים הנוגעים לה, זה אינו מותר לו, כי הלא הוא מבטל ע"ז מצות עונה, והבן.

ווייטאג - וואס דער מאן האט נישט געקוקט אין איר ריכטונג - קען דאס חלילה פלאצן, און דאן איז **זייער שווער צו פאררעכטן** דעם שאדן.

מיר ווייסן פיל ערשטהאנטיגע עפיזאדן פון פרויען וואס האבן נאך יארן פון פיין און ליידן זיך אויסגערעדט זייער הארץ אז זייערע מענער האבן זיך אויפגעפירט "הייליג" און זיי נישט געגעבן קיין ליבשאפט און נישט קיין נאנטע קירבה, און דאס האט זיי ממש געשטערט אויף א געפערליכן אופן. (דאס איז אויסער די געפיל פון ווערן אויסגעניצט פון אים ווען ער האט דאס געוואלט האבן, וד"ל)

*

דער איינציגסטער פאל ווען דער מאן איז פטור פון מצות הבית, איז ווען זיין ווייב איז דאס מוחל, ווי דער **רמב"ם** פסק'נט[667]: **והוא שלא יבטל עונה אלא מדעת אשתו**. די ווערטער "מדעת אשתו" באדייטן נישט, אז מען פרעגט איר צי זי איז מסכים און זי זאגט אז יא, נאר עס באדייט אז עס איז נאר מותר ווען איר אמת'ער ווילן איז עס מבטל צו זיין, מדעת עצמה, און ווי דער **ראב"ד** שרייבט מער קלאר[668]: "...למעט מהם ברשותה **ומדעתה**". דאס הייסט, אז אויסערדעם וואס זי דארף געבן "רשות" דערצו, דארף עס אויך זיין מיט איר פולסטן ווילן - און דאס באדייט "מדעתה", ווי דער **רמב"ן** זאגט[669]: "הדעת בלשונינו יאמר על הרצון"[670].

דאס איז וויכטיג ארויסצוברענגען, וויבאלד דער פשוט'ער פאקט איז ווי דער סטייפלער גאון שרייבט[671], אז א פרוי האט געוועגליך נישט קיין סיבה צו וועלן מוותר זיין אויף דעם

667) הלכות איסורי ביאה פכ"א הי"א.

668) הובא בטור או"ח סימן רמ.

669) בראשית ב, ט.

670) וכן מפורש בתשובת מהר"ם מרוטנבורג (הובא בהגהות מיימוניות הל' אישות, פרק י אות ג), לנודר שלא להתקרב לאשתו עד זמן פלוני, שיש איסור בדבר, ובלשונו: "אלא אם זוגתך נתרצית בנדרך והיתה חפיצה בכך, אז אין ברור לי שיהיה איסור בנדרך". וראה בספר חסד לאלפים (להפלא יועץ - או"ח סי' רמ ס"א) וז"ל: לכן אם הוא מבני אדם הבריאים והמעונגים שעונתם בכל יום או בפועל שעונתו ב"פ בשבת, למיחש בעי שלא לעבור על עונתה לא יגרע, וצריך לפייסה שתמחול לו בהודע אותה שאין רצונו שלא להיות נענש בסיבתה, אם רוצה לעשות עצמו כת"ח שלא לשמש כ"א משבת לשבת וכדומה, וזה יועיל אם בלבבו יבין שמוחלת בלב שלם ולית לה צערא דגופא שלא ניתן לימחל, ולא עבדא משום כסופא אלא שרוצה אשה בתקנת בעלה.

671) שם, וז"ל: אמת הוא כי הרבה ת"ח יראי שמים מתנהגים בענינים אלו בפרישות בכמה ענינים, אבל כ"ז הוא בהסכמתה המלאה של האשה ובמחילה בלב שלם, וזה הוא על פי רוב בתר שנתברר לה שבאמת הבעל אוהב אותה, ורק לשם שמים מתגבר על עצמו, או כשהאשה היא מופלגת בצדקות ותשוקתה באמת שבעלה יתקדש בקדושה, או כשנשאת לצדיק מפורסם אשר שמו הוא לה כסות

דאזיגן ליבשאפט וואס קומט זיך איר, און עס וועט נאר פאסירן אויב זי שפירט אז דער מאן האט איר באמת זייער שטארק ליב, און דאס אויך נאר אויב זי דערקענט אין אים אז ער וויל זיך טאקע אמת'דיג אויסאיידעלן און דערהייבן לשם שמים[672].

אין ספר **קדושת הבית**[673] שטייט ווי פאלגענד:

> יש הרבה דברים שנכתבו בספה"ק מנקודת המבט של הבעל, בלי הקשר לרצון האשה, והרבה ביסוד גדול זה, וחושבים שיכולים לקדש את עצמם כביכול בניגוד לרצונה. על כן נסתפק בכלל הקבוע לנו, שעל האדם לקדש את מעשיו כפי מה שהוא מסוגל, ולא ינסה מעבר לכך. בענין זה הקדושה תלויה בקדושת האדם בכל שאר עניניו (ולא להיפוך, משום שלא קיים מושג כזה ש"קדושה תצא מהשרוול") לפי ההשתדלות בכל עניני החיים. ולפי מה שהוא בעצם - כך מתקדש גם ענין זה, הן בכמות והן באיכות.

צולעצט איז וויכטיג אנצומערקן, אז אפילו אויב זי איז אים טאקע מוחל בלב שלם, קען דאס פאקטיש נאכאלס צוברענגען צו א פירוד לבבות צווישן דעם פארפאלק, און עס קען פעלן פון שטוב דעם גרויסן אויפטו פון מצות הבית אז עס איז אויך א[674]: "**משים שלום בבית**". דערפאר זאל מען זייער שטארק אכטונג געבן, נישט צו טון קיין ווילדע איבערגעאיילטע שריט אין דעם דאזיגן ענין. אפי' אויב זי זאגט אז זי איז מסכים צו זיין פרישות זאל מען זען אויב במשך די טאג איז צופרידן און אויפגעלייגט, אפטמאל איז דאס גורם אן אינערליכע אנגעצויגנקייט און מען דארף דאס דערגיין[675].

עינים, אבל ח"ו להתנהג במדת הפרישות כשמכאיב בזה את אשתו התלוי' בו, ולא מחלה בלב שלם על מה שמחויב לה.

672) שמעתי סיפור מאת מדריך חשוב שפע"א בא בן אדם לאדמו"ר אחד מפורסם זצ"ל (איני כותב שמו כי לא ברדתי אותו עד הסוף) וא"ל שהגיע לגיל שישים ורוצה להתנהג במידת הפרישות בינו לבין אשתו, ובא לברר את חוו"ד. הרבי זצ"ל שיבח אותו מאוד ע"ז אך שאלו אם ב"ב מסכימה איתו. כשענה הלה בחיוב, השיב הרבי "אם כנים הדברים, לא קיימת מצות עונה מימיך ואין לך לפרוש", ע"כ. כנראה היתה כוונתו, שהכיר באיש הלזה כי אינו נראה כמי שמדת הפרישות מתאים לו, וא"כ הסיבה היחידה שהסכימה אשתו לוותר על עונתה כי מעולם לא טעמה טעם מצות עונה, ולא בגלל שראתה בו חשק ותשוקה להתנהג במדת הפרישות.

673) עמ' 239.

674) שבת קנב ע"א, ועיי"ש.

675) ועיין בספר קדושת הבית עמ' 230, וז"ל: צריך מאוד להיזהר מחומרות יתירות שמלמדים לאדם לדכא במקום לכוון, כי ע"י הדיכוי גורמים ששני בני הזוג יהיו קשים ומרורים זה לזו, ובצורה קשה זו יתנהל הבית. על אף שהכל נראה שקט וכאילו בנימוס, למעשה הם נמצאים בשדה קרב שמי יודע כיצד ומתי יתפוצץ, ו"איזהו חכם הרואה את הנולד" (תמיד לב ע"א).

יא. די להם שיהיו צדיקים

דער **מסילת ישרים** פרעגט[676], פארוואס האבן חז"ל נישט מתקן געווען תקנות ווען א מענטש זאל זיך מוזן פירן בפרישות? און ער ענטפערט, אז חז"ל האבן נישט געמאכט קיין גזירות וואס רוב מענטשן קענען נישט איינהאלטן, און פאר רוב מענטשן איז גענוג אויב זיי זענען צדיקים, דאס הייסט מענטשן וואס זענען ערליך און זענען נישט עובר קיין איסורים, און נאר די יחידים וואס זענען אויסגעארבעטע אידן קענען עוסק זיין אינעם סוגיא פון פרישות און מצליח זיין, און ווי ער דרוקט זיך אויס: "אך השרידים אשר בעם החפצים לזכות לקרבתו יתברך, ולזכות בזכותם לכל שאר ההמון הנתלה בם, להם מגיע לקיים משנת חסידים אשר לא יוכלו לקיים האחרים".

מיר זעען פון דעם אז פרישות איז נישט קיין נחלת הכלל, און עס איז געאייגנט נאר פאר יחידים וואס זוכן מיט אלע זייערע כוחות צו נענטער ווערן צום באשעפער און זענען גרייט זיך צו אפשיידן אפילו פון זאכן וואס זענען געווענליך מותר, כדי צו שטיין וואס ווייטער פון עניני עוה"ז.

אזוי אויך ברענגט די בני יששכר פונעם הייליגן **חוזה פון לובלין**[677] אז ווילאנג א מענטש שלאגט זיך נאך מיט די תאוות זאל מען נישט פורש זיין פון מצות עונה נאר ענדערש זיין זאט פון וואס מען מעג.

ענליך דערצו האט דער הייליגער **שינאווער רב** זי"ע געזאגט, ווי פאלגענד[678]:

---

676) בפרק י"ג וז"ל: ואם תשאל ותאמר, אם כן איפוא, שזה דבר מצטרך ומוכרח, למה לא גזרו עליו החכמים כמו שגזרו על הסייגות ותקנות שגזרו? הנה התשובה מבוארת ופשוטה, כי (בבא קמא עט ע"ב): לא גזרו חכמים גזרה אלא אם כן רוב הציבור יכולים לעמוד בה, ואין רוב הציבור יכולים לעמוד בה, ואין רוב הצבור יכולים להיות חסידים, אבל די להם שיהיו צדיקים.

677) אגרא דכלה (פרשת משפטים עה"פ לא תטה משפט אביונך בריבו). וז"ל: שמעתי בשם כבוד אדמו"ד הקדוש מהריעי"צ זצוק"ל רמז הפסוק מלשון ותפר האביונ"ה (קהלת יב ה), שהכוונה על תאוות המשגל כנודע מרז"ל (שבת קנב ע"א). והכוונה בכאן ברמז שלא לבטל עונה האמורה בתורה, וגם כשיודע בעצמו שעדיין לבו אינו חלל בקרבו מתאוה ויש חשש להרהורים, מוטב לשבוע עצמו מן ההיתר. וזהו לא תטה משפט אביונך היינו התאוה שלך, בריבו אם עדיין יש לו ריב עמך שלבך אינו פנוי וריק מהרהורים, כל זה שמעתי. עכ"ל.

678) דברי יחזקאל (החדש, עמ' קכב) על מסכת אבות, וז"ל: הוו מתונים בדין והעמידו תלמידים הרבה. דכל איש מישראל הוא דיין ושופט על כל אבריו, לשפוט את כל אבר בגדרים וסייגים כפי תכונת נפשו. אחד הוא בתכונת נפשו, לשמור את אבריו רק מדברים האסורים מן התורה או מדרבנן. ואחד הוא בתכונת נפשו, לקדש את עצמו במותר לו. ולזה צריך מתינות גדולה. ומי שזכה לזה, לקדש ולטהר את אבריו כפי תכונת נפשו, זוכה להעמיד תלמידים הרבה. ע"כ. (ושמעתי ממי ששאל אחד מגדולי הדור היתכן שיש בנ"א שפטורים ממ"ע לדעת הרמב"ן, ותי' שהוא יכול יקיים אותו באופן שיש מח' בין הפוסקים אם מותר או אסור בא' מן הלילות, ואף שאפשר לו להקל מעיקר הדין יחמיר בזה, אבל בדבר שהוא מותר לכל הדעות ע"ז אין לו להתנהג בקדש עצמך.)

יעדער איד איז זיין אייגענעם "שופט" און "דיין" צו משפט'ן זיינע גלידער לויט זיין תכונת הנפש. איינעמ'ס תכונת הנפש איז, נאר זיך צו היטן זיינע גלידער נישט עובר צו זיין אויף קיין איסורי דאורייתא'ס אדער דרבנן'ס, און איינעמ'ס תכונת הנפש איז, זיך צו הייליגן אין זאכן וואס זענען מותר פאר אים, און מען דארף האבן א געוואלדיגער מתינות דערצו. דער וואס איז זוכה זיך צו הייליגן און ריינִיגן לויט זיין תכונת הנפש, דער איז זוכה אויפצושטעלן אסאך תלמידים.

דאס הייסט, אז נישט יעדער איינער איז מסוגל צו זיין פון די וואס זענען שטענדיג עוסק אין[679]: "**קדש עצמך במותר לך**", נאר זייער עבודה איז זיך צו היטן פון יעדן **איסור דאורייתא און דרבנן**, און עס זענען דא העכערע אידן וואס זייער תכונת הנפש איז יא צו ארבעטן דערויף. יעדער איינער דארף זיך אליינס צו קענען און וויסן ווי מען שטייט, אז מען וויל קען מען אייביג טרעפן אופנים ווי צו מקיים זיין קדש עצמך במותר לך, אפי' אויף עפעס א קלייניקייט. דורך דעם ווייסט מען אז מען האט א שליטה אויף זיך אליינס און מען שפירט זיך אויך סך בעסער ווען מען ווייסט אז מען טוט וויפיל מען קען.

א שיינעם געדאנק האבן מיר געהערט פון הרה"ק רבי **הערשעלע ספינקער** זצ"ל, אז מען דארף עוסק זיין אינעם "קדש עצמך במותר לך" ביים ענין פון מצות הבית, אזויפיל ווי מען ארבעט דערויף ביים עבודת האכילה. דאס גיבט א מורא'דיגן בליק פארן מענטש צו וויסן וואו ער האלט באמת: אויב איז זיין עבודת אכילה געמאסטן במדה ובמשקל - זאל ער דא אויך אזוי טון (פארשטייט זיך, אז נאר מיט זיין ווייב'ס הסכמה - ווי אויבנדערמאנט), און אויב ביים עסן האט ער אינזין נישט הנאה צו האבן דערפון - זאל ער דא אויך פרובירן אזוי צו טון, א.א.וו. דאס איז א געוואלדיג-גוטע מעסטער צו וויסן וואו מען שטייט באמת אין עבודת ה' און אין שערי פרישות.

יב. די סימנים פון אן אמת'ן פרוש

אויב איינער וויל וויסן צי זיין פרישות איז באזירט אויפן אויסגעהאלטענעם כוונה, קען ער דאס געוואויר ווערן דורכן באטראכטן וויאזוי זיין טאג טעגליכן לעבן זעט אויס: ביים עסן, טרינקען, שלאפן, אדער ביי סיי וועלכע אנדערע גשמיות'דיגע תאוות און הנאות וואס א מענטש האט דורכן טאג. ווייל דאס ענין פון פרישות איז א כללית'דיגער ענין וואס נעמט ארום דעם גאנצן מהות פונעם מענטש, און **עס איז נישט שייך אויסצואוועלן צו זיין "הייליג"**

679) יבמות כ ע"א. ובמאירי (נדרים כ) כתוב: ואע"פ שאמרו כל מה שאדם רוצה לעשות עם אשתו עושה, לא דיברו חכמים אלא כנגד יצר הרע, שאי אפשר לכל בני אדם לקדש עצמם במותר להם. מ"מ יהא אדם מקדש עצמו בכל דבר וכו'.

בלויז אין איין נושא, און אין די אנדערע נושאים פירט מען זיך אויף נישט-אידישליך, אדער פארגרעבט.ביידע אינאיינעם גייען נישט צוזאמען.

אזוי אויך קען מען דאס דערקענען אויפן פנים פון א מענטש, ווי די באקאנטע ווערטער פונעם **חובת הלבבות**[680]: ״הפרוש צהלתו בפניו - ואבלו בלבו, לבו רחב ביותר - ונפשו נכנעת בתכלית״ - א פרוש טראגט א פרייליכן געזיכט - און זיין טרויער איז נאר אין הארץ, זיין הארץ איז זייער ברייט - און זיין זעל איז גענצליך מיט הכנעה. ווען א מענטש איז פרייליך א גאנצן טאג, ער בלאזט נישט זיינע פרומקייטן אויף אנדערע מענטשן, ער מאכט אן אטמאספערע פון פרייליכקייט און שמחת החיים אין שטוב, און נאר אינעם פרט פון מצות הבית וויל ער זיין א פרוש, איז עס געוועגליך א סימן אז ער איז דער סארט פרוש וואס די תורה וויל. ווידער א מענטש וואס דאס פרישות האט אים איגאנצן איבערגענומען און ער איז אומעטיג דורכן טאג, ער האט א זויערן געזיכט און עס הערשט אן אנגעצויגענעם שטימונג אין שטוב, און ער פארברענגט נישט געשמאק מיט זיין ווייב ווי עס דארף צו זיין, דאן איז דאס געוועגליך א תוצאה פון פאלשע פרישות, און אזא איינער זאל זיך זעצן לערנען אין די ספרים וואס פרישות מיינט באמת, און ער זאל דאס אדורכשמועסן מיט אן ערליכן איד וואס פארשטייט אין די נושאים.

680) שער הפרישות.

א קורצן סיכום פון דעם פרק:

- פארוואַרט: דאס וויכטיגקייט פון רעדן אביסל פון פרישות, כדי די וואס מיינען אז זיי לעבן בפרישות ווען אין פאקט טוען זיי עוולות, זאלן זיך קענען אומקערן אויפן גלייכן וועג.
- עס זענען דא פארשידענע מאמרי חז"ל וואס רעדן במעלת הפרישות, און פארשידענע מאמרי חז"ל וואס רעדן שארף דערקעגן. ווייל עס איז דא א סארט פרישות וואס איז גאר הייליג און דערהויבן, און עס איז דא א סארט פרישות וואס איז נישט אויסגעהאלטן.
- פרישות איז נישט קיין ציל פאר זיך, עס איז נישטא קיין מצוה זיך צו פייניגן און דער רמב"ם שרייבט גאר שארף דערקעגן. פרישות איז נאר א מיטל וויאזוי צו פארזיכערן אז מ'ווערט נישט נאכגעשלעפט נאך תאוות, און דורכן זיך אפשיידן פון נאכגיין זיינע תאוות בלינדערהייט, מיטן גיין אויפן מיטלמעסיגן וועג, וועט ער זיך האלטן נארמאל, און דאס איז דער באדייט פון פרישות.
- נאכמער פון דעם, דאס עצם הנאה האבן פונעם וועלט איז נישט קיין "בדיעבד" וואס מען דארף פרובירן צו פארמיידן, נאר אדרבה, די תורה בענטשט אונז מיט הנאות עולם הזה, מיר מאכן ברכות אויף אונזערע הנאות, און מיר זענען מקיים מצוות דורכן מהנה זיין אונזערע גופים אום שבת און יו"ט, אלזא מוז זיין אז דער נאטור פון הנאה האבן האט דער באשעפער אריינגעבויט אינעם מענטש כדי דאס אויסצונוצן אויפן ריכטיגן אופן, און נישט עס אויסצורייסן.
- וואס איז יא דער באדייט פון פרישות? דאס נישט נאכלויפן און זיין פארזינקען אין הנאות עולם הזה. אבער א מענטש וואס האט הנאה פונעם וועלט אויפן נארמאלן שטייגער איז עס געגנצליך נישט קיין סתירה מיט פרישות. ווידער א מענטש וואס וועט שטיין און אויסרעכענען יעדעס מאל וואס ער עסט, אויב עס פעלט אים ממש אויס צום לעבן, וועט זיך ארומדרייען פארכמארעט און פארזארגט און נישט דאס איז דער רצון ה'.
- דאס זעלביגע דארף מען געדענקן ווען עס קומט צו פרישות בנוגע מצות הבית, אז עס דארף זיין אויפן נארמאלן מיטלמעסיגן אופן. אבער דא דארף מען נעמען אין באטראכט נאך עטליכע וויכטיגע פאקטארן: 1. די דאזיגע פרישות קען נאר קומען אויפן חשבון פון טעג ווען זי איז סתם מותר פארן מאן, אבער אין די טעג ווען ער האט א חיוב מצות עונה איז נישטא קיין היתר צו זיין א פרוש. 2. דער הייליגער חזון איש דרוקט זיך אויס, אז אן איבערגעטריבענעם פרישות אין דעם נושא קען גאר צוברענגען הרהורים און ענליכעס. דערפאר דארף מען זיין שטארק פארזיכטיג נישט צו פארערגערן אנשטאט שטייגן. 3. מ'דארף זיין קלאר אז מ'האלט טאקע ביי דעם מדריגה, וויבאלד ביי א געוועלנליכן

מענטש איז קלאר אז ער לייגט זיך אריין אין גרעסערע נסיונות אין גאס, און עס קען מעגליך זיין אסור פאר אים זיך צו פירן בפרישות.

- דאס איז אויך געזאגט געווארן לגבי דער כלליות'דיגער געדאנק פון פרישות. חז"ל זאגן אז "כל המוסיף גורע", ווייל צומאל דורכן איבערטרייבן גדרים וסייגים און חסידות ופרישות, און מ'פאלט אדורך מיט די דאזיגע פרישות, ברענגט דאס פארן מענטש אדורכצופאלן מיט אן איסור ממש. אזוי אויך, צומאל דורכן אדורכפאלן מיט פרישות שפירט מען זיך אזוי נידעריג אז מ'איז זיך ווי מייאש און מ'באגייט אן איסור ממש.
- נאך א וויכטיגע פונקט איז, צו וויסן דער כלל פון "לא עם הארץ חסיד". צומאל רעדט מען זיך איין אז מ'פירט זיך מיט פרישות און מיט א ספעציעלן דערהויבנקייט, ווען אין פאקט טרעט מען אויפן תורה בשעת מעשה. אויב א מענטש געבט נישט פאר זיין ווייב איר נויטיגע ליבשאפט ביי מצות הבית, צוליב דעם וואס ער וויל פליען אין הימל און זיך שנעל אפשיידן, דאן איז ער נישט קיין חסיד ופרוש נאר א וויסטער עם הארץ, ווי חז"ל זעלבסט באטיטלען אים טאקע איבער דעם דאזיגן נושא פון אומפאסיגער מצות הבית.
- עס פעלט זיך אויך אויס איבערצו'חזר'ן מער קלאר דעם אויבנדערמאנטן יסוד, אז ביי מצות הבית טאר עס נישט קומען אויפן חשבון פון מצות עונה וואס חז"ל האבן באשטימט און לויט ווי עס ווערט גע'פסק'נט להלכה. אזוי אויך, אויב דאס ווייב וויל אז ער זאל מקיים זיין מצות הבית און ער האלט זיך אפ דערפון צוליב זיין אזויגערופענעם פרישות, איז דאס ווי איינער וואס זיצט אין א תענית מחמת פרישות און צוליב דעם וויל ער נישט שפייזן א גאסט... עס איז נישט שייך זיך צו פירן בפרישות ווען עס קומט אויף א צווייטנס חשבון.
- נאר אויב דאס ווייב איז מסכים, בלב שלם, צוליב איר אנערקענען אינעם אמת'ן ליבשאפט וואס איר מאן האט צו איר, און איר גלייבן אז ער וויל טאקע שטייגן אין עבודת ה', דאן איז שייך זיך צו פירן בפרישות אויך אין דעם הינזיכט.
- דער מסילת ישרים שרייבט, אז פאר רוב מענטשן איז גענוג אז זיי זאלן זיך פירן ערליך אן עובר זיין קיין איסורים, און נאר געציילטע דערהויבענע אידן האבן די ספעציעלע עבודה פון זיך פירן בפרישות אויף א שטארקן פארנעם. א מענטש טאר זיך נישט נארן, נאר וויסן אמת'דיג וואו ער האלט אויפן וועלט.
- אויב מ'וויל וויסן די סימנים פון א ריכטיגן אויסגעהאלטענעם פרישות, אדער א פאלשע פרישות וואס קען גאר צוברענגען א חורבן, זאל מען געדענקן צוויי פונקטן:

1\. אויב פונקט ביים ענין פון מצות הבית פירט ער זיך אזוי שטארק בפרישות, אבער ווען עס קומט צום עסן און טרינקען, רעדן דברים בטלים, שלאפן ווי עס דארף צו זיין,

א.א.וו. פירט ער זיך נישט עפעס אזוי בפרישות, דאן קומט נישט דער פרישות ביי מצות הבית פון קיין דערהויבנקייט נאר ענדערש פון א טעות. 2. דער חובות הלבבות שרייבט אז א חסיד איז "צהלתו בפניו ואבלותו בלבו". א מענטש וואס דרייט זיך ארום מיט אן אומעטיגן געזיכט און ברענגט אן א מרה שחורה וואו ער געפונט זיך, און דער שטוב טראגט א פארזויערטן כאראקטער צוליב זיין פרישות, דאן איז דאס פאלש און אויפן אומריכטיגן וועג. אויב ער ברענגט שמחה אין שטוב און ער דערהייבט דעם אטמאספערע ארום זיך, דאן איז זיין פרישות אויסגעהאלטן ווי עס איז דער רצון ה'.

• נספח | פרק י"ח •

יופי האשה על פי תורה

די תורה'דיגע בליק איבער דאס ענין פון שיינקייט

א. די צוויי עקסטרעמע מהלכים וואס זענען נישט דעם רצון השם

נאך א האקלעע נושא וואס מען דארף אויסשמועסן, איז דאס ענין פון זיך שיין מאכן, וואס דער דאזיגער נושא איז נוגע פאר די "ווייבער-שול". טראצדעם וואס דאס איז באמת א זייטיגער נושא וואס האט נישט קיין דירעקטע פארבינדונג מיט "שלום בית" אדער "קדושת הבית", איז דאס פארט געקניפט און געבינדן, ווייל דאס האט אויך אן השפעה אויףביידע ענינים, און דאס אומקלארקייט דערין קען אין אסאך פעלער זיין א גרויסער שטער אין שלום בית.

מיר לעבן היינט אין א דור פון "עוקבתא דמשיחא" ווען דאס פריצות הדור איז שרעקליך. די גוי'אישע וועלט האט זיך דערקייקלט צו גאר א נידעריגן פארנעם וואס איז נאכנישט געזען געווארן, און וואו מען גייט און וואו מען שטייט הערשט א געפערליכן פריצות און אויסגעלאסנקייט רח"ל, סיי אין גאס, סיי אין מאגאזינען, און פארשטייט זיך אויף די טעכנאלאגישע כלים למיניהם.

דאס טוט צוברענגען צוויי פארקערטע עקסטרעמען: **א'** - דאס פריצות דרינגט אריין אין אידישע שטובער, און מען לערנט זיך אפ פון די טמא'נע גוי'אישע מאדעס וואס זענען נישט אין איינקלאנג מיט די גדרי הצניעות און זענען דירעקט נישט אויסגעהאלטן על פי תורה. **ב'** - עס זענען דא וואס גייען צום פארקערטן עקסטרעם און שלאגן זיך דערמיט בכל התוקף, און האלטן אז ווי מער מען פאר'מיאוס'ט זיך דערפון אלס בעסער שטייט מען און אלס מער היילגער איז מען, אבער ווי מיר וועלן זען בהמשך איז דאס אויך נישט דער גלייכע וועג על פי השקפת התורה.

דאס שיינקייט פון א פרוי איז עפעס וואס דער יוצר הכל האט ספעציעל באשאפן, און מ'דארף זיך נישט שלאגן מיטן עצם ענין פון שיינקייט, נאר ווי ביי יעדע זאך וואס דער באשעפער האט באשאפן קען מען עס נוצן אויף גוטס און אויף שלעכטס, און מען דארף אלץ פרובירן אויסצונוצן דעם אייבערשטנ'ס בריאה נאר אויף גוטע זאכן. פונקט ווי ביי יעדן אנדערן נושא, דארפן מיר ארויסלערנען פון די הייליגע תורה וואס עס איז דער ריכטיגער וועג פארן מענטש זיך צו פירן, און אויך אין דעם דאזיגן נושא איז דא א ברייטקייט אין חז"ל, וואס שמועסן אויס פארשידענע געדאנקן איבער דאס שיינקייט פון א פרוי.

ב. שקר החן והבל היופי

דער ערשטער מקור וואס וועט ארויפשווימען אויפן געדאנק, איז ווארשיינליך דער באקאנטער פסוק[681]: **שקר החן והבל היופי**, וואס מיר פארשטייען אז עס באדייט אז חן מיט שיינקייט האט נישט קיין שום ווערד אין די אויגן פונעם תורה, נאר אלעס איז בלאף און א שטיק לופט. אזוי טייטשט טאקע רש"י אויפן ארט: **אשת החן והיופי אין מהללים אותה - אלא הכל שקר והבל, אבל אשה יראת ה' היא לבד תתהלל**. זעען מיר לכאורה פון דא גאנץ קלאר, אז שיינקייט פון א פרוי האט בפשטות נישט קיין שום געוויכט, און מען דארף דערין נישט משקיע זיין קיין מחשבה, נאר פארקערט מען דארף גאר אנטלויפן דערפון.

עס וועט אבער זיין אינטערעסאנט צו באמערקן, אז לכאורה זעען מיר דעם פארקערטן געדאנק אין אסאך ערטער אין די תורה הקדושה, וואו עס ווערט אויסגערימט שיינקייט בכלליות, און דאס שיינקייט פון א פרוי בפרטיות[682]. אויב זאל ווען שיינקייט זיין איין שטיק

---

681) משלי לא, ל.

682) מיר וועלן דא אראפברענגען א טיילווייזע ליסטע פון פסוקי תנ"ך, וואו שיינקייט ווערט דערמאנט: ביי שרה אמנו (בראשית יב, יא): "ויאמר אל שרי אשתו הנה נא ידעתי כי אשה יפת מראה את". ביי רבקה אמנו (בראשית כד, טז): " והנערָ טבת מראה מאד". ביי רחל אמנו (בראשית כט, יז): "ורחל היתה יפת תאר ויפת מראה". ביי יוסף הצדיק (בראשית לט, ו): "ויהי יוסף יפה תאר ויפה מראה". ביי דוד המלך (שמואל-א טז, יב): "והוא אדמוני עם יפה עינים וטוב ראי", און (שם יז, מב): "ויבט הפלשתי ויראה את דוד ויבזהו, כי היה נער ואדמני עם יפה מראה". ביי אבשלום (שמואל-ב יד, כה): "וכאבשלום לא היה איש יפה בכל ישראל להלל מאד, מכף רגלו ועד קדקדו לא היה בו מום". ביי תמר בת אבשלום (שם יד, כז): "ויולדו לאבשלום שלושה בנים ובת אחת ושמה תמר, היא היתה אשה יפת מראה". ביי אבישג השונמית (מלכים-א א, ג-ד): "ויבקשו נערה יפה בכל גבול ישראל, וימצאו את אבישג השונמית, ויבאו אתה למלך: והנערה יפה עד מאד, ותהי למלך סכנת ותשרתהו, והמלך לא ידעה". ביי די בנות איוב (איוב מב, טו): "ולא נמצא נשים יפות כבנות איוב בכל הארץ". ביי אסתר (אסתר ב, ז): "והנערה יפת תאר וטובת מראה". דאס געפונען מיר עטליכע מאל אויך ביים "רעיה" אין שיר השירים, ווי צום ביישפיל (א, ח): "אם לא תדעי לך היפה בנשים",

"שקר" און "לופט", איז זייער שווער צו פארשטיין פארוואס די תורה רעדט בכלל פון דעם נושא און רימט עס גאר אויס פאר א מעלה (און נישט נאר ביי פרויען, נאר ביי מענער אויך, וואס מיר זעען דערפון אז אפילו ביי מענער איז דא דער געדאנק פון זיין מסודר'דיג שיין און נישט מיאוס און אומבא'חנ'ט). אזוי אויך דארפן מיר פארשטיין מצד הסברא, אז אויב איז שיינקייט און חן "שקר" און "הבל", דאן פארוואס האט דער באשעפער באשאפן דעם פרוי מיט א נאטורליכן שיינקייט?

נאר דער ערקלערונג איז גאנץ איינפאך, אז שיינקייט און חן איז א חיצוניות'דיגע זאך וואס **פאר זיך אליינס האט עס נישט קיין שום מעלה** וואס איז ווערד אויסצולויבן א פרוי דערויף. ווען די תורה רעדט פון שיינקייט איז עס געוועגליך נאר ווען דאס פרוי'ס שיינקייט איז א צוגעלייגטע זאך צו אירע אנדערע פנימיות'דיגע מעלות (אדער ווען עס איז דא א ספעציעלע לימוד וואס די תורה וויל לאזן הערן דערמיט). אזוי אויך, נאר ווען דאס שיינקייט דינט איר תכלית. דאס הייסט, ווען דאס שיינקייט איז אינעם ריכטיגן ארט וואו עס געהערט צו זיין, ביי זיך אינדערהיים, וואס דאן איז עס געוויס יא א געוואלדיגע מעלה.

אבער א פרוי וואס האט נישט קיין תוכן אין זיך און איז בלויז שיין פונדרויסן, האט נישט קיין שום מעלה. א פרוי וואס האט גוטע מידות אבער איז נישט אזוי "געלונגען", האט כאטש איין מעלה מיט וואס זי קען זיך שטאלצירן. אבער א פרוי וואס איז ליידיג פון אינערליכן תוכן, און האט בלויז די איין זאך אז זי איז א שטיק שיינקייט, אזא איינע האט אייגנטליך נישט קיין שום מעלה אין זיך.

אט דאס איז די כוונה פונעם פסוק, וואס דרוקט זיך אויס אויף גאר א שארפן אופן[683]: **נֶזֶם זָהָב בְּאַף חֲזִיר, אִשָּׁה יָפָה וְסָרַת טָעַם** - אזויווי א גאלדענעם רינגל אויפן חזיר'ס נאז, אזוי איז א שיינע פרוי וואס פארמאגט נישט קיין אינערליכן טעם. ווי דער **מלבי"ם** ערקלערט[684] אז עס מיינט צו זאגן נאכמער פון דעם, אז דאס שיינקייט מאכט איר ניטאמאל שיין, וויבאלד איר פנימיות איז נישט שיין. אין אנדערע ווערטער, שיינקייט איז נישט קיין מעלה פאר זיך, אבער עס געבט צו צו די פנימיות'דיגע מעלות פונעם פרוי.

אן אנדערן און וויכטיגן פשט שטייט דארט אין **מצודת דוד**[685], אז אויב זי נוצט איר

און (א, טו): "הנך יפה רעיתי, הנך יפה עיניך יונים".

683) משלי יא, כב.

684) וז"ל: "נזם זהב באף חזיר" - התכשיט אינו מעלה חן ויופי רק על מי שמוכן לקבל היופי מצד עצמו, אבל כשנותנים הנזם על אף חזיר לא ייפה את פניו, כיון שכולו מלוכלך בצואה, ולא לבד שלא יעלה חן עליו כי גם ילכלך את הנזם. וכן - "אשה יפה וסרת טעם", היופי שהוא לתכשיט על פניה אינו מיפה אותה, אחר שהיא כעורה בפנימיותה.

685) וז"ל: "נזם זהב" - כמו אילו ישימו נזם זהב באף חזיר, הנה לא תשמור העדי זה להתקשט בה אבל

שיינקייט אין אן ארט וואו עס טויג נישט, דאן איז זי צוגעגליכן צום חזיר וואס נעמט א שיינעם רינג אין פארשמירט עס מיט שמוץ. שיינקייט האט זיך איר פלאץ, און עס איז נישט געמאכט צו זיין פריי און וואנדערן איבעראל.

ג. חן מיט יופי צוזאמען מיט "אשה יראת ה'"

איי, פונעם פסוק "שקר החן והבל היופי" זעט זיך לכאורה ארויס אז שיינקייט איז גענצליך נישט קיין מעלה, און אדרבה, עס זעט גאר אויס ווי א סתירה מיטן "אשה יראת ה'"? דער ענטפער איז, אז נישט נאר עס איז נישט קיין סתירה נאר אין פאקט ארבעטן זיי זייער גוט אינאיינעם.

לאמיר דא ציטירן דעם לשון פונעם הייליגן ספר **פלא יועץ**[686]:

> עס שטייט אין פסוק: "שקר החן והבל היופי, אשה יראת ה' היא תתהלל", אבער דאס איז נאר געזאגט געווארן אין פאל וואס ער טרעפט א שיינע פרוי וואס קומט נישט פון קיין גוטע שטוב אדער זי האט נישט קיין יראת שמים, וואס דאן זאל ער אויסוועלן אן אשה יראת ה'. אבער אויב ער טרעפט א שיינע פרוי וואס איז אויך ערליך און מיט א גוטע יחוס, דאן זאל ער איר געוויס אויסוועלן און אפילו מקרב זיין דאס שיינקייט, ווייל די גמרא זאגט דאך אז א פרוי איז נאר פאר שיינקייט... עס איז ראוי אז יעדער מענטש זאל פרובירן צו פארהייראטן זיינע זין מיט שיינע פרויען, כדי זיי זאלן נישט קוקן אויף אנדערע פרויען.
>
> און צוליב דעם זעלבן אורזאך זאל א ער באקליידן זיין פרוי שיין, און ער זאל איר קויפן צירונגען מיט מער געלט ווי ער האט, כדי זי זאל טרעפן חן אין זיינע אויגן, און ער זאל נישט גלוסטן צו קיין אנדערע. אזוי אויך ליגט א חוב אויפן ווייב זיך אויסצופוצן פארן מאן ווען זיי זענען אליינס אינדערהיים, נאך שענער ווי ווען זי גייט ארויס אין גאס, ווייל

תלכלך אותה בצואה; כן דרך אשה יפה אשר סר ממנה טעם ועצת החכמה, כי לא תשמור יפיה להמותר לה כי אם להנאסר לה. ונאמר למשל על מי שמצא חכמה ואינו משתמש בה לחכמת התורה, כי אם לרמות הבריות וכדומה.

686) אות י, וז"ל: כתיב "שקר החן והבל היופי, אשה יראת ה' היא תתהלל", אבל זהו כשהיא מוצא אשה יפה אלא שאינה מיוחסת או שאינה יראה ה', אז "אשה יראת ה' היא תתהלל". אבל אם מוצא יופי ויראת ה' ויחס במקום אחד, בודאי שיבחר ויקרב גם את היופי, שהרי אמרו (כתובות נט ע"ב): "אין אשה אלא ליופי" וכו'. וראוי לכל אדם להשתדל ליקח לבניו נשים יפות, כדי שלא יתנו עיניהם באחרת. וכן מטעם זה ילבש את אשתו, ויקנה לה תכשיטין ביותר ממה שיש לו, כדי שתמצא חן בעיניו ולא יתן עיניו באחרת. וכן חיובא רמיא על האשה שתתקשט לבעלה בהיותה לבדה עמו בבית, יותר מכשהיא יוצאת החוצה, שבמקום שיש אנשים יותר טוב שלא תתקשט כל כך, אבל בפני בעלה תתקשט כאשר תוכל יותר, כדי שתמצא חן בעיני בעלה, ולא יתן עיניו באחרת.

> דארטן וואו עס זענען דא מענער איז בעסער נישט צו גיין צו שטארק באפוצט, אבער פארן מאן זאל זי זיך אויספוצן דאס מערסטע וואס איז שייך, כדי זי זאל געפונען חן אין איר מאנ'ס אויגן און ער וועט נישט קוקן אויף אנדערע פרויען.

דאס זעען מיר אויך קלאר פון דעם וואס דער זעלבער שלמה המלך וואס האט געשריבן ספר "משלי", וואו עס שטייט די פסוק: "שקר החן והבל היופי", האט אויך געשריבן מגילת "שיר השירים"[687] וואו עס ווערט כסדר **אויסגערימט דאס שיינקייט פון א פרוי**. ווייל ווען דאס שיינקייט איז א זאך וואס ווערט נאר באנוצט צווישן דעם מאן און זיין ווייב, און עס ברענגט זיי נענטער איינער צום צווייטן, דאן איז עס געוויס יא א מעלה און א פאזעטיווע זאך וואס איז אפילו ווערד ארייננצוגיין אין "תורה שבכתב", און דינען אלס נישט ווייניגער ווי **א משל צווישן כנסת ישראל און דעם אייבערשטן**.

מיר זעען פון דעם, אז דאס שיינקייט פון א פרוי איז נישט קיין סתירה מיט יראת ה', און אדרבה, אויב זי איז סיי שיין און סיי א יראת ה', דאן איז איר שיינקייט גאר א מעלה[688]. א

---

687) ראה בסדר עולם רבה פרק טו, שמייחסים את כתיבת שלושת הספרים לעת זקנתו, וז"ל: לעת זקנת שלמה - סמוך למיתתו, שרתה עליו רוח הקדש, ואמר שלשה ספרים הללו: משלי, שיר השירים, קהלת.

688) עיין בספר בית אבות (להגאון רבי שלמה זלמן הערשמאן זצ"ל אבד"ק ניישטאדט), אבן שלמה פרק ה, בהערה על המשנה "כל אהבה שהיא תלויה בדבר", וז"ל: אבל אם אוהב את אשתו עבור יפיה לבד, זו היא אהבה מזוייפת. והא דכתיב (בראשית כט, יז): "ורחל היתה יפת תואר", וכתיב בתריה (שם, יח): "ויאהב יעקב את רחל", דמשמע שמחמת יפיה אהב אותה, באמת ח"ו לומר כן על בחיר האבות. אבל העיקר הוא לקח אותה לתכלית הבנים ולקיים מצות ה', ועכ"ז ראוי ג"כ להדר אחר אשה יפה, שתועלת היא לבעלה שלא יתן דעתו באשה אחרת, כמש"כ בגמרא באבא חלקיה שיצאה לנגדו אשתו מקושטת (תענית כג ע"ב). ולכן מצינו שמשבח הכתוב אשה יפה, שהוא שבח לה, ובפרט לאשה יראת ה'.

ועפי"ז פירש הגר"א ז"ל מווילנא הפסוק (משלי לא, ל): "שקר החן וכו' אשה יראת ה' היא תתהלל", וקשה אם חן ויופי הוא הוא הבל ושקר, איך משבח הכתוב בדבר שקר, שאמר "ורחל היתה יפת תואר" וכו'? ואמר הוא ז"ל, שהיופי הוא הבל ושקר אם הוא לבד, אבל באשה יראת ה' היא מעלה גדולה. וה"פ: "שקר החן והבל היופי, אשה יראת ה' היא" - היינו החן והיופי שמוזכר למעלה - "תתהלל", ומילת "היא" קאי על החן והיופי שאמר תחילה.

ובזה יובן מה דאיתא בגמרא סוף תענית, ד' משפחות היו בירושלים וכו', "מכוערות היו אומרות זכי במקחך לש"ש ובלבד שתעטרינו בזהובים". וקשה מאי לש"ש איכא הכא? דוודאי לא היו מיוחסות, דאם היו מיוחסות היו אומרות "תן עיניך במשפחה", כדאיתא התם. ועוד, הא ד"בלבד שתעטרינו בזהובים", כיון שאינן יפות ולא מיוחסות ולא עשירות - שאז היו אומרות "תן עיניך בממון" - וא"כ מאיזה טעם יבזבז עליהם לעטר אותם בזהובים? ולדרכינו יובן, כיון שהיופי בעצמה אינה עיקרית, שיש לה תועלת ומעלה, וכיון שדעתו של אדם נמשך אחר היפה, א"כ קשה על אדם שיהא כוונתו בלקיחת האשה לש"ש לבד, כיון שהוא נהנה בזה. ולזה אומרות: אם תשא אותנו אזי תזכה בזכות שיהא מקחך לש"ש לבד, ולא לפניה אחרת, והנוי אינו עיקר רק טפל, ולכן טוב לך לעזוב הטפל כדי שיהא רק לש"ש,

פרוי וואס האט אין זיך יראת שמים זוכט צו טון דעם רצון ה', און דער רצון ה' איז אז זי זאל זיך צושטעלן מיט איר גאנצע שיינקייט פאר איר מאן. דערפאר איז דאס שיינקייט פון א פרוי נאר צווישן איר און איר מאן, פאר וועמען זי מעג, זאל, און דארף זיך אויספוצן און מאכן שיין, אבער נישט פאר קיין אנדערע מענטשן[689].

די טבע פונעם פרוי אז זי איז שיין, און איר טבע אז זי האט ליב שיינקייט און זיך אויסצופוצן, זאלן זיך טאקע צוזאמקומען דווקא אינדערהיים וואו דאס וועט פארשטערקערן זייער ליבליכער פארבינדונג, און דורכדעם וואס זי וועט האבן חן אין זיינע אויגן וועט ער אויך נישט גלוסטן אנדערע פרויען.

ד. דער אויפטו פון שיינקייט

שיינקייט איז א מיטל וואס ציט דעם מאן אז ער זאל איר ליב האבן. אוודאי געוויס אויב דער מאן האט ליב בלויז איר גוף און איר חיצוניות'דיגע שיינקייט, און דארט ענדיגט זיך זיין ליבשאפט, דאן איז עס געווענליך נישט קיין מעלה, וויבאלד דאס באדייט אז ער האט איר בכלל נישט ליב, און ווי **חז"ל** זאגן[690]: "איזו היא אהבה התלויה בדבר? זו אהבת אמנון ותמר", וואס דארטן איז דער ליבשאפט געווען נאר צוליב איר שיינקייט.

אבער אויב עס הערשט א כלליות'דיגע ליבשאפט צום פרוי און איר פערזענליכקייט, דאן איז קלאר אז דער וועג וויאזוי די פרוי טרעפט חן אינעם מאן'ס אויגן און ער בלייבט צוגעצויגן צו איר, איז דורכן נאטורליכן שיינקייט פונעם פרוי, וואס ברענגט צו אז דער מאן זאל וועלן פארברענגען צוזאמען מיט איר, און אזוי בויען א ריכטיגן שטארקן קשר צווישן דעם פארפאלק.

כדי אז דער מאן זאל וועלן ארבעטן און משפיע זיין פארן שטוב, און כדי אז א פרוי זאל באקומען אלע אירע באדערפענישן פון א מאן, האט דער באשעפער באשאפן דעם פרוי מיט א ספעציעלן שיינקייט, און אויך מיטן שפירונג פון וועלן זיין שיין פאר איר מאן, טאקע כדי צוצוברענגען פארן מאן איר ליב צו האבן און ער זאל זיין צוגעבינדן צו איר.

ומה שאתה פשוט חושש שלא תתן דעתך באשה אחרת - יש בידך לתקן, היינו: "בלבד שתעטרינו בזהובים".

689) ראה בקרן לדוד (פרשת וישלח, עה"פ ויצא דינה בת לאה) וז"ל: כי מצינו בשרה שהיה נקראת יסכה, פירש רש"י זו שרה ולמה נקראת יסכה שהכל סוכין ביופיה. והכוונה, שכבר אמר הכתוב שקר החן והבל היופי אשה יראת ה' היא תתהלל, שע"י יראת השם יש להללה עם החן, שהיא מעולה, משא"כ בלתי יראת ה' הוא שקר, וגורם ח"ו שאחרים יכשלו בה בהסתכלותה.

690) אבות פ"ה מט"ז.

ווען די פרוי נוצט איר שיינקייט אין שטוב צו זיין שיין פארן מאן, טוט זי דערמיט אויפבויען דעם קשר פון שלום בית אין שטוב, און אין אזעלכע פעלער האט די תורה אויסגעלויבט דאס שיינקייט פון א פרוי, ווייל ווען מען נוצט דעם באשעפער'ס בריאה אויפן ריכטיגן ארט, דאן איז דאס ווערד א באזונדערן לויב.

א חלק פון בויען א ליבשאפט צווישן מאן און ווייב, איז דוקא דורכן ווייב'ס שיינקייט, צי איר נאטורליכער שיינקייט צי דאס אז זי באצירט און באפוצט זיך. דאס איז א מיטל וויאזוי אנצוהאלטן דעם קשר פון שלום בית, און דורכדעם וועט דער מאן אויך נישט גלוסטן קיין פרעמדע פרויען.

עס איז נישט פשט, אז וויבאלד זי מאכט זיך שיין וועט דער מאן שפירן אז ער האט די שענסטע פרוי אויפן וועלט, און עס איז טאקע אלץ דא א מעגליכקייט אז דער מאן וועט גלוסטן א צווייטן. נאר פשט איז ווי אויבנדערמאנט, אז שיינקייט איז א מיטל וויאזוי צו בויען דעם שלום בית אין שטוב, און עס האט אויך אן השפעה אויפן קשר צווישן דעם פארפאלק, און אויב א פרוי איז בכלל נישט שיין און זי פרובירט זיך נישט צו מאכן שיין פארן מאן, דאן איז עס א שטער אינעם קשר.

אבער ווען זי מאכט זיך שיין פאר אים לויט וויפיל זי קען, וועט דאס צוברענגען אז זי זאל האבן חן אין זיינע אויגן, און דאס וועט זיין א שטארקער גורם אז דער קשר צווישן זיי זאל זיך בויען, און איינמאל זייער קשר איז שטארק געבויט וועט דער מאן שוין ממילא נישט גלוסטן קיין פרעמדע, ווייל זיין קשר אין שטוב איז אזוי שטארק אז פרעמדע קומען בכלל נישט אין באטראכט[691].

צולעצט לאמיר דא אראפברענגען די וואונדערליכע רייד וואס דער **רד"ק** שרייבט דערוועגן, וואו ער ערקלערט פארוואס אפילו ביי א צדיק איז נוגע דאס זוכן א שיינעם ווייב[692]:

> ואם תאמר אחר שכוונת הצדיק לזרע, למה מחזרין אחר אשה יפה? לפי שאשה יפה מעוררת התאוה ולהרבות בנים. ועוד, שיהיו הבנים והבנות יפים. ועוד, **שהצורה הנאה משמחת האדם**, כל שכן הצורה שלפניו תמיד, וצריך שיהי' האדם שמח בעולמו ובחלקו.

691) ווי דערמאנט אויבן אין פרק "אין בית בלא חומה", אז דער עיקר געדאנק פון "מצילות מן החטא" איז, די אינערליכע געפילן וואס בויען זיך אויף צווישן זיי צוויי.

692) בראשית כט, יג.

ה. דאס באשאף פון שיינקייט

דער אייבערשטער האט אריינגעלייגט אין יעדן איינציגן פרוי די טבע פון זיין שיין, און פון וועלן זיין שיין. פונקט ווי דער באשעפער האט באשאפן די מענער מיט זייערע גלוסטעניש צו וועלן חתונה האבן, וויבאלד דורכדעם וועט דאס מענטשהייט האבן א קיום, אזוי אויך האט דער באשעפער באשאפן דעם פרוי מיט א ספעציעלן חן און מיטן טבע פון וועלן זיין שיין. **דאס איז זייער טבע**, און א טבע קען מען נישט אויסרייסן פון זיך. מ'קען טאקע אפט זען קליינע מיידלעך זיך מאכן שיין ביים שפיגל, אבער מען זעט עס נישט ביי די יונגלעך, וויבאלד דאס איז אן איינגעבוירענעם טבע ביים פרוי.

ווער איז די ערשטע פרוי וואס האט זיך שיין געמאכט? די ערשטע פרוי אויפן וועלט: **חוה אשת אדם הראשון**. ווער האט איר דאס ערשטע מאל אויסגעצירט און שיין געפלאכטן אירע האר? חז"ל זאגן[693], אז דאס איז געווען נישט-מער און נישט-ווייניגער ווי כביכול דער הייליגער באשעפער אליינס! און פארוואס טאקע? כדי איר צו מאכן באליבט ביי אדם הראשון, וויבאלד זי איז דאך געווען די "כלה" פון אדם הראשון און זי האט געדארפט זיין אויסגעצירט כדי צו געפעלן אין די אויגן פון איר חתן – אדם הראשון[694].

דער געדאנק דערינטער איז, אז דער אייבערשטער האט אוועקגעשטעלט חוה, די מאמע פון אלע מאמעס, מיטן טבע זיך אויסצופוצן און זיך שיין מאכן, און אזוי האט דער באשעפער איר געברענגט צו אדם הראשון, כדי ער זאל גלוסטן צו איר און אויפשטעלן דורות, וואס דאס איז דער תכלית פונעם וועלט, און ווי עס שטייט אין קונטרס **קדושת ישראל**[695]:

> דאס ערקלערונג דערצו איז, אז דעמאלט האט דער באשפער באשאפן אין די הערצער פון אדם און חוה די געפילן ליב צו האבן שיינקייט, און אויף דעם אופן איז געווען דאס באשאפונג פון פלעכטן אירע האר און איר ברענגען צו אדם הראשון, און ער און זי זענען געווען פרייליך מיט איר שיינקייט.

693) נדה מה ע"ב: דאמר ר"ל משום ר"ש בן מנסיא (בראשית ב, כב): "ויבן ה' אלקים את הצלע אשר לקח מן האדם לאשה, ויביאה אל האדם", מלמד שקלעה הקב"ה לחוה והביאה אצל האדם הראשון, שכן בכרכי הים קורין לקלעיתא בנייתא. מאמר חז"ל זה נשנית בעוד הרבה מקומות בש"ס: ברכות סא ע"א, עירובין יח ע"א, ושבת צה ע"א ששם אף למדו חז"ל הלכה מאגדה זו.

694) כ"כ במדרש שוחר טוב, תהלים פרק כה, וז"ל: אמר ר' שמלאי, מצינו שהקב"ה מקשט כלות ומזווגן אצל חתנים... מניין? שנאמר: "ויבן ה' אלקים את הצלע", מלמד שקילעה הקב"ה את חוה והביאה אצל אדם וכו'.

695) קו' קדושת ישראל, שעהר, עמ' 29, וז"ל: הביאור, שאז יצר הקב"ה בלב האדם וחוה רגשי אהבת היופי, ובאופן זה היתה היצירה שקלעה והביאה לאדם, והוא והיא היו שמחים ביפיה...

ו. די תורה רימט אויס דאס שיינקייט פון די הייליגע אמהות

ווען מען קוקט אריין אין די **תורה**, זעט מען אז אלע אונזערע אמהות זענען געווען "יפת תואר ויפת מראה".

ביי שרה אמנו געפונען מיר וואס איר מאן אברהם אבינו זאגט אויף איר[696]: "עתה ידעתי כי אשה יפת מראה את", און חז"ל זאגן[697] אז זי האט אויך געהייסן "יסכה", וויבאלד "הכל סוכין ביופיה" - אלע האבן געקוקט אויף איר אויסערגעווענליכער שיינקייט[698]. אויף רבקה דערציילט די תורה[699]: "והנערה טבת מראה מאד", און אויף רחל דערציילט די תורה[700]: "ורחל היתה יפת תואר ויפת מראה".

אצינד דארפן מיר פארשטיין, וואס איז פשט פון דעם וואס די תורה מאכט זיכער שטענדיג ארויסצוברענגען דאס שיינקייט פון די הייליגע אמהות? עס זענען פאראן מפרשים וואס ערקלערן, אז עס מיינט שיין אין מידות א.א.וו. אבער פונעם לשון וואס די תורה שרייבט: "ועיני לאה רכות, ורחל היתה יפת תואר ויפת מראה", זעט זיך יא אויס אז מען רעדט דא פון א פשוט'ע גופניות'דיגע שיינקייט און חן, און אזוי שטייט טאקע קלאר אין **מדרש**[701]: "עס איז נישטא קיין שענערע פרוי ווי רחל, און צוליב איר שיינקייט האט יעקב געוואלט חתונה האבן מיט איר". אזוי שרייבט דארט אויך דער **אור החיים הקדוש**, אז רחל האט געהאט: "חן שיתאוה לה כל רואה", און ווידער ביי לאה איז געווען פארקערט: "כי לאה מלבד שלא היתה יפיפיה, אלא שעוד לה שעיניה רכות, והוא ענף מכיעור הגוף...".

איי, וואס וויל טאקע די תורה לאזן הערן מיט דעם? מיר ווייסן דאך אז די תורה איז נישט קיין "מעשה ביכל", נאר אלעס וואס שטייט אין די תורה איז געשריבן געווארן כדי מיר זאלן זיך עפעס אפלערנען פון דעם, אלזא וואס איז די לימוד פון דעם אז אונזערע אמהות זענען געווען שיין? זאגט דער **אור החיים הקדוש** דארט אויפן ארט ווי פאלגענד[702]:

"עס קען זיין פשט, לויט ווי חז"ל זאגן איבערן זיווג פון א תלמיד חכם אז ער דארף

---

696) בראשית יב, יא.

697) מגילה יד ע"א.

698) אגב, אין ספר "תשואות חן" (להרה"ק רבי גדלי' ליניצער זי"ע) פרשת לך, ערקלערט ער איז צוליב איר גרויסע צדקות האט מען געקענט קוקן אויף איר שיינקייט און עס האט נישט צוגעברענגט קיין שום שלעכטע הרהורים, עיי"ש.

699) בראשית כד, טז.

700) בראשית כט, יז.

701) תנחומא בראשית, בראשית, פרק ל: אין לך נאה מן רחל, ובשביל נויה בקש יעקב לישא אותה.

702) וז"ל: או יאמר, ע"ד אומרם ז"ל (שבת כה ע"ב) בדין זווג תלמיד חכם שצריך שתהיה לו אשה נאה כנגד יצה"ר, והגם כי ישתנה יעקב למעליותא שמושלל מיצר הרע, עכ"ז התורה תלמד לאדם דעת.

> האבן א שיינעם פרוי אנטקעגן דעם יצה״ר, און טראצדעם וואס יעקב אבינו אז נישט געווען קיין פשוט'ע מענטש און ער האט נישט געהאט קיין שום יצה״ר, דאך שרייבט דאס אונז די תורה וויל כדי אויסצולערנען דעם מענטש וויסנשאפט (ווי אזוי זיך צו פירן)".

און וואס דארפן מיר מער פון דאס וואס מיר געפונען אין חז״ל, אז אפילו צפורה די ווייב פון משה רבינו איז אייביג געגאנגען שיין אנגעטון מיט צירונגען, און ווען זי האט אויפגעהערט צו גיין מיט אירע צירונגען האט מען גלייך פארשטאנען אז זיי וואוינען מער נישט צוזאמען[703].

ז. תקנת עזרא הסופר

די **גמרא** זאגט[704], אז עזרא הסופר האט מתקן געווען צען תקנות, ווי צום ביישפיל: ליינען אין די תורה שבת ביי מנחה, מען דארף מאכן חפיפה בעפארן גיין אין מקוה, און נאך פארשידענע תקנות.

איינע פון זיי איז געווען א תקנה, אז די פעדלערס זאלן מעגן ארומגיין אין די שטעט צי פארקויפן שמעקדיגע בשמים פאר די פרויען, און די שטאטישע מענטשן זאלן זיי נישט מעגן אפהאלטן דערפון.

מיר זעען דא ווידעראמאל אז דאס איז נישט עפעס א מינדערוויכטיגע זאך, נאר עס איז פאקטיש געווען גענוג וויכטיג פאר עזרא הסופר איינצופירן דערוועגן א גאנצע תקנה, כדי די פרויען זאלן קענען האבן די צוגעהערן וואס עס פעלט אויס זיך צו קענען אויספוצן און אויסצירן פארן מאן. אט די תקנה איז אזוי וויכטיג, אזש דאס וועגט איבער די פרנסה פון די לאקאלע סוחרים וואס האבן טענות אז די פעדלערס קומען דא פארקויפן זייערע בשמים, דאך איז וויכטיגער אז די פרויען זאלן האבן זייער פערפיום.

---

703) ספרי בהעלותך צט: מנין היתה מרים יודעת שפירש משה מפריה ורביה? אלא שראתה את ציפורה שאינה מתקשטת בתכשיטי נשים. אמרה לה אין את מתקשטת בתכשיטי נשים. אמרה לה אין אחיך מקפיד בדבר.

704) בבא קמא פב ע"א: ושיהו רוכלין מחזירין בעיירות. פירש"י: מביאים בשמים לנשים להתקשט בהם, ולא יוכלו בני העיירות לעכב עליהם. ובמאירי וז"ל: שיהו רוכלים וכו' ולא יוכלו בני העיירות לעכב, כדי שיזדמן להם מה שצריך להם, ולא יתגנו על בעליהן. ובפסקי הרי"ד וז"ל: כדי שלא יתגנו בנות ישראל על בעליהן, פי' ולא יהו מוכרי בשמים של אותה העיר בחנויותיהן מעכבין על ידן, לומר כי אתם יורדין לאומנותינו ופוסקין חיינו. וביד רמה, וז"ל: שיהו רוכלין מחזירין בעיירות בשני וחמישי, כדי שיהו תכשיטין מצויין לבנות ישראל מערב שבת לערב שבת.

ח. א נס פון הימל

וואס דארף מען מער פון דעם אז די באשעפער האט משנה געווען סדרי בראשית כדי אז פרויען זאלן האבן צירונגען. ווען די אידן זענען געגאנגען אין מדבר זענען נישט געווען קיין געשעפטן וואו צו קויפן וואס מען האט געוואלט. עסן איז געקומען גראד פון הימל, און אפילו זייערע קליידער זענען מיטגעוואקסן מיט זיי, אבער איין פונדאמענטאלע זאך האט נאך אויסגעפעלט, נעמליך, "תכשיטי נשים".

זאגט דערוועגן די **גמרא**[705], אז דער פסוק לאזט אונז וויסן אז צוזאמען מיט די מן זענען אויך געפאלן תכשיטי נשים, אזעלעכע זאכן וואס מען דארף צושטויסן אין א שטייסל (-דאס מיינט, אזעלכע סארטן קאסמעטיקס, פערפיום, אד"ג). דער באשעפער האט באוויזן אן אפענעם נס פון הימל כדי די פרויען זאלן זיך קענען אויספוצן ווי עס דארף צו זיין. דאס איז א קלארע סימן פאר יעדן אשה כשרה וצנועה וואס וויל טון דעם רצון ה', צו טון טאקע דאס וואס מען זעט אז עס איז דער רצון ה'. ווי דערמאנט, איז דאס נישט עפעס וואס איז היינט ארויסגעוואקסן, נאר דאס איז דער טבע פון א פרוי, און דער רצון ה' איז ווי דער באשעפער האט אוועקגעשטעלט די בריאה.

ט. ווען מען זוכט א שידוך: "תנו עיניכם ביופי"

עס שטייט אין **משנה** סוף מסכת תענית[706], אז צוויי מאל א יאר - אום ט"ו באב און אום יום כיפור - פלעגן די מיידלעך ארויסגיין אין פעלד און טאנצן אין די ווייגארטנער, און ווער ס'האט געזוכט א שידוך פלעגט דארט ארויסגיין טרעפן זיין באשערטן זיווג. די גמרא דערציילט מער בפרטיות, וויאזוי עס פלעגט צוגיין[707]: די שיינע מיידלעך האבן געזאגט: **"נייגטס ענקערע אויגן צו אונזער שיינקייט, ווייל א פרוי איז נאר פאר שיינקייט"**, די מיוחס'דיגע מיידלעך האבן געזאגט: "באטראכטס אונזער אפשטאם, ווייל א פרוי איז נאר פאר קינדער", און די מיאוס'ע מיידלעך פלעגן זאגן: "נעמטס ענקער זיווג לשם שמים, אבער ענק זאלן אונז באקרוינען מיט גאלדענע צירונגען".[708]

---

705) יומא עה ע"א: "או דכו במדוכה" (במדבר יא, ח), א"ר יהודה אמר רב ואיתימא ר' חמא בר' חנינא, מלמד שירד להם לישראל עם המן תכשיטי נשים - דבר שנידוך במדוכה.

706) פרק ד משנה ח.

707) תענית לא ע"א: תנו רבנן, יפיפיות שבהן מה היו אומרות? 'תנו עיניכם ליופי - שאין האשה אלא ליופי. מיוחסות שבהן מה היו אומרות? 'תנו עיניכם למשפחה - לפי שאין האשה אלא לבנים'. מכוערות שבהם מה היו אומרות? 'קחו מקחכם לש"ש, ובלבד שתעטרונו בזהובים'.

708) וראה במהר"ם שי"ף (כתובות נט ע"ב) "אין אשה אלא ליופי. אין אשה אלא לבנים" וכו' אפשר לומר

רש"י ערקלערט אויפן ארט[709], אז זיי האבן געזאגט אז טראצדעם וואס מיר זענען נישט פון די שיינע פרויען, זאלט עטס נאכאלס קויפן פאר אונז שיינע צירונגען נאכן חתונה. אבער עס פעלט זיך אויס אן ערקלערונג פארוואס זיי האבן צוגעלייגט די דאזיגע ווערטער. זאגט דערויף דער יעב"ץ אויפן ארט[710], לויט וואס חז"ל זאגן אז אידישע טעכטער זענען נאטורליך שיין, נאר דאס ארעמקייט מאכט זיי אויסזען מיאוס, דערפאר אויב ענק וועלן חתונה האבן מיט אונז און עטס וועטס קויפן פאר אונז שיינע צירונגען, דאן וועט זיך אנטפלעקן אונזער נאטורליכער שיינקייט.

מיר זעען פון דעם, אז אינעם הייליגסטן טאג פונעם יאר, בעצם יום הכיפורים, איז מען געוועזן פארנומען מיטן זוכן א שידוך און דוקא מיט די מעלות פון שיינקייט, אדער יחוס, אדער לשם שמים מיטן זיך שיין מאכן נאך די חתונה. די משנה און די גמרא דערציילן דאס פאר אונז, כדי אז קיין שום פרוי זאל נישט גרינגשעצן אין דאס וויכטיגקייט און אחריות וואס זי האט זיך אהערצושטעלן און שיין מאכן פארן מאן, און אזוי ארום בויען א ליבליכן קשר של קיימא.

אין פאקט ווערט ג'פסק'נט אין הלכה אז עס איז פאסיג צו באטראכטן א מיידל פאר מען האט מיט איר חתונה אויב זי איז שיין, אט אזוי שרייבט די מחבר[711]: **מותר להסתכל בפנויה, לבדקה אם היא יפה שישאנה, בין שהיא בתולה או בעולה, ולא עוד אלא שראוי לעשות כן. אבל לא יסתכל בה דרך זנות, ועל זה נאמר: ברית כרתי לעיני ומה אתבונן על בתולה** (איוב לא, א). נישט אז עס איז נאר מותר צו קוקן אויף איר צו זעען אויב זי איז שיין פאר אים נאר עס איז ראוי אזוי צו טוהן אויף די נארמאלע שטייגער. זעען מיר זייער קלאר פון דעם אז שיינקייט איז נישט עפעס א מינדערוויכטיגע נושא, נאר איינס פון די וויכטיגע זאכן וואס מען איז עוסק דערין ווען מען גייט זיך אויסוועלן א שידוך.

שכולל אלו השנים בחד מימרא, ולא עשה לכל אחד מימרא לחוד, כמו אין אשה אלא לתכשיטין וכו' כשאלה בשו"ת הרשב"א שאין הבעל יכול למחות באשתו מלשתות כוס (של עקרין) המועיל להריון, כדי שתתעבר, אע"פ שמכחשת יופי', ד"ש אע"פ שאין אשה אלא ליופי אפ"ה אין אשה אלא לבנים.

709) וז"ל: שאחרי הנישואין תתנו לנו תכשיטין. ומילתא בעלמא הוא דאמרי, כלומר ובלבד שתתנו לנו מלבושים נאים.

710) וז"ל: ע"ד שאמר ר' ישמעאל (ספ"ט דנדרים): "בנות ישראל נאות הן אלא שהעניות מנוולתן". וכן אמרו (סנהדרין כא ע"א) עה"פ (יחזקאל טז, יד): "ויצא לך שם בגוים ביפיך"... מכלל שהיופי כולל את כולן בעצם. לא נבדלו אלא במקרה העוני והדוחק שמכעירן צפד על בשרן עורן, וכשמאכילים ומשקים אותן ומעדנים וממרקים אותנה חוזרות יפות כלבנה.

711) אבן העזר סימן כ"א ס"ג.

י. די מעלה פון זיך שיין צו מאכן

עס שטייט אין **גמרא**[712]: "דריי זאכן פארברייטערן דעם קאפ פון א מענטש, א שיינע הויז, א שיינע פרוי, און שיינע מעבל". א מענטש וואס האט א שיינע פרוי און איז צופרידן מיט וואס ער האט אין שטוב, אזא איינער האט הרחבת הדעת און זיין נפש איז ריין. ער איז צופרידן מיט וואס ער האט, און ער זוכט נישט קיין פרעמדע גליקן ווייל ער איז זאט. ווען די פרוי איז שיין און זי שטעלט זיך צו צום מאן, דאן איז זי צופרידן ווייל זי טוט דאס וואס עס איז איר נאטור, און אין איר זכות האט איר מאן הרחבת הדעת אויפן שטייגער ווי דער הייליגער ווילנער גאון זצ"ל ערקלערט אויפן ארט[713]: **ומרחיבין, מרוממים את רוחו** - עס דערהייבט זיין גייסט[714].

אזוי אויך זאגט די **גמרא**[715]: "וואויל איז פארן מאן וואס זיין ווייב איז שיין, זיינע יארן זענען געדאפלטע". דער **יעב"ץ** אויפן ארט ערקלערט עס באריכות, און איינע פון די אורזאכן וואס ער געבט אן דערצו איז: **כדי שלא יתן עיניו באשת חבירו.**

עס קען זיך אפשר דאכטן, אז דאס איז געזאגט געווארן נאר ווען די פרוי איז געבוירן געווארן מיט א נאטורליכע שיינקייט, אבער מ'רעדט נישט פון זיך אויספיצן. דאס איז אבער געוויס אומריכטיג, ווי מיר געפונען אפטמאל אין גמרא איבער דאס וויכטיגקייט אז די ווייב זאל זיך אויספוצן פארן מאן, אזש עס האט געטוישט מיינונגען אין הלכה. מיר וועלן אראפברענגען איין אזא ביישפיל פון די פאלגענדע שטיקל **גמרא**[716]:

> די עלטערע זקנים האבן געזאגט, אז ווען א פרוי איז א נדה זאל זי זיך נישט שמירן די אויגן, און נישט אנשמירן דאס געזיכט רויטלעך, און זיך נישט אנטון קיין צירונג. ביז רבי עקיבא איז געקומען און ער האט אויסגעלערנט, אז דורכדעם קומט אויס אז דו פאר'מיאוס'ט דעם פרוי אין איר מאנ'ס אויגן, און ער קען איר נאך אפ'גט'ן.

אזוי ווערט טאקע גע'פסק'נט להלכה[717], אז אפילו ווען א פרוי איז א נדה מעג זי טון די

---

712) ברכות נז ע"ב: שלשה מרחיבין דעתו של אדם, אלו הן: דירה נאה, ואשה נאה, וכלים נאים.

713) פירוש הגר"א שם.

714) ומאידך גיסא צריך להיות במדה ובמשקל, עיי"ש בפירוש המהרש"א.

715) יבמות סג ע"ב: אשה יפה, אשרי בעלה, מספר ימיו כפולים.

716) שבת סד ע"ב: זקנים הראשונים אמרו, שלא תכחול ולא תפקוס ולא תתקשט בבגדי צבעונין. עד שבא ר"ע ולימד, אם כן אתה מגנה על בעלה ונמצא בעלה מגרשה.

717) שולחן ערוך יו"ד סימן קצה ס"ט: בקושי התירו לה להתקשט בימי נדתה, אלא כדי שלא תתגנה על בעלה.

אלע אויבנדערמאנטע זאכן, כדי **צו בלייבן שיין** אין די אויגן פון איר מאן[718].

ווי אויך ווערט גע'פסק'נט להלכה אין **שו"ע**[719] אז מען האט מקיל געווען פאר די פרויען זיך צו שיין מאכן אויך חול המועד. אין **גמרא**[720] שטייט נאך מער אז אפי' גאר אן אלטע פרוי איז ביי איר אויך זייער וויכטיג אין א שמחה צו זיין שיין אז זי מעג זיך אויך באפיצן אויף חול המועד.

***

אבער עס גייט פאקטיש פיל ווייטער פון דעם: עס איז נישט נאר וואויל און אויסגעהאלטן אז די פרוי זאל זיך מאכן שיין פארן מאן, נאר זי האט גאר א חיוב דאס צו טון. **רב האי גאון**[721] ברענגט אראפ גאר א שארפן לשון חז"ל, אויף א פארהייראטע פרוי וואס מאכט זיך נישט שיין פארן מאן: **עס זאל קומען א שעלטונג אויף א פרוי וואס האט א מאן, און זי פיצט זיך נישט אויס**.

---

718) ראה בספר "דרושי רבי משה מאימראן" (להגאון המקובל רבי משה מאימראן זצ"ל, מחכמי מקנאס במאראקא), עמ' רל, וז"ל: "בטח בה לב בעלה ושלל לא יחסר" (משלי לא, יא). בפרשת חוקת פירש רש"י: "שלל - ביזת מלבוש ותכשיטין". ויובן ע"פ מה שאמרו בפרק ג דתענית (כג ע"ב): "אבא חלקיה... כי מטא למתא, נפקא דביתהו לאפיה כי מקשטא". ויהיב טעמא התם, כדי שלא ליתן עיניו באשה אחרת. ולכן אמר ש"אשת חיל" זו, "בטח בה לב בעלה" - שהיו עיניו ולבו בה כל הימים, ולא עלתה על לבו אשה אחרת מעולם, אלא בטח בה לבו שלא היה מהרהר בזולתה, יען כי "שלל" - שהם התכשיטין, "לא יחסר" - אינו מחסר לה שום תכשיט וקישוט, וכיון דמקשטא לאפיה, לא יהיב דעתא אלא עליה.

719) שו"ע או"ח סי' תקמ"ו ס"ה. וז"ל: עושה אשה כל תכשיטיה במועד כוחלת ופוקסת ומעברת סרק על פניה וטופלת עצמה בסיד וכיוצא בו והוא שתוכל לסלקו במועד ומעברת שער מבית השחי ומבית הערוה בין ביד בין בכלי ומעברת סכין על פדחתה.

720) מועד קטן ט ע"ב: תנו רבנן: אלו הן תכשיטי נשים: כוחלת (נותנת כחול בין עיניה כדי שדומות נאים) ופוקסת (מחלקת שערה לכאן ולכאן) ומעבירה שרק על פניה (סם אחד כדי שתראה אדומה), ואיכא דאמרי מעברת סרק על פניה של מטה (כדי להעביר שער של מטה). דביתהו דרב חסדא מקשטא (כי הני קשוטין כדאמר הכא) באנפי כלתה (שהיתה כל כך זקינה שהיתה לה כלה שהיא אשת בנה); יתיב רב הונא בר חיננא קמיה דרב חסדא, ויתיב וקאמר: לא שנו (הא דאמר עושה אשה תכשיטיה) אלא ילדה (בחורה שדרכה בכך, ולהכי הוי לה שמחה במועד), אבל זקנה — לא (והיכי עבדא אשתך הכי: דמיקשטא? הא הויא זקינה)? אמר ליה: האלהים! אפילו אמך ואפילו אימא דאימך, ואפילו עומדת על קברה (שריא להתקשט), דאמרי אינשי: בת שיתין כבת שית: לקל טבלא רהטא (פירוש: קשקוש הזוג, רצה לומר: מיני זמר בהילולא, וכי היכי דרהטא ילדה בת שית לקל הילולא - הכי עבדא בת שיתין, והכי נמי מיקשטא).

721) שערי תשובה (תשובות הגאונים) סימן פד, וז"ל: כתב רב האי גאון, גרסינן בשקלים תבוא מארה לאשה שיש לה בעל ואינה מתקשטת. הובא גם בשו"ת מהר"ם מרוטנבורג סימן קצט. וע"ע בהלכות קצובות דרב יהודאי גאון (הובא באוצר הגאונים לכתובות, תשובות עמ' 169), וז"ל: חייבות נשים ליפות עצמן כל השנה... כדי שיהיה לבו גס בה, ותהיה חביבה עליו כיום כניסתה.

צוליב אט דעם כח וואס א פרוי באזיצט, אז אדאנק איר שיינקייט ווערט זי באליבט ביי איר מאן, האט די גמרא אפילו אראפגעברענגט די פאלגענדע שיטה[722]: "מען מעג קוקן און באטראכטן א כלה אלע זיבן טעג פון 'שבע ברכות', **כדי איר צו מאכן באליבט** אין די אויגן פון איר מאן", און ווי **רש"י** ערקלערט אז ווען דער מאן זעט אז אלע קוקן אויף זיין ווייב, גייט אריין איר שיינקייט אין זיין הארץ. ענליך צו דעם ערקלערט אויך דער **שיטה מקובצת**[723], אז ווען דער מאן זעט אז אלע קוקן אויף איר צוליב איר גרויסע שיינקייט, ווערט זי באליבט ביי איר מאן. עס איז וויכטיג צו באטאנען, אז פאקטיש פסק'נט מען נישט אזוי און מען טאר נישט באטראכטן דעם כלה, אבער מיר זעען פארט דעם געדאנק אז דאס שיינקייט פונעם פרוי ברענגט איר נענטער צום מאן, און אז דורכדעם האט איר דער מאן מער ליב.

יא. שיינקייט איז א מעלה פאר אן ערנסטן יונגערמאן

עס מאכט זיך אמאל אז א יונגערמאן שפירט אז ער שטייט עטוואס "העכער" פון דעם, אדער די ווייב קלערט אז איר מאן איז מער דערהויבן און עס פעלט נישט אויס זיך אויסצופיצן פאר אים, אבער אין פאקט זעען מיר אין חז"ל אז דאס איז א נאטורליכער הרגשה וואס יעדער מאן האט, אז זיין ווייב זאל אויסזען שיין, אפגעזען צי דער מאן איז א פשוט'ער מענטש אדער א דערהויבענער צדיק.

וואס דארפן מיר מער פון יעקב אבינו, וואס דער **מדרש** שרייבט[724] אז ער האט געוואלט חתונה האבן מיט רחל צוליב איר אויסערגעווענליכער שיינקייט. אין מדרש געפונען מיר אן ענליכן געדאנק כלפי אלע אמהות[725]. ווי אויך, אפילו ביי משה רבינו געפונען מיר, אז זיין ווייב צפורה האט זיכער געמאכט זיך אויסצופוצן פאר אים, און אז זי איז טאקע געווען א באזונדער שיינע פרוי[726].

טראצדעם וואס מיר האבן נישט קיין השגה אין די אבות הקדושים, האבן אבער חז"ל זיכער געמאכט אונז ארויסצוברענגען דעם געדאנק קלארערהייט, אז אפגעזען פונעם

---

722) כתובות יז ע"א: אמר רבי שמואל בר נחמני אמר רבי יונתן, מותר להסתכל בפני כלה כל שבעה, כדי לחבבה על בעלה. פירש"י: כשרואה הכל מסתכלים בה, נכנס יופיה בלבו. ולית הלכתא כוותיה.

723) וז"ל: לחבבה על בעלה. פירוש, כדי שישיב אל לבו שמרוב יפיה מסתכלין בה, ומתחבבת על בעלה.

724) תנחומא בראשית, בראשית, פרק ל: אין לך נאה מן רחל, ובשביל נויה בקש יעקב לישא אותה.

725) בראשית רבה פמ"ה ס"ד עיי"ש.

726) עיין במדרש שוחר טוב, תהלים פרק ז, וז"ל: אבל צפורה נאה וכשירה. יש אשה נאה בפני אחרים ואינה נאה בפני בעלה, נאה בפני בעלה ואינה נאה בפני אחרים, אבל צפורה נאה בפני בעלה ובפני הכל. וע"ע רש"י במדבר יב, א, ודו"ק.

דערהויבנקייט פונעם יונגערמאן, איז שיינקייט א זאך וואס האט אן השפעה פאר אים, און דערפאר זאל דאס פארפאלק זיכער מאכן אז דאס ווייב זעט אויס שיין פארן מאן.

*

אין אמת'ן אריין גייט עס פיל ווייטער פון דעם. נישט נאר א חשוב'ער מענטש מעג וועלן האבן א ווייב וואס איז שיין און באצירט, נאר חז"ל זאגן אונז אז אויב דער מאן איז א תלמיד חכם דארף זי **הערשט** זיין אויסגעצירט פאר אים.

לאמיר אנהייבן מיטן אראפברענגען די **גמרא**[727], אז איינע פון די זאכן וואס דער נביא אין איכה באקלאגט זיך איבערן חורבן, איז דאס וואס מ'האט פארלוירן א שיינע אנגעראקטעטע בעט, און א באצירטע ווייב פאר א תלמיד חכם. מ'רעדט דא נישט פון קיין פראסטע מענטש נאר פון א תלמיד חכם, ווייל דער באשעפער האט אריינגעלייגט דעם זעלבן טבע ביי אלע מענער, און דערפאר איז דער תלמיד חכם פונקט ווי א צווייטן אין דעם הינזיכט, און זיין ווייב דארף אויך אריינגיין אינעם קאטעגאריע פון "אשה מקושטת".

אבער עס גייט באמת פיל ווייטער פון דעם: פון די גמרא'ס ווערטער זעט זיך אויס, אז דאס איז אפילו מער נוגע פאר א תלמיד חכם ווי פאר סתם א מענטש, און אזוי איז טאקע דער פאקט. לאמיר ציטירן די קלארע רייד פונעם ספר "**ארחות חיים**", לרבינו אהרן הכהן מלוניל, מגדולי הראשונים בזמן הרשב"א[728]:

> דאס וואס די גמרא דרש'נט פונעם פסוק איבער א באצירטן ווייב פאר א תלמיד חכם, פשט דערפון איז אז זי זאל זיך אויסצירן כדי ער זאל נישט גלוסטן צו קיין צווייטן, ווייל ער האט א גרעסערן יצר הרע ווי סתם א מענטש, ווי חז"ל זאגן: כל הגדול מחבירו יצרו גדול ממנו, ווייל דער יצר הרע רייצט זיך מיט אים א גאנצן טאג אים צו מאכן זינדיגן. עס זעט אויס פון דעם, אז א תלמיד חכם זאל קיינמאל נישט לאזן זיין ווייב אויסזען מיאוס, אפילו ווען זי זיצט שבעה, כדי זי זאל נישט ווערן פאר'מיאוס'ט אינעם מאנ'ס אויגן, ווייל דער יצר הרע וועט אים מעגליך ברענגען צו גלוסטן א צווייטן... דאס גייט אן ביי יעדן פארהייראטן פרוי, נאר מען דארף מער אכטונג געבן ביי א תלמיד חכם.

727) שבת כה ע"ב: מאי (איכה ג, יז): "וַתִּזְנַח מִשְּׁלוֹם נַפְשִׁי?"... רבי אבא אמר: זו מטה מוצעת, ואשה מקושטת לתלמידי חכמים.

728) חלק ב, הלכות כתובות אות כז, וז"ל: דרשו רז"ל על פסוק (איכה ג, יז): "נשיתי טובה", 'זו מטה נאה, ואשה מקושטת לתלמיד חכם'. פירוש, כדי שלא יתאוה לאחרת, לפי שיצרו גדול משאר בני אדם, כמו שאמרו רז"ל (סוכה נב ע"א): "כל הגדול מחבירו יצרו גדול ממנו", לפי שיצר הרע מתגרה בו כל היום להחטיאו. נראה מזו, שאסור לת"ח להניח לאשתו שתתנוול אפילו בימי אבלה, כדי שלא תתגנה בעיניו, שמא יכופנו יצרו להתאוות לאשה אחרת. דומיא לדהיא דאמרו רז"ל (תענית יג ע"ב): "אין הבוגרת רשאה לנוול עצמה" וכו', וזו נמי אסורה כדי שלא תתגנה, ותביא בעלה לידי מכשול תאוה. וכן בכל אשת איש, אלא צריך להשמר יותר לתלמיד חכם.

מיר געפונען טאקע אין **גמרא**[729], אויף איינע פון די גרעסטע תנאים וואס מ'האט אנגעקוקט ווי א בעל מופת וואס קען פועל'ן ישועות, אבא חלקיה – דער בארימטער אייניקל און ממשיך דרכו פון "חוני המעגל", אז ווען ער איז אהיימגעקומען איז זיין ווייב אים אנטקעגן געגאנגען אויסגעצירט, און ווען זיינע באגלייטער האבן אים פארוואונדערטערהייט געפרעגט וואס איז פשט דערפון, האט ער זיי געענטפערט אז זי טוט דאס **כדי ער זאל נישט האבן קיין נסיון** פון קוקן אויף אנדערע פרויען. אלזא, מיר זעען פון דעם אז אפילו די גרעסטע תורה ריזן, און מעגליך טאקע צוליב דעם וואס זיי זענען אזעלכע דערהויבענע אידן, פעלט זיך ספעציעל אויס אז דאס ווייב זאל זיך אויסצירן פארן מאן אז ער זאל נישט האבן קיין דורכפאלן.

יב. די רעכטן און דער חיוב פונעם מאן

די **גמרא** זאגט[730], אז אויב א פרוי מאכט א נדר אז זי וועט זיך נישט אנטון קיין שיינע קליידער, קען עס איר מאן צושטערן. ווי רש"י ערקלערט, אז אזא סארט נדר איז **א פארשעמונג פארן מאן**, און אזוי אויך ווערט זי פאר'מיאוס'ט אינעם מאנ'ס אויגן. אזוי ווערט אויך גע'פסק'נט להלכה[731]. דאס זעלביגע שטייט שוין אין א **משנה**[732], בנוגע א פרוי וואס וויל זיך אפשערן די האר און דער מאן וויל נישט, וואס דאן האט דער מאן דעם רעכט איר אפצוהאלטן דערפון, מיטן טענה אז ער וויל נישט וואוינען מיט א פרוי וואס שערט זיך. (למעשה איז היינט צוטאגס אנגענומען ביי רוב חסידי'שע קרייזן זיך **יא** אינגאנצן אפצושערן - און עס איז אויך זייער א הארבע ענין - ממילא איז די מציאות אנדערש. בכל אופן איז דאס א גוטע ביישפיל ווי ווייט דאס שיינקייט פונעם ווייב איז משפיע אויפן מאן, און אז אסאך הלכות זענען פארבינדן מיט דעם.)

דער אמת איז, אז ס'גייט אויף ביידע וועגן: פון איין זייט זעען מיר אז די פרוי האט א חיוב זיך אויסצופוצן פארן מאן, און ווי די **גמרא** זאגט[733] אז אויב זי איז נישט קיין אבל קען ער איר אפילו הייסן צו זיך באשמירן דאס געזיכט און די אויגן. פון די אנדערע זייט איז דא אן אריכות

---

729) תענית כג ע"ב: מאי טעמא כי מטא מר למתא, נפקא דביתהו דמר כי מיקשטא? אמר להו: כדי שלא אתן עיני באשה אחרת.

730) כתובות עא ע"ב: ואלו הן נדרי עינוי נפש, שלא אוכל בשר, ושלא אשתה יין, ושלא אתקשט בבגדי צבעונין. פירש"י: גנאי ובזיון הוא לה, ומתגנה עליו.

731) יורה דעה סימן רלד סנ"ט.

732) נזיר פ"ד מ"ה: רבי אומר, אף בתגלחת הטהרה יפר, שהוא יכול לומר: 'אי אפשי באשה מגולחת'. ופירש רע"ב: כדי שלא תצטרך להתנוול בגילוח, דגילוח באשה ניוול הוא.

733) כתובות ד ע"ב.

אין שולחן ערוך[734], מיט פארשידענע הלכות וואס רעדן איבערן ענין, אז דער מאן **מוז געבן פארן ווייב** פארשידענע קליידער און צירונג, וואס דאס גייט אזוי ווייט, אז עס ווערט גע'פסק'נט להלכה[735] אז אפילו אויב דער מאן איז נישט געזונט מעג מען נעמען געלט דערפאר פון זיין פארמעגן, ווייל ער וויל נישט אז זי זאל זיין מיאוס.

מיר זעען פון דעם, אז דער ענין פון זיך אויספוצן און אויסצירן און אנשמירן, איז סיי א טובה פארן מאן און א רעכט וואס ער האט אויף איר, און סיי א רעכט וואס זי האט צו פאדערן פונעם מאן געלט אז זי זאל קענען איינקויפן וואס זי ברויך דערפאר, ווייל מיטן חתונה האבן האט זי זיך באפליכטעט זיך שיין אנצוטון פאר אים. דאס ווייזט אונז, אז עס איז א רעכט וואס האט מיט זייער פארבינדונג איינער צום צווייטן, און עס איז נישט עפעס וואס באלאנגט נאר פאר איר. איר שיינקייט איז עפעס וואס איר מאן האט פונקט אזא רעכט דערויף, און א פרוי דארף זיך צוצושטעלן צו זיין שיין אנגעטון, און זיך אהערשטעלן פארן מאן.

יג. יעדער איז אייגנארטיג

די **גמרא** זאגט[736]: "א מאן טאר נישט מקדש זיין א פרוי אן איר זען פון פריער, ווייל אפשר וועט ער געפונען אין איר א מיאוס'ע זאך און זי וועט פאר'מיאוס'ט ווערן אויף אים, און דער פסוק זאגט: ואהבת לרעך כמוך", און אזוי ווערט אויך גע'פסק'נט להלכה[737].

מיר פארשטייען פון דעם, אז עס איז נישט נאר פארבאטן מקדש צו זיין א פרוי אן איר זען פון פריער, וויבאלד אויב זי וועט צום סוף נישט געפעלן אין זיינע אויגן, וועט עס צוברענגען אז זי זאל פאר'מיאוס'ט ווערן ביי אים, נאר מען זעט אויך פון דעם אז קיינער קען נישט אויסוועלן פאר א צווייטן א פרוי, ווייל א יעדער האט ליב עפעס אנדערש, און ביי יעדן איינעם הייסט עפעס אנדערש "שיין", און עס איז א פערזענליכער אויסוואל וואס קיינער קען נישט טון פאר א צווייטן.

---

734) אהע"ז סימן עג ס"ג: ומחיבין אותו לתן לה תכשיטים, כגון בגדי צבעונים להקיף על ראשה ופדחתה, ופוך (פירוש כחל שחר) ושרק (פרוש, צמר גפנים שצובעים אותו בחריע ומעבירין אותו על פני כלות שתתראנה אדמות, ערוך) וכיוצא בהן.

735) אהע"ז סימן ע ס"ו: מי שנשתטה או נתחרש, פוסקין לאשתו תכשיטין.

736) קידושין מא ע"א: אמר רב יהודה אמר רב, אסור לאדם שיקדש את האשה עד שיראנה, שמא יראה בה דבר מגונה ותתגנה עליו, ורחמנא אמר (ויקרא יט, יח): "ואהבת לרעך כמוך".

737) אהע"ז סימן לה ס"א: אסור לקדשה על ידי שליח...שמא אחר כך ימצא בה דבר מגונה ותתגנה עליו.

אין אן אנדערן ארט זאגט די **גמרא**[738], אז נאכן חתונה איז: "חן אשה על בעלה", און ווי רש"י ערקלערט: "חן תמיד על בעלה, ואפילו היא מכוערת נושאת חן בעיניו". דאס הייסט, אז יעדעס פרוי האט די מעגליכקייט צו געפונען חן אין איר מאנ'ס אויגן - אפילו אויב עס זענען דא שענערע פון איר, ווייל אויב מען וואוינט צוזאמען און עס הערשט א געזונטע שלום בית און אן אמת'ע קשר צווישן דעם פארפאלק, באקומט זי דורכדעם א חן אין איר מאנ'ס אויגן און זי ווערט באליבט ביי אים.

און אפילו אויב זי איז נישט די שענסטע פרוי, קען מען זיך זייער גרינג אהערשטעלן און שיין מאכן, ווי מיר האבן אויבן געברענגט דאס וואס די גמרא זאגט איבער די מיאוס'ע מיידלעך[739], אז זיי האבן געבעטן: "**ובלבד שתעטרונו בזהובים**", אז אפילו ווער ס'איז נישט אזוי שיין קען זיך שיין מאכן דורך צירונגען, און מיט אלערליי אנדערע מיטלען וואס זענען דא זיך שיין צו מאכן.

*

א מאן דארף לאו דוקא א שיינע פרוי, נאר ענדערש א פרוי וואס מאכט זיך שיין. דאס מיינט, אז יעדער מאן פארשטייט אז זיין ווייב וועט לכאורה נישט זיין די שענסטע פרוי אויפן וועלט. נאר ווען א פרוי שטעלט זיך צו און נוצט פארשידענע מיטלען זיך צו מאכן שיין, וואס דאס באדייט אז זי האט אין זיך דעם נאטורליכן אינסטינקט פון א פרוי צו וועלן זיין שיין, און זי טוט דאס כפי יכולתה, דאן שפירט ער אז זי איז באמת שיין, און דאן ווערט ער צוגעצויגן צו איר.

דאס איז דער אפטייטש פונעם אויבנדערמאנטן מאמר חז"ל: "חן אשה על בעלה", אז א יעדע פרוי קען געפונען חן אינעם מאנ'ס אויגן - אויב זי פרובירט זיך אויסצופוצן און זיין שיין. ווי אויבנדערמאנט, אז דאס איז טאקע אויך פשט אינעם גמרא, אז די נישט שיינע מיידלעך האבן געזאגט: "ובלבד שטעטרנו בזהובים", מיינענדיג צו זאגן אז איינמאל זיי וועלן חתונה האבן וועלן זיי זיך שיין מאכן, און דאן וועט דער מאן זיין העכסט צופרידן פון איר און ער וועט ווערן צוגעצויגן צו איר, אפגעזען פון איר נאטורליכער שיינקייט, ווייל דער עיקר איז - אז זי וועט זיך צושטעלן און טון פעולות צו זיין שיין.

אבער אויב א פרוי האט נישט קיין אייגענעם ווילן זיך אהערצושטעלן און שיין מאכן, ליגן דערינטער צוויי ביטערע פאקטן: **א'** - זי זעט נישט אויס שיין, וואס דערפאר ווערט זי נישט צוגעצויגן צום מאן, וויבאלד זי איז נישט נושא חן אין זיינע אויגן. **ב'** - דאס אז זי האט ניטאמאל קיין געפיל דערצו, און זי שפירט ניטאמאל קיין באדערפעניש זיך צו

738) סוטה מז ע"א.

739) תענית לא ע"א.

פרובירן אויסצופוצן צו זיין שיין, וואס איז א פונדאמענטאלער נאטורליכער אינסטינקט ביי א געוועגליכן פרוי. דאס קען מעגליך זיין א גרעסערע פראבלעם פארן מאן, ווי דער פאקט אז זי איז נישט באשאפן געווארן מיט א נאטורליכער שיינקייט, וויבאלד א געוועגליכער מאן וויל האבן א ווייב **וואס שפירט און פירט זיך ווי א נארמאלע פרוי**, און נישט אזא איינע ווי איר. אבער זי קען דאס גרינג פארריכטן, מיטן זיך אהערשטעלן אין שטוב ווי עס פאסט זיך פאר אן ערליכן אידישן פרוי, און אזוי וועט זי נושא חן זיין אין זיינע אויגן, און דורכדעם פארשטערקערן דעם קשר פון שלום בית.

(עס איז וויכטיג צו ארויסברענגען, פאר איינער וואס איז נישט צופרידן פון די חיצוניות עטליכע נקודות: א' קודם כל, אפטמאל איז עס נישט אמת, דעם 'מים גנובים' רעדט איין אויף פרעמדע גליקן. ב' געדענקן אז חיצוניות בלייב טאקע חיצוניות, דאס זאל ח"ו נישט אפעקטירן דאס עצם שלום בית. אויב די עצם שלום בית קלאפט און אלעס ארום און ארום קלאפט, איז דאס אודאי אסאך מער חשוב און מען זאל דאס האלטן טייער. עס איז נישטא קיין שלימות ביי קיינעם. עס איז דא אן שיעור אנדערע מעלות וואס איז פיל טייערע. ווי אויך, זייער אסאך מאל באקומט זי חן שפעטער. ג' מען דארף זיך מחזק זיין מיטן וויסן ביי זיך קלאר אז די זיווג איז אים באשערט פונעם באשעפער אליין און נאר דעם כל יכול אליינס האט צוזאמנגעשטעלט דעם פארפאלק, און טאקע נאר ער ווייסט וואס איז דאס בעסטע פאר דיר.)

יד. כל כבודה בת מלך פנימה

מיר ווילן דא ווידעראמאל קלארשטעלן, אז מיר רעדן דא בלויז פון זיך שיין מאכן אין שטוב, און נישט ח"ו מקיל זיין אין הלכות צניעות בנוגע גיין אויפן גאס צווישן מענטשן. דא איז נישט דאס ארט אריינצוגיין אין אלע פרטים פון הלכות צניעות ביי די פרויען, אויף וואס עס איז שוין ב"ה דא א פלייץ פון ספרים מיט די פונקטליכע גדרי הלכה. אבער דער יסוד הדברים דארף מען וויסן, אז דאס שיינקייט פון א פרוי איז געמאכט צו זיין אין שטוב, ווי עס שטייט אין פסוק[740]: "**כל כבודה בת מלך פנימה**". יעדעס אידישע טאכטער איז ווי א בת מלך, א צירונג פאר זיך, וואס מען ווייזט נישט פארן גאס, און דאס שיינקייט איז ווען עס איז באהאלטן אין שטוב[741].

אבער דאס מיינט נישט אז דער גאנצער ענין פון שיינקייט דארף ווערן ארויסגעריסן, און

---

740) תהלים מה, יד.

741) ראה רש"י נזיר יב ע"א וז"ל: אשה דלא ניידא דכל כבודה בת מלך פנימה, והואיל דקביעה הו"ל כמחצה על מחצה וכו'.

אז עס איז א שלעכטע זאך פאר זיך אליינס. נאר אדרבה, עס איז א מצוה פון איר זייט צו זיין שיין און שטוב, נאר ווען עס האנדלט זיך פון גיין אין גאס דארף מען אכטונג געבן וויאזוי מען גייט אנגעטון, סיי אלס דער עצם חיוב פון צניעות נישט צו גיין אנגעטון אויסגעלאסן, און סיי נישט מכשיל צו זיין אנדערע מענער דורכן גיין אנגעטון מיט רייצנדיגע קליידער וואס ציען דעם אויג און שרייען ארויס 'קוק אויף מיר'.

עס זענען דא כללים אין דעם, אבער נישט יעדע זאך קען מען פארוואנדלן אין אן "איין סייז פאר אלעמען". עס ווענדט זיך אין יעדן ארט, לויט ווי מען איז צוגעוואוינט דארט צו גיין[742], און עס ווענדט זיך אין יעדעס פרוי פאר זיך. א פרוי דארף טאקע אכטונג געבן נישט צו גיין אין גאס אנגעטון אויף א **פריצות'דיגן אופן** ח"ו, אבער פון די אנדערע זייט ברויך מען נישט גיין אין גאס אנגעטון מיאוס. פארקערט גאר, א אידישער פרוי איז א בת מלך, און **א בת מלך גייט נישט ארויס אין גאס אנגעטון מיאוס**, נאר שיין און בכבוד'יג ווי עס פאסט פאר א אידישע טאכטער.

אבער אפגעזען פון וואס די הלכה איז איבערן ארויסגיין אין גאס, דארפן מיר וויסן אז אין שטוב איז דא א גענצליך-אנדערן צוגאנג. לאמיר ברענגען אביישפיל פון מצות אכילת מצה, וואס מיר אלע וויסן אז מ'טאר נישט עסן קיין מצה ערב פסח. דער אורזאך דערצו איז, כדי מ'זאל עסן די מצה מיט אפעטיט ביים סדר. ביי געוויסע איז מען שוין מקפיד דערויף פון ראש חודש ניסן, כדי ס'זאל זיין א גענצליכן אפעטיט[743]. אצינד שטעלטס ענק פאר אז מ'טרעפט א מענטש וואס איז אזוי שטארק מקפיד נישט צו עסן מצה בעפאר פסח, אז ער ציט עס אריין אינעם פסח אריין זעלבסט, און ער עסט נישט קיין מצה אפילו ביים סדר. אזא איינער איז דאך א נאר, ווייל דער גאנצער אורזאך נישט צו עסן קיין מצה ערב פסח איז נאר כדי עס צו עסן אפעטיטלעך אינעם ליל הסדר, אבער אויב עסט ער נישט קיין מצה אום ליל פסח האט ער דאך גארנישט אויפגעטון.

דאס זעלביגע איז מיטן ענין פון צניעות. דער יסוד פון צניעות איז, אז **די זאכן באלאנגען צו זיין אין שטוב**, און נישט פארן גאס. אבער אויב מ'האלט זיך אפ אויך אין שטוב זעלבסט, דאן **פארדרייט** מען דער גאנצער געדאנק און ענין פון צניעות.

נאכמער פון דעם, מ'קען ארויסלערנען טאקע פון אלע הלכות איבער וויאזוי א פרוי זאל נישט גיין אנגעטון אין גאס, וויבאלד דאס קען צוברענגען פאר פרעמדע מענער צו קוקן אויף איר, אז טאקע אט די אלע זאכן זענען יא מותר צו טון אינדערהיים ווען עס

742) צום ביישפיל, אין געוויסע אראבישע לענדער איז געווען דער שטייגער אז די פרויען האבן זיך באדעקט אויך דאס געזיכט, און אין אזעלכע ערטער איז טאקע געווען אסור זיך אויפצודעקן דאס געזיכט אין גאס, ווי עס שטייט טאקע אין אגרת התשובה לרבינו יונה ובנו"כ.

743) עיין לכל זה במשנ"ב סימן תעב סקי"ב.

איז נאר דא דער אייגענער מאן, וואס דאן איז גאר גוט און געוואונטשן צו זיין **ספעציעל אויסגעצירט** און אויסגעפוצט, און ווי מיר האבן שוין אויסגעשמועסט אויבן אז דורכן זיך מאכן שיין פארן מאן איז מען זוכה צו האבן אן ערליכן אידישן שטוב אפגעהיטן פון אלץ שלעכטס, און דורכדעם ערפילט זי איר פליכט פון זיין אן אשה כשרה.

טו. זיין שיין אנגעטון אין גאס: דער חילוק צווישן שיין און זיך רייצן

עס זענען באקאנט די ווערטער פון גמרא[744], אז א מאן איז מחויב צו דערפרייען זיין ווייב און קינדער בעפאר יעדן יו"ט, און מיט וואס איז מען משמח די פרויען? זאגט די גמרא: אין בבל מיט "**בגדי צבעונין**" - הערליכע קאלירטע קליידער, און אין ארץ ישראל מיט שיינע געביגלטע קליידער פון פלאקס.

אצינד לאמיר אריינקלערן דערינען: עס ווערט גע'פסק'נט להלכה[745], אז א מאן טאר נישט קוקן אויף קאלירטע קליידער פון א פרוי וואס איז אים באקאנט, אפילו אויב זי גייט נישט אנגעטון דערמיט, ווייל ער קען צוקומען צו טראכטן פון איר. פארט אבער, **מעג א פרוי ארויסגיין דערמיט אין גאס** און מ'זאגט נישט אז זי וועט מכשיל זיין מענער מיטן גיין שיין אנגעטון.

אט אזוי שטייט אין שו"ת **אז נדברו**[746]:

> עס איז נישט אסור פאר א פרוי צו גיין אין גאס מיט קאלירטע קליידער, און חז"ל האבן נישט געהייסן די פרויען צו גיין אנגעטון אין שווארצן אויפן גאס. ווי אויך פון דעם וואס אין מסכת שבת ווערן אויסגערעכנט פארשידענע צירונגען מיט וואס מ'טאר נישט ארויסגיין אין גאס אום שבת, זעט זיך ארויס אז דאס איז נאר א

---

744) פסחים קט ע"א: ת"ר, חייב אדם לשמח בניו ובני ביתו ברגל, שנאמר (דברים טז, יד): "ושמחת בחגך". במה משמחם? רבי יהודה אומר, אנשים בראוי להם ונשים בראוי להן. אנשים בראוי להם - ביין, ונשים במאי? תני רב יוסף: בבבל - בבגדי צבעונין, בארץ ישראל - בבגדי פשתן מגוהצין.
(דרך אגב, ראה רש"י בראשית מט, יא ד"ה אסרי וז"ל: וצבעונין הוא ל' סותה שהאשה לובשתן ומסיתה בהן את הזכר ליתן עיניו בה. וביאר בשיחות הגר"ש האפפמאן זצ"ל שזה טעם החיוב של הבעל לקנות לאשתו בגדי צבעונים דוקא, שבגדי צבעונים גורמים למציאת החן של האשה בעיני הבעל, וזה גופא החיוב לשמח אותה ביום טוב להלביש אותה במלבושים כאלה שעל ידיהם היא תמצא יותר חן בעיניו.)

745) שולחן ערוך, אהע"ז סימן כא ס"א, וז"ל: ואסור להסתכל בבגדי צבעונים של אשה שהוא מכירה - אפילו אינם עליה, שמא יבא להרהר בה.

746) חלק יד סימן מז, וז"ל: אשה מותרת לצאת בבגדי צבעונין, אף שמדינא אסור להסתכל בבגדי צבעונין של אשה, אפילו בתלויות בכותל... וכן ביו"ט משמחה בבגדי צבעונין, ולא אמרו שצריכה להתלבש בחוץ בבגדים שחורים. וכל הפרק במה אשה יוצאת המדובר באיסור יציאה בשבת בתכשיטין, משמע דבחול שרי ולא חוששין להסתכלות, דלאו ברשיעי עסקינן שמסתכלים בכוונה על נשים.

> פראבלעם לגבי שבת אבער אינדערוואכן איז נישטא קיין שום פראבלעם, און מען איז נישט חושש אז מענער וועלן קוקן אויף איר, ווייל מיר רעדן נישט פון פראסטע מענטשן וואס קוקן דוקא אויף פרויען.

פון די אנדערע זייט זאגן **חז"ל**[747]: "א פרוי טאר נישט ארויסגיין אין גאס מיטן צירונג וואס הייסט **'עיר של זהב'**, ווייל מענטשן קוקן אויף איר, און עס איז א פגם פארן פרוי". דאס הייסט, אז אלע צירונגען וואס ווערן אויסגערעכנט אז אום שבת טאר זי נישט ארויסגיין מיט זיי אין גאס, וויבאלד מ'איז חושש אז זי וועט עס אויסטון און ווייזן פאר אירע פריינדינעס, זיי זענען אלע מותר צו טראגן אינדערוואכן אין גאס, אויסער דעם "עיר של זהב" וואס צוליב איר ספעציעלקייט וועלן זיך מענער אפשטעלן קוקן דערויף.

מיר זעען פון דעם, אז א פרוי מעג גיין אין גאס אפילו מיט גאר שיינע קליידער און מיט כמעט אלע צירונגען, וואס אויב א מאן וועט זיך אפשטעלן און איר באטראכטן וועט דאס אים קענען צוברענגען הרהורים, און פארט איז דאס נאר **זיין** פראבלעם. נאר וואס דען? א פרוי דארף זיך נאר זארגן אז זי זאל נישט גיין אנגעטון **אויפפאלנד און רייצנדיג** אויף די גאס, ווייל זי קען צוברענגען אז אפילו ערליכערע מענער וועלן איר באטראכטן. אבער ווילאנג זי גייט אנגעטון **צניעות'דיג און שיין**, איז דאס אויסגעהאלטן אפילו לכתחילה[748].

מיר זעען דאס אויך פון וואס עס ווערט גע'פסק'נט להלכה[749], אז היינט צוטאגס מעג מען גיין מיט צירונג אין גאס אפילו אום שבת, ווייל דער חשש אז זי וועט עס אויסטון אין גאס איז געווען נאר אמאליגע צייטן ווען מ'פלעגט גיין מיט צירונג נאר אום שבת, אבער היינט ווען מ'גייט ארויס מיט צירונג אפילו אינדערוואכן איז נישטא דער חשש. זעען מיר פון דעם קלארערהייט, אז עס איז נישטא קיין שום פראבלעם צו גיין אויסגעצירט אין גאס, און פארקערט גאר, א פרוי וואס גייט היינט אין גאס מיאוס'ערהייט גייט געוויס אריין אינעם חשש "**שלא תתגנה על בעלה**", וואס מיר געפונען אין עטליכע ערטער אז חז"ל האבן זייער חושש געווען דערויף.

747) מדרש תנחומא בראשית פל"ד, וז"ל: ילמדנו רבינו, מהו שתצא אשה בעיר של זהב בשבת... רבנן אמרו, אף בחול אסור לצאת בהן לרשות הרבים, מפני שהעם מסתכלין בה, ופגם הוא לאשה.

748) ועיין במדרש שוחר טוב, תהלים פרק ז, וז"ל: יש אשה שהיא כשירה ואינה נאה, ויש נאה ואינה כשירה, אבל צפורה נאה וכשירה. יש אשה נאה בפני אחרים ואינה נאה בפני בעלה, נאה בפני בעלה ואינה נאה בפני אחרים, אבל צפורה נאה בפני בעלה ובפני הכל. ע"כ. ומכאן ראי' שראוי ויאה להתייפות גם בפני הכל, ולא עוד, אלא שאפילו צפורה אשת משה רבינו היתה מתייפה בין בפני בעלה ובין בפני הכל.

749) רמ"א באו"ח סימן שג סי"ח, וז"ל: עכשיו שכיחי תכשיטין ויוצאין בהם אף בחול, וליכא למיחש דילמא שלפא ומחוי, כמו בימיהם שלא היו רגילים לצאת בהן רק בשבת, ולא הוו שכיחי.

טז. עולם הפוך ראיתי

עס איז וויכטיג ארויסצוברענגען א ווייטאגליכער פונקט, אז ליידער איז די וועלט היינט פארדרייט אין דעם, אז אנשטאט זיין שיין אינדערהיים, טוט מען זיך אן שיין נאר ווען מען גייט ארויס אין גאס. מען טאר אבער נישט פארגעסן אז דער עיקר שיינקייט דארף לכתחילה זיין נאר אין שטוב.

אט אזוי שרייבט הגאון רבי **מנשה קליין** זצ"ל[750]:

> עס זענען דא פרויען וואס פירן זיך, אז ווען זיי גייען ארויס אין גאס, אדער צו א פריינדינעס הויז, אדער צו א חתונה, און א יעדן ארט אינדרויסן פון שטוב, טוען זיי זיך אויספוצן און אנקליידן הערליך שיין, כדי צו געפונען חן אין די אויגן פון אלע וואס זעען איר, אבער ווען זי זיצט אין שטוב גייט זי אנגעטון מיט אלטע אפגענוצטע און צעריסענע קליידער, און איר מאן איז ווי שאקירט וויבאלד זי זעט אויס שרעקליך... דורכדעם ווערט זי פאר'מיאוס'ט אין זיינע אויגן. אין אמת'ן אריין דארף עס על פי תורה זיין **פונקט פארקערט**, אין שטוב דארף זי זיך שיין מאכן פארן מאן, כדי זי זאל טרעפן חן אין זיינע אויגן, און נישט אין די אויגן פון פרעמדע... און אויפן גאס זאל זי נישט ארויסגיין צו שטארק באצירט צווישן מענער, כדי אז פרעמדע זאלן נישט געשטרויכלט ווערן דורך איר.

דער אמת איז, אז חז"ל זאגן שוין[751] אז דער באשעפער האט געגעבן צירונגען פאר פרויען נאר כדי זיך צו מאכן שיין ביי זיך אין שטוב.

אוודאי געוויס מיינט עס נישט צו זאגן, אז אויפן גאס דארף מען גיין אנגעטון ווי מער מיאוס, און מיר געפונען גאר אז אויב אפילו אויב דער שטייגער איז נישט צו גיין אויסגעצירט אין שטוב מעג מען גיין אויסגעצירט אין גאס אויף א נארמאלן שטייגער, ווי עס ווערט

750) ספר בית רחל (שנת תשל"ז) נתיב יד, וז"ל: וראיתי להעיר על ענין אחד, יש רעה אשר ראיתי תחת השמש, ורבה היא על האדם, והוא שכמה מהנשים דרכם כשהם יוצאין לשוק או לבית חבירו או לבית המשתה, בכל מקום שהוא מחוץ לביתם הם לובשים עצמם ומקשטים בכל הקישוטים ובמלבושים הנאים ביותר, כדי לישא חן בעיני האדם הרואים אותם, וכשהם בבית הם הולכים בבגדים ישנים קרועים ובלועים, עד שבעלה הרואה אותה נפחד ממנה... ועי"ז גורמת לעצמה שתמאס בעיניו. ובאמת על פי התורה נהפוך הוא, שהאשה בביתה צריכה להתקשט עצמה לבעלה, שתשא חן בעיניו ולא בעיני אחרים, ובגמרא אמרו דאפילו בימי נדתה התירו לה להתקשט כדי שלא תתגנה עליו (עיין שבת סד ע"ב ויו"ד סימן צה ס"ט), בקושי התירו לה להתקשט בימי נדתה אלא כדי שלא תתגנה על בעלה, ועיין ביאור הגר"א שם. ולעומת זה, אדרבה, הזהירו ז"ל שאין לה לצאת מקושטת לחוץ בין אנשים, שלא יכשלו בה בני אדם, כמבואר בש"ס ורבינו יונה ובפוסקים.

751) מדרש תנחומא, בראשית פל"ד ס"ה, וז"ל: שלא נתנו תכשיטין לאשה, אלא שתהא מתקשטת בהן לתוך ביתה, שאין נותנין פרצה לפני הכשר ביותר לפני הגנב.

געברענגט אין שו"ת **שבט הלוי**[752]:

> הנה הכל תולה בכוונת הלב ובצורה שהן עושות, דאע"ג דעיקר קישוט נגד בעלה... ולאידך גיסא אם מקשטת עצמה ביותר - באופן המושך עין - בצאתה לחוץ, הלא זה היה עוון בנות ירושלים... איברא הרבה נהגו שבבית לא מקפידות כ"כ ע"ז וגם הבעל אינו מקפיד, משא"כ כשיוצאת שאינן רוצות להתבזות, שמקשטות באופן ממוצע להיותה מכובדת, הנה זה דרך העולם, ואין בידינו למחות.

מיר זעען פון דעם, אז אוודאי געוויס דארף זי זיך אממערסטנס אויספוצן פארן מאן אינדערהיים, אבער דאך מעג זי גיין אין גאס אויפן נארמאלן שטייגער פונעם וועלט, ווילאנג עס איז נישט צוציענד ח"ו, און דאס איז געזאגט געווארן אפילו אויב אינדערהיים פוצט זי זיך נישט אויס פארן מאן (-וואס איז געוויס נישט אויסגעהאלטן לכתחילה, ווי אויבנדערמאנט). אבער לכתחילה דארף א פרוי געדענקן דאס וואס חז"ל האבן געזאגט, אז זי האט א פליכט זיך צו מאכן שיין אין שטוב, און דאס איז גוט סיי פאר איר און סיי פארן מאן, און זי זאל זיך טאקע אזוי פירן הלכה למעשה.

אזוי אויך זאל זי וויסן, אז די גדרי הצניעות וואס זענען גאר שטרענג ביים ארויסגיין אין גאס, גייען נישט אהן צווישן די פיר ווענט פונעם שטוב. מיר מיינען געוויס **נישט** צו זאגן דערמיט, אז א פרוי מעג גיין אנגעטון פריצות'דיג אין שטוב, וואס דאס איז קיינמאל נישט אויסגעהאלטן, נאר געוויסע סארטן קליידער, צירונגען, און אויספוצונגען וואס פאסן נישט אין גאס ווייל זיי זענען צו שרייעדיג אד"ג, זענען יא א לכתחילה צו גיין אזוי אין שטוב.

און שוין אפגערעדט, אז ווען דאס פארפאלק גרייט זיך מקיים צו זיין מצות הבית, דאן איז דער ריכטיגסטער צייט משקיע צו זיין אין שיינקייט, סיי מיט שיינע קליידער און סיי מיט שיינע צירונגען, ווי דער הייליגע **תולדות יעקב יוסף**[753] שרייבט, סיי זיין אויסגעפוצט און סיי מיט גוטע בשמים ותמרוקי הנשים, וואס זאל צוברענגען אז זי זאל נושא חן זיין אינעם מאנ'ס אויגן, און אזוי ארום וועט דער מאן שטערקער גלוסטן צו איר, וואס דאס איז א געוואלדיגע מעלה פארן קיום הזיווג בקדושה, און אזוי ערפילט זי איר פליכט פון זיין שיין פארן מאן, און פון זיין אן: "אשה יראת ה' היא תתהלל".

---

752) חלק ז סימן לג.

753) בפרשת שלח, וז"ל: הלכה אותיות הכלה כי מבשרי אחזה אלוה כי הכלה יש לה כמה מיני קשוטים כדי לעורר תאוות הזווג ובעת הזיווג אתפשטת מלבושי' ודבק באשתו והי' לבשר א' בלי שום לבוש וכו'. עיין בפנים אריכת הדברים ותמצא נחת.

א קורצן סיכום פון דעם פרק:

- די צוויי עקסטרעמע מהלכים, נאכצומאכן דעם גוי'ס פריצות אדער זיך גענצליך פאר'מיאוס'ן פונעם געדאנק פון שיינקייט, איז נישט דער רצון ה'.
- "שקר החן והבל היופי" באדייט נישט אז עס איז גענצליך א לופטיגע זאך, נאר אז אויב עס קומט נישט באגלייט מיט אינערליכע מעלות - דאן איז עס פוסט.
- ווידעראום א פרוי וואס איז א יראת שמים, איז דער חן און יופי א מעלה פאר איר, און מ'דארף גאר פרובירן חתונה צו האבן מיט אזא פרוי, און זי דארף אויך זוכן זיך אויסצופוצן פארן מאן.
- אויב דער מאן האט נאר ליב איר שיינקייט, איז עס טאקע גארנישט ווערד, אבער אויב דער מאן האט איר ליב דאן איז דער שיינקייט א וועג צו פארשטארקן זייער פארבינדונג. אזוי אויך, איז דער שיינקייט פונעם פרוי ספעציעל באשאפן געווארן, כדי דער מאן זאל האבן א דראנג צו וועלן אויפשטעלן א שטוב און זיך זארגן פארן פרוי.
- מיר זעען טאקע אז עס איז א נאטורליכער אינסטינקט פונעם פרוי זיך צו וועלן אויספוצן, אפילו אלס קליין מיידל. דאס איז נישט געמאכט געווארן אויסצורייסן פון זיך נאר צו נוצן אין שטוב, ווי חז"ל זאגן אז דער באשעפער האט כביכול געפלאכטן חוה'ס האר כדי זי זאל זיין שיין און געפעלן אין די אויגן פון אדם הראשון.
- די תורה דערציילט איבער די שיינקייט פון די אמהות און נאך, כדי אונז צו לאזן וויסן אז דאס איז א וויכטיגער פאקטאר פארן מענטש וויאזוי זיך צו פירן ביים זוכן א ווייב, און אזוי אויך נאכן חתונה וויאזוי דאס ווייב זאל זיך אויספוצן פארן מאן כדי ער זאל נישט גלוסטן קיין פרעמדע.
- דערפאר האט עזרא הסופר אפילו פארפאסט א תקנה, אז די פעדלערס זאלן פארקויפן שמעקעדיגע בשמים פאר די שטאטישע פרויען, כדי זי זאל זיך קענען אויספוצן פארן מאן.
- נאכמער פון דעם זאגן חז"ל, אז אין מדבר איז אראפגעפאלן פון הימל יעדן טאג, צוזאמען מיט די מן, אויך תכשיטי נשים זיך צו קענען אנשמירן און אויסצירן פארן מאן. דער אייבערשטער האט געמאכט א שטענדיגער נס, נאר צוליב דאס וויכטיגקייט פון זיך אויספוצן פארן מאן.
- אזוי האט מען זיך טאקע געפירט אין די צייטן פון חז"ל, ווען מ'פלעגט גאר ארויסגיין אינעם הייליגסטן טאג פון יאר, יום הכיפורים, צו זוכן א פאסיגן זיווג, און די שיינע מיידלעך פלעגן זאגן אז מ'זאל זיי נעמען פאר א ווייב ווייל "אין אשה אלא ליופי", און

די מיאוס'ע מיידלעך האבן געזאגט אז נאכן חתונה ווען זיי וועלן זיך אויסצירן וועלן זיי אויך זיין שיין.

- חז"ל רעדן טאקע אפטמאל אין לויב פון זיך אויספוצן און אויסצירן פארן מאן, און זיי זאגן אפילו אז זי האט א פליכט דאס צו טון, און עס ווערט גאר גע'פסק'נט, אז אויב די פוצט זיך נישט אויס פארן מאן, וועט קומען אויף איר א שעלטונג.
- דאס איז געזאגט געווארן אפילו פאר אן ערנסטן יונגערמאן, און מעגליך טאקע מער ביי אן ערנסטן יונגערמאן, וויבאלד "כל הגדול מחבירו יצרו גדול הימנו", און ווי מיר געפונען טאקע ביי חז"ל זעלבסט.
- עס ווערט טאקע גע'פסק'נט, אז א מאן מעג אפילו צווינגען זיין ווייב זיך אויסצופוצן פאר אים, און פון די אנדערע זייט האט ער א פליכט איר צו קויפן שיינע קליידער און צירונגען.
- צוליב דאס וויכטיגקייט פון א שיינע ווייב, דארף דער מאן זען דעם פרוי איידערן חתונה האבן מיט איר, כדי ער זאל זיך נישט דערזען נאכן חתונה מיט א פרוי וואס ער האט נישט ליב איר אויסזען, און יעדער האט זיין אייגענעם וועג וויאזוי אנצוקוקן שיינקייט, ווי חז"ל זאגן "חן אשה על בעלה".
- "כל כבודה בת מלך פנימה" באדייט נישט, אז מ'דארף גיין אין גאס מיאוס אנגעטון, ווייל א בת מלך גייט קיינמאל נישט אנגעטון פארנאכלעסיגט און נישט שיין, נאר עס באדייט אז מ'זאל נישט גיין פריצות'דיג אנגעטון. דער עיקר שיינקייט באלאנגט אינדערהיים און נישט אין גאס. אבער דער וואס איז "בצניעות" אינדערהיים צוליב די באזונדערע זהירות אין צניעות אין גאס, איז עס ווי איינער וואס האט פארדרייט די יוצרות.
- א פרוי מעג ארויסגיין אין גאס, מיט שיינע קליידער, צירונגען, ווילאנג זי גייט נישט אנגעטון רייצנדיג און אויפפאלנד צוצוציען בליקן. אבער אויב זי גייט אנגעטון נארמאל אין גאס, איז עס נישט איר פראבלעם אויב א מאן היט זיך בכלל נישט די אויגן.
- עס דארף אבער ארויסגעברענגט ווערן דער וויטאג, אז צומאל זענען פרויען מקפיד זיך אויסצופוצן דוקא איידערן ארויסגיין אין גאס, און אין שטוב זענען זיי היבש פארנאכלעסיגט אין דעם, ווען אין פאקט וואלט ווען געדארפט זיין פונקט פארקערט, און ווי מיר זעען להלכה אז די פרוי דארף זיך בעיקר באצירן פארן מאן און נישט פארן גאס, און אויב מ'פירט זיך אזוי איז מען זוכה צו א לעכטיגן ערליכן אידישן שטוב.

לסיומא דמילתא

נאכן אדורכלערנען דעם ספר האט איר האפנטליך גוט ארויס די ענינים וואס מיר האבן אויסגעשמועסט. עס איז כדאי דאס איבערצוגיין מער ווי איינמאל, און עס ליינען שטייטערהייט מיט ישוב הדעת, וויל רוב זאכן וואס מיר האבן געשריבן זענען מער "געפילישע זאכן" וואס גייען נישט אריין אין קראפט מיט בלויז "ליינען", נאר דאס **דארף מען ארייננעמען אין זיך צוביסלעך**, און ווען מען ליינט עס נאכאמאל און נאכאמאל, און מען לייגט צו קאפ און מח ארויסצוהאבן די נשמה פונעם זאך, דאן וועט דאס אי"ה ארייגגיין אין הארץ.

ווי אויך, ווען מען גייט דאס איבער, קען מען בעסער מעיין זיין אין די **מראי מקומות** פון אונטן, וואס זיי זענען אפטמאל אן השלמה צו דאס וואס עס שטייט אויבן, און אזוי זעט מען די הייליגע רייד פון חז"ל, ראשונים און אחרונים, אין זייער אריגינעלער שפראך.

*

מיר ווילן פארענדיגן דעם ספר מיט נאך איין קורצער געדאנק, וואס וועט ארומנעמען דעם גאנצן ספר אין קורצן. ווי איר האט געזען, האבן מיר באזירט אונזערע רייד בלויז אויף די הייליגע ווערטער פון חז"ל און די גדולי הראשונים והאחרונים, אבער ווי שיין איז, ווען אלעס קומט זיך צוזאמען ווען מען לערנט א פסוק חומש מיט די מפרשים. אפטמאל זענען פארהאן פארשידענע וועגן וויאזוי אפצוטייטשן א פסוק אדער א מאמר חז"ל, וואס אויף דעם ארויף זענען באקאנט די ווערטער פון חז"ל, אז[754]: "אלו ואלו דברי אלוקים חיים" -ביידע רייד זענען ווערטער פונעם לעבעדיגן באשעפער, און זיי זענען נישט קיין סתירה. נאר נישט אייביג איז מען זוכה משיג צו זיין וויאזוי ביידע פשטים טרעפן זיך צוזאמען. דא אבער, וועלן מיר יא זעען וויאזוי דריי אנדערע פשטים זענען אייגנטליך געקניפט און געבינדן איינע אינעם אנדערן.

עס שטייט אין פסוק[755]: **ודבק באשתו, והיו לבשר אחד**. איין פשט האבן מיר געזען

754) עיין עירובין יג ע"ב.

755) בראשית ב, כד.

באריכות[756] פון אסאך מפרשים, אז דער באשעפער האט דירעקט באשאפן דעם מאן און פרוי לכתחילה אלס איין בריאה, וואס נאר מיטן חתונה האבן מיטן באשערטן זיווג ווערט מען צוריק "בשר אחד", כדי אז עס זאל זיין טיף איינגעווארצלט - אינעם עצם טבע הבריאה און אינעם פארפאלק - אן אמת'ער און טיפער ליבשאפט, וואס איז פונקט ווי דער ליבשאפט וואס א מענטש האט זיך אליינס ליב, ווייל בשורשם זענען מאן און פרוי ממש ווי איין גוף און איין נשמה.

אבער אין געוויסע מפרשים[757] איז דא אן אנדערן פשט אויף די ווערטער "והיו לבשר אחד", אז דאס גייט ארויף אויפן מעשה הזיווג, וואס דאן קומען זיך מאן און ווייב צוזאמען במציאות אויף אן אופן פון: "בשר אחד". לויט ווי מיר האבן כסדר ארויסגעברענגט אינעם ספר, פארשטייען מיר זייער גוט אז דער דאזיגער פשט איז ווי א המשך צום פריערדיגן פשט, ווייל ווען עס הערשט אן אמת'ער נאנטער ליבשאפט צווישן מאן און ווייב, דאן איז "מצות הבית" דער וועג וויאזוי מ'צייגט עס ארויס, און טאקע אויף אן אופן פון "בשר אחד", אן קיין הפסק בגדים - ווי דערמאנט אויבן, ווייל דאס איז בעיקר א פעולה פון אהבה וקירבה אויפן גרעסטן אופן וואס איז שייך.

און דאס ברענגט אונז צום דריטן פשט - וואס רש"י זאגט[758] - אז "בשר אחד" גייט ארויף אויף ווען עס ווערט געבוירן א קינד דורכן מאן און ווייב, וואס דאס קינד באשטייט פון זיי ביידן און דארט ווערט זייער פלייש ווי איינס. לויט ווי מיר האבן מאריך געווען אויבן מיט פארשידענע מראי מקומות, איז דאס גאר א שיינער המשך צו די אויבנדערמאנטע פשטים, ווייל ווען מען טוט מצות הבית מיט א טיפער ליבשאפט, איז דאך דאס דער רעצעפט פון האבן א געזונטע קלוגע און ערליכע קינד, וואס דאס איז דער רצון ה' וויאזוי מיר זאלן אראפברענגען קינדער אויפן וועלט.

מיט א תפלה צום הייליגן באשעפער ענדיגן מיר, אז די אלע וואס לערנען דעם ספר זאלן דאס גוט פארשטיין, מען זאל ארויסנעמען דערפון די ריכטיגע תורה'דיגע השקפה, און וויסן וואס די רצון ה' איז. מען זאל וויסן וויאזוי צו בויען אן ערליכע און ליבליכע שטוב, ובעיקר אז מען זאל האבן די ריכטיגע כלים צו אויספירן למעשה צו בויען אזא סארט שטוב. עס איז צום האפן אז אויב מען איז משקיע דערין און מען בעט דעם באשעפער פאר סייעתא דשמיא

---

756) אין פרק ב' "והיו לבשר אחד".

757) ראה לדוגמא ברלב"ג, וז"ל: ולפי שהאשה היא העֵזֶר לאדם במה שיצטרך לו לתיקון גופו, הנה ראוי שיעזוב איש את אביו ואת אמו ודבק באשתו; עם שבזה גם כן תועלת שני, והוא - שיהיו לבשר אחד, והוא רמז אל החיבור אשר יְשֻׁלַּם בו קיום המין.

758) וז"ל: לבשר אחד - הוולד נוצר על ידי שניהם, ושם נעשה בשרם אחד.

צו טאקע קענען בויען א ליבליכע שטוב, ווי די גמרא זאגט[759] אז ר' אלעזר האט געבעטן: **יהי רצון מלפניך ה' אלקינו שתשכן בפורינו אהבה ואחוה ושלום וריעות**, וועלן מיר אלע זוכה זיין צו שטובער ווי עס הערשט אן אמת'ע אהבה און נאנטע קירבה.

און מיטן אייבערשטנ'ס הילף, אויב א שטוב בויט זיך מיט ליבשאפט, און עס הערשט אין שטוב אן אנגענעמען אטמאספערע, איז צום האפן אז די קינדער וועלן קענען בליען און שטייגן אין תורה ועבודה, און זיי וועלן האבן א לעכטיגע היים וואס וועט זיי באשיצן פון אלע רוחות רעות, און אזוי וועלן מיר זען שמחה און נחת פון די קינדער מתוך נחת והרחבת הדעת.

759) ברכות ט"ז ע"ב, ר' אלעזר בתר דמסיים צלותיה אמר הכי יהי רצון מלפניך ה' אלקינו שתשכן בפורינו אהבה ואחוה ושלום וריעות. ועיי"ש במהרש"א וז"ל: שתשכן בפורנו כו'. פירש"י בגורלנו ועי"ל בפורנו במטתנו שתהא מטתנו שלמה באהבה וכו' וכן תקנו לומר בז' ברכות של נשואין.

• תם ונשלם שבח לקל בורא עולם •

אויב האט איר הנאה געהאט פונעם ספר, ביטע לאזט וויסן אייער פאמיליע און פריינט דערוועגן, זיי וועלן אייך בע"ה דאנקבאר זיין! אויב מעגליך, זייט זיי מעודד צו **קויפן** דעם ספר ווי איידער בארגן - דאס וועט אונז העלפן צו דעקן כאטש א טייל פון די ריזיגע הוצאות, ווי אויך ווייזט ערפארונג אז מ'לייגט בעסער צו קאפ ווען מ'קוקט אריין אין א ספר וואס מ'האט אליין געקויפט, און ס'האט א שטערקערע השפעה. בכלל, איז נישט ראטזאם בלויז איינמאל שנעל דורכצולערנען דעם ספר, נאר עס פעלט אויס צו האלטן אין שטוב און לערנען און חזר'ן, ליתן ריוח בין פרשה לפרשה להתבונן, אפט אריינקוקן דערין און זיך אויפפרישן, און גוט געדענקן וויאזוי צו אוועקשטעלן אן ערליכן שטוב, לויט דעם רצון ה'.

ווי אויך, וואלטן מיר זייער שטארק הנאה געהאט צו הערן סיי וועלכע **פידבעק** אויפן ספר, און פארשטייט זיך אויך סיי וועלכע **הערות**, **הארות** אדער **הוספות**. ביטע פארבינדט אייך מיט'ן ארויסגעבער דורך אימעיל: sefer.ma.tovu@gmail.com

מיר ווילן נאכאמאל דערמאנען, אז די ענינים פון דעם ספר זענען נישט געמאכט געווארן ארומצורעדן דערוועגן מיט אנדערע, ווייל דאס זענען זאכן וואס "הצניעות יפה להם". ווי אויך, קען רעדן פון די סארט פריוואטע אנגעלעגנהייטן מיט פרעמדע שטערן דעם אייגענעם שלום-בית. אויב איר שפירט אז איר דארפט האבן מער קלארקייט פארבינדט אייך מיט א גוטע מדריך אדער מדריכה. ודי בזה.

• מכתבי עוז חביון •

צירפתי פה תכריך כתבים, מלאים זיו ונוגה מפיקים, אשר קיבלתי בהוקרה מאת אחד הרבנים, ה' יאריך ימיו ושנותיו בנעימים, שעבר על כל הדפים, והוסיף מדיליה כמה ענינים, ומשום בל תמנע טוב מבעלים, הוספתי אותם לכל הקוראים.

• מכתב א' •

קיבלתי ספר החשוב בקדושה ובשלום, "מה טובו אוהליך" והיא מסודר יפה, בנוי לתלפיות, משיב נפש, דברים נכוחים, ולחיך מתוקים, מיוסד על דברי חז"ל ופוסקים, גדול היא שכרכם, ויהיה הצלחה במעשי ידיכם.

בפרק י"ב הביא דברי הנצי"ב (שו"ת משיב דבר) דשיעבוד של אשה גדול משל איש שהיא מחויבת להזקק בכל עת שירצה. וזה נראה אינו פשוט, דבשו"ע (ר"מ ס"א) בדין חיוב עונה שמונה העתים והזמנים שיש חיוב, כתב ג"כ "וכן אם אשתו מניקה והוא מכיר בה שהיא משדלתו ומרצה אותו ומקשטת עצמה לפניו כדי שיתן דעתו עליה חייב לפקדה" ע"כ. ולפי זה שניהם הבעל והאשה שיעבודן שוה, כשהיא עת רצון מאחד מהן הוא או היא חל מצות עונה וגם חל השיעבוד להדדי. וא"כ דברי האחרונים צ"ע.[1]

אלא דמוטל על הבעל חיוב לעורר בזמנים הקבועים, אפי' אם אין היצר מצוי מאיזה סיבה שיהיה, לדבר אליה בדברים של טעם ודברי חפץ ראויין לפי דרכן של בני אדם כל זוג לפי טבען וגידולן, ליתן בליבהם החשק והתשוקה שידורו יחדיו בקירוב כדרך ריעות איש ואשתו.

---

1) א"ה: בגדר חיוב שלה יתירה משלו, נלענ"ד פשוט שחלוקים הגדרים ביסודם. חיוב שלו הוא כשרואה שהיא משדלתו וכו' שאז עיקר חיוב עונה. אבל היא לא יכולה לתבוע בפה, כי זה לא "מגיע" לה בתביעה, כי ואל אישך תשוקתך והוא ימשל בך, וכמבואר ברש"י: ואל אישך תשוקתך - לתשמיש, ואעפ"כ אין לך מצח לתובעו בפה אלא הוא ימשול בך - הכל ממנו ולא ממך. משא"כ חיוב האשה כלפי הבעל שונה, היא משתעבדת לו בכל מקרה, הבעל אינה צריך להראות סימני חיבה וכדומה, ובעצם קנוי לו כמש"כ כי יקח איש אשה, כאדם העושה בתוך שלו. אך כמובן לאחר מכן צריכים לרצותה שלא יהא מכה ובועל וכו', אבל מטעם אחר ולא מגדרי חיוב העונה.

...ך בקשת
... אחת בשבוע,
...היא משתוקקת
...נה דבר, לא יועיל שום
...חיוב מצות עונה בשורשה
... חז"ל קבעו זמנים כמראה
...יוב וכן ביוצא ובא מן הדרך. וכל זה
...ה לעיקר חיוב שהיא משועבד להיות
...מה בעת תשוקתה.

*

בתוך הספר האריך בצורך סיוע האשה בשעת עסק המצוה, ובוודאי שהיא צורך גדול וחלק מביטוי רגשות האהבה שעושה רצון בעלה כפי צורכו שמיוחד לגופו ונפשו בעוז ובעומק מחשבתו. ואין לך טפה שיורד מלמעלה שאין טפחיים עולים לנגדו מלמטה, וזהו טבע הדבר בכל מקבל ומשפיע שאם אין המקבל פושט ידו לקבל ואינו מראה פנים מסבירות להנותן מה טעם יש בה. ומ"מ מדברי הגמרא בשבת ק"מ בהא דבנתיה דרב חסדא אין משמעות כל כך דהא רב חסדא אורינהו בשב ואל תעשה, מרגניתא אחוי לי וכורא לא אחוי עד דמיצטערן עיי"ש.

אבל באמת חוץ מזה נצרך השתתפות בגוף ובדיבור במישמוש ובחיבוק בנשיקה כדרך בני אדם שמתחברין זה לזה במחשבה דיבור ומעשה, וכל המרבה בהשתדלות קודם גם שניהם ובשעת חדותא תגדל שכרן ותתרבה גמולן בין לענין זה בעצמותו ובין לבנין האהבה כשהן חוץ לחדר המטות בגילה ובשמחה יחדיו ירונו.

*

בפרק י"ג מביא מספר אמרי טל: "הקורת רוח שישיג כל אחד מהם בדרך מצוה יתן בו כח לכבוש את יצרו לבלי ליכשל באיסור שנופל האדם וכו' שבזה ההתעוררת ירגישו טעם בהיתר וירגישו חבתן ויהיו הם אוהבים לנשיהם כשישתרש בהם בעבודה שלהן ריבוי תענוג וקורת רוח ולא בשביל להציל מחטא בשביל התאוה בלבד רק בשביל הקורת רוח שיבוא בם".

יש בזה דבר נכון ועמוק יותר ממה שהובא למעלה בהספר, דבאמת חוץ מענין הצלה מחטא ומענין אשר אשתו מצילתו אין לך דבר נאה ומתקבל שהיא חלק ממצות ואהבת לרעך כמוך אשתו שהיא לו לריע ולחבר כדרך החיים בחיבור ודיבוק פנים אל פנים, לב אל לב, כְּמַעַר אִישׁ וְלֹיוֹתֹ (עפ"י מלכים א ז לו) שביניהם אהבה בפועל לשעה ולדורות בשעתה ולעידן עדנים. זה הדבר בעצם היא חלק מהמצוה, דהיינו חוץ ממלואות השיעבודים מאחד אל אחת והיא גם כן חשוב ומועיל שעושה מה שמוטל עליו והיא עושה מה שמוטלת עליה, יש כאן אם תעירו ואם תעוררו את האהבה עד שתחפץ, שעושין חפץ נחמד אהוב למעלה ונחמד למטה באופן שמגיע לתכלית בריאת האנושי להטיב לזולתו כל אחד למחברתו ושניהם יחדיו בונים ומשתתפים בפועל תכליתי שמצטרפין חומרם בצורתם באופן הנפלא והנחמד שבראם ה', וכמו שתקנו בברכה "אשר ברא ששון ושמחה גילה רנה אהבה ואחוה שלום וריעות" שזהו הבריאה אשר ברא ונעשה שותף ממש להבריאה, וכדרך העולם כל אחד פונה ביום לפעלו ולעבודתו

עדי ערב, בבית ישכון השלוה והשלום אם יחדיו ישתדלו לפנות מעסקיהם בכל פנות אשר יסובבו את כל הברואים, ויעשו להם זמן ייחוד בדיבור ובאהבה גם בעידן רוגזה ישתדלו להפיץ העננים ודברים אשר לא היו ניתנו להאמר, בהליכות שלום ובדברי פיוס ובפנים שוחקות למרבה המרגיע ולהשכין המנוחה, ואז בא יבא ברנה עדי כי ינובון בשיבה דשנים ורעננים יִשְׁלָיו אוהביך שלום בחיליהם ושלוה בארמנותיהם.

• מכתב ב׳ •

בפרק א׳ הועתק מספר שלום ורעות: ״ישנם אמנם הטוענים מעל כל במה כי סוד הנישואין המוצלחים טמון בוויתור ובשתיקה לבדם, וכי אם רק יוותר האדם בכל עת יזכה בוודאי לחיים טובים ומאושרים, אך דברים אלו אינם מתקבלים על הדעת כלל, שכן עולה מהם שאנו אומרים לאדם שעליו להנשא על מנת שיוותר, יסבול וישתוק, וזהו איפוא ה״טוב״ אשר נמנע מן האדם בהיותו ״לבדו״, שיוכל להבליג ולעבור על כל עוולה בשתיקה? אתמהה.״

ונראה, להצדק את הדברים, שאי אפשר בדעת נכונה ורוח נדיבה להבליג ולוותר על כל מה שיארע ולישתק ושלא להשים לב לכל מקרה שיזדמן. אך מכל מקום אין להפחית בערך הוויתור, ובחובת העברתו על המדות, שהיא יסוד אבן פנה לכל האווירה השורת בקרב הבית והקפדן לא יעלה בידו אלא קפדנתו ואם ירבה להקפיד ובכעס ירבה לבסוף גם כן מנוחה ידריכוהו שאין קץ לדברים שאפשר שיתרגז בהם ורוגז אחד גורר את חבירו אחריו, וירבה פשעים אשר תכסה אהבה ויעלה על רוחו מכאובים ופצעים. ובלשון חז״ל: (במדבר רבה ט) למדה אותך התורה, שתהא וותרן בתוך ביתך, נשפך יין הוי וותרן.

ואם כן יש כאן זיבורא ועקרבא, אם לא יקפיד יהיה הדבר כנגד טבעו ובקרב לבבו יכאיב מצער. ואם יקפיד היא לעומתו תענה אמריה והקולות יתרוממו ויפגע השלום והשלוה, ובאמת כמ״ש בעל שלום ורעות: ״לא נתנה התורה למלאכי השרת, וגם אם נמצאים כאלה אשר בכוחם להבליג ולהתאפק זמן מרובה, מ״מ חייהם אינם טובים ומאושרים ונכון לתארם כמצוקה דוממת ומתמשכת״.

וכבר כתב הרמב״ם: דעות הרבה יש לכל אחד ואחד מבני אדם וכו׳ יש אדם שהוא בעל חימה וכועס תמיד ויש אדם שדעתו מיושבת עליו ואינו כועס כלל ואם יכעס יכעס כעס מעט בכמה שנים עיי״ש בהלכות דעות שהאריך וביאר בלשונו הזהב דעות בני אדם במדות שונות איך רחוקים המה זה מזה, ואח״כ בהלכ׳ ד׳ וז״ל: הדרך הישרה היא מדה בינונית שבכל דעה ודעה מכל הדעות שיש לו לאדם עיי״ש. והרמב״ם מונה אותו ממצות ה׳ ״והלכת בדרכיו״ שהיא מצות עשה ממש, והיינו שיש לכל אדם ואדם, איש ואשה להשתדל מיום עמדו על דעתם לילך בדרך ה׳ דרך הממוצע, ועשיית מצוה זו ״והלכת בדרכיו״ היא מדברים הקשים שבמקדש בקדושת

בית ישראל בהתנהגותו, והדברים משתנים לפי מצב ושיקול הדברים אלף אלפי פעמים בין אדם לחבירו ובין איש לאשתו וכו'.

ויש צורך גדול וחוב קדוש לחנך נערים ובתולות מקטנם עד גדלם שיהיה הרגל נעשה טבע שני שיבחר בכל מקרה בדרך המרוצה וילך בדרך הטובים שהיא דרך הישרה. וכמו שהוא מורגל לכל אדם חרד שקודם שישתה מברך ברכת שהכל ואחר מזונו מברך ובהשכמתו קורא קריא"ש ומתפלל, היה צורך ויש חוב ללמוד עם התשב"ר הלכות כמו הלכות דעות באופן עיונו וביאור הלכתי בין הבנים ובין הבנות ואחר אשר יתחנכו ויתגדלו על זה, ובזאת להשיג דרך ממוצע יהיה מחשבתם ומגמתם, ויהיה הוויתור בדרך הממוצע, דרכי שניהם האיש והאשה יחדיו ישכונו באהליהם, אז הוויתור לא יגרום עגמת נפש ושברי לבבות כי כל אחד יודע אשר גם השני ריעו וריעתו לחיים ארוכים לעומתו ברוך יאמרו, וכמו שאחד מוותר פעם אחת יהיה היא מוותרת פעם שני לעומתו. ובאופן שיארע מצב שצריך להגיב ולומר, כי לא יוכל אוון עוצר יותר, ידבר דברו, ויגלה לבו, ואם אעפ"כ יהיה רוגז או כעס גם זה מדרכי החיים, ולבסוף שלום ידברו. וידוע שפיוס אחר רוגזה מביאה חיזוק אהבה עוד יותר, והיא בגדר "במקום שבעלי תשובה עומדים" וכי אנשים אנחנו ואם עשינו עול או פגענו בכבוד או ברגש ריעינו ישוב בפיוס ובריצוי להגדיל עבותות אהבה לבנות הבית כמצוותו תורתו בישרות.

ודבר זה צריך להדגיש שבשום מצב ואופן יהיה מה שיהיה זה צריך להיות חרוט בטבע בגוף ונפש לחדול מלבטא ביטוי שהיא מגרע את שכנגד ומשוה אותו/אותה במדרגת חסרון - לדוגמא שיהא קורא לה טיפש או כעורה, מוח חלש או פזרן וכדומה - שזה בגדר מעוות לא יוכל לתקון וחסרון לא יוכל להמנות, דזה כנוקב נקב אשר לא יוכל להרפא ונשארת פגומה בחריץ שמתרחבת והולכת.

וצריך לדקדק דגם בשעת כעס אם מפיהם ימלט איזה ביטוי מעליה - ומה נעשה כך היא טבעיות גם בדרך הישרה - אז ידקדקו שיאמרו שבדבר זה דיבורך היום כטיפש - ואדרבה דבר זה אינו ראוי לחכם שכמותך - ואם רוצה לומר שהיא "כעורה" יאמר במעשים - אבל באמת נאה אף יפת תואר ויפת מראה - ודבר זה אפשר לומר לבסוף אחר כך בשעת פיוס וריצוי, מה שאין כן אם הוציא מפיו טיפש או כעורה בלי איזה הערה, אז הנזק והפסד נשאר רישומו עד זקנה ושיבה.

ונראה שדברים אלה הן אמיתיים וישרים הפך בה והפך בה. והרבה צריך לעשות בחינוך בנים ובנות הן בבית והן בחדרים שדעת ימלאון בלימוד הלכות דעות והנהגות בדיוק ובעומק ויראו שכרן פירות בעוה"ז וקרנם תרום בכבוד בקרן קיימת לעולם הבא.

ובבתי חינוך בפרט לבנים לימוד המדות הן כהדין גרמייזא הבא בהיסח הדעת כלאחר יד שאין בהם חפץ ורצון לעסוק בהן בארוכה, כאילו הן חשובין פחות מהלכות נזיקין. ובאמת אמר רב יהודה האי מאן דבעי למהוי חסידא לקיים מילי דנזיקין

ופירש רבא מילי דאבות, הן המדות שגם הם ניתנו למשה מסיני וכמו שביאר הרע"ב משה קבל תורה מסיני, לומר שהמדות והמוסרים שבזו המסכתא לא בדו אותם חכמי המשנה מלבם, אלא אף אלו נאמרו מסיני ואם כן היא לימוד חשוב ורצוי, אלא שדברי התנאים בלשון המשנה כוללים ענינים רבים ונשגבים, ועמוק דבריהם היא חפוי ומכוסה תפוחי זהב במשכיות כסף, ולימוד הרמב"ם שהיא דבש מסלע בתיבות מנויים רצויים להפוך בה, ומנהון לא לזוע היא ביסוד מוסד, אבן בוחן, אבן הפנה, פנת יקרת לסדר טבעי ורגשי בני אדם, להשתוקק לילך בדרך טובים ולהבחר בדרך הישרים.

ואם במסלה נעלה מסילות ה' בלבבם יהיה הצלחה וברכה בבית ובחוצות עדי ישמע בערי יהודה קול אומרים הודו את ה'.

• מכתב ג' •

כלל גדול בתורה ואהבת לרעך כמוך - וזה מצוה בין תרי"ג לאהוב כל אחד מישראל אהבת נפש, כלומר שנחמול על ישראל ועל ממונו כמו שאדם חומל על עצמו וממונו, ואמרו חז"ל דעלך סני לחברך לא תעביד, ע"כ מהחינוך. וכשתדקדק תמצא שהשמיט מצות "כמוך" לפרשה - כחיוביות - לאהוב את חבירו כעצמו - אלא נתקו לפרשה בלשון שלילית לחמול על אחרים ועל ממונם כמו שחומל על עצמו, והוסיף מאמר חז"ל שהיא מוגדרת כלא תעשה מה דעלך סני לחברך לא תעביד.

ועיין ברמב"ן בנימוקיו על התורה שכתב "כמוך" "הפלגה" כי לא יקבל לב האדם שיאהוב את חבירו כאהבתו את נפשו. ועוד שכבר בא רבי עקיבא ולימד "חייך קודמין לחיי חבירך" וכו' אבל יהיה חפץ בלבו לעולם שיהיה הוא יותר ממנו בכל טובה ולא יהיה פחיתות הקנאה בלבו אבל יאהב ברבות הטובה לחבירו ויסיר מדת הקנאה בלבו.

ואהבה לאשתו מכח מצוה זו מצינו בחז"ל: אמר רב יהודה אמר רב אסור לאדם שיקדש את האשה עד שיראנה שמא יראה בה דבר מגונה ותתגנה עליו ורחמנא אמר ואהבת לרעך כמוך. ומאמר: אמר רב חסדא אסור לו לאדם שישמש מטתו ביום שנאמר ואהבת לרעך, מאי משמע, אמר אביי שמא יראה בה דבר מגונה ותתגנה עליו.

היוצא היא מהנ"ל דאין כאן משמעות להפחית אהבת אדם את עצמו שהיא טבעית ונפשית ובמה שנוגע לחבירו היא שיוסיף לשמור כבוד חבירו ולעשות בעצמו השתדלות להסיר מחלת הקנאה שהיא מאותן דברים שמעבירין את האדם מן עולמו ועוד יוסיף לאשר לחבירו - ולהתפלל בעד חבירו - וכתבו בלשון אהבה שאם יהיה הנהגה בלי נקימה ובלי נטירה ואף שהוא לא נהג כן, ויהיה משורת הדין לשלם לו כמפעלו, אם תתגבר על יצרך ותשאיל המגל והקרדום, תנצח מעשה של אהבה זו כל שנאה שטמון ועצור בלבך ומתוך כך

יבא שלום בעולם ואם תעשה כן תאהבהו.

ובין איש לאשתו הוא באופן דומה, שהמציאות הוא, כי האדם אוהב את עצמו ואהבת עצמו היא יסוד גדול, דהיינו השתוקקת האדם להיות מכובד בין האנשים, ורצונו שיהיה אדם מסיום שמראין עליו זה ראה ועשה כמעשיו, שהיא תפארת לו מן האדם ותפארת לעושיה וממנו ילמדון וכן ילמדון את בניהם לעשות, וכדי להגיע לכלל זה אשר אליו ירמזון באצבע בהימנותא ישתדל כל בר דעה והשכל כי עליו להסתדר בבית ומבחוץ בהתנהגות ישרה בדרך ישרה, ואם ישמור כבוד אשתו בדיבוריו ובמעשיו בינו לבינה ובכל אשר סביביו יתהלכון, וגם היא תתנהג פנים אל פנים בשמירה על כבודו ולחדול מפליטת פה ביניהם שיהיה מזה סערה וזרמת סוסים אשר קרבות יחפצון, ואדרבה אף בעת חמת שנונים בעתותי רוגז ישמרו שלא יעבורו גלי השאון את גדות השדה והבית אשר ברכו ה׳ כאשר יעבור הזעם בחבי רגע ישוב הכבוד והקשר לאיתנו במישור ובשלום ילכו יחדיו.

ובהתנהגות זה יבא אהבה וריעות אחוה ושלום, בלבבות אשר יתאחדו, והגופות אשר יתחברו, ביסוד אבן בוחן מלמטה, מול חיבוק ודיבוק מלמעלה יחדיו ירננו, וישוררו וירוממו חסד ה׳ כל היום וכל הלילה משולבות אשה אל אחותה תואמים מלמטה ויחדיו יהיו תמים על ראשו אל טבעיות אחת לשנים דשנים ורעננים לשיבה וזקנה, והבריח התיכון היא התבוננת באהבת עצמו, ולהיות לו ע״י זה מטרה מטרות עוז, להגיע בסביבותו למצב שהיא שלימות בגוף בממון ובתורה. ואין דרך לזה בלי טורח ועבודה שמשקיע בינו לבין אשתו.

ואמרו חז״ל הקנאה והתאוה והכבוד מוציאין את האדם מן העולם. ונראה לפרש שדוקא אם בדרך זו אם מהפך הקערה על פיה, שמתחיל בקנאה קנאת איש מאת רעהו ואשה מאת רעותה, וקונה עצמו בקנאה שונאים ופגעים, וכשנפשו עליו עגמה שוקע בתאוה, בבשרים בתענוגים, בעסקים לא מוכשרים, ותבואהו נהי וחוסר ומה כבוד יתן לו בסופו הוא חסר מכולן ואף אחד לא ישיג. אבל אם עושה כסדר הנכון, מתחיל בכבוד, דהיינו שעוד מנעוריו מבחוריו נוהג בדרך ישרה וקונה לו שם טוב בין חביריו, ונושא אשה כשרה ובונה בית במעליותיו, והתאוה אשר היא טבעית ישיג אותה עם אשת נעוריו בדרך שלום וריעות, וקנאה אשר יש לו שרוצה שהיא יהיה המעולה והמובחר, יהיה בו כאש בוער להשכין השלום והכבוד בביתו, אשר כל רואהו יכיריהו ויאמר כמה מובחר אברך זה כמותו ירבו וממנו ילמדו לעשות, הן הן האבנים והיסודות אשר העולם עומד עליהן. וכח התאוה שהיא באמת אהבת עצמו, היא היא כח הדוחפת ליהיות הנהגה באופן שתתפשט האהבה והריעות בכל הבית מכל הענינים בחדרים בחדרי המטות בבתי בריא ובבתי גואי.

ואלו הדברים נאמרים בלשון שצריך דוקא להוציא מפי המדבר בין האיש ובין האשה דברי שלומים ודברי שבחים. ומכל מקום, יש ליקח בחשבון שהנהגות יום ויום בכל צרכי הבית והמסתעף לאו בכל יומא

איתרחיש לאמר דברי שבח ומעלה שאין מקומן מצוי בכל יום ובכל עידן. (ואפשר שיש זיווגים ששייך אופן ריבוי שבח ופיוסין בכל עת ובכל שעה שהיא משתנה לפי דעות ופרצופי בני אדם שמשתנים).

ולכן נראה שיהיה עת קבוע לזה שאז יגידו כל אחד מעלת חבירו ויופי מדותיו ועוד דברים של יוקר וכבוד וזה מה שלימדו אותנו חז"ל (עירובין נג ע"ב) היכן רבי אלעאי צפון אמר להן עלץ בנערה אהרונית אחרונית עירנית והנעירתו אמרי לה אשה ואמרי לה מסכתא. ופירש"י שמח הלילה בנערה אהרונית ועכשיו הוא ישן, אהרונית בת כהן. עירנית - בעלת חן וחריפה כאדם ער. שהיה טרוד עמה בדבור חוץ ממעשה בעסק הזיווג שאמר לה שהיא עירנית, אהרונית, עד שעלה השחר עיי"ש.

ובחז"ל (שם ק ע"ב) אלמלא לא ניתן התורה היינו למדין דרך ארץ מתרנגול שמפייס ואחר כך בועל ומאי מפייס לה אמר רב יהודה אמר רב הכי קאמר לה זבינא ליך זיגא דמטו ליך עד כרעיך לבתר הכי אמר לה לישמטתיה לכרבלתיה דההוא תרנגולא אי אית ליה ולא זבינא ליך. שבשעה שהיא עת דודים מרבה בשבחה ומדבר עמה דברים של אהבה ואומר לה כמה היא נאה וכמה מעלותיה טובות ואיך באהבתה ישגה תמיד, וכל מחשבותיו ומאוויו בה ואליה תשוקותו, והוא חפץ ורוצה להלביש אותה בבגדי מלוכה ותפארת לפי כבודה, וכן יעשה תיכף לברכה, כשיגמור מחברותיו ברציפות ונשיקות פיהו כי טובים דודייך, משרים אהבוך, ובזה יגדל אהבה בתענוגים בשמאל תחת ראש ימין תחבקנה ואז גם יאמר בפה מלא כהולך רכיל ומגלה סוד - בכל פעם כחדשים - יפה את רעייתי נאוה כירושלים, שיניך כעדר הרחלים, ורקתך כפלח הרמון, וכל המרבה דבר גם היא לעומתו תרבה ותספר תאמר אמריה אנכי גם כן אמירה נעימה כתיבה יהיבה אילת אהבים ויעלת חן, ואין לך יפה ומעולה מזה, שמחה בתחתונים וששון בעליונים.

• מכתב ד' •

לכבוד הרב מח"ס מה טובו אהליך.

אכנהו ולא ידעתיו, מורה דרך, ומקבץ נפזרים, באמרות טהורות שבעתיים מזוקקים. כיון שאמרו אין דורשין בעריות בשלשה נשתרבב הנהוג להעלים ולהסתיר ענינים יסודיים שצריכים ביאור ולימוד בעיון ובמתינות, ולמעשה אין אומר ואין דברים. כתבתי איזה שורות בפרט אחד, אשר לא שמעתי על זה בפירוש, והדברים צריכין להאמר.

לשון הרמב"ם הלכות דעות פ"ה, שהוא הדרכות לחכם במעשיו, במאכלו, ובמשקהו, ובבעילתו, ובעשיית צרכיו, ובדבורו, ובהילוכו, ובמלבושיו, ובכלכול דבריו, ובמשאו ומתנו, כתב שם בהלכה ד' וז"ל: אף על פי שאשתו של אדם מותרת לו תמיד ראוי לו לתלמיד חכם שינהיג עצמו בקדושה ולא יהא מצוי אצל אשתו כתרנגול אלא מלילי שבת ללילי שבת אם יש בו כח וכשהוא מספר עמה לא

יספר בתחלת הלילה כשהוא שבע ובטנו מלא ולא בסוף הלילה כשהוא רעב אלא באמצע הלילה כשיתעכל המזון שבמעיו וכו'. ובכסף משנה ציין לגמרא ברכות כב. כתובות סב. ונדרים כ: ופירש בכסף משנה בדעת הרמב"ם בדין אמצע הלילה, שהוא משום בריאות הולד. שיותר יהיה הולד בבריאות ובחריפות ושכלול המוח כשיהיה החבור באמצע הלילה. וצריך ביאור היכא רמיזא. עוד כתב שהוא משום בריאות הגוף בדרך רפואה לבעול כשהוא לא שבע ומלא בטנו והוא לא רעב וזה מדרך סברא.

ובהגהות מיימני כתב בשם התוס', דבתחלת הלילה איכא למיחש פן יחשוב בשעת תשמיש על שאר נשים, אשר ראה אותן מיד קודם לכן או שמע קולן שעדיין יש בני אדם שלא השכיבו עצמן וכן בסוף הלילה שמא הוא שומע נשים שהשכימו ועמדו בעת ההיא, אלא באמצע הלילה שאז זמן שינה ולא שכיח שישמע קול נשים אחרות וגם לא דבר עמהן מחדש שיזכור ויחשוב עליהן. ולפי דברי הגהות מיימני דין זה היא הלכה מדין תשע מדות שאחת מהן הוא בני ערבוביא וכמבואר בשו"ע ר"מ ס"ד: לא ישתה אדם בכוס זה ויתן עיניו בכוס אחר ואפילו שתיהן נשיו. ובמגדל עוז ציין לנדרים כ: מעשה דאימא שלום ושם שאלו את אימא שלום (היא היתה אשת רבי אליעזר בן הורקנוס אחותו של רבן גמליאל דיבנה) מפני מה בניך יפיפין ביותר אמרה להן אינו מספר עמי לא בתחלת הלילה ולא בסוף הלילה אלא בחצות הלילה. ונראה דמזה כתב הכסף משנה בדעת הרמב"ם שחיבור באמצע הלילה היא משום בנים מהוגנים.

עוד כתב הרמב"ם: ולא יקל בראשו ביותר ולא ינבל את פיו בדברי הבאי ואפילו בינו לבינה הרי הוא אומר בקבלה מגיד לאדם מה שיחו אמרו חכמים אפילו שיחה קלה שבין אדם לאשתו עתיד ליתן עליה את הדין. ומקורו ציינו לחגיגה ה: ושם הקשו בגמרא איני והא רב כהנא גני תותי פוריה דרב ושמע דסח ושחק ועשה צרכיו ורב כהנא אמר אז דמי פומיה דרב כמאן דלא טעים ליה תבשילא, ופירש"י שרעב לאכול כלומר מתאוה לתשמיש, אמר ליה רב לרב כהנא פיק לאו אורח ארעא ומשני לא קשיא כאן דצריך לרצויה ואז ליכא הדין דשיחה קלה שאמרו עליה עתיד ליתן את הדין - הא דלא צריך לרצויה, אז אמרו למנוע משיחה קלה. ואם כן מה דסתם כאן הרמב"ם דלא ינבל פיו בדברי הבאי ואפילו בינו לבינה, יש לו היתר ומצוה כמעשה דרב. ולכאורה השמטה היא דאישתמיט.

ובשו"ע ר"מ סעיף ט' כתב דין זה דלא יספר עמה בדברים שאינם מעניני דתשמיש לא בשעת תשמיש ולא קודם לכן שלא יתן דעתו באשה אחרת ואם סיפר עמה ושימש אמרו עלין מגיד לאדם שיחו אפי' שיחה קלה בין איש לאשתו מגידין לו בשעת הדין. ודין זה הוא מדברי הטור שם, ולפי דעתו בפירוש הגמרא כאן דצריך לרצוייה היינו בשעת מצות הבית יש לדבר עמה כהא דרב שח ושחק ועשה צרכיו, ומשמע אף קודם לכן יש לדבר ולספר עמה כדי להרבות תאוותו (וצריך להוסיף תאותה) כדי שיהא בדיצה רינה ושמחה, ובדברים אחרים אין לדבר אף קודם לכן כדי שלא

יבואו לחשוב באחרת, כן מבואר בשו"ע שם.

ונראה הא דהרמב"ם לא הביא דין זה דרב, שהוא מפרש לרצוייה באופן שהיה שם קודם איזה כעס ואז צריך לרצות, וזה כבר נכלל בהא דכתב אח"כ שיהיה ברצון שניהם ושמחתן. וזה היה מעשה דרב לפי אוקימתא בגמרא. וא"כ אין בזה חידוש.[2]

עוד כתב הרמב"ם: ולא יהיו שניהם לא שכורים ולא עצלנים ולא עצבנים ולא אחד מהן ולא תהיה ישינה ולא יאנוס אותה והיא אינה רוצה אלא ברצון שניהם ובשמחתם יספר וישחק מעט עמה כדי שתתישב נפשה - ודין זה מהא דרב דשחק ועשה צרכיו וכדאוקימתא בגמ' בצריך לרצוייה. ויבעול בבושה ולא בעזות - דין זה היא מאימא שלום אשתו של רבי אליעזר שהיה מגלה טפח ומכסה טפחיים ודומה כמי שכפאו שד, והועתק בש"ע ר"מ ס"ח, ומסיק שם וצריך בעל נפש ליזהר בהם.

וכבר אמר החכם מכל אדם וְשַׂמְתָּ שַׂכִּין בְּלֹעֶךָ אִם-בַּעַל נֶפֶשׁ אָתָּה ופירש רבינו יונה, בא להזהיר מי שרגיל לאכול מטעמים כשאר היא ליד שולחנו של המושל עלול לחפש את המטעמים גם כשהוא ליד שולחנו בביתו ויתהפך לזולל וסובא ולבזבז רכושו על המטעמים והמותרות שהורגל בהן, ואם כן דין זה היא מן הזהירות והפרישות ותלוי במצבו ותכונתו ובמצבה ובתכנונתה כי צריך לפלס במאזנים אורח מישור שיהיה לצורכו ולצרכה וכל פרישות מצדו יהיה מושקל גם מצדה ואם ידמה אשר בין כוכבים מושבו ובשמים כסה הודו הלא מחשבתו ישוטט ויעיף אבל גופו היא בתחתונים, ומה יעשה עם רגשי אשתו מחברתו בצרכיה וביישוב תאוות נפשה להיות בארוכה ולא בקצרה בגילוי יותר מטפח ומכסה פחות מטפחיים, וכי כולי עלמא אימא שלום נינהו? וכאן היה שהמפרשים מקצרים במקום שאמרו להאריך, כי מפני צניעות סמכו על דרכן של ישראל קדושים ולא יקומץ מלבבו ואל יסתום פיו מלהרבות דברי ריצוי ושבח להרבות ולרוות את האוויר ורוח הסובבת שישכנו בה הערצה המביא לידי אהבה וקירוב לבבות ובנשיקות דודים טובים מיין והכל בצניעות ובהעלמות כלשון הכתוב על כל עלמות אהבוך - שאהבה היא בהעלם ובסתר - ותן לחכם ויחכם עוד.

וכאן יש רמז טמון בסעיף ט' - ולא יספר עמה בדברים שאינם מעניני תשמיש, וכתב בטור הטעם שלא יתן דעתו בשעת תשמיש באשה אחרת, אבל דרך כלל משמע שהיא דרכן של איש ואשה לדבר אף בדברים אחרים מאחרים קורות ואירועים

---

2) א"ה: ראה דרך פיקודיך, מ"ע א פרק יג, וז"ל: אך רב כהנא היה מסופק, אם הוצרך הפיוס דוקא בשיש לה כעס עמו, או אפילו באין כעס - מן הצורך להמשיך אותה בדברי חביבות, בכדי דיהא רעותא דלהון כחדא. וזה א"א להתבונן מפיוס התרנגול, ורצה לדעת עפ"י התורה אשר יורוהו. וע"כ הוה גני תותי' פורי דרב, ושמע דשח ושחק וכו'...אז הבין דמן הצורך הוא להמשיך רחימותא מצד דיני התורה, ולא מצד דרך ארץ, דזה נלמד מתרנגול. דאילו עשה רב זה לצורך פיוס הנצרך לו, ולא מצד התורה, הי' לו להשיבו זה אינו מצד התורה רק מצד דרך ארץ לפייס כעסה, דזה נלמוד מתרנגול.

חדשים לבקרים - כדרך איש ואשה כנהוג - וכל זמן שלא יוצא מביניהם להלאה היא טבעיות ומותר ורצוי, ולבנות ידידות וריעות צריך דיבור מריעות, וגם דברים בטלים, והן נחשבים לצרכי הבית בהבנותו ובהתייסדו וגם כי יזקין, דכן הוא מציאות ודרכן של בני אדם, ובלבד שלא יוציא מן הבשר החוצה, היינו ממה שמבשרים זה לזה ישאר אצלם ללימוד ולתענוג כסוד שיח שושן דודים ואהבת רעים בקודש פנימה. ועל זה בא הדין, שקודם מצות הבית ימנעו את עצמן מזה וידברו דוקא בדברים שבינו לבינה כדי שלא יעלו על מחשבתם מחשבת נכרי פיגול הוא לא ירצה בעת עסקן באלה החוקים בין איש לאשתו בהאי שעתא רעווא דרעווין.

עוד כתב שם הרמב"ם: ויפרוש מיד. וכתב על זה בכסף משנה מקור פלא - כן כתב הטור בשם הראב"ד שאמרה אשתו של רבי אליעזר... ודומה דמי שכפאו שד. וא"כ הוא ג"כ מעניני בעל נפש. ומכל מקום דין זה צריך עיון גדול, דדבר ברור הוא שאחר מצות הבית ויציאתו יש צורך לשכב אצלה ולהיות עמה וזה דרך רצוי ומקובל, ואין מן דרך הנימוס ודרך ארץ שתיכף שיגמור יפרוש וינוס החוצה כתינוק הבורח מבית הספר כמי שכפאו שד לעשות איזה דבר ותיכף שיש בו יכולת ואפשרות מיד ויקם וילך החוצה. וכי זה דרך נועם? הוא עשה חפצו והשיג כדי מאוויתו וגם דיבר עמה שחק עמה בדברי ריצוי והנה הגיע לחפצו והשיג מטרתו כחץ ירה וקם וברח באין אומר ואין דברים, ואיה בזה הראות אהבה וריעות ונפשו קשורה בנפשה, רגע קטן קודם אהבתיך ופתאום נעשה קדוש פרוש ומובדל ופורש והולך והיא פורשת ובוכה איך עשה לי איש זה כמעשה הזאת, הלא בפיו ידבר אהבה, ובקרבו ישום ארבה מתי יעבור ואקום ואלך, ומן הידוע שכמה וכמה זיווגים עיקר הנאת החבור ובפרט בנשים, היא חביקת ודביקות שבאה אחרי כך שנשארין יחדיו בצימוד ובקישור יחדיו יהיו תמים על ראשן ודוקא אז שהוא גמר ואין לו אותו דחיפת היצר והחשק אשר הן סיבת התגברות התאוה הבשרי והגופני אם ישאר אצלה אז יגלה לבו ללבה בדיבור ובמעשה אשר יחדיו ישכבון, בזה תתוסף אהבת אמת וידידות לבבות בקרבת הרגשים אשר לא יערכנה זהב ופז, יותר ממצות הבית בעצמה.

ונראה דהפשט בדברי הרמב"ם הוא דוקא על פרישה מעצם מעשה מצות הבית שתיכף שגמר לא ישהה על הבטן כדי למעט הנאתו דוקא, אבל בוודאי הוא מחוייב לשכב אצלה ולהישאר עמה זמן מסויים וחשוב, וזה חלק מענותה ולא שייך בזה שום דין פרישה או קדושה דהא מחוייב ליתן לה את כל חובתה וזה מה שנשאר אצלה הוא חלק טבעי ונצרך לכל אשה יראת ה'.

• מכתב ה׳ •

רבי חנניא בן תרדיון אומר, שנים שיושבין ואין ביניהן דברי תורה, הרי זה מושב לצים, שנאמר (תהלים א), ובמושב לצים לא ישב. אבל שנים שיושבין ויש ביניהם דברי תורה, שכינה שרויה ביניהם, שנאמר (מלאכי ג), אז נדברו יראי ה׳ איש אל רעהו ויקשב ה׳ וישמע ויכתב ספר זכרון לפניו ליראי ה׳ ולחושבי שמו. אין לי אלא שנים. מנין שאפלו אחד שיושב ועוסק בתורה, שהקדוש ברוך הוא קובע לו שכר, שנאמר (איכה ג), ישב בדד וידם כי נטל עליו. (וידום מלשון קול דממה דקה כדרך השונה יחידי, רע״ב). מ״מ משמע דיש חילוק בין אחד לשנים, דביחידי קבע לו שכר אבל אין כאן השראת השכינה כמו בשנים.

ובאגרת הקודש, אגרת כ״ג (תניא) איתא וז״ל: ״גזירת עירין פתגמא ומאמר קדישין חכמי המשנה ע״ה ששנו במשנתם עשרה שיושבין ועוסקין בתורה שכינה שרויה ביניהם כי זה כל האדם ואף גם זאת היתה כל ירידתו בעולם הזה לצורך עליה זו אשר אין עליה למעלה הימנה כי שכינת עוזו אשר בגבהי מרומים והשמים ושמי השמים לא יכלכלו אימתה. תשכון ותתגדל בתוך בני ישראל כמ״ש כי אני ה׳ שוכן בתוך בנ״י על ידי עסק התורה והמצות בעשרה דוקא כמ״ש רז״ל אתיא תוך תוך כו׳ ועל זה נאמר בקרבך קדוש ואין דבר שבקדושה בפחות מעשרה ומשום הכי נמי אצטריך להו לרז״ל למילף מקרא מנין שאפילו אחד שיושב ועוסק בתורה כו׳ ואף גם זאת לא מצאו לו סמך מן המקרא אלא לקביעת שכר בלבד ליחיד לפי ערכו לפי ערך המרובים אבל לענין השראת קדושת הקב״ה אין לו ערך אליהם כלל.

וההפרש שבין השראה לקביעות שכר מובן למביני מדע. כי קביעת שכר הוא שמאיר ה׳ לנפש תדרשנו באור תורתו שהוא מעטה לבושו ממש ולכן נקראת התורה אור שנאמר עוטה אור כשלמה והנפש היא בעלת גבול ותכלית בכל כחותיה לכן גם אור ה׳ המאיר בה הוא גבולי מצומצם ומתלבש בתוכה וע״כ יתפעל לב מבקשי ה׳ בשעת התפלה וכיוצא בה כי בו ישמח לבם ויגיל אף גילת ורנן ותתענג נפשם בנועם ה׳ ואורו בהגלותו ממעטה לבושו שהיא התורה ויצא כברק חצו וזו היא קביעת שכר התורה הקבועה תמיד בנפש עמלה בה.

אבל ההשראה היא הארה עצומה מאור ה׳ המאיר בה בלי גבול ותכלית ואינו יכול להתלבש בנפש גבולית כ״א מקיף עליה מלמעלה מראשה ועד רגלה כמו שאמרו חז״ל אכל בי עשרה שכינתא שריא כלומר עליהם מלמעלה כמ״ש ויהי נועם ה׳ עלינו ומעשה ידינו כוננה עלינו כלומר כי נועם ה׳ אשר הופיע במעשה ידינו בעסק התורה והמצות דאורייתא וקוב״ה כולא חד יתכונן וישרה עלינו מלמעלה להיותו בלי גבול ותכלית ואינו מתלבש בנפשנו ושכלנו וע״כ אין אנו משיגים בשכלנו הנעימות והעריבות מנועם ה׳ וזיו השכינה בלי גבול ותכלית

אשר מתכונן ושורה עלינו במעשה ידינו בתורה ומצות ברבים דוקא". עיין שם באריכות באר היטיב גדלות ענין השראת השכינה בגבהי מרומים עד אשר ירד למטה ומקיפים מראשו ועד רגלו באור הקדושה המאיר ושוכן בתוך בני ישראל. ואף שדקדק לכתוב שהיא באופן מקיף היא מכח זה שוכן בתוך בני ישראל וכן הוא לשון המשנה שכינה שרויה "ביניהם" וזה בתוכם שמאיר באור המקיף וחודר ביניהם ובתוכם.

ובסוטה דף יז איתא: דרש רבי עקיבא איש ואשה זכו שכינה שרויה ביניהם, לא זכו אש אוכלתן. אמר רבא ודאשה עדיפא מדאיש, מאי טעמא האי מצורף - ופרש"י אש של אשה נוחה להדליק מהר שאין אות של שם מפסיק אלא מחובר הוא ונקרא אש, אבל איש אין אותיות של אש מצטרפת יחד שהיו"ד של שכינה מפסקת.

ונראה פירוש דברי הגמרא "זכו" אין הפירוש כענין של "זכייה" כמו בגורל בנחלת הארץ שהיא בלי שום השתדלות מהזוכין בגורל, דאם כן מאי אתי לאשמועינן, לומר ה' מוריש ומעשיר ומשפיל אף מרומם, זה בכל הנהוג בעולם ומה בא ללמדנו. ובעל כרחנו צריכין אנו לפרש דברי רבי עקיבא שמדבר במילוי חובות אישות מאיש לאשה ומאשה לאיש ועל זה קאמר "זכו" היינו שעשו מה שמוטל עליהם כל אחד מצדו ומצדה, ומילאו את תפקידם לעשות רצון השיתוף בחיים לעומתו מול פניהם תהיינה מחברתם ויבנו בית בישראל נוה שלום וריעות, ויהיה שכינה שרוייה ביניהם, וזה השראת השכינה ממש, יותר מקביעת שכר, אלא "ביניהם ובתוכם" ינחלו נחלה בבתי ישראל ובנויהם שוכן ה' שמה באור המאיר ויאיר להם מראשם ועד רגלם כלשון האגרת הקודש הנ"ל.

ועל זה בא מאמר רבא ודאשה עדיפא מדאיש, בא ללמדנו שחובת האיש לגבי אשתו הוא יותר מובן באשר הוא מרגיש בטבעו החשק והדחף לדור ולהיות עמה ומשתדל יושב ומצפה מתי תבא לידו ואקיימנה, אבל באשה שכיח שעוד מימי נעוריה בבית אביה נתגדלה להיות יחידי על דרך הצניעות קרוב לפרישות, ואף תשוב אמריה רחצתי את רגלי איככה אטנפם, ויהיה חסרון במזג פלס משקל הבית ואורח חיים נעו מעגלותיה וצריך טורח והשתדלות עד אשר תבא גם היא לעומתו כלאה אמנו אלי תבא נפתי בנופת משכבי וערכתי הכל שיהיה בסידור נכון ורצוי.

ואוסיף כאן עוד גמרא אחת, כדברי חז"ל דברי תורה עניים במקום אחד ועשירים במקום אחרת וזה תוארה, בשבת דף ל ע"ב: "ושבחתי אני את השמחה שמחה של מצוה, ולשמחה מה זה עושה זו שמחה שאינה של מצוה, ללמדך שאין שכינה שורה לא מתוך עצבות ולא מתוך עצלות ולא מתוך שחוק ולא מתוך קלות ראש ולא מתוך שיחה ולא מתוך דברים בטלים אלא מתוך דבר שמחה של מצוה שנאמר (מלכים ב ג, טו) ועתה קחו לי מנגן והיה כנגן המנגן ותהי עליו יד ה' אמר רב יהודה וכן לדבר הלכה אמר רבא וכן

לחלום טוב איני והאמר רב גידל אמר רב כל תלמיד חכם שיושב לפני רבו ואין שפתותיו נוטפות מר תכוינה שנאמר (שיר השירים ה, יג) שפתותיו שושנים נוטפות מור עובר אל תקרי מור עובר אלא מר עובר אל תקרי שושנים אלא ששונים לא קשיא הא ברבה והא בתלמיד" עיי"ש, וכ"ה בפסחים קיז.

ודברי הגמרא כאן היא ללהב את האדם לשמחה של מצוה, ומ"מ צריך ביאור מימרא דרב יהודה אמר רב וכן לדבר הלכה, ומימרא דרב נחמן וכן לחלום טוב. דמה שייך שמחה של מצוה לחלום טוב, ומה בא לומר וכן לדבר הלכה, הלא לימוד דבר הלכה הוא גופא הלא הוא שמחה של מצוה פיקודי ה' ישרים משמחי לב, ומה דמסיק הא ברבה הא בתלמידא היא מחוסר הבנה וכי בתלמיד ליכא ענין שמחה של מצוה.

ועיין ברמב"ם הלכות דעות פרק ה' הלכה ד' שכתב: אף על פי שאשתו של אדם מותרת לו תמיד, ראוי לו לתלמיד חכם שינהיג עצמו בקדושה ולא יהא מצוי אצל אשתו כתרנגול וכו' ולא יהיו שניהם לא שכורים ולא עצלנים ולא עצבים, ולא אחד מהן, ולא תהיה ישינה ולא יאנוס אותה והיא אינה רוצה, אלא ברצון שניהם ובשמחתם. ונושאי כליו לא ציינו מקור דברים הללו ואיה מקומם בקודש.

והנה ראה זה מצאנו דהרמב"ם מפרש הגמרא אין השכינה שורה לא מתוך עצבות ולא מתוך עצלות ולא מתוך שחוק ולא מתוך קלות ראש.. אלא מתוך דבר שמחה של מצוה דאיירי כאן במצוה - מצות הבית - ודבריו הן ממש כעין דברי הגמרא שמזכיר עצבות ועצלות קלות ראש ושכרות ונבול הכל מסודר על פי דברי הגמרא שמרומז ומבואר כאן ענין השראת השכינה שזכו בה האיש והאשה כמימרא דרבי עקיבא בסוטה יז היא באופן שמחה של מצוה שלא יהיה בה עצבות עצלנות שכרות וניבול וקלות אלא להגדיל אהבה וידידות וזה יגרום השראת השכינה.

ועל זה בא לומר **וכן לדבר הלכה**, כי לזכות לדבר הלכה צריך דעת צלולה וסייעתא דשמיא לאסוקי שמעתתא אליבא דהלכתא וזה גם כן לא יושג אלא ע"י שמחה של מצוה כהני רעין דלא מתפרשין ויזכך מחו וילמד בטוהר וקידוש. ועל זה הוסיף **וכן לחלום טוב** דע"י שמחה של מצוה יפטר וינצל מהרהורים ורעיונם דסליקו על משכביה ויהיה מטתו שלימה. ומסיק אח"כ **הא ברבה הא בתלמיד** דתלמיד שלא זכה עוד לישא אשה יושב לפני רבו חסר הוא שמחה של מצוה ואתי שפיר הכל כמין חומר, ותן לחכם ויחכם. ודלאי חספא ומשכח מרגניתא.

• טוב עין הוא יבורך •

ברכת שבח והודאה להאברך כפשוטו וכמדרשו, איש האשכולות שהכל בו,
עושה ומעשה לטובת הכלל והפרט, ראש וראשון לכל דבר דבקדושה, שייף
עייל שייף נפיק ולא מחזיק טיבותא לנפשיה, ה"ה

ר' **משה יששכר ראזענבערג** הי"ו

אב"י בקרית יואל

**על אשר הקדיש מזמנו היקר להגיה בעינו החדה את כל הספר,
שלא על מנת לקבל פרס, בעין יפה וברוח נדיבה**

ישלם ה' פעלו בחיים של אושר ועושר, בנים ובני בנים עוסקים בתורה ובמצות,
עם רוב נחת דקדושה במדה גדושה מתוך שובע שמחות ורוב ברכות וכל טוב סלה

• ברכת הודאה •

ברכת שבח והודאה לידיד נפשי, האברך היקר והחשוב,
גריס באורייתא תדירא, מרביץ תורה ויראה טהורה לעדרים, ה"ה

ר' **אברהם חיים היילברוין** הי"ו

אב"י בבארא פארק

**על אשר היה לנו לאחיעזר ולאחיסמך
ובפרט על הפצת הספר על פני רחבי תבל**

ישלם ה' פעלו בחיים של אושר ועושר, בנים ובני בנים עוסקים בתורה ובמצות,
עם רוב נחת דקדושה במדה גדושה מתוך שובע שמחות ורוב ברכות וכל טוב סלה

• מפתח ספרים •

• בדרך כלל לא הבאנו ספר שנזכר בתוך מראה מקום אחרת •

כללי הציון:

האותיות **בשורה הראשונה** הם ציון למראה מקום של הספר הנזכר.

האותיות בסוף **שורה האחרונה** הם ציון לספר זו,

קודם אות הפרק ואח"כ האות שבתוך הפרק. לדוגמא:

בראשית..א, כז

זכר ונקבה ברא אותם...........................ב,ד

הכוונה הוא לספר בראשית, קאפיטל א' פסוק כ"ז, ונמצא בפרק ב' אות ד'

- תנ"ך -

בראשית.....................................א, כז

זכר ונקבה ברא אותם..............ב,ד

בראשית.....................................ב, יח

לא טוב היות האדם לבדו................א,א

בראשית.....................................ב, יח

ויאמר ה' לא טוב היות האדם לבדו אעשה לו

עזר כנגדו וגו'..................................ב,ד

בראשית.....................................ב, כג

עצם מעצמי ובשר מבשרי •

..................ב,ד | ב,ט | ח,ד | יא, ה

בראשית.....................................ב, כד

ודבק..................................ח,ז | יא,ו

בראשית.....................................ג, טז

ואל אישך תשוקתך..........................יב,ג

בראשית.....................................ד, א

והאדם ידע את חוה אשתו..............ז,ח

בראשית.....................................יב, יא

עתה ידעתי כי אשה יפת מראה את......יח,ו

בראשית.....................................כד, טז

והנערה טבת מראה מאד ....יח,ו

בראשית.....................................כד סז

ויקח את רבקה ותהי לו לאשה ויאהבה ..ג,ב

בראשית.....................................כו, ח

וירא והנה יצחק מצחק את רבקה אשתו.....

....יא,ד

בראשית.....................................כט יח

ויאהב יעקב את רחל ....ג,ב

בראשית.....................................כט, יז

ורחל היתה יפת תואר ויפת מראה.......יח,ו

בראשית.....................................לא, נ

אם תענה את בנותי - למנוע מהם עונת

תשמיש ....יב,ג

שמות.....................................יט, י

וקדשתם היום ומחר..................יד,ז

- חז"ל -

- גאונים וראשונים -

התחתון, כמו שהיא באמת בעולם העליון ...
...........................ב,ח

ואין אנו נוהגים בזה...דשומים מבטלים
תאוה .... י,ד

מצות עונה, ומכוין לשם מצוה וגם להנאת
גופו, הוי שפיר כמצוה מן המובחר .... טו,ו

כי מה שאסרו רז"ל תשמיש בלי כיסוי הוא
למעלה על גביהן דזה מורה חציפותא אבל
בין שניהם צריכים להיות בקירוב בשר והוא
ברור .... יא, ו

שמצות פריה ורביה ומצות עונה...אין זו
תלויה בזו. .... ד,ז

נוטל שכר על המצוה שעשה, ועל העונג
וההנאה שנהנה בעשייתה. .... ח,ז

אחר גמר השימוש כמו חצי שעה יקום וישוב
למטתו המיוחד לו .... י,ו

מיהו "עונה" לא צריך קרא... ו'עונה"
משועבד מסברא .... ח,א

עיקר מצות לימוד התורה להיות שש ושמח
ומתענג בלימודו......................... ח,ז

שלשה מרחיבין דעתו של אדם ומרחיבין
מרוממים את רוחו .... יח,י

טבילה לבע"ק שלא יהיו מצויין אצל נשיהן
כתרנגולים, ותהא אשתו חביבה עליו .... טו,ב

בטח בה לבו שלא היה מהרהר בזולתה, יען
כי "שלל" - שהם התכשיטין, 'לא יחסר"
.....
.... יח,י

אבל האדם צריך לעבוד להשי"ת גם ביצה"ר
.... יד,ה

ועיקר העונה הוא, כשרואה שאשתו
משדלת אותו בדברים, או שמתקשטת עמו
.... יב,ד

דין זה תליא בפלוגתא...אם "שארה" דכתיב
באורייתא פירושו קירוב בשר .... יא,ו

אמנם הי' מחויב לומר לה שזה אני עושה
מחמת סייג לעשות משמרת למשמרת ....
.... יז,ח

ונמצא זו היא כלה של החתן כאן בעולם

- ספרי שו"ת -

- ספרי מוסר ומחשבה -

- אחרוני זמנינו וספרי הדרכה -